龍胤

明六帝紀

李潔非 著

開明書店

目錄

草莽之雄

偽君子

一不留神當了皇帝

萬歲，陛下

難兄難弟

Chapter 1

草莽之雄

　　成百上千次暴亂中，衣褐履草的赤貧之民，真正
奪了政權且把江山穩穩坐下去的，只有朱元璋和他的明
朝。所以，不單明朝在中國歷代王朝中是另類，朱元璋
在前仆後繼的農民起義史上也是一個另類。

　　在朱元璋身上，我們看到「獨夫」和「民賊」的角
色相分離的情形。獨夫未必民賊。但是，獨夫開創的政
體，最終還是必將禍害人民。

中華自三代以降，文明光燦，環列皆蠻昧未化民族，雖時有襲擾，以至國裂土分，但說到舉國淪亡的情形，卻還不曾有過。直到十三世紀，蒙古高原崛起一個民族，尚武驃悍，仗着馬肥人強，拉出一支前所未有的強大鐵騎，摧枯拉朽從東打到西，從北打到南，差不多征服了整個歐亞大陸。

全中國第一次真正地亡了。但那蒙古人，雖仗着騎兵厲害，武力之強自古所無，終究是草原上粗野少文、散漫任性的民族，以為不單可以馬上得天下，也可以馬上治天下，非但不向中原文明學習，以求洗心革面，卻讓自己的蠻昧習性一仍其舊，強暴統國，貪虐無度，不足百年便告終結。蒙古人被趕回北方大漠，重新過上四處劫掠、逐草而居的遊牧生活。

代之行天的，便是大明王朝。那開國的君上，喚做「太祖開天行道肇紀立極大聖至神仁文義武俊德成功高皇帝」，諾長一串頭銜，除卻頭兩個字，剩下的皆係虛諛之辭，誰也記不住的，所以歷來大家都只管他叫「明太祖」。

說起這位太祖皇帝，那也真是迄來從無的一等人物，出於赤貧，十七歲那年父母繼歿，孤無所依，不得已竟入寺為僧混口飯吃。未久，寺院亦敗，他便隻身一人「遊食」四方——所謂「遊食」，無非乞討為生。但偏偏這麼一人，當着天下大亂之際，投身暴眾，由士卒而頭領，由頭領而元帥，最後遍滅群雄、逐斥元室、一統中華，成就二百數十年之基業。自古以來，捨漢高祖劉邦外，中國並無第二個起於平民的皇帝，但那劉邦，好歹曾身為亭長，謂之平民略嫌勉強。真正從底層「登天」的，上下五千年，唯有太祖元璋。

說鳳陽，道鳳陽

平常，從南山坡望去，曠野無際，野草萋萋。寬大的山坡幾乎一直很平緩地向北延伸着，只偶有起伏，間或點綴着幾株孤零零的樹。一條清亮

的河流繞着山坡，靜靜流淌，陽光下就像條白綢帶。

此河名濠，小，長數十里。源有二，一自橫澗山，一自定遠城北，在濠州之南合流，蜿蜒東北而入淮水。小固小，卻非無來歷。很早以前，莊子常留連於此。濠水以澄澈出名，是「臨淵羨魚」的佳處。當年，莊子偕惠子同來賞魚，留下一段「子非魚」的巧辯典故。上千年過去了，平靜的濠水好像再沒有新奇故事發生，只是默淌。

至正^①十二年（1352），大旱令素常清亮的濠水全無往日風采，就像從少女紅脣一夜之間變成老婦槁脣；魚兒無影無蹤，河牀隨處呈現網狀裂縫；少量倖存的河水，薄薄的，奄奄一息，在河中央最凹處反射出光來，幾乎看不出它在流動。

一條死水，猶如濠州的人心。

不過，此地人民對這情形倒也並不新鮮。八年前，一場更其兇烈的旱蝗之災，旬日之間奪走成千上萬條性命。那一年，單單是孤莊村朱五四老漢一家，五口人便死了三口。四月初六朱老漢頭一個撒手人寰；三天後，輪着大兒子重四斃命；又十餘日，朱家媽媽陳二娘丟下老二重六和老么重八，也追着老伴和大兒子去了陰曹地府。可憐那重八年方十六，竟眼睜睜十來天的功夫連喪父母和長兄。好些年後，孤莊村父老說起此事，還都直搖頭歎氣，直道：「慘哩⋯⋯」

如今，當年人煙寥落、雞犬聲稀的景象，又在孤莊村重顯。落日下，極目而眺，諾大的平野全然空曠，生生看不到一個人影，甚至不見鳥兒飛過，那份靜詳簡直是一種透着憂傷的美，可是久處其中，卻令人不免可怖。

就在南坡，一株老榆樹下，有一小土堆微微隆起，沒有什麼特徵，上面光禿禿地只長些荒草，而且經年風吹水刷，土包越來越平，眼看着就要流失了。但是繞着轉過來，猛然卻見一條大漢仰躺在土包旁，冷不丁嚇你一跳！那漢身長八尺，黝黑精瘦；穿一條污爛污爛的直綴，敞着胸懷，夕陽灑落處，肋骨歷歷可數；破帽兒遮臉，肚皮一起一伏 —— 竟是睡着了。

「八哥，醒醒，醒醒⋯⋯」

---

① 元順帝年號。

漢子猛一驚，睜眼看時，是打小一處廝混的周家小三子。但見他背負布包，神色匆忙，似要出遠門的樣子。

「小三子，你這是要去哪兒？」

「說不得，八哥，出事了。那封書信被人知道了，想告發官家討賞哩。我尋思還是投湯二哥的好，咱一起走吧？」

漢子眼珠軲轆轉了轉：「真的麼？」

「我還訛你不成？」周三兒頓足道。

漢子笑了：「兄弟，怎就改不掉你那急脾氣？要不，你先行一步，哥哥我隨後就來。」

「也罷。」周三兒拱手道，「八哥，那我就和湯二哥在濠州等着你。」

「一路珍重，兄弟。」漢子在周三兒肩頭用力拍了拍。

目送周家小三子漸行漸遠的身影，暮色下，漢子忽然感覺到一絲涼意。一群昏鴉飛了來，落在老榆樹上，「啊，啊啊」的叫聲送出，令本極遼曠的四野，更顯冷清。

漢子悲從心起，掉頭衝着小土堆翻身便拜：

「爹，娘！二老在世，教兒本分為人，兒原不想投湯二哥，如今村裏人死的死，逃的逃，廟裏和尚也散去大半，兒沒了着落⋯⋯兒今二十有五，實不甘再像八年前那般遊食為生⋯⋯爹啊娘啊，兒當如何，替兒拿個主意吧！」

言畢，就兜內摸出一面小銅牌，那還是自己剛生下來時，吃不得奶，爹上廟裏拜菩薩時請回來的護身符。銅牌一面刻着觀音像，漢子拿在手裏，默想：「觀音像若衝上則去，衝下則留。」於是開口道：「爹娘在上，且助重八則個！」

銅牌拋起，落在土坡草間，撥開一看，觀音像衝上。再扔，如此；第三次又拋，仍如此。

漢子站起身，目光漸漸清澈，原本就有些兇悍的臉此時又蒙上了層剛毅之色。只見他頭也不回地大步走了，直走到西下的夕陽血似的慘紅裏去⋯⋯

——以上多係虛構，是當年讀吳晗《朱元璋傳》後，我在懷想明太

祖朱元璋如何奮起於草莽之際，自己心裏描畫出來的一幅「復原圖」。1978—1982年唸大學期間，每年的寒暑假，我在合肥與上海之間，在這條鐵路線上來來回回要穿行四次；每一次，列車行經臨淮關—蚌埠這區間，我望着窗外的淮西山川，腦中都止不住去浮想與朱元璋有關的舊事和畫面。

雖是虛構，但人物和大的情節皆有所本。其中，那個周家小三子，是周德興；湯二哥，就是湯和。這兩個人，還有徐達，都是朱元璋（小名重八）打小一起的玩伴兒，後俱為明朝開國元勳。至正十二年郭子興在濠州聚眾反，湯和先行投了郭軍，很快積功做到千戶，此時他捎信給朱元璋，催促也來入夥；元璋初意未決，求之於卦，才趕到濠州，由湯和介紹加入義軍。讀史至此，不免慨然：一座小小的孤莊村，蜷伏浩野，無憑無依，卻突如其來聚現了一個豪傑群體。歷史的脈絡，確非可以常理解釋者。

此草寇，非彼草寇

時勢造英雄，這話既對，也不對。很多時候，似乎具有必然趨向的時勢，最終卻並沒有造就英雄，只造就了偽英雄。這類偽英雄也曾一時叱咤風雲，露出王者風範，但就在幾乎走上其命運巔峰的關頭，不堪轅軛，被最後一根稻草壓得轟然倒地 ——「大順帝」李自成、「天王」洪秀全，此之謂也。還有的時候，時勢貌似造就了英雄，然而不可一世的「英雄」卻辜負了時勢的造就，不可思議地敗給絕非為時勢所看好所鍾意的弱者、配角或二流人物，項羽之於劉邦如此，袁紹之於曹操如此，張士誠、陳友諒之於朱元璋亦如此。

張士誠，鹽販出身。元至正十三年（1353）起於泰州，至正十六年（1356）得據吳地，進而再得浙西，擁江南富庶之地，於是心滿意足，惟知自守。至正二十年（1360），陳友諒起大軍來取應天（南京），約士誠合而攻之。士誠竟以其「一畝三分田」為自足，不予呼應。其於元室同樣以苟

且求存，降了反，反了又降，極盡討價還價之能事，終不脫小販本性。苟且至至正二十七年（1367），業已擊敗陳友諒的朱元璋，得騰出手收拾張士誠；是年九月，徐達破平江（蘇州），士誠自縊死。

陳友諒，漁夫出身。原為徐壽輝部下，至正二十年以陰謀發動兵變，挾壽輝，而自立漢王；不久，在採石磯（馬鞍山）以鐵撾擊殺徐壽輝。時諸強中，友諒廣有江西、湖廣之地，兵強馬壯，不可一世，驕橫萬分，銳意擴張，即興兵東犯。旌旗蔽日，舳艫擁江，順流揚威而至，志在必得，然而卻被朱元璋用誘敵深入之計，大敗於南京城外。兩年後，雙方再大戰於鄱陽湖；此番，友諒盡出其精銳之師 —— 當時天下無出其右的巨型艦隊，「兵號六十萬，聯巨舟為陣，樓櫓高十餘丈，綿亙數十里，旌旗戈盾，望之如山」。朱元璋水軍極弱，雙方實力懸殊。但陳友諒一味恃強，朱元璋再次用計，以火攻大破陳氏巨型艦隊，戰局逆轉，八月，友諒中流矢斃命。

張陳二人，一個當時最富，一個當時最強。以勢來論，元室衰微之際，他們誰都比朱元璋更有資格成就霸業，一統天下。但士誠其人，永遠只看得見眼前利益，一個地地道道的守財奴，本性如此，毫無辦法。陳友諒驕狠雄猜，心黑手辣，倒是貪得無厭之徒，怎奈量小氣狹、器局逼仄 —— 僅從一件事上即可知其胸襟：鄱陽之戰，友諒勢蹙之際，居然「盡殺所獲將士」以泄忿，「而太祖則悉還所俘」——同樣也是本性如此，毫無辦法。

在兩個膀大氣粗的鄰居面前，朱元璋盡處下風，當初陳友諒搞擴張，先對朱元璋下手，多少也是捏軟柿子的意思。但是後來他肯定發現搞錯了人，至於鄱陽湖決戰他「矢貫其顱及睛而死」之際，只怕會感到平生最為後悔的一樁事，就是沒有弄清朱元璋是怎樣一個角色之前，即貿然對其出手。

而朱元璋，不管其他方面作何評價，我們得承認，他是古來「草寇」之另類。於是，脫穎而出，做成了古來「草寇」都想做而最後都做不成的事。其中，關鍵的關鍵，是朱元璋高度重視並解決好了知識分子問題。將領善戰、主公明睿，是打天下的保證，但不足以得天下。匹夫起事，先天不足在文化上。人說戰爭是政治的繼續，其實，政治也是戰爭的終

點。沒有人為戰爭而戰爭，打仗的目的在政權，而政權雖靠戰爭贏得，卻無法靠打仗治理。從打天下到得天下，必須由知識分子隊伍建設來銜接。朱元璋最不可思議之處就是，以一個地道的泥腿子，而能深入理解「文治」的意義。

解縉談及此，說：

> 帝性神武明達……始渡江時，首兵群雄多淫湎肆傲，自誇為驕。帝獨克己下人，旁求賢士，尊以賓禮，聽受其言，晝夜忘倦。[①]

《翦勝野聞》載：

> 太祖在軍中甚喜閱經史，後遂能操筆成文章。嘗謂侍臣曰：「朕本田家子，未嘗從師指授，然讀書成文，釋然開悟，豈非天生聖天子耶？」[②]

每克一地，朱元璋都不忘招賢求士。有名的一例，就是下徽州後召耆儒朱升問時政，而得到「高築牆，廣積糧，緩稱王」的建議。他在採石訪得儒士陶安，很急切地徵詢政見。陶說：現今群雄並起，他們所欲都「不過子女玉帛」，建議朱元璋「反群雄之志，不殺人，不擄掠，不燒房屋」，「首取金陵以圖王業」。朱元璋大受啟發。[③]《明通鑒》也記有與儒士唐仲實的類似談話。胡大海打太平府時找到一個叫許瑗的儒士，派人送來見朱元璋，「太祖喜曰：『我取天下，正要讀書人！』」[④]

至正二十年，朱元璋的事業有了歷史性的轉折，標誌是，這年三月，他成功地將劉基、宋濂、章溢和葉琛延入陣營。這四人聲望素著，才智、文章、學問，皆一時泰斗。他們連同早些時候在滁州加入的李善長，組成了超一流的智囊團。以這些人為中堅的知識精英，不單在戰爭中為朱元璋

---

① 解縉《天潢玉牒》。此書原不著撰者名氏，但明《紀錄彙編》、清《勝朝遺事》收編此書時，題為解縉撰。按：《天潢玉牒》係朱棣篡位後出於塗改歷史需要，欽命編寫的出版物之一，解縉作為當時主要文臣，主持它的編寫，是有可能的。
② 無名氏《翦勝野聞》。
③ 《國初事跡》。
④ 同上。

運籌帷幄，更從法律、政制、禮儀、財稅等諸多方面為未來明帝國設計一整套的秩序。明代的後世批評家回顧說：

> 漢高祖謂：「吾能用三傑[①]，所以有天下。」…… 我明肇興，公侯爵賞數倍漢朝：李韓公[②]之勛烈無異蕭何，徐魏公[③]之將略踰於韓信，劉誠意[④]之智計埒於張良…… 我朝開國元功，視漢高尤有光矣，大業之成，豈偶然哉！[⑤]

的確說到了點子上。

孟森先生論述明之立國，講了三條：第一，「匹夫起事，無憑藉威柄之嫌」；第二，「為民除暴，無預窺神器之意」；第三，「一切準古酌今，掃除更始」。這第三條就是講，明之立國，得益於文化上巨大成功，以大量制度創新，開啟歷史新階段——「清無制作，盡守明之制作」，「（清人）除武力別有根柢外，所必與明立異者，不過章服小節，其餘國計民生，官方吏治，不過能師其萬曆以前之規模」[⑥]。僅以「黃冊」、「魚鱗冊」兩大制度創新，即可窺其一斑。「魚鱗冊為經，土田之訟質焉；黃冊為緯，賦役之法定焉。」[⑦]由設「黃冊」，明初有了完全的人口普查，建起真正意義上的戶籍制。從社會，它解決了流移人口問題並解放了往昔在貴族和地主豪強強迫下為奴的人民；從經濟，它理順和保障了國家賦役的徵調；從政治，它使集權統治更徹底，影響跨越數百年而至如今。「魚鱗冊」又稱魚鱗圖冊，是特別編定的全國土地總登記簿。明初決定對最基本生產資料——土地實行丈量和登記，「厲行檢查大小地主所隱匿的大量土地，以打擊豪強詭寄田畝、逃避課稅的行為……豪強地主被迫吐出他們過去大量隱匿的土地，就使朝廷掌握擔承稅糧義務的耕地面積大為增加」[⑧]，孟森評論

---

① 三傑，指蕭何、韓信、張良。
② 李善長，封韓國公。
③ 徐達，封魏國公。
④ 劉基（伯溫），封誠意伯。
⑤ 鄧士龍輯《國朝典故》，野記一。
⑥ 孟森《明清史講義》。
⑦ 《明史》，志第五十三，食貨一。
⑧ 韋慶遠《明代黃冊制度》

道：「明於開國之初，即遍遣士人周行天下，大舉為之，魄力之偉大無過於此，經界由此正，產權由此定，奸巧無用其影射之術，此即科學之行於民政者也。」[9]

《明史》說：

> 終明之世，右文左武。[10]

「右文」，就是優先重視文化建設和文臣，這是明代政治突出特色，朱元璋一開始即抱此旨：

> （太祖）響意右文，諸勛臣不平。上語以故曰：「世亂則用武，世治宜用文，非偏也。」[11]

洪武元年（1368）九月的《求賢詔》說：「朕惟天下之廣，非一人所能治，必得天下之賢共成之。向以干戈擾攘，疆宇彼此，致賢養民之道，未之深講，雖賴一時輔佐，匡定大業，而懷材抱德之士，尚多隱於巖穴，豈政令靡常而人無所守歟？抑朕寡昧，事不師古而致然歟？不然賢大夫，幼學壯行，思欲堯舜君民者，豈固沒沒而已哉？今天下甫定，日與諸儒講明治道，其敢不以古先哲王是期？巖穴之士，有能以賢輔政，我得以濟民者，當不吾棄。」[12] 過去教科書將朱元璋從農民起義首領變為皇帝，解釋為「變質」。這其實很對，朱元璋的確「變質」了，《求賢詔》就是「變質」的明證。

如果「不變質」，又如何？晚朱元璋二百來年，有那樣的例子，可為鏡鑒。

趙士錦是崇禎十年進士，在甲申之變中，羈劉宗敏營約二十日。脫身回到江南後，他把自己聞見寫成《甲申紀事》——劉宗敏身為大將，進城後惟知斂財，日夜拷掠百官，勒其銀兩，「有完銀多而反夾，完銀少而反

---

⑨　孟森《明清史講義》。
⑩　《明史》，志第四十六，選舉二。
⑪　黃溥《閑中今古錄》。
⑫　無名氏《皇明本紀》。

不夾者；有已完銀而仍夾者，有不完銀而終不受刑者，識者以為前世之報焉。」「自十八日起，每日金銀酒器紬疋衣服輦載到劉宗敏所。予見其廳內段疋堆積如山，金銀兩處收貯，大牛車裝載衣服高與屋齊。」劉宗敏所為，李自成非不知，而竟無力轄制：

> 初七日，李自成至宗敏寓議事，見庭中三院，夾着幾百人，有垂斃者，不忍聽聞。問宗敏得銀若干，宗敏以數對。自成曰：『天象不吉，宋軍師言應省刑，此輩宜放之。』宗敏唯唯。每日早將已死者用竹筐抬出，每筐三兩人，以繩束之，至是五六日矣。

按「階級鬥爭」眼光，「苦大仇深」的劉宗敏，勝利後痛打劣紳、分其浮財，是勇於奪回屬於自己的勞動果實，他以對階級敵人的毫不手軟，證明自己不忘階級苦、血淚仇，亦即沒有變質。

反觀朱元璋，雖也「苦大仇深」，勝利後卻將階級愛憎拋到九霄雲外，下《求賢詔》、搞什麼禮賢下士，把壓迫自己的人奉為座上賓，與其沆瀣一氣，這不是忘本是什麼？不是變質是什麼？

苦皇帝

我認為，朱元璋既然黃袍加身，肯定發生了「變質」。然而應指出，這種「變質」，為古往今來造反者所共想，如未實現，亦屬「非不欲，是不能」。始皇遊會稽，車隊駛過，項羽躲在人叢裏暗暗發狠：「彼可取而代也。」[1] 這句話，陳友諒、張士誠、李自成、洪秀全腦海肯定都浮現過。問題是怎麼變，往哪兒變，以及變成什麼樣兒。史上不乏接近成功的造反者，最後不虎頭蛇尾的卻只有朱元璋。為什麼？看看闖軍打下

---

① 《史記·項羽本紀》。

北京後的表現，或洪秀全在天京宮裏做了些什麼，大概不難明白。以那些也想「變質」卻不成功者為參照，我們發現，實際上朱元璋除了有所變，更有所不變。單論從造反者轉為統治者，他可謂搖身一變。但換個角度，看看在兩個身份中的表現，印象相反，朱元璋是他同類中變化最小、最少的一個。

野史有些故事，說他忌提舊事，一聽「禿」、「光」、「賊」這樣的字眼抑或哪怕是同音字，就不高興，就殺人。然而，也有記載顯示，他並不諱言貧寒出身和悲慘的少年經歷。濠州祖陵竣工後，詞臣奉撰《皇陵碑記》，朱元璋閱後很不滿意，稱「皆儒臣粉飾之文」，他攬鏡自觀，「但見蒼顏皓首，忽思往日之艱辛」，覺得以這種粉飾之文垂後，「恐不足為後世子孫戒」，決心親自提筆，「特述艱難」，如實記述自己的出身、家境和遭遇，「俾世代見之」——這就是洪武十一年的《御製皇陵碑》。

平常，他尤不吝於以其身世和人生體驗訓導諸皇子，使他們勿忘家本。做吳王時，一日，朱元璋率世子朱標祭祀山川，儀式結束，特地叫過朱標，指着身邊將士們說：「人情，貴則必驕。」「今將士中夜而起，扈從至此，皆未食。汝可步歸，庶諳勞逸，他日不致驕惰。」圜丘告成，朱元璋帶着朱標前去視察，歸途中，專門命隨從引導世子繞道農家，觀其居處飲食器用；俟其歸，則召而誨之：現在，你知道農民多麼辛勞了吧？

> 夫農勤四體，務五穀，身不離畎畝，手不釋耒耜，終歲勤動，不得休息。其所居不過茅茨草榻，所服不過練裳布衣，所飲食不過菜羹糲飯，而國家經費，皆其所出。故令汝知之。凡一居處服用之間，必念農之勞，取之有制，用之有節，使之不至於飢寒，方盡為上之道。

據說，為使諸子習於勤勞，不滋驕惰之性，曾命內侍特製草鞋分發給他們，並規定，只要出城走稍微遠一點的路，皇子們只能乘馬行三分之二路程，另外三分之一必須穿上草鞋步行。他定期打發諸子回老家謁祖陵，接受「革命傳統教育」，說：「使汝等於旁近郡縣，遊覽山川，經歷田野。因道途之險易，以知鞍馬之勤勞；觀小民之生業，以知衣食之艱難；察民

情之好惡，以知風俗之美惡。即祖宗陵墓之所，訪求故老，問吾起兵渡江時事，識之於心，以知吾創業之不易也。」人一闊，臉就變，這似乎是經驗之談；所以，窮光蛋們揭竿而起之際每每要互相叮囑一句：「苟富貴，毋相忘！」實際上，往往忘性都比較大，不單自己患了遺忘症，倘若別人來提醒，他還惱怒，以為羞辱。

到朱元璋這兒，終於破了一回例。他真的不曾忌其微賤之時，不因做了「萬歲」，而掩卻來歷出身。他曾在一份蠲免兩浙秋糧的詔書裏徑稱：「朕本農夫，深知稼穡艱難。」似乎對此身份甚感光榮，與臣下交談也不憚表露其「小農心態」，曾經說：「吾昔在軍中乏糧，空腹出戰，歸得一食，雖甚粗糲，食之甚甘。」飢餓的童年記憶，讓這位皇帝對糧食和農事有一種幾乎病態的敬畏。據說凡是空閒的土地，他都下令種上莊稼，而且還提出一種極其獨特的「種植理論」：「我於花木結實可食用者種之，無實者不用。」總之，不能用來填飽肚皮的，就無用。他曾頒旨嚴禁種糯，因為這種作物主要是用來造酒，而被視為「糜費」。平時在宮中跟太監宮女言「不離稼穡組紃」，後宮牆上門上，也到處畫着「耕織圖」。浙江金華出產一種香米，百姓「揀擇圓淨者用黃絹布袋盛貯，封護進呈」，年貢約三十石。朱元璋得知詳情後，下令中止此貢，改由內侍在宮苑內墾種數十畝，「計所入，亦足供用」。這辦法後來似乎還加以推廣了，以致宮中閒地都成了農田。某日退朝，朱元璋專門領着太子諸王去參觀他這一得意之作，指着菜地說：「此非不可起亭館臺榭為遊觀之所，今但令內使種蔬，誠不忍傷民之財，勞民之力耳。」其實他借鑒魏武而發揚光大軍屯制，起因也是防止奪食於民；說：「兵食一出於民，所謂農夫百養戰士一，疲民力以供閒卒，非長策也。古人有以兵屯田者，無事則耕，有事則戰，兵得所養，而民力不勞。」

不過，這個「泥腿子」對農事的重視，似乎有點過頭。比如，有人建議開礦生財，被他訓斥一通，認為只要偏離農本，便是追逐奸利；司天監（掌天文曆法的機構）進獻一款元代水晶刻漏 —— 中設二木偶，備極機巧，「能按時自擊鉦鼓」，或許是最早的自鳴鐘 —— 也被朱元璋一通臭罵，說「廢萬機之務，而用心於此，所謂作無益而害有益也。」竟下令把

它砸碎毀掉⋯⋯看來，眼裏只有糧食、莊稼和農活，並不總是好事。

一次，出遊鍾山，回城時，從獨龍岡徒步一直到淳化門，才肯上馬。他感慨地對侍臣說：「朕久不歷農畝，適見田者，冒暑而耘甚苦，因憫其勞，徒步不覺至此。」話鋒一轉，他問這些近臣：農為國本，百需皆其所出，所以他們才辛苦成這個樣子，你們這些當官的，心裏曾經感念和體憫過農民嗎？接着，他講了一句讓人震驚的話：「且均為人耳，身處富貴，而不知貧賤之艱難，古人常以為戒。」

「均為人耳」。並非朱元璋已有「平等思想」，而是「萬歲」之後未忘貧賤往昔，使他將能夠心比心、推己及人。

又某年隆冬，朱元璋視察城濠疏浚工地，見一民工光着身體，在渠水裏摸索着什麼，命人問之，原來是蠻橫的督工官員把他鋤子遠遠扔到水中，民工只好自己下河找尋。朱元璋聽說是這樣，馬上派人將民工叫上岸，另外發了一把鋤子給民工。他生氣地說：「農夫供役，手足皸裂，亦甚勞矣，尚忍加害乎？」令侍從將那個惡官抓來痛加杖責，一面氣猶未平，回頭對隨行的丞相說：「今日衣重（讀 chóng）裘，體猶覺寒，況役伕貧困無衣，其苦何可勝道？」隨即傳旨役民收工。

對朱元璋，人們談得較多是他屢興大獄、濫刑重典，我一度因此將他歸於「大暴君」行列。後從孟森先生《明清史講義》，讀到這樣一句話：

> 太祖之好用峻法，於約束勛貴官吏極嚴，實未嘗濫及平民，
> 且多惟恐虐民。

一時震聾發聵。朱元璋有嗜殺之名，但過去只注意到殺人多，卻不曾留心所殺的主要是什麼人。經孟森點撥，再去查證史著，果然。汗顏的同時，從中領悟到，讀史確不宜粗。

除了嗜殺，他還有一個嗜好：嗜儉。在中國，政治家節儉，往往是道學面孔的一部分，公開示人以儉，公眾視線之外，其實頗為侈費。朱元璋不是這樣，他的節儉，不是為「垂範天下」做做樣子，是窮慣了，是「積習難改」。

炎夏之日他在東閣臨朝，天氣太熱衣裳汗濕，幾次更衣，群臣發現這

些衣服都是洗了再洗以致褪色的舊衣。南京宮室初建，負責官員將設計草圖呈見，朱元璋「見有雕琢奇麗者，即去之」，理論是「宮室但取其完固而已，何必過為雕斲？」。宮殿蓋得差不多了，照例應在梁壁施彩繪畫，還有人建議採用「瑞州文石」（貴重石材）鋪地，統統被他制止，而命儒士熊鼎「編類古人行事可為鑒戒者」以及《大學衍義》等儒經，「書於壁間」。對於自己這一創意，他很得意，說：「前代宮室多施繪畫，予用此以備朝夕觀覽，豈不愈於丹青乎？」

洪武三年六月，天久不雨，朱元璋親率皇室全體人員到山川壇求雨，一律穿草鞋徒步而至，以草墊為席，露天而坐，白晝承受曝曬，夜晚衣不解帶即席臥於地；用餐由馬皇后率眾妃親手煮製，完全是粗糧做成的「昔日農家之食」，一連三日，才回鑾宮中。這種舉動，假使沒有從小吃苦的底子，縱然有誠心恐怕也盯不下來的。

在朱元璋，「不知奢侈」，未必是覺悟和境界較別的皇帝有多高，可能確因苦出身。打下浙西，朱元璋曾對降軍發表演講：「吾所用諸將，多濠、泗、汝、穎諸州之人，勤苦儉約，不知奢侈，非比浙江富庶，耽於逸樂。」說得很實在。然而跟他出身相類者，畢竟以容易腐化為多，而且腐化的速度和程度往往也最驚人。所以對朱元璋的不腐化，我們還是得「有成分而不唯成分論」，更多看到他出乎其類、拔乎其萃的一面。太子和公主宮中重新裝飾，需一種叫「青綠」的塗料，工部奏請採辦，朱元璋堅決不答應，說在庫藏裏搜羅搜羅，湊和着用就行了，「豈可以粉飾之故而重擾民乎？」一次，在奉天門附近他看見某散騎舍人「衣極鮮麗」，叫過來，問這身衣服花了多少錢，回答說「五百貫」，朱元璋聽罷大為惱火，斥道：農夫如何艱辛，食惟粗糲，衣惟垢敝，而你遊手好閒，不過仗着「父兄之庇」，如此驕奢，「一衣製及五百貫，此農民數口之家一歲之資也！」劉姥姥在大觀園裏說過，賈府一頓飯花的錢，夠鄉下人過一年的。朱皇帝看到京城闊少的衣着，反應和換算方式竟與劉姥姥一般無二，也真是千古奇聞了。

這「劉姥姥的視角」，讓他有時會冒出對皇帝來說顯得古怪精靈的念頭。南京宮殿新成之際，朱元璋忽然把中書省大臣們找去，說多年戰爭令

軍中許多兵士負傷致殘，失去工作能力，現在新宮建成，他打算在宮牆周圍的空地建上房屋，讓這些軍中致殘者居住，「晝則治生，夜則巡警」，國家撥一定口糧，以這種方式把他們養起來。後來，他又專門降旨，指出所有戰場上犧牲者，其妻、子或老人一律由官方「月給衣糧賑贍之」，而老邁兵卒則「聽令於應天府近便居止……所給衣糧，悉如其舊。」洪武十九年（1386），河南大飢，不少人家賣兒鬻女；朱元璋得到報告以後，不僅下令振飢，而且決定所有被出賣的孩子一律由官府出資贖回。同年六月，他進而頒行兩項可能當時整個世界上都很少有的福利政策：一、所有年屆八十以上的窮人，官方「月給米五斗，酒三斗，肉五斤」，年九十以上者，在此基礎上每人每年「加帛一疋，絮一斤」；二、「鰥寡孤獨不能自存者，歲給米六石」。他這樣闡釋他的政策：「為君者欲求事天，必先恤民。恤民者，事天之實也。」說起來，精神高度似乎並沒有超出儒家「民本」那一套，但實際做法以前卻沒有，是他的獨創。

晚年朱元璋，面對諸皇子，曾就自己是怎樣一個皇帝，親口做出如下自我鑒定：

> 吾持身謹行，汝輩所親見。吾平日無優伶嬖近之狎，無酣歌夜飲之娛，正宮無自縱之權，妃嬪無寵倖之昵。或有浮詞之婦，察其言非，即加詰責，故各自修飭，無有妒忌。至若朝廷政事，稽於眾議，參決可否，惟善是從。若燕閒之際，一人之言，尤加審察。故言無偏聽，政無阿私。每旦，星存而出，日入而休，慮患防危，如履淵冰，苟非有疾，不敢怠惰，以此自持，猶恐不及。故與爾等言之，使知持守之道。

這份自我鑒定書，中間一段即「稽於眾議……惟善是從」云云，我們或有異議，但一頭一尾，則可說確無誇飾之處。在位三十一年，朱元璋不玩、不溺，夙興視朝，日高始退，至午復出，迨暮而回；白天所決事務，退朝後還要默坐審思，如感覺有不當者，雖中夜而不寐，必籌慮停當方肯就寢，日復一日，年復一年。要說此人的為人，幾無一點閒情逸致，過去是苦孩子，當了皇帝也是個苦皇帝。

一朝權在手

　　然而世間之事，有一利必有一弊。我們素日常見到看門人最珍視手中那點權力，也最善於把那點權力用到極致。我們也屢屢感到，權力越到底層，就看得越緊、用得越狠，絕不容人覬覦。這並不難解。對權力的過度珍惜，是與身處底層所得來和形成的更大的人身恐懼互為因果的。這種恐懼，令人一旦攫取了權力便會以近乎病態的方式捍衛之死守之。試想，當一個備受欺凌與屈辱的孤兒，一步登天成為皇帝的時候，能意味着什麼？

　　有關中國古代帝權，之所以在明代 —— 主要是通過朱元璋之手 —— 達到登峰造極的地步，歷史學家和歷史哲學家自會有他們種種理論和邏輯上的條分縷析，拿出種種所謂「必然」的論述來。對此，我這裏不置一詞。我只想說說個人因素起到的作用。

　　吳晗《朱元璋傳》講了朱元璋幼年和少年時的兩個故事。

　　第一個故事發生在朱元璋很小的時候：「替田主看牛放羊，最會出主意鬧着玩，別的同年紀甚至大幾歲的孩子都聽他使喚。最常玩的遊戲是裝皇帝，你看，雖然光着腳，一身藍布短衣褲全是窟窿補丁，破爛不堪，他卻會把棕櫚葉子撕成絲絲，扎在嘴上作鬍鬚，找一塊破水車板頂在頭上算是平天冠，土堆上一坐，讓孩子們一行行，一排排，必恭必敬，整整齊齊三跪九叩頭，同聲喊萬歲。」

　　第二個故事，講的是成為孤兒後的他，在皇覺寺中的遭遇：「（寺裏）個個都是長輩，是主人，就數他小、賤，他得低聲下氣，成天陪笑臉侍候。就連打水煮飯的長工，也還比小行童高一頭，當他作二把手，支使着作這作那。這樣一來，元璋不單是高彬長老一家子的小廝，還帶着作全寺僧眾的雜役，根本就是長工、打雜了。事情多，閒報也就多，日子長了，塞滿一肚子冤枉氣，時刻要發作，卻使勁按住，為的是吃飯要緊⋯⋯對活人發作不了，有氣無處出，只好對泥菩薩發作了。有一天，掃佛殿掃累了，掃到伽藍殿，已是滿肚子的氣，不留神絆着伽藍神的石座，跌了一大跤，

氣忿之極，順手就用笤帚使勁打了伽藍神一頓。又一天，大殿上供的大紅蠟燭給老鼠啃壞了，長老數說了元璋一頓。元璋想伽藍神是管殿宇的，當看家菩薩的不管老鼠，卻害行童捱罵，新仇舊恨，越想越氣，向師兄討了管筆，在伽藍神背上寫了『發配三千里』，罰菩薩到三千里外充軍。」

雖是兩個小故事，還是見出了朱元璋的個性和內心。一是他很有暴力傾向。二是他如果有怨氣，喜歡發泄也非發泄不可，對活人發作不了，就拿泥菩薩出氣。三是他那小小腦袋所想出的報復手段，居然已是充軍、流放這類方式。

看過朱元璋畫像 [1] 的人，恐怕很難忘記那張臉。《明史‧本紀第一》形容是「姿貌雄傑，奇骨貫頂」。文人虛浮，醜怪駭人到了他們嘴裏竟能轉變成這些詞。實際上，這張臉長得崎嶇不平，形狀活似一隻長歪的山芋；黑而粗糙的皮膚散着幾粒麻子，額頭和太陽穴高高隆起，顴骨突出，大鼻、大耳、粗眉毛，兩睛鼓凸，發出冷酷的光；尤為奇崛的是它的下巴——從寬大有力的頜骨處開始向前突着，一再延伸，直到遠遠超出額頭之外，從側面看渾如一頭狠霸的大猩猩。這隻罕見的下巴，再度提示了人來於動物的遙遠往事；它象徵着健壯的咀嚼力和貪婪旺碩的食慾，令人聯想起獸界一切善於撕咬吞噬的兇猛捕食者。

同時不可忽視的是，這張「卡西摩多式」醜臉跟一個身為皇帝的人相結合，在心理上所必然引起的衝突。這並非出於無稽的相面學。據說先後有兩位替朱元璋造像的畫師，因為只知摹形繪影不解粉飾遮掩而掉了腦袋，直到第三個畫師，才仰體聖心，把他畫得慈祥仁愛。這是人之常情。對朱元璋來說，那崎嶇不平的相貌固然「雄傑」，但無疑也鐫刻着他卑低坎坷的出身、遭際，儘管貴為人君，歲月的無情雖可從宮庭畫師筆下抹去，卻無法從自己臉上和內心世界抹去。

前文提到孟森先生關於朱元璋「峻法」的評論，說他「約束勛貴官吏極嚴，實未嘗濫及平民」。這是孟先生的敏銳細膩之處。展開下文以前，

---

[1] 朱元璋畫像，最著名的有兩幅，一存於北京故宮博物院，一懸於南京明孝陵享殿內；前者係宮廷畫工美化修飾的結果，後者才接近朱元璋真容，現在中學課本上的朱元璋像所依據的就是這一幅。

我重申孟先生的這個觀點，再次強調不宜以「暴君」視朱元璋。暴君根本標誌是虐世害民，只有與人民為敵者，才配此稱號。而朱元璋，不論在權力鬥爭中多麼殘忍，整體來說他不是禍害人民的皇帝，相反，歷來新朝新君喜歡掛在嘴上、口惠而實不至的「與民休息」，在朱元璋那裏卻是其治政的切實出發點。洪武年間清丈土地，興修水利，獎勵農耕，減免賦稅，殺減貪風，改良吏治，老百姓都得利受惠。我覺得他尤其應被稱道的，是不好大喜功、不靡耗國力、不浪費民財，無意於什麼雄才大略、豐功偉績、萬邦膜拜等虛榮。這些對中國那些所謂「有作為帝王」，從來是無法抵擋的誘惑，然而終洪武朝三十一年，在朱元璋的身上，我們絲毫未見這種自我膨脹，儘管作為「光復中華」的帝王，他似乎很有理由膨脹一番。他牢牢把握一點：不擾民、讓百姓安穩地生活。所以，當我們回味洪武時代，會驚訝於它非常平淡 —— 沒有奇跡壯舉，沒有偉大工程，沒有征伐，沒有任何波瀾壯闊的事情。與許多開國君主相比，他簡直是過於安靜的皇帝。

但對官吏而言，朱元璋搞的真是不折不扣的酷政、暴政。可能中國哪個朝代，做官皆不曾像在洪武朝那樣提心吊膽。這位窮山惡水生養出來的貧民皇帝，把他那個階層的野性、狠勁充分發揮在吏治上，殘無人道地對待貪官污吏，剝皮、斷手、鉤腸、閹割……全是最駭人聽聞的酷刑，而且五花八門、種類繁多。另外我們還知道，幾乎整個古代，中國普通百姓是無權告官的，或者，凡告官者先打一頓殺威棒；然而洪武年間居然宣佈，凡是貪贓害民之官，百姓人人皆可將其直接扭送京師。有時候我不禁懷疑，朱元璋如此嚴厲打壓官吏，多大程度上是出於肅清吏治目的，又多大程度上是一種「瘋狂的階級報復」？因他的做法裏頭，許多地方令人感到是非理性的、渲泄的，夾雜着強烈個人情緒，是恨，以及伴着毒意的快感。他不是心寬易忘的人，洪武十一年（1378），當憶及父母雙亡、無地可葬的淒慘時刻時，他親筆描畫了使他深受傷害的一幕：「田主德不我顧，呼叱昂昂，既不與地，鄰里惆悵……」這記憶，暗中怎樣左右着朱皇帝的心神，如何影響了他為政？

當然，還有比記憶和心理更重要的因素。

揪出與打倒

他通過對官吏保持高壓，坐收一石數鳥之效：第一，澄清吏風；第二，發泄舊怨；第三，收聚民心；第四，抬升帝威；第五，殺雞儆猴。這裏面，既有直接目的，更有他深謀遠慮的籌劃。如果朱元璋的打擊對象只有瀆職枉法的狗官，事情另當別論，但我們發現並非如此。在一些著名的大案裏，懲治污吏或不法之臣只是由頭，被朱元璋藉題發揮，搞擴大化，輾轉牽扯，最後挖出來一個又一個「反朱元璋集團」，其中，胡惟庸、藍玉兩案分別都連引至數萬人。

整個明代只有過四位丞相：李善長、徐達、汪廣洋、胡惟庸。胡案後，朱元璋廢相，古老的相制就此終結（清代官制基本照抄明代，也未設相位）。而僅有的這四位丞相，除徐達外，另三位居然全在胡案中一網打盡，可知此案之巨，亙古未有。

胡惟庸得罪的直接原由，據說是洪武十二年（1379）九月，占城（今屬越南）使者來貢，胡惟庸自行接見而未奏聞。然而，占城貢使卻被一個太監遇見了，朱元璋由是知此事，大怒，敕責。胡惟庸等惶恐之下將責任推諉於禮部，說是他們處理不當，禮部豈甘做冤大頭，反過來堅訴與己無關。推來推去，惹朱元璋益怒，一古腦兒將中書省、禮部諸臣統統下獄，審訊誰是主使。很快，首先將汪廣洋（時汪為右丞相，胡為左丞相）賜死。汪死之時，其妾陳氏自願從死。朱元璋聽說此事，命查陳氏來歷，得報告說陳氏乃是某罪臣之女，沒官後充汪妾，朱元璋再次發作，說：「沒官之女，止給功臣家，文臣何以得給？」竟以這個理由判胡惟庸及部臣等「咸當坐罪」。恰在此時，有兩個與胡惟庸過從甚密的官員告發胡陰結武臣謀反，胡當然被誅。

然而，胡案奇就奇在，事情並不因胡惟庸死而結束，從洪武十三年（1380）誅胡，到洪武二十三年（1390），胡案就像一座儲量巨大的富礦，一再被深掘潛採，猛料迭爆，不斷有「新發現」。先後查出胡惟庸與東瀛倭國和逃到沙漠的舊元君臣相交通，是個「裏通外國」的漢奸、特務、賣

國賊。洪武十八年（1385），胡案再挖出一條「毒蛇」——李善長之弟李存義，這李存義與胡惟庸是親家，其子李佑娶胡女為妻，舉報者說李存義參與了胡惟庸的謀反計劃，奇怪的是，李存義不僅沒有被處死，而且得到的只是流放崇明島這樣簡直應該說很輕微的處罰。這種反常的處置似乎意味着什麼，果不其然，又過五年，到洪武二十三年，最後、最關鍵、最大的首要分子被揪出來了，那就是位列開國元勳頭把交椅的李善長。李善長的揪出，真正宣告了胡惟庸「反皇叛國集團」的徹底覆滅：李家「並其妻女弟姪家口七十餘人」被殺，同時有九位候爵被打成共謀不軌的「逆黨」。至此，胡案遷延十載，最終以李善長的倒臺及三萬餘人被殺落下帷幕。

李善長，定遠人，朱元璋初起時他在滁縣加入朱軍，從此成為朱元璋的頭號智囊，「軍機進退，賞罰章程，多決於善長」。明建國，李善長更是國家體制、法律、禮儀的主要制定者。洪武三年（1370）大封功臣，一共只封了六人為公爵，李善長是文臣中唯一被封者，且排第一，位居徐達、常遇春等赫赫名將之前，朱元璋在所頒制詞裏將李直接比作漢相蕭何。後為示恩寵，又將臨安公主許配善長之子李祺，一時間，李善長榮耀達到頂峰，史書上說「光寵赫奕，時人豔之」[1]。

然而，這位「明代蕭何」終於在他七十七歲、沒幾天活頭的時候，被朱元璋以意欲輔佐胡惟庸謀取皇位為由除掉。李被殺的第二年，一個低級官員王國用上書朱元璋，就此事提出質疑，說：「善長與陛下同心，出萬死以取天下，勳臣第一，生封公，死封王，男尚公主，親戚拜官，人臣之分極矣。」如果說李本人有想當皇帝的念頭，事情還另當別論，「而今謂其欲佐胡惟庸者，則大謬不然。」「使善長佐惟庸成，不過勳臣第一而已矣，太師國公封王而已矣，尚主納妃而已矣，寧復有加於今日？」[2]這個推理十分有力，沒有犯罪動機，何來犯罪行為？這是朱元璋無法回答的。極為蹊蹺的是，狠狠將了朱元璋一軍的王國用居然平安無事，朱元璋給他來了個既不作答也不加罪——莫非朱元璋有意以此方式預設某種事實？回顧胡案

---

① 《明史》，列傳第十五。
② 同上。

十年，我們發現整個過程充滿了偶然性和巧為佈置的痕跡，幾乎每一次重大關節、演化，都由微細瑣事而逐漸被放大，所謂風起於青蘋之末，一個看似不起眼的由頭，生拉硬扯，順藤摸瓜，株連蔓引，直至搞到李善長那裏方才甘休。也許存在胡惟庸試圖謀反的事實，但這案情絕對被朱元璋利用了，可能胡案事發之日，朱元璋便意識到此乃翦除李善長及其勢力的良機；他以驚人的耐心，不慌不忙用十年時間完成了這件鈍刀殺人的傑作。

李善長被殺後三年，另一大案爆發，主人公是藍玉。兩個接踵而至的大案放在一起看，特別有意思。一個是文臣，一個是武將；一個是「老一輩政治家代表人物」，一個是「晚生代軍界精英」；一個被前後花了十年功夫慢慢扳倒，一個卻被速戰速決、突然發力瞬間擊倒……

藍玉嶄露頭角是在明建國後。洪武四年（1371）、五年（1372），他先後作為老元戎傅友德、徐達的副手，征定西南、北漠，迅速顯示其軍事奇才。十一年，他和另一位新生代領軍人物沐英連袂出擊西北，「拓地數千里」，班師封候。十四年（1381），以征南左副將軍從傅友德出師雲南，「滇地悉平，玉功為多」。此後聲譽鵲起，二十年（1387），終於取代老一輩的馮勝「拜為大將軍」，總領軍事。藍玉雖非開國元勳，但對明建國後武力擴張和靖寧四遠居功至偉，從南到北，川滇、陝甘、塞北……明帝國最後版圖的確立，與藍玉有直接關係。《明史》說其「中山、開平既沒，數總大軍」。徐達、常遇春之後，軍方頭號人物無疑就是藍玉。

取代馮勝為大將軍後到洪武二十六年（1393）被處死，是藍玉軍旅生涯最輝煌的五年，其間他率十數萬大軍，於捕魚兒海大敗元軍，捕獲元主次子、公主、諸王、平章及以下官屬三千人，男女七萬七千餘人，馬駝牛羊十五萬餘；討平施南、忠建宣撫司、都勻安撫司、散毛諸洞等部（今貴州一帶）叛亂；坐鎮西部，略西番、罕東之地（今甘肅、新疆一帶），擊退土酋，降服其眾。

就像任何能征慣戰的軍人一樣，雄心萬丈的藍玉有些收不住手。但他沒有料到，當他奏請「籍民為兵」、計劃擴充軍力，前去征討朵甘、百夷（今青藏、滇西北一帶）時，朱元璋卻下達命令：班師回朝！藍玉悶悶不樂地回到京師。朱元璋似乎有意在刺激他，二年前原擬晉封藍玉梁國公，卻

臨時改封涼國公；西征還京後，藍玉自忖按功他可加為太子太師，但朱元璋只給了他次一等的太子太傅銜；在朝奏事，他的意見也幾乎不被採納。這邊血氣方剛，正怏怏不快，那邊偏偏一而再、再而三地撩其情緒，驕傲的將軍終於被弄得舉止浮躁，這時，專事偵探大臣的錦衣衛恰到好處地向皇帝提出藍玉有謀反企圖的指控——洪武二十六年二月，藍玉突然被逮下獄，且迅速結案：藍玉滅族，「坐黨夷滅者不可勝數」，案涉「一公、十三侯、二伯」，一萬五千人被殺，《明史》評曰：「於是元功宿將相繼盡矣。」

洪武二十三年解決了一個「反朱元璋政治集團」，二十六年解決了一個「反朱元璋軍事集團」——此距朱元璋辭世僅僅五年，相信這會使他闔上雙目時比較塌實。藍玉一案的內幕究竟怎樣，無人得知，他要謀反的說法來源於朱元璋御用特務機構，定罪過程也處在封閉、祕密的刑訊狀態之中，但後人顯然存有疑問，例如由清代官方修定的《明史》便只把胡惟庸列入《奸臣傳》，沒有把藍玉列在其中，從而以這種方式表達了一種看法。

我曾在明中葉王錡所撰筆記《寓圃雜記》中，讀到對藍玉其人的間接描述，似乎婉轉地為藍玉鳴冤。

作者回憶他祖上在洪武年間認識的一個叫王行的狷介文人，此人特立獨行，為人勇義。當時，他決心去京城（南京）闖蕩，有友人因「時太祖造邦，法制嚴峻」而「堅阻之」，「行大聲曰：『虎穴中好歇息。』」到南京後他教書為業，住處與藍府相鄰，所收學生中因此就有藍府僕人的子弟。藍玉很關心這些孩子，經常檢查他們的功課，對他們老師的教學水平大加稱讚，主動提出要見這位老師。當朝大將軍、貴為公爵的藍玉，肯結交一個教書先生，這令王行非常吃驚。見面後兩人縱論韜略，神飛興逸，十分過癮。藍玉敬重王行才具，有相見恨晚之慨，於是將王請入府中居住，以師禮事之。不久，藍玉事發被捕，有人就勸王行速逃，免受牽連，王斷然答道：「臨難無苟免。」留下來等死。在獄中，面對審問者，王行昂首承曰：「王本一介書生，蒙大將軍禮遇甚厚，今將舉事，焉敢不從？」竟故作憤世語，以請死姿態來抗議藍玉蒙冤，義無反顧地加入了那一萬五千被殺者的行列。

作為「本朝子民」，王錡在《寓圃雜記》裏豈敢直指藍案是冤假錯

案？但他卻用藍玉、王行交往的故事，描繪兩人展現出的正派形象，曲筆潛意，昭然若揭。從王行，我們可間接地想像與之引為知己的藍玉的個性，也必是驕傲而磊落。以這性情，招致朱元璋之忌，勢所難免。但禍根絕不在於藍玉的個性，即使他善於抑己順從又能怎樣？朱元璋的心腹之患，是藍玉在軍中的威望和巨大影響力，是他長年征戰帶兵所自然而然形成的地位和統系；朱元璋勢必要在死前除此隱患，以保子孫皇位不受威脅。

冤魂縹緲

我們發現，朱元璋死的時候，明初精英居然一個不剩！

這是朱元璋為子孫計，算盡機關，巧為施行的結果。當初追隨朱元璋起兵諸將，及為其徵召的文耆謀臣，除少數如常遇春、鄧愈、胡大海、沐英早死，其餘要麼罹於獄禍，要麼被賜自盡，要麼疑為朱元璋毒死，得善終者似僅湯和一人。《明史》湯和傳說：「和晚年益為恭慎，入聞國論，一語不敢外泄。……當時公侯、諸宿將坐奸黨，先後麗法，稀得免者，而和獨享壽考，以功名終。」做人做到這地步，才保了平安。實際上，低調做人只是湯和「獨享壽考」的部分原因；洪武二十三年起，他「感疾失音」，形同廢人，朱元璋曾召見之，「與敍里閈故舊及兵興艱難事」，「和不能對，稽首而已」——人到了這地步，連話都不會說，只會叩頭，自然也就可以讓他自己老死，不必除掉他了。

其他的人，則不能不是另一種命運。

徐達不僅是明初最偉大的將軍，且公忠持謹，無私、識大體，追隨朱元璋三十年，功勳蓋世，但從不居功自傲，堪稱職業軍人的典範。朱元璋屢加試探，用各種小花招窺視徐達內心，每一次都不過進一步證明了徐達的高風亮節。但朱元璋絕不會因此釋疑。洪武十七年（1384）徐達患病，開始，病情看上去很重，像是不起的樣子，朱元璋表現得很積極，幾次親

往探疾，積極調集醫生治療。治了很久，徐達居然出現了好轉的跡象。就在此時，朱元璋忽然派使者來見賜膳，徐達一見，當即淚如雨下，在內使的注視下吃了送來的東西；待內使走後，徐達密令給他治療的醫生趕快各自逃命。果然，不久徐達就死去，年僅五十四歲。朱元璋聞徐達已死，「蓬跣擔紙錢，道哭至第」，下令抓捕所有曾為徐達看病的醫生，全部殺掉。[1] 此不載於正史，然細節精彩、情理皆然：從朱元璋起初得知徐達沉痾而暗喜，到表演對「布衣兄弟」情深義重的偽善一幕，到徐達病情轉好令他始料不及，到痛下殺手、毒饗徐達，再到假裝悲慟、以懲處庸醫為由卸責滅口，筆筆入木三分，畫活了朱元璋，我寧肯採信於它。

值得採信的根據，亦因投毒這事朱元璋至少還幹過一回。李文忠，位列「功臣榜」第四的大將、曹國公；他是朱元璋姐姐之子，也是除朱元璋後代外朱家唯一骨血，但他並非仗着這層親戚關係登上高位。史載李文忠作戰異常勇敢，「臨陣踔厲風發，遇大敵益壯」，屢建奇功；更兼不但能武，而且能文，好讀書、長詩文、有思想，以儒將鳴於當世。然而，恐怕就是有思想這一點害了他。建國後他被釋去兵權，居家與高士儒者交，憂國憂民，屢屢將所討論的意見諫達上聰，如勸朱元璋「少誅戮」，對東征日本的計劃表示異議，批評宮中宦官太多，等等。一來二去，朱元璋早就不爽。洪武十六年（1383）冬，李文忠病，朱元璋也是親往探視，也專門派人護其醫藥，翌年三月，正當英年的李文忠不治而故。這次，朱元璋主動指責李文忠是被毒死的，負責治療的「諸醫並妻子皆斬」──滑稽的是，醫生們與李文忠素無仇隙，他們為何要冒死毒害一個身為皇戚的大人物呢？──總之，證據消失了。

還有一位也被毒死，那便是被譽為「張良再世」的傳奇人物、明初智慧象徵劉基（字伯溫）。劉輔佐朱元璋得天下之事，人盡知之，我們要講的是天下大定之後的劉朱關係。明建國後，朱元璋累次提出進其爵秩，劉基均堅辭，只接受了遠低於其貢獻的伯爵封號。要他當宰相，亦不受命。洪武四年，劉基早早引退，回到家鄉做老百姓。所以如此，只是出於

---

① 《翦勝野聞》。

文人的狷介。問題是，朱元璋為羅致天下人才效力，曾明令：「寰中士大夫不為君用，是自外其教者，誅其身而沒其教。」[2] 劉基的做法，等於帶頭違抗此令。如果明哲保身，劉基應該改變態度，但史傳說他「性剛嫉惡，與物多忤」，「慷慨有大節」，「義形於色」，他佐朱元璋得天下，乃為蒼生，功成身退則是為了自我人格的完整，他在拒絕出任宰相時沒有虛與委蛇，找別藉口，而是直截了當表示不喜歡、不想幹：「臣疾惡太甚，又不耐繁劇。」對此，朱元璋唧之頗深，幾年後還藉故暗示劉「忠臣去國，不潔其名」。

劉基執意退休後，胡惟庸被任命為左丞相。這是一個典型的政治小人，劉基曾再三勸阻朱元璋不要拜其為相，不聽。現在，胡正好尋隙報復，而且他揣摩過這一定會得到朱元璋的支持。胡支使人檢舉劉基替自己相中一處墓地，稱此地「踞山面海，有王氣」。朱元璋「頗為所動」，親筆致信劉基，「歷言古之君子保身之福，作孽之禍，及君臣相待之義，詞甚詳；末言念卿功，姑奪其祿而存其爵。」[3] 這是嚴重的警告。劉基得書，照例詣闕「謝恩」，「乃留京，不敢歸」。留京期間，像是對胡惟庸的鼓勵和獎賞，又像是專做給劉基看，朱元璋將胡惟庸「轉正」、升為右丞相；劉基聞知此訊，「大慼」曰：假如當時是我說錯了（指對朱元璋力阻胡惟庸為相），那就是蒼生之福啊！於是，「憂憤疾作」，就此病倒。在這時，我們見到了《明史》中驚人的一筆：劉病重，朱元璋偏偏派劉基最反感──反過來同樣也對劉基心懷怨恨的胡惟庸為代表，來探望劉基（「久之基病，帝遣惟庸挾醫視」）。正是在這次以皇帝名義進行的探視過程中，胡惟庸拿出一種藥，讓劉基服用。劉用後「有物積腹中如拳石」。隨後，朱元璋放劉基還鄉，至家「居一月而卒」。與徐達、李文忠之死不同，這次朱元璋沒有親自施毒，利用兩個政敵之間的恩怨，假人手行之。幾年後，胡惟庸事發，有人揭發劉基是被胡毒死，使胡罪狀上重重加上一條，而胡惟庸只好咎由自取，他顯然不能辯稱自己其實是揣摸上意、替君除憂。

---

[2] 《大誥三編》。
[3] 《國朝典故》，野記一。

胡惟庸的下場，是有「前車之鑒」的。作為朱元璋的前水軍司令，德慶侯廖永忠立有兩項大功：一是鄱陽湖朱陳大戰時，廖在最緊急關頭，擊退張定邊[①]，救了朱元璋一命；一是至正二十六年（1366）朱元璋派他迎韓林兒[②]歸應天，途中製造翻船事故，淹死韓林兒，從而為朱元璋稱帝掃清障礙。這兩項功績，對朱元璋皆同再造，但廖永忠幹掉韓林兒後，朱元璋卻聲明與己無關，是廖自作主張。洪武三年大封功臣時，朱元璋再次做秀，將廖「止封侯而不公」，並指責廖害死韓林兒是「窺朕意、徼封爵」。廖永忠便永遠背上這口黑鍋。洪武八年（1375），朱元璋又以某種藉口將廖永忠「賜死」。胡惟庸其實就是「廖永忠第二」，兩人故事如出一轍。

洪武二十五年（1392），江夏侯周德興 —— 那個與朱元璋「少相得」的小夥伴 ——「以其子驥亂宮，並坐誅死」。二十七年（1394），湯和病歿。加上十年前被毒死的徐達，朱元璋共患難的「同里弟兄」全部死光。

藍玉案後，受封公爵者（亦即明建國的頂級功臣）中的最後兩人，穎國公傅友德和宋國公馮勝，先後賜死。二十六年藍玉死，二十七年傅友德死，二十八年（1395）馮勝死。連續三年，一年除掉一位公爵。

朱元璋可以高枕無憂了。洪武三十一年（1398），他放心地死去，留給太孫朱允炆一個他認為十分「安全」的皇位。

集權？極權？

如僅限於屠戮功臣，朱元璋不過是「狡兔死走狗烹，飛鳥盡良弓藏」這古老帝王術的熱情摹仿者，儘管也許下手最狠、做得最絕，但終歸無所創造。

---

① 陳友諒的頭號大將，曾在鄱陽湖一役中險些活捉朱元璋。
② 為紅巾軍創始人劉福通奉為主，稱帝，建國號「宋」，紀元龍鳳。朱元璋一直尚奉其號；韓林兒死後第二年，改稱吳元年，又明年改國號「明」，改元洪武。

不，他當然有所創造。

　　他提供了這樣的認識：帝權危機，要從體制上解決。否則，除掉一茬人還會有第二茬、第三茬人冒出來。這是他按照老辦法，殺了又殺之後所悟出的道理。由此中國的帝權，更上層樓。我們來看有哪些具體表現：

　　（一）奪政權於丞相。洪武十三年誅胡惟庸，朱元璋頒詔，正式廢除相制，「設五府、六部、都察院、通政司、大理寺等衙門，分理天下庶務，事皆朝廷總之」。以後，在此基礎上發展出內閣制；內閣除照旨票擬外，有建議權，無決策權，一切決策皆出中旨。此為亙古以來之所無。

　　（二）奪軍權於將領。「征伐則命將充總兵官，調衛所軍領之，既旋則將上所佩印，官軍各回衛所。」所有軍隊直屬皇帝，一兵一卒只有皇帝可以調動；將領與部隊脫鈎，接受軍事任務後才派至所部行使臨時指揮權，戰事畢，將領交還綏印、部隊各回衛所。這是對唐宋經驗的繼承和發展，唐宋兩朝，軍權收歸中央，「然其職官，內而樞密，外而閫帥州軍，猶文武參用」[3]，文職重臣外出領軍，為全權性質，可直接帶兵，亦即文臣臨時變身將軍，故曰「文武參用」。而明代進一步設計出文武「截然不相出入」的兵制：

　　　　文武「截然文臣之督撫，雖與軍事而專任節制，與兵士離
　　而不屬。是故洌軍者不得計餉，計餉者不得洌軍；節制者不得操
　　兵，操兵者不得節制。方自以犬牙交制，使其勢不可叛。」[4]

　　（三）冊封親王，屏藩帝室。奪政權於丞相、奪軍權於將領，一切軍政大權皆歸皇帝，這過於集中的權力勢必伴隨管理上的難題，而朱元璋想到的解決辦法，就是讓血親諸王充當中間環節，「上衛國家，下安生民」，在他看來只要權力不落在朱姓之外就靠得住。因此，他准許諸王有自己的武裝，甚至，「如本國是要塞之地，遇有警急，其守鎮兵、護衛兵並從王調遣。」朱元璋認為，絕對的帝權加上有力的藩屏，可為皇圖永固的基礎。

---

③ 《黃宗羲全集》，第一冊，浙江古籍出版社，1985，第 34 頁。
④ 同上。

（四）恐怖統治。密探橫行、鷹犬遍佈，是極權政治的典型症候。朱元璋首創一種特務機關 —— 錦衣衛，《明史》評其曰「不麗於法」。在法律的框架內，明代司法機構本來已經完備：刑部掌天下刑名，為最高司法機關；都察院負責糾查彈劾官吏；大理寺主管冤假錯案的平反 —— 以上所謂「三法司」之外，再加上通政司，接納四方陳言、申訴冤滯或告不法等事。然而，出於極權政治需要，朱元璋另外設立了凌駕於法律之外、純粹聽命於皇帝並由皇帝本人掌握的特務組織綿衣衛。這是由皇家豢養的鷹犬，專事刺探、偵緝、告密，並且可以繞開法律直接抓人、祕密刑訊直至將人處死。洪武二十年，朱元璋發現錦衣衛「多非法凌虐」的弊端，有害於國家正常法制，命罷錦衣衛。但是，這種東西其實與極權政治與生俱來，是罷不掉的。所以到了篡權者朱棣手中，極權的渴望與恐懼愈益增長，乃父開創的恐怖統治思路也就更加發揚光大，不單錦衣衛被恢復，又從中分出北鎮撫司，另新設由內監執掌的東廠；以後，成化朝再增西廠，正德朝再增內廠 —— 於是，特務機關疊牀架屋，邏卒刺事四方，專以酷虐鉗中外，朝野相顧不自保，告密之風未嘗息也，明代中國成了不折不扣的「警察國家」。

曩往論明代政治體制，沿用「中央集權」術語，相當不確切。就其涵義，「中央集權」當與「地方分權」互為對應；中國從東周「禮崩樂壞」至戰國「諸侯並立」，再至秦一統天下，滅六國而代以郡縣制，這結局可以表為「中央集權」。嬴政自命「始皇帝」，意思就是帝權 —— 一種新型權力 —— 自他手上而得創始；它有別於周代的王權，取消了相對獨立的地方權力，而將「天下」完全納入中央政權秩序。秦制，漢承繼之，並加以完善。所以，自秦漢以來中國進入了帝權制，抑或中央集權制 —— 這兩個說法乃同一回事。然而，這種體制到朱元璋時代分明達到了一個新層次，如果仍用中央集權來表述，不僅不準確，簡直也抹煞了歷史頗具實質性的變異。只要我們仔細分辨，就應認識到對明帝國而言，更合適的字眼不是「中央集權」，而是「君主極權」；前者意味着「一切權力歸中央」，後者意味着「一切權力歸君主」，顯非可同日而語者。

文字獄背後的心態

　　自家臥榻之旁，豈容他人安睡？君主專忌，滿腦子「權力鬥爭」，原是正常的心態和思維方式，不獨朱元璋如此。雖然也許風格不同，不一定採取「殘酷鬥爭，無情打擊」的方式。比如宋太祖趙匡胤，就比較偏愛耍心眼兒、旁敲側擊的辦法。眾所周知，他上演了令手下大將石守信等「杯酒釋兵權」的好戲。我還從邵雍之子邵伯溫所撰《邵氏聞見錄》讀到如下故事：

> 　　太祖即位，諸藩鎮皆罷歸，多居京師，待遇甚厚。一日從幸
> 金明池，置酒舟中，道舊甚歡。帝指其坐曰：「此位有天命者得
> 之。朕偶為人推戴至此，汝輩欲為者，朕當避席。」諸節度皆伏
> 地汗下，不敢起。帝命近臣掖之，歡飲如初。

　　這場面很生動，完全是趙匡胤一流的行事做派，朱元璋學不來。朱元璋擅長的是狠刻毒辣。然而，風格不同，手法各異，目的與動機卻沒有分別──都在於制權。

　　僅就這一層而論，某種意義上，朱元璋再血腥、再不擇手段，也都是權力這玩藝的題中之旨。固然有人願意打抱不平，說忠臣見戮如何有失公道，但換個角度想又大可不必；說到底在權力場混，就是一件你死我活的事，你要朱元璋講「仁義道德」他怎麼講得了？歷史上許多謀篡的事例擺在那裏，許多由於「心慈手軟」而敗亡的事例也擺在那裏，權力之爭、權力之防的本質就是《紅樓夢》那句話，「烏眼雞似的，恨不得你吃了我，我吃了你」，怎麼講「仁義道德」呢？

　　因此朱元璋絞滅元宿勛臣，手法兇狠了些，但對專制統治而言，又算不上什麼新東西。他的暴政，真正富有「個人特色」的，其實在文字獄方面。

　　文字獄當然亦屬古已有之，孔子做魯國司寇時誅少正卯，漢武帝為李陵事腐司馬遷，嵇康以「每非湯武，而薄周孔」罪名被司馬氏集團所殺，都是有名的例子，歷代朝臣因言獲罪、被貶被謫更屢見不鮮。

那麼，為什麼還說文字獄是有朱元璋特色的暴政？第一，明初文字獄之慘烈、之集中，前所未見。過去雖然也有文字獄，但從來沒有哪個皇帝像朱元璋這樣頻頻興起，三天兩頭就搞一次，簡直像是着了迷似的。第二，以往文字獄雖然同屬以言獲罪，但都有重大思想、政見分歧為由頭為背景，而藉專政壓平之；到了朱元璋這兒，相當多的文字獄，竟然談不上任何思想、政見的分歧，純粹變成了一種捕風捉影的文字遊戲，只因秉政者對某句話乃至某個字眼生出異想天開的想像與猜忌，就喪心病狂地施以殺戮。

前面說到朱元璋的成功處，是較諸元末亂世諸豪強他能禮賢下士，吸納和信用讀書人，比較好地解決了知識分子問題。這是他英明處，到底他是一個識大體的人，知道知識分子不用不行，不用不能成大事。然而，這僅是他同知識分子關係的一個側面，而完整地看，他對知識分子的態度是：一方面為我所用，另一方面深為防範，甚至懷有天生的疑懼。

這就又說到他作為皇帝的那個特殊性：泥腿子皇帝。由赤貧一躍登上大寶，貴之已極，但社會身份和地位的這種天翻地覆，並未將先前低微的文化身份和地位同時抹去。他雖一直很努力，惡補文化，從目不識丁到能寫能讀，已相當不易，不過與幼讀詩書的知識分子比，他對文化的掌握僅屬皮毛，「門外漢」的感覺大約是難免的。他對打仗很在行，對權力鬥爭也很在行，這兩方面他有充分自信，且不懼任何人；可一旦遇到文化、語言一類事，他就發怵，覺得裏面道道太多，曲裏拐彎，稍不留神就會中招兒。事實上，在這一點上朱元璋曾吃過不少虧，有的還近乎恥辱 —— 其中自有故事。

焦竑《玉堂叢語》載：

> 國初，郊祝文有「予」、「我」字，上怒，將罪作者。桂彥
> 良進曰：「湯祀天曰：『予小子履武』；祭天曰：『我將我饗』。儒
> 生泥古不通，煩上譴呵。」眾得釋。[1]

同一事，《明史》亦有記載：

---

[1] 《玉堂叢語》，言語。

七年（1374）冬至，詞臣撰南郊祝文用「予」、「我」字。
帝以為不敬。彥良曰：「成湯祭上帝曰『予小子履』；武王祀文王
之詩曰「『我將我享』。古有此言。」帝色霽曰：「正字（桂彥良
的官職是太子正字）言是也。」[②]

那時，每歲都要專門日子裏在圜丘舉行祭天地大典，其間有祝文，而
這種文字是由文臣負責起草，因為祭典的主角是皇帝，祝文自然要依皇帝
的口吻來寫。結果朱元璋發現，祝文裏面居然有「予」、「我」這樣的稱
呼，而不用皇帝自稱時專用的「朕」，這豈非大不敬？於是大怒，就要降
罪祝文起草人。這時，他的文字祕書桂彥良趕緊過來悄悄解釋：作者這麼
寫，係用古典……原來，朱元璋這個大老粗，絲毫不知皇帝稱「朕」，遲
至秦始皇時代才發明，而最早在湯武時代，古王也是以「予」、「我」自稱
的。他白白鬧了笑話，卻又發作不得，一定很窩囊，好在貼身祕書及時提
醒、遮掩，總算沒有當眾露怯。

另一件事則更令他蒙羞。

黃溥《閒中今古錄》載，洪武初年，朱元璋決定以後政策向知識分子
傾斜，並說「世亂則用武，世治則用文」；這自是高明之見，但卻引起那些
跟他打天下的武人的不滿：

> 諸勛臣不平，上語以故曰：「世亂則用武，世治則用文。」
> 諸勛進曰：「此固然，但此輩善譏訕，初不自覺。且如張九四原
> 禮文儒，及請其名，則曰士誠。」上曰：「此名甚美。」答曰：
> 「孟子有『士誠小人也』句，彼安知之？」上由是覽天下所進表
> 箋，而禍起矣。

這回，他當着別人面，結結實實地出了一個大洋相。內中，「張九四」
即張士誠，當年朱元璋的死對頭。此人出身我們前面說過，也是起於底層
的鄙夫，原來連個大名兒都沒有，發跡後專門請文化人替他新起的，而改
叫「張士誠」。眼下，那位進讒者吃準了朱皇帝文化素養有限，料定他不

---

② 《明史》，列傳第二十五。

知道《孟子》裏有「士，誠小人也。」這麼一句，故意下了一個套。朱元璋果然冒冒失失脫口讚道「此名甚美」，結果對方早等着呢，將這名字出處和盤托出，還加上一句「彼安知之」。這個「彼」明裏指張士誠，暗中諷刺的豈不正是朱元璋？朱元璋這個跟頭栽得可不輕，他原來在文化上就自卑，此刻本來以為簡簡單單的「士誠」兩字，無甚費解處，不料卻寄寓了這樣一個典故，而且裏面包含了那樣「險惡」的用心。自己一頭撞上去，熱臉貼了個冷屁股。這番羞辱非同小可，足令他記一輩子——看來，讀書人肚裏彎彎繞繞確實多，一字一句都可能包藏蛇蠍心腸——所以黃溥敍罷此事，歸納道：「上由是覽天下所進表箋，而禍起矣」。

這段情節雖只見於稗史筆記，但我倒覺得和人物、歷史都特別絲絲入扣。首先，那件事出在別人身上也就罷了，出在張士誠身上，尤易使朱元璋有「物傷其類」之感，他們雖是對頭，可一旦擺到文化人面前，卻一樣是苦出身，一樣會因肚皮裏沒墨水兒而隨便受人戲耍——這一定是他最強烈的感受。其次，這件事絕就絕在它的方式上，文化人靠什麼暗算了張士誠呢？語言和文字。透過此事，朱元璋明明白白認識到，千百年來由一代代文化人共同打造的話語體系，是一座隱喻和象徵的迷宮。你看，孟子那句話，可以句讀為「士，誠小人也」，但稍改變一下，卻被句讀成「士誠，小人也」，來達到他們損人牙眼的目的。可見語言和文字，確是一柄殺人而不見血的刀！

這故事的可靠，在於朱元璋一生屢興文字獄，一多半建立在咬文嚼字、胡亂猜謎的基礎上，都是摳字眼摳出來的文禍。他變得對文字高度警覺，疑神疑鬼，以致到神經質的地步。《朝野異聞錄》載：

　　當時以嫌疑見法者，浙江府學教授林元亮為海門衛作《謝增俸表》，以表內有「作則垂憲」句誅。北平府學訓導趙伯寧為都司作《長壽表》，以表內有「垂子孫而作則」句誅。福州府學訓導林伯璟為按察使作《賀冬表》，以表內有「儀則天下」句誅。桂林府學訓導蔣質為布按作《正旦賀表》，以表內有「建中作則」句誅。常州府學訓導蔣鎮為本府作《正旦賀表》，以表內有

「睿性生知」句誅。澧州學正孟清為本府作《賀冬表》，以表內有「聖德作則」句誅。陳州府學訓導周冕為本州作《萬壽表》，以表內有「壽域千秋」句誅。懷慶府學訓導呂睿為本府作《謝賜馬表》，以表內有「遙瞻帝扉」句誅。祥符縣教諭賈翥為本縣作《正旦賀表》，以表內有「取法象魏」句誅。臺州訓導林雲為本府作《謝東官賜宴箋》，以箋內有「體乾法坤，藻飾太平」句誅。德安府學訓導吳憲為本府作《賀立太孫表》，以表內有「永紹億年，天下有道，望拜青門」句誅。蓋以「則」音嫌於「賊」也，「生知」嫌於「僧智」也，「帝扉」嫌於「帝非」也，「法坤」嫌於「髮髡」也，「有道」嫌於「有盜」也，「式君父」嫌於「弒君父」也，「藻飾太平」嫌於「早失太平」也。

幾個未作解釋的，我們依朱元璋的心理去揣測：「壽域」是否有嫌於「獸慾」？「取法」是否有嫌於「去髮」？總之，不出此類意思。

《閒中古今錄》亦載：

> 杭州教授徐一夔撰賀表有「光天之下，天生聖人，為世作則」等語。帝覽之大怒曰：「『生』者，僧也，以我嘗為僧也，『光』則薙髮也，『則』字音近賊也。」遂斬之。

這些都毫無道理，就像當今市俗之輩以「四」意會「死」、以「八」意會「發」一樣，其實正好暴露了朱元璋無知少文的素質。不巧的是，這樣一個人恰好是皇帝，就活該當時的讀書人倒霉。讀書人墨水兒喝得多，就喜歡「拽辭兒」；平常「拽辭兒」是雅事，這個節骨眼兒上偏偏就拽出大禍來。而且什麼時候得罪，預先根本無法料知，因為那位特定的讀者，完全非理性，天曉得他腦子裏對一個語詞會生出何種聯想！

應該說，朱元璋在教育子孫時，並不諱言自己出身窮苦、早年生活窘迫這些事實，某種程度上甚至流露出一種自豪。但以上文人所犯之忌，恰恰又全是由於朱元璋認為他們在影射他的過去。這似乎是很矛盾的現象。換言之，那些往事，他自己說得，別人說不得；由他自己道來是一種滋

味，而經文化人道來就是另一種滋味。看來，最終還要歸結到他在文化上的自卑心理，這心理轉而導致他對知識分子懷有根深蒂固的猜忌，覺得這類人總是居心叵測，話裏有話，專門藉語言佔便宜、使絆子。抽象地說，朱元璋實際上患了語言恐懼症。

人就是如此被生活不可抗拒地書寫。儘管他現在君臨天下、廣有四海、統馭萬民，但生活經歷還是把他某一方面的自我感受定格在從前，使他到死在這個方面都高大不起來，而永遠卑微。他的每一次文字獄，他每一次疑神疑鬼，都在訴說着這可憐而弱小的自我。

雖然專制乃極權與生俱來和普遍之稟賦，而透過朱元璋，我們卻進一步發現，如果這制度的意志由一個文化身份低微者來掌握，那麼，它反理性的特質甚至可以越過政治、思想、倫理這些顯性的一般社會內容，而直抵隱喻的世界；亦即，不光人們明確表達出來的思想將被限制，即便抽象的精神趣味，比如對語言的修辭、使用和選擇怎樣的字眼這類最低限度的個體精神自由，亦在干涉之列 —— 它們必須適合獨裁者的知識水平和理解能力，一旦跨出這限度，後者就毫不猶豫地用暴力加以制止。

順此邏輯，朱元璋的猜忌對象「合理」地從表箋一類公文擴散到文學創作，從個別字詞的「不敬語」擴散到一篇詩文的主題與立意，從修辭的技巧層面擴散到作者的思想傾向和意識形態。

《國初事跡》載：

> 僉事陳養浩作詩云：「城南有嫠婦（寡婦），夜夜哭征夫。」
> 太祖知之，以其傷時。取到湖廣，投之於水。

曠夫怨婦，歷來的傳統主題，不知被詩人吟詠了多少年，這個陳養浩無非蹈故襲常，居然被扔到水裏淹死。

有兩個和尚，一個叫守仁，一個叫德祥，喜歡作詩，也惹禍上身：

> 一初（守仁的表字）題翡翠（這裏是鳥名）云：「見說炎州進翠衣，網羅一日遍東西。羽毛亦足為身累，那得秋林靜處棲。」
> 止庵（德祥的表字）有夏日西園詩：「新築西園小草堂，熱時無處

可乘涼。池塘六月由來淺，林木三年未得長。欲淨身心頻掃地，愛開窗戶不燒香。晚風只有溪南柳，又畏蟬聲鬧夕陽。」皆為太祖見之，謂守仁曰：「汝不欲仕我，謂我法網密耶？」謂德祥曰：「汝詩熱時無處乘涼，以我刑法太嚴耶？又謂六月由淺，三年未長，謂我立國規模小而不能興禮樂耶？頻掃地，不燒香，是言我恐人議而肆殺，卻不肯為善耶？」皆罪之而不善終。[1]

其實稍解詩趣的人都看得出，守仁詩是要說一種禪意，德祥詩表達的卻是對自己心性修行未純的省思；經朱元璋一讀，則全部讀成政治。

某寺廟壁間不知何人一時興起，題詩其上，被朱元璋看到，竟將全寺僧人殺光：

> 太祖私遊一寺，亦見有題其（布袋佛）詩曰：「大千世界活茫茫，收拾都將一袋藏。畢竟有收還有散，放寬些子也何妨！」因盡誅僧。[2]

布袋佛，即那位笑口常開、大肚能容天下事的彌勒佛，幾乎每座中國佛廟都能見着他那令人忘憂舒朗的形象，深合中國人對於達觀哲學的追求，但到朱元璋這裏，也變成時政的譏刺。

最奇的，是高僧來復的遭遇。這位江西和尚，應召入京建法會。其間朱元璋賜宴，來復也是多事，席間呈詩一首作為謝恩。詩云：「金盤蘇合來殊域，玉碗醍醐出上方；稠迭濫承上天賜，自慚無德頌陶唐。」這詩不獻還罷，一獻，小命丟掉了：

> 帝曰：「汝用『殊』字，是謂我『歹朱』也。又言『無德頌陶唐』，是謂我無德，雖欲以陶唐頌我而不能也。」遂斬之。[3]

這可真是冤哉冤哉！來復和尚明明拍馬屁，說朱元璋賜以異國上天的

① 郎瑛《七修類稿》，卷三十四。
② 同上，卷三十七。
③ 趙翼《廿二史劄記》，卷三十二。

美食玉液，款待自己這麼一個「無德之人」，他只有傾心獻上對聖明君上的歌頌之辭……這些意思，倘他不用詩的形式來說，斷不會招禍，千不該萬不該，不該酸溜溜地寫成詩，那朱元璋已經習慣成自然，一見你來「雅」的，他就犯嘀咕──這狗娘養的大概又繞着彎兒罵我哩，「遂斬之」。

有時，引用古詩，竟然也丟性命。洪武二十六年的狀元張信，被朱元璋任命為皇家教師。教學內容自然包括習字。這天，張信從杜甫詩集中取四句，書成字帖，命學生臨摹。老杜史稱「詩聖」，他的句式歷來認為最講究、最精煉，也最工整，這四句是：

舍下筍穿壁，庭中藤刺簷。地晴絲冉冉，江白草纖纖。

對仗極工，意象獨絕，兼得瘦勁與空靈之妙，詩家評為「語不接而語接」。張信對此詩的喜歡，一定是唯美的，但杜甫詩中往往有些「憂患」的滋味，這也是他所以被稱「詩聖」（試體會與李白稱「詩仙」的區別），此時，張信雖然疏忽了，朱元璋卻足夠敏感，一下嗅出杜詩中的苦難氣息：

太祖大怒曰：「堂堂天朝，何譏誚如此？」腰斬以徇經生（儒生）。[1]

張信並非唯一死於腰斬這酷刑之下的文人，還有一個受害者，名氣遠比他大，此人就是明初文壇「四傑」之一高啟。《明史》記其事曰：

啟嘗賦詩，有所諷刺，帝嗛之未發也。及歸，居青丘，授書自給。知府魏觀為移其家郡中，旦夕延見，甚歡。觀以改修府治，獲譴。帝見啟所作《上梁文》，因發怒，腰斬於市，年三十有九。[2]

「觀以改修府治，獲譴」，指蘇州知府魏觀以原張士誠王宮舊址重建「市府大廈」，這行為本身就有引火焚身之意，很愚蠢，偏偏高啟湊熱鬧寫了一篇《上梁文》（蓋房子上屋梁的祝文），內有「龍蟠虎踞」之語。這還了得？除了真命天子，什麼人可稱「龍蟠虎踞」？朱元璋大怒，斷定魏觀

---

[1] 皇甫錄《皇明紀略》，七。
[2] 《明史》，列傳第一百七十三，文苑一。

和高啟「有異圖」，置於「極典」——據說，高啟所受腰斬還不是一斬了之，而是「被截為八段」③。高啟被殺的直接原因，好像是政治問題，其實不然。《明史》說得甚明：「啟嘗賦詩，有所諷刺，帝嗛之未發也。」換言之，對這個大詩人，朱皇帝早已心懷不滿，但不知何故暫時隱忍未發。史家多認為，「有所諷刺」而令朱元璋「嗛之未發」的詩作，是高啟的一首《題宮女圖》。詩云：

> 女奴扶醉踏蒼苔，明月西園侍宴回。小犬隔花空吠影，夜深宮禁有誰來？

此詩寫了後宮某妃嬪的剪影，敍其被君王召去侍宴，宴畢由女僕扶醉而歸，候至深夜、唯聞犬聲的孤寂情懷。這類詩是所謂「宮怨詩」，唐以來不計其數，若論寫得哀傷、淒絕的，較之為甚者比比皆是，如白居易、元稹、顧況等，卻從不曾聽說誰掉過一根汗毛。高啟只能怪自己不幸生在朱元璋時代，竟因一首「老生常談」式的宮怨詩，「觸高帝（朱元璋）之怒，假手於魏守（魏觀）之獄。」④清人朱彝尊《靜志居詩》甚至考證說，《題宮女圖》是譏諷元順帝的，與明初宮掖毫不相干——倘如此，高啟就簡直「冤大發」了。

高啟之外，又有名叫張尚禮的監察御史，同樣因宮怨詩得罪。跟《題宮女圖》比，張尚禮這首詩寫得頗有些「直奔主題」：

> 庭院深深畫漏清，閉門春草共愁生。夢中正得君王寵，卻被黃鸝叫一聲。

顯然化用了金昌緒的《春怨》：「打起黃鶯兒，莫教枝上啼。啼時驚妾夢，不得到遼西。」只是情境更為露骨，尤其不能忽視的是，如此春情難捺的並非民間少婦，而是宮中某個寂寞的女人。據說，朱元璋讀此詩後，深感這位作者「能摹圖宮閫心事」，也就是說，寫得實在太逼真了，就像

---

③ 祝允明《野記》。
④ 錢謙益《列朝詩集》，甲集，高太史啟。

鑽到宮女心腹裏去一般——對這種人，朱元璋做出的安排是：「下蠶室死。」[1] 所謂「蠶室」，宮刑、腐刑之別稱；蓋受宮刑者，創口極易感染中風，若要苟全一命，須在蠶室似的密處，百日不遇風，方能癒合。顯然，張尚禮下了「蠶室」後，沒能挺過去，傷口感染而死。

「你不是操心宮女的性生活麼？我就閹了你！」這，就是朱元璋給一位宮怨詩作者的答覆。舊文人賦詩為文，無非是要麼談談政治，要麼談談風月，談不成政治就談風月——這宮怨詩，其實就是風月的一種，之所以代代不絕地延傳着寫下來，對於士子們來說並不是抱有「婦女解放」的宏大志向，甚至連給皇帝「添堵」的想法也沒有，實在只是藉此玩一點小感傷，扮一扮「憐香惜玉」態。這酸溜溜的小風雅、小情調、小賣弄，大家從來心知肚明，也從來沒被看得太重。唯獨到朱元璋這兒，作宮怨詩就會換來腰斬、割生殖器的惡果，搞得劍拔弩張，一點沒有趣味和幽默感。

這裏，姑且不談專制不專制，朱元璋的反應和處置方式，確實表明他是歷來帝王中少有的一個對文人文化、文人傳統一無所知的粗鄙之輩。像宮怨詩這種歷史悠久的創作題材，早已失去任何現實意義，而只是文人的一種習慣性寫作，一種自我陶醉而已。朱元璋對這種心態全然陌生，竟對本來近乎無病呻吟的東西認了真，動用國家機器，大刑伺候。雙方文化心理上的錯位，讓人哭笑不得。估計明初的文人雅士們驚愕之餘，還不免一頭霧水：政治固然可以不談，但怎麼風月也談不得了呢？

一直說到這兒，我發現大興文字獄的朱元璋與歷史上其他箝制言論、燒書罪文的專制暴君，有一個本質不同：他沒有自己的意識形態，他的所作所為不是為着推行自己的思想權威，讓讀書人都遵循「朱元璋主義」來思考和說話。在思想和意識形態方面，他毫無建樹，完全仰仗儒家政治倫理。他之所以殺那麼多人，跟許多推行文化專制的統治者意在搞他自己的「一言堂」，還是有所不同。

朱的濫殺，主要出於自卑。表面上，他殺人，他是強者；潛入深層看，倒是他處於弱勢。這弱勢的實質是，由於特殊出身他儘管做了皇帝，

---

① 徐釚《本事詩》。

卻完全不掌握話語權——他沒有自己的意識形態，他所做的那個「皇帝」，是由儒家意識形態來定義的，可對這套話語他恰恰全然陌生，解釋權握在士大夫手中。他們有一整套的語彙、語法，暗語、轉義、藉典、反諷、潛喻、異趣……不一而足；他們運用自如，如魚得水。而朱元璋倒很可憐，稍不留意即碰一鼻子灰，時常對不上話、接不上碴兒。他惱怒、羞憤、着急，怎麼辦？殺人。這是他唯一可以保持強者姿態、擺平自己的方式，就像一條狗，叫得越兇、情態越躁，越表明它陷於恐懼之中。我們不妨比較一下朱元璋和曹操，這兩個人都以多疑濫殺著稱，但顯然地，曹操的多疑來自於自負才高、「寧我負天下人，不教天下人負我」的強悍，朱元璋的多疑卻來自於自己的文化弱勢地位，隨時在擔心被文化人戲耍和瞞辱；所以，為曹操所殺者，俱為性情狷介、恃才傲物之名士，而朱元璋所殺文人，死得都有些莫名其妙——他們當中很多人都是小心翼翼的士吏，例如那些撰寫表箋的地方府學教官們。

不過，有一件事情，朱元璋卻真正是在不折不扣地搞文化專制主義。這件事情的進攻目標和打擊對象，不是別人，正是「孔孟之道」的另一半、高居儒家「亞聖」的孟子。

朱元璋恨孟子，大有道理——但這倒不是當年孟子那句「士，誠小人也」，曾讓他出過大洋相。

孟子是為暴君發明「獨夫民賊」這種稱呼的人，他也第一個將人民視為國家主體——民貴君輕，君主被放到次要位置。他這樣評論人民推翻大暴君商紂王這件事：「聞誅一夫紂矣，未聞弒君也。」[2] 說，我只聽說過人民起來誅滅了一個名叫紂的獨夫，從來不知道有什麼弒君的事情。謀逆殺死君主曰「弒」，「弒君」一詞本身就明確包括道德犯罪的指責，但孟子在紂王滅亡這件事上，根本不承認這個詞。他認為湯放桀、武王伐紂這類事都是誅獨夫不是弒君，可以作為正義而永遠加以效仿。他還講到，正直的政治家事君無非兩點：「君有大過則諫，反覆之而不聽，則易位。君有過則

---

② 《孟子·梁惠王下》。

諫，反覆之而不聽，則去。」①如果君主有重大的劣跡，一定要加以批評糾正，反覆多次他不接受，就讓他下臺；如果君主只有一般的劣跡，也一定要加以批評糾正，反覆多次他不接受，大臣就應該辭職離開他。

朱元璋是什麼人呢？我們對他，雖不簡單地稱為暴君，但他卻是把君權推到無以復加的極致的人，本來就獨尊獨大的中國式君主霸權（試比較一下歐洲古代君權，就能看出中國古代君權是多麼徹底；在歐洲，且不說還有教權與君權分庭抗禮，即便貴族騎士階層也能在君權之下保持某種榮譽上的獨立性），在他手中發展到壟斷一切的最高階段。這樣一個人，與孟子的政治學說可以說是天生對立的。反過來看，孟子力倡反對「獨夫」，不也正戳在朱元璋的痛處麼？

以孟子「民貴君輕」的觀點論，他千百年來居然被專制君主們尊為聖人，裏頭實有大虛偽。在專制君主那裏，他理該是不受歡迎的人，他的思想理該是不受歡迎的思想。李兆忠先生在《曖昧的日本人》裏說，日本雖然學習中國文化和儒家思想，對孟子卻堅決排斥，因為孟子對君主輕視與不敬。其實，這才是正常的。而中國的君主們，雖然一定很討厭孟子，卻還是假惺惺地讚美他的思想。至少在這一點上，朱元璋比較坦誠，不那麼虛偽。他是唯一不加掩飾、大大方方將對孟子的嫌惡表達出來的皇帝。全祖望《鮚埼亭集》載：

> 上讀《孟子》，怪其對君不遜，怒曰：「使此老在今日，寧得免耶！」時將丁祭（每年的仲春和仲秋上旬之丁日，各有一次祭孔，稱為「丁祭」），遂命罷配享（舊以孔子門徒及其他儒家先哲附屬於孔子者一併受祭，稱「配享」）。明日，司天奏：「文星暗」。上曰：「殆孟子故耶？」命復之。②

朱元璋話意甚明：倘這孟老兒活在當今，一條老命就算交代了！也許，腰斬都不足以釋恨，非將其凌遲抽腸不可！惱恨之下，又無人可殺，

---

① 《孟子·萬章下》。
② 《鮚埼亭集》，卷三十五。

只好以將孟子牌位從孔廟撤掉作為懲罰。但那些儒生馬上使了個壞，第二天就上報說文星黯淡、天象異常；他們知道，當皇帝的都迷信天命，敢得罪孟子，卻不敢得罪上天——這是當年董仲舒成功灌輸給他們的一種思想，天道合一，「天不變，道亦不變」，天有變就說明道失常，皇帝最為害怕了。朱元璋一聽天象異常，自己也就疑神疑鬼：「莫非因為孟老兒的緣故？」只好重新恢復了孟子牌位。

想殺人，人早死了，沒得殺；撤牌位，上天又不樂意，給你來個星光慘澹。朱元璋的這個文字獄，搞得最不爽。但他自不肯善罷甘休。怎麼辦？還有個辦法，說起來是老套子了：刪書！對他實行書報檢查！洪武二十七年，朱元璋正式把這任務交給翰林學士劉三吾。經檢查認定，《孟子》存在「謬論」的凡八十五段，這些統統刪去，幾佔全書三分之一。

這大抵是另一種酷刑——思想的腰斬。斬不了孟子其人，就斬他的言論著述。腰斬對象，包括：不得說君主不仁義、不得說統治者奢慾貪享、不得說批評窮徵暴斂、不得反戰、不得說暴君可誅、不得說民貴君輕、不得說人民有權溫飽「仰足以事父、母，俯足以畜妻、子」……

劉三吾奉旨刪孟，編成《孟子節文》[③]；同時，又奉旨作《〈孟子節文〉題辭》一文，其中，除了「批孟」，尤其值得注意宣佈了這樣一條決定：

> 自今八十五條之內，課士不以命題，科舉不以取士，壹以聖
> 賢中正之學為本。

什麼意思呢？翻譯成今天的話，就是自即日起，所刪《孟子》八十五條，從國家教科書中驅除，不得作為教學內容，亦不得作為考試內容；這二項的取捨，一律以所自封為「聖賢中正之學」的版本——亦即《孟子節文》為本。

這是厲害的一招，「挖根」的一招，遠勝於將某某書禁毀了事的一般做法。身為六百年前的皇帝，這樣透徹理解了教育的意義，用控制教科書的辦法來達到禁止某種思想的傳播的目的，見識真的很高明。一旦把教科

---

③ 《明史》，列傳第二十五。

書管起來，讓讀書求學的人打小了解的孟子就是經過教科書規範過的孟子，而且代復一代皆如此，則「天下人盡入吾彀中矣」。再者，讀書是為什麼？做官。怎樣才能做官？通過科舉考試。那好，我就規定考試內容和範圍，必須以《孟子節文》為準，解題、說理也必須循《孟子節文》所暗含的有關孟子言論的認識導向；無形之中，久而久之，本來的孟子、完整的孟子、真實的孟子，自然被人淡忘……這就叫思想的愚弄、精神的壅閉，它豈不比簡單禁絕一本書來得深刻？

儘管朱元璋是大老粗，但對於收拾文化人卻有獨到之處，他揮舞着「雌雄雙劍」，一手「文字獄」，一手「八股取士」，把知識分子馴得服服帖帖。尤其是「八股文」，扼住了讀書人的命門。因為命題只限於「四書五經」（當然都經過《孟子節文》式的處理），捨此以外讀書再多都沒用，所以知識分子的思想就被死死地限制在這個令人放心的黑屋子裏面。他的這些創造，讓取代明朝的清人佩服得五體投地。後者以「外夷」入主中原，更需要思想的禁錮和麻木，所以對朱元璋的兩大法寶照單全收，一手「文字獄」，一手「八股取士」，以致到所謂「康乾盛世」，活潑、自由的思想杳無蹤跡，書生學人一頭扎在考據、章句、版本、目錄之學中。

龔自珍有《病梅館記》，內云：「有以文人畫士孤癖之隱明告鬻梅者，斫其正，養其旁條，刪其密，夭其稚枝，鋤其直，遏其生氣，以求重價：而江浙之梅皆病。文人畫士之禍之烈至此哉！」堪稱專制主義下病態人文精神的絕肖寫照，那所謂「文人畫士孤癖之隱」，就是朱元璋一類極權君主的「孤癖之隱」，他們用這樣的「孤癖之隱」斫修雕琢知識分子，使他們喪失生氣、成為病梅，且以此為「美」。

「獨夫」與「民賊」

乍看起來，朱元璋打造的君主極權，鐵桶一般，百密無一疏；他自

己亦感得意，死前二年頒佈《祖訓條章》，自云「即位以來，勞神焦思，定制立法……開導後世」，「日夜精思，立法垂後」，所創制度「永為不刊之典」，子孫要「世世守之」，「後世敢有言改更祖法者，即以奸臣論無赦」。人到晚年，總想給自己說些蓋棺論定的話，特別是那些自以為很偉大的人物，他們臨死前，通常會設法讓人們記住自己這一輩子幹過哪些大事、建立了什麼偉業。看來，對朱元璋來說，他最想讓人們記住的，就是「立法垂後」；他覺得在這個方面他不僅付出最多心血、下了最大功夫，而且幹得相當完美；他甚至對自己的成就產生某種迷信，以為有如此完備的體制在，就算後代無能，也可以輕輕鬆鬆當皇帝（「以後子孫，不過遵守成法以安天下」）。

果真如此麼？

獨裁者總是自信──不，過度自信──以至於虛妄。就在朱元璋自信之中，危機已經潛生，而他渾然不覺。

最深的危機，竟來自他自身的兩重性。

暴君和仁主，一身而二任。既嚮往仁愛，又加倍以暴政維護其極權。這是他作為皇帝的獨特處。很奇怪的，他一面扮演着血腥的、對酷刑着迷的屠夫，一面卻延請純正的儒師，把皇位繼承者培養成仁柔之人。閱其史料，對此矛盾每感格格不入、無所適從。

他自己也疑團滿腹。當意識到太子朱標性格過於慈善，他曾試圖拗矯。有一次，專門叫人將滿載屍骨的大車拉到朱標面前，故意刺激他。洪武十三年，儒學大師、身為太子傅的宋濂獲罪，朱元璋逮宋濂二子下獄，複傳旨御史，準備把宋濂殺頭抄家。朱標聞訊，趕到御前泣諫：「臣愚戇無他師，幸陛下哀矜裁其死。」朱元璋怒斥道：「俟汝為天子而宥之！」朱標悲絕無門，竟投金水河自殺，幸被救起。朱元璋聽說，哭笑不得地罵道：「癡兒子，我殺人，何與汝也！」

朱標其實是朱元璋內心矛盾的鏡子。是他把朱標教育成這樣，這種教育不光見於朱標，也在太孫朱允炆身上延續。

朱標於洪武二十五年病故，後來朱元璋死時，繼承皇位的是朱允炆。朱元璋遺詔宣佈這個決定時，特意提到繼任人有「仁明孝友」的品質。確

實，朱允炆的仁厚比朱標似更勝一籌。父親死後，三個弟弟尚年幼，朱允炆悉心關愛，日則同食，夜則同眠。朱元璋看了，既感動又欣慰。洪武二十九年（1396）朱允炆被立為皇太孫後，朱元璋即讓其「省決奏章」，鍛煉考察他的執政能力。年輕的皇太孫立刻顯示出與祖父的區別，「於刑獄多所減省……嘗請於太祖，遍考禮經，參之歷朝刑法，改定洪武《律》畸重者七十三條，天下莫不頌德焉」。《明史》評價朱允炆「天資仁厚」、「親賢好學」，說他當皇帝短短四年中的施政「皆惠民之大者」。

似乎，朱元璋以自己，以及對朱標、朱允炆的教育，做着實驗，欲證明極權與賢君結合是可能的。他一手打造着可以放手為惡的體制，一手卻把太子、太孫培養成仁柔之君，還指望他們駕馭得了這體制，真是異想天開。極權固有之惡，不但無法與賢君相容，假如有什麼賢君，也必為極權之惡所吞噬，幾年後，暴虐鷙狠頗得朱元璋衣缽的朱棣，起兵奪權，輕鬆勝出，情理兩然。極權天然是為這種人物預備的。

在通往極權的道路上，朱元璋大開殺戒，無論同起草莽、忠心耿耿的元勳，還是計定乾坤、輔國佐君的良臣，或者能征慣戰、勇冠三軍的宿將，一一被他除盡。等到建文帝 —— 他的仁柔太孫繼承大統時，除了一張高高置於金鑾殿上的龍牀，朱允炆身邊竟無英才，要麼是方孝孺[1]那樣剛正有餘、韜略不足的正人君子，要麼是李景隆[2]那樣的紈綺子弟。當朱棣聽到李景隆被任命為大將軍，統兵五十萬殺來時，哈哈大笑，說出如下一番評語：「（李景隆）智疏而謀寡，色厲而中餒，驕矜而少威，忌剋而自用。未嘗習兵，不見大戰。」朱允炆的前敵總司令居然「未嘗習兵」！那麼，熟知軍機的人哪兒去了？都被殺光了！設若藍玉還在，朱棣還能笑得出來麼？[3]可憐朱允炆從小被當作一個賢君培養，一肚皮墨水兒和聖人之道；而在他的對面，那個燕王叔父，反而因為被委以「屏藩帝室」的重任、長年戍邊練兵，是個嫻於兵馬的沙場老手。朱元璋機關算盡，唯獨沒

---

① 建文名臣，朱棣破南京後被執，寧死不屈，被夷「十族」。
② 李文忠之子，朱棣發動「靖難之役」後，朱允炆任其為大將軍迎敵，屢屢大敗。《明史》評曰：「貴公子，不知兵，惟自尊大。」朱棣軍追都城之際，李景隆夥同谷王橞開門迎降。
③ 事實上，藍玉在世時就曾第一個發出燕王心懷不軌的警告。他北征納哈出歸來，以自己的觀察進言太子朱標：「臣觀燕王在國，陰有不臣心。」而私史記載，藍玉事發，也正與朱棣的挑撥有關。

有算到禍起蕭牆之內，藉以羽翼皇室的保護網，末了恰恰向他欽定的皇位繼承人收緊、收緊，將其扼死其中⋯⋯

倘若身後有知，朱元璋在孝陵地宮裏注視這一切，大概會反省：不該遵循聖王之道來培養朱允炆；不該把以「極權」為內蘊的皇位交給太孫，卻又讓他仁義為君。

朱元璋的深刻矛盾，並不難解釋。確切說，這不是他的矛盾，是中國歷史的矛盾。春秋戰國五百年大轉型，中國生成了兩種東西：儒者和皇帝。它們一同主導了以後兩千年歷史。這二者關係頗為微妙，有相結相伴、相倚相重的一面，又有制約、抗衡和批判的另一面。「君父」觀念，是前者的表現；「君輕民貴」，是後者的表現。而在朱元璋身上，兩者各領一軍，展開爭奪。有時，他是獨大的君王，有時是儒者教益的領受者。他以「君父」意識死死看護權力，但對如何運用權力卻願意接受儒者路線。這既是他自我的鬥爭，也是中國歷史的鬥爭。

我們經常籠而統之地說「獨夫民賊」，多數情況下沒有例外，因為極權無遠弗屆的作惡空間，令各位「獨夫」很難拒絕成為「民賊」的誘惑。但例外可以有。在朱元璋身上，我們就看到「獨夫」和「民賊」的角色相分離的情形。這個明朝締造者，以冷血和嚴重的暴力，把自己形象推向極度的黑暗，一提起他，人們油然想到「暴君」，他的名字也與嗜殺、酷刑、狠毒、野蠻緊緊綁在一起。就此言，他是極權體制推出的標準「獨夫」。然而，如果我們習慣性地以「獨夫民賊」相稱，卻發現有一半對不上號 ── 他無疑是「獨夫」，卻並非「民賊」。這很少見，我們由此也格外注意起他的獨特性。

他非但不是「民賊」，毋寧還相反。從大的方面，我們可談三點：

一、他是民族解放者，終結了中國第一次整體亡國的屈辱歷史。他不單單辦了這樣的事情，更是第一個明確表達民族解放意識的國家領袖。他提出了「驅逐胡虜，恢復中華」[④]的口號，六百年後，這口號僅以一字之差，算是原封不動用於辛亥革命。他將元大都命名、改稱「北平」，以

_____

④ 《明太祖實錄》，卷二六。

此字眼，重新定義這城市、使它在歷史上新生；以後，該城歷史便在「北平」、「北京」（朱棣首創）名稱之間交替。

二、如果「恢復中華」的偉業，使他有理由被視為國家英雄和歷史英雄，那麼更令人為之起敬的，則是他並不以此而驕狂、而膨脹。南面為君之後，秉持善待人民、體恤民生的誠意，以惜民之心和務實態度決定內外大計，不矜躁、不折騰、不胡來。於國於民，真正「息事寧人」。終其在位三十一年，天下無擾，四海晏然。

三、他做皇帝，謹終慎始、敬事不暇，無半日之閒，而待己甚苛，自奉極儉。他投向自己「皇帝」身份的目光，非常職業，和真正的手藝人一樣一絲不苟地對待手中的活計，從無被巨大權力誘往放縱和享樂方向的跡象。我們憎其刻狠，但在品質方面，實在挑不出他的毛病。「無優伶瞽近之狎，無酣歌夜飲之娛，正宮無自縱之權，妃嬪無寵倖之昵」，有幾個皇帝敢這麼說？在他手下，未出現一個奸佞。貪黷絕跡。日後明朝最大頑症——閹禍也無蹤無影，此輩洪武間個個循規蹈矩。故爾，論到他的自律，真是史所罕見。而如此高度的自律性，非心中有其敬誠、熱情、理想和使命感，必不能至。要不是內秉堅孤、黽勉自持，他想懈怠，別人既約束不了，也幫不到他。在本可恣其所慾的條件下，將不玩不怠，貫穿始終，只能歸之於超強的人格與信念。

作為「獨夫」的朱元璋，世人皆知；而他並非「民賊」這一點，則很少被談到。為此，本文結束前特地突出這一點。這不光涉及對他的完整認識，也因其中情形很有思考的意義。他是春秋戰國以來中國歷史一對基本矛盾相爭奪的產物。他是這種歷史特別直觀的表現者。

最終，他給了這樣的啟示：個人自律，根本無法克服制度之惡。從個體看，獨夫未必民賊。然而，獨夫開創的政體，或造就着獨夫的政體，到底還是要禍害人民。朱元璋雖使「獨夫」與「民賊」在自己身上分離，但很明顯地，在他之後，明代諸帝幾乎無一不是「獨夫」+「民賊」。

原因太簡單了：絕對的權力，必然邪惡。古往今來，哪有例外？

Chapter 2

偽君子

他給自己搭的牌坊巍峨壯麗,高聳入雲。倘並不了
解此人一生所為,唯讀史書所記述的他的言論,你簡直
會相信這是上下五千年屈指可數的賢君之一,那樣憂民
愛民,那樣敬仰天命,那樣理性澄明,那樣好德樂道。

危機，並非巧合

專制政體第一脆弱處，是權力繼承環節。此環節尤在作為政權創立者的第一代君主死亡以後，與作為繼承人的第二代君主確立之間，普遍演變為嚴重危機。稽諸歷史，自極權體制以來，中國所有大朝代無一例外在這時發生劇烈動盪。

帝權體制始作俑者秦，公元前 210 年，始皇帝死於巡幸途中，丞相李斯相信如果太子扶蘇繼位，將對己大不利，乃與宦官趙高合謀，偽造遺詔，殺扶蘇及大將蒙恬，擁立嬴政第十八子胡亥為秦二世。

第二個大朝代漢，同樣在此關頭出事；高祖劉邦死，新君惠帝即為呂后所挾，七年後惠帝抑鬱死，呂氏徑直臨朝。

第三個大朝代唐，高祖李淵次子李世民，未等父皇晏駕，先下手為強，殺太子李建成和弟弟李元吉，逼李淵交出皇位、做太上皇。

第四個大朝代宋，太祖趙匡胤壯年猝死，時年五十，傳位其弟趙匡義，是為太宗。這件事很奇怪，因為中國王位繼承制在商代逐步由父傳子、兄傳弟並舉過渡到以傳子制以後，基本原則一直是父死子繼（先嫡後庶，先長後幼），如果無子，則兄終弟及 —— 而趙匡胤共有四子，除長子、三子早亡，次子趙德昭、四子趙德芳均健在，皇位不傳子而由弟繼，大悖禮法，此事遂成千古之謎。被控制的官史竭力掩飾真相，並構造「金匱之盟」[①] 的故事，給趙匡義繼位提供合法性，稗史卻普遍懷疑趙匡胤死於謀篡，最無爭議的事實則是，趙匡義得位後，並未踐「金匱」之約，而由其子孫繼位，直至北宋亡。

末路皇朝清代，稍有差異。第一個正式在紫禁城當皇帝的順治死後，第二任皇帝康熙順利接班，沒有出事。不過與歷代開國皇帝比，順治的情況非常特殊，他既非朝代創立者（為滿人打下天下的皇太極死於明朝滅亡

---

① 故事大致說，杜太后病危時，召見趙匡胤，命其傳位於趙匡義，再傳趙廷美（趙匡胤四弟），三傳趙德昭（趙匡胤子），理由是「能立長君，社稷之福也」（避免皇帝年齡太小）。趙匡胤依母命，並寫下誓書，放在金匱之中密存。事見《宋史》列傳第一後妃上、《宋史》列傳第三宗室一。

的前一年 1643 年），且登極時年僅八歲，在位頭七年，由孝莊太后監朝、多爾袞攝政，親政不過十年便死去，像是匆匆過客。實際上，在清朝第二任君主康熙的身上，才找到歷來開國皇帝的氣象與感覺。如注重實質而不拘泥數字的話，那麼應該說康熙才是清代政治真正的奠基人。一旦以康熙為界，我們發現則危機復至，前述規律再次起作用——康熙死前對此似已深有預感，他有子三十五人，長大成人者二十人，接班人問題是他一生唯一焦頭爛額卻始終未能妥善解決的問題，儲位兩度廢立，竟不了而了之。最終，皇四子胤禛在混亂和疑雲中取得繼承權，隨後兄弟相殘、血雨腥風……雍正以後又走上了正軌，乾隆、嘉慶、道光、同治……從此順順當當起來。

五大皇朝無一例外都在這節骨眼兒上出事，當然不是什麼巧合。朝代更迭之際，巨大的君權還來不及找到穩定的運行方式，第一代君主的過世往往意味着可怕的權力真空，不管死去的君主看上去是否曾經牢牢地控制着局面，事實上各種潛伏的勢力早已悄悄等候着他一命嗚呼的時刻的到來，以便隨時把垂落的權杖抓在自己手中。

令帝權很難避免這種規律性動盪的，至少有三個原因：第一，王朝雖已更迭，但塵埃遠未落定，在推翻舊王朝和建立新王朝過程中積聚的各種能量沒有完全釋放開，諸種勢力之間的較量必在第一任君主身後有所解決。第二，塵埃落定之前，野心家、陰謀家最為高產，搶班奪權意願最為強烈，以此為背景，極易滋生陰謀集團，向立足未穩的秩序發起有力挑戰，而當格局既定之後即便有這類人物，卻往往孤掌難鳴，不能成其事。第三，極權體制自身有種種致命病症，尤其是權力高度集中而隱含的絕對排他性，致使政治遊戲參與者之間只能是你死我活的關係，攫取這樣的權力就可決定別人命運，反之則被別人所決定，屈抑一方為此不惜鋌而走險，放手一搏。

公元 1398 年，明朝立國者朱元璋死。歷史規律沒有放過這個機會，危機如期而至，並以壯闊、宏偉的方式加以演繹，成為歷史上所有此類危機中一個完美、淋漓盡致的範例。

殷紅的血

雖然自秦起，帝權是同一性質，但朝代之建立，則各有不同。秦帝國的誕生是列國長期爭霸、強者勝出的結果。晉、隋、唐、宋屬於另一種模式，由舊政權內部的大貴族、軍閥等強力人物，以政變或反叛方式奪得權力。元、清帝國則是外部強大軍事入侵致使中原漢族政權解體（「亡國」），而形成的異族統治。除此以外，只有漢、明兩朝是經過農民起義的長期戰爭亦即由「匹夫起事」造就的國家。

漢、明這種政權有兩大鮮明特徵：第一，「起事」之前沒有一個明確的權力認同，新政權完全是赤手空拳打下來，無人先竊威柄，其領袖人物的地位是在「起事」過程中逐漸地歷史地形成的，不像其餘各代統治集團內部領導權歸屬早已確定——比如，秦始皇滅六國是商鞅變法後六十年間秦國強大的結果，晉皇族司馬氏早自曹魏時期的司馬懿起已形成威權，隋文帝滅周前已在朝中總攬大權、成為實際的統治者，唐高祖、宋太祖都是軍閥，早就自成一統，推翻舊朝不過是水到渠成之事，而分別滅宋滅明的元清兩朝，更是以完整、獨立的異族政權取代中原漢族政權。第二，漢、明兩代天下未定之際，群雄並起，英才輩出，「起事」者共同組成一個豪強集團，雖然內部有主從之分（後來演變為君臣關係），但並不是集團領袖一人獨享威望，相反，許多成員都兼有英雄般聲譽、重大功勛、軍事實力以及政治資本，所謂「功高震主」者大有人在；具體地說，無論劉邦還是朱元璋，他們一方面固然是那個豪強集團的領袖，另一方面，某種意義上又可以說不過是集團之一員，他們與集團其他成員的關係微妙地介乎於主／從、兄／弟之間，這種「君臣＋夥伴」的關係，對於領袖的絕對權威始終構成潛在的挑戰意味。

不單劉邦集團和朱元璋集團，我們在歷史上另外兩個類似的卻功敗垂成的集團——李自成集團和洪秀全集團中，同樣發現上述特徵。並且，李、洪集團最後的覆滅，根本正是這兩大特徵發作所致。

以漢、明模式建立起來的政權，打天下的任務一旦結束，馬上都面臨

豪強集團內部的權力鬥爭，即如何使權力集中並將它真正鞏固起來。首先必須渡過這個危機，才談得上其他，否則就會迅速崩潰。所以我們看到，唯有漢、明兩代初期發生了大肆殺滅功臣的情形，別的朝代卻不必如此。劉邦用幾年時間，一一除去韓信、彭越、英布等強大的異姓王，韓信死前說出了那段名言：「狡兔死，走狗烹；高鳥盡，良弓藏；敵國破，謀臣亡。」朱元璋做得還要高明些，像外科手術一般精確，穩紮穩打、有條不紊地逐個消滅李善長、劉基、徐達等所有一同「起事」的文武重臣，直到臨死前解決掉最後一個危險人物藍玉。

韓信很可笑，大不必發那樣的感慨。這並非情感和道德問題，是權力本質使然。一遇權力，忠義一類道德的詩情畫意就煙消雲散，無人信，也不能信。試問，面對手下一群戰功赫赫、足智多謀的能人，朱元璋能躺在兄弟情義上高枕無憂嗎？就算他願意古道熱腸，對方也難保不動點什麼心思；畢竟那麼巨大的權力，誘惑力也同樣巨大，誰都挺不住，除非已經超凡入聖。而且，越是像劉邦、朱元璋這樣大家同起於布衣的豪強集團，日後越可能手足相殘，將所謂「兄弟情義」碎屍萬段，因為稱兄道弟意味着彼此彼此、平起平坐，這是極危險的關係，當着患難之際它是事業有力的紐帶，可一旦到了「有福同享」的階段，它馬上就變成對絕對權威的巨大威脅，勢必引發血流成河的清洗。就這一層言，倒是一開始主從關係就很明確的曹操、李淵或趙匡胤集團，來得比較簡單，也比較相安無事。

帝權本質是家族統治，是一個家族統治天下所有家族。它對權力的認識，不基於公信，而基於血液。血管裏流着同樣的血，才可分享權力。所以，「異姓王」必為劉邦所滅，徐達等勢不見容於朱元璋，不管他們共同經歷着怎樣的患難，又曾如何以兄弟相稱。血液質地決定一切，就像治療白血病的血清，倘非來自直系親屬，必然排異。

解決之道仍是血。一是讓別人的血流盡，殺光可能威脅家族統治的人。一是盡力將權力籠在自家血親之人的手裏。

然而，想真正解決問題，並不容易。帝權不會放棄其「家天下」的訴求，但妥善穩當的辦法在哪裏卻不知道。秦漢以來，歷代王朝始終在建藩／削藩、實封／虛封之間搖擺不定。分封諸王的目的，是倚為屏障，使

帝室不孤。但這目的，卻建於一個幼稚前提之下，即諸王永無個人野心。為防這一層，又引出實封還是虛封的分歧。所謂實封，指親王有領地，甚至有軍隊，實實在在擁有一個小王國；虛封卻只予名號、俸級、莊園，享有地位而不享有實權。

　　建藩／削藩、實封／虛封這兩個爭論，貫穿各朝，一直迴避不了，也一直未有定論。它們各自的利弊，一樣彰著，都表現得很充分。典型如**魏晉**之間。**魏**以西漢為鑒。西漢初年實行建藩和實封，劉邦一面消滅異姓王，一面封其子肥為齊王、長為淮南王、建為燕王、如意為趙王、恢為梁王、恆為代王、友為淮陽王，以及其弟劉交為楚王、侄劉濞為吳王。這些王國基本獨立，朝廷只派任王傅、丞相二官，其他軍政大權都在國王自己掌握中。景帝時終於發生七國叛亂，幸虧得以敉平，隨後改定王國制度，使其分土不治民。**魏**繼漢立國，對兩漢一些前車之鑒印象深刻，一是堅決杜絕宦官外戚干政（東漢的主要問題），一是要防止藩王割據，這樣，確定以士族（官僚）為核心的政治。但正所謂水裏葫蘆，摁下這個，又浮起那個——**魏**確實不曾在藩王、宦官、外戚問題上吃苦頭，卻養大了一個官僚家族，此即司馬氏。從司馬懿起，然後司馬師、司馬昭，司馬家一直把持朝政，連皇帝廢立也是他們作主，到司馬昭之子司馬炎，終於逼曹家以禪讓方式交出政權，建立晉朝。搖身一變成為晉武帝的司馬炎，自認為把曹家滅亡的原因搞清楚了，那就是**魏**國「禁錮諸王，帝室孤立」，致使皇帝輕易被人操縱直到把江山拱手相讓。他既形成此種認識，便一反漢景帝以來虛封王候的政策，於公元 265 年，大封皇族二十七人為國王，且不久即令諸王之國，每王有民五千戶至二萬戶不等，有軍隊千五百人至五千人不等，由此種下禍根。結果不到四十年，爆發「八王之亂」，勢力強勁的藩王為爭權和控制皇帝，彼此攻殺，導致西晉完蛋。

　　「八王之亂」的慘重教訓，似給建藩實封蓋棺論定，以後歷朝都不敢採取這辦法。但卻又被朱元璋揀起來。

　　朱元璋不是不知它的危險和害處，所以揀起來，一是無奈，二來太過自信。

　　無奈，是指他既然想定所有聲望隆著之開國元勛必須除盡，則不得不

以建藩翼固基業，寄希望於諸子同心協力，拱衛帝室；他以為，骨肉之親將自然達成一種對共同利益的認識，結成緊密集團，而排斥一切試圖對此利益加以覬覦的異姓勢力或集團。

關於自信，則不能不提及朱元璋的性格與心理。此人不單自視為有史以來最勤勉、最努力、最負責任的君主（關於這一點，他無數次對子女和臣下自誇，很為驕傲），而且自視為天底下最善教子治家的嚴父。在史料中，我們一再發現朱元璋酷愛以偉大父親自居，在這方面留下的記載比比皆是。從嚴於教育而論，確實沒有幾個皇帝比朱元璋動了更多腦筋，費了更多精力，想了更多辦法。

他不僅以最純、最正宗的儒家思想為教育內容，而且為諸皇子擇師亦慎之又慎，皆為學問、人品俱佳的一時之選。《明史》說：「明初，特重師傅。既命宋濂教太子，而諸王傅亦慎其選。」[1] 這些教師篤誠職守，原則性很強，諸皇子若不聽教訓，不僅會加責備，甚至敢於體罰。其中有個叫李希顏的教師，就以「規範嚴峻」著稱，諸皇子頑劣不學的，「或擊其額」——不是一般地打打掌心，竟敲其腦袋，未免有犯皇家尊嚴，朱元璋起初都難以接受，不過，他最終尚能理解李希顏目的在於嚴教，反升了他職位。[2]

諸皇子除從書本和老師那裏接受正統儒家教育，朱元璋還以多種形式培養他們「正確世界觀和人生觀」，讀相關記載時每每覺得，朱元璋別出心裁所搞的辦法，當代人所能想到的——如「開門辦學」、「革命傳統教育」之類——似乎也不過如此。他經常命諸皇子穿上草鞋，出城下鄉，接觸農村生活，規定路途中騎馬行二程，徒步行一程。那情形，很像我這代人小學時光常常搞的「軍事拉練」，背上背包，到城外行軍一二十里，目的是培養「兩不怕」（一不怕苦、二不怕死）的革命精神，每次腳板都磨出血泡。最遠時，諸皇子要從南京一直行至老家臨濠（今安徽鳳陽）。1376年，在送別諸皇子時朱元璋說：

---

[1] 《明史》，列傳第二十五。
[2] 同上。

今使汝等於旁近郡縣，遊覽山川，經歷田野（到農村去！到基層去！）。因道途之險易，知鞍馬之勤勞（鍛煉吃苦耐勞品質）；觀小民之生業，以知衣食之艱難（訪貧問苦）；察民情之好惡，以知風俗之美惡（認識現實）。即祖宗陵墓之所，訪求父老，問吾起兵渡江時事（接受「歷史和傳統教育」），識之於心，以知吾創業之不易也（憶苦思甜，不忘本）。[1]

我所作夾注，着意摹為當代語，也都說得通，當代中國五十歲以上公民，睹之當會心一笑。可見，朱元璋對於子女的「反腐防變」不惟抓得緊，放在今天也還不落伍。他曾經親領世子走訪農家，察看農民居住飲食條件和日常生活[2]；在大內闢地種菜，召來諸皇子進行現場教育，告訴他們「此非不可起亭館臺榭為遊觀之所，今但令內使種蔬，誠不忍傷民之財，勞民之力耳」[3]。一次外出，路見一小僮，小小年紀供人役使，奔來走去，汗流不止，就領進宮，把諸皇子都叫來指着這孩子說：「此小僮與爾等年相若，已能奔走服役。爾曹不可恃年幼，怠惰不學。」[4]……類似故事比比皆是。

中國大大小小幾十個王朝，這樣來搞皇家教育，只有朱元璋。雖然他不曾親口說過，但我揣測關於如何使「皇圖永固」，朱元璋經過思考有兩點結論：第一、必須不惜一切掃除任何可能令江山易手的因素。這一層不是揣測，是付諸實際的行動。包括功臣殺光、廢相、軍隊指揮權收歸皇帝、嚴禁內官干政等做法和手段，皆為此而生。第二、權力徹底集中到皇帝手裏，雖然最大限度抑制了各種威脅，但帝室究竟也變得頗為孤單，缺少屏障，缺少幫襯，怎麼填補這個空虛？就是建藩。雖然建藩在歷史上副作用極大，甚至屢釀巨禍，但朱元璋認準兩條：其一帝室和藩王說到底是一家人，同祖同宗，血管裏流一樣的血，在根本利益和重大關頭，大家一損俱損、一榮俱榮，終歸較任何外人可靠；其二他覺得過去建藩結果之所以大壞，不在建藩本身，關鍵在教育失敗、家法不嚴，或轉過來說，只要

---

① 《太祖實錄》，吳元年十月。
② 《明史紀事本末》，卷十四。
③ 《太祖實錄》，洪武元年四月。
④ 《太祖實錄》，洪武二年五月。

他這個「老祖宗」抓好子女教育、釐清規範，防弊在先，建藩之舉必定能收良效，成為帝權的真正保障。

朱元璋這個人，有強烈的道德優越感，雖然留下了不少專忌暴戾的記載，但他始終確信自己是「根紅苗正」、艱苦樸素、勤政愛民的偉大君主；這種道德優越感，使他對道德、個人品質的意義產生迷信，以為只要將人打造出好的道德、好的品質，提高思想覺悟，就可以抵制各種邪惡慾念的侵蝕。在這種道德烏托邦的幻想之下，他拒不認識極權體制本身的內在法則，抑或索性認為思想品德教育對後者足以戰而勝之。所以我們看到，建國後迄於死前，他的政治方針一直在兩條線上齊頭並進，一條線不斷將權力集中和牢牢控制在君主手中，另一條線就是高度重視對諸皇子的道德品質教育、反腐防變、把他們培養成合格的接班人。他無疑覺得這是相輔相成、萬無一失的完美方案，甚至歷來帝權不穩的死結，到他這兒終於徹底解開。

不能說朱元璋毫無成效。他的教育方針在太子朱標和太孫朱允炆身上，可算修成正果。可惜，未待繼位，朱標過早走至生命盡頭。倘非如此，洪武之後大明王朝的歷史或許上演另一番故事也未可知。但根本具有諷刺意味的是，除了太子一支，朱元璋的教育在其他諸皇子那裏一概不靈，「爾等受封朔土，藩屏朝廷」，只是他自負而且想當然的一廂情願，當第四子朱棣統率大軍攻入南京時，他那個基於血親的狹隘的有關權力基礎的設想，被證明愚不可及。

這個驕傲的、至死都以為自己非常成功的父親，被兒子無情地欺騙了。他們順從、匍匐在他權威之下，將他每一句話尊為真理，俱是一副孝子賢孫的模樣兒……朱元璋陶醉在「偉大父親」的權威中，對兒子們的忠孝絲毫不疑，說：「天下之大，必建藩屏，上衛國家，下安生民」，此必「為久安長治之計」。[⑤] 臨死前不久，在給朱棣一封信裏他還這麼說：「秦、晉（指皇二子秦王朱樉、皇三子晉王朱棡）已薨，汝實為長，攘外安內，非汝而誰？……爾其總率諸王，相機度勢，周防邊患，乂安黎民，以答上

---

⑤ 《太祖實錄》，洪武三年四月。

天之心，以副吾付託之意。」① 全然你辦事我放心的口吻，殊不知，諸王背地裏早就勾心鬥角，潛蓄異志者大有人在，而頭號危險人物正是這個皇四子燕王朱棣。朱元璋非但渾然不覺，反以無限信任致「付託之意」，望其「總率諸王」、「攘外安內」，豈非與虎謀皮？

早在洪武九年（1376），一個普通知識分子就預言了「靖難之役」一類動亂必然發生。那年因為「星變」（天文異象），照例下諭求直言，山西平遙「儒學訓導」（教育局長）葉伯巨應詔上書，內容直指朱元璋「封建諸子，為國藩屏」的政治路線。他很不客氣地挑戰「骨肉論」：

> 議者曰，諸王皆天子骨肉，分地雖廣，立法雖侈，豈有抗衡之理？臣竊以為不然，何不觀於漢晉之事乎？」

漢、晉曾因分封諸王引起大亂，隨後歷數其故事，說：「援古證今，昭昭然矣！」這且不算，葉氏索性直截了當就現實做出預言：「臣恐數世之後，尾大不掉，然後削其地而奪之權，則必生觖望（怨望；觖，不滿），甚者緣間而起，防之無及矣。」② 反對「骨肉論」，只是問題的一方面；葉伯巨還指出，朱元璋依賴私親的立場根本就是錯的，國家政治的希望還是在於「用士」，要依靠「忠臣義士」。

這恰恰擊中了要害。朱元璋讀後氣急敗壞，大叫：「小子間吾骨肉，速逮來，吾手射之！」後來葉伯巨總算未遭朱元璋親手射殺，而是瘐死獄中。禍從口出，是古今知識分子不改的命運，畢竟讀書多，又以獨立思考為樂，一旦自己覺得胸中有真知灼見，就如鯁在喉，不吐不快。據說葉伯巨上書之前曾對友人說：「今天下惟三事可患耳，其二事易見而患遲，其一事難見而患速。縱無明詔，吾猶將言之，況求言乎。」說有三大隱患，其中兩種容易發現但擔心發現太晚，一種則難以發現卻擔心它來得太快。「一事難見而患速」指的正是建藩之害。他完全可以閉嘴不說，但就是忍

---

① 《太祖實錄》，洪武三十一年五月。
② 《明史》，列傳第二十七。

不住，自取滅亡。但他恐怕並不後悔。他上書時的洪武九年，「諸王止建藩號，未曾裂土（實封），不盡如伯巨所言」，但他卻預先窺見如不及時抑止，將來趨勢定會重演「漢晉之事」，因為自信絕對正確，或因見天下所未見而自喜，就連性命也不在乎了，非說出來不可。這就是知識分子可笑和可愛之處。史家這樣評論葉伯巨：「燕王……後因削奪稱兵，遂有天下，人乃以伯巨為先見云。」[3] 有這句評價，葉氏地下也可欣慰了。

「骨肉論」，跟中國四百年後搞的「血統論」、「出身論」、「成分論」一樣，明顯荒謬。朱元璋所以篤信不疑，當有人指其荒謬時他還暴跳如雷，究其原因是被自己所蒙蔽。

他太崇拜自己，太迷信自己的榜樣、感召力、權威和精心規劃的藍圖，他以為自己已然做到盡善盡美，一切盡在掌握中，「以後子孫，不過遵守成法以安天下」，別人沒有理由也不可能照他的安排行事，孫猴子本領再大也跳不出如來佛手心。完全主觀，無視客觀 —— 自視甚偉者，常犯這毛病。

朱元璋希望，流他人的血來締造朱家王朝的安全，而靠血管同一來源的血來維繫「大明」的穩定。他從錯誤起點出發，來解決他的難題；結果，難題非但未曾解決，反倒成為一個死結，一種輪迴 —— 他死後短短一二年，難題很快重新回到起點。

公元 1399 年，血，殷紅的血，再次成為大明王朝鮮明的主題。只不過，這一次流淌、飛濺着的，不是異姓功臣的鮮血，而是朱氏家族自己血管裏的鮮血。血光迸發之際，朱元璋的「骨肉論」徹底破產了。

燕王登基

1399 年，對西方人來說是新世紀來臨之前的一年。而在東方，在古老

---

③ 同上。

的中華帝國，這一年，當今皇帝的親叔父，那個強悍的燕王朱棣，以「靖難」為名從北平發動戰爭，似乎也試圖宣告他將迎來一個新的世紀。

此時，距朱元璋「龍馭上賓」不過一年零二個月。

「靖難」的意思，通俗易解講即是「平定亂事」。朱元璋死前，不是曾致信朱棣，「攘外安內，非汝而誰」麼？這句話正好派上用場。泥腿子皇帝朱元璋終歸還是在語言問題上吃了虧，他沒有想到，同樣一句話，他自己說的是一種意思，經別人解釋就會是另一種意思。他還犯有一個錯誤，即他以為，對從他這位成功偉大父親嘴裏說出來的話，兒子們必將奉為神意、頂禮膜拜，不敢半點違拗，更不用說妄加曲解。但事實給了他一記大嘴巴——他充分信任、委以重託的皇四子朱棣，這個因為幾個長兄皆已亡故、現居宗族之長的朱家老大，帶頭隨心所欲對待「祖訓」，將其玩於股掌之間。「攘外安內」，明明是讓他盡忠扶保侄子朱允炆，現在，卻變成了起兵造反的依據。

撇開朱棣歪曲、利用朱元璋囑託不論，「靖難之役」的禍根卻的確是朱元璋一手種下的。朱元璋打造帝權的辦法，猶如中國古代用「內外城」建造皇城的思路；比如北京，單有一座宮牆將皇宮圍護起來，猶覺不安全，還要在整個城市周遭再高高築一道城牆作為屏障，古時候管這道牆叫「郛郭」。如果說，朱元璋對朝中軍政權力的調整相當於築內城，則他的建藩措施就是意在收到加築外城之效。他想像，在這樣「內外城」雙重保障之下，朱家皇權應該是固若金湯、無人可撼了。可是他偏偏忽視一點，堅固的城牆固然可以成為安全保障，然而在某些時候它未必不會變成對自己的禁錮和圍困，變成插翅難逃的深淵。那城牆，愈造得高大、牢不可破，這種相反的恐懼感亦愈甚。

朱元璋留給長孫朱允炆的政治遺產當中，最令後者不堪其重的，就是有一座過於強大的「郛郭」——他的諸位擁有重兵、不可一世的親王叔父們。朱元璋兩腿一蹬，滿意放心地死去，可朱允炆卻從此生活在焦慮之中。倘仍用「內外城」打比方，當時的情形是，外城過於高大強壯，內城卻顯得卑阜弱抑，似乎隨時可被前者所壓垮。這一點，朱元璋在世時顯不出來，紫禁城端坐着一位威儀照人的開國皇帝，他就像一根定海神針，有他在，一切風平浪靜，世界匍匐在他的腳下。然而眼下紫禁城已經易主，

新皇帝年僅二十二歲，所有的親王都比他長一輩，而且各自在封國都積累了豐富的政治經驗，其中燕王、寧王這幾個重要的藩王，更在長期邊防生涯中受到軍事鍛煉，能征慣戰；相比之下，朱允炆雖然洪武後期由朱元璋安排，接手處理一些政務，但僅限於審閱奏章等案頭工作，或就修改法律提出建議等這樣一些很狹小的範圍，對複雜而實際的政治他並無體驗，朱元璋也從來沒有委派他出外帶兵打仗，在實踐中培養他的領袖氣質、自信心、才幹和威望。同時，多年正統的儒式教育，把朱允炆造就成一個仁柔、文雅、理想主義、書生意氣的人，這樣一個君主，在他的人民看來是可愛可敬的，但在野心家眼裏，卻正好是良善可欺之輩。

一邊是缺乏經驗、文質彬彬、年輕望淺的「侄兒皇帝」，一邊是歷練已久、強悍不馴、兵強馬壯的叔父們。這情形，想不出事兒都難。

朱元璋未死以前，即露出端倪。別的不說，我現就援引朱棣的御用文人撰寫的《奉天靖難記》為證。在這本替朱棣塗脂抹粉的書裏，為了垢污朱標、朱允炆父子，作者講述所謂朱元璋在世時朱標與晉王朱棡勾結陷害朱棣的一段事，說有「異謀」的實際上是朱棡，而朱標卻包庇後者，嫁禍於朱棣。關於朱棡圖謀不軌，它寫道：

> 時晉王聞太子失太祖意，私有儲位之望，間語人曰：「異日大位，次當及我。」遂僭乘輿法物，藏於五臺山。及事漸露，乃遣人縱火，並所藏室焚之。[1]

這段記述，本意是醜化對手，但無形中恰好說明朱允炆繼位後的削藩之舉，理所應當。

為給自己篡國奪權找理由，《奉天靖難記》全然不惜一派胡言，任意編造。如這一段：

> 初，懿文太子（即朱標）所為多失道，懺太祖意。太祖嘗督過之，退輒有怨言，常於宮中行呪詛，忽有聲震響，燈燭盡滅，

---

[1] 無名氏《奉天靖難記》，一。稿成於永樂年間，撰者佚名，然當為朱棣指使下結撰，因後之《太宗實錄》卷一至卷九即在其基礎上增改而成。

略無所懼。又擅募勇士三千，東宮執兵衛。太祖聞之，語孝慈高皇后曰：「朕與爾同起艱難，以成帝業，今長子所為如此，將為社稷憂，奈何？」皇后曰：「天下事重，妾不敢與知，惟陛下審之。」太祖曰：「諸子無如燕王，最仁孝，且有文武才，能撫國家，吾所屬意。皇后慎勿言，恐泄而禍之也。」

此節文字，堪稱集厚黑、厚顏之大成。它極盡顛倒黑白之能事，不單信口開河，置基本事實於不顧，把眾所周知品行端正、性情柔和的太子朱標描繪成魔鬼樣人物，不單拚命往自己臉上貼金，毫不害臊地自吹自擂；尤可恥者，是公然編造朱元璋「屬意」於己、早已暗中決定將來應該由皇四子繼位，還把這說成朱元璋和馬皇后的一致意見。

又一處說：

> 上（朱棣）容貌奇偉，美髭髯，舉動不凡。有善相者見上，私謂人言：「龍顏天表，鳳姿日章，重瞳隆準，真太平天子也。

當朱允炆削藩之舉搞到自己頭上，他朱棣不是一臉冤屈，大呼「朝無正臣、內有奸惡」，擺出「義與奸邪不共戴天」[1]、誓還自己清白的姿態，起兵「靖難」的麼？那末，他怎麼解釋又在這個地方鼓吹自己天生一副真命天子之相？一面怨別人誣陷他、罵別人是「奸惡」，並以此為藉口發動軍事叛變，一面又讚美自己骨子裏就該當皇帝、皇帝寶座早就該是他的，豈非自唾其面？

以上朱棣所做類似事，所說類似話，以及所開動的對自己的類似宣傳，我們不免覺得熟識，似曾相見。確實，這種事情不但古代中國有，當今世界上也多的是。

「靖難之役」的結果，又一次把「正義必將戰勝邪惡」這句口號變成鬼話。正義，誠然有戰勝邪惡的時候；然若加上「必將」二字，把它變成屢試不爽的規律，卻是不折不扣的鬼話。朱允炆與朱棣這對叔侄，同為帝王家人，同是專制體制的代言人，本來不必以他們來區分什麼正邪。但僅就

---

[1] 無名氏《奉天靖難記》，一。

這兩個人之間比較而言，朱允炆確比朱棣多一些「正義」，朱棣則比朱允炆多一些「邪惡」。

朱允炆甫即位，就推出一系列新政，舉其特出者：

一、詔「興州、營州、開平諸衛軍，全家在伍者免一人。天下衛軍，單丁者放為民。」按：明代兵制，一旦在軍，全家世代為兵，可謂變相徒役；建文此舉，不僅僅是裁軍、解放生產力，也明證他無意於窮兵黷武。

二、賜明年全國田租減半，釋放所有充軍者及囚徒還歸鄉里。史家評為「不易得之仁政」[2]。

三、取消朱元璋為報復江浙人民支持張士誠而制定的對兩地加倍徵收田賦，以及禁止隸籍兩地者在戶部任職的政策，使其田賦水平與全國相平均，江南人民得以喘息（朱棣上臺後，又恢復了洪武舊政）。

四、寬刑律，改革洪武時期「重典治國」之弊，朱允炆認為大明律「較前代律往往加重」，「齊民以刑不若以禮」，強調今後國家的政策是「務崇禮教，赦疑獄，嘉與萬方，共用和平之福」[3]。時人記曰：「（新政實行後）罪至死者，多全活之。於是刑部、都察院論囚，視往歲減三之二。」[4]

五、精簡機構，裁汰冗員，減州併縣，四年中撤州九個、撤縣三十九個、撤各種稅收機構（巡檢司、稅課局等）四百餘個，力度之大史所罕見，抑制或緩解了「民殘於多牧，祿糜於冗員」[5]的政治腐敗，足證建文確有意於減輕人民負擔。

所以，朱允炆當政雖只四載，但歷來評價很好。正史稱他諸多措施，「皆惠民之大者」，「天下莫不頌德焉」[6]。民間和知識分子更不吝讚美，如：「四載寬政解嚴霜」[7]；「父老嘗言，建文四年之中⋯⋯治化幾等於『三代』」，「家給人足，外戶不闔，有得遺鈔於地置屋簷而去者。」[8]「聞之故老言，洪武紀年之末庚辰前後，人間道不拾遺。有見遺鈔於途，拾起一

---

② 孟森《明清史講義》。
③ 朱鷺《建文書法擬》前編，葉四下。
④ 宋端儀《立齋閑錄》，卷一。
⑤ 《建文書法擬》前編，葉九下。
⑥ 《明史》，本紀第四，恭閔帝。
⑦ 《建文書法擬》附編上，葉二十四，過金陵弔方正學諸臣。
⑧ 顧起元《客座贅語》，卷一，革除。

視，恐污踐，更置階圮高潔地，直不取也。」① 所謂「洪武紀年之末庚辰前後」，即指建文年間，朱棣篡位後，革除了建文年號，將建文這四年併入洪武年號，故有此說。直到近代，史學工作者仍於調訪中發現，「大理民家仍有以惠帝為鼻祖者」②。

然而，朱允炆「正義」來「正義」去，管什麼用？他不光讓「不正義」的朱棣戰勝了，而且是輕而易舉地戰勝的，全無還手之力，根本不堪一擊。這原因實在很簡單：朱允炆空有「正義」，卻沒有富於戰鬥力的軍隊；空有「仁政」，卻沒有狠鷙毒辣的政治意志和手腕；空有方孝孺那樣的正派儒臣，卻沒有姚廣孝那樣的陰謀家，以及以宦官為代表的為着私利而叛賣而投機的一大群形形色色小人。

對朱允炆削藩，歷史家多以為不明智，就連我素仰的孟森先生也略有微詞。《明清史講義》這樣講：

> 削藩一事，古有明鑒。正學先生（即方孝孺，其書齋號「正學」，人稱「方正學」）以學問名世，何竟不能以古為鑒，避其覆轍！漢初強宗，與明初同，賈誼痛哭而談，未見用文帝，至景帝時，晁錯建議削藩，遂有吳、楚七國之變，以師武臣力，僅而克之，天下已被塗炭，且禍本未拔。至武帝時，用主父偃推恩之策，諸王之國，不削自削。

孟先生雖未直斥朱允炆，但藉批評其師方孝孺，間接批評了建文削藩決策。意謂：古有前鑒，漢初削藩，削出「七王之叛」，後來武帝變換方法，不用武力，通過策術陰去藩王勢力，反而「不削自削」。

可實際上，漢代若非景帝削藩在前、重創諸藩，武帝時代主父偃的推恩之策能否收效，本就可疑。況且，漢、明之初的態勢，看似相類，細察卻很難等量齊觀。漢初諸藩勢力遠不能與明初相比，內中更無一人，危險強大且野心勃勃如朱棣者。

---

① 《野記》二。
② 王崇武《明靖難史事考證稿》。

朱棣之叛，遲早而已。遠在朱元璋在世時，他的種種跡象即已不掩，即使他篡位後不遺餘力銷毀、焚埋各種證據，我們仍可從倖存下來的稗史裏看到不少這類記述。如，朱允炆被朱元璋正式宣佈為皇位繼承人後，朱棣有次見到朱允炆，竟然手撫其背戲謔道：「不意兒乃有今日！」③

有這樣一位梟雄叔父，朱允炆削藩，他是削亦反、不削亦反。但凡讀讀《奉上天靖難記》，便不會懷疑朱允炆被推翻的一天，遲早到來：

> 今上皇帝（朱棣）初生，雲氣滿室，光彩五色，照映宮闈，連日不散。

他這樣以「真命天子」自居，朱允炆削與不削，結果有何不同？或許不主動削藩，朱允炆可在皇位略微多呆三五年，等朱棣覺着時機成熟時將他推翻？

等待、忍耐不能救朱允炆，削藩，雖無勝算，卻總有一點機會。

這機會一開始不單出現過，而且顯得很大。倘若燕世子朱高熾及其兩個弟弟高煦、高燧不被縱還北平，倘若朝廷佈控更嚴密些，任用於北平的文武官員處事更果、能力更強，倘若事先早做周密準備，而能在朱棣起事之初立將其撲滅……歷史都可能改寫。總之，削藩非不可為之事。是沒做好。朱允炆沒有政治經驗，稟性裏又欠缺狠辣元素，更兼所信賴的大臣俱書生之輩，並無一個能撐得局面④，而當朱棣叛幟既樹，朝廷派去討剿的將領又極低能（本事大的將領早朱元璋生前被一一除掉）。顯而易見，凡實際而重要的方面，朱允炆比之朱棣皆落下風。

建文元年（1399）七月初四，朱棣起兵，至建文四年（1402）六月十三日攻入南京，時僅四年。這四年，燕軍如何節節勝利，王師如何節節敗退，都是老套子，不說也罷。唯有一件，所謂「戰爭中勝利者總是正義一方」，所謂「順民心者得天下」，在朱棣、朱允炆叔侄間，似乎這一回給出的是別樣結論。朱棣篡位後，極力封殺言述，致後人難窺當時真實景

---

③ 《建文年譜》，卷一。

④ 對此，李贄《續藏書》卷五有評語，極好：「然在建文，但可謂能長養死難之人材，而不可謂能長養輔弼之人材也。」方孝孺等一身正氣，但作為政治家卻都不甚高明。

況。不過民間口口相傳，終於還是留下了蛛絲馬跡。一直到 1628 年的晚明，顧起元在其《客座贅語》裏，仍記述了故鄉「父老」間一種代代相傳的深刻記憶：

> 及燕師至日，哭聲震天，而諸臣或死或遁，幾空朝署。[1]

從 1402 年至 1628 年，時間已流逝二百餘年，上述傳說仍舊不泯，仍舊為「父老」（代指民間）津津樂道，足見 1402 年的改朝換代，絕非「戰爭中勝利者總是正義一方」，絕非「順民心者得天下」。也難怪顧起元在引述「父老」所傳之後，發了這樣的慨歎：「蓋自古不幸失國之君，未有得臣民之心若此者矣！」

「諸臣或死或遁，幾空朝署」一語，可由《建文皇帝遺跡》、《革除逸史》、《革除遺事》、《致身錄》、《姜氏祕史》所述得到佐證。南京未破之前，在抗擊、抵禦燕軍的四年中死難的守臣便已不少，尤可矚目的是，朱棣既下南京、建文下落不明以後，不降、不合作直至慨然赴死的例子比比皆是。

朱棣大開殺戒前，何嘗不欲以懷柔之術攬歸人心？卻一再碰釘子。從方孝孺、黃子澄、齊泰這三位近臣，到鐵鉉、陳彥回、姚善、鄭恕等，凡是當初堅定反對朱棣的，被執逮後，雖經勸誘，竟無一人肯降。如兵部尚書鐵鉉，「太宗踐阼，用計擒至，正言不屈。令其一顧，終不可得，去其耳鼻，亦不顧，乃碎分其體。至死，罵方已。」[2] 甚至朱棣剛剛兵臨南京城下，戶科給事中龔泰就當眾從城上跳下自盡以為抗議，「燕王聞泰死，大怒，命剉其屍。」朱棣破城後，官員投水、自刎、自經、自焚的消息，從各處紛至杳來，舉家死難者也不少見。其餘，或棄官，或消失，「變易姓名、隱跡山谷者，不可勝紀。」[3] 這樣的故事，雖經朱棣全力掩埋，但有名有姓流傳下來的，至今仍存數十件，但當時實際所發生的，實遠不止此數。

天啟年間，徐𤊹興偶然發現當年史仲彬所著《致身錄》（約寫於永樂初

---

① 顧起元《客座贅語》，卷一，革除。
② 黃佐《革除遺事》，一。
③ 朱睦㮮《革除逸事》，卷二。

年），讀後寫下這樣幾句話：「顧文皇諱禁森嚴，當時隱祕不傳之事何限？即吾郡葉給事福，守金川門，首犯燕鋒，死之。林御史英，聞國祚已移，遂自經死，而妻宋氏亦自經死——吾郡傳之，而革除諸史所不及載，始知遜國之時，就死地者如鶩，而名湮沒不稱者多矣。」[4]

六月十三日南京城破，朱允炆下落不明[5]，但大局為朱棣所控已無疑矣。此後數日，開始上演安排好的的勸進好戲。城破翌日也即六月十四日，諸王及朝中文武官員紛紛以個人名義上表，請求朱棣即位；六月十五日，仍是上表勸進日，但採取行動的人，齊刷刷地換成朱棣手下隨征的北平諸將；六月十六日更有趣，前兩天分別上表的兩撥人，攜起手來，將勸進變作同心協力的大合唱。

這就是所謂「三推讓」。被勸的一方堅持推辭，勸的一方則要堅持勸，非湊足三個回合，前者方才依允，以示他是出於萬般無奈而被迫接受了大家的擁戴。儘管這早已是程序化的遊戲，朱棣的玩法卻仍然過於虛偽，令人作嘔。

「三推讓」遊戲一結束，六月十七日，朱棣就迫不及待地以新君身份進城了。他起了個大早，雖然幾乎一夜未眠，卻毫無倦容，亢奮不已。一切皆佈置停當，他將率眾將士，在文武百官的夾道拜迎下，正式入城，登上那個已屬於他的帝座。指令發出後，征服者的隊伍浩浩蕩蕩向城門進發。

這時，發生了一件意想不到的事情：路旁迎迓的人群中，站出一人來，攔住隊伍請求面見燕王。此人姓楊名子榮，當時官居翰林編修。他被帶到朱棣馬前，只問了一句：「殿下先謁陵乎？先即位乎？」這一問不要緊，朱棣倒出了一身冷汗，意識到自己演了幾天謙抑辭謝的戲，險些在最後時刻露出馬腳——由於踐阼心切，竟然把應該首先前往太祖寢陵告祭之事忘在腦後，一旦這麼不告不請，直通通地奔皇位而去，先前作秀豈不全成笑柄？然而朱棣原是做假做慣了的人，此時一經楊子榮提醒，心內吃驚，臉上並不動聲色，反而順水推舟道：「此去正為謁陵。」當即撥轉馬

---

④　史仲彬撰，徐㷭興抄《致身錄》。
⑤　兩種說法，一說朱允炆城破後宮中縱火自焚，一說乘亂出宮流亡。

頭，往朱元璋墓地孝陵而去。楊子榮因關鍵時刻立此一功，而受重用，引入內閣充當宰輔，並由朱棣親自為之更名為「楊榮」，與楊士奇、楊溥一道並為永樂、洪熙年間有名的「三楊」。

在最後的小插曲之後，當日，建文四年六月十七日，朱棣在南京即皇帝位，明年改元為「永樂」——永樂皇帝誕生了。

儘管從史料來看，朱允炆在歷來君主中，身上負面的東西不太多，但說到底，明朝帝座上坐着的究竟是誰，這件事本身並非我們所關心的。朱允炆坐得，朱棣坐坐又何妨？誰坐那個位子，都是朱家的皇帝，都無改乎那權力的本質，旁人犯不着擁護一個，反對另一個。

就此論，朱棣撞走朱允炆、奪了金鑾殿，本無所謂對與錯，只要這種改變對國家、人民和歷史不帶來損害，就沒有討論的必要。

然而事實並不如此。

撇開朱允炆這人具有一般帝王身上某些不多見的積極面不論，他的被推翻，也反映極權制度已發展到令人悲絕的地步。如前所述，「靖難事件」可以說是朱元璋一手造成，是其咎由自取；而進一步看，則是中國古代帝權這種國家權力形式，到朱元璋手中完完全全發展成「家天下」之後，所必然要有的惡果。

雖然「天子」這醜陋的事物在中國已經存在了許多許多年，雖然社會權力一直越來越遠離「公」的範疇而向「私」的範疇集中，但是，權力變成徹頭徹尾「大私無公」的東西，確確實實是在朱元璋手中完成的。他完全視權力為自家私有之物，不容他人稍稍分享。為着這極端自私的權力觀，他盡戮功臣、裁撤中書省、使軍隊與將領相脫離、用諸王子為藩鎮⋯⋯這些措施，固可以讓他所視為一己之私的權力，杜絕被社會或他人分享，然而恰恰也造就了朱棣那樣的野心家，以及自家骨肉相殘的局面。

我們當然不去為朱允炆被親叔父所推翻而歎息，但不能不為這樣一種極端自私的權力觀，及在此基礎上形成的制度而扼腕。朱棣篡權這件事之所以罪惡，實質不在於叔父幹掉侄子、自己去當皇帝，而在於它宣示了極權制度必將鼓勵、煽動人性中最壞的那些東西，諸如貪婪、殘暴、迫害、奴役和獨裁。

明朝一亡，黃宗羲即寫下中國思想史上的不朽之作《原君》。非有明代的三百年歷史，出不了這種文章。漢唐不能出現，甚至宋人也還寫不出，必經明朝歷史之後，才能達成像黃宗羲這樣痛切的認識。文章所探討的，是權力這事物如何從遠古的「天下為公」，異化到當下的「家天下」。它掊擊君權的理念：

> 以為天下利害之權皆出於我，我以天下之利盡歸於己，以天下之害盡歸於人，亦無不可。使天下之人，不敢自私，不敢自利，以我之大私為天下之公。始而慚焉，久而安焉，視天下為莫大之產業，傳之子孫，受享無窮。[①]

又有「豈天地之大，於兆人萬姓之中，獨私一人一姓乎！」等語，直指君主極權「以我之大私為天下之公」，以普天民眾為仇讎，置自己為「獨夫」。而斷言，獨佔、獨吞、獨霸，結果極度危險。「一人智力，不能勝天下欲得之者之眾」，「遠者數世，近者及身，其血肉之崩潰在其子孫矣」。

也許寫這些話時，黃宗羲腦海裏就曾想到過朱允炆的悲劇。

朱允炆的悲劇，是制度的悲劇。他所繼承的權力，既過於誘人，又非他這種性情的人所能掌控。朱允炆與祖父朱元璋交給他的權力之間，天然存在一種矛盾——一個缺乏「獨夫」素質的人，被安排到了「獨夫」的位子上。這非但可悲，且亦荒唐。於是，另一個人殺了出來——他遲早會殺出來——這就是朱棣。那「獨夫」式極權，令他垂涎三尺，其實也是專為他這種人而打造。

帝制的明代形態，設計於朱元璋，而發展、完善於朱棣。朱元璋廟號「太祖」，朱棣起初廟號「太宗」，後來嘉靖皇帝改為「成祖」，大有道理。到了嘉靖時可能才真正看清楚，明朝的制度和統治，朱元璋是創始者但非完成者，它真正竣工，是在朱棣手上。所以，嘉靖皇帝認為朱棣不僅與朱元璋並為二祖，而且應該用一個「成」字，專門揭示他的貢獻。

[①] 黃宗羲《明夷待訪錄·原君》。

成就的「成」，成功的「成」。

成就是什麼？成功在何處？

當然不僅僅是一路以摧枯拉朽之勢直搗南京，將姪子朱允炆趕下龍椅。毋寧說，當他終於一屁股坐在寶座上時，一切不過剛剛開始。

「合法性」的夢魘

雖然事實證明，朱棣才是朱元璋構建的體制的合格繼承人，但有諷刺意味的是，他卻要以不合法方式來得到似乎天然屬於他 —— 抑或他才真正與之相配 —— 的權力。同時，他的權力越是來得不合法，他就越發想盡一切辦法來鞏固和強化這權力，結果，他的這種努力與那種權力的本質，二者反倒相得益彰，彼此生發，將各自真諦發揮得淋漓盡致。

朱棣以武力推翻建文帝，雖非不費吹灰之力，但着實頗為順利，一如兩個不同重量級的拳手之間的較量，沒有懸念。

他稱帝的真正障礙，不是朱允炆，而是「合法性」。當把守金川門的谷王朱橞和李景隆為他打開城門之時，戰爭結束了，然而朱棣卻意識到，現在他才面臨真正嚴峻的考驗。作為勝利者，他享受到的不是歡迎、擁戴和臣服。他贏得了戰爭，卻沒有贏得承認。史料為我們揭示出朱棣進入南京城時所遭遇的尷尬局面：迎降的朝臣不過百十號人，而「遁去者，達四百六十三人」[1]，這還不包括自盡者、被捕者。假如換置為現代民調的表述方式，朱棣的支持率不足百分之二十。

為什麼？

朱允炆良好的聲譽是一個原因。萬曆年間，李贄於《續藏書》藉評述

---

[1] 談遷《國榷》，卷十二，惠宗建文四年壬午。另據《續藏書》，「遜國名臣」條目之下，單單有名姓者即近二百人，尚有四百餘人沒有留下姓名。

方孝孺其人之機，極大膽地在同洪武嚴政相對照的意義上，稱讚建文的四年之治：「蓋（洪武年間）霜雪之用多，而摧殘之意亦甚不少。建文繼之，專一煦以陽春。」比朱元璋為嚴冬，而把朱允炆比作陽春，乃至說他善始善終地（「專一」）只把溫暖帶給民間。這個說法應不過分。由建文入永樂的時人朱鷺，在詩《過金陵弔方正學諸臣》裏寫：「四年寬政解嚴霜，天命雖新故忍忘？」嚴霜，指朱元璋；天命雖新，指朱棣上臺。詩句中對朱允炆懷念之意甚濃。從朱鷺到李贄，一百多年過去了，朱允炆的良好聲譽卻是一貫的，沒有什麼不一致的材料來推翻這印象。

不過，這是較次要的原因。雖然古代因為「人治」的習見，對賢君心嚮往之，但朱棣取朱允炆代之的問題，並不簡單地是只與他們叔侄個人品質有關。

士大夫，或者說儒家官僚，有自己的政治理性。它反映在若干原則上，例如君臣之義，宗法關係，王朝繼嗣制度等。這些原則，基於儒家對心目中政治秩序的訴求，關乎它所理解的國家根本和大體，是不可破壞的，具有超乎道德之上的地位，也是優先於道德標準的最高標準。

孔子在世時，即有意識地致力於建立這秩序，他在七十歲左右的高齡，完成畢生最後一部著作《春秋》。「《春秋》之義行，則天下亂臣賊子懼焉。」[2] 此書之作，即為正名分、立褒貶，司馬遷評曰「以繩當世」[3]，近人則稱「儒家政治思想，以《春秋》為最高標準」[4]。孔子自己有一句話：「後世知丘者以《春秋》，而罪丘者亦以《春秋》。」對此，經學家劉熙解釋是：「知者，行堯舜之道者也。罪者，在王公之位，見貶絕者。」意即《春秋》樹立了一個標杆，明確應該怎麼做，和不可以做什麼。究竟是什麼樣的標杆呢？說到底，就是制度，是任何情形下不能被侵犯和破壞的國家政治秩序，當時用詞是「禮法」。「禮法」包含道德，但比道德更高。比如暴君被殺，依《春秋》的書法，只能用「弒」字，不能稱「殺」。《春秋》襄公三十一年（前 542）記：「莒人弒其君密州」。這件事，實際上是莒國

---

[2] 《史記》，孔子世家第十七。
[3] 同上。
[4] 范文瀾《中國通史》，第一冊，176 頁。

國君為其人民所共棄，對這正義之舉，《春秋》仍堅持書「弒」，因「弒」字有以下犯上的意思，這層意思在孔子看來必須申明，哪怕莒君已到「國人皆曰可殺」的地步，但身份仍是國君，雖因惡被殺，國人所為仍為非禮，故必須明書曰「弒」。這便是「《春秋》筆法」，藉歷史的書寫，表達和構建一套任何情形下不動搖的政治倫理。所以，吳、楚兩國國君已經稱王，《春秋》仍尊周天子所予封號，只對他們以「子」相稱。前631年，晉文公以霸主身份將周襄王召至河陽、踐土（今晉豫一帶）接受諸侯朝拜，這是嚴重違反禮法的舉動，《春秋》於是記為「天王狩於河陽」，因為「『以臣召君，不可以訓』，故書曰『狩』。」[①]魯惠公死後，嫡子（後來的魯桓公）年幼，因此由繼室庶出之子暫攝君位，是為魯隱公；《春秋》對此事隱而不提，只用「元年，春」一語，一方面表示發生了執政者的交替，一方面迴避直接談論有新君即位 —— 雖然確實發生了這種事情。總之，用非常嚴格、不苟的表述，來堅持倫理正確。

這政治倫理，經一千多年來從漢儒到宋儒的深入闡釋，在士大夫心目中已根深蒂固、不容移易，構成他們對於政治合法性的基本理念。

明代最典型的事件，是嘉靖初年那場極激烈的「大禮議」。當時正德皇帝朱厚照死去，無子，由興獻王世子朱厚熜入繼，成為嘉靖皇帝。他在當皇帝的第五天就下令討論生父興獻王的尊號問題，亦即想給父親追加皇帝名義，一下子引起非常複雜的倫理問題。根據禮法，作為入繼者，朱厚熜繼承皇位的同時，便自動以孝宗朱祐樘為父（朱厚熜與朱厚照同輩），現在提出給本生父上皇帝尊號，實際上就成為「繼統不繼嗣」。以我們今人眼光，可能覺得這種問題無關痛癢，而在當時，卻事關皇帝權力由來是否合法的大節。於是首輔楊廷和帶頭，滿朝士大夫奮起抗爭，雙方僵持三年之久，最後演變成「左順門事件」。嘉靖三年（1524）七月十五日，自尚書、侍郎至員外郎、主事、司務等二百二十位官員，以相當於現代靜坐示威的方式，跪伏左順門外，務求皇帝納諫，幾次傳旨令退去，皆不聽，仍跪伏喧呼。嘉靖帝大怒，出手鎮壓，除當即逮捕一百四十二人外，命四

---

① 杜預疏，孔穎達注《春秋左傳正義》，卷十六。

品以上八十六人待罪聽候處理;七月十七日,命所有參與此事的四品以上官員奪去俸祿,五品以下俱處以廷杖,受廷杖者人數達一百八十餘人,其中,死於杖下竟達十七人。

由「大禮議」可見,明代一般儒家官僚心中,對於「合法性」,怎樣持着絕不圓融的態度。朱厚熜是名正言順做皇帝的,他無非想捎帶着把親生父親也引入皇帝行列,尚且招致士大夫階層一致抵制。那末,身為顛覆者,憑仗武力推翻合法君主、奪取帝位的朱棣,將面臨怎樣困難,更可想而知。

南京被燕兵控制以後,少數士大夫曾在各地武裝抵抗,很快都被撲滅。多數人選擇棄官和逃亡,以此拒絕與篡權者合作,如果跟崇禎皇帝自盡後對滿清比較激烈的抵抗相比,似乎顯得平淡。不過其中情形並不相同,明末抵抗是基於亡國之痛,而朱棣篡政說到底是朱姓王朝的「家事」,不合法歸不合法,江山終究沒有易手。對此,孔子早就說過:「邦有道,則仕;邦無道,則可卷而懷之。」[②]「天下有道則見,無道則隱。」[③]「邦無道,富且貴焉,恥也。」[④] 眼下的情況,就很符合「無道」的定義。所以,跑掉,不合作,躲起來不做官,足以表明對時事的態度。

此種局面,朱棣事先也應有所預料,但恐怕未曾料到,抵制的人如此多。除了皇室親貴——朱允炆削藩,早就得罪了這批人——迎降隊伍中頭面人物寥寥無幾,部長級(尚書銜)只有一個茹瑺,副部級(侍郎)四位。反觀朱棣先後兩次開列的「奸臣榜」(支持朱允炆的官員),吏、戶、兵、刑、工、禮部尚書和太常卿、大理卿俱在其內,加上一堆侍郎,外帶皇帝首席顧問、知識分子領袖方孝孺,人心向北,一望而知。他更沒想到,大局已定之後,這些人絕大多數還堅持死硬立場,甚至當他做足姿態、給足面子,他們仍不買賬。這時,他開始明白,攆走朱允炆、自己黃袍加身是一碼事,找到「合法性」完全是另一碼事。

有跡象表明,最初,朱棣是渴望「合法性」的。他希望事情盡快步入

---

② 《論語·衛靈公》。
③ 《論語·泰伯》。
④ 同上。

正軌，擺脫篡位者的陰影。

那個替他策劃了整個叛亂奪權計劃的智囊人物道衍和尚（姚廣孝），早就深謀遠慮地忠告：進入南京後，當務之急是搞定方孝孺。道理不言自喻：如方孝孺可為所用，以他在士林中的聲望，令儒家官僚集團接受既成事實，難度可降低不少。朱棣亦深知其意義，捉住方孝孺後，依姚廣孝之言，亟假辭色，結果大失所望，進而惱羞成怒。《明史》對這一段的描寫，細膩可觀，如小說一般：

> 先是，成祖發北平，姚廣孝以孝孺為託，曰：「城下之日，彼必不降，幸勿殺之。殺孝孺，天下讀書種子絕矣。」成祖頷之。
>
> 至是欲使（方孝孺）草詔。召至，悲慟聲徹殿陛。
>
> 成祖降榻，勞曰：「先生毋自苦，予欲法周公輔成王耳。」
>
> 孝孺曰：「『成王』安在？」
>
> 成祖曰：「彼自焚死。」
>
> 孝孺曰：「何不立『成王』之子？」
>
> 成祖曰：「國賴長君（指建文之子年幼不足立）。」
>
> 孝孺曰：「何不立『成王』之弟？」
>
> 成祖曰：「此朕家事。」顧左右授筆札，曰：「詔天下，非先生草不可。」
>
> 孝孺投筆於地，且哭且罵曰：「死即死耳，詔不可草。」
>
> 成祖怒，命磔諸市。①

朱棣擺出禮賢下士姿態，「降榻」親迎，口稱「先生」，很像一位賢君。但方孝孺不吃這套，一意剝掉他的偽裝。朱棣因對方是大儒，投其所好，也順帶也自我表現一下，說起了「周公輔成王」的故事。但他實不該說這個；一說，讓方孝孺逮個正着。方抓住此話，就合法性問題向朱棣連連進攻，招招不離後腦勺，朱棣初還勉強抵擋，隨即左支右絀，終於辭窮，扔出一句「此朕家事」，放棄講理。

---

① 《明史》，列傳第二十九。

這場搶白，方孝孺不但明白地告訴朱棣：「你的所作所為，全都非法。」而且連提三問，每一問，都把朱棣逼到死角，讓那偽君子的面目大白於眾。本來，朱棣希望「轉化」方孝孺這麼一個士林領袖，以度過「合法性危機」。他讓方孝孺「草詔」，方若接受，等於承認他皇帝身份合法，這或比所草之詔意義更大。然而，方孝孺不但拒絕，反就合法性問題窮追不捨。

方孝孺的態度，讓朱棣山窮水盡。他已然認清，自己的行為不可能指望正統儒家官僚階層接受與認可。於是，一方面，難免惱怒至極而喪心病狂，另一方面，他確也只剩下一種選擇：運用暴力，去強化到手的權柄。

「磔」，是一種將犯人割肉離骨、斷肢體，再割斷咽喉的極刑。朱棣這樣處死一個讀書人，除了發洩極度仇恨外，還包含冷血的意思，即通過恫嚇，令正統儒士膽寒。

這層目的，更由他的進一步措施得到驗證 ——

方孝孺自己被殺（時年四十六）不算，朱棣復詔「誅其九族」，說是「五服之親，盡皆滅戮」。[2] 將方孝孺血緣相近的親族全部殺光，朱棣猶「怒不已」，聞所未聞地「必欲誅十族」。

所謂「九族」，典出《尚書‧堯典》「以親九族」。歷來經學家有不同解釋，一派認為是父族四、母族三、妻族二，一派認為是從自己算起，上至高祖，下至玄孫；明清刑律服制圖則規定，直系親屬上推至四世高祖、下推至四世玄孫，另外再在旁系親屬中橫推至三從兄弟的範圍。不管怎樣界定，九族盡誅，一個人既有親屬基本一網打盡，殺無可殺。饒是這樣，朱棣意猶未平，怎麼辦？他就破天荒地「將其朋友代為一族誅之」[3]，這樣湊成「十族」。

方孝孺一案總共殺掉多少人？黃佐《革除遺事》記作八百四十七人。李贄《續藏書》記作八百七十三人，略有差別，或因萬曆年間（李贄生活於此時）研究者對罹難者又有新發現，而使總數增加二十九人。除直接

---

② 大嶽山人《建文皇帝遺跡》。

③ 同上。

死難者，受牽連而發配、充軍的，又有千餘人。一百多年後，萬曆十三年（1585）三月，當方孝孺案徹底赦免時，所統計的各地流放者，人數為一千三百餘人。[1]

方孝孺以一人之「罪」，致上千人陪死、落難，說明了三點：第一，與乃父一樣，朱棣也流淌着嗜殺之血。第二，如此濫殺，遠遠超出了報復之需要，它主要的目的，是對暴力、權威的炫耀；朱棣既不能以「德」攏人，索性露出血腥面目——他一直有這兩付面孔，前者其表，後者其裏。

整個永樂元年（1403），都是在血腥中度過。方孝孺案僅為大屠殺的開端。除方孝孺外，被滅族滅門的，還有太常寺卿黃子澄、兵部尚書齊泰、大理寺卿胡閏、御史大夫景清、太常寺少卿盧原質、禮部右侍中黃觀、監察御史高翔等多人。每案均殺數百人。如黃子澄案，據在《明史》中主撰「成祖本紀」的朱彝尊說，「坐累死者，族子六十五人，外戚三百八十人。」[2]胡閏案，據《鄱陽郡志》所載，「其族棄市者二百十七人」，而累計連坐而死的人數，驚人地達到「數千人」。《明史》亦說：「胡閏之獄，所藉者數百家，號冤聲徹天。」[3]遭滅門之禍的總數，已難確知，但僅永樂初年著名大酷吏陳瑛，經其一人之手，就「滅建文朝忠臣數十族」[4]。

這種暴力，甚至於可以毫無尺度。方孝孺被誅「十族」，雖已聞所未聞，但遭牽連者，究與方家有這樣那樣沾親帶故名義。後來，發展到純粹傷及無辜的地步。景清一案，「磔死，族之。籍其鄉，轉相攀染，謂之『瓜蔓抄』，村里為墟。」[5]就是說，景清鄉鄰全部遭殃，「轉相攀染」四字，黑暗之至，「村里為墟」說明該村最後弄成為「無人村」。另一個被族滅者高翔，除了滿門殺光，還被挖了祖墳。這且不說，朱棣先把高家產業分給他人，再宣佈，凡分得高氏產業者，全部課以重稅。為什麼？「曰：

---

① 《明史》，列傳第二十九。
② 朱彝尊《明詩綜詩話》（《靜志居詩話》）。
③ 《明史》，列傳第一百九十六，奸臣。
④ 孟森《明清史講義》。
⑤ 《明史》，列傳第二十九。

『令世世罵翔也。』」⑥

滅族者之外，還有許多人，處決其本人後，家屬或被宣佈為奴，或辱其妻女，使嫁最賤之人。直到二十二年後，這批人才被特赦為「民」，「還其田土」⑦。

中國歷史上向來不乏殺虐，但以往多為戰爭、族群衝突、暴亂、饑荒所致。純粹的政治迫害，像朱棣報復建文忠臣如此大規模的事件，殺戮之狠、株連之廣，歷史上還是第一次。朱元璋一生也搞過幾次大的政治迫害，但分散於三十年統治的不同時期。單論一次性的集中迫害，永樂元年恐怕創了歷史之最。

但其中情形又頗怪異。朱棣的血腥殺戮，本意是樹立威權、降服人心，可是殺人越多，也益發凸顯了他權力基礎的薄弱；每殺一個人，都等於向世人宣告：「又出現了一個反對者——雖然被我幹掉了。」另一面，不斷有人慷慨赴死，恰恰不斷在證明被推翻的建文政權更合人心，或在人們心目中是更具法律或道德合法性的政權。在朱棣的酷刑面前寧死不屈、堅持立場的例子，比比皆是，大家翻翻《明史》，列傳第二十九到第三十一，即卷 141~143 之間，記述了大大小小這樣的故事一百來個，個個精彩，令人肅然。其中最奇的，有人原不在所謂「逆臣」之列，但為着正義，竟然送上門去——方孝孺處死棄市，開國名將廖永忠之孫廖鏞、廖銘兄弟二人，明知危險，也不避斧鉞，挺身而出，將支離破碎的遺骨收撿起來，葬於聚寶門外山上；事後，鏞、銘果然被捕處死，他們另一個兄弟廖鉞及從叔父廖昇也同時受牽連而充軍戍邊。

許多年後，李贄在總結這段歷史時說了一番話：「故建文之時，死難之臣，若此其盛者，以有孝孺風之，連茹拔之，而建文復以春溫煦之耳。」⑧意思是，之所以當時那麼多士大夫在淫威前寧死不屈，是因為一有方孝孺做榜樣，二來整個儒士階層為操守而同聲相應、同氣相求，還有建文四載清明政治所給予大家的感動。現實如此，朱棣怎麼辦？也應該設身處地替

---

⑥　同上。
⑦　《明史》，本紀第八，仁宗。
⑧　《續藏書》，卷五。

他想想：當時若不大開殺戒，勢難壓平局面。然而，屠刀高舉的結果，卻又更彰明地暴露了他失道寡助的處境。左也不好，右也不是，「豬八戒照鏡子──裏外不是人」。

自打朱棣將朝思暮想的平天冠[①]戴到自家腦袋上，「合法性」問題，也就像驅不散的夢魘，始終追隨着他。

這是他非正義攫取政權所須付出的代價。只可歎，歷史、社會和人性，也不得不為這位自命為永樂皇帝的人的貪婪和權力慾，而付出沉重的代價。什麼代價？只消看看朱棣在此後一生當中，怎樣竭盡所能，為維持其從來源處即沾染了洗不掉的巨大污點的統治，做下哪些事，便一目了然。

難得心安

佛家以因果看人生。凡事，有因即有果，什麼因得什麼果，一切的果皆可到它的因上去求解。所以勸人行善，不為惡。一旦作了惡，事情就會自動生成一種慣性來，讓人越來越惡，即便想超拔也身不由己。

有人以為，惡人是注定的，其實不。有一時一事作惡的人，但沒有永生永世願做惡人的人。人之所以作惡，說到底是受一種賭徒心理支配，對尋常、本分的生存不滿也不甘，希望比別人少費幾十倍的氣力或突然間暴得這樣那樣的大利益，於是，打破常規，去做平常人、規矩人不肯做或不敢做的事，這多半是孤注一擲，拋開通常的人性準則（道德、法律、內心良知等）用整個人生來賭一把。這種念想本身就是惡的，一旦把它付諸

---

① 平天冠，原係古代冕冠一種，用於祭禮時着裝，上至天子下至士族均可用之，主要以旒（冠前後所綴的串以珠玉的垂飾）數量多少為別。後漸漸變作帝王（包括神話傳說中的玉帝、冥王一類人物）所特用，成為帝權的象徵，即中國式的皇冠。洪邁《容齋隨筆》：「俗呼為『平天冠』，蓋指言至尊乃得用。」民國初年，袁世凱復辟帝制，所預備的東西裏面就有玉璽、龍袍和平天冠。

實行，則必做下這樣那樣的惡事。因為大家都在有一分耕耘，得一分收穫，憑什麼你少付出那麼多卻得到很大利益？你這麼做了，勢要侵害、損害他人，這不是惡是什麼呢？但天底下惡人其實還有一個心理，即當他佔了大便宜後，還願意安心過日子，過比別人更好的日子。沒有一個作惡之人，目的是毀掉自己。相反，他作了惡以後，還想享受作惡得來的成果。比方說，貪污的官人一定會想着弄到大筆的錢後，平平安安，人不知鬼不覺，做一個體面人 —— 這些人可恨之處，正在於此，損害了社會和他人，還期求不遭報應 —— 不過，我們這裏暫不去詛咒他們的無恥，而着重了解他們的心理：原來，他們也並不願意一直充當惡人，他們作惡的起因是想靠偷賴、走捷徑或獨自撇下大家都遵守的準則替自己謀幸福；亦即，作惡也是為了追求幸福。從追求幸福角度說，作惡之人與常人無有不同。這一點上他們極不講理，憑什麼你作惡了還想得到幸福？不過，他們的邏輯就是這樣。只可惜，人類社會和歷史的公信不支持這種邏輯，否則，天下只好一片混亂。由於人類社會和歷史的公信不支持，作惡之人的動機與結果之間，就永遠發生不可調和的矛盾。正義認為：惡人必須得到報應。這絕非徒然給好人無謂慰藉的宿命論，而是社會的自我保護機制；若非這機制，人類無法存在和發展到今天。怎麼報應？現實中許多善良守法的人往往很不平地指出，作惡之人幹了壞事，卻有權有勢、花天酒地，好處全都歸了他們。的確如此，我們常常看到醜惡的人似乎比誰活得都好。但是大家卻不曾注意過，沒有一個壞人能夠終止作惡，撈一把然後安享所得、過一種從外在到內心都是體面人的生活，相反，他們要不斷作惡，一天都不能停歇，用新的作惡來維持他們不正當得來的一切。這實際上是違背他們最初願望的。作惡之後，人最想要的是安全。比方說，一個入室竊賊，被人發現，如有可以安全逃竄的機會，他一定選擇逃竄；但往往得不到這樣的機會，遭竊的事主或出於本能，或出於氣憤，總會想阻止他逃掉，這時，竊賊極可能作下更大的惡，例如殺掉事主 —— 他為什麼這樣呢？分析一下，結論是很可以吃驚的：他是為了安全，為了掩蓋自己的罪惡！一個入室竊賊如此，一個攔路搶劫者，或實施強姦者，或一個貪墨弄權者，莫不如此。所以，作惡有自己的連鎖效應，如滾雪團。大多數作惡之人，

開始都想得很好，一旦得逞，就罷手不幹，帶着作惡的成果悄悄過好日子去。但天底下豈有這等美事？惡無法指望善的蔭護的羽翼，惡只能尋求惡的保護。人一旦作下惡，就只好加大作惡的力度來保全自己，用大惡來化解小惡的危險。受賄一百萬的人，一定會繼續收賄並且同時變成行賄者，收更多的錢，來買跟他一樣的同類，巴不得身邊的人都變得跟他一樣壞，這樣他就安全了；於是，三百萬、五百萬、一千萬……越陷越深，越走越遠，唯如此他才能將那最初一百萬帶給自己的危險處境對付過去。很多人以為這是這些作惡之人慾壑難填，實則他們更多倒是自有苦衷，身不由己。一個人只要作了惡，就會永受這種懲罰，罰他們不得停歇地把惡一直作下去，最初的恐懼無限放大，一輩子活在惶惶不可終日的感受中。不管表面上看去怎樣作威作福，他們心裏卻清楚得很：這不是人過的日子。今天那些貪黷的大官，被挖出來後，當着攝像機鏡頭一個個痛哭流涕、悔不當初，很多人覺得是做戲，我卻認為是他們內心的真切流露，因為那確不是人過的日子；人類社會為了能夠有序健康地延續下去，終究不會，也不能給這種人好日子過。

眼下，永樂大帝朱棣先生，也活在作惡後的恐懼中，也不能耐受夢魘般的糾纏。他也跟每個成功得手的歹徒一樣，特別希望「從良」，回到社會公信的尺度中來，做個名譽的人，讓他的非法所得被人看成正當的、他理該得到的一份。

一些事，袒露了他內心的不自信——或者，也是屈服。

先焚毀歷史，然後偽造歷史。朱彝尊講過一句話：「蓋革除年事，多不足信。」[1] 為什麼？禁毀甚嚴，又大加舛改，致使真相大多湮沒。《明史》「王艮傳」提及，「後成祖出建文時群臣封事千餘通，令縉等遍閱，事涉兵農錢穀者留之，諸言語干犯及他，一切皆焚毀。」[2]「封事」就是奏摺。「縉」即建文舊臣解縉，他歸附朱棣後受到重用。就是說，朱棣向那些歸附他的建文舊臣出示這一千多件奏摺，除議論國防、農業和財政的以外，統

---

① 朱彝尊《曝書亭集》，史館上總裁第四書。
② 《明史》，列傳第三十一。

統燒掉。他是極偽詐的人，表面上用這一手來釋放那些歸附者的不安，實際目的卻是徹底消滅一切不利於自己的言論和材料，一石二鳥。他以為，把過去留下來的一切這類關於他的議論，抹除乾淨，就可以給自己只樹立一個正面形象，堂堂皇皇享受所竊據的位子。

這樣的「形象工程」還包括：嚴禁民間自由談論或書寫建文朝這段歷史——他的說法是「懷疑怨謗」，犯此罪者，「事發族滅」③，將處以最高的懲治。這可不是說着玩兒嚇唬人的。有個叫葉惠仲的文人，就受到了這種懲治，「永樂元年，坐直書『靖難』事，族誅。」④

將真相加以禁止以後，還需要再編造假話。永樂年間重修《太祖實錄》，只修一次不夠，又修了第二次，才算比較滿意。明代諸帝實錄，均由繼任者負責修定前任的事跡，朱允炆已經修過《太祖實錄》，但朱允炆搞的東西，自然靠不住，必須重來。目的有兩個，一是把有利於朱允炆的記述刪減乾淨，一是添加直至杜撰對自己塗脂抹粉的內容。當然還有一點，由他朱棣來修《太祖實錄》，等於否認朱允炆是朱元璋的合法繼承人。兩次重修後的《太祖實錄》，朱允炆要麼被批判為數典忘祖、奸惡濁亂；實在不能醜化的，例如建文時代良好的政績，就諱莫如深，隻字不提，讓它們蒸發掉，好像壓根兒沒發生過。而一切涉及朱棣自己的地方，不止是豐功偉績、高大完美，也不止是憑空吹噓（如《奉天靖難記》所謂朱棣出生時「雲氣滿室，光彩五色，照映宮闈，連日不散」這樣的鬼話），尤有甚者，不惜在自己親生母親是誰的問題上也撒下彌天大謊。

關於朱棣的生母，《明史》成祖本紀寫道：「太祖第四子也，母孝慈高皇后。」這說法，首先由朱棣授意在《奉天靖難記》提出來，再寫入篡改後的《太祖實錄》；清朝初年，官方修編《明史》，不顧歷來的許多疑問，將《實錄》的這套說法全盤接受。殊不知，歷史的本質是透明的，天王老子也難一手遮天，就算一時勉強遮住，其實也不過是紙糊的燈籠，終究會露出窟窿。其中一個比較靠得住的窟窿，是《南京太常寺志》中記

---

③ 談遷《國榷》，卷十三，成祖永樂元年癸未至三年乙酉。
④ 《明史》，列傳第三十一。

載，在南京舊太廟，供奉着一位碩妃的神主（牌位），上面明確寫着是她生了第四子朱棣。[1] 這曾由明代的一位野史作者潘檉章在其《國史考異》中披露。《南京太常寺志》是一份官方文件，現在雖已亡佚，在明代卻不止潘檉章一個人見過，至少還有一個人，即萬曆至崇禎年間的名士何喬遠也見過，他很謹慎地寫道：「臣於南京見《太常寺志》，云帝為妃所生，而《玉牒》（指《天潢玉牒》，成文於永樂年間，載述朱氏皇族譜系）則為高后第四子。《玉牒》出當日史臣所纂，既無可疑。南太常職掌相沿，又未知其據。臣謹備載之，以俟後人博考。」何喬遠話雖說得含蓄，《天潢玉牒》大拍特拍朱棣馬屁，臭名昭著 —— 此書居然聲稱懿文太子朱標「為諸妃所生」，只有朱棣和周王二人的生母是馬皇后，所以，連清代《欽定四庫全書總目》都斥之多「當時諛妄之詞」、「與史實不符」—— 他提出應該允許《南京太常寺志》之說存在，「以俟後人博考」，明顯傾向認為後者真實可信。

不過，無論潘檉章還是何喬遠，都只是從《南京太常寺志》讀到相關記載，本人畢竟無緣親見碩妃神主，所以向來大家也不便輕信。

但到了弘光朝，終於有直接的目擊者，他們是禮部尚書錢謙益、大理寺左丞李清。他們都讀過《南京太常寺志》，但事實究竟如何，連以博聞著稱的錢謙益「亦不能決」。但在弘光元年（1645）元旦這一天，以祭祀之機，終於開啟孝陵寢殿，發現碩妃神主確在，且一切均如《南京太常寺志》之所云 —— 李清的原話是：「及入視，果然。」[2]《三垣筆記》清代一直被禁，清末才重見天日；它的證詞讓史家大為興奮，孟森先生稱，朱棣身世「以前為疑案，《明史》中紀傳自相矛盾。自《三垣筆記》出而證明《南太常志》之文。」

不過，我在讀張岱的《陶庵夢憶》時，意外發現，早在錢謙益、李清之前，就有目擊者，而且時間早兩年，發生在崇禎十五年七月。目擊人一個是張岱本人，另一個是當時主掌南京太常寺的朱兆宣。朱主持祭典時，

---

[1] 另說稱明軍攻克北京後，得元順帝某妃，朱元璋納之，而朱棣即此蒙古女人所出。一般認為該說荒謬，蓋因朱棣出生之年，遠在攻下北京之前。

[2] 李清《三垣筆記》，附志二條。

張岱隨觀，得以見之；他寫道：

> 壬午（1642 年，即崇禎十五年）七月，朱兆宣簿太常，中元
> 祭期，岱觀之。饗殿深穆……近閣下一座，稍前，為碩妃，是成
> 祖生母。成祖生，孝慈皇后（高皇后）妊為己子（對外宣稱自己
> 所生），事甚祕。③

不知為何，這條記載孟森先生不曾注意到。

關於朱棣這樣幹的目的，孟森先生的分析是透徹的：

> 明初名教，嫡長之分甚尊。懿文太子以長子得立，既死則應
> 立嫡孫，故建文之嗣為一定之理。燕王既篡，無以表示應得國之
> 道，乃自稱為馬皇后所生，與太子及秦、晉二王為同母，明太子
> 及秦、晉皆已故，則己為嫡長，倫序無以易之矣。④

說來說去，還是心中有鬼。

這「鬼」，就是自知幹了見不得人的事，又無勇氣獨自在黑暗中去掙
扎，還想把黑洗白，仍然回到光明的世界，做一個見得人的人。

平生不做虧心事，夜半不怕鬼敲門。世上當然沒有鬼，敲門者不是
鬼，是自己的內心，或者說，人間的公信力。再不可一世的人，也沒法與
它抗衡，也難當其一擊。如朱棣者，為一襲黃袍加諸己身，就讓幾十萬人
陪上性命，半個中國遭兵燹之禍。這可不是一般的梟雄，是所謂「幹大事」
的人。但只一條，他所幹的事，沒有一丁點兒正義性，而是完全違背，結
果雖然大獲成功，卻沒有因此高大起來，反而在內心渺小下去，從豪氣走
向小偷小摸，連生母也不敢認。他手忙腳亂地掩蓋真相，編造假話，指望
靠「瞞」和「騙」，重新混到「好人」的行列裏來。可哪有這種好事？惡
只能拔除，不能洗涮；作了惡，只能老老實實去糾正，正義才可放過之，
倘若想的是掩人耳目，用「瞞」和「騙」糊弄過去，便又陷於新的惡。人

---

③ 張岱《陶庵夢憶》，卷一，鍾山。
④ 孟森《明清史講義》。

間的事情，就是這樣環環相扣。

對於作惡之人來說，朱棣是有關這類人必受懲罰的上佳例子。對於天下善良的人來說，朱棣一生走過的路，也適足給他們以做「好人」的信念。從富且貴角度看，朱棣已極人寰，但又怎樣呢？一輩子說着謊話，心驚肉跳受着偷來的東西，視給了自己生命的母親為羞辱 —— 這樣的人，何嘗有片刻安寧？

據說，永樂年間南京最大工程「大報恩寺」，即朱棣為撫平內心不安而下旨興建的。工程極浩大，動用人力十萬，自永樂十年（1412）開工，直到二十二年（1424）朱棣死時仍未竣。規格也高得很破例，朱棣明確批示大報恩寺「梵宇皆准大內式」，就是說，這個佛教建築群被准許採取皇宮的標準與規制。顯然，它對朱棣有特殊意義，並非什麼宗教建築。當時，對外美其名曰，此寺之建，是為報答太祖和馬皇后養育之恩，但世間歷來相信朱棣建這個東西，係出於對生母碩妃不孝的贖罪心理，在當地，該寺大雄寶殿不叫大雄寶殿，一直稱之「碩妃殿」。[1]

對朱棣，孟森先生有個概括：「蓋篡弒之為大惡，欲濟其惡，必有倒行逆施之事。」[2] 欲濟其惡四個字，是要害。惡，也是一種活潑潑、有生命的東西，就像病毒一樣，既頑強，又有驚人可怕的自我複製之能力。一旦啟動，它就瘋狂地藩衍生長，胃口越來越大，顯示出吞噬一切的難以滿足感。欲濟其惡，講的就是惡的那樣一種難以滿足感，或者說一種不可遏止的慣性，一種對能量充分釋放的需求。

西方中古的浮士德傳說，用一個宗教故事告誡於人，千萬不能被「魔鬼」誘惑、和它簽約，否則即永世沉淪 —— 所謂「魔鬼」，其實是人內心的惡。對於朱棣來說，他不單受了「魔鬼」的誘惑，並且在協議書上簽字畫押，所以，是無法擺脫它的糾纏的了。

---

[1] 何孝榮《明代南京寺院研究》，第二章，興廢和分佈。
[2] 孟森《明清史講義》。

惡之花一：精神戕害

　　古代中國人文精神，遭受過兩次嚴重戕害。一次是秦始皇滅六國、建立第一個皇朝秦帝國。一次就是朱棣篡權、自立為帝。

　　秦滅六國，害怕各國人民懷念自己的文化歷史，或者乾脆是為了強行統一思想輿論，就下令燒書，只留下實用技術類的書籍，其餘一概搜出燒掉。為防止沒有搜到而漏網的情形，又明令嚴申，絕對禁止。這樣，秦以前各國史書，除了秦自己的官方史，統統被毀滅了；學術方面也一樣，除秦官方的博士官所掌圖書，凡是私人收藏的諸子書一概上交官府燒毀，下令三十天內不上交者，罰築長城四年（肯定會送命死掉）；聚談詩書者斬首，是古（六國）非今（秦王朝）者滅族；不准許民間辦學（私學），孔子以來形成的教育普及的好局面生生地被禁止，歷史倒退了好幾百年；人民求學以吏為師，換言之，教育以服務政治為目的，與自由的思想和學術絕緣……這些極端的文化專制措施，終結了此前何等燦爛多姿的中國歷史上最偉大的「百家爭鳴」時代，而它自身造成的後果，更是接近於葬送文明——秦滅亡後，面臨着經典曠無的局面，許多年後，主要自漢武帝時代起，才靠着從廢墟中發現當初有人冒生命危險匿存下來的少量典籍，復經許多學者艱辛整理、疏證，一點一滴、絲絲縷縷地重新續上文明之脈。漢代經學，所以那樣發達，起因就在於秦對文明的毀滅。整個兩漢對於中國歷史，實有不亞於西方文藝復興的意義；偉大的學者從司馬遷、劉向到鄭玄，對中國文化實有再造之恩。饒是如此，中國歷史和文明雖萬幸未致湮滅，後遺症卻也相當嚴重。經學上的「今文派」和「古文派」，打得一塌糊塗，直到清代仍脫不得身。

　　順帶說一下，秦朝其他政治經濟措施，如車同軌、通水路、去險阻（平毀各地要塞）、劃一幣制器具、以秦篆統一文字等，客觀上的利於國家大一統，而主觀出發點，也是壓制人民、消解各種隱患。

　　秦的許多舉措儘管具有反文明的性質，但畢竟尚可促進中國民族、政治的統一，所以歷來對秦代的評價，褒貶分歧很大，有認為其善不足以抵

其惡的，也有認為其惡遠不能掩其善的。這樣的分歧，各依尺度不同，誰也說服不了誰。然而，朱棣篡位，卻談不上有什麼積極面。

他篡位以前，中國已處在穩定的統一的局面中，倒是他的叛亂，將中國拋入戰禍中，讓驚魂甫定的百姓，又品嚐離亂滋味。

他篡位之後，政治不是變得清明，相反，恢復了許多被朱允炆所改革、連朱元璋晚年亦自我否定掉的苛政，為了刻意與建文時期反道而行，他將朱允炆實施的各種從士大夫至平民的廣泛好評、認為利國惠民的政策，予以推翻、否定。就連他好大喜功的對蒙戰略，以及征越南這一類似乎可以炫耀一下的「武功」，史家也是疑問多於首肯，因為它們大大違背了朱元璋對明帝國的周邊戰略設想，而後者卻比較合乎明帝國的實際。

表面上看，朱棣沒有造成贏政那樣嚴重的後果，也沒有轟轟烈烈地搞「焚書坑儒」那樣的運動。其實，朱棣幹的不比贏政少，對打擊目標的決絕狠酷，更不稍遜。不過有一點，相較贏政，朱棣深通偽善，事辦得更狡猾，手法也陰柔。

以他們都做過的殺士這件事來比較。「焚書坑儒」動靜鬧得那麼大，名聲那麼壞，實際上殺了多少人呢？只有四百六十多人，主要還是孟子學派的儒生（東漢趙歧說）。可永樂元年，單單方孝孺一案，就殺掉八百七十三人，而且「誅十族」這一創新，所特地加上的第十族，就是專門針對知識分子的——方的朋友和門生，多為讀書人無疑。別的慘案，受害主體也是讀書人。殺方孝孺，連姚廣孝也反對，反對理由就是應替天下留存「讀書種子」。贏政殺掉四百多個儒生，背上千古罵名；而數倍乃至十幾倍這樣幹的朱棣，卻好像沒有捱過什麼罵。贏政很冤，他應該從棺材裏跳出來，要求平反。

朱棣非但沒有捱罵，還因為那部據說是當時世界上最大類書的《永樂大典》，被不明就裏或生性喜歡「偉業」的人，視為文化的保護神。這就是朱棣的狡猾處。一面對讀書人大殺大砍，鉗言禁說，一面搞歷史上最大的「文化形象工程」，來炫耀文治。實際上，《永樂大典》鴻篇巨製不假，對文明發展的實際影響近乎於零。它卷帙過於浩繁，22937卷，11095冊，

約 3.7 億字，難以刻印（恐怕一開始就沒想過刻印成書），即便再抄一套也非易事，足足過了一百年，嘉靖皇帝才痛下決心錄一個副本，但工程之大，嘉靖竟沒能活着看到抄寫完成，直到繼任者隆慶皇帝登基，副本才算抄完。而副本抄繕完畢不久，正本又奇怪地下落不明。總之，這套今天說起來大家不勝景仰的《永樂大典》，修成之後即鎖深宮，與塵土為伴，幾乎不被閱讀，且一直保持這「特色」，直到那套副本在清代被內賊外寇盜搶而散失殆盡。

書籍，唯當被讀、被傳播，方產生文明價值。倘若根本不進入閱讀領域，又有什麼意義？《永樂大典》，修之前就明擺着不以供人閱讀為目的，修成後放在皇家庫房裏，大門一鎖，與世隔絕。但它有一點卻牛得不行，那就是足夠巨大、足夠輝煌、足夠歎為觀止，儘管大家全無眼福，可誰提起來都嘖嘖稱奇。難怪政治家往往喜歡搞「形象工程」，《永樂大典》即以奇效對他們是很好的垂落。

一提起「永樂大帝」，必想到「永樂大典」。有這座「文化崑崙山」擋在那裏，朱棣所幹的壞事可就全都離開人們視野，或者被視而不見了。所謂「一俊遮百醜」；何況，所謂俊也是中看不中用的花架子。

在我看來，朱棣行徑中，比血腥殺戮影響最惡劣還有許多。他是中國有史以來最大的歷史造假者。建文朝史事「千鈎百索，隻字不留」[1]，在他鼓勵和授意下，當時「文學柄用之臣」置良知和道義於不顧，「自飾其非」，「為史（指對建文朝的書寫），肆以醜言詆之」[2]，致建文朝「政令闕而不傳」（建文時期採取了哪些政策措施，已不可知），過了好些年，一個叫楊守陳的禮部尚書實在不能接受這種狀況，向弘治皇帝上書，批評「靖難後不記建文君事，使其數年內朝廷政事及當時忠於所事者皆湮沒無傳」，委婉提出重寫歷史、恢復原貌的要求：「即今採錄，尚可備國史之缺」[3]。朱棣的做法，不單等於給歷史開了「天窗」，還填加進去許多謊話，給後來肆意篡改歷史的人，樹立的榜樣。

---

① 朱國楨《皇明史概・大政記》，卷七。
② 張朝瑞《忠節錄》，卷六，考誤。
③ 朱鷺《建文書法擬》，卷首，述公議。

不但史實在他手上歪曲了，他還極大摧殘了中國史學十分可貴的傳統——「良史」的操守和氣節。「良史」精神，自周代就形成。雖然史官為政府所設，但史官對政府乃至君王卻允許保持獨立性，直面事實、忠實職務，是史官本份，如遇政治強權干涉，不惜殺身殉職。這就是「良史」精神。魯襄公二十五年（前548），齊大夫崔杼殺齊君，太史毫不妥協，當庭記下「崔杼弒其君」。崔杼怒，殺太史。太史被殺，他的兩個兄弟堅持寫同一句話，又被殺。這個良史家族的最後成員還寫那句話，崔杼不敢再殺。南史氏聽說太史一家將被殺光，就拿着竹簡趕來，準備替他們繼續寫這句話，途中聽說已寫成，才打道回府。所以，不要以為中國人一開始就有編造歷史的習慣，中國史學精神，本來是非常正直的。可是這光榮的傳統，慢慢卻被朱棣們斷送了。他可不是那個崔杼可以比得。崔杼殺了幾個人，看見史官不肯屈服，就不敢殺了。朱棣對於殺人，十分徹底，只要敢不奉他的旨意，有多少殺多少。能不能正確對待歷史，是國家清明與否的標誌之一。歷史不單單是一個敍事問題，更是一個關係正義與倫理的問題。古人很早就意識到「以史為鑒」的道理，視歷史為一面客觀的、是非曲直一目了然的鏡子，國家必須從真實、不被歪曲的歷史中得到對益害、利弊的如實認識，才能把現實和未來的路走好。

朱棣不僅僅是造了假，他還強姦了中國人文的健康精神。這個影響最壞。永樂年間給整個知識分子階層的心態，蒙上長久的陰影。朱棣上臺後所屠殺的知識分子，都屬忠正一路。這些人，富貴不能淫，威武不能屈，是知識分子中品質較好的一部分。朱棣的邏輯是，你不肯低頭，我就把你的頭砍掉了事。然而，被斫傷的不僅是千百受難者的生命，還有他們秉持傳承的人格。正氣下降，邪氣自然上升。有詩詠當時風氣之壞：「後來奸佞儒，巧言自粉飾。叩頭乞餘生，無乃非直筆。」[1]不願同流合污的正人君子，則選擇明哲保身之路，退出公共領域，出現「亙古所無」的現象：「上自宰輔，下逮儒紳」，「深山窮谷中往往有傭販自活、禪寂自居者」。[2]

---

[1] 鄭曉《今言》，卷之一。
[2] 張燧《千百年眼》，卷十二，革除死難之多。

朱元璋搞了那麼多文字獄，也沒把「士」氣搞到這樣地步。洪武時期的文字獄，雖然野蠻而荒唐，卻並不針對整個知識分子階層及其基本價值觀。朱元璋這個人，無知狹隘，但對儒家正統精神還是肯定和鼓勵的（除開孟子思想中「非君」那一部分）。朱棣卻不同。朱棣打擊的，恰恰是從儒家倫理根源上來的理念和氣節。明初，這些理念和氣節，隨着外族異質文化統治的結束，正處於蓬勃向上的狀態，我們從洪武時期以宋濂為首的皇家教師團的大儒們身上，從以方孝孺為代表的建文殉難忠臣身上，清楚看到中國知識分子正統價值觀和自信心呈現強勁復甦的趨勢，然而「靖難之役」後殘酷鎮壓，又將它重挫。

如何對待建文朝這段歷史，始終是明代意識形態難以隱去的痛。恢復原貌、回到真相的意志，也頑強地生存在人們的良心中，絲毫未因時間流淌、記憶遠離而褪色。威權可壓制正義於一時，卻不能左右真相於永遠。朱棣死去以後，主張為朱允炆本人和以方孝孺為代表的建文忠臣恢復名譽的呼聲逐漸抬頭，到了中晚明，更演變為中國有史以來最大的一次「重寫歷史」運動。當代學者楊豔秋對此有專論《明代建文史籍的編撰》[3]，其中指出：

> 關於明代建文史籍的數目，無人做過具體的統計，《明史·藝文志》史部雜史類著錄了二十種作者姓名可考的建文史籍，其中雜史類十四種，傳記類六種；清人陳田編輯的《明詩記事》乙籤中提到了四十一種。若除去其中鄭曉《吾學編》、何喬遠《名山藏》、吳士奇《皇明副書》、伊守衡《史竊》、朱國禎《史概》等五部綜合性的歷史著述，單記建文朝事的史籍也有三十六部；黃虞稷的《千頃堂書目》中，建文史籍則多達五十九種，當然，這個數字遠遠不能囊括明代所有的建文史籍，但數目已相當可觀。

並次第細述了正德至嘉靖、萬曆和萬曆以後三個時期針對建文朝的

---

③　楊豔秋《明代建文史籍的編撰》，《炎黃文化研究》，2004 年第 1 期。

「重寫歷史」運動的情形。

這個運動，首先是民間的，自發的；既然官史不尊重事實，強行歪曲歷史，民間話語便以自行敘事亦即所謂「野史」的方式，做出反彈。明代「野史」或者說私人的非正式歷史寫作之高度發達，與建文事件的刺激是分不開的。另一方面，大量野史的出現，又推動了正史改革的意願；越來越多的人呼籲官史應當擔負起闡明歷史真實情況的責任，如陳繼儒批評正史對建文朝史實「滅曲直不載，不若直陳其狀而徵示以無可加也；斥野史為盡訛，不如互述其異同，而明見其不必盡情也」[1]朱鷺則藉野史的發達，指出這明顯表示正史陷於一種困境，進而提出恢復史臣的「史權」，即史臣有改正歷史錯誤和敘寫歷史真實情況的操筆之權，回覆其「天子有所不能制」的特質，以保障歷史書寫的嚴肅性，他說：「且夫史官而禁之書，能必野史之不書邪？與其為野史書，傳疑述偽，逐影尋響，誇張其說而矯誣其事，寧正之今日乎？秉史筆者尤得以彌縫諱飾豈間而不至於滋萬世之惑也，若是，而史臣之權可不用邪？」[2]到萬曆年間，「重寫歷史」運動已經成為朝臣奏事時的公開議題。禮科給事中孫羽侯和楊天民、御史牛應元和史官焦竑，都先後上書主張在正史中給建文時期以「本紀」地位。萬曆皇帝對於這些建議未敢完全允准，但他一面命將建文朝事跡仍附於洪武朝後，一方面同意直書建文年號。這是一個重大突破，因為朱棣時代發明「革除年」一詞，就是基於取消建文年號、在政治上不承認這段歷史。時隔百餘年，被抹去的「建文」字眼，終於又合法地重返歷史話語（所以才有了《建文朝野彙編》和《建文書法擬》這樣的書名）。[3]

雖然朱棣所為，頗有「青山遮不住，畢竟東流去」的可笑，但畢竟歷史為此走了很長很大的彎路。簡簡單單、客觀存在的事實，卻費了那麼大的氣力來糾正、復原，不必說空耗精力純屬多餘，正氣低迴更是可怕的內傷。只因朱棣的一己之私，整個國家和民族就付出這樣沉重的代價。

---

① 《建文朝野彙編》，陳繼儒序，《四庫全書存目叢書》本。
② 《建文書法擬》，卷末，擁絮迂談。
③ 更詳盡的情況，可徑閱楊豔秋文。

惡之花二：倚用宦官

太監[4]，並非中國特產。由太監而起的誤國殃政的弊端，卻是中國古代史的特產，太監乃刑餘之輩，所以通常把這種政治災難稱為「閹禍」。而歷朝歷代，閹禍最甚的當數漢、唐、明。進而又須交待，明代閹禍本來是可以也應該避免的，之未避免，反而發展到成為導致明代亡國的主因之一的地步，就是拜永樂皇帝朱棣之所賜。

以上數語，算是把本節所談，大致說清。

李自成攻破北京之前，一個叫曹參芳的學者正忙於編撰他的一部歷史著作《遜國正氣紀》。「遜國」，指建文帝朱允炆被朱棣推翻事；後世替朱棣找臺階下，迴避他篡位的事實，用朱允炆「遜國」即主動讓位的說法來遮掩。等到這本書寫成之時 ──「崇禎甲申中秋前一日」── 崇禎皇帝已吊死煤山。作者的本意，是藉這本書探討國家救亡之道 ── 當時明要亡的跡象，實在比較清楚了 ── 所謂對「正氣」的重申與呼喚。可惜，沒等到他寫出來，明先已經亡掉了。但他對可以視為明亡國之因的一些總結，仍值得一觀。內中有一段寫道：

> 寺人禍國，其來久矣。我高皇帝有鑒於是，雖設中貴，止供撒掃。而銜不兼文武，政不侵外廷，衣冠不同臣僚 ── 外之也，故三十年宮府謐如。雖讓皇帝紛更祖制，此獨尊之加嚴焉，以故遺恨內臣，密謀通燕。文皇之始，不能不有所私是。故儺保之譖行而撫監炱炱矣，監軍之勢張而馬騏以交趾予敵矣。延至逆振，舉萬乘之尊輕擲蠻夷，喪中原銳氣多矣。而吉祥輩復積驕成怨，積怨成逆。汪直之啟釁，緤絏盈朝，積骨盈邊，可勝悼哉？正德

---

④ 對這種淨身後在宮中充役者，歷史上有各種稱法，如寺人、宦官、黃門、中官、中使、中涓、內官、內臣、內侍等，如今一般習慣通稱以「太監」。但需要說明，「太監」這詞本身，是在遼代作為宦官的一個級別而出現的。在明代，太監也是宦官中的一個官職，內廷二十四衙門負責人才稱太監。太監固然是宦官，但只有一小部分宦官才屬於太監這個級別。太監成為宦官通稱，是清代以後，民間慢慢有了「大太監」、「小太監」的叫法，而從前，太監必是高級宦官。我們現在沿用清以來的稱法，但也應該了解以往的區別。

間，八虎橫一豹吼，逆瑾慘烈，禍延宗社……繼以魏璫，狐豕滿
朝，忠良膏野，上公稱而廟貌祀，竊號竊名，古今慘變……①

列閹禍為明代亂政且逐步導向衰亡的主要根源，而且，對這種趨勢與
過程敍述得相當簡潔，一目了然，普通讀者透過這區區兩百來字，已可周
詳了解明代閹禍的由來和發展：第一，在朱元璋時代，宦官是被嚴格控制
使用的對象，嚴格程度甚至歷來沒有，「止供撒掃」，讓他們只是純屬清潔
工性質的服務人員，所以沒有發生閹禍。第二，朱允炆繼位後發起不少對
洪武政治的改革，唯獨這一條不改，且嚴上加嚴，所以也沒有發生閹禍，
但導致一部分宦官暗心唧恨，裏通燕王，幫助朱棣推翻朱允炆。第三，
朱棣篡權陰謀既已得逞，為着多重目的（稍後述），徹底改變由朱元璋制
訂、朱允炆堅持的排斥宦官干政的政策，把宦官當作心腹耳目加以利用，
由此開啟明代深重閹禍之門。第四，禍門既啟，壞例已立，以後歷代閹禍
愈演愈烈，作惡巨璫層出不窮，作者例舉了王振、曹吉祥、汪直、劉瑾、
魏忠賢等，這些大太監都曾甚囂塵上，像魏忠賢，搞到忠良見戮、百官爭
相當其走狗、甚至活着的時候享受專祠奉祀，而正統年間的王振，竟活脫
脫親手斷送英宗皇帝，讓他做了蒙古人的俘虜。

曹參芳履歷天啟、崇禎兩朝，對於魏忠賢如何把國家搞得烏七八糟，
滿朝歪風邪氣，親有體會，知道閹禍危害非同小可，追根溯源，想到一切
起自永樂年代，所以才深切懷念「遜國正氣」的吧？

閹宦的起源頗早，可能商代就出現了，至少可確知周代是有的，《周
禮·天官塚宰》有「閹」之稱，鄭玄對此注曰：「閹，精氣閉藏者，今謂
之宦人。」不過那個時候，宦官用於宮庭普遍不普遍、是否制度化了，難
考。從制度化角度看，還是認為宦官階層形成於秦代（含秦國）比較穩
妥。因為中國君主專制這種思想萌芽於秦國，中國的第一個帝制王朝也由
秦建立，它是制度的創立者。太監（宦官）的本質意義，即是體現、從屬
和服務於君主專制的意志，成為君主專制下一種特殊的組織化建構，亦即

<hr>

① 曹參芳《遜國正氣集》，卷二，何州、周恕。

宮禁制度的一部分。

　　那麼，這個群體在歷史上發揮過什麼好作用嗎？沒有。不要說好作用，二千多年來，他們只要安分守己，就可以說表現良好了。

　　我們所知此類中最早出名的人物嫪毐，就是一個為非作歹的傢伙。他是秦國大宦官，侍奉嬴政（當時的秦王，後來的秦始皇）之母，深受寵信，封長信候，揮霍無度、勢力巨大，門下家僮數千，賓客千餘，儼然國中一支重要政治力量，能與丞相呂不韋抗衡。直到有人告發他其實是個假閹人，陽具不僅健在，而且甚是了得，正靠它才博得太后歡心（那太后原本就是風流女子，當年是豔都邯鄲的一名歌妓，後被呂不韋買下，並在被呂不韋腹內留種的情況下送給秦國公子子楚，所生此子即後來當了中國第一個皇帝的嬴政），這才惹怒嬴政，下兵收捕，豈知嫪毐居然武裝反抗，兩軍戰於咸陽，嫪毐兵敗被殺。

　　嫪毐之事，可以說已開啟了所謂閹禍的典型。一是這種人一旦發達，往往勢可傾國；一是這種人一旦作亂就非同小可，幹得祕密些是致使宮掖生變，如果追求驚天動地，則能夠直接在京城跟皇帝幹仗。

　　以後興風作浪的宦官不勝枚舉，如趙高那樣把持朝政、指鹿為馬者有之，如漢「十常侍」那樣導致一個朝代崩解者有之，如憲宗被殺、穆宗得立之後晚唐皇帝基本皆由宦官廢立者亦有之。許多中國人受舊小說舊戲的影響，以為中國的事，都壞在曹操、高俅那樣一些塗着大白臉的奸臣手中，然而如果翻翻歷史書就知道，內廷權閹的危害，遠在外廷奸臣之上。

　　這樣的慘痛經驗，已積累太多，到朱元璋的時候，並不需要很高智慧也可以認識到，必須嚴防太監干政。所以他說：「此曹善者千百中不一二，惡者常千百。若用為耳目，即耳目蔽；用為心腹，即心腹病。馭之之道，在使之畏法，不可使有功。畏法則檢束，有功則驕恣。」[2] 曾定制：內侍毋許識字；洪武十七年更鑄鐵牌：「內臣不得干預政事，犯者斬」，置宮門中。

　　扼制太監，不使他們參與政治，很對。不過，朱元璋將太監的危害歸

----

② 《明史》，志第五十，職官三。

諸他們的人品天生較別者為劣，卻毫無道理。太監同樣一個腦瓜、一副身子，並非三頭六臂、惡魔投胎。如果說「此曹善者千百中不一二，惡者常千百」，有這種情況，那也是制度使然，是君主專制因為對自己的極權嚴防死守，信不過外廷大臣，將太監們倚為心腹而導致的結果。皇帝和朝臣的君臣關係，一面是上下關係，一面卻又是互相尊重、互相制約的關係。但皇帝和太監之間，則無這樣一層「禮法」的約束，完全是主子和家奴的關係，可以隨意呵斥、打罵甚至取他們的性命，這讓皇帝覺着很放心，更堪掌握，久之無形中也對後者產生依賴，而感到他們親近，不可託於大臣的事，託於他們，甚至私密之事也讓他們與聞。但當皇帝的只知其一不知其二，看到太監俯首貼耳、任其驅馭的一面，看不到後者因「親炙天顏」而被賦予巨大權勢的另一面，至於過於倚重而致尾大不掉、反僕為主的情形，更是始料不及。總之，太監輩「善者千百中不一二，惡者常千百」的根子，就在皇帝自己。

朱元璋當然不會承認這一點，不過從汲取歷史教訓角度出發，他要與太監們保持相當距離的決心，還是蠻大的。明白表示，絕不能用為耳目心腹，也不能給他們立功的機會。這是朱元璋「幹部政策」中很重要的一條，甚至可以說是「鐵的紀律」。他立下規矩：內侍毋許識字；洪武十七年更鑄鐵牌：「內臣不得干預政事，犯者斬」，置宮門中。不識字，便阻斷了太監參政的途徑；萬一還有人不自覺，居然敢於干政，那就殺頭。

朱元璋基本踐行着自己制訂的上述政策，朱允炆則更嚴格。所以從洪武到建文，明初太監沒有飛揚跋扈的例子，而且應該說日子很不好過。

朱棣奪位，太監很出了一把力。嘉靖間大名士王世貞說過這樣一件事，當年朱棣起兵以後，與政府軍作戰，費了很大勁三年所得也無非北平、永平、保定三府，這時，「有中官約為內應，謂須直搗南京，天下可定，文皇深然之。」[1] 亦即，有太監主動與朱棣聯絡，建議不要一座城池一座城池地打，徑取南京，而太監們將與之裏應外合。孟森先生的《明清史講義》頗然此說：「靖難兵起，久而無成，因建文馭宦官極嚴，而叛而私以

---

① 王世貞《弇州史料》，前集，卷十二。

虛實報燕（指朱棣），遂敢於不顧中原，直趨京邑。」此事如屬實，則建文宮中的太監對朱棣最終成事，可謂功莫大焉。

《明史》關於朱棣信用太監這樣說：「文皇以為忠於己，而狗兒輩復以軍功得倖，即位後遂多所委任。」[②]言下「有論功行賞」的意思。我們不排除可以存在這層因素，但歸根到底，朱棣之倚宦官，應該不是出於欠了這些人的情，而要對他們有所回饋，「滴水之恩當湧泉相報」，朱棣不是這樣的人。此人唯我獨尊，一切皆以自己為出發點和旨歸，可負天下，不可天下負我。他為了樹立形象和詆毀朱允炆（因為朱允炆當政時期充當了一個改革者），就假惺惺地把自己打扮成「祖制」（朱元璋政策）的維護者，但在不容太監干政這樣一個重要問題上，他不僅不堅持祖制，反而從根本上破壞了它，並給後來明的亡國種下禍根。為什麼？就因為他極端利己的本性。朱元璋不准太監干政，這規矩很清楚，斬釘截鐵，理由也說得挺透，朱棣不可能不知道，也不可能不明白。然而有兩個因素使他顧不上這些，明知有那樣的祖制，明知自己的做法極其危險，也執意去做。

一個因素，是他從篡權的經過嚐到了甜頭，或受到很大啟發，即太監這群人很可以被利用來執行某些特殊任務，機密事、不道德的事或不可告人的事，交給他們去辦最合適不過，只要時不時扔給他們幾根骨頭，他們就會跑前跑後替自己效命。這取決於太監這群體的特點。他們一般在尚未成人前，淨身入宮，脫離社會，也脫離一般人倫和道德，腦子裏只有家奴意識。他們雖然也是人，但卻是被外化於社會的特殊人群；除了實利主義，基本上再無信仰和原則，在有骨頭可啃的前提下，保持着單一的對主子的忠誠，可以完全順從主子意志，心中談不上什麼禮義廉恥，也沒有什麼美醜觀念，只要得到指令，是不憚於幹任何事或者說無論做什麼都不大有心理障礙的。所以歷來對這類人有一種就其字眼可能涉嫌歧視的稱呼：狗兒輩。剛才所引一段《明史》，公然把這稱呼寫在正史裏頭。但這奴性，是醜惡的太監制度造成，受譴責和唾罵的也應該是太監制度。朱棣對他們的解讀，其實同《明史》的那個稱呼沒什麼不同，但他是從正面或欣

---

② 《明史》，列傳第一百九十二，宦官一。

賞的角度去看待這一點。他需要這種人，也喜歡這種人，而且自信能駕馭好這種人——重要的是，他已經獲得了成功的經驗，現在只須繼續運用、不斷放大這經驗即可。

第二個因素，又不能不觸及朱棣非法取得皇位這塊傷疤，設若當初從朱元璋那裏堂而皇之繼承皇位的，不是別人，是他朱棣，很可能他也並不會倚重「狗兒輩」。現在不一樣。憑藉武力，算是將印把子搶到手了；一通血洗，也算是把公開忠於朱允炆的勢力鎮壓下去了。但印把子究竟攥得緊不緊，是不是還有暗藏的「階級敵人」，還有多少？朱棣心裏沒底。況且，朱允炆下落不明，是死是活？是遠遁還是匿身近處？如果還活着，他會不會東山再起？謎團很多。還有，老百姓服不服，背地裏怎麼看又如何談論「革除」這件事？是不是有什麼窮途末路的傢伙會利用民心煽動造反、起義？這都需要勘察，而且是祕密的勘察，或者，索性派出親信去監視那些人的一舉一動。所有這一切，我們可稱之為「非法奪取政權後遺症」。對朱棣來說，他不單患着這後遺症，而且很嚴重。而同所有沒有自信、生活對隨時失去權力的恐懼之中的統治者一樣，他也只有兩個辦法，一是推行鐵腕統治、用嚴刑峻法（國家恐怖主義）來強行壓服，一是搞特務政治，盯梢、刺探、打小報告、聽牆根，都是蹿於法度之外見不得人的勾當，用這辦法使人人自危，拑口無言。

那麼，甚等樣人最適合替朱棣幹那些見不得人的勾當？宦官輩當然是首選。他們是家奴，最令人放心，而且除了聽命於主子，毫無道德感，什麼事都肯做，都做得來。

一方迫切需要這種人，另一方還最堪勝任這種用途。天作之合。這就是朱棣一改「祖制」、重用太監的真正原因。

《明史》中有一段敍述，簡明列出了朱棣重用太監的「大事年表」：

> 永樂元年，內官監李興奉敕往勞暹羅國王。三年（1405），遣太監鄭和帥舟師下西洋。八年（1410），都督譚青營有內官王安等。又命馬靖鎮甘肅，馬騏鎮交阯。十八年（1420）置東廠，令刺事。蓋明世宦官出使、專征、監軍、分鎮、刺臣民隱事諸大

權，皆自永樂間始。①

注意最後那句話：「蓋明世宦官出使、專征、監軍、分鎮、刺臣民隱事諸大權，皆自永樂間始。」這是對整個明代史一個重大問題的總結。朱棣不僅僅是破壞了朱元璋視為鐵條的「內官不得干政」的幹部紀律，而且經他一人之手，就開啟了宦官干政的所有主要途徑與方式。如果說閹禍是明亡國的主因之一，則朱棣即應對此負全責。

分別解釋一下朱棣給予太監的這幾項大權。

出使：作為皇帝代表出訪外國，雖然未必有今天「特命全權大使」的身份，但所涉為國與國的交往，其政治含義和規格相當高。

專征：由太監充當統帥，獨立帶兵出征。鄭和出洋的歷史意義另當別論，而朱棣作出的這種安排，從當時政治格局說，意味着承認和賦予太監以軍事指揮權，無疑有動搖國本的性質。

監軍：安插太監到軍隊中，代替皇帝監視和干預將領的工作，這不單單明確表示了對於將領的不信任，尤其造成令出多門、決策混亂等軍事大忌，加之太監之流往往狐假虎威、挾私刁難，從而帶來災難性後果，明代官軍戰鬥力之弱，與此有極大關係。

分鎮：派駐太監到各省和重要城市，賦予他們多種使命，從官員紀檢到蒐集民情，實際上就是各地特務頭子，功能類似於納粹的黨衛軍。這些鎮守太監，很少不為害一方，吃拿卡要、索賄逼斂、擾亂地治，明代地方上很多危機即由他們而起，包括著名的「倭患」。

刺臣民隱事：專指東廠之設。東廠是明代建立的第一個由太監掌管的皇家特務機構，此後還出現過西廠、內廠等。與分鎮各地的太監不同，東廠這類機構是直屬中央的特務組織，其偵察權不受地域限制，也不受偵察對象的社會地位限制，不論什麼人，從平頭百姓到九卿三公乃至皇親國戚，都可以成為他們的懷疑對象、調查對象，偵察手段也沒有禁區，不受法律制約，只要有助於達到目的，一律可以採用，比方說如果當時有竊聽

---

① 《明史》，列傳第一百九十二，宦官一。

技術，以東廠的職權是完全沒有忌諱，可以盡情實施的，不必擔心萬一破露會成為醜聞、招致國會彈劾；此外，更可怕的是，他們享有處置權，探得消息，不須請示皇帝，而直接處置，捕人、刑訊甚至致人斃命也沒關係。東廠設於永樂十八年，但親信太監承擔類似的功能，應該遠遠早於此，只不過專設了這樣一個機構，使其功能並軌到國家機器之內，而更加可怕。

朱棣開了一個「好頭」，他的子孫們也不盡是坐享其成，無所創造。比如他的孫子、明宣宗宣德皇帝朱瞻基，便又向前邁出重要一步：設「內書堂」，教太監讀書識字。這也是朱元璋明令禁止的。首先破例的也是朱棣，他曾安排范弘、王瑾、阮安、阮浪四名太監去讀書，使他們能通經史。不過，朱棣當時還是偷偷地做，範圍也不算廣。朱瞻基則將太監識字讀書公開化和制度化，專門為太監在宮內辦了一所學校，請的老師還都是學士、大學士級別的高級知識分子。太監由不識字到識字，由沒文化到有文化，很便於他們更深地參予政治。後來漸漸有皇帝貪懶，讓太監根據自己的口授，代擬旨意；再後來，內閣呈上來的「票擬」（以政事的有待皇帝決策的政府處理意見）也讓太監代為批覆。這就不得了，等於直接把國家決策權交給太監。

到這一步，王振、劉瑾、魏忠賢等超級大璫沒法不應運而生；攫得國家最高權力的他們，縱想安分守己，只怕也難。

惡之花三：國家恐怖主義

人類的暴力現象，從遠古綿延今代，沒有斷絕，恐怕也不會消失。

暴力的表現有兩種：非理性的和理性的。

先說非理性。非理性暴力，起源於報復的本能，當受了傷害及嚴重威脅，而一旦從傷害和威脅中脫險，並反過來對對方取得支配地位時，

原先積聚起來的由仇恨和恐懼組成的巨大能量，就會尋求某種釋放與宣泄的途徑，這時候就產生各種非理性暴力的表現。如屠城、殺降、燒掠、姦淫、虐俘，如形形色色的酷刑。這些行為雖然目的也是給對方以懲罰，但採取的手段遠遠超出其目的所需，而包含巨大快感，是對自己心理的額外補償。這種快感與心理，以暴力本身為滿足對象，或者有意渲染和推崇暴力，以至於最後暴力自己就成為目的。這時，暴力是一種邪惡。

但也存在並不邪惡的暴力，即理性的暴力。理性的暴力有兩個特徵：第一、起自於維繫社會正義平衡的需要；第二、不含宣泄、渲染暴力的成分，相反它的施行還有意降低暴力對人的恐怖心理作用。從本質上說，國家機器都具有暴力的內含，它在防止動亂、打擊犯罪和懲罰其他破壞法律之行為時，必然使用暴力。但如果它立於理性，則其使用一定是有序、中肯和收斂的。例如在理性暴力意識下，許多現代國家廢止了死刑，即便不能廢止的，也盡力削弱死刑中超出懲罰目的之外的炫耀恐怖的因素，中國近年漸以藥物注射代替槍決的死刑執行方式，就是基於對國家暴力的理性化認識。

朱棣上臺後所大規模使用暴力的情形，完全失卻理性。他的殘酷鎮壓，本極過分，而於瘋狂殺戮之中所挑選和採用的方式，更超出了消滅和打擊異己的實利需要，純粹演變成製造恐怖氣氛和對暴力的宣揚。對不肯降附的建文忠臣，朱棣不以奪其生命為滿足，往往用野蠻虐殺達到其快意宣泄的訴求。如暴昭之死：

> 刑部尚書暴昭被執，抗罵不屈，文皇大怒，先去其齒，次斷手足，罵聲猶不絕，至斷頸乃死。[1]

司中之死：

> 僉都御史司中召見不屈，命以鐵帚掃其膚肉，至盡而死。[2]

鐵鉉之死：

---

[1] 《明史紀事本末》，卷十八。
[2] 同上。

文皇乃令昇大鑊至，投鉉屍，傾刻成煤炭。[1]

對建文忠臣女眷，竟公然讓人輪姦：

> 永樂十一年（1413）正月十一日，本司右紹舞鄧誠等於右順
> 門裏口奏：「有奸惡齊泰的姐並兩個外甥媳婦，又有黃子澄妹四
> 個婦人，每一日一夜，由二十條漢子守着。年小的都懷身孕，除
> 夕生了個小龜子，又有個三歲的女兒。」奉欽依：「由他。小的
> 長到大，便是搖錢樹兒。」[2]

這些行為，泄憤之外，目的主要在於恫嚇。殘忍地對待這些曾經反對
他的人，侮辱其家屬，都具有一種展示「下場」的作用；既滿足了朱棣自
己的報復心理，又作為威脅以警誡所有對他以武力推翻合法君主感到不滿
的人。

儘管實施了大規模屠殺，血腥酷刑以及極其歹毒的身心摧殘，但朱棣
知道，單靠這些遠不足以平弭朝野上下的非議。這種聲音可能隨處皆在，
卻藏匿於他所不知道的地方，如不加控制，也許會慢慢匯聚起來，變成一
股比聲音更實際更有力的力量。此即王世貞於萬曆年間所分析的：「既由
藩國起，以師脅僭大位，內不能毋自疑人人異心，有所寄耳目。」[3] 說朱
棣當時的懷疑，到了「人人異心」的地步，對每個人都不放心 ——「平生
不做虧心事，夜半不怕鬼敲門」，沒辦法，自己心中有鬼嘛 —— 那麼，怎
麼辦？只有實行一整套國家恐怖主義統治：密織偵緝網，豢養大量鷹犬，
提高特務組織地位張大其權力，培植大酷吏，在全社會鼓勵告密，以言治
罪、禁止民間談論政治……總之，要造成人人自危，噤若寒蟬的局面。

即位之後，他指示軍方遵循以下精神發佈公告：

> 今為眾所推戴，嗣承大統，罪人皆已伏誅，嘉與萬方，同樂
> 至治。比聞在京軍民猶有未喻朕心者，謂有復行誅戮之意，轉相

---

[1] 《明史紀事本末》，卷十八。
[2] 袁綱《奉天刑賞錄》引《教坊錄》。
[3] 《弇州史料》，前集，卷十七。

扇惑，何其愚也！

　　吾為天下君，則天下之民皆吾赤子，豈有害之之心？且帝王
刑法豈當濫及無罪？爾兵部丞出榜曉諭，令各安心樂業，勿懷疑
懼，敢復有妄言惑眾，許諸人首告，犯人處死，家產給賞告人。
知而不告，與犯人同罪。④

　　其中可見先前一系列的屠殺造成了巨大恐慌，恐慌的同時也引起民間
極大不滿，朱棣所謂「妄言」，當包括上述二者。這條指示的精神，安民
愛民只是表面文章，道貌岸然的語詞背後，是一副冷酷的鐵腕形象——他
指出，面對烏雲密佈、血跡斑斑的現實，人民連「疑懼」的心理反應也不
能有，也是罪過，更不得將這種內心感受吐露和表達出來，凡所語及，即
為「妄言」（如當代所謂「反動言論」），就是死罪。為了徹底撲滅人民的
不滿情緒，他很卑鄙地利用人的求生本能，「許諸人首告」，意即，曾一起
議論「國是」的人當中，誰首先起來檢舉揭發別人，此人即可免罪，而且
會得到其他所有被處死者的家產作為獎勵，相反，「知而不告，與犯人同
罪」。這是一道誘導鮮廉寡恥、棄信忘義之風盛行社會的旨令。

　　於是，永樂年間引人注目地出現一種過去很罕見的罪名：誹謗罪。「誹
謗」的意思並不複雜，就是捏造壞話來詆毀和破壞他人名譽；誹是背地議
論，謗是公開指責。這字眼，今天無甚特別之處，任何人覺着自己被人用
言語侮辱了名聲，都可以告之以誹謗。但永樂年間對誹謗的指控，卻非普
通人所享權利，而是朱棣單獨享有對任何人加以指控的權利；在這裏，誹
謗罪專指一切針對朱棣及其統治的議論，只要這議論是負面的、批評的和
表示懷疑態度的，不論對錯，不論有無事實依據，通通算誹謗，所謂「誹
謗時政」。說白了，人民除了歌功頌德、感恩戴德，不允許對政治發表任
何公開或私下的意見。因此我們不妨把永樂年間的「誹謗罪」，理解成禁
言令——禁止民間一切有關政治的自由言論。

　　雖然中國古代社會並非民主社會，但仍很少聽說哪個朝代設立過這樣
一項罪名。相反，中國古代政治思想有一個很突出的傳統，認為應該傾聽

---

④ 《太宗實錄》，洪武三十五年秋七月。

民眾的聲音，還認為企圖用封堵的辦法來扼殺民意，不僅做不到，而且根本就很愚蠢。孟子曾經引《尚書》中的一句話說：「天視自我民視，天聽自我民聽。」老天都以人民的耳目為耳目，何況人君？他還告誡那些為君者：「國人皆曰不可，然後察之。」什麼事情，如果老百姓都說不應該，就一定要加以審視。這也是強調執政者必須傾聽人民聲音。更有名的，是子產講的那句話：「防民之口甚於防川。」把老百姓的嘴巴堵起來，比堵住洪水可要難多了！要多蠢有多蠢！所以子產不毀鄉校，保留它，給老百姓一個隨便談論國是的地方。後來個別統治者，至多對知識分子的思想有所控制，如秦始皇燒書、司馬昭殺嵇康等，針對普通民眾在全國設立一項以言論管制為目的的「誹謗罪」，恐怕是第一次。

這本來就是一種莫須式的罪名，自然鼓勵了那些刁橫蠻霸、賣身求榮以及為了飛黃騰達而不擇手段、陷害別人的醜類，他們可以沒有任何根據，兩張嘴皮碰一碰，就把無辜者送入監獄。

曾有一個軍痞帶領手下去安慶採木，沿途強取民財，民將訴於官，此人便「誣民為誹謗，縛送刑部，具獄以聞」[1]。修建南京報恩寺期間，有小人貪功冒賞，製造傳聞，說被徵役伕「謗訕」，且「恐有變」，幸虧負責調查此事的監察御史鄭辰不輕信，查明：「無實，無一得罪者」，上萬人才保住性命[2]。永樂四年（1406）九月，有個浙西人舉報誹謗，把人抓來後對質，結果被誣陷者相互根本就不認識，朱棣也很沒面子，將舉報人「棄市」。[3] 由上數例可見，當時告密之風盛行，成為惡人陷害良善很好的手段，也是一幫利慾薰心之徒升官發財的捷徑，為此甚至捕風捉影、鋌而走險，不計後果以求一逞。

也確有得逞者，最典型一例，是丁鈺因告鄉鄰誹謗罪而一步登天。這丁鈺，原是山陽縣普通農民，因見朝廷「嚴誹謗之禁」，略略琢磨，認定發跡的機會了，便於永樂五年（1407）六月密告同鄉數十人涉嫌誹謗，結果一告一個準，那幾十位鄉鄰全部被殺，丁鈺卻被認為其才可用，「上才

---

① 《續文獻通考》，刑考二。
② 《明史》，列傳第四十五。
③ 《國榷》，卷十四，成祖永樂四年丙戌至七年己丑。

之，授刑科給事中」④——這不是一般的破格，史書上寫得很清楚，丁鈺原來的身份是「民」，連生員都不是，完全沒有做官的資格，「刑科給事中」屬於科道官，慣例只有中了進士的人方做得，至少也得是監生⑤。丁鈺嚐到甜頭，一發不可收，任職期間專以打小報告、揭發、告密為能事，「陰伺百僚，有小過輒以聞，舉朝側目」，直到最後因為「貪黷」遭到彈劾而被發配充軍為止。⑥

因為設了這個誹謗罪，告密、誣陷之風，終朱棣之世從未停歇，甚至他死了以後，還時有發生。朱高熾繼位，因見這種風氣實在太壞，搞得人心惶惶，而奸惡之徒則屢屢加以利用，痛下決心，宣佈正式取消「誹謗罪」：

> 上諭刑部尚書金純……等曰：「往者法司無公平寬厚之意，尚羅織為功能。稍有片言涉及國事，輒論誹謗，中外相師成風。奸民欲嫁禍良善者，輒飭造誣罔，以誹謗為說。罣名於此，身家破滅，莫復辨理。今數月間覺此風又萌……卿等宜體朕心，自今告誹謗者悉勿治。⑦

連朱棣自己親生的兒子都說，誹謗罪之設，令國家法律「無公平寬厚之意」，鼓勵「羅織」，奸人稱快，屈抑良善，而一旦被誣以此罪，必定「身家破滅」，而且根本沒有說理的機會。朱高熾所總結的這幾句用來否定「誹謗罪」的理由，足使我們想像出永樂年間民眾生活在怎樣擔驚受怕的氣氛中。

《續文獻通考》記有這樣的案件：某日，錦衣衛特務在北京街頭逮捕了一個市民，說他裏通外國（「與外國使人交通罪」）。朱棣很重視，親自提審。一問，市民回答說，那個外國人看上了他的氈衫，有意買下，彼此因為

---

④ 同上。
⑤ 明代入國子監學習的，通稱監生。監生大體有四類：生員入監讀書的稱貢監，官僚子弟入監的稱蔭監，舉人入監的稱舉監，捐資入監的稱例監。監生可以直接做官。特別是明初，以監生直接做官的相當多。成祖以後，監生直接做官的機會漸少，卻可以直接參加鄉試，通過科舉做官。
⑥ 《明通鑑》，卷十五。
⑦ 《仁廟聖政記》，卷上。

討價還價，「交語甚久」，沒想到就這樣被抓起來。朱棣一聽，也哭笑不得。

這個事例顯示，當時至少在北京，遍佈密探，老百姓一舉一動都受到監視。我們知道，「警察國家」是一種近代產物，在社會化程度遠不能與現代相比的五百年前，國家機器組織得這麼嚴密，不但十分罕見，事實上也毫無必要。但在朱棣當政以後，十五世紀明王朝的中國卻很有「警察國家」的風範了。

說到這裏，就不能不表一表明王朝國家機器中的重要組成部分 —— 錦衣衛。

錦衣衛起源於軍隊。明代軍隊建制，自京師至各郡縣，都設衛所，故各部隊常以某「衛」相稱，像「玉林衛」、「宣府三衛」、「大同左衛」等。錦衣衛原來就是所謂「上十二衛」中的一衛，其前身最早是朱元璋當吳王時所設拱衛司，到洪武十五年（1382），改稱錦衣衛。這是明朝國家軍隊中的特殊一支，直接由皇帝本人控制，實即皇家私人衛隊，或者說明代的中央警衛部隊。雖然它很重要，但起初所承擔的任務基本是禮儀性的，站崗、守衛以及在重大外出活動時充當儀仗隊（所謂「具鹵簿儀仗」）。但是不久，朱元璋出於他清洗功臣和潛緝不法官吏的需要，擴大錦衣衛職權，使其向祕密警察組織過渡，賦予它對「盜賊奸宄，街塗溝洫，密緝而時省之」[1]的功能，並將它凌駕於司法部門之上，「取詔行，得毋徑法曹」[2]，依皇帝旨意行事即可，不必經過司法程序。

錦衣衛校尉因為地位特殊，待遇好，機動性強，出則鮮衣怒馬，威風八面，所以當時有一別名，喚作「緹騎」。

創建錦衣衛的功勞屬於朱元璋，公平起見，我們不把這筆賬算在朱棣身上。但朱元璋在朱允炆勸說下，後期已明令取消錦衣衛的刑偵職能。洪武六年（1373），「招內外獄毋得上錦衣衛，諸大小咸徑法曹。終高皇帝世，錦衣衛不復典獄」[3]。朱允炆時代，當然也如此。重新起用錦衣衛，恢復其上述職能，並大張其勢的，是朱棣。

---

① 《明史》，職官五。
② 《明史》，刑法三。
③ 《弇州史料》，前集卷十七。

朱元璋時代，錦衣衛「恩蔭寄祿無常員」——由於經常照顧性地錄用特權階層子弟，所以編無定制——但人數應該不曾超過二千人[4]；朱棣再度起用錦衣衛後，其人數急遽膨脹，到明世宗嘉靖皇帝朱厚熜是多少人呢？已達六萬多人！我們之所以知道這個數目，是因為朱厚熜即位之初，為表示新君新氣象，一次裁汰錦衣衛近三萬二千人，而《明史‧刑法志三》稱，這僅為錦衣衛全部人數的十分之五。

　　上面講的六萬多人，是錦衣衛正式在編人員，亦即所謂「旗校」，這並不包括不在編的但與錦衣衛關係密切、靠給錦衣衛提取供情報為其收入來源的眼線、臨時僱傭人員、地痞無賴等輩，如果算上這些人，依王世貞之說，「仰度支者凡十五六萬人」！[5]

　　十五六萬人，而當時中國總人口，根據《明史‧食貨志一》，從洪武到萬曆一直徘徊在五六千萬之間[6]。以五六千萬人口，祕密警察人數達十五六萬，這是什麼概念？假如換算成今天中國的人口數，大家概念也許就比較清楚——從那時到現在，中國人口增長了二十倍，那麼相應地，意味着在保持同樣比例下，相當於如果當時中國有十三億人口，則這國家就配備了三百多萬人的正式或非正式的祕密警察！

　　朱棣不單使錦衣衛變成龐然大物，還把它變成無法無天的殺人機器。

　　——這就是所謂「詔獄」。「古者獄訟掌於司寇而已。」[7]刑事案件處理，本來是司法部門的工作。漢武帝首創「詔獄」，開君主直接插手的先例。朱元璋時期，錦衣衛越過司法機構，得任刑偵之事，已有詔獄之實；不過，那時錦衣衛雖有抓捕權、審訊權，卻不能定罪，最後仍須將人犯移交司法部門，這就是《明史》所說：「送法司擬罪，未嘗具獄詞。」[8]朱棣再度起用錦衣衛後，「尋增北鎮撫司，專治詔獄。」[9]這個「北鎮撫司」由

---

④　《明史》，職官五。

⑤　《弇州史料》，前集卷十七。

⑥　原文：「戶口之數，增減不一，其可考者，洪武二十六年，天下戶一千六十五萬二千八百七十，口六千五十四萬五千八百七十二。弘治四年，戶九百十一萬三千四百四十六，口五千三百二十八萬一千一百五十八。萬曆六年，戶一千六十二萬一千四百三十六，口六千六十九萬二千八百五十六。」

⑦　《明史》，刑法三。

⑧　同上。

⑨　《明史》，職官五。

朱棣添設之後，從此與明朝相始終，因而詔獄也常被稱為「鎮撫司獄」。以前錦衣衛雖然治理詔獄，但帶有臨時性質，類乎非常時期的非常措施，事實上朱元璋也只用了它十年不到的時間，隨即取消。朱棣在錦衣衛中特設北鎮撫司，等於使詔獄永久化，等於正式規定治理詔獄是錦衣衛的部門職能。正因為掌管詔獄，北鎮撫司廟雖小，地位非同尋常，「鎮撫職卑而其權日重」[1]，不必說政府司法部分，漸漸，連錦衣衛長官都無權節制，直接聽命於皇帝本人，而且它可以隨意給人犯定罪，甚至不經過任何法律程序直接處死人犯。

單單用草菅人命、慘不忍睹這類詞描述鎮撫司獄，過於抽象；其間的恐怖，超乎想像。我們還是藉目擊者的眼睛，實際地看看它是怎樣一座活地獄：

> 鎮撫司獄……其室卑入地，其牆厚數仞，即隔壁嗥呼，悄不聞聲。每市一物入內。必經數處驗查，飲食之屬，十不能得一。又不能自舉火，雖嚴寒，不過啖冷炙，披冷衲而已。家人輩不但不得隨入，亦不許相面，惟拷問之期，得於堂下遙相望見。[2]

由這段文字，大致可知鎮撫司獄樣貌：它一半建在地下，終年不見天日，以營造森嚴恐怖氣氛，另外，顯然是為着動用酷刑時，犯人慘叫之聲不致傳得太遠；牆也修造得奇厚，完全隔音，就算你縱聲哭嚷，隔壁也悄不聞聲。絕對戒備森嚴，從外面買來任何一物，要經好幾道檢查才可入內。人的進出就更如此，犯人家屬從不被允許入內，哪怕遠遠看一上眼也不可以；但是，拷問犯人的時候，倒會特意把家屬找來，讓他們在很遠處看見拷問的情形。

鎮撫司獄的刑訊，別說以身親試，在旁邊看一眼亦足魂飛魄散。它的完整一套刑具，共十八種；其中一種稱「拶」，將犯人十指夾於刑具，然後拉緊。此刑之施，與一般猜想不同，頗有奇特之處，據說「緊拶則肉雖

---

① 《明史》，刑法三。
② 《萬曆野獲編》，卷二十一。

去而骨不傷，稍寬則十指俱折」。這尚是十八套酷刑中最輕的，「若他刑盡法，即一二可死，何待十八件盡用哉」③。清初方苞名篇《左忠毅公逸事》裏，寫到史可法設法進入鎮撫司獄，探望他的恩師、天啓年間反閹名臣左光斗，親見嚴刑拷打之後的左光斗：

> 席地而牆而坐，面額焦爛不可辨，左膝以下，筋骨盡脫矣。

此時左光斗還活着，死後，人們發現他竟被折磨得體無完膚。透過這個真實的例子，可以想見鎮撫司獄即便陰間閻羅殿比之亦有不及。難怪有人這樣說：「一屬緹騎，即下鎮撫，魂飛湯火，慘毒難言，苟得一送法司，便不啻天堂之樂矣。」④刑部大獄較諸鎮撫司獄，居然有如天堂，痛哉斯言！

這樣一座人間活地獄會造就什麼？當然是人間惡魔。這是他們的絕好舞臺；舞臺搭好了，惡魔們豈能不大顯身手？

上若好之，下必甚焉。歷史上倘有大暴君，身邊多半就伴隨着大酷吏。明代酷吏現象，以永樂時期最突出，最著名，也最「出色」。

其中一個叫陳瑛，永樂元年任都察院左都御史。明代司法機構分而為三：刑部、都察院和大理寺。刑部受理天下案件，都察院負糾察之責，大理寺是對各種案件加以審核的機構；這三個部分習慣稱「三法司」。都察院的「糾察」之責，絕大部分是針對官吏的，「凡大臣奸邪、小人構黨、作威作福亂政者，劾。凡百官猥茸貪冒壞官紀者，劾。凡學術不正、上書陳言變亂成憲希進者，劾。」⑤因此，朱棣一上臺，把陳瑛放到這樣一個位置上，寄意甚明。陳瑛當然心領神會，於屠戮建文忠臣一事，竭盡所能，大逞其兇。《明史》送給他如下評語：「天性殘忍，受帝寵任，益務深刻，專以搏擊為能。」⑥把這位大酷吏形成的原因說得很清楚，一是他自己天性殘忍，一是「受帝寵任」——由朱棣在背後撐腰、放任，自然，還不乏讚

---

③ 同上。
④ 《瞿宣忠公集》，卷一。
⑤ 《明史》，職官二。
⑥ 《明史》，列傳第一百九十六。

賞。他邀寵的辦法是，朱棣讓他害一個人，他就添油加醋讓十個人倒霉；其實，歷來的大酷吏都這麼幹，認誰錯殺一千比放過一個好，所以才有無盡的冤案，才有擴大化。建文忠臣，幾乎全都死在陳瑛手中，那些動輒成百成百殺人的滅族慘劇，也都是他的傑作。《明史》說：「胡閏之獄，所藉數百家，號冤聲徹天。兩列御史皆掩泣，瑛亦色慘，謂人曰：『不以叛逆處此輩，則吾等為無名。』於是諸忠臣無遺種矣。」[1]這裏「色慘」，非謂陳瑛有不忍之意，是殺戮太慘，以致大魔王自己也不禁有些害怕。但他說得很對，只有徹底冷血，他這號人才有安身立命之地。

陳瑛等於朱棣樹立的一個「先進典型」，有他做出榜樣，並倍享恩榮，則效尤者競起。《明史》談到陳瑛的意義時這樣說：「帝以簒得天下，御下多用重典。瑛首承風旨，傾誣排陷者無算。一時臣工多效其所為，如紀綱、馬麟、丁玨、秦政學、趙緯、李芳，皆以傾險聞。」[2]這些後起者中間，紀綱「出乎其類，拔乎其萃」，大有後來居上、掩卻陳瑛「鋒芒」之勢。此人擅長察言觀色，最會看人說話，當年主動投效造反的燕王朱棣，初次見面，即博得朱棣「大愛倖」。朱棣登極後，重振錦衣衛，把這重要機關交給了他所視為心腹的紀綱，「擢錦衣衛指揮使，令典親軍，司詔獄」。[3]

這是在錦衣衛領導任上第一位出名人物，同樣，他也讓錦衣衛在歷史上出了大名，正像希姆萊之於黨衛軍。紀綱幹得很稱職，是天生的製造恐怖和掌管恐怖機器的高手。他為錦衣衛建立了一整套嚴密組織，培養了一批得力人材，使之高效率地運轉。「廣佈校尉，日摘臣民陰事」，深得朱棣之心，所有「深文誣詆」之事，「悉下綱治」，「帝以為忠，親之若肺腑」[4]。

他們之間的默契，達到無言而心領神會的地步。

解縉，是朱棣破南京後，主動歸附的官員之一，因為才幹頗受朱棣

---

① 《明史》，列傳第一百九十六。
② 同上。
③ 《明史》，列傳第一百九十五。
④ 同上。

青睞，內閣初設，他成為明史上第一屆內閣成員之一，後在重修（意在篡改）《太祖實錄》和編撰《永樂大典》中總裁其事，可謂永樂功臣、名臣和重臣。永樂八年，因介入儲位之爭，被朱棣所忌，由紀綱投入詔獄，「拷掠備至」，一關就是六年。永樂十三年（1415），紀綱照例將羈繫獄中囚犯名錄呈交朱棣過目，朱棣看見解縉名字時，只輕輕說了一句：「縉猶在耶？」這話問得不明不白，可以作忘懷解，可以作念舊解，也可以作詫異、不悅、不耐煩解。但「善鈎人意」紀綱自不會理解錯。他從朱棣處退下，回到錦衣衛，「遂醉縉酒，埋積雪中，立死。」[5] 把解縉灌醉，埋在雪中，活活凍死。這種處死的方式，是有講究的。朱棣明知故問，然無一字及於「死」字，是欲避免殺害對己有如此大功之臣、寡恩薄情的壞名聲。紀綱洞若觀火，知道朱棣想要解縉死，卻第一不得以他的名義處死之，第二亦不得處以正式的死刑，而要解縉看上去像是自己死掉，類乎「瘐死獄中」──於是紀綱想出了這麼個辦法：醉死。他的處理，果然極稱旨。解縉丟了性命，朱棣那邊無聲無息，沒有任何記載表明曾就紀綱妄殺大臣而加嚴譴，哪怕作為工作「失誤」裝裝樣子應該給予的處分也沒有。

紀綱最後死於謀逆。他幫朱棣幹了許多類似上面那樣心腹之事，有恃無恐，自我膨脹得厲害，橫行霸道不說，終於發展到對主子意欲取而代之的地步，但他究竟害人太多、仇家遍地都是，結果在尚未準備停當之際，被一個與之有私怨的太監告發，朱棣大怒，用剮刑將這條他昔日的「愛犬」送上西天。早其五年，另一條「愛犬」陳瑛也以得罪而處死。事實上，在走狗與主子之間，很難避免這樣的結局。一是走狗咬人咬太多，咬紅了眼，最後可能會咬到主子身上。一是主子對這種嗜血成性的走狗，也愛懼交加，一旦有必要，將他們踢出來當替罪羊，是一舉兩得的佳選。

明代後期，有人痛陳國弊曰：「自錦衣鎮撫之官專理詔獄，而法司幾成虛設……羅織於告密之門，鍛煉於詔獄之手，旨從內降，大臣初不與知，為聖政累非淺。」[6] 法律已非公器，政府司法部門和工作人員被撇在一邊，

---

⑤ 《明史》，列傳第三十五。
⑥ 《明史》，列傳第八十。

皇帝想怎麼辦就怎麼辦，鼓勵告密，縱容刑逼，這樣的社會，這樣的國家怎能不亂？

這批評的確擊中要害。不過，又好像是在跟竊賊講「不告而取不對」的道理。

如果朱棣尊重法律，那麼他不單不該搞東廠、錦衣衛、詔獄，不該設誹謗罪、捕風捉影，不該倚任陳瑛、紀綱等大大小小的酷吏──他索性就不該登上那個皇位！一個從根子上就踐踏法律的人，如何可能崇隆法律？他要的就是亂，亂中取勝，亂中得利。制度清明有序，搞不成國家恐怖主義；要搞國家恐怖主義，一定不講秩序，一定要拋棄法律，然後可以隨意抓人、隨意用刑、隨意殺人。

廠衛相倚，織成一張恐怖統治的大網。到處是特務、密探，緹騎四出；逮捕、刑訊、處決概不經司法部門，法律為虛設，此皆朱棣始作俑，是他留給自己子孫最大的政治遺產。明亡國之後，有遺民愾切總結說：「明不亡於流寇，而亡於廠衛。」[1] 這個認識很深刻，因為「廠衛」象徵着什麼？象徵着國家基礎完全建立在污泥濁水之上。

功歟？過歟？

朱棣這個人，很幸運。一生頗多倒行逆施，也足夠殘暴，但留下來的聲譽，卻似乎不曾壞到那個地步，甚至一般國人提起永樂皇帝，印象非但談不上壞，乃至還引起一點「光榮與夢想」的情愫。

在我眼中，中國歷來的暴君，朱棣其實可以排在秦始皇前頭。秦始皇幹過什麼？最壞的事情，莫過於「焚書」和「坑儒」。以「坑儒」之有名，卻只殺掉了四百多個知識分子，比之朱棣，小巫見大巫。殺了四百人

---

[1] 《靜志居詩話》，卷二十二。

的秦始皇惡名遠播，人至今切齒，殺人比他多幾倍、十幾倍的朱棣，事情卻幾乎被淡忘。秦始皇真正嚴重的罪行，是「焚書」，險些斷送中華文明根脈，這一點，不可饒恕。其他如修長城、造阿房宮，勞民傷財，天下苦之，無疑是罪惡。但一方面，其中的長城究非無用之物，在冷兵器時代，它對中國的屏障作用還是明顯的，直到明代，這抵擋塞外遊虜的侵擾，仍採取老辦法，重修長城。另一方面，就禍害民眾論，修長城、造阿房宮這兩件事，比之朱棣一生好大喜功的種種「壯舉」，遠遠愧而不如然而，人人知秦始皇是暴君，很少知道永樂是暴君，相反，現在大多數人心目中的朱棣，還是「有為的君主」。為什麼？首先的原因是民眾一般少有自己直接去讀史的，如果讀一讀明史，這層誤會當不會發生。但我們很難也不應該指望普通民眾，都有暇抱着厚厚的史書來讀。所以，更為實際的原因是對這段歷史的轉述（或曰宣傳）有問題，而問題的產生自然與朱棣一生幾件「驚天動地」的「功績」有關。一是修《永樂大典》，一是鄭和下西洋，一是移都北京，一是對外用兵。古時做皇帝的，倘不甘平庸，都想在「文治武功」上有所作為。朱棣以篡得位，更急於有所表現，裝點門面。他做這幾件事雖然各有具體目的，但從根子上說，最終都是為了改變形象，為自己樹碑立傳。而後世的看法，居然很遂他這心願。比方有一種流行的評價，認為雖然明代諸帝大多不成樣子，如扶不起來的阿斗，但「二祖」卻在例外。「二祖」，即太祖朱元璋和成祖朱棣。那麼，朱棣究竟是靠什麼被抬到這樣一個可與朱元璋比肩的位置呢？細數之，無非上述四件事。

其實，關於這幾件事，恩格斯有一句話可幫助我們取得較周全的認識：

> 由於文明時代的基礎是一個階級對另一個階級的剝削，所以它的全部發展都是在經常的矛盾中進行的。生產的每一進步，同時也就是被壓迫階級即大多數人的生活狀況的一個退步。[2]

今人稱頌「四大功績」，是因這些事有個共同特點——都以宏大的特性表述了中國歷史的某種「光榮」——《永樂大典》是當時世界上最大的類

---

② 恩格斯《家庭、私有制和國家的起源》，《馬克思恩格斯選集》，第四卷。

書；鄭和下西洋被視為睥睨哥倫布的壯舉；遷都北京以及紫禁城的營造，催生了世界上最大的宮殿；而南定交阯、北出塞外，似乎一掃盛唐以降中國始終被動捱打的頹勢，頗能重振華夏雄風。

這當中潛藏的宏偉話語因素，很堪為迫切希望找回歷史榮譽感的民族心態所利用，於是自然地，朱棣和他的時代就被當作稱頌對象。然而，正如恩格斯所指出的那樣，對歷史永遠不可以只站在今天的或我們自己的角度，脫離歷史實際，人為地誇大或拔高歷史現象與歷史事件的意義，尤其是無視當時人們切身遭際來評價歷史。

《永樂大典》

三件「大功」中，編《永樂大典》一事，先前簡略談過。現在不妨再把我們對此事的觀點明確一下：第一、《永樂大典》編成之後，唯手抄一部，祕存大內，罕為人見，未能流播宇內而對文化發展有實際推動作用；至嘉靖年間方複謄第二份，同樣祕存大內，直至散佚。第二、這套巨書的起因，雖然純屬朱棣為刻意表現其「文治」而搞的形象工程，但對古代文籍究竟有保存之功，倘傳之今日，無疑是瑰寶——但可惜沒有。總起來說，《永樂大典》聲名雖赫，但實際於我們近乎只有「傳說」的意義，當時、後來以及現在，很少有人享受它的好處；這固然當問外寇搶掠之罪，然而造此物者本無意使之發揮任何現實作用，這一點我們亦絕不應為之飾言。當時若果有此心，以明代印刷技術的成熟和發達，以朱棣一貫大手大腳花錢的風格，非不能將其變成出版物、供人閱讀，而必深鎖其於禁中、至終不見天日。[①] 今天的人們都很明白「知識共享」的意義，只有進入共享領域，知識才發揮其效用，這是從公共圖書館到互聯網整個人類文明進步的方向；反之，壟斷起來，再好的知識也毫無價值。

鄭和下西洋

鄭和七下西洋，顯示了當時中國造船及航海技術在世界上的優越，這

---

① 當時確有人提出過將《永樂大典》付梓的建議，但被朱棣以費用浩大為由拒絕。

沒有問題。鄭和本人，尤其船隊中的船工，堪稱當時舉世最好的航海家，他們的經歷極富傳奇性，這也沒有問題。

除了以上兩點不可動搖的事實，自鄭和七下西洋六百年來，圍繞着這一歷史事件的，更多是敍事話語的變化。

《明史·鄭和傳》體現的是世界全球化體系到來之前，中國以自己的眼光對此事的認識和評價。《鄭和傳》凡九百五十四字，茲略去有關具體經歷的敍述，撮其議論部分如下：

> 鄭和，雲南人，世所謂三保太監者也。初事燕王於藩邸，從起兵有功。累擢太監。成祖疑惠帝亡海外，欲蹤跡之，且欲耀兵異域，示中國富強。永樂三年六月，命和及其儕王景弘等通使西洋。……宣天子詔，因給賜其君長，不服則以武懾之。
>
> 自宣德以還，遠方時有至者，要不如永樂時，而和亦老且死。自和後，凡將命海表者，莫不盛稱和以誇外番，故俗傳三保太監下西洋，為明初盛事云。
>
> 當成祖時，銳意通四夷，奉使多用中貴。西洋則和、景弘，西域則李達，迤北則海童，而西番則率使侯顯。[2]

裏面講得很清楚，朱棣派遣鄭和船隊的目的有兩個，一是尋找建文帝朱允炆的下落，一是「耀兵異域，示中國富強」。而其結果，第一個目的沒有達到，建文帝下落仍然不明。第二個目的則取得奇效，終永樂之朝，「外番」前來上表進貢者逶迤不絕，成為「明初盛事」，持續到宣德時，熱潮方漸退，但以後餘威猶存，明王朝在跟海外諸國打交道時（「凡將命海表者」），總要提起鄭和之事以自我誇耀和懾服「外番」。此外，《明史》這段話還有一點很重要，即鄭和下西洋並非朱棣對於中國之海上發展有專門的認識和單獨的設想，而只是「銳意通四夷」——全面威服四方——海陸並舉，在鄭和被派往西洋的同時，另外幾個太監則從陸路被派往西北、西南和北方執行相同使命；因此，就其本意來說，鄭和下西洋實際上是

---

② 《明史》，列傳第一百九十二。

「普天之下，莫非王臣；率土之濱，莫非王土」這種傳統的中華帝權中心主義的延伸或翻版，所不同者，無非過去發生於陸上，而鄭和事件則發生於海域而已。

歷史本身也印證着《明史》的這種解讀。鄭和事件是孤立的，也是特定的。過去未曾有過，此後也從不再發生，它既未激起連鎖反應，而且基本也僅見於朱棣時代（七次下西洋，有六次在永樂間，只最後一次在宣德初年）──總的來說，它只跟兩個人有關，一是朱棣，一是鄭和，彼二人謝世之後，此類事件便無影無蹤。因此，《明史》有關鄭和事件的敍事話語，跟近代以來漸漸形成的另一種敍事話語有很大差別，除了這件事本身的直接起因與動機外，它沒有額外強調和挖掘更多的含義。而且，從鄭和事件發生到清代初年修撰《明史》以及鴉片戰爭之前，沒有別的敍事話語，對此事意義的認識一直僅限於《明史‧鄭和傳》所代表的那種評論。

對鄭和事件的敍事話語的變化，發生於近代西方資本主義文明東漸之後。全球化趨勢的到來、全球化意識的形成以及在此人文背景下中國民族意識的覺醒，使鄭和事件突然被「發現」或被賦予近代意義，並用近代話語作新的解讀。首先是「新民論」的發軔者梁啟超撰出《祖國大航海家鄭和》，以全新視角重估鄭和事件的意義；繼之，民族復興的象徵和領袖孫中山也在《建國方略》中以相近的觀點伸揚鄭和精神，將鄭和下西洋稱作「中國超前軼後之奇舉」。以後，鄭和事件不斷被置於種種「現代性」敍事話語之下重新觀照：鄭和開始成為中國遠洋外交的先驅，鄭和下西洋被視為與閉關鎖國態度相對立、一種體現「開放」精神的歷史資源，近年更有諸多文章把鄭和事件與由哥倫布、達‧伽馬、麥哲倫等完成的歐洲地理大發現相提並論。

任何歷史都是「當代史」；歷史學的本質其實是解釋學。若就此言，圍繞鄭和事件的敍事話語的變化，也無足怪。當然還可以有另外的態度，對歷史採取比較樸實的態度，這更多地是一種學術性的態度 ── 在這種態度下，會傾向於原原本本地看鄭和下西洋這件事。

鄭和下西洋直接或初始的起因，是「蹤跡建文」，亦即查緝失蹤的朱允炆。朱允炆下落不明，是朱棣一大心病。為此，他派人四處暗訪達一二十

年之久。其中一個主要的密探是戶部給事中胡濙。《明史·胡濙傳》：

> 惠帝之崩於火，或言遁去，諸舊臣多從者，帝疑之。五年
> 遣濙頒御製諸書，並訪仙人張邋遢（一說張邋遢或即張三豐），
> 遍行天下州郡鄉邑，隱察建文帝安在。濙以故在外最久，至十四
> 年（1416）乃還。所至，亦間以民隱聞。母喪乞歸，不許，擢禮
> 部左侍郎。十七年（1419）復出巡江浙、湖、湘諸府。二十一年
> （1423）還朝，馳謁帝於宣府。帝已就寢，聞濙至，急起召入。濙
> 悉以所聞對，漏下四鼓乃出。先，濙未至，傳言建文帝蹈海去，
> 帝分遣內臣鄭和數輩浮海下西洋 —— 至是疑始釋。[1]

從永樂五年起，胡濙銜命在外奔波竟達十六年，到永樂二十一年似乎
終於查實了朱允炆的下落。當時朱棣在宣府，胡星夜前來彙報，趕到時朱
棣已睡下，但左右還是叫醒了他，他也就「急起召入」，可見重視之至。
胡將其掌握的情況一直彙報到凌晨 —— 究竟說了什麼，除了胡濙和朱棣這
兩個人，誰都不知道，《明史》的編修者們也不知道。但《胡濙傳》很明
確地指出，朱棣多年來的疑慮，是在這一天打消的。《胡濙傳》也再次重
複了《鄭和傳》的說法：朱棣派鄭和下西洋，是為了尋找建文帝。顯然，
這一點是作為官方史的《明史》所認定的事實。同樣，當時朝鮮的官方史
《李朝實錄》留下的記載，也證明朱棣確實嚴重懷疑建文君臣流亡到了
外國，並不遺餘力地加以追捕；永樂元年二月，朱棣這樣指示赴朝鮮的
使臣：

> 建文手裏有逃散的人，也多有逃去別處的，有些走在你那
> 裏，你對他每（們）說知道，回去對國王說，一介介都送將來。[2]

據此很容易得出結論，鄭和下西洋的起因，根本和「航海探險」無
關，絕非堪與導致地理大發現的哥倫布、達·伽馬、麥哲倫航海同日而語

---

① 《明史》，列傳第五十七。
② 吳晗編《朝鮮李朝實錄中的中國史料》，上編卷二。

者。永樂年間的下西洋進行了六次，最後一次為永樂十九年（1421）正月出發，時間恰位於永樂二十一年二月胡濙齎夜馳至宣府彙報之前，而在這以後，朱棣果然停止了對鄭和船隊的派遣——這就是《胡濙傳》所謂「至是疑始釋」，暗示胡濙提供的情報讓朱棣認為下西洋的行動已失去意義。

——鄭和下西洋非關「航海探險」，此第一辨也。

除「蹤跡建文」，鄭和下西洋的第二目的，如《明史》所說在於「耀兵異域，示中國富強」。可能這兩個目的在七次下西洋過程當中，主次有所易位。開始時，「蹤跡建文」是主要的，但後來「蹤跡建文」明顯無望，於是「耀兵異域，示中國富強」轉而成為主要目的。

史書上只籠統提到鄭和船隊共計二萬七千八百餘人，但可想像除了官員、海員以及雜役等眾，絕大多數為士兵。如果每次航行都保持這樣的人數，則鄭和船隊自非哥倫布、達·伽馬、麥哲倫那種小型冒險家組織，實際上是一支龐大的遠征海軍（水師）。而這樣的規模，遠超乎捉拿建文君臣這區區流亡者的需要，非「耀兵異域」不足以解釋。在七次下西洋的主要區域內，諸海國多為「蠻夷小邦」「蕞爾之國」，而近二萬八千人的鄭和艦隊，休說當時那樣一些國家全然不能抵擋，即在現代亦足稱大兵壓境。

因此，朱棣輕而易舉地達到了他的目的，長達二十年的過程中，鄭和艦隊只有三次訴諸武力，其餘所到之處，都是兵不血刃而令其臣服，那些「蠻王」之使紛至沓來，到北京朝聖獻貢，朱棣虛驕之心得到極大滿足。時人這樣頌揚他的榮耀：「天之所載，地之所覆，貢獻臣服，三世五世，不過是矣。」[1]吹捧朱棣可同三皇五帝相埒，很是肉麻。朱棣自己更飄飄然而有世界領袖之感，永樂十七年他在勸誡暹羅國王不得侵擾滿剌加國時，儼然一副救世主兼地球總管的口吻，而視該二國皆為「朝廷」臣屬，說：「滿剌加國王現已內屬，則為朝廷之臣。彼如有過，當申理朝廷，不務出此而輒加兵，是不有朝廷矣。」雖然我們不必苛求朱棣在那時能夠具備「國家不分大小一律平等」的意識，卻宜予指出，鄭和下西洋大大助長了他好大

---

[1] 費信《星槎勝覽序》。

喜功、「欲遠方萬國無不臣服」[2]的心態，這從根本上違背了朱元璋制訂的「勿勤遠」、不擴張、與民休息、注重本國民生的國策。

——由上可知，鄭和下西洋的實質是炫耀武力以賓服四方，滿足朱棣身為「上國天朝」之主的自我崇拜心理，此第二辨也。

隨後應辨析，鄭和下西洋是否表示「開放」姿態，是否代表永樂時代並不閉關鎖國？在目前中學的歷史課教學裏，講到鄭和下西洋，常常拿來與清代閉關鎖國政策相對照，似乎前者體現了一種與閉關鎖國相反的意識。例如運用相當廣泛的北師大版初中教材《中國歷史》下冊之第23課，標題即閃爍其辭地寫成《從鄭和下西洋到閉關鎖國》，其中還說：「清朝的閉關政策對西方殖民者的侵略活動起過一定的自衛作用，但對中國產生了嚴重的後果，使中國在世界上逐漸落伍了。」言下之意，閉關鎖國乃是清朝以後的情形。

暫且不論鄭和下西洋的含義如何，僅就該教科書所提供給學生的閉關鎖國乃清朝以後的情形這一認識，已大有誤人子弟之嫌。中國文化的鎖國心態，根深蒂固，由來已久，絕非清代後才形成。其原因相當複雜，跟中國的地理環境、政治體制、社會倫理、經濟發展水平乃至周邊民族與國家的文明程度，都有一定關係；若極而言之，庶幾可認為華／夷論的歷史有多久，鎖國意識便有多久。縱觀歷代，唯一真正揚棄鎖國意識的，僅唐代而已。

不過這種意識所造成的問題與困難，明代以前都不很明顯，也不很迫切，尚未成為中國社會的一個較為主要的矛盾。隨着中古世紀接近終結，世界明顯加快了不同文明間的融合的腳步，也帶來越來越多的衝突，此後，由來已久的鎖國意識漸漸成為中國的沉重精神負擔和最突出的問題，而清代中期後演變成危機。

此一過程，實即從明代開始。明代中國與外部世界的矛盾衝突，除傳統的先進農業文明與原始遊牧文明的衝突外，又加入一新的因素，並且愈益突出，亦即由對外商貿而引發的衝突。其最引人注目者，當為東南沿海

---

[2] 《明史》，列傳第二百二十

的「倭禍」——日本早自隋唐便與中國交往密切，但「倭禍」卻是典型的明代危機。此時，日本列島已非隋唐時蒙昧初開之狀，其社會固有結構，正催生它延至今日的極度依賴海外貿易的特點，於是，藉「朝貢」為名，頻頻前來中國東南沿海交易，但日人之需求，偏與中國自給自足的經濟形態相牴觸——中國一方，因為不感覺與外貿易的需要而寧願置海防安全於優先考慮位置，乃頒行「海禁」政策，日人一方則與中國貨殖的慾望越來越強烈——兩相矛盾，間以若干其他原因（海盜的勾結、官府的腐敗等），遂頻頻作亂，與北面建州（女真）問題並為兩大心腹之患。

所謂「海禁」，是對沿海或海外的對外貿易的禁止。這項政策前代未有，由明代首創，而清代襲之。前代未見，似不宜順勢理解為過去國門就大開，而是以往這問題並不迫切。明清兩代面臨的世界，跟宋元以前很不相同了。附近的日本，已處在騷動之中。遙遠而尚基本不為中國所知的歐洲也告別了黯昧的中世紀，發生巨變，逐漸將觸角伸向東方；及至晚明，傳教士開始登陸中國——中西方互動這一現代主要矛盾，正萌發於明代。所以，「海禁」政策不遲不早，偏隨明代而生，並非偶然，亦不可盡諉之於明太祖朱元璋個人的小農意識。

朱元璋不過是在新形勢下，順從中國慣有的思維方式，做出他自然會做出的反應與決策。在他看來，中國物產豐富，一切應有盡有，物質文明和精神文明都遠優越於「蠻夷」——在當時，這倒確為事實——絕不有求於外；一切貿易中國皆無利可圖，徒利他國；而且無利可圖之外，還不免承受種種騷擾和麻煩。特別是胡惟庸案發生後，據查後面有日本人的背景，令他深受刺激。

他所能想到的辦法，就是「堵」。洪武七年罷市舶司，厲行海禁，既不許私人出海，亦不派官船出海貿易，更不許外商船隻來華。《大明律》規定：「擅造二桅以上違式大船，將帶違禁貨物下海，前往番國買賣，潛通海賊，同謀結聚，及為嚮導劫掠良民者，正犯比照謀叛已行律處斬，仍梟首示眾，全家發邊衛充軍。」凡將牛、馬、軍需、鐵貨、銅錢、緞疋、綢絹、絲棉私出外境，貨賣及下海者，杖一百；將人口、軍器出境下海者處死。

那麼朱棣時代又如何呢？許多人認為「海禁」政策在朱棣時代有所鬆動，根據是永樂初年朱棣恢復了被朱元璋關閉的浙江、福建、廣東三路市舶司，並開設了接待洋商的「四夷館」。

其實，中國傳統海貿分貢舶貿易和商舶貿易兩種形式。後者為商業性質，前者則具有濃厚政治色彩，是「天朝上國」羈縻海外諸國、確立宗藩從屬關係的手段。外國以臣服姿態來華「進貢」，「朝廷」則以「賞賜」之名對「諸夷」的進貢貨物給予豐厚回饋，以示皇恩浩蕩。朱棣恢復市舶司、開設「四夷館」，純粹出於這個需要。單單「四夷館」這個名稱，便可知事情的實質是什麼。市舶司只受理合乎規定、發給「勘合」[①] 的外國貢舶；貢舶貿易中的外國商人也從未被當作商人看待，而稱「番使」，是攜禮物來向中國皇帝請安問好的使節。永樂間除貢舶貿易外，所有海外商貿均加禁止，民間的自由貿易更絕對不許。朱棣甚至剛上臺就在即位詔書中強調，洪武間的「海禁」政策將繼續奉行，沒有任何改變：

> 緣海軍民人等，近年以來，往往私自下番，交通外國，今後不許。所司一遵洪武事例禁治。[②]

為貫徹「海禁」，朱棣還責令「禁止民間海船」，「原有海船者悉改為『平頭船』，所在有司防其出入」。[③] 這些政策和措施，說明朱棣時代「海禁」沒有鬆動，所發生的變化，無非是朱元璋禁止的海外朝貢，被朱棣恢復了，這除了說明他更醉心於「四夷」的尊奉，更樂於此道，就沒有別的意義——其動機，與「欲遠方萬國無不臣服」而派遣鄭和船隊，可謂一以貫之。

——故鄭和下西洋斷無一反鎖國意識、展示開放態度的含義，此第三辨也。

最後，鄭和下西洋對歷史文明的貢獻究竟如何？歐洲人從地理大發現

---

① 勘合是明朝為管理貢舶貿易而發明的制度。「勘合」即獲准朝貢的合法憑證，最早發給暹羅，後及他國。凡來華貢舶，每船皆帶勘合一道，上填貢使姓名、貢品種類和數量，由中國地方官和市舶司官員核對底簿，鑒定無誤後才許入貢。貢舶回國時，要將回贈物品也逐一登記在勘合上。
② 《太宗實錄》，卷十，上。
③ 《太宗實錄》，卷二十六。

中享受到的文明成果十分豐碩，玉米、土豆、棉花、煙草、咖啡⋯⋯這些如今他們生活中須與不可缺的東西，都是由航海探險家們帶回歐洲的。那麼，鄭和船隊給中國帶回了什麼呢？多是奇花異草、珍禽瑞獸、珠寶香料，所謂「明月之珠，鴉鶻之石，沉南速龍之香，麟獅孔翠之奇，樓腦薇露之珍，珊瑚瑤琨之美」[①]，這些不知所云的東西，只能滿足皇帝貴族獵奇心理，供其把玩，對民生毫無用途，更不曾對中國的物種和經濟生產帶來重大影響，我們並未聽說至今那一樣與生活息息相關的東西，是由鄭和下西洋留給我們的。具有諷刺意味的是，在相反的方向上，鄭和下西洋對於世界文明發展，倒頗有功績，被帶往各國的物資主要有絲綢、瓷器，此外還有鐵製生產工具和生活用品、手工業品、茶葉、貨幣、曆法、衡器、書籍、藥材等等，世界從中受益匪淺。然而，這並非有意識推動世界文明的做法，而是朱棣出於「示中國之富強」的動機，陰差陽錯、無心插柳的結果，至於他想得到的，同樣也絕不是對中國文明有所補益的東西，是他個人的虛榮，是體現這種虛榮的稀奇古怪的貢品。鄭和下西洋的效果開始顯現後，這類東西就跟隨前來覲見的外國使團，源源不斷運到京城。在《明實錄》中，我們不時可讀到這類記述；例如永樂十三年十一月，麻林國等「番國」敬獻麒麟、天馬、神鹿，朱棣特意在奉天門舉行接受儀式，群臣稱賀：「陛下聖德遠大，被及遠夷，故致此祥瑞！」耗費巨貲，近二萬八千人規模的龐大船隊，送去多少噸「援外物資」，不過是為朱棣換回來這些「祥瑞」！

——鄭和下西洋對中國歷史文明的進步，並未產生哥倫布、達·伽馬、麥哲倫對於歐洲那樣的作用，此第四辨也。

另外再提兩個關於鄭和下西洋的個人觀點：

一、這件事的確顯示當時中國仍為世界上最先進、最強盛之國家。但是，中國的先進與強盛並無須由這樣一件事來證明。即便沒有鄭和下洋，中國的先進與強盛——這主要得力於自秦漢以來卓越發達的農業技術與文明、基本維持着的大一統國家形態和當時最富效率和人性化的儒家倫

---

① 《今言》，卷之二。

理——中國在中古世紀領先於全世界的地位，同樣無人能夠抹煞。

二、佩服作為航海家的鄭和和他的船隊，但不佩服朱棣。榮耀，只歸功於勇敢挑戰並成功戰勝了大自然的實踐家們。其次，這榮耀不僅屬於中國人，也屬於整個人類，如同阿姆斯特朗作為登月第一人，不僅僅屬於美國也屬於整個人類一樣。十五世紀初鄭和船隊的業績，是不亞於二十世紀人類征服太空的業績。只有在這意義上稱道鄭和下西洋，才真正凸現了它的偉大性。

遷都北京

朱棣所以動心遷都，不外三個原因。

第一，據說他對南京沒有什麼好印象，進入南京時，臣民對建文帝普遍的忠誠、對他本人的冷淡，令他很不舒服，而此後為威懾人心的一系列屠戮雖將反對、不合作的局面敉平，卻進一步敗壞了他的聲譽。北平，則是他長年就藩的舊國，也是他崛起之地，「群眾基礎」不錯——至少他自己這麼覺得。

第二，作為背負篡弒惡名的非法奪取皇位者，朱棣自登基起一直到死，實際上畢生在為恢復名譽而奮鬥，他不能做一個平平淡淡、普普通通的「守成之君」，必須創下「豐功偉績」來證明自己雖然得位不正，卻遠比理所當然卻平庸碌常的合法繼承者更雄才大略，亦即國家到了他手裏，更輝煌、更有前途，他腦子裏一直纏繞着這念頭，所做每樁事皆以此為出發點，重建北京，一方面本身就是好大喜功的表現，另一方面更是為了便於籌劃和實施後為數次對蒙古人的北征——一句話，他將以北京為基地，幹一番平定宇內、拓疆闢地的大事業。

第三，遷都北京，還涉及一個更深密的謀劃，當年朱元璋建藩邊地、屏翼帝室，結果諸藩擁兵自重，並終於釀成「靖難之亂」，朱棣本人就是這種現實的直接受益人，對「塞王」之弊最清楚不過，現在他自己做了皇帝，勢不容悲劇在自己或其子孫身上重演，他想出的辦法是，將「塞王」內遷，軍事實力最強的寧王（就藩大寧，北京東北方）首當其衝，次則谷王從宣府、遼王從廣寧內遷，國家正北防線為之空虛，對策則是「以己實

（填）之」①，親自坐鎮北京以應付邊患危機。

促使朱棣遷都的這三個原因，它們所佔比重分別排一排的話，我的看法是，削弱藩王實力為第一，好大喜功為第二，擺脫在南京的不快為第三。

朱元璋在定都問題上，曾頗費斟酌。他打下金陵（南京）後，在那裏當了吳王。後來統一全國，究竟選擇何處為京師，暫定南京，考慮來考慮去，考慮過開封、洛陽和長安，十年後（洪武十一年）才正式宣佈南京為「京師」。因此，說朱元璋對南京情有獨鍾，認定明朝都城只能建在南京，不是事實。

不過，朱元璋對南京並非情有獨鍾，不代表他會選擇北京。在南京以外的數種考慮中，北京不在其內。朱元璋以光復漢族文明的英雄自居，他身上有着濃厚的民族主義氣息，這在當年他以徐達為統帥發軍北伐發佈的文告中表露無遺：「北逐胡虜，拯生民於塗炭，復漢官之威儀……雪中國之恥。」②朱元璋提的這些口號，連清末革命黨人也還在用。他是以中國被元蒙統治為恥辱的，而元大都則正是這樣一個象徵，所以在滅元之後，他特意將大都改名「北平」，取其「平定北虜」之意（無獨有偶，清亡後，國民政府亦將北京改名「北平」）。基於這樣的思想根源，朱元璋斷不肯將他的漢族政權中心設於曾經的恥辱之地。同時，他在南京、開封、洛陽、長安之間斟酌，亦是沿怎樣才能更好地繼承「中華之統」這一思路來做定奪。考慮開封，純粹因為它是明以前最後一個漢族政權的所在地（南宋的臨安屬於淪喪之後的偏安之地，不算數），但從地理形勢和位置考慮，實在不佳，故而放棄。洛陽、長安，則是千年來「中國」最正統的建都之選，朱元璋很想延續這樣的歷史，但也因種種原因而放棄。

終定於南京，可以說是朱元璋既堅持恢復「中華」、又「與時俱進」通盤考慮的結果。除了地理與「王氣」這方面的考量（對此，劉基、陶安、葉兌、馮國用等許多人，做過各種論證，說是虎踞龍蟠，兼有長江天塹，相當得天獨厚），金陵自三國時代以來，也有多次做國都的歷史，而

---

① 《明清史講義》。
② 《太祖實錄》，卷二十一。

且除了曾被蒙古人統治，大部分時間沒有淪於異族之手，「中華」文明傳統保存得比較好一些。至於「與時俱進」，實際自唐代以後，中國經濟重心乃至文化重心，都已南移，從黃河流域移至長江流域，商周秦漢之際北方的發達與繁盛，已然不再，南方，尤以長三角地帶為中心，漸成中國財賦之區和主要物產地，所謂「財賦出於東南，而金陵為其會」③。如抱着舊理不放，仍將國都建於長安、洛陽，固然頗能體現「中華」光榮傳統，但以古代交通之不便，空耗物力與民力的問題將是嚴重的。所以，明定都南京，是順應歷史變遷之舉，有其必然性。此後，從明、清、民國至當代，國都之選始終在北京、南京兩地之間，客觀地說明了南京所具有的這層意義。

此外，還有一點。

定都南京，直接反映了朱元璋立國、治國的基本理念。朱元璋雖很願意以民族復興英雄自居，卻並非一個頭腦狂熱者，更非好戰黷武之徒。他的思想，混和了漢族中心主義的自大與閉疆自守這兩種因素，而有趣的是，這兩種因素把他推向一個結論：中國 —— 此時「中國」的含義基本是指傳統上的漢族國家 —— 應該做的，是關起門來過自己的好日子。漢族中國的擴張，在漢唐兩代達到頂峰，此後不僅喪失了這能力，似尤缺乏這樣的興趣。宋代版圖是歷來統一的中國最小的，也許因無力擴張。但朱元璋終於憑藉武力擊退不可一世的蒙古人，依勢而論，他本極有資格以政治軍事強人的姿態，做一番開拓疆土的美夢，但是他卻選擇了偃武修文。④他鄭重地在親自頒佈的《祖訓》裏申明他的考慮，並要求子孫後代遵行不悖。他是這樣闡述其理由的：

> 四方諸夷皆限山隔海、僻在一隅，得其地不足以供給，得

---

③ 丘濬《大學衍義補》，都邑之建。

④ 中國漸漸變得不「尚武」，是原因非常複雜的現象；其重要一點，當是統治者逐漸注意到要吸取武人擁兵自重、常致權柄不牢、天下大亂的教訓。五代以後，兩大漢族政權宋明，都在建國之後迅即削弱武人勢力，在穩固其統治的同時，不能不以犧牲軍隊強悍戰鬥力為代價。例如岳飛的悲劇，實質並非奸臣陷害，而是宋朝體制對軍隊嚴加限制的必然結果。明代如出一轍，袁崇煥實在就是岳飛悲劇的重演。這兩個朝代，對內鎮壓「流寇」，對外抵禦入侵，都輸得一塌糊塗，連勉強支撐亦難如願。

其民不足以使令。若其不自揣量，來擾我邊，則彼為不祥。彼既不為中國患，而我興兵輕犯，亦不祥也。吾恐後世子孫倚中國富強，貪一時戰功，無故興兵，殺傷人命，切記不可。但胡戎與中國邊境密邇，累世戰爭，必選將練兵，時謹備之。[①]

品味這些話，真是好玩至極——既驕傲自大又相當謹慎保守，既不把別人放在眼裏又不免對他們擔驚受怕。打個比方，就像被一群既窮而又愛撒野的鄰居所包圍的富人，心裏很不屑，也很不安。通俗地翻譯一下無非是：

> 這一帶唯獨咱們生活富足，家裏什麼都不缺，我們不需要去搶別人的東西，倒是四鄰肯定對我們很眼紅。他們如果來偷來搶，是他們自討苦吃，因為我們有錢又有勢，倒霉的必是他們；但倘若我們以富足之家，去跟這些窮鬼一般見識，惹是生非，也極不明智，屬於自尋煩惱。所以，家人必須牢記：關起門，悄悄過自己的好日子，不許生事，不許仗勢欺人；但過好日子的同時，也不要掉以輕心，特別對北邊姓「胡」的那家人，更應提高警惕。這家人誠非「善茬」，多少次打上門來，將來恐怕也積習難改，咱們得學些武藝，用於防身。

由這思想，朱元璋形成了他的基本戰略：人不犯我，我不犯人，低調面世，不搞擴張，對「四夷」奉行和平外交，即便是心腹之患的北部邊境，也以防禦為主。他下了死命令，列出一系列「不征之國」，從東北的朝鮮、日本直到東南亞和印度支那半島凡十五國，都在其列，獨將當時橫亙整個北方、西北方的「韃虜」排除在外——但這也是以防萬一敵人來犯，吾仍保留迎頭痛擊之權利，而非主動與之開戰。

朱元璋的很多重大決策，均與這一基本戰略有關。如分封諸皇子，坐鎮北部邊境；如明朝處理外交關係特有的「朝貢制度」[②]；自然，也包括將

---

① 《皇明祖訓》，箴戒章。
② 這制度，以「遠夷進貢」的形式和名義，而行對週邊諸國的安撫、收買或示好之實。進貢者的耗費與其從明朝所得豐厚「賞賜」，完全不成比例，以致在很多地方都出現爭相進貢的情形，好利貪婪的日本人尤能利用這一點，前文所談「倭禍」即與此關係極深。

首都定於南京。

南北朝以降，北方蠻族數次對中原的大舉入侵，都受到長江這天然屏障的阻隔。嚴格地講，這種特徵在三國時期已凸顯出來。正是這樣，自那時起，長江已漸成中國地緣政治的一個重要標誌，多次實際充當分裂時期中國的分治線，或潛在地被寄予這種期待（直到中華人民共和國成立之前，國際勢力也還提出過國共以長江為界分治兩邊的設想）。作為決心採取守勢的君主，朱元璋選定南京為首都是適當的。南京與北部邊防之間的巨大緩衝地帶，既是他的防禦性戰略所需，似乎也是一個退避三舍的標誌，來昭示他無意擴張、「一心一意搞建設」的治國思路。

朱棣將明朝首都改置北平，姑不論其他，先自根本上動搖和變易了朱元璋的基本國策。要知道，他是打着違護「祖制」的旗號（指責朱允炆當政後實行一系列改革）興師問罪、奪取權力的，但實際所做，恰恰對朱元璋最核心的治國方略加以反動。過去有句話說，打着紅旗反紅旗，是一切野心家、陰謀家的慣用伎倆——朱棣所為，正此之謂。

朱棣十分清楚這一點，所以從遷都念頭萌動到最後實現，他做了無數小動作、掩人耳目、後臺操縱、暗渡陳倉、緩慢推進，總之偷偷摸摸、費盡心機，充分展示其偽詐的天性與天賦。

第一個小動作：永樂元年新年剛過，正月十三日，禮部尚書李至剛夥同幾個人進言：「昔帝王起，或布衣平天下，或繇（與「由」通）外藩入承大統，而於聲跡之地皆有升崇。切見北平布政司實皇上承運興之地，宜遵太祖高皇帝中都之制，立為京都。」[3] 這番話前半部分基本生拉胡扯，歷史上沒有幾個皇帝把自己的出生地搞成京都，也就是朱元璋比較自戀，曾以臨濠為中都。李至剛等幾個馬屁精便搬出這一點，請求將北平升格為京都。這李至剛，洪武年間就受過處分，建文時期又因事下獄，做官記錄差得很。朱棣上臺後，由於「為人敏給」「善傅（附）會」，頗得青睞，做到禮部尚書，「既得上心，務為佞諛」，「朝夕在上左右」「甚見親信」——《明史》在一番描述後，特地強調他「首發建都北平議」，作為此人「善附

---

③ 《太宗實錄》，卷十六。

會」「務為佞諛」的實績。[①]綜上所述，可以肯定李至剛的建議絕非出於他本人，而是朱棣親自授意的結果，甚至極可能安排李至剛做禮部尚書即是為了讓他來提這樣的建議（這類事由禮部尚書來提，最名正言順）。李議一上，朱棣便即照准，「制曰：可。其以北平為北京。」[②]於是，朱元璋擬定的「北平」地名，悄然變作「北京」——聞名遐邇的「北京」一詞即於該日誕生，而從此明朝變成兩京制，南有南京，北有北京，終明一世皆如此。只不過，眼下第一京都和事實京都是南京，到後來則相顛倒，北京變成第一京都和事實京都；朱棣玩的是障眼法，先用兩京制遮掩他已經決定都北京的打算。

第二個小動作：當年五月，朱棣再次在廷議時提出：「北京，朕舊封國，有國社國稷，今既為北京，而社稷之禮未有定制，其議以聞。」[③]這是什麼意思呢？試探。朱棣欲藉修訂北京祭祀禮儀，給其以和南京同等規格，來觀察群臣的反應。結果，禮部及太常寺兩個職能部門專門開聯席會議討論此事，形成的主流意見是堅決反對：「考古典之制，別無兩京並立太社太稷之禮。」[④]因為是集體討論，李至剛一個人也無法左右大家的主張。不過，朱棣本亦不曾指望順利通過，他只想探探虛實，看反對程度究竟如何。事實證明，反對者相當之多。這樣，他也就知道應該採取怎樣的對策了。

第三個小動作：在動議提升北京祭祀規格碰壁後，朱棣弄明白的是，以合乎禮制和公開的方式推進北京的建都，阻力極大；他決心擱下這些「虛文浮禮」的爭論，繞開規範化操作的途徑，暫不觸及北京的名分問題，採取實幹方式，直接營建北京宮殿——既然北京是第二首都，造座宮殿以備「巡狩」，不算過分，沒有不合禮法之處。至於規模如何，除了朱棣自己，無人知道；因為先期的準備工作是不事聲張的，由朱棣專門委派幾個大臣去辦，並且與他單線聯繫。整個計劃的實施經過如下：永樂四年八

---

① 《明史》，列傳第三十九。
② 《太宗實錄》，卷十六。
③ 《太宗實錄》，卷二十，上。
④ 同上。

月，由淇國公邱福挑頭上奏，「請建北京宮殿，以備巡幸。」⑤又是一位鐵杆心腹出面——邱福乃朱棣死黨，叛亂起事之時首奪北平九門，後來武將受封，邱列首位——顯然又係由朱棣親自授意。邱奏當即獲准，北京建宮殿之事就此「立項」。

第四個小動作：朱棣愉快地接受了邱福的「請求」，卻並不着急動工。足夠有耐心是此人最大特點。為登上皇位，他忍了幾十年，忍到老爸駕鶴歸西，然後在朱允炆着手削藩時他又一忍再忍，忍至後者對他失去警惕才突然發難。即以遷都這件事論，從永樂元年他在廷臣那裏碰釘子，到今天邱福提出造宮殿，四年過去了——儘管他日思夜想，卻足足忍了四年！忍，對他不是難事，相反，他每每在忍中「陰」着把事情做成。此刻，他又祭出這法寶，「陰」着開始了北京新宮殿的營建。為什麼要「陰」着？因為有個祕密不可早泄於人：北京新宮殿的規模將遠遠超出南京。如大張旗鼓地把一切做在明處，群臣馬上會意識到，這麼一座新宮殿不可能為所謂「巡幸」而建，一定是遷都的信號。因此，事情應該偷偷開展，「悄悄地進村，打槍的不要」，一則爭取時間，二則屆時萬事俱備、給大家來個木已成舟，不接受也得接受。所以，邱福提議之後，表面上沒有動靜，暗中朱棣卻派出幾個官員去執行特殊使命——採木，新宮殿需要數量巨大的上等木材。工部尚書宋禮被派往四川，吏部右侍郎師逵被派往湖北、湖南，戶部左侍郎古樸被派往江西，右副都御史劉觀被派往浙江，右僉都御史史仲成被派往山西，「督軍民採木」⑥。這幾個人在那裏一呆就是幾年、甚至十幾年，直到紫禁城開工。

第五個小動作：與此同時，甚至更早一點，朱棣就有計劃地增加北京人口。據《明實錄》，他至少先後十餘次下令從各地移民以充實北京。蓋因「靖難」之亂首起於此，頭三年燕軍與政府軍之間的爭奪也集中在這一帶，人民或因驚懼或因避禍而逃亡甚多。朱棣既然心存以北京為首都之念，就必須增加其人口，使這座城市有相應之規模，並為即將展開的浩大

---

⑤　《太宗實錄》，卷五十七。
⑥　同上。

工程建設預備充足的勞力。這些移民中，有普通百姓，也有就地轉業的軍人，更有相當數量的罪犯。也許因為普通百姓的移民難度較大，而罪犯則可強行安置，甚至罪犯自身也覺被發往北京屯種是意外之喜，所以永樂年間以移民重建北京時就形成這樣一個思路，我們一而再，再而三地看到相關的記錄：

> 洪武三十五年（實為建文四年，朱棣上臺的頭一年）九月乙巳，命武康伯徐理等往北平度地，以處民之以罪徙者。①
>
> 永樂元年八月己巳，定罪囚北京為民種田例。……今後有犯者，令於彼耕戍，涉歷辛苦，頓挫奸頑。②
>
> 永樂元年十一月戊戌，諭世子曰：朕念北京兵變以來，人民流亡，田地荒蕪，故法司所論有罪之人，曲垂寬宥，悉發北京境內屯種。意望數年之後，可以助給邊儲，省饋運之勞，且使有罪者亦得保全。③
>
> （永樂五年十月）己丑，諭刑部尚書呂震，凡戍邊，各從南北風土所宜。聞北人苦炎瘴，其改佃北京，全活之。④

從這些記載來看，北京之於永樂年間的中國，頗類乎澳洲之於十九世紀的大英帝國，是安置罪犯並有賴罪犯而發展起來的土地。當時北京在三四十年內，接連遭遇兩次大的戰亂（元亡和「靖難之役」），連朱棣都說「北京兵變以來，人民流亡，田地荒蕪」，可見凋虛之極。而重建北京，即以罪囚為生力軍：先派人去丈量土地，以待發配至此的「罪徙者」；然後制訂「罪囚北京為民種田」的正式法規，同時規定經司法部門審定有罪之人，「悉發」北京境內屯種，到永樂五年又以「照顧」的名義指示刑部，將在以往流放在南方的所有北方籍罪犯，統統轉來北京開荒。雖然我們無從得到罪囚移民的官方數字，但從以上諭旨來看，這一政策既是全局性

---

① 《太宗實錄》，卷十二，下。
② 《太宗實錄》，卷二十二。
③ 《太宗實錄》，卷二十五。
④ 《國榷》，卷十四，成祖永樂四年丙戌至七年己丑。

的，又是持續性的，可以猜想這個過去叫「大都」、「北平」，而重建後叫「北京」的地方，其人口來源，罪囚恐佔相當比例。這做法的實際好處顯而易見——這部分人，身處人生絕境，將他們輸移北京、由囚轉民，確如朱棣所料他們會有因朝廷降恩「得保全」、「全活之」的感戴心理，正堪驅策，在即將開始的巨大工程中充當苦力。

第六個小動作：朱棣利用巡狩、北征等名義，開始用更多的時間在北京居住，有意冷落南京，削弱它的政治地位，使權力中心實質性地北移。資料顯示，從永樂七年（1409）起，至永樂十二年（1414），朱棣的活動中心一直是北京。《寓圃雜記》說：「及上登極，即廣舊邸（燕王府）為皇城，頻年駐蹕。當時群臣不知睿意所向，屢請南還。因出令曰：『敢有復請者，論以妖言。』」[5] 他用這個辦法讓人們漸漸習慣北京成為一個發號施令的地方。

第七個小動作：永樂五年七月，徐皇后病逝。這同樣成為朱棣的一個機會。他毫不猶豫地將未來的皇家陵寢定在北京，以展示終將遷都北上的決心。《太宗實錄》載，徐皇后臨終之時，留下這樣一段最後遺言：

> 近聞皇上將巡狩北京，意願從行，將請恩澤及之，而吾今不逮矣，爾能體吾心，九泉無恨！[6]

說：「聞知皇上就要去北京視察，本來是想跟着去的，好離皇上近些，如今我是不能追隨皇上了，倘皇上能念及此意，那就死而瞑目了。」這什麼意思呢？簡單說，就是徐皇后為了與朱棣寸步不離，要求葬於北京。不是說皇家夫妻就不可以卿卿我我，但朱棣並非其人（朱棣後宮的情形詳後）。考慮到他一貫喜歡在歷史中造假的癖好，這段本就彆扭的情節看上去很像是編造的。那麼，替徐皇后編造這樣幾句「臨終遺言」意義何在？蓋因皇家陵寢，總在國都附近，以便奉祀。徐皇后之死，意外地提供了一個機會，使朱棣可以通過確定陵址來為將來遷都北京做鋪墊。這點心思，

---

⑤ 《寓圃雜記》，卷一。
⑥ 《太宗實錄》，卷六十九。

明代的觀察家已看得很透，例如沈德符說：「永樂五年，仁孝皇后（即徐皇后）崩。文皇聖意，已不欲立封域（陵墓）於南方，故遲遲未葬。至七年幸北京，始得地於昌平縣。」[1] 他派風水先生廖均卿等直奔北京，得「吉壤」於「黃土山」，而改其名為「萬壽山」[2]，此即現在明十三陵所在地。永樂十一年正月，陵寢建成，是為「長陵」，二月十七日，葬徐皇后於此。

朱棣不斷搞這樣一些小動作，目的很明確：使遷都之事不可逆轉。到了永樂十四年，他覺得時機成熟了，重提營建北京問題。論理，「營建北京」十年前就已做出了決定，朱棣為什麼要再討論？不外乎兩點：一、統一思想；二、要國庫正式撥款。第一點是關鍵。十年來，他搞了那麼多小動作，做足鋪墊，除了特別「不識時務」者，群臣豈有不知此事說是要討論，其實箭在弦上、不得不發；而且，明裏是討論「營建北京」，背後的文章卻是遷都。按照《明實錄》的記載，這次的討論，沒有反對的聲音，朝臣一致擁護皇帝的英明決策，並爭先恐後論證建都於北京的種種好處，什麼「河山鞏固」，什麼「水甘土厚」，什麼「民風淳樸」，什麼「物產豐富」，乃至誇之為「天府之國」，顯係溢美之辭；還有一些人，儘管也順從，也揀好聽的說，比之前者卻較為實在：

> 陛下重於勞民延緩之今，臣等切惟宗社大計正陛下當為之時，況今漕運已通、儲蓄充溢、材用具備、軍民一心。營建之辰，天寶啟之。伏乞早賜聖斷，敕所司擇日興工，以成國家悠久之計，副臣民之望。[3]

言語中不免有一點這樣的含意：「既然皇上準備了那麼久，萬事俱備，臣等還能說什麼呢？」似乎這次廷議沒有一丁點反對的聲音，只有幾個傻乎乎不明就裏的地方官 —— 河南的左、右布政使周文褒、王文振和參議陳祚 —— 聯名上疏，強烈反對遷都北京，被朱棣直接打發到湖廣均州農村當

---

[1] 《萬曆野獲編》，卷三，宮闈，母后先祔廟。
[2] 《太宗實錄》，卷九十二。
[3] 《太宗實錄》，卷一百八十二。

「佃戶」④，從此再無人出面表示異議。

曲線迂迴十年，定都北京之事終得確立。名義上，北京興建從翌年即永樂十五年六月動工，《明實錄》也是這麼記載的，實際上這個日期宜理解為北京升格為第一首都的時間，真正動工則早於此，因為先前我們在《明實錄》中曾多次看到朱棣就北京工程的負責人任命以及工匠管理等問題，作過指示，說明工程早在進行之中；這一次，不過是在「國務會議」上藉討論之名為批准遷都以及工程開工，走個過場。否則，僅用三年，到永樂十八年即建成規模如此宏大的紫禁城，將是一個無法解釋也根本不可能的奇跡。

後世稱道朱棣營建北京 —— 這座當今世界大都會的骨架和基礎，確由他塑造與奠定 —— 之功，以及對弘偉壯麗的紫禁城嘖嘖稱奇時，卻很少有人意識到並且指出這一事實：明代初年，中國居然在三四十年的時間內，先後承受了在南北建造兩座都城的巨大負擔。要知道，這兩座都城中的任何一座，在當時世界上都堪稱最為奢費的大城。南京修造了十年，而北京的工程前後耗時二十年。

國家顯然為此投入了驚人的物力和人力。我們雖然不知道營造北京究竟耗資多少，因為朱棣不屑於向他的人民公佈這樣的統計數字；但我們很清楚地知道，每一個銅錢都是從賦稅中來，亦即都是由當時的普通百姓來承擔。

我們可由紫禁城昂貴的材料來想見它的奢費 —— 當時，三大殿的柱子全部採用巨大的楠木 ⑤。因為珍稀，這種木材被冠以「金絲」的形容詞。它所以昂貴，除生長週期長，更由於生長地點皆處深山之中，砍伐及運輸甚是艱難。一根運抵北京的楠木，甚至包含了許多人的生命代價。為給紫禁城置備足夠木材，幾位採木大臣在從山西、四川、兩湖、江西直到浙江的廣大區域內，足足滯留了十幾年。例如被派往四川的工部尚書宋禮，永樂四年赴任，直到永樂十七年才「自蜀召還」，除了中間短暫地在別處處理

---

④ 《明史》，列傳第五十。
⑤ 現在故宮三大殿，已看不到原來的楠木大柱，清朝整修時，全部以拼湊的松木代之。

一些事情，他在四川的採木延續了十三年之久。

如此浩大的工程，人民為此承受了怎樣沉重的賦稅，我們雖無由知悉真實的數字，卻一定是驚人的。在迴避或不屑於記載這些數字時，史書偶爾會提及一些局部性的勞動力使用情況。單兩湖一地為採木而投入的人力，即達十萬之眾[1]；當時共五大採木地，如以規模不等做一平均估算，僅採木一項，徵用民伕總數料約四十萬上下。至於正式營建北京和紫禁城所投入的人力，不久前，央視在其製作的紀錄片《故宮》中指出：「據說超過百萬之多」。它還舉例說，僅保和殿後的一塊巨型漢白玉石，「開採就動用了一萬多名民工和六千多名士兵，而運往京城則更為艱巨。數萬名民工，在運送石料的道路兩旁，修路填坑。每隔一里左右掘一口井，在隆冬嚴寒、滴水成冰的日子，從井裏汲水潑成冰道。二萬民工一千多頭騾子，用了整整二十八天的時間，才運到京城。」[2]雖然我不直接掌握這些數字的來源，但出自作為國家電視台製作並有明史專家參預的作品，大約是可以採信的。

回到恩格斯那句話：「生產的每一進步，同時也就是被壓迫階級即大多數人的生活狀況的一個退步。」無論如何，在評價歷史的時候，我們不能泯滅公正與愛心。關於遷都北京的戰略意義，關於重複建設兩座首都的必要性——也就是說營建北京算不算「進步」或包含多大「進步」意義——這些爭論都可以先放下不說，但當後人稱頌北京和故宮的宏偉，並目之為朱棣的一件豐功時，怎樣面對當時那一百多萬先後為此付出血汗乃至生命的勞工？怎樣面對舉國為此背負沉重賦稅負擔、苦不堪言的普通百姓？難道說，只因為營建北京過程中沒有誕生一個類似孟姜女式傳說，我們對當時人民的苦痛就很難想像？在一些藏頭露尾的記載中，其實仍可看到人民因為難忍而至於反抗的事例；如師逵在兩湖督辦採木，過於「嚴刻」，激盪民怨，民「多從李法良為亂」，此事被一個監察官員報告到中央，卻「以帝所特遣，置不問」。[3]

---

[1] 《明史》，列傳第三十八。
[2] 大型紀錄片《故宮》解說詞，第一集，肇建紫禁城。
[3] 《明史》，列傳第三十八。

至於遷都北京的所謂「戰略意義」，不僅落空，而且實踐證明，朱棣此舉所依據的地緣政治認識，全然錯誤，是不自量力、自我膨脹的表現。黃宗羲在《明夷待訪錄》裏稱「建都失算，所以不可救也」，對遷都北京的後果，有一段蓋棺論定般的全局性評論：

> 有明都燕不過二百年，而英宗狩於土木，武宗困於陽和，景泰初京城受圍，嘉靖二十八年（1549）受圍，四十三年（1564）邊人闌入，崇禎間歲歲戒嚴，上下精神敝於寇至，日以失天下為事，而禮樂政教猶足觀乎？江南之民命竭於輸輓，太府之金錢靡於河道，皆都燕之為害也。[4]

對外用兵

明朝近三百年歷史，大部分時間對外取守勢，唯永樂年間主動出擊。朱棣在南北兩個方向，都發動大的戰爭。南面戰爭的對象是安南（今越南北部。當時越南分為兩國，北部安南國，南部占城國），北面則是老對手蒙古人。

秦漢唐三代，安南為中國所統治，宋以後脫離中國的直接統治，變成接受中國皇帝冊封的屬國。朱元璋時代的政策是尊重安南的獨立，他開列過十五個「不征之國」名單，安南就在其中。

朱棣征安南起因於被愚弄。當時安南國內發生弒君自立事件，弒君者為騙取中國承認，詭稱自己是前國王陳氏之甥，「為眾所推，權理國事」[5]。朱棣信以為真，遣使前往，正式封其為國王。誰知不久前國王之孫成功逃至南京，朱棣方知被騙，特派征南副將軍黃中等領五千人馬護送該王孫回國繼位，弒君者聞訊遂鋌而走險，半道上以設伏，殺了王孫，甚至連明廷使臣也一併殺掉。

彈丸小國膽敢於愚弄、羞辱偉大的永樂大帝，還竟然殺死「天使」，朱棣的震怒可想而知。永樂四年七月，朱棣點起八十萬大軍，拜成國公朱

---

④ 《明夷待訪錄》，建都。
⑤ 《太宗實錄》，卷十九。

能為大將軍，分別從廣西、雲南兩路進入安南。雖非師至捷聞，但小小安南，終不能當此大軍；翌年五月，戰爭結束，罪魁禍首被生擒，隨着南京受俘儀式完成，朱棣證明和恢復了他作為天朝上國君主不容挑戰的榮耀。

事情到此為止，都還算理所應當。畢竟那個弒君者咎由自取，而且中國對於屬國的責任與尊嚴，也確實應予維護。但接下來的事情，卻超出「正義」的範圍 —— 一個月後，朱棣以前國王家族盡被篡位者所殺、「無可繼者」為由，將安南併入中國，改為交阯布政使司。

為什麼這超出了「正義」範圍？照說，歷史上這塊土地幾次併入中國版圖，到明代初年為止，脫離中國也只四百來年，朱棣的所為，蠻稱得上「有史為證」。

問題在於明朝建國時，朱元璋對尊重安南主權，有過正式承諾。洪武元年，他在給安南的詔書中明確說：「中國奠安，四方得所，非有意於臣服也。」[1]

朱元璋作此承諾，既非權宜之計，更不是要心眼、說漂亮話以換取各國對明政權的擁護。他是通盤考慮方方面面，權衡利弊，而就明朝與周邊「蠻夷諸國」的關係得出自己的結論。這結論是：「得其地不足供給，得其民不足以使令。」洪武四年九月十二日，朱元璋在南京奉天門臨朝之際，對中央各部門負責人講話，其中有這一句[2]。以後，《皇明祖訓》裏收錄朱元璋一段話，意思大致相當，文字則有區別，應該是另一次談話 —— 但「得其地不足供給，得其民不足以使令」一句則一字不易，說明這是他經過深思熟慮而固定下來的基本觀念。這句話中，「得其地不足供給」有鄙薄他人之嫌，但「得其民不足以使令」的認識，卻很清醒；他意識到，就算征服別國，由於民族心理與文化的不同，也勢必使管理和統治極其費力，最終「徒慕虛名，自弊中土」，相當不明智。作為帝王，朱元璋有此認識，已屬難能可貴。所以他在詔書中給予安南國的「非有意於臣服」的承諾，絕非權宜之計。

---

① 《太祖實錄》，卷三十七。
② 《太祖實錄》，卷六十八。

有承諾而背棄，就很有點理虧了。

本來，朱棣替安南平亂，幹得比較漂亮，但關鍵時候他好大喜功的癖性卻忍不住發作。就算王族陳氏的確全被殺光，也不能以此為藉口吞併其國。

不出兩年，安南人便為了復國而起來造反。鎮壓下去，再反，然後再鎮壓……如此反反覆覆，直到朱棣死，安南就不曾平靜過。二十年中，安南人充分顯示其特有的頑強、桀驁。一如數百年後的法國軍和美軍，明軍在安南亦陷於泥淖之中難以自拔：撤兵，面子不允許；不撤，又無法撲滅反抗，疲於奔命，焦頭爛額。

不過，這樣的局面勢必要等到政策制訂者本人亡故，才得解消；朱棣在世時，哪怕再難支撐，被派往安南的明朝士兵也只能硬着頭皮頂下去。到了宣宗朱瞻基繼位（中間仁宗朱高熾在位僅一年而崩），面子問題終於不是障礙，苦苦支撐再無必要，於是從安南脫身之事迅速提上議事日程。

此事在朱瞻基心中必醞釀已久，以致剛剛上臺，就在與楊士奇、楊榮兩位親信大臣的密談中，透露「三二年內，朕必行之」。[3] 然而，未待朱瞻基設計好體面收場的辦法，宣德二年（1427）九月，駐安南的明軍即遭受毀滅性打擊，「官軍大潰，聚被執……七萬人皆沒。」[4] 明軍統帥成山侯王通被迫與安南軍隊簽訂退兵盟約，而安南方面則適當照顧明廷面子，上表以示恭順。消息傳到北京，朱瞻基召開御前會議討論如何應對。前明軍統帥、英國公張輔以及吏部尚書蹇義、戶部尚書夏原吉，竭力反對，主張增兵安南。而二年前即知朱瞻基心事的二楊，不失時機地提出罷兵，說：「兵興以來，天下無寧歲，今瘡痍未起，而復勤之兵，臣不忍聞……今請撫而建之，以息吾民。」這實際上就是朱瞻基本人的觀點，他立即表示：「卿二人言極是。」[5] 持續二十年之久的安南戰爭，終於就此落幕。雖然收場方式不夠體面，但朱瞻基在正確與錯誤之間，還是做出了勇敢的選擇，這比他的祖父強很多。

---

③ 《宣宗實錄》，卷十一。
④ 《明史紀事本末》，卷二二，安南叛服。
⑤ 同上。

征安南這件事，跟朱棣辦的其他事，還不太一樣。既有合乎情理的一面，又有蠻不講理的另一面。最初，出兵也算應安南合法君主之後的請求，盡宗主國的義務，在當時總的來說是正義的。可是戡亂的責任盡到之後，朱棣卻起了貪心，吞併其國，這完全是野心家本性的發作。這一點，一比較就很清楚——在他之前的朱元璋，和在他之後的朱瞻基，都不具備這性情，所採取的立場也都比他理性。

其次，對這件事哪怕我們寧願從極端民族主義邏輯出發、不以為他不講信義，反而稱道他雄才大略、勇於拓疆——即便如此，二十年裏國內百姓所承受的痛苦，和國家大量財力的拋擲，也是無法漠視的。征安南之首役，中國一次即動用八十萬大軍，超過後來北征韃靼的規模，庶幾舉國興兵，耗費之巨可想而知。錢從哪兒來？還不是從老百姓鍋裏口裏搜刮？這且不說，然後在安南一拖二十年，明明深陷泥潭，卻為了個人面子死不抽身，而讓國家背此沉重負擔。永樂名臣解縉一度任交阯參議，比較了解安南實際情況，他曾對朱棣「力言」，安南「得其地不足郡縣」，只宜當作羈縻之國，與它建立「賓貢」的關係，但「文皇不悅」，聽不進去。但最後結果證明解縉是對的，谷應泰評論道：「至是（指中國撤兵）言始驗。」[1]朱瞻基做出撤出安南決定的理由是「息兵養民」，等於公開承認朱棣二十年的安南政策「興兵害民」。專制君主的個人英雄主義，往往以民生艱敝為代價。

單單安南事件支出的軍費已極龐大，再加上營建北京、造南京報恩寺及大琉璃寶塔——耗資二百五十萬兩、投入十萬伕役，歷二十年才完工——等巨型工程，以及鄭和下西洋這樣的「壯舉」，不可能不伴以橫徵暴斂。朱棣在位時，沒人敢說真話；他死後，宣宗朱瞻基下詔求言，這時才有人敢講真話。湖廣左參政黃澤上了一道很長的摺子，全面抨擊永樂朝政，稱「今丁男疲於力役，婦女困於耕耘（按：耕耘本男子之事，此謂男子悉充丁役，田間普遍要靠女人耕種）；富者怨徵斂之繁，貧者罹凍餒之苦。」進而，就永樂之弊提出以下具體批評：

---

[1] 《明史紀事本末》，卷二二，安南叛服。

向也，南征北討，出師連年，輜重牛馬，耗散鉅萬。又江北
困於營造，江南疲於轉輸⋯⋯向也，料差日繁，飢者弗食，土
木屢作，勞者弗休。養官馬者或鬻子以償駒，佃官田者或典妻以
納稅。[2]

顯然，黃澤所奏是有目共睹的事實，所以朱瞻基沒有生氣，而是「嘉
納之」，承認他言之有理。

就是在這情形下，朱棣居然雙線作戰，深陷安南泥潭的同時，又在
北方連續發動五次對兩大蒙古部落韃靼和瓦剌的親征。五次北征分別是：
永樂八年征韃靼，永樂十二年征瓦剌，永樂二十年（1422）征韃靼，永樂
二十一年征韃靼，永樂二十二年征韃靼。

連續對蒙古部落親征有無必要？肯定地說，有必要 —— 如果確實收
穫了有人所稱頌的「妖氛殘孽，蕩焉廓清，幾無孑遺」[3] 的成果。因為明代
大部分時間來自蒙古部落的威脅和騷擾，證明了這必要性。然而「張惶師
徒，窮追遐討，深入漠北，以靖胡虜」，明顯沒有達到目的，否則絕不應
該僅隔二十年就發生「土木之變」、英宗朱祁鎮被瓦剌軍隊生俘的如此嚴
重的危機。

五次北征，被很有氣勢地形容為「五出漠北，三犁虜庭」，像犁地一
樣把蒙古人地盤連根翻了個底朝天。單看這些形容詞，我們會以為朱棣給
予敵人以何其具毀滅性的打擊，但細看隨駕親征的官員所做記錄，則令人
滿腹狐疑。

翰林檢討金幼孜，跟隨朱棣參加了永樂八年、十二年兩次北征，其
間，逐日記錄經過，後成書《北征錄》（亦稱《北征前錄》）、《北征後
錄》，是這方面最直接的第一手資料。

永樂八年第一次北征，二月十日師出北京，一路遊山玩水、狩獵賞
景，所獲者野馬、狡兔、黃羊耳，金幼孜能夠記錄下來的朱棣談話，也無
非「汝等觀此，方知塞外風景。」「汝等觀此，四望空闊，又與每日所見者

② 《宣宗實錄》，卷十。
③ 陳子龍等選輯《皇明經世文編》，卷二七一，袁永之集（袁表）。

異。」一類品鑒風光之語。在路上行了整整三個月，未遇蒙古部落一兵一卒，直到五月八日，才報第一次軍情：某胡騎都指揮使「獲虜一人至」。第二天，五月九日，再獲「胡寇數人及羊馬輜重」。之後，敵又無蹤影。直到六月九日，總算見到一小股比較整齊的敵人「列陣以待」，「上麾宿衛即催敗之，虜勢披靡，追奔不十餘里」。這「十餘里」的追逐，竟然就即朱棣驚天動地第一次北征之最大戰役。後面，偶遇「遊虜」而已。六月十四在一河邊發現「遊虜」，「虜愴惶渡河，我騎乘之，生擒數人，餘皆死。虜由是遂絕。」[①]七月十七日，朱棣率大軍回到北京，第一次北征結束。

「獲虜一人」、「追奔不十餘里」、「生擒數人」……這就是永樂大帝從二月十日到七月十七日、歷時長達五月有餘、用兵五十萬，如此波瀾壯闊的北征，所取得的「自古所無有也」[②]的輝煌戰果麼？而且最奇的是，「虜由是遂絕」——只抓了幾個俘虜，怎麼會「絕」呢？又怎麼「絕」得了呢？

跟第一次比，永樂十二年第二次北征，戰果堪稱「巨大」，但也不過「斃賊數百人」[③]，且是以「五十萬之眾」對「可三萬餘人」[④]極懸殊的兵力，所取得的。

以後三次，就近於搞笑了。

永樂二十年的北征，三十萬大軍未至，韃靼首領阿魯台率部望風而逃，朱棣完全撲空。即便一貫極盡粉飾之能事的《太宗實錄》，在添油加醋編造「殺首賊數十人，斬馘其餘黨無算」之餘，也還是閃爍其辭透露了實情：「醜虜阿魯台聞風震懾，棄其輜重牛羊馬駝逃命遠遁。」[⑤]既稱「遠遁」，當然連影子都見不著了，何來「首賊」可殺，且至「數十人」？彼此矛盾，其說不攻自破。真實情況如何呢？此次北征係因阿魯台的韃靼部寇興和（今屬內蒙）、殺明朝守將王煥而起，可是阿魯台聽說朱棣親統大軍

---

① 《國朝典故》，卷之十六，北征錄。
② 《皇明經世文編》，卷一三，榮國恭靖公集（姚廣孝）。
③ 《太宗實錄》、《皇明世法錄》、《弇州史料》均如此記載。
④ 宋端儀《立齋閑錄》，卷三。
⑤ 《太宗實錄》，卷二百五十。

來伐，就溜之大吉，朱棣根本沒有跟他所欲「懲罰」的韃靼人交上手。沒找着韃靼人，他就拿另一部落即東部蒙古的兀良哈人出氣，所殺數百人亦屬該部落，而且多為老弱平民。時任禮部郎中的孫原貞隨軍參戰，他描述說，蒙古人在明軍將至之前，「各先遠避，保其種類，是以天兵如入無人之境。直至黑松林以北，但俘其老弱，並獲其馬年羊以歸。」[6] 如入無人之境，殺俘老弱平民，這也算「蓋世奇功」？

第四次即永樂二十一年的北征，如出一轍，阿魯台又使用「敵進我退」這一手，朱棣則再次撲空，再次「如入無人之境」。正懊喪之際 ——《明史》的說法是「帝方恥無功」[7] —— 另一蒙古部落首領前來歸附，朱棣總算可以搪塞一把，就像前一次殺俘兀良哈部老弱以充戰果那樣。

永樂二十二年最後一次北征，索性空手而回，連可以冒充的「戰果」也沒有。整個過程從頭到尾，「彌望荒塵野草，虜隻影不見，車輒（應為『轍』字之誤，抄者所誤）馬跡皆漫滅，疑其遁已人（應為『久』字之誤）。」「英國公張輔等分索山谷，周迴三百餘里，無一人一騎之跡。」[8] 無奈之下，朱棣只好「班師」，行至榆林川（今內蒙多倫）一命西歸。

如雷貫耳的「五出漠北，三犁虜庭」，實情原來如此。

每次北征，均出動二三十萬至五十萬不等的人馬，聲勢這麼浩大，但遭遇的敵人往往僅千百，最多一次「可三萬餘人」。這就好比動用每秒運算十億次的超級電腦，解一道一元二次方程式。明顯多餘，明顯不上算。朱棣不會不知道，但為什麼還這樣做？

我替他分析，有四個原因。

第一，是老話題了 —— 作為非法的篡位者，他亟需以種種「不世」之偉業，來為自己正名，樹立威信。我們看，即位以來他就不斷折騰，而且全是極大的動靜，幾乎沒有一天停歇過，最後連死都死在實施「壯舉」的過程中，可見其心理壓力之大。說實話，這也真夠難為他的了。

第二，他是個很虛榮，又很在乎表面文章的人，一心想幹驚天動地的

---

6 張萱《西園聞見錄》，卷五五，兵部四，邊防後下，北虜。
7 《明史》，列傳第四十四。
8 《太宗實錄》，卷二百七十二。

大事，以廁身於歷史上的偉大君主行列；或者說，他所理解的偉大君主，應當是轟轟烈烈的，氣吞山河的，建立豐功偉績的。這一點，跟他父親頗不相同。朱元璋將蒙古人趕回沙漠，是史上光復中華的第一人，原很有理由自視甚高，然而他反倒相當謹慎，一生很少追求大而無當的虛榮，治國的基本思路是務實——國家一旦統一，立即集中精力於國內建設和民生問題；國防思想注重構建牢靠的防禦體系，對外政策是「人不犯我，我不犯人」；除了修建南京，沒搞過什麼太興師動眾、勞命傷財的事。朱棣則是另一極端；試看從燕王到駕崩榆木川這二十來年時間裏，他先後發動一場全面的國內戰爭（「靖難之役」）、六次大規模對外戰爭（一次對安南，五次對蒙古諸部落），決定並實施遷都和對北京的營造，六次派超大艦隊遠航，此外還有完整地重新疏通大運河、修建大報恩寺等一系列巨型工程……洪武時代的三十年，好不容易從戰亂中恢復並重建的經濟，就被他如此沒完沒了的好大喜功揮霍掉。因為什麼呢？就是因為他很在乎自己能不能成為「偉人」。他的大臣們都懂他這心思，所以在每次明明華而不實的北征之後，紛紛獻上如此的讚歌：「威德所加，不遠過漢高哉？」[1]「乘輿所至，蓋漢武唐宗所不到者。」[2]「聖德神功，巍然煥然，直與天地準。」「萬世不拔之功業」，[3]「自古所無有也」，「神功烈烈，聖德巍巍，與天齊兮！」[4]別人歌功頌德不算，朱棣自己北征途中，所到之處，也迫不及待留名，樹碑立傳，製銘刻石，大書「一掃胡塵，永清沙漠」、「於鑠六師，用殲醜虜」[5]之類豪言壯語。

第三，或許有點以「小人」之心度「君子」之腹了——我疑心朱棣五次興致勃勃北征，除展現其「雄偉抱負」外，也兼帶有遊山玩水之打算。其實，這樣揣想朱棣並不見得過分，喜歡遊山玩水，向來是帝王們的傳統，那些性情不安分、愛折騰或自以為胸懷寬廣的帝王，尤其在皇宮和京城呆不住。秦始皇是個例子，隋煬帝是個例子，朱棣的六世孫正

① 高岱《鴻猷錄》，卷八。

② 袁袠《北征錄序》。

③ 《皇明經世文編》，卷一七，楊文敏公文集（楊榮）。

④ 《皇明經世文編》，卷一三，榮國恭靖公集（姚廣孝）。

⑤ 《太宗實錄》，卷一百零三。

德皇帝朱厚照是個例子，以後的康熙、乾隆也是個例子。這幾個人性情都比較「恢宏」，不能做到安安靜靜，故而喜歡飽覽祖國大好河山。也有相反的例子，單說明朝皇帝，就是安靜的居多。朱元璋定都南京後，很少離開；弘治、嘉靖、萬曆、天啟、崇禎這幾個皇帝，也都缺乏旅行的興致，其中嘉靖皇帝最奇絕，過於安靜，以致躲到西苑裏不出來，鑽研他的道教，許多大臣多年欲見其一面而不能。朱棣肯定跟他們不一樣，當燕王時就帶着兵到處跑，做了皇帝更閒不住，讓他憋在京城和宮裏，估計八成會得病。你看他在位二十多年，不論南京或後來的北京，正經呆在那裏的時間極有限。從他北征途中見着塞外風光而發的感慨，分明可以感到，除了是「御駕親征」的天子，他也很有一番旅遊者的意識，到處勒石留言，跟今天每每在景點歪歪邪邪刻下「某某到此一遊」的遊客似乎沒有多大分別；此外，對朱棣來說，塞外也算故地重遊了，年輕時作為燕王他曾統軍來到此地，所以不能排除他現在以當了皇帝的心情，到此舊夢重溫，別樣地體驗往昔的榮光——人都是懷舊而自戀的，朱棣恐怕尤如此，他在給金幼孜等指點塞外風光時，言談話語間很有「而今邁步從頭越」的炫示感。

第四，朱棣的北征，是他縝密謀劃的某個龐大計劃的一部分。這個計劃，涉及遷都北京、削藩這兩件對鞏固其到手的權力至關重要的大事；換言之，為着達到這兩個目的，他必須走出北征這招棋。思考不妨從這裏開始：御駕親征究竟有何必要？實際上看不出任何必要性。洪武二十三年，朱元璋也搞過一次北征，但是他沒有也不必親自出馬，而由燕王朱棣和晉王朱棡擔任統帥。歷史上，皇帝向不可輕動，如想表示重視，派親王或至多太子以皇帝名義出征，規格就足夠了。征安南的時候，作為軍事行動，其規模尚在北征之上，朱棣更有理由重視，但他卻未自己掛帥。何以單單對北征如此熱衷，每次皆躬親其事？還有，從前面所述可知，五次北征隆重上演，實際上是小題大做，甚至所謂敵情也純屬子虛烏有，這不能不令人疑其另有文章。可以留意，在時間上，北征恰恰是隨着營建北京的準備工作緊鑼密鼓展開，以及工程開工日近而發生的。我們當還記得，永樂五年徐皇后病故，朱棣藉機把皇家陵寢遷至北京，派官員和命理家擇「吉

壞」，永樂七年結果出來了，朱棣去北京驗收，竟就此留在不走，而第二年，他便發動第一次北征。這絕非時間上的巧合，明顯是緊湊弈出的有連貫性的兩手——陵址安置在昌平，顯示了他遷都北京的決心；而以北京為基地採取大規模軍事行動，則意在增加北京的政治軍事分量，同時使他得在相當一段時間裏以北京為中心，來削弱南京的意義。又如我前面講過的，遷都北京還不是他的底牌，遷都隱含了另一個處心積慮的目的，即改變洪武時代以幾大「塞王」負責北部邊防的佈局，將後者遷往內地，然後自己來填補塞王內遷所造成的邊防空虛，此係旨在釋塞王兵權、消除權力隱患的苦心的一手。而為了顯示塞王內遷不會對國家安全構成損傷，他必須大張旗鼓地一次又一次搞「御駕親征」，宣傳其「戰果」，以證明其決策的正確。朱棣「五出漠北，三犁虜庭」，從其過程看，明顯不必要，並帶有刻意而為的痕跡；換成今天的話來講，基本屬於為遷都北京和削藩這兩大目的而服務的政治「作秀」。

他這一作秀不要緊，銀子可就花得如流水一般。茲以永樂二十年第三次北征為例，我在《太宗實錄》裏找到它所動用人力物力的一項統計數字：

> 共用驢三十四萬頭，車十一萬七千五百七十三輛，挽車民丁二十三萬五千一百四十六人，運糧凡三十七萬石從之。[1]

這遠非整個此次北征使用的人力物力，甚至也非全部後勤使用的人力物力，而僅僅是後勤中運糧這一項所使用的人力物力，卻已到令人咋舌的地步。想像一下，三十多萬頭驢、十多萬車、二十多萬民伕、三十多萬糧食的付出，末了只換來數百名戰俘（多半還是老弱平民），這樁買賣是否太虧了？朱棣當然不會心疼，因為花的是百姓的錢，受苦受難的也是百姓，而他卻收穫了「萬世不拔」的稱頌，何樂而不為？

一次北征即如此，總共卻搞了五次！還要加上征安南、造北京、下西洋……國無寧日。

---

[1] 《太宗實錄》，卷二百四十六。

難怪在他死後，那個叫黃澤的湖廣官員，不避斧鉞，公然抨擊永樂時代「丁男疲於力役，婦女困於耕耘；富者怨徵斂之繁，貧者罹凍餒之苦」。

可幾百年後，頗有人既不研究歷史，也不把屁股坐在人民一邊，只是看見朱棣「尚武」、「勇於拓疆」，就慷慨地送他一頂「有作為君主」的高帽子。

其實，朱棣沒給中國增加一寸土地。不僅如此，與他那些唬人的御駕親征所喬裝打扮出來的民族英雄、愛國者形象剛好相反，他為了一己之私，從根本上瓦解了朱元璋構建的北疆防禦體系，給以後的國家安全埋下嚴重隱患。

那還須從他發動叛亂時說起。朱棣乃心思細密之人，起兵之際瞻前顧後，不僅對造反的決斷周詳考量，甚至慮及南下與政府軍作戰之後北平作為其後方是否會為人所趁。當時，封於大寧的寧王朱權握有重兵，實力僅次於己。萬一朱權陰懷「鷸蚌相持，漁翁得利」之心，則腹背受敵。朱棣左思右想，想出一條狠計，不單教朱權無法從背後捅刀子，還進而使大寧之兵為己所用，那將大大提高自己的軍事實力，此所謂「一石二鳥」——為達此目的，朱棣與大寧所屬兀良哈三衛構成密約，藉後者之六千蒙古騎兵脅持朱權入關。

那麼，朱棣是以怎樣優厚的條件，使兀良哈部落同意與他合作的呢？《明史》白紙黑字，記之甚明：「徙寧王南昌，徙行都司於保定，遂盡割大寧畀三衛，以償前勞。」[2] 即：將寧王封地改為南昌，將大寧行都司所在地遷往關內的保定，將原來大寧所轄之地全部割讓於兀良哈三衛。這三個「報償」，朱棣即位之後，果然一一兌現。

引狼入室、割地求榮，這樣的事件若擱在近代，朱棣必落得個「漢奸」、「賣國賊」的罵名。他所以僥倖逃此罵名，甚至一般人很少知道他有這樣污點，只是因為兀良哈部落比較弱小，並非勁敵，倘若兀良哈與宋代時的遼國或明末的女真人相似，朱棣則注定臭名遠揚。

但朱棣所為的惡劣之處，一是儘管兀良哈不足構成中國大患，但此事

---

② 《明史》，列傳第二百一十六。

性質與歷來的「賣國」沒什麼區別；二是朱棣純屬出於個人奪權需要，而出賣國家利益；三是遷徙寧王於南昌、遷徙大寧行都司於保定，把大寧三衛拱手讓與異族，在北京正北至東北防線撕開一個大口子，後患無窮。

顧炎武所撰巨著《天下郡國利病書》，對明史研究是極重要的著作。其對兵要地理，尤有深考，凡各地形勢、險要、衛所、城堡、關寨、島礁、烽堠、民兵、巡司、馬政、草場、兵力配備、糧草供應、屯田等，無不詳述。在談到大寧對明朝東北邊防意義時，它這樣說：

> 大寧，居遵化之北一百里，沿山海以逮獨石（即長城獨石口，在今河北赤城縣北，是宣府鎮明長城之重要關口），一牆之外皆其地。獨石、山海離京師皆七百里，與大寧正相等。國初（指明朝初年）建谷、寧、遼三王……以屏藩東北，其為計深矣。[1]

大寧的軍事地理重要性體現在，可以同時扼制蒙古、女真兩部，而朱棣將大寧行都司後撤，不啻使大明國從正面完全暴露，外寇隨時可以長驅南下侵擾。因此，「正統己巳、嘉靖庚戌，諸敵犯內，皆從此至。」[2] 不單明代中期時受蒙古部落侵擾與此有關，尤為慘痛的是，明代晚期東北建州女真人崛起，直至導致明亡國，與這一帶防衛的空虛，關係也很直接。明亡後，痛定思痛，有人矛頭直指朱棣：

> 撫今追昔，寧無歎慨？而況於數千里嚴疆，一旦波沉陸海，則明季邊臣之偷玩，有不忍言者。而跡其始境，寧不罪有所歸哉！[3]

朱棣有沒有意識到割棄大寧的潛在危險？絕對意識到了。華而不實的五次北征，恐即為掩蓋割棄大寧造成邊防空虛的事實而設，仿佛拍胸口說：有朕親自坐鎮北京，不時加以征討，區區「胡虜」不足憂慮。

也可能在他腦中，真正心腹大患乃是身邊像寧王那種擁有重兵的潛在挑戰者，至於寒傖「諸夷」，只要不時搞一搞「御駕親征」，即足壓制。

---

① 《天下郡國利病書》，卷九，舊大寧論。
② 同上。
③ 傅維鱗《明書》，卷四三，邊關。

道德化暴君

前面把朱棣歸在暴君之列，而他一生作為，也確當得起這稱號，所以我們並不打算收回這樣的評價。

但其實這並不是他的真正特色；僅僅給他這樣的評價，有點委屈他了，抑或把他過於簡單化了。

暴君屢見不鮮，朱棣卻只有一個。

一般暴君，自有一腔桀傲之氣，唯我可負天下，為所欲為，把惡做到淋漓盡致；他們對於自己的暴虐從不掩飾，一覽無餘；固然令人切齒，卻也不失直爽。這種暴君，包括夏桀、商紂、秦皇、隋煬和北朝後趙的石虎④之流。

按我們通常的經驗，暴君不屑於講仁義道德。而朱棣作為暴君，殘暴雖不遜於同類，卻具有其他暴君都沒有的特點：滿口仁義道德。這是他在古往今來暴君中岐嶷不凡之處，也是一種真正的明代特色。

明代已是帝制社會晚期。這概念，一面意味着趨於老邁和衰落，一面也意味着進入穩固和成熟，早期的野樸和中期的蓬勃都漸漸化於循規蹈矩的凝重。界限出現在宋代。宋及以後，倘將短暫插足而未肯融入中原文明的元代除外，則可看到這七八百年的歷史，秦漢的霸氣，魏晉的放蕩，隋唐的開闊，俱往矣；代之而來的，是縝密和刻板。這也是二千年帝制中儒家倫理真正樹立起權威的時候。其間，明代尤具承上啟下之作用，它一面將宋儒所開闢的理學從元蒙之攜棄中恢復，一面加以發揚光大，結合到本朝的政治法律制度、文化建設和世俗生活準則之中；後世稱「宋明理學」，若單論創言立說和對學理的貢獻，明不如宋，然而把「知」轉化為「行」，實踐地把理學原理深入融於體制和社會生活規範，明又超過了宋。

---

④ 石虎暴政：僅公元 345 年一年中，因不情願入宮而被殺的美女，達三千餘人。為容納美女，又分別在鄴城、長安、洛陽興建宮殿，用人力四十萬。苛捐雜稅鋪天蓋地，迫使缺衣少食的農民賣兒賣女，賣完後仍然湊不夠，只好全家自縊而死，道路兩側樹上懸掛的屍體，前後銜接。在其長子石宣發動政變失敗後，石虎將石宣綁到臺下，先拔掉頭髮，再拔掉舌頭，砍斷手腳，剜去眼睛，扔進柴堆活活燒死；石宣所有的妻妾兒女，全都處斬。石宣幼子方五歲，拉着祖父的衣帶不肯放鬆，連衣璉都被拉斷，也被硬拖出去殺死。太子宮的官吏差役數千人，全被車裂。

正是明代所起的中間作用，才有按照儒家尺度最平穩運行的典範般的清代——它在制度上悉遵明制，卻能夠吸取明代的若干教訓，從而在十九世紀之前，把儒家倫理的政治能量發揮到極致。[①]

野蠻的衝動雖然仍有，卻面臨業已不可動搖的儒家道德權威的巨大壓力，而不得不有所自我抑制。朱元璋很典型，他天性之中明顯有強烈的暴力傾向，並在具體事件和局部行為上時有流露，但總體上他卻能夠了解接受儒家仁愛為君理念的意義。還有起自蠻荒的滿人，起初他們的表現，跟以往一入中原唯知殺戮與蹂躪的其他蠻族，沒有兩樣，然而當天下既定、切實實行統治的時候，卻意識到收斂野性、洗心革面的必要，轉而成為有史以來在中原執掌政權的最理性之異族。總之，無所顧忌、赤裸裸、將破壞性宣泄殆盡的暴政，宋、明、清三代並不存在。

唯一有潛力發展成「暗黑破壞神」式暴君的，便是朱棣。從他做下的一些事，完全可以看出他在這一方面的罕見稟賦。永樂十九年，僅僅為着一個寵妃之死，朱棣即悍然在後宮實施一次慘絕人寰的大屠殺。事因朝鮮進貢的權妃而起，這權氏進宮後很受朱棣喜歡，漸教她掌管六宮之事，難免為別的妃嬪所嫉。永樂八年一天，權妃突然死了，但當時並未引出什麼事。到了永樂十二年，忽然抖露出權妃當時是被另一朝鮮宮人呂美人下毒害死的說法——其實這純屬後宮齟齬導致的誣陷——朱棣怒極，獸性大發，命人將被冤枉的呂美人用烙鐵足足烙了一個月，方才處死，另外還處死宮女數百人；又堅持要求朝鮮國王殺呂氏滿門；與此同時，為了泄怨，「將赴征時逃軍及從軍士之妻妾奸他夫者」，共計一百多人，全部殺掉，每天殺人時他都親臨現場觀看。事情並未到此為止。不久，誣告呂美人的宮人呂氏（也姓呂，不過是中國人），還有另一宮人魚氏，曾因難耐寂寞而與宦官私通，朱棣似有覺察，呂、魚感到事情敗露，雙雙自盡；呂、魚之死，令當年權氏舊案復發，朱棣大行拷掠，宮婢不堪受刑往往信口胡言

---

① 儒家倫理這架機器，並非如現在許多人以為的，唐後即失去效率。相反，它真正發揮效率始於宋代，而迄於清代康雍乾三世。在此過程中間，它從制度、經濟和文化方面，把中國打造成世界上唯一長期繁榮的國家。如果製作一張似證券交易的 K 線圖，很明顯，從十一世紀起，這曲線都保持上升態勢，直到十八世紀末「見頂」，然後「破位下行」。

以求暫解，結果刑逼之下，生出所謂宮中存在謀殺朱棣陰謀之說，一旦如此，進而輾轉攀連，牽及宮女二千八百人——這二千八百名宮女全被殺光，而且個個以剮刑處死，每剮一人朱棣均親自監刑。據說，有宮女受剮刑之時，破口大罵朱棣：「自家衰陽，故私年少寺人（與年輕宦官私通），何咎之有？」[②]看來以「尚武」聞名的永樂大帝，作為男人其實並不值得驕傲，難怪他如此喪心病狂。

累計起來，從永樂十二年起，至永樂十九年止，因為權氏之死而引起的這件慘劇，朱棣前後殺人踰於三千。

此事足以證明，朱棣其人的殘暴，絕不在後趙皇帝石虎之下。但是，類似這樣的行徑，我們在《太宗實錄》裏卻找不到一點蹤跡，全部被掩蓋起來。這場後宮大屠殺，所以為後世知曉，僅僅由於當時宮中有個名喚金黑的朝鮮籍乳娘，她在朱棣死後，得返朝鮮，將全部經過對朝鮮國王做了彙報，然後載於《李朝實錄》。

金黑還報告說，朱棣死後，共有三十餘名妃嬪，被強令殉葬；從金黑所提及的人名看，多為朱棣生前所寵愛的女人。這些女人被領入一間大殿，事先已有許多小牀放在那裏，她們被扶上小牀，將脖頸伸入繩套，隨即撤去小牀……金黑描述說，朱棣的寵姬韓氏，這位與之母女相稱的朝鮮美人，臨死之際哭叫道：「娘，吾去！娘，吾去……」「語未竟，旁有宦者去牀」[③]，其狀甚慘。殉葬的旨意，究係朱棣早有吩咐，還是出於其子仁宗朱高熾，不明。但細察此事的風格，兼以朱棣一貫的為人、性格、心理來推測，十有八九是朱棣的安排。漢代以來，殉葬在中國已經廢止，以宮人殉大行皇帝之事鮮有所聞；一般做法是遣散或在宮中養起來，「白頭宮女在，閒坐說玄宗」是比較典型的情形。朱棣能在十五世紀有此倒行逆施，一是強烈而可怕的獨佔心和嫉妒心作祟，再有，只能說此人過於毒刻，天良喪盡。

幸賴外國史志，這些本已淹埋的史實多少年後才重見天日。由此不禁

---

② 以上敘述，詳吳晗輯《朝鮮李朝實錄中的中國史料（一）》，卷三太宗二（第 261-262 頁），卷四世宗一（第 319-321 頁）。

③ 同上。

令人深疑，朱棣一生究竟還有哪些暴行已經石沉大海，被官方史志抹煞得一乾二淨？

這惡貫滿盈的統治者，若詢之今人，恐怕卻沒有幾人認為他是大暴君。原因何在？除了他本人和明代官方竭力消滅那些罪惡證據，除了他搞過很多迷惑後人的「形象工程」，還有一個重要原因，即他曾用大量言論把自己打扮成道德高尚的賢明君主。但更可悲的是，今天許許多多、泛濫成災、不負責任的通俗化帝王傳記作品，對朱棣這些漂亮話居然連最基本的「聽其言，觀其行」的意識都沒有，一味採信，把它們用作刻劃朱棣形象的材料，影響相當壞。

就在他血洗後宮過程中，永樂十九年四月八日，紫禁城三大殿忽為雷所擊中，引燃天火，新皇宮這耗費巨大人力物力的最主要建築，落成僅三個月，即化為灰燼，直到正統年間才由英宗朱祁鎮修復。三大殿毀於雷火，曾給未及被殺的人們帶來一絲希望：「宮內皆喜，以為帝必懼天變，止誅戮。」[1]朱棣的確於第二天就下了一道罪己詔，裏面說對於三殿之災「朕心惶懼，莫知所措」，隨後在內外政及自我道德修養等所有方面，反躬自問；又極誠懇地表示：「爾文武群臣受朕委任，休戚與共，朕所行果有不當，宜條陳無隱，庶圖悛改，以回天意。」[2]可實際上呢？《李朝實錄》指出：「帝不以為戒，恣行誅戮，無異平日。」這正是朱棣一貫的風格：好話說盡，壞事做絕。公開說的是一套，實際做的是另一套。他可以一面下罪己詔，滿是悔過之意，一面依舊屠殺不輟，「無異平日」。

這才是真實的朱棣。

朱棣之生也晚。以他的稟質，早生數百年，當不失為歷來暴君頭把交椅的有力競爭者。但，前面所說帝制晚期特色限制了他，使之不能盡情發揮。

過去，講到宋以來禮教（道學）對人的束縛，多注意的是讀書人和士紳所受的影響，小說家也以此為題材，加以渲染，留下很多精彩故事，所

---

[1]　吳晗輯《朝鮮李朝實錄中的中國史料（一）》，卷三太宗二（第 261-262 頁），卷四世宗一（第 319-321 頁）。

[2]　《太宗實錄》，卷二百三十六。

以現在一談起禮教的虛偽，我們腦中浮現的盡是嚴貢生一類形象。

其實皇帝也一樣。到了明代，做皇帝愈來愈不「自由」，道學的各種清規戒律如影隨形，令他們不勝煩惱，卻無可奈何。終明之世，幾乎每個皇帝都不得不以自己的方式去回答道學的提問。有朱元璋的方式，朱允炆的方式，朱祐樘（明孝宗）的方式，也有朱棣的方式，也有朱厚照（明武宗）的方式，朱厚熜（明世宗）的方式。各不相同，但都必須和道學打交道，做出回應，表明態度，而無法置之不理，其情形則無奇不有。像朱厚照，生性與道學相左，又不慣隱忍，索性破罐子破摔，以淪為市井無賴的方式來達到反叛目的。朱厚熜也很有意思，早期他極在意道學，他承祧武宗得為皇帝後，首先想到的一件事，就是為自己生身父母正名，為其上帝后尊號，他這行為正好觸動了禮教自相矛盾之處，禮教凡事以孝為先，朱厚熜所爭正因他篤行孝道，不願當了皇帝而成為別人的後代，但禮教對於名分偏又摳得很死，從名分上說朱厚熜必須以孝宗朱祐樘之子的身份繼承皇位才算合法 —— 一邊是孝道，一邊是名分道統，朱厚熜為此與群臣往來相鬥，雙方引經據典，各不遑讓，搞到後來終歸皇帝力量大，朱厚熜如願以償，但也真可謂焦頭爛額 —— 此即有名的嘉靖「大禮議」事件，其所起，完全由於如何解釋道學理論是正確的。經此惡戰，朱厚熜身心俱疲，加上其他一些事如「宮婢之變」的影響，態度來了個一百八十度大轉彎，中年後完全轉向仙學道術的鑽研，關起門，沉浸在虛無的神仙世界裏。

朱棣卻有自己的應對方式，那就是陽奉陰違。他既不像朱允炆那樣「中毒」頗深，對道學誠心信奉，一言一行都比照「聖王之道」；也絕不像朱厚照那樣不管三七二十一，什麼聖人之言，通通給我滾一邊去！朱棣的方式是，該怎麼做就怎麼做，毫不手軟、毫不顧忌，然而在言語上，他卻是比誰都正宗純正的道學大師。

說來，他實在是個深刻的矛盾體。他並無「仁柔」心性，可又在意名聲，希望躋身「正派」君主行列，甚至是古往今來難得一見的偉大皇帝，而不願意與荒淫無道的壞皇帝為伍。但朱棣並不為自身矛盾的夾擊所苦，他倒是在矛盾中練就了獨門功夫，其形正類乎金庸寫到的「左右互搏術」，幹出的事大多很「小人」，說出的話卻大多很「君子」。

奇怪的是，他自己對此竟然心知肚明。當皇帝後，有次與翰林侍讀胡廣等人閒聊，他吐露了這樣的心聲：「為學不可不知《易》，只『內君子，外小人』一語，人君用之，功效不小。」[1] 此語出《易》「泰（卦十一）」：「內陽而外陰，內健而外順，內君子而外小人，君子道長，小人道消也。」原意是講事物應該剛柔互為表裏。但朱棣之用於自況，卻顯然是在替他的表裏不一作辯解。甚至他能想到用這句話自解，也真是讓人欽佩不已——雙手沾滿鮮血的獨夫不止他一個，但沒有哪個做了 N 多壞事以後，還找到如此漂亮的藉口。

他給自己搭的牌坊巍峨壯麗，高聳入雲。倘並不了解此人一生所為，唯讀史書上記述的他的言論，你簡直會相信這是上下五千年屈指可數的賢君之一，那樣憂民愛民，那樣敬仰天命，那樣理性澄明，那樣好德樂道。所有這一切，都集中在永樂七年他撰寫並頒佈的《聖學心法序》[2] 裏。

《聖學心法》，據說是朱棣親自編纂的一部「採輯聖賢格格言切於修身、齊家、治國平天下之要者」，專供其子孫學習之用的一本「德育教材」——這恐怕不可信，他老人家大約沒這份閒功夫充當一名編輯家，當係臣下「代勞」，而用了他的名義發表。不過，那篇序言應該是他自己捉刀，理由是文字並不高妙，觀點也保存着他一貫言不由衷的特色。

讀讀《聖學心法序》，很容易知道朱棣給自己搭了究竟怎樣一座美崙美奐的牌坊。我從中擷取五段話，分別與他一生為人和行事的五個重要方面相關。以這些話，質諸他的實際做法，對照起來讀，會非常有趣。

第一段，談「仁義為君」、「以德治國」：

> 道德仁義，教化之源。善治天下者，以道德為郛郭，以仁義而為干櫓。陶民於仁義，納民於道德，不動聲色，而天下化如流水之赴壑，沛然莫之能御也。雖然，王者下之表，上以是帥之，下以是應之，故篤行躬餞（當係「踐」字之誤），漸摩人心，此德化之實也。

① 《太宗實錄》，卷五十七。
② 《太宗實錄》，卷九十二，以下引文皆出此。

第二段，談「以民為本」：

民者，國之根本也。根本欲其安固，不可使其凋敝。是故聖王之於百姓也，恆保之如赤子，未食則先思其飢也，未衣則先思其寒也。民心欲其生也，我則有以遂之；民情惡勞也，我則有以逸之。

第三段，談「慎刑少殺」：

明刑以弼教。終也，刑，期於無刑。先王之敬用五刑也，一則曰欽（恭敬，不玩不褻），二則曰慎，以見用刑之不敢以輕。故天下無濫獄過殺，而民罔不協於中，所以久安極治也。至若秦隋之君，用法慘酷，倚苛暴之吏，執深刻之文，法外加法，刑外施刑，曾何有忠愛惻怛之意？死人之血漂流愈多而奸愈作，獄愈煩而天下愈亂矣，失四海之心，招百姓之怨。

第四段，談「富民之利，擾民之害」：

經國家者，以財用為本。然生財必有其道。財有餘，則用不乏。所謂生財者，非必取之於民也。愛養生息，使民之力有餘；品節（衡量、鑑定）制度，使物之用不竭。下有餘，則上何患於不足？下不足，則上何可以有餘？故曰：財聚則民散，財散則民聚。……人君富有天下，亦必量入為出，守之以節儉，而戒慎於奢靡。……若夫衰世之主，極財用之費，窮耳目之好，朘民膏血，暴殄天物，民怨於下而不恤，天怒於上而不懼，欲國不亡，烏乎可得！

第五段，談「不窮兵黷武」：

馭夷狄有道，謹邊備是也。……毋先事以啟釁，毋貪利以徼功。起釁徼功，損財耗力，中國罷（通「疲」）弊。

「善治天下者，以道德為郛郭，以仁義而為干櫓。」「聖王之於百姓也，

恆保之如赤子。」「終也，刑，期於無刑。」「死人之血漂流愈多而奸愈作，獄愈煩而天下愈亂矣。」「民怨於下而不恤，天怒於上而不懼，欲國不亡，烏乎可得！」「起釁徼功，損財耗力，中國罷弊。」……這些話字字珠璣，說得是何等好啊，天下還有比這更正大光明、高尚動聽的至理嘉言麼？

可是請注意，朱棣寫下這些句子時，是永樂七年五月。

那時，他早已屢興大獄、濫殺無辜、恢復錦衣衛、任用大酷吏。

那時，征服和吞併安南已然三載，正在填無底洞般地消耗着國家和人民的巨大財力。

那時，他已經四遣大臣、徵調大量民伕在各地採木，緊鑼密鼓地準備再建一座京都。

那時，以「耀兵異域」、賓服四方為目的，靡費無算的鄭和遠航，已進行過兩次（永樂三年和永樂五年），馬上就要搞第三次（永樂七年十月）。

就在寫下「毋貪利以徼功」這句話的當年，墨瀋未乾，朱棣北上抵達北京，着手調集兵馬糧草，強迫數十萬農民離開田地、家鄉和親人，即將發動對蒙古部落的第一次北征……

以許許多多這樣的事實，與《聖學心法序》的大哉煌言相對照，我們作何感覺？

「向也，南征北討，出師連年，輜重牛馬，耗散巨萬。又江北困於營造，江南疲於轉輸……向也，料差日繁，飢者弗食，土木屢作，勞者弗休。養官馬者或鬻子以償駒，佃官田者或典妻以納稅。」此時，復以黃澤奏摺所提出的指控，與《聖學心法序》的自我標榜相對照，你無法不驚訝於兩者間的反差，是如此懸殊和刺目。

你心底將浮現出一個字眼——只能是這個字眼：偽君子。

十足的壞蛋，至少比十足的偽君子要好些。至少，十足的壞蛋並不在禍害人間的同時，還額外索取名譽。

一不留神當了皇帝

　　此人一生，上演了絕大的喜劇，其中固然有極權的作用，卻顯非僅僅以此所可解釋者；他的個性，他內心世界的不均衡性、破損性，他人格發育上的障礙，他理想與現實、稟性與角色之間的衝突……都大大超出政治層面之外，而極宜加以人文的剖視。

　　歷史上那麼多皇帝，還有無數想當皇帝而當不成的人；而坐在皇帝位子上感到不耐煩，千方百計想逃開的，好像只有他。簡單地說，他本來應該做一個無拘無束的野小子，現實卻把他綁在厚重的龍牀上 —— 就是這麼簡單的一對矛盾。

朱厚照是誰

公元 1491 年。在中國,是明朝的弘治四年。

到弘治皇帝朱祐樘,明朝龍牀上已經輪換過九位天子的屁股。[①]

九月二十四日申時,紫禁城忽傳喜訊:二十一歲的弘治皇帝剛剛當上了爸爸 —— 皇后張氏順利產下一子。不知是事情過於突然以至於年輕的父親有些手足無措,還是好不容易才誕生了這麼一位「皇嫡長子」[②] 必須格外鄭重的緣故 —— 依慣例,凡生皇子,百日後即當命名 —— 這回卻有些例外,小皇子出生都快二百天了,翌年三月十三日,舉行冊立皇太子大典之後的第五天,皇帝才發表賜名敕書,為他起名「朱厚照」。

關於這名字的由來,要略說幾句。

三個字中,身為父親的朱祐樘所能決定的只是最後那個「照」字。第一個字就不必解釋了,除非他們打算放棄自己的姓氏。至於第二個字,一百多年前老祖宗朱元璋就已經替後代們想好。當時,朱元璋給諸皇子各選了二十個字作為將來他們子孫的排輩用字。皇四子朱棣這一支得到的二十個字是:「高瞻祁見祐,厚載翊常由,慈和怡伯仲,簡靖迪先猷」。為什麼是二十個字,而不是三十個、四十個?沒人知道。或許朱元璋心裏想的是,朱家江山並不可能真的「傳諸萬世」,傳上二十多代就很不錯了。事實上,就是這二十個字也僅用到一半,明朝便告終結[③]。

總之,弘治皇帝朱祐樘自己是「祐」字輩,及至他的孩子出生,就該用「厚」字了。究竟挑什麼字來配這個「厚」才好,這是朱祐樘唯一可以煞費苦心的。

一番思量後,朱祐樘把它確定為「照」字。他在賜名敕書中很有學問

---

① 太祖、惠文帝、太宗、仁宗、宣宗、英宗、代宗、憲宗和孝宗(弘治本人)。

② 所謂「皇嫡長子」,必須在皇諸子中居長,同時必須是正宮皇后所出。從明開國的 1368 年到朱厚照出生的 1491 年,一百二十三年間,總共僅出現過兩位「皇嫡長子」,一位是朱元璋與馬皇后所生的太子朱標,一位便是朱厚照。而朱標早死,只做過太子,沒做皇帝。因此,朱厚照是明立國以來第一位以「皇嫡長子」身份繼承皇位者。

③ 明朝最後一位皇帝思宗,亦即崇禎帝,名朱由檢,排輩用字正好是第十個「由」字。

地指出：「照」之意，取諸《周易》「大人以繼明照于四方」及《尚書》中「光被四表」一句。引申開來，以之賜予命中注定要當皇帝的小太子，是祝福他「四海雖廣，兆民雖眾，無不在於照臨之下。」[④]

可以想像，給小太子想出這麼一個很有內涵的名字，弘治皇帝心中是頗為得意和極有成就感的：看！一輪萬眾仰頭的小太陽，發散着渾厚而廣大的光芒，升起於人間；他將溫暖着百姓，而百姓也將感恩於他的照臨⋯⋯

多好的名字。

自古以來，中國人對世間萬物的敬畏，集中在取名、風水、吉祥數字一類雞毛蒜皮的小事上。以至於貪官、歹徒之流，常以為但凡名字取得好、在風水寶地造屋建塋，或與某些吉數沾上邊，即可平平安安地作惡。這樣的心理，即便今天也還一樣。我就輾轉聽說，有一位女士，找測字先生測了一把以後，執意把名字當中的一個字換掉了，否則，據說不能平安。

朱厚照，將來肯定不會面臨改名字的必要。他的名字，經過了最正宗的神祕主義命名學的嚴格審視。當他被賜予這樣一個名字的時候，儘管連拉屎撒尿都還不能自理，卻已經注定擁有光明的人生前景。

不僅如此。比那個吉利的名字更足以保佑他的，是朱厚照有一個激動人心的非凡的生辰八字。

中國古曆用天干地支來編排年號和日期。天干共十個字，排列順序是：甲、乙、丙、丁、戊、己、庚、辛、壬、癸。地支共有十二個字，排列順序是：子、丑、寅、卯、辰、巳、午、未、申、酉、戌、亥。曆法上用天干地支組合編排年號或日期，即甲子、乙丑、丙寅⋯⋯等等。因為天干十個字和地支十二個字的最小公倍數是六十，所以用天干地支組合編排年號（或日期）六十年後（或六十天後）又要回頭一次。

在中國人眼中，這輪迴包藏着神祕的天機，施之於人，則蘊寓和象徵着諸多命運上的必然。這自然而然地被術數家們大做文章，煞有介事地歸納出若干大吉或大凶之命。

當他們運用這套「學說」研判朱厚照的生辰時，意外地發現其支辰

---

④ 《孝宗實錄》卷六十一。

呈現出一種非常奇妙的排列；這個排列是：辛亥年（弘治四年）、甲戌月（九月）、丁酉日（二十四日）、申時。——發現了嗎？亥、戌、酉、申正是地支由尾順序逆讀的後四個字。

這是一個頂級的生辰排列。大貴。算命家形容之為「貫如聯珠」。

我不懂命理，只懂麻將。麻將裏面有「天胡」和「地胡」，在我看來，朱厚照攤上這麼一個生辰，幸運度大略相當於麻將桌上的「地胡」——倘若子、丑、寅、卯的排列才算「天胡」的話。

這小子剛把腳伸到人間，就鬧了把「地胡」，難怪朝中馬屁精們如獲至寶，大做文章。他們稱頌說：本朝也就太祖高皇帝有類似的生辰，而小太子命數居然堪與偉大的洪武爺比美，端的是神聖之極、睿智天授，其大有作為而朝序清寧、祚運盛遠，良可期也。[1]

萬事開頭難。國人最迷信開頭。做官之道，有一條叫做「新官上任三把火」，只要燒過這三把火，後面便盡可以懈怠、平庸甚至墮落。做生意講究「開業大吉」，比如餐館初張，都有隆重的儀式，菜肴和服務品質也必處其最佳狀態，引得食客如雲，可要不了多久，多半走下坡路，直至「歇菜」。普通百姓特重婚事的大操大辦，往往不量其力，極盡排場，以後的日子怎麼過且不論，圖的就是露個好頭好臉。

要不然，怎麼早就有「靡不有初，鮮克有終」這句話？

從萬事開頭難的角度看，朱厚照再牛氣不過。明代一十六位正牌皇帝[2]的登場亮相，哪一個都不如他出彩兒。別的皇帝，要麼沒有皇嫡長子的純正身份，就算有，又哪里弄得來他那種「貫如聯珠」的大貴八字？此人之降生，簡直佔盡天時、地利、人和。憑這運氣，倘若他在今天去買彩票，少不得也是一位中大獎的主兒。

既然弘治皇帝吉星高照，生了這麼一位「天之驕子」，是不是意味着紫禁城這戶姓朱的開始走下坡路的人家，也摸了個頭彩，一夜之間時來運轉了呢？

---

[1] 《武宗實錄》卷一。
[2] 清入主中國後的南明小王朝三位皇帝不計於內。

祖宗們

到朱厚照出生的時候，明王朝已經存在一百二十三年，連同朱祐樘在內，共歷九位皇帝——裏面包括建文帝、景帝這兩位先後被廢黜的皇帝。

朱元璋、朱棣的故事，我們都已濃墨重彩地講過；朱允炆的故事不曾專門講，但在朱棣部分也順帶說了不少。剩下還有六位「前輩」，在朱厚照之前治理過這個國家。為方便大家知道歷史怎樣一步一步延續到朱厚照這兒，我們還是或略或詳地表一表他們的生平。

朱棣死後，傳位其子朱高熾，即明仁宗。不過在位僅一年即駕崩，不說也罷。

然後是宣宗，名叫朱瞻基，年號宣德，款製獨創、工藝精湛的香爐「宣德爐」即產此朝，大家或許聽說過它。宣德朝自然不只產一個「宣德爐」，似乎可以這麼說，朱棣的曾經做過皇帝的十幾個後代裏，朱瞻基算是最爭氣的，雖然時間不長，只享國十年，但國家治理得還算井井有條。特別是，明初由朱元璋奠定的，原來不錯但被好大喜功、窮兵黷武的朱棣搞傷的經濟基礎，在朱瞻基手中有所恢復。

宣德帝所應得到的稱讚，也就到此為止了；而且我們對他的稱讚，完全基於與朱棣以來其他十幾位皇帝相比較的意義上——在這些人中，他這個皇帝還算有一些積極的性質，還沒有壞到令人切齒的地步。

可是，朱瞻基在一件事上卻起到很壞的作用，即宦官干政。

重用宦官自朱棣始，但宦官在永樂年間，雖得其用，卻基本是被當作走狗、鷹犬，政治地位不高。是朱瞻基真正抬高了太監的地位，使他們可以和朝臣分庭抗禮，形成了內閣—司禮監相制衡的二元朝政結構。

朱瞻基做出了兩個極危險的在整個明代惡果連連的決定：一、打破朱元璋禁令，設立內書堂，教內監識字，為他們參與政治鋪平道路；二、命司禮監秉筆太監代替皇帝批答內閣票擬本章，也就是給予宦官「批硃權」。

明代廢除相制，國務由內閣官員擬出意見，奏呈皇帝，再由皇帝親自批覆，做出決策。因為皇帝批覆以朱筆書寫，所以又稱「批硃權」。這項

權力，實為國家最高權力。正是朱瞻基，居然讓太監分享這一權力。因此宣德以後，表面上內閣和內監是彼此制衡的關係，實際上，內監處在高一級的位置，而有「朝廷政令，不由朝臣，皆出自司禮監」之說。掌握了最高權力的宦官集團，一躍而為國家政治核心，其將如何恣意妄為，致使國無寧日，無不可想而知。

朱瞻基此舉，乃不折不扣的授人以「柄」——不是普通的「把柄」，是「國柄」，國家之印把子。很久以後，痛定思痛的明代批評家終於說出了這樣的話：「一代弊政，實宣廟（朱瞻基廟號宣宗）啟之也。」1435 年，三十七歲的朱瞻基翹了辮子，留下年僅九歲的太子朱祁鎮，還給他留下一扇通往太監擅權的大門，就此言，無論是做皇帝還是做老爸，朱瞻基都相當不負責任。

明英宗朱祁鎮九歲踐阼，屁事不懂，但據說太皇太后張氏（朱瞻基之母）很賢明，有她撫帝聽政，兼倚宣德朝聲望素著的老臣「三楊」①、夏原吉、蹇義等，所以頭十年無事。慢慢地，張氏及「三楊」等或亡故或告老，朱祁鎮也長大成人，知道做事自己拿主意了——這災難也就開始降臨。

於是，明代宦官醜類之中天皇巨星之一王振開始唱起了主角。其實王振的登臺很早，朱祁鎮繼位的當年，就任命王振掌司禮監；只是太皇太后在世之日，一直打壓此閹，令其鬱鬱不得志。老太后一死，朱祁鎮及王振皆感歡欣鼓舞，而得放手胡為，其間惡行不盡一一。總之，到了正統十四年（1449）這年，王振先是構釁於瓦剌（蒙古人的一支）也先部落，後再慫帝起兵五十萬親征，大敗，在懷來附近的土木堡被包圍；朱祁鎮擁數十萬大軍，卻可笑地被活捉而去，王振則為亂兵所殺。

由朱棣開先河，而經朱瞻基大力弘揚的信用宦官之道，到朱祁鎮這兒順理成章地迎來了第一個「碩果」：皇帝被擒、國幾覆亡。但就像狗改不了吃屎一樣，獨裁君主對太監的偏愛，實在是「家天下」的題內之旨。因在皇帝眼中，內豎無論怎樣為非作歹，吃虧的只是老百姓；再壞也是家奴，

---

① 即楊溥、楊榮和楊士奇，他們是宣德年間內閣的主要輔臣。

心眼兒無疑向着主子的。

那朱祁鎮在「番邦」囹圄七載，所幸者，也先不曾殺他，後來還把他送還明朝。於是，1475 年他上演了一幕「奪門」復辟，從弟弟朱祁鈺屁股底下搶回皇位，殺掉當年救明朝於危難之中的于謙。復辟的朱祁鎮，終於又有機會「吃屎」，乃捧出王振第二——大權閹曹吉祥。

曹吉祥自我膨脹得比王振還厲害，據說他的過繼之子曹欽專門向門客打聽：「自古有宦官子弟為天子者乎？」回答是「有」，而且名頭大大的——「君家魏武[2]，其人也。」曹氏父子深受鼓舞。到天順（朱祁鎮復辟後的年號）五年（1461），曹氏終於發動了叛亂，攻打紫禁城，但有個叫馬亮的曹黨事先告發，朱祁鎮有所準備，總算沒有第二次淪為階下囚。史書上說：「英宗始任王振，繼任吉祥，凡兩致禍亂。」[3] 都弄到國亡身敗的地步，然而他絲毫沒有悔意。不但如此，奇怪的是，王振害他丟了皇位、性命也幾不保，而他竟然還是對王振充滿緬懷之情，復辟後「賜振祭，招魂以葬，祀之智化寺，賜祠曰『精忠』。」殺于謙，而旌表王振「精忠」，此人頭腦，非「弱智」不足以形容。

這種「弱智」，在朱棣子孫裏幾乎是有規律性的，朱祁鎮無非剛剛開了一個頭而已。

現在，輪着正德的爺爺、成化皇帝明憲宗朱見深露臉了。朱見深即位時十八歲。十八歲，多好的年華，正當人生奮發向上、青春煥發之際，然而人生這類通常的軌跡，不知怎的在皇帝們那兒卻要走形和變味兒。成化登基第一年就做了讓人瞠目的事：七月立皇后吳氏，八月，廢之。從結婚到「離婚」，有如閃電，不要說在古代，即便婚姻自由、開放的現代，像這樣短命的婚姻也不是很多見的。

為什麼呢？為了另一個女人——某種意義上應該說一個「老」女人。此女姓萬，小字「貞兒」。「貞兒」這名字倒挺可愛，可以給人一些妙想；但實際上，成化元年（1465）這位「貞兒」年已三十五，相對於十八歲的

---

[2] 指魏武帝曹操。曹操本姓夏侯，其父嵩為漢桓帝時大宦官曹騰收為養子，改姓曹。
[3] 《明史》，列傳第一百九十二，宦官一。

朱見深，是不折不扣的老女人，並且單就性魅力來說她也絲毫沒有纖妙之處，《罪惟錄》作者查繼佐描述她「貌雄聲巨，類男子」，成化之母周太后亦曾大惑不解地問兒子：「彼有何美，而承恩多？」[1]。

連老媽周太后都想不通，年輕的新婚燕爾的吳皇后就更想不通了。年方十九的吳氏，據說聰明知書、多才多藝，又正值妙齡，怎麼着也該比不男不女的半老「貞兒」有吸引力吧？估計她自己就是這麼想的。誰知入得宮來竟遇上萬氏這麼一位攔路虎，無才無貌卻擅寵宮中，位僅嬪妃，卻膽敢對母儀天下的正宮皇后倨傲無禮。年輕氣盛的吳「美媚」如何咽得下這口氣？「惡之，數加詰責。」[2]——有的記載更其火爆，說皇后把萬氏叫來，一怒之下「摘其過，杖之」。[3] 大棍伺候這還了得？打在萬氏身上，疼在成化心頭，於是發生了那樁少見的「皇家閃電離婚案」。

有人說吳氏屬於因妒惹禍，其實不是。後宮當中姿色相當的女人之間爭風吃醋，可以叫做妒嫉；至於吳氏，不過是依正常人的正常頭腦的正常邏輯，推論男人應該喜歡她、站在她這邊而已——結果偏偏錯了！但怎麼會錯了呢？她或許初來乍到，有所不知：這萬氏乃宣德時宮人，朱見深二歲被立為太子時起被派來做貼身侍女，此後直到十八歲，朱見深經歷着一個男孩的童年、少年和青年，而所有這一切，裏面都有萬氏——一個成熟的女人，一個處在十九歲到三十五歲之間的女人，一個除了她所照顧的這個小男人身邊再沒有別的男人的女人。這女人將教給朱見深什麼呢？吃飯、穿衣、說話，也應該還有別的……

想想賈寶玉身邊的襲人吧，《紅樓夢》第六回寫賈寶玉夢中與秦可卿繾綣之後，「迷迷惑惑，若有所失，遂起身解懷整衣，襲人過來給他繫褲帶時，剛伸手至大腿處，只覺冰冷粘濕的一片，嚇的忙褪回手來，問：『是怎麼了？』寶玉紅了臉，把他的手一撚，襲人本是個聰明女子，年紀又比寶玉大兩歲，近來也漸省人事，今見寶玉如此光景，心中便覺察了一半，不覺把個粉臉羞的飛紅……」襲人與寶玉尚且有這種故事，何況萬氏跟小

---

① 《罪惟錄》，列傳卷二，皇后列傳。
② 同上。
③ 《明史》，列傳第一，後妃。

她十八九歲的朱見深之間？前面說到周太后因不解而質詢朱見深，據說朱見深這麼答的：「臣有疝疾，非妃撫摩不安。」④ 話已很露骨了，他對萬氏明顯有一種旁人所不可代替的「肌膚之戀」，至於後者如何做到這一點，則「不足與外人道也」，猜想起來，肯定不止當「疝疾」發作時罷！

多好的小說素材，可惜還沒人利用。

成化喜歡半老女人、為戀母情結所困，雖然心理或人格上略有障礙，但說到底是他的私事，本亦無可厚非。麻煩在於他是皇帝──皇帝的事，能是私事麼？

成化二年（1466），朱見深當爸爸了！這頭一個孩子居然是一個男孩兒，而這男孩兒的母親居然是萬氏！天曉得，「貞兒」還真鴻運當頭；剛剛除掉吳皇后，自己就生了皇長子，有這資本，再加上皇帝幾乎注定不衰的恩寵，將來奪取皇后位子豈非易如反掌？果然，朱見深立刻晉封萬氏為貴妃。

可是，老天卻跟他們開了一個委實有些刻毒的玩笑。成化的長子正月出生，連名字都沒來得及取，到當年十一月竟然病夭了。報應麼？天譴麼？不知道。總之，「貞兒」的美夢就這麼破滅了。年近四十，生育力式微已成定局，何況皇帝身邊還有那麼一大批「當打之年」的生力軍！設想一下，美女如雲的後宮之中，一個既無青春又無姿色、幾乎沒有再次生子機會、徹底絕望的半老女人，內心會怎麼樣呢？變態，是必然的。

她從此變成了一個殺手，一個專門謀害胎兒或嬰兒的超級殺手。史稱：「掖廷御幸有身，飲藥傷墜者無數。」⑤ 這可是明確記在正史裏的。「無數」，意味着所有成化種下的種子都被她逐一拔了根苗，而且必定不止是男胎，因為只要密探來報某某宮人受了孕，她就一律投之以毒藥。這實在是太過恐怖的一幕。只有一次，萬氏失手了：又一個宮女被寵倖後，傳出懷孕消息，萬氏照例下藥，但中間環節卻發生了一些為她不知的情節，這孩子終於被祕密在別宮養活──此人非他，正是正德之父、日後的弘治皇帝。關於這樁驚險故事，稍後再作詳敍。

---

④ 《罪惟錄》。
⑤ 《明史》，列傳第一，後妃。

萬貴妃對失子之痛所發起的瘋狂自我補償，並不僅僅限於搞死成化與別的女人弄出來的胎兒。她開始讓自己的親屬大撈特撈，她的三個兄弟喜、通、達，貪贖無厭，仗着姐姐，直把國庫當作自家銀行。他們不斷從各地弄來奇巧之物賣與宮庭——所謂賣只是形式而已，因為那些東西的價值與其價錢完全不相稱，「取值至千百倍」[①]。更荒唐的是有時他們乾脆做的是無本生意，從成化那裏討來鹽引，把鹽賣了錢，再買成玩物回賣與宮庭，「車載銀錢，自內帑出，道路絡繹不絕，見者駭歎」[②]，府庫幾為之掏空。

　　如只搞錢也還罷了，但搞錢的人很難不搞權，因為極權體制下錢和權兩個東西總是結伴而行，搞錢是因為有權，有權就會搞錢。萬貴妃就很好地演示了這種關係。她搞權搞得遠遠超出宮掖爭寵的需要，觸角進而延伸到整個朝政。她是一個女人，女人是做不了官的；其次，她雖然擅寵於成化，惜乎名分僅為貴妃，且明擺着已失去做皇太后的前途，所以呂后、武則天模式也與之無緣。不過不要緊，她可以找代理人。上哪兒找？很簡單，到太監裏找。太監中萬氏死黨甚多，錢能、梁芳、覃勤、韋興都是有名的靠結歡萬氏而作威作福的大太監，這裏着重說說汪直。

　　汪直可說是萬氏嫡系，從小在萬氏昭德宮當差，做事很稱萬氏之心，成化則愛屋及烏，讓汪直先升御馬監，再掌西廠，終於「威勢傾天下」，躋身明代巨閹之列。

　　我們知道，明朝特務機構過去只有錦衣衛和東廠，現在卻橫刺裏冒出來一個西廠，它是成化皇帝專為汪直設的。這西廠有萬貴妃撐腰，來頭之大可想而知。據說西廠捕人，根本不用奏知皇帝，完全自作主張，想抓就抓。汪直出行，隨從甚眾，前呼後擁，「公卿皆避道」，國防部長（兵部尚書）項忠以為可以不吃這一套，結果被當街狠狠羞辱一番。史家評曰「權焰出東廠之上」——自西廠汪直一出，原先不可一世的東廠就算不了什麼了。

　　汪直這樣折騰了大半年，搞得人心疑畏，朝臣按捺不住，終由首輔商輅率群僚彈劾汪直，指控汪直用事以來「卿大夫不安於位，商賈不安於

---

① 《憲宗實錄》，卷二二五。
② 同上。

途，庶民不安於業」。成化閱疏大怒，派人至內閣問罪：「用一內豎，何遽危天下？誰主此奏者？」但商輅們似乎豁出去了，居然答道：大家同心一意為天下除害，沒有主次先後；滿朝臣官上上下下，皇上如果覺得有罪，儘管全部逮起來好了──儼然有「罷朝」不幹的意思。與此同時，那位曾當街為汪直所辱的兵部尚書項忠又發起新一輪的彈劾，倡議所有部長級高官聯名倒汪。成化大約沒料到朝臣如此團結一致，不得已暫罷西廠，讓汪直回御馬監任事。然根據「正不壓邪」的規律，可以預見朝臣們這無非得逞於一時罷了。

汪直避了避風頭，暫時退場，成化對他的寵信可是一點亦未嘗衰減，仍時祕遣汪「出外刺事」……汪就這樣靜候邪惡必定戰勝正義的規律發生作用。果然規律起效了，只是來得之快恐連汪直自己亦不曾料到。僅隔一月，倒汪大將項忠即廢為民。原因是朝臣中一部分「聰明人」經過觀察，迅速得出結論：皇帝在汪直這一邊；於是審時度勢，掉轉槍口，對準汪直的反對派。項忠首先被誣構除掉，首輔商輅見狀也稱病引退，隨之而去的辭免的大臣多至數十人。屢試不爽的邪惡必定戰勝正義規律再次奏凱，不僅西廠復設，且汪直其人從小丑一躍而為偉人，滿朝盡傳拍馬諛頌之聲。一位名叫戴縉的御史甚至說：「大臣群臣皆無裨於政，獨有太監汪直摘發，允協公論，足以警服眾人。」此君二年間連升五品，做到了都御史；士大夫乃競起效尤，什麼「西廠摘伏發奸，不惟可行之今日，實足為萬世法」一類媚詞不絕於耳，士風壞到了極致。

這種結果完全合情合理。中國帝權政治體制內，皇帝和朝臣之間有一種天然的離心力；朝臣越看不順眼、越加排斥的人，皇帝反而愈信賴愈為倚靠，比如太監就是這樣。太監是什麼人？家奴也。朝臣卻是一幫跟皇帝挑刺兒找碴兒、讓皇帝鬧心憋氣的傢伙。所以商輅、項忠想要扳倒汪直，簡直是開國際玩笑！

最後汪直究竟怎麼失寵的呢？還是他的同類立的功。幾年後，大約汪直太過勢焰薰天讓別的太監心理不平衡，一次宮中演戲，不知是誰支使小太監阿丑排演了一出調侃小品，飾成醉漢在那裏罵人，旁有曰：「聖駕到。」不理，謾如故，再曰：「汪太監到。」阿丑趕緊爬起來逃走，一邊逃

一邊說：「今人但知汪太監也。」成化看了很不是滋味，史書的形容是「稍稍悟」，實際上「悟」字應該代以「怒」，並且也一定不是「稍稍」，未盡形於色而已。應該並非巧合——就在觀劇後不久，執領東廠的大太監尚銘就跑到成化那裏祕密揭發汪直，說他如何偵得汪直私下裏說過什麼什麼「祕語」，以及汪直做過哪些哪些「不法事」——詳情究竟若何，史書語焉不詳，總之，成化就此疏遠了汪直。到成化十七年（1481），汪直被打發到大同做鎮守，不讓回京；很快又發至南京御馬監，西廠同時第二次撤廢；再後來，降汪職，究辦其黨王越、戴縉、吳綬等，不過汪本人卻終得善終於南京。

總結汪的倒掉，有兩點：一，完全得力於太監內部的爭風吃醋，東廠尚銘正是西廠汪直權場崛起的最大受損者，這證明了突破口總是來自同一營壘裏面，更證明邪惡很難被正義所擊敗，卻往往要由另一股邪惡來戰勝；在這一點上，汪直也預演了正德朝劉瑾的下場。二，以汪直那樣的罪衍而得善終，在明朝這個量級的權閹中是獨一份，何也？我推想還是因萬貴妃之故。汪成化十七年失勢，萬氏則直到二十三年（1487）才死去，倘非如此，汪直要想有比劉瑾、魏忠賢更好的命，恐怕不可能。[1]

朱棣以後，明朝歷代皇帝的顢頇、下作、昏智，明顯呈逐代上升之勢，到成化皇帝朱見深，算又創了一個新高。

過去人們抨擊帝權統治，多從大事着眼，比如暴君如何虐民、昏君如何誤國等；但我讀明史最深的感觸卻是，對其中很多皇帝來說，問題根本不在他們作為國家領袖的素質、才能如何，而是作為一個人，一個極普通的有正常心智的人，是否合格的問題。

像這位成化皇帝，其腦瓜子究竟裝了些什麼東西，無可揣度，純然是不可思議的。偏愛半老女人、沉湎房中術、迷信妖僧……這些情節雖然荒唐，然揆諸人性，都算情有可原。可是，設若巨萬之家硬是被家賊盜得一乾二淨，主人還無動於衷，就實在讓人不明所以了。朱見深恰就是這樣一個大呆瓜。

---

[1] 以上參閱《明史》宦官傳一、《憲宗實錄》、《萬曆野獲編》等。

梁芳、韋興，這兩個和萬氏兄弟裏外勾結的「碩鼠型」太監，終被揭發；朱見深前去視察國庫，發現國家歷朝積存下來的七座藏金窖已經空空如也（「帝視內帑，見累朝金七窖俱盡」）。史載朱見深見此駭人之狀，只淡淡說了兩句話。一句是：「糜費帑藏，實由汝二人。」另一句是：「吾不汝瑕，後之人將與汝計矣」。[2] 頭一句等於廢話，事情明擺着這樣，何用說？第二句除了明確表示他不會追究此事，似乎還在為自己死後兩位宮庭巨盜的命運擔憂——這像人話麼？像正常人做的事麼？這樣的人，斥之為「弱智」毫不為過吧？

太祖手下名臣劉基，有文《賣柑者言》。其中說道：「今夫佩虎符、坐皋比者，洸洸乎干城之具也，果能授孫、吳之略耶？峨大冠、托長紳者，昂昂乎廟堂之器也，果能建伊、皋之業耶？盜起而不知御，民困而不知救，吏奸而不知禁，法斁而不知理，坐糜廩粟而不知恥。觀其坐高堂、騎大馬、醉醇醴而飫肥鮮者，孰不巍巍乎可畏，赫赫乎可象也！又何往而不金玉其外、敗絮其中也哉！」伯溫先生作此文之時，恐未料到它將來全然就是一幅本朝諸多帝王毫髮不爽的寫真圖。

成化帝唯可自豪的是，他的陋劣與不足理喻並非登峰造極；等他嫡親的孫子朱厚照登上皇位，立即在同樣稟賦上後來居上、大放異彩，青出於藍而勝於藍。

所以說：好戲還在後頭。

身世之謎與窩囊爸爸

朱厚照出生後不久，便發生一樁在整個明代都數得着的驚天大案，時稱「鄭旺妖言案」。

---

[2] 《明史》，列傳第一百九十二，宦官一。

案子主人公鄭旺，是北京最底層社會的一員，住在京城東北角的鄭村鎮，家裏世世代代當兵。

明朝制度：一入軍籍，「世世不改」；「兵之子弟為餘丁，既為出缺時充補，又為正兵及官調發時或勤操時執耕稼之事」。[1]鄭旺正是這麼一個「軍餘」，用今天話說，相當於預備役士兵。

這鄭旺雖然討了老婆，還生了一個女兒，可他實在太窮了，所以像這種人家通常有的情形一樣，女兒養到十二歲就被賣到富貴人家，一來換點錢，二來也是給女兒找條活路。

最初是被賣到貴族焦禮的伯爵府，後聽說又被轉賣給一姓沈的通政[2]當婢女。這鄭旺，自把女兒賣掉以後，就再未將她放在心上，直到有一年，約摸弘治十六年（1480）前後的時候，鄰村發生的一椿事卻忽然讓他想起了已被賣掉多年的女兒 —— 他聽說附近駝子莊有戶人家的女兒入了宮，眾鄉鄰就說，這家人如今算是皇親了。此事令鄭旺忽發奇想，不知怎的覺得自己女兒也進了皇宮；倘若果真如此，他鄭旺不也同樣做了皇親麼？窮瘋了的鄭旺於是展開他的「皇宮尋女行動」；他有沒有循序先到伯爵和通政府邸打聽金蓮下落，史無記載，我們所了解的是他徑直奔皇宮而去，仿佛認準了人就在那兒。

誰都知道北京人長於結交，再沒能耐的人保不準也認識幾個場面上「說得上話」的朋友。顯然，五百年前北京便已是這種情形，連鄭旺這號人，居然也有兩個錦衣衛「舍餘」的鐵哥兒們 —— 所謂「舍餘」，亦即錦衣衛人員的家屬子弟 —— 一個叫妥剛，一個叫妥洪，是兄弟倆。

由於錦衣衛是皇家鷹犬，跟內廷多有往來，所以鄭旺就託妥氏兄弟走走太監的路子。妥氏兄弟果然替他聯繫上了乾清宮太監劉山[3]，過了一段時間，劉山傳遞消息，竟然說鄭旺女兒找到了，確在宮中：「其女今名鄭金蓮，現在聖慈仁壽太皇太后周氏宮中，實東宮生母也。」[4]據說劉山不光說

---

① 孟森《明清史講義》。

② 按：沈通政極可能就是沈祿，此人交結中貴李廣，賄以求騰達。李廣垮臺後被搜出一帙納賄簿，沈祿之名赫然在列。事見陳洪謨《治世餘聞》。另有寫作「高通政」的。

③ 《治世餘聞》作「劉林」。

④ 沈德符《萬曆野獲編》，卷三，宮闈，鄭旺妖言。

了這些話，同時還交給鄭旺不少諸如衣物、布絹之類的東西，稱係鄭金蓮對其父的賞賜。這鄭旺本意恐怕也並非尋女，他沒有提出見女兒的要求，而是拿了這些東西回去就四處顯派，張揚自己是「皇親」。這下可不得了，鄭村鎮出了一個「鄭皇親」的消息不脛而走，轟動京城，遠近攀附者蜂擁而至，搶着送禮、巴結。而另一個後果，則自然而然引起有關朱厚照並非皇后所出的議論，這種懷疑民間原本一直就有，現在因了鄭旺事件便好像坐實了似的。

不久，「鄭皇親傳奇」終於傳到弘治帝耳中，龍顏大怒，當即開動專政機器，將鄭旺、劉山一干人等下獄，定為「妖」案——轉換成現代語，案件性質約摸相當於「現行反革命」。

該案疑點突出。皇家檔案藏頭露尾，稗史間則出入極大，故其真相無可明。據我推斷，鄭旺其人實不值一哂，無非是一個明代市井「碰瓷」者，就像今日胡同裏專門製造事端、訛人錢財的無賴，窮極無聊而冒險，不計後果以求一逞。

但朱厚照身世之疑卻不因鄭旺的無稽而消融。

疑一：弘治十七年「妖言案」結案，《罪惟錄》載，這年秋天，「奸人劉山伏誅。」[5] 只殺了劉山，沒有鄭旺。據說弘治皇帝對此案有如下批示：「劉林（即劉山）使依律決了……鄭旺且監着。」[6]「且監着」就是關在牢裏，既不殺也不放。為什麼？當時，有人就提出「若果妖言，旺乃罪魁，不即加刑」，從犯劉山反而被處死，個中情節「尤為可疑」[7]。弘治不欲鄭旺死，此實可玩味。殺劉山，理由很充分；家奴逆主，何時何地皆當殺之，所以把劉山殺掉，總是不會錯的。鄭旺呢？可以殺，也可不殺；關鍵繫於弘治未來打算怎樣做。殺掉鄭旺，就意味着封死了有關朱厚照生母的議論，讓事情到此為止；不殺鄭旺，弘治皇帝顯然給自己留了後門——一扇通往為朱厚照生母正名的後門。不過，這扇後門弘治並未來得及用。他料不到，翌年，年僅 36 歲的自己竟會撒手西去。老天爺給他的時間不足以

---

⑤ 《罪惟錄》，帝紀卷十，孝宗紀。

⑥ 《治世餘聞》，下篇卷之四。

⑦ 同上。

去打開這扇從現實到情感都頗為沉重的後門。弘治這番苦心，聰明人是不難體會的。他死後，朱厚照繼位，照例大赦天下，主辦「妖言案」的刑部尚書閔珪乘機便將鄭旺釋放，有人提出此等大案主犯之赦免是否當請示今上，閔珪則打馬虎眼，說凡大赦令沒有明確列出不准釋放者，可以不請示（「詔書不載者，即宜釋放」）。閔珪的處置很聰明；一來他明顯對先帝當初的心跡深有穎悟，二來如今先帝已逝，把鄭旺殺掉吧，有違先帝本意，繼續關下去則既無了斷的可能，也許還徒增今上煩惱，所以只能放，不聲不響地放！然而，那鄭旺卻是一塊「潑皮牛二」式滾刀肉，撿了條命非但不叫聲「慚愧」，反倒再次攪事。可能他也不傻，也從弘治的蹊蹺處置上猜出朱厚照非皇后所親生的傳言絕非空穴來風，因此「捨得一身剮，敢把皇帝拉下馬」。窮到他那份兒上，賭就賭了，賭贏鬧個國丈當當，賭輸就「砍頭不過碗大的疤」。正德二年（1507）十月，他除了再次散佈自己女兒是皇上生母的說法，還衝擊紫禁城，道是前來上訪，面奏皇上「國母見幽之狀」——自然被拿下，二度投入刑部大獄。這次他就沒那麼幸運了，已是正德皇帝的朱厚照二話不說，結果了他的小命。正德殺鄭旺跟弘治不殺鄭旺一樣有道理。首先，正德剛接班做皇帝，穩定壓倒一切；其次，新帝踐祚，正要借重太后，用沈德符的說法：「時孝康（張后謚號）與武宗母子恩深，豈有更改之理？」[1]這鄭旺不是瞎搗亂嗎？再次，子不言父過，弘治倘若親自正本清源是一回事，由朱厚照來翻這個案子就是另一回事，就是往先帝臉上抹黑，就是不孝。再再次，這有關朱厚照的出身、血統，他不是明朝開國以來唯一的「皇嫡長子」麼，如果生母從張后換成別人，就不僅失去這身份，且勢必淪為毫無名分的「宮人之子」。所以這個鄭旺弘治雖不曾殺，但落到正德手裏，後者一定要對他說：「你死定了，而且會死得很難看。」

　　疑二：《治世餘聞》記述，編修王瓚當時奉命在大內司禮監教書，一日教完書出來，經過左順門時看見有人被嚴實地裹在「紅氈衫」（厚毛所織大氅之類）裏，由兩名太監押出。不見其面，但從露出的兩隻小腳可辨出

---

① 《萬歷野獲編》，卷三，宮闈，鄭旺妖言。

此係一婦人。有人尾隨而去，見婦人被送往浣衣局（明朝發落宮人之處，「凡宮人年老及罷退廢者，發此局居住」）[2]，浣衣局官員一見此女來到，「俱起立迎入，待之異常」，似乎她身份非同一般。王瓚事後對幾個同僚描述了上述情景，結果沒幾天，就傳來「鄭旺妖言案」開審的消息。這宮女是誰？跟朱厚照生母傳聞有何關係？被如此詭祕地送往浣衣局的宮女，有記載說名叫「黃女兒」，也有記載說名叫「王女兒」，可能因口口相傳之故，黃王音近，所以記有不同。總之不姓鄭。是否可以假設，鄭旺所謂太子係其女鄭金蓮所生固然是胡說八道，但太子非張后所生、其生母另有其人卻是一個真實而被掩蓋起來的祕密？總之，明代作者普遍認為這個裹得嚴嚴實實悄悄送往浣衣局的宮女，與幾天後開審的「妖言案」之間，一定是有干係的。

這謎團，單在旁人心頭揮之不去便罷，設若朱厚照自己心頭也是如此，事情就嚴重了。這正是這椿表面看來只是「皇家花邊故事」值得細說之處。正德一生，荒唐至極，性情舉止乖戾不常，每令人匪夷所思。史家論此，多以君道衡之，加以批判。這固然是對的，然在我眼裏，正德除去腦袋上戴着頂皇冠，也是一個由生到死、長着嘴來吃飯長着鼻孔來出氣的人；他的一生不要說做皇帝完全做砸了，單講做人也做得極其失敗。我們看得很分明，這個人內心有很多變態的地方，從人格上看基本不能算一個正常人。因此，比他為君失道更根本的，是他為人是否病態的問題。

幸福的家庭總是相似的，不幸的家庭各有各的不幸。當意識到我們是在討論一個病人而非一個皇帝，那麼，他的成長史，他的隱私，他的內心祕密，就是一些最重要的方面。同時，普通用來衡量人是否幸福的那些參照物，對他也完全適用。比如說，由父母身份的疑問而造成人自我肯定上的障礙以及對其社會角色確認的困難，這在私生子身上普遍表現很強烈，如果正德對真正的生母存有疑問，他實際上就處於一種相似的心理狀態。比如說，親生母親不明或者曾經明了卻突然間失去這指歸，一般會置人於對世界的冷漠，令他們性格發生玩世甚至反社會的傾向。又比如說，

---

② 《明史》，志第五十，職官三。

一不留神當了皇帝

缺乏母愛或自感沒有母愛，有時讓一個人的成年過程縮短，少年老成世故；有時剛好相反，變得特別漫長而艱難。在正德身上，體現出的是後者，神經質、自控性差、責任感缺失、沉溺於遊戲意識、行為幼稚而不自知。還有一點，一個心理嚴重受挫的人，其行事往往會以某種偏執方式尋求自我補償，越是鬱鬱寡歡愈追求無度的歡愉，越是脆弱怯懦愈急於營造及表現一種剛強勇敢的表像……如此等等，一俟條件具備，此等心理能量便會如汪洋潰堤般轟然湧出，一發不可收——在繼位當了皇帝的正德身上，這很典型。

有趣的是，正德生在明代宮廷史上一個看上去最幸福的一個家庭裏。為什麼這麼說呢？因為至少在公開的意義上，他父親弘治皇帝生活中沒有其他女人，「上平生別無幸與，后張氏相得甚歡。」[①] 這在古來動輒三宮六院、三千寵愛的皇帝中間，近乎奇聞。好幾次，臣子們做出憂國狀，以傳宗接代為由，上書要求弘治選妃，弘治居然概不領情。弘治元年（1488），一個太監就跪求皇帝，「選女子於宮中」「以待上服闋」。二年（1489）七月，有禮科右給事韓鼎者呈上奏章，搬出典故說，古代天子一娶就是十二個女人，「以廣儲嗣」，這可是國家大事啊，皇上您千萬別耽誤了自己！三年（1490），又有人出言相勸，敦請弘治「博選良家女」，這回是宗室荊王。四年（1491），人們仍然喋喋不休，一個叫丁讖的無足輕重的傢伙（吏部聽選監生）懇切上疏，熱盼皇上選妃設嬪……年年如此，活現了「皇帝不急太監急」那句話。大抵，他們清楚這拍的是最萬無一失的馬屁，好色之心人皆有之，更不必說皇帝了——歷史上有幾個皇帝是不好色的呢？然而這回情形偏偏例外，弘治不為所動，每年有人為此動本，他總是溫旨推辭。古人也講「從一而終」，那是給女人講的。一個男人，而且是有法定權利擁有眾多女人的皇帝，居然做到了從一而終，難怪有人要驚呼：「上自青宮[②] 婚後，未幾登大位。無論魚貫承恩，即尋常三宮亦不曾備，以至於上仙。真千古所無之事！」[③] 其他當皇帝的，所御女子有魚貫而入之勢，

---

① 徐學聚《國朝典彙》，卷九，朝端大政九，後妃。
② 「青宮」即東宮，太子居東宮，中國舊以五色中的青色代東方，故稱東宮為青宮。
③ 《萬曆野獲編》，卷三，謝韓二公論選妃。

弘治倒好，一直到死為止連最起碼的三宮也不搞，可以風流而堅決不風流，讓任何男人看，確乎是千古所無之事。這究竟怎麼一回事？照今人的觀念，想必弘治特別特別愛張后，否則絕難至此。所以，有位弘治傳記作者就說：「他倆的愛情很專一，與民間夫妻相似。」④ 提到了「愛情」這樣的高度，且評為「專一」──再說下去，不會引出一個舉案齊眉式的佳話吧？問題是，如果弘治夫婦果真兩情融洽、恩愛無比，如此幸福家庭，卻造就出朱厚照那樣一個有畸態人格的後代，兒童心理學的原理豈不只能改寫？

其實，對史料加以分析，我們卻發現弘治與張后「相得甚歡」的背後有着諸多難言之隱，或者說，弘治的「專一」乃是一種無奈的現實。

問題出在弘治自己身上。

我們應該不會忘記，前面述及弘治父親成化皇帝時，出現過的那個超級妒婦萬貴妃。這女人為了補償自己的失子之痛，一躍而為成化骨血的連環殺手，而弘治則是第一個從其手中奇跡般逃生的嬰兒。

弘治生母姓紀，普通宮女。成化在宮中偶然遇見，寵倖了一把，於是懷上弘治。萬貴妃耳目甚眾，消息自然首先傳到她耳內。好幾年了，凡有這種事情，萬氏總是一視同仁的。她隨即派某婢前去下藥，或者弘治命大，或者中藥不像西藥十拿九穩，結果藥到根未除，而那位婢女終於也覺不忍，就沒有將實情回稟萬氏，只說紀氏本人病得一塌糊塗快要死了，萬氏輕信未疑。等到弘治生下來，消息再次傳到萬氏那裏，萬氏大怒，改派太監張敏去把嬰兒淹死。弘治再次命大，張敏尋思：「上未有子，奈何棄之？」也背叛萬氏，密為安排，將弘治母子隱匿在宮中某不為人知處所，暗中給予食物，令其母子得以活命。這故事發生在成化六年（1470），張敏的保密工作做得相當不錯，上下一直被瞞着，直到成化十一年（1475）某日，張敏為成化梳頭時，成化對鏡歎曰：「老之將至而無子！」聽到這話，張敏突然伏地奏道：「死罪，萬歲已有子也！」成化目瞪口呆，忙問子在何處。張敏再奏道：這事說出來奴才就死定了，只是懇請皇上千萬為

④　郭厚安《弘治皇帝大傳》。

皇子做主！

下面的情節，《明史》寫來甚是淒慘：

> 帝大喜，即日幸西內，遣使往迎皇子。使至，妃抱皇子泣曰：「兒去，吾不得生。兒見黃袍有鬚者，即兒父也。」衣以小緋袍，乘小輿，擁至階下，髮披地，走投帝懷。帝置之膝，撫視久之，悲喜泣下曰：「我子也，類我。」

「髮披地」，是因弘治出生以來，為防泄露行跡頭髮都不敢剪，那樣子完全是個小野人，如今長到六歲，終見天日，並且隨即被立為皇太子。據說萬貴妃聞知成化父子相見的消息後，「日夜怨泣」。皇太子她總算不敢加害了，紀氏和太監張敏則難逃厄運；當年六月，紀氏突然「暴薨」，張敏出於恐懼也吞金自盡，一場真實的「狸貓換太子」式宮庭傳奇以此收場。

說起來，弘治真夠可憐的，經歷着如此可怕的童年。在母親腹中，即因萬氏下藥致其生下以後頭頂有寸許處根本不生毛髮；本已先天不足，以後又藏匿暗室，苟且偷生，營養嚴重不足。身體屢弱可想而知，而擔驚受怕投在心理上的陰影，更非可以消除者。雖賴張敏保全住了性命並終見天日，恐懼卻未隨之遠去；數月以後，生母不明不白地死去，明明忠心耿耿、立有大功的張敏也畏而自盡，說明環境依舊險惡。母親死後，弘治被祖母周太后置其宮中所養，幸如此才得保全，但餘悸實際上一直纏繞着他。一次，萬貴妃召弘治去，說請他吃飯；臨行，老太后特意叮囑：「兒去，無食。」到了那裏，萬氏先賜飯，弘治答道：「已飽。」再送上湯羹，弘治不知如何回絕，竟把真話說出來了：「疑有毒。」一個不過幾歲的小孩子，心裏面始終裝着被人下毒的疑懼，該是怎樣陰暗的體驗！

這使他在肉體和性格兩方面都成為一個非常柔弱的人。

這柔弱，加上不幸的童年，意外地帶來一個不太壞的皇帝。政治上，弘治是明代諸帝中做惡較少的一位。由於身體不行，此人慾望不強，甚至偏於寡淡，他在女人和性的問題上表現比較超脫或曰「高尚」，實由此來。他父親成化皇帝時代，有個大臣叫萬安，以進房中術和拍萬貴妃馬屁，爬到了大學士高位上。弘治登基，萬安相信以房中術邀寵必當屢試不

爽，於是照樣給弘治來了這麼一手，將他多年對房中術的心得寫成奏疏，封在小盒子密呈弘治，弘治見後即命太監懷恩拿着小盒子到內閣辦公處，當眾斥問萬安：「這像一個大臣做的事嗎？」搞得萬安無地自容[①]。這故事歷來都被當成弘治銳意澄清吏治的例子，不過，倘允許我們以「小人之心」另做揣度，恐怕萬安也搞錯了對象。綜合各種史料來看，弘治實在沒法兒熱衷於實踐什麼房中術；以他的身子骨，不要說搞女人，壽命的維持已很吃力，最終只活了區區三十六歲。

至於其與張后的關係，似應從兩方面來看。首先不必排除起初他在感情上對張氏確實比較依賴，蓋因自幼遭際太苦，六歲甫離苦海又遽喪生母，忠僕自盡，過幾年老祖母也棄之而去，凡是他以為愛着他的人，皆不在人世，當是時也，足可想見弘治與張氏成婚意味着什麼。極度的孤獨令他一度視張氏為最大慰藉，而不濟的身體客觀上又使他對廣納嬪妃毫無興趣，事情無非如此。

其次就是他懦弱的性格在起作用了。弘治與張后感情究竟怎樣？我研究的結論，是早先不錯，後來很差。因為張氏實在不是一個可愛的女子，即便不提正德身世這椿懸案裏面的種種糾葛，單看張氏的為人，弘治也不可能從她那裏感覺到多麼幸福。張氏兩個親弟弟鶴齡和延齡，在她的縱容下無惡不作，是明史外戚裏數一數二的流氓；他們的母親金夫人也是醜類，利用女兒的地位，吃賄吞賂。張家兄弟素日裏欺壓良善的不法之事就不提了，單看他們在宮中所為便可知他們囂張到何等地步。某年大約是元宵節吧，二張入宮與弘治、張后等共飲觀燈，中間弘治起身如廁，將皇冠除下交給一旁伺候的內侍；弘治剛走，二張便上前把皇冠奪過來，當眾頂在自己腦袋上，以為戲耍，簡直是狗膽包天。據說那個張延齡甚至曾經藉酒姦污過宮女。[②]諸如此類根本屬於太歲頭上動土、羞辱和挑戰帝權的行徑，二張都做得出來，沒有張后的縱容是無法想像的，由此亦可窺出張后對老公實在很不尊重，民間夫妻尚知彼此維護，而張后對弘治卻只有蔑

---

① 《明史》，列傳第五十六。
② 兩事並見《萬曆野獲編》，卷六，內監，何文鼎。

視。弘治雖弱，卻不傻，以上情節他事後均有所聞，他難道不覺得奇辱？難道不知二張所為癥結是在張后的縱容？難道看不出自己在張后內心佔據着何等可憐的地位？

所以在與張氏的生活之中，弘治非但不可能「相得甚歡」，至少是憋着一肚子氣。這股鳥氣擱在別的皇帝身上，早就發作了，但弘治性情太弱，從小習慣逆來順受。他採取的辦法是很沒有陽剛之氣的，有幾件事的處理可見一斑。

一次，張后突然提出做珍珠袍，並指名讓弘治差太監王禮去廣東採辦珍珠。弘治大約早有經驗，一聽就知有貓膩。他審得實在，果然是王禮用幾千兩銀子賄賂張母金夫人討這差事，藉機到地方上大撈一把。弘治先讓人到內府找來足夠的珍珠應付了張后，然後背地裏把王禮叫來痛責一頓：「這遭且將就罷，今後再敢來說，必剝皮示眾！」[1]

再一次，張家兄弟麾其家奴在外侵奪民田，之後又操縱司法，受害者有冤難伸。事情傳到弘治耳中，他派太監蕭敬調查後得知事情屬實，依律辦了張氏家奴。蕭敬回宮覆命時，正趕上帝后二人用膳。張氏當即柳眉倒豎，罵蕭敬道：外庭那些官員跟我們為難也就罷了，你這狗奴也學他們的樣兒！張氏一罵，弘治居然也跟着把蕭敬臭罵一通；過了一會兒，張后離去，弘治忙把蕭敬叫到近旁，道歉說：「適所言，非我本意。」還拿出白金五十兩賞賜蕭敬，說什麼：剛才自己與皇后偶然拌了幾句嘴，所以遷怒於你，你不要當真，這些錢是給你壓驚的。（「偶與后有怒，言特戲耳。恐爾等驚怖，以此壓驚。」[2]）

又一次，在皇家別墅，也是家族內部的聚會，弘治、張后、太子朱厚照、金夫人以及張家兄弟聚飲。這時，二張在外面已經鬧得極其不像話，屢屢引起朝臣彈劾。酒及半，張后、金夫人與朱厚照入內更衣，趁這功夫，弘治裝作出外遊賞，招呼二張同行，走得稍遠，弘治把張鶴齡單獨叫到一邊，不知說了什麼，「左右莫得聞，遙見鶴齡免冠首觸地，自是稍斂

---

[1] 《治世餘聞》，上篇卷之一。
[2] 《國朝興匯》，卷九，朝端大政九，後妃。

跡。」[3] 應該是講了一些很重的話。

以上幾件事過程中，弘治如出一轍，表達真實看法，全部偷偷摸摸背着張后，虧他還是皇帝，連男人都不像！但這也怪不得他，偎潛偷生的童年記憶令他生來就以弱者自居，凡事隱忍、隱忍、再隱忍，窩囊慣了。我們所要明白的只是，在他與張氏表面上相安無事的背後，埋伏着激烈的內心衝突，這衝突關係到利益、權力直至個人尊嚴，最終，自然關係到彼此感情。故而所謂的他們「相得甚歡」，要麼是假相，要麼只是某一階段的特定情形。總體上來說，這個 1487 年至 1505 年之間中國的第一家庭絕不是幸福的。

此類情景，太子朱厚照豈能不看在眼裏？外人為假像所蔽，朱厚照須不至 —— 畢竟那都是眼皮子底下發生的事。懦弱的父親和霸道而又冷漠的母親，會給一個孩子心靈帶來什麼？他將憑此理解人生，深宮巨牆之內，人與人之間本已只有奴役、欺壓、爭奪和傾軋，豈料雙親之間竟也少愛寡恩。尤其身為母親的張后，沒有予人一絲溫柔感覺，處事從不見其宅心的半點愛意，心胸狹隘，唯知利己，周身充滿了市井氣（她出身於一個小文人家庭，看看她那母親金夫人和兩個兄弟，就可知道這家人鄙俗之至）。不論朱厚照生母懸案真相如何，張后既然在公開場合充當着母親角色，她至少應該有模有樣地履行這身份。但是，我們在史書中找不到哪怕是很簡單的一筆她關愛朱厚照的描述，倒是有不少她如何偏向、庇護其娘家人的細節，這雖然也是中國民間根深蒂固的一種倫理意識，卻仍然給人這樣的印象：張氏對於成為弘治妻子，潛意識裏有一種吃虧的感受，她是在用胳膊肘向娘家拐的方式對弘治實行報復，或為自己尋找某種補償。那麼，究竟什麼地方令她感到這樣吃虧，而必欲藉別的方面狠狠往回撈呢？對一個女人來說，尤其以弘治的特定情況論，很可能就是性生活太不如意！自然，這純係猜測，聊備一解。無論如何，這個家庭沒有喚起張后的柔情蜜意。我們在史料中看到弘治與太子間尚不乏天倫之樂，朝罷之後，他會陪朱厚照玩耍，有時甚至領着兒子幹一點稍微出格的事情，比如夜晚在宮

---

③ 《明史》，列傳第一百八十八，外戚。

中潛遊 [1]；然而，未有跡象表明這種富於情趣的舉動亦曾發生在張后與朱厚照之間，不僅如此，朱厚照與張后明顯只是徒具母子名分，他後來決絕地搬離皇宮、住進豹房的行為，顯示了他對象徵着他的家庭和成長之地的極端厭惡。而最值得深思的是，多年後他獨自死在豹房，情景淒涼；從病重不起到咽下最後一口氣，史家沒有讓我們看到作為母后的張氏守在兒子的身旁。

我們不了解朱厚照何時得知自己生母另有其人這種說法；是從鄭旺在正德二年第二次發難時知道的，還是之前即曾耳聞？不論何時知道，也不論朱厚照何種程度上相信這種說法，他內心就此所受到的衝擊應該都是劇烈的。一直目睹父母貌合神離的狀態，又突然發現自己身世置於撲朔迷離的疑團之中，加上對自己真實生母悲慘遭際的揮之不去的種種幻想，這一定會令他對世界產生相當的厭惡感，對周邊貌似衣冠楚楚的正人君子們形成本能的不信任甚至排斥情緒。這一切反應，擱在任何人身上均為必然，正德雖為皇帝，亦同樣不會被放過。當人們以後震驚於明代居然有這麼一位千奇百怪的變態皇帝時，不要忘記他首先從最本質的人的意義上，經受了情感和心理的非人折磨——也就是說，不要忘記正德其人的病理學基礎。

如果天子是少年

有部小說叫《少年天子》，單那名稱就能滿足我們民族對「皇帝」的埋藏極深、說不清道不明的將敬畏與期待混合在一起的心態。但實際上，「少年」與「天子」的搭配，在九成九情形下，意味着災難。試想，

① 呂毖《明朝小史》，卷十「弘治紀」：「帝嘗引青宮夜出宮間行，至六科廊，青宮大聲言此何所？帝搖手曰：若無嘩，此六科所居。太子曰：六科非上臣乎？帝曰：祖宗設六科，糾君德闕違。脫有聞，糾劾疏立至矣。」按：「青宮」指朱厚照。

一個權由天授、人民唯有默默承受的「天子」已經夠糟糕了，還趕上心智未熟、半大不小、本身在成長之中，慾望騷然而理性瘰弱的「少年」，豈非災難？尋常人生，少年時代有如花朵，可這花朵一旦被捧到龍牀之上，十有八九不是美和香的，而會變得醜陋，散發出一種少見怪異的惡臭。

弘治皇帝雙腿一蹬「賓天」而去，他給億萬人民留下了什麼呢？留下一個十五歲的「君父」——古時候，事君如事父，皇帝就是普天百姓的父親；從此，上至耄耋老者下至黃口小兒，中華舉國之民的福祉就全交與這位乳臭未乾的「父親」了。

有一個人最清楚這一切意味着什麼。

公元 1505 年即弘治十八年五月初六，乾清宮東暖閣。一大早，司禮監太監戴義奉旨宣召內閣重臣劉健、謝遷、李東陽覲見皇帝陛下。弘治已經病了一周，自知不久於人世，此刻他身着便服，強打精神，端坐御榻正中。首輔劉健等來到御榻前叩頭，「上令前者再。既近榻，又曰：『上來。』於是直叩榻下」。弘治這才開口說道：「朕為祖宗守法度，不敢怠荒。凡天下事，先生每（們）多費心。我知道。」話語懇切、溫和，充滿感激慰問之意；一邊說，一邊握住了劉健的手，「若將永訣者」，令人動容。他當眾口授遺詔，由太監做了記錄。然後，弘治對三大臣講了最後一番話：「東宮聰明，但年少好逸樂。先生每（們）勤請他出來讀些書，輔導他做個好人。」多年後，李東陽把當日君臣對話的全過程，儘量回憶起來，記在他的一篇從政筆記[2] 中。

這就是所謂「託孤」吧？到了這種節骨眼兒上，素來的隱諱都不必了。弘治於是亮出兒子在他心目中的真實形象：他無疑是愛他的，一語「聰明」，將這喜愛表露無遺；然而，除去父之於子的天然親愛，從對祖宗江山的責任感，弘治不能不說出他對朱厚照的憂慮：一、好逸樂；二、厭於讀書；三、恐怕不是一個做好人的坯子。

這三條，弘治說得都比較客觀，縱然他不說，別人也都看在眼裏。當然

---

[2]　李東陽《燕對錄》。

他還抱着一線幻想，以為這都是兒子「年少」所致，而非稟性使然，因此他懇求深為倚信的劉謝李三大臣：幫兒子一把，使他最終變成個「好人」。

第二天，弘治單獨召見太子本人。父子間又說了什麼，無考。

就在召見朱厚照的時候，弘治「龍馭上賓」。

毫無疑問，他是在難釋憂慮之中合上雙眼的。

他把平生之中最後兩天都用來做同一件事：安排兒子的未來。

他預感到什麼了嗎？

弘治兩眼一閉，做了「大行皇帝」。太子朱厚照即位，「以明年為正德元年（1506），大赦天下，除弘治十六年（1503）以前逋賦。」[1] 權力的交接很平靜，很順利，也很老套；自古以來，中國這方面制度穩定而成熟，一切按部就班，極少出亂子 —— 不論繼承皇位的是何等樣人。朱厚照 —— 從此以後我們得叫他正德皇帝 —— 就這樣平靜而又順利、看上去毫無新意地登上了皇位；當時，大明子民誰也不知道，他們迎來的將是有史以來最古怪最搞笑的一位皇帝。

不知道朱厚照對於父皇的辭世有無傷慟之感，從史料來看，父親的死和自己登上皇位，在他全然是一次徹底的解放，猶如驟然之間烈馬鬆掉了嚼子、小鳥衝出了籠兒。

十五歲，最是不尷不尬的年齡。說大不大，說小不小。身體已經發育，開始有成人的慾望和部分自我意識，但同時自制力差，又仍如孩童一般貪玩；有強烈的自主願望，卻又因理智和情緒不平衡，往往使得這種自主願望變成對自己的放縱；而且，幾乎每個十五歲的人都莫名其妙地陷在反叛意識之中，與社會、家庭、師長以及一切試圖束縛他們的人為敵。

任何人在十五歲的時候失去父親都非常糟糕，更不必說一個十五歲的皇帝！假如早幾年遇到這種事，母后張氏尚能以天子年幼而對其行使監護權，朝中重臣也可因顧命之名切實約束新君 —— 就像後來萬曆初期李太后與張居正聯手監管十歲的萬曆皇帝一樣。然而，對於正德而言，他剛好在十五歲這一年繼承了皇位；明代宮廷制度，皇帝十五歲即視為成年，標誌

---

① 《明史》，本紀第十六。

是舉行大婚。正德元年八月，正德與中軍都督府同知夏儒之女夏氏行大婚禮，隨即又冊沈氏為賢妃、冊吳氏為德妃。一后兩妃，至此，十五歲男孩兒朱厚照辦完了向「已婚—成熟男人」過渡的象徵性手續，他有資格自己「當家作主」了──無論是作為男人，還是作為皇帝。

然而，他是怎樣自己「當家作主」的呢？

明制，「宮中六局，官有『尚寢』者，司上寢處事。而文書房內官，每記上幸宿所在，及所幸宮嬪年月，以俟稽考。」[2] 也就是說，皇帝理論上可以隨意享用後宮每個嬪娥，實際上卻並不能為所欲為；一是要事先通知「尚寢」官，由後者做準備，二是召倖了誰、何時何地，須記錄在案。這種制度，並非出於道德考慮，而是因為皇帝的性行為關係到皇家骨血的確定問題，來龍去脈含糊不得。不過，客觀上這的確是一種限制，令皇帝的私生活毫無祕密可言，同時也給別人──比如太后、皇后之類──的干預留下餘地。正德深感不爽。他要的是，想什麼時候搞一次就什麼時候搞，想搞哪個就搞哪個。堂堂天子，搞個女人居然還要事先申請、事後登記，豈非笑話？於是，他斷然地「悉令除卻省記注，剗去『尚寢』諸所司事」，「遂遍遊宮中」，首先在宮中替自己實現了「性解放」──當然，這只不過是他畢生「性解放革命」的第一步，以後我們會在他漫長的宮外生涯中看見許許多多更大膽的舉動。

「飲食男女，人之大慾存焉。」正德迫不及待廢止起居注、罷停「尚寢」的職能，此舉雖公然違反祖制，卻也不難理解。與此相比，他登基當了皇帝──或者說終於「獲得自由」──之後，所縱容自己盡興去做的另外一些事，卻委實令人稱奇。

起初，他整日領着一群年齡一般大小的小太監在宮中「為角觝蹴麴之戲」。角觝，與今之摔跤、相撲相仿。蹴麴又稱「蹴鞠」（麴與鞠通），古代球類遊戲，源於且流行於軍中，「蹴鞠，兵埶也，所以講武知有材也。」[3] 大約用於訓練士兵身體柔韌性，後來成為有閒階層的一種嗜好，

---

② 毛奇齡《武宗外紀》。
③ 劉向《別錄》。

民間乃有專挾此技邀寵於達官貴人者，《水滸》中高俅即賴之得端王（後來的宋徽宗）賞識而發跡；此外，據說國際奧會已將其認定為足球之起源。正德此人，如果生在當代，送到體校練練摔跤、相撲或者足球，大概是塊料子，將來在奧運會上摘金奪銀、為國爭光抑或成為一代國腳亦未可知，可他偏偏是皇帝！一國元首，丟下諾大國家不聞不問，整天价臭汗淋漓地跟人抱來摔去，或沒完沒了在綠茵場上大呼小叫、帶球過人、拔腳怒射……這情形，怎麼想像都教人哭笑不得。

倘僅如此，算不了什麼。從大臣們的進諫中我們得知，登基以來，正德「奢靡玩戲，濫賞妄費」，喜好「彈射釣獵，殺生害物」。將「鷹犬狐兔」等形形色色動物圈養於宮內，紫禁城幾乎變成一座動物園；又將太監組織成軍隊，披甲戴胄，執弓挾矢，以宮禁為操演場，真刀真槍地玩「騎馬打仗」。[1]

雖然歷來威嚴肅穆的皇宮已被糟蹋得不成樣子，但這跟後面的事情相比，也還算不了什麼。漸漸地，正德覺得光在宮中折騰已不過癮，他開始四處微服遊蕩，「隨所駐輒飲宿不返」，據說回到宮中呆的天數，一個月也不過四五日。他在外面到底幹啥？說起來那可就絕了。除去普通荒淫帝王都可想像到的「彈射釣獵」一類內容，正德確實玩出了個性。他曾讓人把一條商業街封鎖起來，命內侍從宮中搬來成堆的衣物，攤在每家店舖前面，自己則扮成小販，「身衣估人衣」，頭戴商人的「瓜拉帽」，手裏拿着賬簿和算盤，「自寶和至寶延凡六店，歷與貿易」，跟太監扮成的店家討價還價，彼此還一定要假戲真做，你來我往，「喧詢不相下」，然後讓一個事先安排好的人，以市場管理員（「市正」）的身份出面調解。過罷購物和討價還價的癮，他會在一群人的簇擁下，闖至由太監掌管的皇家酒舖，那裏「箏筑琵琶嘈嘈然，坐當爐婦於其中」，典型的「娛樂場所」格局，一干人等旋風般地在其間周遊，「雜出牽衣，蠡簌而入」，「溲茶之頃，周歷數家」。發展下去，「凡市戲、跳猿、驪馬、鬥雞、逐犬」一類遊樂場，正德無所不至；他還把宮女從宮中弄出來，置之於這些場所，充當「小姐」

---

① 《武宗實錄》，卷十四。

（「扮演侑酒」），「醉即宿其處，如是累日」。[②]

——如果天子是少年。問題就出在這兒。倘只視其為普通孩子，朱厚照上述行為，大多並不如何乖常，雖然年屆十五還喜歡玩騎馬打仗、過家家一類遊戲，或許有點缺心眼兒，但出格與古怪卻談不上。甚至就連他放浪形骸、醉臥花叢的行徑，也不過是古往今來任何一個「問題少年」都可能誤入的歧途，是好是壞，終究屬於他個人的問題。

然而，他不僅僅是一個普通孩子，他是皇帝、天子，是一身繫天下、繫萬民的九五之尊。事情荒唐就荒唐在制度把這樣一個孩子放到這樣一個位置上。從正面講，為君者必須恪守君道，儒家倫理所謂「君君、臣臣、父父、子子」，就是說做君王的要守君王的本分與義務，做臣子的要守臣子的本分與義務，做父親的要守父親的本分與義務，做兒子的要守兒子的本分與義務，大家都不失名分，社會才有君臣之義，家庭才有父子之倫，君不君則臣不臣，父不父則子不子，那樣，天下必然大亂，家國只能不保。從負面講，既然君主極權體制賦與皇帝至高無上的權力，其個人品質就完全成為國家安危、百姓禍福的唯一決定性因素。趕上有進取心的君主，則國家幸甚；哪怕次一等，只要為君者不太犯渾，雖然庸庸碌碌、無所作為——比如弘治皇帝——黎民也算有造化；一旦這麼巨大的權力與某個下流坯捆綁在一起，結果只能是災難性的。

權力「毀」人不倦，尤其不受約束的權力。現代民主政治以前，沒有一種能對君主權力有效制衡的法律制度，但並不等於毫無約束。就中國而言，採取的是道德的辦法，即儒家政治倫理。第一個中央集權式的君主專制政權秦帝國出現之後，因為毫無制約，君主自我膨脹、為所欲為，結果短時間嗚呼哀哉。這一點後來的統治者都看在眼裏，所以繼秦而起的漢王朝，一方面接過了秦人中央集權式的君主專制政體，另一方面也為了它自身的利益，而在統治趨於穩固的武帝時代「獨尊儒術」，正式承認儒家倫理為君主專制的政治基礎。概約地講，此一政治基礎有兩個要點，一是君權神授、至高無尚、不容侵犯，一是君主應自覺接受以抽象名義出現

---

② 《武宗外紀》。

的「天」、「道」實即儒家倫理的約束，做「有道明君」。漢武時代所奠定的中國君權的這一政治基礎，為以後歷朝歷代所傳承，幾無例外，機構之建、職官之設、禮儀之訂乃至教育考試的目的與制度，都由此而來。不過，這政治基礎雖然不再是一條腿，而是兩條腿，但它只是一種「共識」而非契約，非常脆弱，不具強制性，尤其對於君主來說。責任感強的君主，或願意學習儒家倫理並虛心接納其約束，倘若碰上稟性陋劣的君主，儒家倫理簡直形如廢紙；因為享受無邊權力的誘惑，確實沒幾個人可以抵擋，權力之「毀」人，能量無可比擬；所以歷來的君主中間，七成以上都是胡作非為、禍國殃民之輩。

縱觀朱厚照一生，不得不說這個人生來有些病態的性情，人格發育明顯有偏差，但他恰恰在最需要引導的年紀失去父親，自己卻當了皇帝。從心理學可知，對孩子特別是男孩來說，「無父狀態」極為致命，那意味着準則、模範、禁忌、秩序乃至理想的一系列缺失。生而不知有父或未成年而遭遇「父親」符號的空缺，要麼會使人的成長失去方向，要麼會置人於權威瞬間瓦解、底線突然潰散的境地。朱厚照不僅面臨着這樣的局面，更糟糕的是，他同時還被賦予巨大無邊的權力，成為「天下老子第一」的皇帝；這對於他原本極富破壞性的人格，不啻是如虎添翼，令所有人束手無策。

儒家倫理這套系統仍在運轉，試圖發生作用，然而在「少年天子」急欲釋放對「無父狀態」歡欣鼓舞的心態面前，它簡直就是一個笑柄。先帝遺言「東宮聰明，但年少好逸樂。先生每（們）勤請他出來讀些書，輔導他做個好人。」幾位老臣安敢忘懷？根據祖制，明代的天子終生實行制度性學習，學習的內容為儒家經典、「祖宗」的訓誡與箴言以及國家地理等，形式主要有「日講」和「經筵」兩種，前者為日常功課，後者為專題性的較深入的經典講座。弘治所謂「勤請他出來讀些書」，指的就是輔臣應該幫助新君把「日講」和「經筵」堅持下去。我們從《武宗實錄》看到，從朱厚照即位的弘治十八年（1505），到改元後的正德元年、正德二年，圍繞着「聖學」之事，朱厚照與大學士劉健、李東陽等人反覆拉鋸周旋，彼此扯了近二年的皮。一方以先帝囑託為由，鍥而不捨，反覆勸學、

奏請復講，一方則想方設法加以拖延推辭。

弘治十八年十月，劉健在奏章中說：先帝去世以來，進講一直沒有恢復；原來考慮到「梓宮在殯，聖孝方殷」，便將此事擱置下來；眼下，喪事全部料理完畢，天氣即要轉寒，再拖下去，進講就要等到明年才能恢復（按規定，嚴寒季節或盛暑之時，皇帝學習可以暫停），因此，無論如何請求於十一月初三重開日講。[1] 朱厚照勉強同意。但復講之後，三天打魚兩天曬網，維持不過月餘光景，至十二月十四日，即「以天寒暫免」。[2] 這一免，就免到了翌年二月。正德元年二月，舉行了朱厚照當皇帝後的第一次經筵，由李東陽、謝遷分別講授《大學》首章和《尚書·堯典》首章。但是到三月份，我們卻又看到劉健的這樣一個奏章，說今年二月二日肇開經筵，「然自開講以來，不時傳旨暫免」，統計下來，一個多月裏「進講之數才得九日而已」。

想必是被朱厚照折磨得太苦，老首輔這篇奏章忍不住把話說得比較重一些了；他引用孟子一句話「一日暴之，十日寒之」，作為對朱厚照品行的批評；然後又着重反駁了朱厚照用以逃避讀書的幾個藉口，比如「兩宮朝謁」和「擇日乘馬」——劉健指出「乘馬等事似與講學兩不相妨」，為何乘馬就不能學習了呢？至於「慈宮問安」，「往來不過頃刻」，益發談不上會影響學習，而且「以頃刻之問安而廢一日之學業，恐非所以慰慈顏承尊意也。」這番話，不光是批駁了，隱約也在揭露正德說謊，並責備他有負父母期望，相當不留情面。

朱厚照卻不為所動，依舊我行我素。五月，藉口天氣「炎熱」，將「一日暴之，十日寒之」式的學習，也索性中止，下旨「至八月以聞」。[3] 等到八月，卻趕上大婚，只好再次推後，遲至九月三日才重開日講。可是十月間，我們又從李東陽所上奏摺裏得知：「近日奉旨停免日講，至明年二月以聞。」屈指算來，從五月藉口天熱停講，到九月復講，總共講了不過「十一二日」，現在又傳旨停講，而且一直要到明年二月再提此事；也

---

① 《武宗實錄》，卷六。
② 《武宗實錄》，卷十。
③ 《武宗實錄》，卷十六。

就是說，幾乎整整一年當中，朱厚照的學業都是荒廢的。李東陽在奏章中苦勸：「冬至節尚遠，天未甚寒，停止講讀似乎太早……伏乞收回成命仍舊日講。」但結果是「不納」[①]。翌年即正德二年的二月，三起三落的講學恢復未數日，旋又罷停；三月李東陽上疏，稱：「比奉旨罷日講，伏望特降綸音，仍舊日講。」未見答覆。這也是我們最後一次看見輔臣就學習、讀書一事進本督促和懇求朱厚照，雙方持續二年的勸學與反勸學的拉鋸戰，最後以朱厚照的勝利而告終。

整個過程當中，朱厚照把他對讀書、對聖賢之道的反感，表達得淋漓盡致；為了躲避讀書、躲避責任、躲避聖賢之道，他說謊、搪塞、耍賴、裝聾作啞、出爾反爾，使出渾身解數與朝臣們玩「貓捉老鼠」的遊戲。劉健、謝遷、李東陽等人雖有弘治遺命在身，名義上又是朱厚照的老師，但這些身份的「合法性」，在一個無知然而身為天子的少年面前，被證明沒有任何意義。這場勸學與反勸學鬥爭的實質，實際上是承認或者拒絕「為君之道」，絕不止是讀不讀書的問題。從一開始，朱厚照就藉這件事，明白表明他斷然不肯就範於儒家倫理所規定的「君主」理念。反過來說，劉健等人漸漸也覺察到危機遠比日講、經筵不能恢復或屢被中斷嚴重得多，正德元年六月，劉、謝、李三老聯名上疏，用二句話來概括朱厚照登基後的表現：「視朝太遲，免朝太多；奏事漸晚，遊戲漸廣。」[②]透露出他們的不滿已從讀書方面發展到對朱厚照的君德產生質疑。

秦始皇之後，中國大部分時間都維持着大一統格局，其基本緣由之一，在於漢代以來國家治理一直建立在皇權＋文官統治這樣一個基礎之上。反觀中世紀至現代民主政體之前的歐洲，以教會、世俗君主和貴族武士的三足鼎立為基本權力結構，不能實行真正的中央集權，所以時常處於四分五裂之中。中國的大一統，至關重要的是文官系統的環節，也就是通常所說的士大夫階層。它的基本功能在於作為一個中介，承擔君權與民間社會之間的通訊，范仲淹之名句「處廟堂之高，則憂其民；處江湖之遠，

---

① 《武宗實錄》，卷十八。
② 《武宗實錄》，卷十四。

則憂其君」，再好不過地演繹了這個階層的特性。

但是，以往在粗疏和大而化之的階級批判的誤導下，中國人對自己歷史上的專制統治機器有許多概念化的錯誤認識，尤其不知道、不了解帝權與文官系統之間的真實關係，以為後者對於帝王一味效忠服從，沆瀣一氣。其實，嚴格地講，文官系統或曰士大夫集團並非唯皇帝馬首是瞻，它有自己的理念、準則和職業操守，那便是儒家倫理。儒家倫理裏面的「道」是高於一切的，包括作為具體個人的君王。創始人孔子已經注意區分「國家」與「君主」的概念，將國家置於君主之上，認為君主的正義性（合法性）來自於「國有道」，來自於國民的擁護，所以說：「國有道則民昌，此國家之所以大遂也。」③「君以民存，亦以民亡。」④「政者，正也。君為正，則百姓從政矣。」⑤ 亞聖孟子進一步發揮孔子的思想，毫不含糊地提出：「民為貴，社稷次之，君為輕。」⑥ 亦即，在百姓、國家、君主三大要素裏，君主是最次要的。不寧唯是，孟子還徹底認定一旦君權失道，其被推翻是合理合法的：「順天者存，逆天者亡。」⑦「桀紂之失天下也，失其民也；失其民者，失其心也。」⑧ 君主制時代，這樣的思想不可謂不激進。據說在同是儒教國家的古代日本，正因為如此強烈質疑君權，孟子其人其說一直是被打壓的。

不錯，士大夫確有「忠君思想」，「君要臣死，臣不得不死」並非虛言。但如把士大夫的「忠君」看作忠於某帝本人，卻完全沒有搞對。士大夫所忠之「君」，乃是合乎其理念之君，並非某位坐在龍牀上睡眼惺鬆、打着哈欠的人。當一位人君是這副德性的時候，真正的士大夫是絕不馴服的，相反，會拚着性命去糾正他。只要君主的所作所為不合聖人之道，士大夫寧可不要腦袋也要盡其批評之責。明代士風尤其如此，抗爭極其慘烈，因為不屈而死於廷杖之下者綿綿不絕。這就是所謂「文死諫」；但士

③ 《大戴禮記·千乘》。
④ 《禮記·緇衣》。
⑤ 《禮記·哀公問》。
⑥ 《孟子·盡心下》。
⑦ 《孟子·離婁上》。
⑧ 同上。

大夫為諫而死的時候，與其說為昏君盡忠而死，不如說是為自己心目中有關君主的那種理想而死，這才死而無憾，死得心甘情願。士大夫裏當然也有小人、儒夫直至巨奸大惡之徒，但若論士大夫的純正之義，則他們之所以在中國古代政治中出現和存在的理由，便是充當維繫國家與百姓之間關係的紐帶。對於老百姓，他們是國家意志的體現者、行使人和君權的捍衛者；而對於君主，他們卻站在國家整體利益——亦即儒家倫理所主張的體現出辯證關係的君、民相互依存的共同利益——立場上，效忠君主的同時，不棄批評、糾謬直至抗爭之責。簡而言之，士大夫就是中國古代社會的一隻平衡器，二千多年的帝制中國能夠基本保持大一統、超穩定的生態，這個人群的作用至關重要。

搞清楚士大夫階層的這種性質，方能對朱厚照同朝臣間衝突不斷、愈演愈烈的現象看得比較透徹，進而弄懂他為什麼明明知道太監、近倖之流像蛀蟲一樣幾乎把國家整垮，卻仍然那樣倚信這一類人。

很簡單：對朱厚照來說，士大夫是一股異己勢力，是處處為難他、制約他，不讓他從心所欲、快活度日的搗蛋分子。而宦官親隨等輩，才是可任意驅策的地地道道的家奴。這些人從不會對他說半個「不」字。非但如此，凡自己想做之事，想滿足之慾望，這些人無不百般奉承，竭盡全力幫他實現；此外還有一條，或許更重要，那即是，他必須集結和培植屬於自己的力量，張大此輩權勢，來與朝臣抗衡。至於這些人品質有多壞，在外面又是怎樣為非作歹，朱厚照毫不關心——他就關心一點：誰是我的人？

同樣的問題，如果換一位有作為的君主，將有截然不同的思考。但只想墮落，且唯恐墮落得不盡興的朱厚照腦中，唯存一個邏輯：順我者親，逆我者仇。眾鼠輩吃準了這一點，皇上喜歡什麼，他們便給他什麼，而且只要給就一定給得很足！朱厚照想要的，無非聲色犬馬，於是，他們就獻雞犬、戲文、樂舞，導引他出宮遊冶花花世界，讓他醉生夢死。大臣們覺得這些人明明是在害皇帝，正德自己可不贊成。他覺得他們才愛惜他，體貼他，真正對他好。大臣越是咒罵這些人，他就越發認這些人是知己是依靠。凡是敵人反對的，我們就擁護；凡是敵人擁護的，我們就反對。正德朝代路線鬥爭的主旋律，便這樣定型了。

政變

正德元年九月發生一件事，此事將皇帝與大臣之間的矛盾首度公開化，並為後來那場大政變埋下導火索。

九月二日，正德頒下旨意，委派太監崔杲前往南方督造龍衣。崔杲趁機奏討一萬二千鹽引[①]，說是作為此番公幹的經費。在古代，受產地和運輸的限制，鹽歷來是緊俏甚至具有戰略意義的物資，並對國家稅收關係重大，故自漢代起即實行國家專賣的制度。鹽既由國家壟斷經營，勢必有人要利用這一點，挖空心思從中牟取黑利。鹽引本身已內含巨大差價，更有甚者，往往還會在官鹽掩護下夾帶私鹽，倒賣後將暴利收入囊中，頗類似現代污吏的洗錢術，同時嚴重擾亂鹽市。太祖時代，是嚴禁宦官出宮的，更不必說承辦公事；永樂篡位，多有賴此曹，故從那時起，太監干政之禁不僅解消，且漸倚為心腹，監軍、鎮守、織造、偵查……凡屬皇家私密之事，無不付諸彼手。而對太監們來說，出宮辦事就意味着可以大撈一把，索賄的索賄，敲詐的敲詐，不放過任何機會。到成化年間，到江南辦理織造的宦官，就打起了鹽的主意。本來，織造經費一律由戶部撥給，有關太監雖然也可從中尅扣，但撥款終究是死的，可供私吞的也就有限，倘如以鹽引取代戶部撥款，暗中夾帶私貨，一趟差事下來，很容易賺個滿盆滿缽。儘管按照祖制，鹽政收入一律作為邊防開支，不得挪作他用，但成化心疼家奴，情知彼之所為是中飽私囊，仍准其以鹽引代撥款，此例既開，直到弘治初年仍在實行。後來，大臣奏明弊害，弘治乃下令禁止。正德的登極詔書，重申了這一禁令。但實際上，登極之初朱厚照政治上一竅不通，那份詔書係由大臣代擬，表達的都是文官的政見；時隔一年，現在他自然是不認賬的。於是，他批准崔杲所請——既作為對內臣的籠絡，又等

---

① 鹽引，通俗地說，就是一種特殊有價憑證，如同現代的糧票布票一樣。洪武三年，山西參政楊憲給朱元璋上奏摺，提出一個解決邊餉及其運輸能力問題的辦法，即利用政府對食鹽的專賣權，讓各地商人輸糧至邊境，作為獎勵政府則予之一部分鹽引，商人拿上鹽引，便可去兩淮、河東鹽池等處換鹽，換鹽之後再賣，中間差額利潤極大。朱元璋採納了此建議，是為鹽引的由來。

於發出向朝臣挑戰的信號。戶部尚書韓文按其職責，理所當然對此表示異議，還搬出登極詔書相關條款，請求正德取信於天下。正德主意已決，堅持不改，駁回韓文本章。

天子的決定，令群臣譁然。專司諫言監察之職的六科給事中、十三道御史的奏疏接踵而至，正德不勝其煩。對科道官而言，諫阻不合法度之事，是他們職責所在，一定會堅持到底。而朱厚照也深知，此場爭執，牽及他權威的確立，必須咬住不鬆，否則以後這個皇帝當起來實在「窩囊」。彼此這麼僵持不下，數日之後，朱厚照對科道官們下了死命令，稱有關鹽引的聖旨已下達給崔杲等，君無戲言，所以誰再妄行奏擾，必予嚴辦！

不過，朝臣方面還有一張牌未打。科道官品級較低，皇帝不妨厲旨呵斥，但劉、謝、李三位顧命閣老，卻不可以如此對待。於是，這時內閣出面了，三老明確表示，給予崔杲鹽引的敕書，內閣不打算擬旨。明代內閣無決策權，只有票擬權（即代皇帝擬旨），但若遇存在疑義之事，內閣倒也有權拒絕擬旨，並請皇帝重新考慮其旨意。三老這一招果然了得，正德無奈其何，一時陷入僵局。

毫不讓步，恐怕不行了。朱厚照做出一個小小的變動；他發現這些日子群臣所遞本章中攻擊最烈的乃是那個崔杲，於是眉頭一皺，計上心來──對此次使命的領銜人選進行微調，改派另一太監王瓚為首，崔杲副之。他認為，這一讓步，朝臣有了面子和臺階，理應知足。不料，對方的回應竟然完全針鋒相對：你讓一步，我也退一步，然而對整個事情的原則與是非我們不能退讓。經研究，戶部做出妥協是，同意將原先奏討的一萬二千鹽引，一半支予鹽引（即六千鹽引），另一半則折成價銀。這個方案的意義，一是適當降低太監貪污和國家財政損失數額，而更重要的是它的象徵意義：皇帝接受這一方案就等於承認自己有錯、而大臣們則達到了證明自身行為合法性的目的。

正德雖然年少，但其身邊的蠅營狗苟之輩卻足以幫他透徹理解這方案的含義，所以略有猶豫之後，正德方面做出了強硬的回答：必須全部支給鹽引！

九月十五日這天，正德在文華殿暖閣召見三大輔臣，展開最後交鋒。李東陽《燕對錄》記下了君臣間的全部對話，內中朱厚照時而裝傻，時而耍橫，倒也將其個性表露無遺。如，論及戶部「半與價銀，半與鹽引」，他先問：「既與半價，何不全與鹽引？」劉健等答道，戶部用意在於節約用度。他馬上說：既然是節省用度，戶部為何不把折價之銀留着，而全部給予王瓚、崔杲等鹽引，「豈不兩便」？意思是，鹽引又不是現錢，把鹽引交給太監由他們去折騰，卻留下實實在在的錢，戶部何樂不為啊？這純屬裝瘋賣傻，利用年齡小，假作天真，故作未諳世事的模樣兒；其實只須一句話即可戳穿正德的面目——如果他真覺得現錢比鹽引好，又何必固執地堅持要全部付與鹽引呢？當然，劉健等不便這麼反問，他們唯有耐性解釋說「價銀有限，不若鹽引之費為多。」正德則繼續胡攪，問「何故？」劉健等只得又將鹽引可能夾帶從而引發私鹽雍滯、鹽法不行的弊端解釋一通。正德口稱，如果真有此事，「朝廷自有正法處治也」。劉健等人不能說這些人因有皇帝庇護，根本不會得到「正法處治」；他們只能利用太監的品質做文章，指出「此輩若得明旨，便於船上張揭黃旗，書寫『欽賜皇鹽』字樣，勢焰煊赫，州縣驛遞官吏稍稍答應不到，便行捆打，只得隱忍承受。」哪裏還談得上「正法處治」？「所以不若禁之於始。」與其指望將來「正法處治」，不如從開始就掐斷發生這種事的管道。話論至此，雖然正德以小賣小，胡攪蠻纏，三老卻侃侃以對，有條不紊，正德眼見理論不過，終於抹下臉，「正色道：『天下事豈只役幾個內官壞了？譬如十個人也，只有三四個好，便有六七個壞事的人，先生輩亦自知道。』」「正色」二字，說明他確實急了，不再繼續裝傻。而且這幾句言語十分不講理，意思是說：何以見得天下事都壞在內官（太監）身上？如果非說十個人中間，只有三四個好人，另外六七個都是壞事的人，那麼朝臣裏面也一樣（「先生輩亦自知道」）。至此，這場君臣對的實質才昭然若揭：鹽引之爭，爭的不是鹽引，是皇帝集團與朝臣集團誰是誰非。

　　召對不歡而散。朱厚照扔下一句：「此事務要全行。」劉健等叩頭退下，深感絕望。作為正統的儒家官僚，這種局面之下，他們只剩下最後表達自身職責與操守的選擇，就是引咎辭職。達成一致，翌日，三人即

遞交一本：

> 自古帝王到從諫為聖，拒諫為失。國家治亂，常必由之。顧
> （向來）順旨之言易入，逆耳之言難受（採納）。故治日常少，
> 亂日常多。臣等每以此說進於陛下，誠欲陛下為聖德之君，天下
> 成至治之世也。今文武公卿臺諫，合詞伏闕，皆謂鹽法不可壞，
> 而聖意堅執排群議而行之……臣等豈不知順旨者有寵、逆耳者
> 獲罪，若貪位戀祿、殃民誤國，則不獨為陛下之罪人，抑亦為天
> 下之罪人、萬世之罪人矣。區區犬馬之誠，猶望陛下廓天地之
> 量，開日月之明，俯納群言，仍從初議，以光聖德，天下幸甚。
> 若以臣等迂愚不能仰承上意，則乞別選賢能以充任使，將臣等放
> 歸田裏，以免曠職之愆。[①]

雖然自斥無能，但字裏行間分明說，唯有皇帝應對此事負責。

也許，朱厚照唯一未嘗料到的，便是內閣居然全體請辭。他畢竟年齡
尚輕，登基方才年餘，政治上毫無經驗不說，連在朝臣中物色、培養「自
己人」也根本來不及，一旦三老撂挑子，千頭萬緒自己如何應付得了，更
何況以三老的影響，此事的後果將絕不僅僅是他們的離去……我們雖無從
知道接到辭呈後正德的內心世界，但想必他經受了一場羞怒交加的感情風
暴——因為最終在三輔臣辭職的壓力下，他被迫宣佈：接受戶部方案，半
與價銀，半與鹽引。

危機雖得暫渡，卻可以想像正德與他的文官系統從此誓不兩立，結
了極深的梁子。大臣們的做法固然有例可循，正德卻不免感到被邀挾的
滋味，畢竟他乃新君，立足未穩，在此之際，竟遭內閣以集體辭職逼己就
範，也確有身陷絕境之痛。

俗話說「君無戲言」。朱厚照頭天還那麼強硬地甩下「此事務要全行」
的話，第二天便在內閣辭職的威脅下改弦易轍，雖然事後朝臣給他戴「從
諫如流」的高帽子，來幫他遮羞，但他內心恐怕只會想到「奇恥大辱」四

---

① 《武宗實錄》，卷十七。

個字。僅隔一個月，當那場大政變爆發的時候，我們尤其感到，正是崔杲奏討鹽引事件把正德君臣矛盾推向極致，從而點燃了導火索。

在朝臣一方，也許解讀有誤、以為正德真的「從諫如流」，也許是想趁熱打鐵、抓住有利時機重創皇帝身上群小，也許兩者兼而有之——總之，在贏得鹽引這一回合的勝利之後，他們「把鬥爭引向深入」，矛頭所向由事到人，從低級別太監轉向正德最倚信的幾個核心太監，即有名的「八黨」——明代「八人幫」。

所謂「八黨」，指環繞在正德身邊的八位高級宦官劉瑾、馬永成、谷大用、魏彬、張永、邱聚、高鳳和羅祥，此八人自正德登極以來不單誘其墮落，實際上也漸漸控制了他。朝臣普遍認為，新君即位以來「聖學久曠、正人不親、直言不聞、下情不達」以及「朝令夕改」「政出多門」[2]諸狀，根子就在這八人身上。慶父不死，魯難未已。應該乘鹽引事件之東風，解決「八黨」問題，斬草除根。

於是，「健等遂謀去『八黨』，連章請誅之。言官亦交論群閹罪狀。」[3]鹽引事件結束之後的一個月內，鬥爭達到白熱化。以三輔臣為首，群臣奏章雪片似飛來，攻勢甚猛。一時間，朱厚照頗難招架。為緩兵計，他派朝臣並不反感的司禮監太監李榮、陳寬、王岳等，前往內閣說情、討價還價，先說「朕將改過矣，其為朕曲赦若曹。」遭到拒絕。然後，朱厚照索性祭出「鴕鳥大法」，對大臣奏摺「留中不出」。然而，當戶部尚書韓文挑頭遞上由各部大臣簽名的奏疏時，朱厚照再也坐不住了。

這個韓文，前面我們已經認識他。在鹽引事件裏，他領導的戶部首當其衝，站在與皇帝和太監鬥爭的第一線。可能因為是管錢的，對於那些內倖如何糜費、貪污和侵損國家財政，了解更加深切，感受更加強烈；據說他每每奏完事從朝中退下，對僚屬們談及這些事，「輒泣下」[4]。他手下有一個人叫李夢陽，時任戶部郎中。說起李夢陽，那可不是等閒之輩，雖然居官不高，卻乃當朝有名的大才子，以他為首的「前七子」是明代文學最重

---

[2] 《明史》，列傳第六十九。

[3] 同上。

[4] 《明史》，列傳第七十四。

要流派之一，所有搞文學的人耳熟能詳的「文必秦漢，詩必盛唐」，便即他所提出的文學主張。此人做官也是一個「刺兒頭」，骨頭相當硬；早在弘治年間，即曾因彈劾張后兄弟、「勢若翼虎」的張鶴齡而坐牢。當日，三閣老並言官等交相上書猛攻「八黨」之際，韓文在戶部與一班下屬亦備加關注，日日談論，說至慷慨激昂處，韓文免不了又是涕泗橫流——這時，李夢陽在旁冷冷開了腔：「公大臣，義共國休戚，徒泣何為？諫官疏劾諸閹，執政持甚力。公誠及此時率大臣固爭，去『八虎』易易耳。」一語甫出，激得韓文氣血上湧，「捋鬚昂肩，毅然改容」，讚道：說得好！「縱事勿濟，吾年足死矣，不死不足報國。」

一個重大的行動當即醞釀成型：第一步，由韓文領銜、李夢陽執筆、經眾同僚討論修改，草成一疏，在朝中廣泛徵集簽名之後，上奏皇上；第二步，上疏後的次日早朝，將由韓文領頭，偕九卿、閣員等重臣及百官，伏闕請願，直至皇上下旨拿辦「八黨」為止。

想那李夢陽何等人也，由他擔綱草疏，分量力度豈是泛泛可比？在《明史》裏我們可以讀到這件直接導致明代一場大政變的著名奏章，其云：

> 人主辨奸為明，人臣犯顏為忠。況群小作（為）朋，逼近君側，安危治亂胥（都；皆）此焉關。
>
> 臣等伏睹近歲朝政日非，號令失當。自入秋來，視朝漸晚。仰窺聖容，日漸清削。皆言太監馬永成、谷大用、張永、羅祥、魏彬、丘聚、劉瑾、高鳳等，造作巧偽，淫蕩上心。擊毬走馬，放鷹逐犬；俳優雜劇，錯陳於前。至導萬乘與外人交易，狎昵媟褻，無復禮體。日遊不足，夜以繼之，勞耗精神，虧損志德。遂使天道失序，地氣靡寧。雷異星變，桃李秋華。考厥（突發狀，指上述「異象」）占候，咸非吉徵。
>
> 此輩細人，惟知蠱惑君上以便己私，而不思赫赫天命、皇皇帝業，在陛下一身。今大婚雖畢，儲嗣未建。萬一遊宴損神，起居失節，雖齏粉若輩（指群小），何補於事。高皇帝艱難百戰，取有四海。列聖繼承，以至陛下。先帝臨崩顧命之語，陛下所聞

也。奈何姑息群小，置之左右，以累聖德？

　　竊觀前古閹宦誤國，為禍尤烈，漢十常侍、唐甘露之變，
其明驗也。今永成等罪惡既著，若縱不治，將來益無忌憚，必患
在社稷。伏望陛下奮乾剛，割私愛，上告兩宮，下諭百僚，明正
典刑，以回天地之變，泄神人之憤，潛削禍亂之階，永保靈長
之業。

　　確是大手筆，寫得氣勢很盛，不容辯駁。開篇即以君臣大義立足，
正氣凜然；隨之迅即一一點出「八黨」之名，以一連串精煉有力的「四字
句」，述盡他們的胡作非為；進而轉入對朱厚照的「勸諫」，指出無論從自
愛還是仰體祖宗創業之艱、先帝顧命之囑的角度，「姑息群小，置之左右」
都是有違做皇帝的責任和道德的；最後，則鑒之以史，用歷史事實說明
「閹宦誤國，為禍尤烈」，「若縱不治」「必患在社稷」。通觀全文，天理、
人倫、歷史全站在作者一邊，正德裏外不是人，簡直一無是處。但更要
命的是，奏章擺出了「清君側」的架勢，正德雖不喜讀書，歷史上一些
「清君側」典故還是知道的，而且他的直系祖宗朱棣當年就是打着「清君
側」的旗號把建文帝趕下臺，眼下，掂量掂量韓文本章裏的用詞，年少
無助的他難免心驚肉跳。而比寫在紙上的言語更令他驚惶的是，滿朝官員
這次採取了聯合行動，伏在宮外請願，志在必得，一定要將「八黨」「明正
典刑」。

　　朱厚照再次派王岳等前來談判，這次開出的條件是，且留「八黨」小
命，將其發往南京「閒住」。所謂「閒住」，是明宮對獲罪太監的一種處
置方式，相當於流放。朝臣方面堅決不同意，正德就反覆派人來磨泡，據
說「一日三至」；最後一次，劉健忍無可忍，掀了桌子，慟哭道：「先帝臨
崩，執老臣手，付以大事。今陵土未乾，使若輩敗壞至此，臣死何面目見
先帝！」[1] 王岳見狀，知群臣此番倒「八黨」決心已定，乃與喞旨同來的
另兩個太監范亨、徐智當場表示，他們贊成閣議，將回去密奏皇上明晨逮

---

[1] 《明史》，列傳第六十九。

捕「八黨」。史書上稱王岳等「素忠直」，未必可信，比較可能的是，王岳等作為「八黨」之外的內臣，在權力爭奪上與後者素有隙怨，滿朝上下齊心合力欲除「八黨」，本亦正中下懷，劉健的堅定不移，更讓他們打消疑慮，乃欲與朝臣裏應外合，扳倒「八黨」。劉健等意外得此奧援，信心倍增，以為大局已定。

古往今來，歷史多次因某個小人而中間改道，此刻復如是。

卻說當時在場有一人，姓焦，單諱一個芳字。此人乃一地道小人，《明史》給他如下評語：「粗陋無學識，性陰狠。」[1] 正德改元，他靠諛媚做了吏部尚書，猶嫌不足，冀更上爬，加之跟劉健、謝遷不合，久有齟齬，所以雖然迫於時勢而在朝臣倒「八黨」運動中參與其事，內心卻極不願看到此事最終告成，因為顯而易見，事一旦成則劉謝勢力必然益發強大穩固。那日，一旁聽了劉健與王岳們的計議，焦芳不禁暗中轉動着腦筋。他以一個小人的天性以及獨到判斷，認定從本質上說，世上萬事應該是「正不壓邪」──只要「邪惡」一方有所防備，「正義」向來輸得很慘。他覺得眼下就是這樣一個可以押寶的關頭，他選擇把寶押在「邪惡」一方。就像三百年後的晚輩袁世凱一樣，焦芳用來下注的本錢也是告密。他在第一時間把王岳與劉健密謀奏請皇上逮捕「八黨」的消息，捅給「八黨」。王岳還沒來得及去見正德，「八黨」一干人早已把正德團團圍住，痛哭流涕，並將王岳等如何與外臣交結、合謀翦除異己的情狀訴諸正德，其間，少不了添油加醋一番，以使正德形成這樣的意識：除「八黨」是假，這些人真正的矛頭是對着皇上，必欲將其架空，然後任意擺佈。

自韓文本章呈上後，正德一直在惴惴不安中度過，對方來勢洶洶也若此，年僅十五的他自然又驚又怕，傳說被嚇得啼哭起來，連飯都不吃[2]。此刻又聽到發生內廷、外臣相勾結的事，直有末日臨頭之感。

王岳支持朝臣的舉動，犯了大忌。明制，內官不得與外廷交結，違者死。其實王岳等人實在有些冤，因為原本是正德派他們去內閣協調此事，

---

[1] 《明史》，列傳第一百九十四。
[2] 「疏入，上驚泣不食，諸閹大懼。」鄭曉《今言》，卷四，二百六十六。

並非私下暗通。但經「八黨」一渲染，好像就變成了王岳背着皇帝夥同劉健另有圖謀。

「八黨」纏了正德一夜，先是哀求，待知性命無憂後，則轉守為攻——告訴正德如何反擊，而這恰恰是正德的燃眉之急。其間，劉瑾表現出他在此曹中識見過人的一面，他的分析直搗要害：朝臣為什麼敢這麼肆無忌憚地嘩鬧？根本原因是「無人」，是皇上沒有在關鍵位置上安排自己的人！「有則惟上所欲為，誰敢言者！」[3] 的確，「八黨」雖受寵信，但其職守皆非要害，比如劉瑾，只是鐘鼓司掌印太監——除了掌管每日上朝的鐘鼓，再就是負責調教樂工、搬演雜戲。

劉瑾一點撥，正德豁然開朗。是啊，一旦在重要位子上都安排自己人，今後哪還會擔驚害怕、受制於人？瞬間，心頭陰雲一掃而空。正德立即頒旨，拘捕王岳、范亨、徐智，由劉瑾取代王岳入掌司禮監[4] 兼提督團營，調丘聚提督東廠、谷大用提督西廠，張永等並管京營事務。至此，內廷中樞以及京城主要特務機構和禁衛軍，全落「八黨」掌中，一場徹底的大政變就這樣在夜幕掩護之下悄然發生……

然而，宮掖外，以為穩操勝券的劉健對此木然不覺，他還這樣對身邊因久候無果而有些焦躁的群僚說：很快便有好消息，大家只須再堅持堅持。（「事且濟，公等第堅持。」[5]）

畢竟是書生！

正德元年十月十三日清晨，候在左順門外的百官終於看見了內使的身影，然而當宣讀聖旨時，人們卻無法相信自己的耳朵——旨意宣佈，皇帝赦宥劉瑾等八人，並對他們的職務做出新的任命；旨意還強調指出，這是皇帝的最終決斷。

天翻地覆的激變！所有人措手不及，呆若木雞。剛才還信心滿滿的劉健，驚訝得說不出話來。現場一片寂靜，沒有激憤，甚至連一點騷動也看

---

[3] 同上。

[4] 司禮監居明內廷十二監四司八局所謂「二十四衙門」之首，永樂以來，掌司禮監者權力極大，甚至逐漸握有「批硃權」（即朝廷最高決策權），某種意義上，實際權力或在首輔之上。

[5] 《明史》，列傳第六十九。

不見，因為事情以人們最不可能設想的局面畫上句號，就像對弈的時候對方弈出匪夷所思的一招，而這一方根本就沒有準備好下一手 —— 棋局戛然而止！剎那間，從劉健到百官，個個像泄了氣的皮球，他們臉上佈滿迷茫的神情，就那樣，稀稀落落地各自散去……《武宗實錄》簡短地記述了當時場景：「明早，健及（韓）文等率九卿、科道方伏闕，俄有旨：宥瑾等。遂皆罷散。」①

　　然而與現場的平靜截然相反，正德元年十月十三日清晨所發生的，實際上是大明國一場猛烈的政治風暴。《明史》在敍述這個時刻時幾次用了「大變」一詞，如：「頃之，事大變，八人皆宥不問，而瑾掌司禮。」②「八人各分據要地，瑾掌司禮，時事遂大變。」③這場風暴，徹底扭轉了整個正德朝政治航船的方向，它至少直接帶來三個後果：第一、久經敗壞而好不容易在弘治年間恢復起來的文官政府，重回形同虛設之狀態；第二、宦官和近倖勢力再度崛起，為以後貫穿整個正德朝的「豹房政治」奠定基礎，並構成真正的權力中心；第三、對朱厚照來說，則再也不必「戴着鐐銬跳舞」，從此無任何力量能予其約束和制約，從而大可隨心所欲展示「個性」，跡近「完美」地完成他古今第一「浪帝」的生涯。

政變中的人物和餘緒

　　政變發生當天，「健等知事不可為，即日疏辭政柄。」④

　　這是繼上月鹽引事件後，內閣第二次全體請辭。僅隔一個月，朱厚照完全換了個人；他不再被內閣辭職所嚇倒，相反，愉快而迅速地批准了這

---

① 《武宗實錄》，卷十八。
② 《明史》，列傳第六十九。
③ 《明史》，列傳第七十四。
④ 《武宗實錄》，卷十八。

一請求。

慣例，內閣輔臣這樣級別的人物提出辭呈，皇帝就算內心十分樂意，也不宜立即應允，至少要來回折騰三四次，以示挽留。但這一次，朱厚照卻徑直批准——內閣三巨頭中，唯一未准退休的是李東陽；這當中以及李東陽其人都有些故事，我們稍後再敘。

塵埃落定，主要當事人此後的遭際各不相同。

劉健：一代名臣，年高德劭。弘治十一年（1498）起任內閣首輔，「竭情盡慮，知無不言」，對撥亂反正、奠定弘治朝較為清明的政治，居功至偉。弘治深為倚信，「呼為『先生』而不名」；臨終之際，執手託孤，情殷意切。武宗嗣位以來，劉健繼續其厘剔弊政的努力，同時竭其所能保護弘治以來政治改革的成果不受傷害，《明史》讚曰：「其事業光明俊偉，明世輔臣鮮有比者。」⑤ 評價相當高。這樣一位功高老臣，一夜之間就下了臺，連半句慰留的言語亦未曾聽到，實際上是被趕出了京城。次年，在劉瑾一手炮製且由正德詔示天下的「奸黨榜」上，更名列榜首；再過二年，被削籍為民，追奪誥命。所幸他德高望重，品行無可訾病，劉瑾等雖深嘲之，亦不敢置之死地。於是得以善終，二十年後嘉靖五年（1526）卒，享年九十四歲。

謝遷：內閣二號人物，退休後享受待遇與劉健同，但所受騷擾卻遠勝之。概因除劉瑾外，新權勢人物焦芳也與其積怨甚深，此刻正好多方報復。先是罷其弟兵部主事謝迪的官，斥其子編修謝丕為民；正德四年（1509）二月，又藉口浙江舉賢周禮等四人皆謝同鄉，「必徇私援引」，將此四人逮入詔獄逼供，欲將謝遷牽連進來，治罪抄家，只因李東陽力阻而未果，但周禮等人未予放過，全部流放，同時發佈禁令：「詔自今餘姚人毋選京官，着為令。」讓家鄉讀書人，全體替謝遷受過。其餘騷擾如「奸黨榜」、奪誥、罰米等，不一而足。謝最後死於嘉靖十年（1531），活了八十三歲。

韓文：「倒八」幹將，運動失敗後未效劉健、謝遷之所為，但劉瑾「恨

---

⑤ 《明史》，列傳第六十九。

文甚」，豈能輕饒？每天派密探監視韓文，想揪辮子；過了一個多月，探子來報，說國庫發現有「偽銀」輸入，劉瑾如獲至寶，以此問責，對韓文做出降一級勒令退休的處理——早知如此，韓文還不如當初主動辭職。事情並未到此為止。韓文丟官返鄉途中，劉瑾令偵卒始終暗相尾隨，一旦掌握任何有不利於韓文的證據，即拿回京城問罪，「文知之，止乘一騾宿野店而歸，邏卒無所得。」[①] 不過，韓終未逃過牢獄之災；劉瑾還是藉戶部文件丟失之事，將韓及侍郎張縉下詔獄，關了幾個月，因罪不至死放出，但判罰他向邊鎮大同倉輸送軍糧，先後兩次計 1500 石，相當於韓十年俸祿之總和——史書上說，這以後，韓文「家業蕩然」[②]。不過，韓老爺子也如劉、謝二人一樣硬朗，挺過了劉瑾倒臺，挺過了正德駕崩，直到嘉靖五年，八十有六高齡的時候與劉健同年謝世。

李夢陽：執筆「倒八」奏疏，字字見血，狀若飛刀；但這酣暢淋漓的檄文也注定了他此後的命運。收拾韓文後，劉瑾即拿他開刀，先謫貶到山西，隨即勒令退休，不久，又製造事端將其逮於獄中，準備殺掉。這時發生了一件戲劇性故事，當時另外有位大文豪叫康海的，與李夢陽並稱「十才子」。康海文名既高，又與劉瑾同鄉，劉瑾大概覺得與這樣一位聞名海內的同鄉交好，很有面子，所以有意羅致；然同一事自康海看來，卻很沒面子，一直敬謝不敏。再說康李二人，同為當世文苑重鎮，不免有些「文人相輕」的意氣，「各自負不相下」。及夢陽下獄，將死；這時有人告訴他，唯康海可救之。無奈，夢陽以片紙，僅書數字致康海，曰：「對山救我。」（對山，康海之號）再無他言。康海見書，二話不說就去劉府求見；劉瑾得迅大喜，「焚香迎海，延置上座」，而「海不少遜」。坐定，康海劈頭便問劉瑾知道唐玄宗命高力士為李白脫靴的故事否，劉瑾以為他是以李白自居，忙道：「瑾即請為先生脫之。」不料，康海卻說：「李夢陽高於李白數倍，而海固萬不及一者也。」劉瑾這才知其來意，不能不給面子。「海遂解帶，與之痛飲。夢陽遂得釋歸。」但五年後，劉瑾敗，康海卻因與之

① 《繼世紀聞》，卷一。
② 《明史》，列傳第七十四。

結交故，「罷清議」，坐其黨而被免職。[3] 事頗豪邁，令人宕氣迴腸。夢陽雖免一死，卻從此坎坷，越十餘年即死，年僅五十七。

　　焦芳：那個以告密扭轉乾坤的小人。人生能得幾回搏？他這一搏，搏進內閣，「以本官兼文淵閣大學士，入閣輔政」[4]，入閣拜相的同時，還保住了吏部尚書的位子，以後又「累加少師、華蓋殿大學士」，盡得風流，並證明「惡有惡報」的說法從來只是善良之輩的一廂自慰。明代士風的特徵在於兩面性突出；士大夫中硬骨頭非常多，歷朝少有儔匹，而同時也頻頻出現極端無恥下作、墮落腐爛的例子，焦芳便是後一情形的代表之一。有子名曰黃中，一如其父，不學無術，卻偏偏要在廷試中被內定為狀元，李東陽覺得說不過去，擬其為二甲頭名，已很過分，焦芳卻由此啣恨李，數次於劉瑾面前讒譖，一日劉親自以詩試其子，事後將焦芳叫來訓道：「黃中昨在我家試石榴詩，甚拙，顧恨李耶？」連基本可以說沒文化的劉瑾都覺得焦黃中所做之詩「甚拙」，其不學無術的程度可想而知。後來，焦芳與另一劉黨張彩（一作綵）爭寵不利，失勢，「乃乞歸」；劉瑾事敗，與張彩同被處死刑，焦芳卻倖免於外，據說劉瑾死前發牢騷說：「今彩與我處極刑，而芳獨晏然，豈非冤哉。」焦一生賣官無數、廣受賄賂，賺得滿盆滿缽，「居第宏麗，治作勞數郡。」（意思是，他的宅第極豪華宏大，築建時動用數郡之力。）起義者曾攻下彼鄉泌陽，入其府，「發窖多得其藏金」。這樣一個作惡多端的無良小人，最終一生平安，難怪《明史》亦不禁驚歎：「芳父子竟良死！」

　　李東陽：弘治顧命三大臣的倖存者。參與了「倒八」運動全過程，並在失敗後與劉謝聯名請辭，獨被留任，且在以後劉瑾羅織的「奸黨榜」裏不見其名。對此，有人認為正德不便將父親囑託的顧命大臣「一鍋端」，而手下留情。但《繼世紀聞》提出了如下指控：「（劉）瑾素與李閣老東陽有舊，重其詩文。密以韓文等所劾（指「倒八」奏章）詢之東陽，得其大

---

③ 這裏採用明人筆記《智品》（樊玉衡編撰，於倫增補）的敘事，亦見於谷應泰《明史紀事本末》，卷四十三，劉瑾用事，與《明史》略不同。《明史》稱康李素相「倡和」，關係不錯；但《本末》和《智品》所述，似更見人物性情。

④ 《明史》，列傳第一百九十四。

略，瑾等驚覺……」這個指控相當嚴重，倘果有其事，則李東陽所為不遜於焦芳。但此記載不見於別書，僅為孤證不可輕信，官史《明史》未予採納。不過，當正人君子紛紛見逐、罹禍之際，李獨超然無恙，實為奇事。《明史・李東陽傳》對這位「不倒翁」的描述，用詞講究，大有深意，很堪玩味。有這樣兩個場景：場景1──當時與劉、謝共同疏劾「八黨」，劉、謝持議欲誅瑾，詞甚厲，「惟東陽少緩」；場景2──劉、謝辭職獲准離京時，李來餞行，「泣下」，劉健嘲諷道：「哭什麼呢？當初閣下如果也堅決抗爭，現在自然就能夠和我們一道被恩准辭職了。」史家寫道，聞此語「東陽默然」。從這些細節來看，李雖未必屈膝附惡，但大節大義之前，他選擇明哲保身是無疑的。以後，在整個劉瑾當政時期，他的表現基本可以概括成三點，一是忍辱負重、「委蛇避禍」，二是在力所能及的情況下保護一些清正之士，三是為劉瑾的胡作非為擦屁股，「凡瑾所為亂政，東陽彌縫其間，亦多所補救。」令國家不致崩潰。因此當時對李東陽有截然相反兩種反應，有認為「其潛移默奪，保全善類，天下陰受其庇。」然而相反地，「氣節之士多非之。」他的一位門生、禮部侍郎羅玘，上書勸其從污泥濁水中早早抽身而退，否則自己深感恥為東陽門生，「請削門生籍」[1]。我一直想找到這封信，多年搜閱，最後在《玉堂叢語》裏發現了它，照錄於下：

> 生（羅玘自稱）違教下，屢更變故，雖常貢書（晚輩給尊長寫信，謙辭），然不敢頻頻者，恐彼此無益也。今則天下皆知，忠赤竭矣，大事亦無所措手矣。《易》曰：「不俟終日。」此言非與？彼朝夕獻諂以為常依依者，皆為其身謀也。不知乃公身集百垢，百歲之後，史冊書之，萬世傳之，不知此輩亦能救之乎？白首老生（指自己，羅玘雖為學生輩，年齡卻並不輕），受恩居多，致有今日，然病亦垂死，此而不言，誰復言之？伏望痛割舊志，勇而從之，不然，請先削生門牆之籍（逐出師門之意），然

---

[1] 印鸞章《明鑑綱目》，卷八，武宗毅皇帝。

後公言於眾，大加誅伐，以彰叛恩之罪，生亦甘心焉。生蓄誠積直有日矣，臨械（通「緘」）不覺狂悖干冒之至。[2]

讀此信，方知是時羅玘病重，將不久人世，而以此諫語為訣別，誠感人也。還有一個讀書人，獻給李東陽這樣一首詩：

文名應與斗山齊，伴食中書日已西。回首湘江春草綠，鷓鴣啼罷子規啼。[3]

譏以「行不得也哥哥」、「不如歸去」之意。劉瑾倒臺後，御史張芹即對李東陽提出彈劾，指責「當瑾擅權亂政之時，東陽禮貌過於卑屈，詞旨極其稱讚，貪位慕祿，不顧名節」。這都是確實的。其實李東陽這一類政治家也算中國歷史的特產，從古到今都不鮮見。他們都聰明過人（李幼時即是神童，為天子召見，過門檻時太監笑道：「神童腿短。」小東陽隨口對以「天子門高」），身在官場，當政治極黑暗之際，他們八面玲瓏、委曲求全，同時折衝尊俎、周旋揖讓；從某種角度看，他們像中流砥柱，是亂世中僅存的良知，但換一個角度，他們也實在難免同流合污之嫌。這種政治家所起的作用，究竟是避免國家和人民陷入更深的苦痛，還是客觀上助紂為虐、令暴政維持得更久更穩固？劉瑾專權之下，朝政是因有李東陽而幸，抑或反之？誠一言難盡。連同他們的人品，也無法一概而論。正德三年（1508）發生針對劉瑾的「匿名書事件」，劉瑾一口氣將三百餘名官員投入大獄，是李東陽力救得免。這樣的事情他做得很多，劉健、謝遷、韓文、劉大夏等一批正派「老幹部」以及像楊一清這樣的能臣，所以沒掉腦袋，或者還能繼續在政壇發揮作用，均與李東陽的拯救和保護有關。但既與黑暗同行、做「伴食政治家」，他們無可避免地在自己身上留下這樣那樣的污點，被人所詬病與不恥。如李東陽，政變後「八黨」雞犬升天，人人祖上受蔭封遷墳，而所有祭文「皆李東陽撰」；劉瑾在朝陽門外創玄真觀

② 焦竑《玉堂叢語》，卷之七，規諷。
③ 《繼世餘聞》，卷之一。

時，李東陽又為之撰碑文，「極稱頌」。[①]——此等作為，在古代士林屬最醜之事。不單對劉瑾和「八黨」，就是走卒焦芳、張彩之流，李東陽也加以巴結。[②]劉瑾敗後，李上疏罪己，內云「委曲匡持，期於少濟，而因循隱忍」。此數語，可作為古今此類政治家所共有的貼切、絕妙之寫照。雖然活得很累，也飽受爭議，但不管怎麼說，李東陽立朝五十年而不倒，生前身後都榮顯非常，七十歲那年去世，「贈太師，諡文正」。

整個事變，到翌年三月公佈「奸黨榜」，才算塵埃落定。「奸黨榜」的意思相當於後世的「反黨集團」。中國自宋代起，政治上有了一種新罪名，即所謂「黨禍」；過去臣下或黜或誅，只是個人罪名，而「黨禍」則開創了用有組織有綱領的所謂「結黨營私」的小集團罪名打擊某種政見的形式，並且從此成為在政治上處理統治層內部不同政見的主要思路。從明代來看，除了貪污、瀆職等行政犯罪，只要涉及政見分歧，基本都被定性為「奸黨」。這一思路對後世中國政治影響頗深，一旦發生政治見解的衝突，似乎便非要揪出某某集團方能作罷，而且不如此似乎也就不足以徹底搞倒搞臭政治見解相左者。

正德二年由勝利者宣佈的「奸黨」名單，共計五十六人。其中，宰相級二人，尚書四人，宦官三人，科道官四十一人，其他部員六人。這些人全部勒令致仕、免職或被發配，其中一些人不同程度地面臨死亡威脅卻最終化險為夷，只有兩名宦官王岳、范亨在解送途中被祕密處死。解讀這份名單，清楚地看到政變所帶來的政治格局的兩大變化。首先是朝廷人事的劇烈動盪；內閣成員三去其二，各部首長六去其四，內廷核心位置易人——可以說國家權力高層發生了一次大清洗、大換血。其次，名單中科道官（六科給事中、十三道御史）比例之高，踰七成以上，意味着司職監察、糾劾和言論的朝臣是朱厚照及其近倖勢力重點打擊的對象，也意味着政治由此轉向一個言路不暢、更有利於專制獨裁的局面。

---

① 《明史紀事本末》，卷四十三。
② 《明史·列傳第六十九》：「東陽奉命編《通鑒纂要》。既成，瑾令人摘筆劃小疵，除謄錄官數人名，欲因以及東陽。東陽大窘，屬芳與張彩為解，乃已。」

豹房祕史

今人往故宮觀光，由天安門入，行至巍峨的午門，向右看為東華門，由此徑東可達繁華的街市王府井，向左看則是西華門。出西華門一直前行，穿過南長街，便是中南海。

中南海，連同今之北海，在明代原係一體，統稱「太液池」，全是皇家園林西苑的組成部分。歷史興替，慢慢模糊了明代皇城的格局。在當時，今之故宮到中南海整個的廣大區域，同屬「大內」，所以西苑又稱「西內」，其間並無百姓雜居，北長街、南長街也盡是宮殿和皇家各種辦事機構。天啟年間太監劉若愚《酌中志》在「大內規制紀略」中，敍說詳盡。

現在遊故宮，打從西華門出來，折往中南海，沿途所見已是商廈林立的現代化景象。而在當年，這一帶全屬禁地，雖未必有「五步一樓、十步一閣」、「盤盤焉、囷囷焉」[3] 之盛，但的確宮闕連綿，氣象森宏。

整整五百年前 —— 公元 1507 年 —— 正德皇帝朱厚照又在此大興土木，耗巨資修造宮庭史上獨一無二的怪胎、完全為他個人專用的宮殿群「豹房公廨」。

所謂「豹房」，是宮廷豢養觀賞動物的場所，此外如虎房、象房、馬房、蟲蟻房等。至今，不少北京地名猶存遺影，如「虎坊（房）橋」、「報（豹）房胡同」、昌平區的「象房村」等。珍禽異獸，自古為中國皇帝所好，這愛好兼有幾重意義：一是珍禽異獸往往被視為「祥瑞」，一是它們作為狄夷屬國的「貢物」，象徵「天朝上國」的威勢，當然，更是宮中皇族消遣娛樂的對象。歷代宮庭均有馴獸師，調教動物，作獸戲以愉君王，更有不甘寂寞之君如正德者，喜歡親自下場與獸角力[4] —— 好像他的老前輩商紂王也很樂於此道。

由於不斷有臣子進獻、屬國朝貢，加上歷朝皇帝自行搜羅，豢養珍禽

---

③　杜牧《阿房宮賦》。
④　《武宗實錄》，卷一一六。

異獸之費實際已成朝廷一大負擔。成化間，內官梁芳「進白水牛一隻，每歲支費千餘金」[1]。《治世餘聞》有條記載，說正德之父弘治皇帝繼位後，因見「蓄養四方所貢各色鳥獸甚多」，而首次提出將其放縱，「以減浪費」，但又怕「所司白虎豹之屬，放即害物」，於是下旨：「但絕其食，令自斃可也。」不知是否真正如此實行，總之，皇家養獸玩獸之風之盛可想而知，單單豹房就不止一處二處，筆者所知，現東單的「報（豹）房胡同」是其中之一，亞運村以北大屯一帶，還有一處地名叫「豹房」——但它們皆非以正德而聞名的那個「豹房」。後者地點在西華門內外，即紫禁城與西苑之間。

這裏原係諸多皇家豹房中的一座，正德二年，1507 年，朱厚照開始對其大加改建、擴建，工程浩大，一直持續七年。我們從《武宗實錄》上得知，正德七年（1512）十月，工部就豹房工程提交一份報告，稱從開工以來「五年所費價銀已二十四萬餘兩」，而且新近又將「添修房屋二百餘間」，「國乏民貧，何從措辦」？有關職官深感無奈，請求立即停止該工程，「或減其半」；然而，朱厚照的表現是「不聽」。[2]

正德七年，豹房工程添上這二百餘間房屋後，是竣止了，還是以後仍有續建？不得而知。但從史家的記述可約略窺見，它不單頗具規模、「勾連櫛列」，配制也可稱齊備；有宮殿、有密室、有寺觀，甚至還有船塢和供軍事操演的教場，人員方面完全比照「大內」，各色執事太監輪班值日，而見倖者如伶官、僧侶、邊帥、女人、鬥獸士等「皆集於此」。

於是，它有了一個正式而又怪異的名稱：豹房公廨[3]。

公廨者，古時官署通稱也。既然是行政辦公所在，卻又以一個徹頭徹尾的遊樂場所為中心或者說以此為基礎興建起來，這種不倫不類的意味，帶有典型的朱厚照性格特徵。

「豹房公廨」因朱厚照興，又因朱厚照衰；是他一手打造，亦唯有他自己方才使用過。豹房之於朱厚照，朱厚照之於豹房，實可謂互為表裏的一雙絕配。

---

① 《萬曆野獲編》，卷一，列朝。
② 《武宗實錄》，卷九十三。
③ 《武宗實錄》，卷二十九。

可惜，「豹房公廨」在朱厚照死後即被取締，不單活躍其間的五花八門人物作鳥獸散，連同那些建築、器物亦很快廢弛、頹朽以至於消失，最終無跡可尋；否則，保存下來，倒不失為極具魅惑與遐想力的弔古的去處。

朱厚照之能修建「豹房公廨」，還是要追溯到那場政變。倘若沒有那場政變，倘若劉健、謝遷、韓文等這些「眼中釘」未被拔除，倘若朝臣方面的力量和權威不曾因此遭受沉重打擊，庶幾可以斷言，「豹房公廨」這種事物永不可能出現。朱厚照救下「八黨」的同時，也得到了自己最渴望的東西——「豹房公廨」。

僅僅在政變的第二年，他就迫不及待地開始營造「豹房公廨」並遷往此處居住，起初，是白天在裏面鬼混，很快發展到夜宿不歸[④]，「朝夕處此，不復入大內矣。」[⑤] 此話怎講？即是說，打正德二年有了「豹房公廨」起，朱厚照便徹底從紫禁城搬出，不在宮中居住，最後連死也死在豹房，不再回去。

去過故宮的人，都知道位居故宮中心有座大殿，叫乾清宮。自明永樂迄清初，這裏是中國所有皇帝的寢宮（雍正後，皇帝移居養心殿，但日常還是在此處理政務），也即泱泱九洲 NO.1 的宅邸。它作為皇帝安放其臥榻之處的意義倒在其次，尤為重要的，乾清宮乃是帝權的象徵，皇帝在此居住不僅是個人意願的問題，更是一種義務和責任。通常來說，一個皇帝只有當被趕下皇位時才會離開那裏，比如辛亥革命後末代皇帝溥儀之被迫離宮。唯有朱厚照，竟敢於置皇統於不顧，主動而絕然地辭別乾清宮，至死不回。他此一行為，既是空前之創舉，基本上亦屬絕後之奇例。在他開了先例之後，只有他的繼位者嘉靖皇帝，從中晚年起效仿這一做法，遷居西內。

正德搬往豹房，不僅僅是為自己重新選擇了住所。他這麼做的含意在於，逃離或放棄了一種角色，逃離或放棄了禮法所加諸這種角色之上的所有信條、戒律、義務與規約；此外毫無疑問，也藉此徹底擺脫和跳出於祖

④ 《武宗外紀》。
⑤ 《武宗實錄》，卷二十九。

宗、父母、家庭以及既往整個個人歷史之外。當置身乾清宮時，他是一個君王、一個兒子，也是一個丈夫，是活在這些軀殼之下而又並不如意的壓抑的魂靈，而一俟別宮而去，他就不再是上述角色中的任何一個，他仿佛靈魂出竅、羽化而飛升，一了百了，勝利大逃亡。

回過頭再來看正德與群臣的對抗，再來看那場政變，在正邪、善惡這類通常的歷史尺度之外，我們忽然發覺其間還存在着一點正德自己的小祕密，亦即他自個兒性情上的好惡與追求。那是什麼樣的好惡與追求呢？簡單一句話，他實在不堪、也不喜歡扮演皇帝這角色。劉健等反覆敦請於他的，無非就是像一個合乎制度的皇帝那樣行事，但他感到最不可能也最不願意做到的，恰恰即此。做皇帝，實非他自己選擇的結果，而是生下來就命中注定的；他高興也罷，不高興也罷，滿朝官員、還有天下黎民不由分說就拿皇帝應該承擔的一大堆責任、義務硬往他身上套，對他提出這樣那樣的冀望、要求和限制。對此，他簡直煩透了。他想要怎樣呢？他想要的是，自由自在、隨心所欲、由着自個兒的性子去生活，愛好什麼就幹什麼，想吃就吃，想睡就睡，想上哪兒就上哪兒，想搞什麼女人就搞什麼女人……從種種跡象來看，此人若生於尋常人家，不妨說倒是一位性情中人。可是，偏偏一不留神，他卻做了皇帝。皇帝這角色，講起來頂天立地，其實蠻不是那麼回事；大家只須看看正德的老祖宗朱元璋的一生，就知道要把這角色對付得略像點樣子，真的大不易。

說白了，朱厚照全非做皇帝的料。雖然在皇帝位子上混事的，歷來不少。不過，到帝制晚期，皇帝卻是越來越不好混了，因為這種制度愈來愈嚴密，也愈來愈刻板。比照秦漢至明清中國歷代君主的處境，我們明顯看見帝權在走向高度集中的同時，所受到的掣肘也遠為深刻，表面上看帝權益發偉岸，實則做皇帝者的個人空間反倒愈見侷促──事情就是這麼奇妙。明代皇帝，除開太祖、成祖、仁宗、宣宗這四位，其餘沒有不受「欺侮」的──要麼深受重臣抑沮，要麼為宦官近倖所挾持。再來看代明掌國的清代，都道有史以來清朝皇帝最累，有的握髮吐哺、宵衣旰食，有的忍辱負重、終生氣郁難舒……撇開外因不談，儒家倫理對君主的道義壓力比以往任何時候更大，乃不爭的事實。總之，在明清兩代，留給像先前的漢

成帝、漢元帝、隋煬帝這類豔世風流皇帝或像唐明皇、南唐後主李煜、宋徽宗這類春花秋月皇帝的空間，是大為萎縮了。皇帝與其自身體制之間的矛盾，反而加強和擴大。隋煬帝或宋徽宗盡可以在皇帝位子上鬼混，不必考慮搬出宮去以換取「自由」，但朱厚照則不行；祖制、祖訓和家法這些無形大棒，暗中高懸在乾清宮寶座上方，隨時會被輔臣、言官、太后或別的什麼人祭出，加以利用——就算別人不掄，自己想想亦有心理障礙。

從公然棄乾清宮出走，並至死也不肯回來這一率性行為論，朱厚照的表現頗像「性情中人」，跟終於在大觀園呆不下去而出走的賈寶玉，有相似處。但我們應該不加耽擱地立即指出，朱厚照所拒絕或急欲擺脫的，乃是做皇帝的義務、責任和規約，絕不是皇帝的地位、權力和享受。他建造豹房，並以此將紫禁城取而代之，歸根結底就出於一個目的：掙脫來自體制的對一個皇帝的種種束縛，然後徹底地絲毫不受約束地享受皇帝所擁有的至高無上的權力。

他竟能想出這樣的點子，足見其稟性頑劣自古無匹。

實際上，他是用一定程度上的自貶自賤來實現其恣意享樂的目的，用名譽和尊嚴上的一定犧牲來換取在污泥濁水中撒歡打滾的快樂。這就讓人不得不想到他祖上的叫花子出身，並懷疑這種遺傳和血液質地在起作用。儒教中國極講究「正名」，「名不正則言不順」；每個人都各有其名分，失去名分或使名分淆亂，都將自取其辱、自敗其身。朱厚照對此則根本不在乎，以為狗屁不如。呆在乾清宮（也只有呆在乾清宮），他是皇帝名分，然他卻寧可帶着他那群下流坯，搬到「豹房公廨」這麼一個不倫不類的地方住下；按理，「公廨」本是皇帝臣屬的官署，身為帝王放着皇宮不住，卻呆在一個「公廨」裏，這算哪門子事呢？朱厚照可不管這個；後來，他為了更進一步胡來，又運用同樣思路把自己降格為「公爵」「大將軍」，上演一幕又一幕荒唐鬧劇。

他不待別人輕視他，自己先作踐自己。你士大夫不是老跟我提什麼祖訓、什麼「君君臣臣」麼？我不要這「勞什子」、腳底抹油溜出宮去、再給自己封個「鎮國公」「總督軍務威武大將軍總兵官」的官職，成不成？不成，我再給自己改個名兒，我不用爹媽起的名字「朱厚照」，我管自己叫

「朱壽」，成不成？——既然我不是皇帝、我是「鎮國公」「總督軍務威武大將軍總兵官」，我都不是朱厚照、我都改名朱壽了，你們還跟我絮絮叨叨什麼呢？

這麼匪夷所思的損招，沒人想到只有朱厚照想到，不是他多麼高明，無非是誰都不曾像他這般憊懶罷了。

但他絕非真的不要當皇帝了。推開了皇帝的名兒，卻把皇帝的實一點也不放鬆地牢牢抓在手裏。這才是他最最無賴之處。

先皇三位顧命大臣，三個被攆跑二個，剩下那個基本只有唯唯諾諾的份兒。朝廷所養專事挑刺兒的科道官，也在「奸黨榜」打擊之下慘遭重創。至於母后張氏，自弘治駕崩之後似乎就從歷史記載中銷聲匿跡了，朱厚照身世懸案雖然再也不曾沉渣泛起，但顯然這對母子之間只是維持着相安無事的狀態，張氏大約只能在慈寧宮安享晚年，而絕不可能對正德皇帝行使什麼母后的威儀。此外還有何人？那個可憐的年輕的夏皇后和沈、吳二妃？說實話，朱厚照不理她們，她們就該知足。

因此，就算大逆不道，誰又能拿他朱厚照怎樣？

三十六計，走為上。咱不在乾清宮玩兒了。老祖宗，拜拜；孔夫子老東西，拜拜；那張硌得人屁股疼的硬龍牀，拜拜。

瞧他替自己選的地方：既出了紫禁城以外，又與它緊緊挨着。咫尺之間。若即若離。似是而非。他大概是歷史上第一個參透「邊緣化」的好處與妙處之人。

他管它叫「新宅」①，譯作今語便是「新家」。一個「新」字，盡顯他喜獲重生的欣悅；而以此為「家」，適足反映他對紫禁城的不認同，以及在這裏才找到自在與安全之感的內心。毫無疑問，遷出乾清宮、搬入豹房，對於朱厚照來說，具有一種打碎鎖鏈、翻身解放的「偉大意義」。

一個十七歲少年，沒有父兄管束，卻擁有無邊權力和取之不盡的錢財，法律對他不起作用，道德和輿論也悄悄躲到一邊……試想這樣一番情形，休說朱厚照，不拘什麼人，哪有不墮落的？人性本惡；人類的向善意

---

① 《武宗外紀》。

志，起因在社會。由於社會的形成，人類發現如果任憑每個人按其本性自由行事，只能不可收拾，而必須立出一些準則彼此共同遵守，於是始有禁忌，進而發展成宗教、道德、倫常、規約、法律和制度，這就是所謂「文化」。其間雖然也存在公平問題，但出發點則的確在於克服人的惡的本性，尋求社會和諧。可以說，人類之建立自己的文化乃是出於被迫，不如此，人必定形同禽獸；而自有文化以來，人類就沿着理性亦即善的方向一直前行，不斷改進自己的文化，更多地抑制惡，更趨近於理想的善。此即人類及其文明之向善意志的由來。但在文明各階段，社會制度總有疏漏與缺陷，不能將惡杜絕，甚至局部會有對惡的縱容和鼓勵。朱厚照就面臨着這樣的縱容和鼓勵，尤其當原本用以防範的機制和環節出現問題、失效的時候，制度中所保留的惡便藉着這位十七歲的少年兼皇帝的朱厚照，大搖大擺地滿足了自己。

朱厚照的豹房生涯，充滿曖昧、晦澀的色調。

每當我想像豹房的時候，腦海裏浮出的是這樣的畫面：那應該是一處密室，昏暗、朦朧而幽深，屋子不小，卻約摸只開設着一扇窗櫺，天光從那裏穿透進來，成為一道渾濁的光柱投射在地面；而時間，似乎永遠停留在清晨時刻，在那光柱投下的地方，一個衣着華麗、滿臉倦容的少年胡亂地躺在地上，他的頭枕在另一個男人的懷中，此人年約三十，身體強健，卻長着一副貪婪的嘴臉，即便在睡夢之中也仍能看出這一點；隨着眼睛適應了屋內的昏暗，稍稍移動視線，我們很快發現，四周橫七豎八還躺着很多人，都是隨地而卧，毫不顧忌自己的姿式，就好像瞬間被人施了魔法而突然沉入夢鄉，在他們身邊到處散落着酒罐、酒杯，有的傾倒在那裏，有的則摔成了碎片，果品也從案上滾落於地，一直滾到牆角方才止住⋯⋯鏡頭再往上搖，我們會看到屋內擺放的一些奇特的木雕和懸掛着的絹畫，甚至直接繪在牆上的彩繪，那些雕像帶着明顯的密宗風格，絹畫和彩繪幾乎無一例外是春宮內容，滿目惟見男女赤裸交纏的肢體。尤其令人吃驚的是有一幅彩繪，上面的女裸體一望而知並非中土人物，畫法亦出自域外，那沉甸甸的乳房，嬌細、堅實而又富於生命力的腰肢，豐碩的臀，粗壯和充滿慾望的大腿，以及似乎瘋狂扭動的軀體，加上立體透視筆觸營造出的極

度寫實的效果，足以讓任何生活在十六世紀的中國人魂不守舍！

雖然這些場景係出筆者想像，卻句句有來歷。在史家並不完整然而不乏細節的描述中，豹房出入着諸如番僧、阿拉伯舞姬、高麗美女、江湖藝人、皮條客這樣一些極具另類和異國情調的人，豹房的生活不僅是非正統的，尤其當理學完全統治着明代意識形態、一般社會道德趨於有史以來最保守狀態的情形底下，豹房裏的生活方式絕對具有頹廢的、世紀末的、駭人的性質。朱厚照在豹房的所作所為，與當今及時行樂、追求感官刺激的嬉皮士式人物一般無二，只是彼時尚無搖頭丸、大麻、海洛因、可卡因，否則，我絕不懷疑這位年輕的「問題皇帝」，將欣然加入「嗨客」一族行列，成為癮君子。

上文提到豹房的那個三十歲左右的男子，名叫錢寧，後被恩賜國姓而叫朱寧。此人通過巴結劉瑾，引薦給朱厚照，躋身御前紅人之列，且大有後來居上之勢，讓引路人劉瑾都有些黯然失色。他最後做到左都督，執掌著名的錦衣衛和詔獄，成為國家祕密警察頭子，就像納粹黨衞軍首領希姆萊。能武，是他得寵的一個重要原因，因為朱厚照一生都對征伐衝殺之事抱有白日夢一般的理想，錢寧據說射術驚人，會左右開弓。但恐怕這並不是他在豹房大紅大紫的根本原因。

對他們之間的關係，《明史》語意幽長，讀起來總感到有些弦外之音。其中說，豹房之建，便出自錢寧的創意：「請於禁內建豹房、新寺，恣聲伎為樂，復誘帝微行。」[①] 當其提出這建議時，究竟是如何向朱厚照描畫豹房的享樂主義氣息的，其細節很有遐想的餘地。從上述一句，顯然可以讀出錢寧作為朱厚照豹房生涯的縱慾象徵這個形象。隨後又有一句：「帝在豹房，常醉枕寧臥。百官候朝，至晡莫得帝起居，密伺寧，寧來，則知駕將出矣。」說兩人在豹房睡在一起，且非偶爾為之，是經常如此；以至於百官都掌握了這樣一個規律，每天早上只要看見錢寧的身影，就可以知道朱厚照已經起牀。兩個男人，行跡如此親昵，一般人不單做不到，恐怕根本就難以忍受。個中隱祕是什麼，史無明言，卻又老在暗示着什麼。

---

① 《明史》，列傳第一百九十五。下同。

當時有個叫王注的錦衣千戶，活活將人鞭撻致死後逃匿，刑部於是發出緊急通緝令；錢寧卻把王注藏在自己家，同時讓東廠藉故找刑部的麻煩，刑部尚書張子麟得知王注有此背景，趕緊親自登門找錢寧解釋，並立即將王案一筆勾銷，事情才得平息。那麼，錢寧緣何要如此保全這個王注？史家只說出寥寥四字：「注與寧暱。」暱者，親也，近也。一般友情不足以稱「暱」，哪怕好到兩肋插刀的地步，也不宜以「暱」字形容──特別是兩個男人之間。

不單是這個錢寧，豹房前後幾代紅人，跟朱厚照的「關係」都很可疑。後期豹房倖倖的代表人物、邊帥江彬（也曾被賜國姓而叫「朱彬」），經過權力鬥爭，不單取代了錢寧的地位，也填補後者與朱厚照的那種「特殊關係」。《明史》和《罪惟錄》都明載，江與朱厚照「同臥起」[2]，「帝宿豹房，彬同臥起。」[3]《明史紀事本末》用詞最有趣，寫作：「上御豹房，與江彬等同臥起。」[4]這個「御」字，有多解，其中，用在生活起居方面的時候，與男人的性行為有關。谷應泰是曲筆暗示什麼嗎？中國古代帝王「好男風」是有傳統的，更不必說朱厚照這樣一個喜歡獵奇、毫無禁忌的人。

豹房原本就是一個無所禁忌的空間，所有正統的通常的道德標準，在這裏完全失效、蕩然無存。不管朱厚照有何離奇嗜好，不管他想作怎樣的人生冒險，都可以不受阻攔地去實行，並且絕對不會感到任何精神壓力。從史料來看，朱厚照在豹房所表現和為自己選擇的興趣愛好，確實都帶有某種異常的色彩。

史料屢屢提及，豹房建築很重要的內容，一是狀若迷宮、宜行曖昧之事的密室（「造密室於兩廂，勾連櫛列」[5]），一是寺院。後者乍看起來有些奇怪，難道享樂主義者朱厚照同時竟會是虔誠教徒？某種意義上是的，但他對於宗教的目的，不是清心寡慾，毋寧說恰恰相反。朱厚照對執戒甚嚴的中土佛教毫無興趣，他為之着迷的乃是藏傳佛教，時謂之「番教」。而

---

② 同上。
③ 《罪惟錄》，帝紀卷十一。
④ 《明史紀事本末》，卷四十九。
⑤ 《武宗外紀》。

「番教」的誘惑力在於「有道術」、「能知三生」等濃厚的原始神祕主義色彩，尤其是它將性行為和過程視為修煉手段之一，頗有祕訣用於研習，這最合朱厚照胃口。

《武宗實錄》描述說：「上頗習番教，後乃造新寺於內，群聚誦經，日與之狎昵。」[1] 這樣的宗教場合究竟是什麼氣氛，一目了然。他迷得很深，在豹房「延住番僧，日與親處」[2]，「常被服如番僧，演法內廠」[3]，直到自封「大慶法王」，還指示禮部，往後「大慶法王與聖旨並」[4]。《罪惟錄》的描述是：「時西內創立大善殿，番僧出入其中。金銀鑄像，彝鬼淫褻之狀，巨細不下千百餘。金函玉匣所藏貯，名為佛骨、佛頭、佛牙之類，枯朽摧裂，奇麗傀儡，亦不下千百片。」[5] 想像一下這圖景，既淫蕩又恐怖刺激，也是古往今來精神空虛者的一致訴求。時下美國社會裏的另類青年，不也熱衷於稀奇古怪的邪教，來表示他們奇異的追求麼？所以換個角度看，朱厚照倒很可說是現代頹廢派的先驅，玩的就是心跳。

近倖群小了解皇上興趣所在，自然百方覓奇，以便邀寵。

有人就探得消息，錦衣衛有個叫于永的色目人，通曉一種有助性慾的「陰道祕術」。所謂「色目人」，是元代出現的對中亞、西亞乃歐洲諸多種族的統稱，其中「回回人」即信仰伊斯蘭教的佔多數。十三世紀，隨着蒙古大軍西征，蕩平今之土耳其、伊朗在內的中東、東歐一帶，大量色目人被蒙軍裹挾，內中一部分後來輾轉到中國，並與蒙人一道，居於元代統治階層。元敗亡之後，明朝對色目人實行嚴格政策，迫其漢化，所有色目人皆須放棄本名，而改漢名。下西洋的三寶太監鄭和便即色目人，他的姓名是朱棣親自為其所取。眼下說到的這個「于永」，顯然也是後起的漢名。

卻說朱厚照聽說于永有此「奇才」，甚喜，即召見之，「與語大悅」，想必確實從對方口中學到了「寶貴知識」。除此之外，于永還「進言回回女皙潤而瑳粲，遠勝中土」。皙潤，就是白嫩的意思；瑳粲，形容光彩奪

① 《武宗實錄》，卷二十四。
② 《武宗實錄》，卷一一七。
③ 《武宗實錄》，卷一二一。
④ 《明史》，列傳第七十二。
⑤ 《罪惟錄》，帝紀卷十一。

目、光彩照人，疑指其金髮碧眼之貌。于永指出，在這兩點上，中國女人差得太遠，根本沒法比。那時朱厚照大約還不曾嘗過白種婦人的滋味，少不得被于永說得心癢難熬。于永既出此言，當然準備好了下文——他透露說，錦衣衛官員呂佐也是色目人，他家中蓄養了許多西域美女，都擅長跳異國風味的舞蹈。朱厚照一聽，哪裏還坐得住？立命呂佐進獻十二名「回回」舞女，「歌舞達晝夜」。盡興之餘，朱厚照深感于永所言毫不誇張，「回回女」之白嫩媚人，確非中國「黃臉婆」可比。醉心之下，對區區十二名舞女很快生出「猶以為不足」之感，覺得不敷己用，詔令「諸候伯家中故色目籍家婦人入內」，然後「擇其美者」，「駕言教舞（以教舞為幌子），留之不令出。」這麼一搞，京城較有姿色的「白回回女」全被洗掠到豹房，大家都很憤憤不平，就遷怒於于永，因為是他告密才奪了自己所愛。有人就給于永下套。一日，于永正陪着皇上飲酒觀賞回回舞女大跳豔舞之際，有人附耳密奏：這些女人都算不了什麼，于永有個女兒，那才是「殊色」。朱厚照聞言，「呼永，使即家召其女來。」于永有個女兒是真的，是否「殊色」不好說，但「殊色」也罷，「乏色」也罷，親生女兒總不能拿來讓朱厚照糟踏。他喏喏退下，回到家中把女兒藏起來，「飾鄰人『白回子』女，充名以入。」朱厚照渾然不知，對冒牌貨還挺滿意，「悅之」。于永情知得罪很多人，不敢再在豹房混，稱病固辭而去。

豹房裏的淫靡，外臣早有耳聞，但他們無可奈何。皇帝有此嗜好，從來是天經地義的，不這麼搞，反倒「不正常」——譬如朱厚照他爸弘治皇帝。不過，正德十一年（1516），外臣們卻有些不安了，起因是一個姓馬的女人。

當時有一武夫，名叫馬昂。我們最早見到這名字，是在正德二年。那年年底，《武宗實錄》留下一條記載：「升指揮使馬昂為署都指揮僉事，充大同遊擊將軍。」這項任命沒有別的背景，但我們要記住「大同」這個地名，以便弄清馬昂後來是怎麼跟朱厚照搞到一起去的。馬昂做了幾年大同遊擊將軍，升為延綏總兵官，不多久卻丟官，原因是「驕橫奸貪」。丟官的馬昂，在家好不鬱悶，卻忽地想起一位人來。你道是誰？恰是那個在豹房大紅大紫的江彬。原來，江彬領兵應旨調來京城以前，官職就是接替馬

昂而任的大同遊擊將軍。此時，江彬正隨駕北巡離至宣府，馬昂趕了去，走「老戰友」的後門，在皇帝面前求情復職。

以下的情節並非出自史書，但我們依邏輯想像應該如此——見了面，馬昂道明來意，江彬故作為難地說：「馬兄，這個忙我可以幫，但總得對皇上有所表示，讓他高興才好。」馬昂便問，皇上最喜歡什麼。江彬淫猥地笑了：「這還用問嗎？馬兄家裏現就藏着皇上最想得到的東西。」原來，馬昂有一妹，天生尤物，江彬本來就垂涎於她，眼下馬昂找上門來，他心念一動，料定如將此女獻與正德，必寵無疑，自己也會在功勞簿上好好添上一筆。馬昂得知「皇上最想要的東西」，是他妹子，倒也並不躊躇，回家稍作安排，搞通妹妹思想，便將人獻了上去。

知朱厚照者，江彬也。馬昂之妹進入豹房，立即受寵；不是一般受寵，《明史》用詞為「大寵」。此女雖係漢人，卻懂「外國音樂」（「解胡樂」）、掌握外國語（「能道韃語」），還「善騎射」，是個高品味、「外向型」佳麗。在正德如獲至寶，而馬昂所得，則遠不止是官復原職——他一躍而被擢升為右都督；另外兩個兄弟馬炅、馬昶，「並賜蟒袍」，即使最有權勢的「大璫」也都諂媚地稱他們為「國舅」，朱厚照還特地在京城太平倉賜予府邸，安頓這一家子。

故事敍至此，還沒出什麼「彩兒」，假使僅僅如此，確也稀鬆平常。然而且慢，大家有所不知，那個女人——史書上都管她叫「馬姬」——事實上已經嫁人，有老公，並且被送入豹房的時候正懷着身孕！

馬姬的老公，我們只知道名喚畢春，也是一名軍官，官職「指揮」，級別不高。自己懷着孕的老婆被獻與皇帝，他作何反應，史書隻字未提，亦不見他有沾光升遷的記錄。此人的遭遇有點類似林衝林教頭，只不過對手遠非高衙內、高太尉那種級別，恐怕他連反抗的可能性都沒有；當然，他老婆看來亦非林娘子，後者誓死不從，馬姬在豹房陪王伴駕卻很稱旨。

關鍵是這次江彬並沒有像以前于永那樣，對馬姬的身份瞞天過海。朱厚照清楚她有老公，也完全清楚此時她是孕婦。作為一個可以絕對保障其對處女「初夜權」的皇帝，朱厚照對馬姬「二鍋頭」的身份毫不在乎，與其說難能可貴，不如說顯示了他性取向的多樣性。他對馬姬並非睡睡、玩

玩就扔到一邊（以前的女人都如此），從馬昂兄弟所獲「殊榮」以及「大璫皆呼為舅」這種待遇來看，馬姬在豹房實際已有「國母」之尊。

馬姬之能這麼穩固地據有朱厚照的愛戀，擺在桌面上的原因，一是她作為女人顯然極美、極有魅力，一是她會外語、解胡樂，比較新潮前衛──不要忘記，朱厚照自己就偏愛番教、胡女、豹房等這類邊緣與非正統事物，也是新潮前衛人物。

除此以外，有沒有未被擺到桌面的原因呢？應該有。比如說，馬姬可能牀上功夫十分了得；因為對於朱厚照這樣一個研習過「陰道祕術」，性經歷極豐富極複雜，歷年所閱春色從宮內到民間、從國產美人到「白回回」舞女應有盡有的人來說，倘若馬姬在性事上無過人之處，勢難令他如此歡心。還比如說，是否恰恰是馬姬身為孕婦這一點，讓朱厚照格外感到刺激？在畸態的性濫者中間，確實有人存在對孕婦尤其是他人孕婦的癖好，這種人通常有強烈的生殖衝動，卻偏偏在現實中受阻與不利，矛盾衝突之下，遂使其發展出喜歡與孕婦交媾的病態情結，在此行為中，他既能感受到與非孕婦交媾所不同的快樂，似乎同時也撫慰了自身心靈兼對致使該孕婦受孕者（即顯示強勁生殖能力者）實施了報復。考慮到武宗皇帝御女無數卻畢生無一子嗣的事實，他理應存在深刻的生殖焦慮。最後一種可能：馬姬之戀折射了朱厚照身世之謎所留下的心靈創傷、人格創傷。生母懸案明顯給朱厚照一生及人格蒙上了陰影，遷居豹房之舉，明白表示他對幼時成長之地缺乏「家」的認同，似乎毫無情感記憶與聯繫，且必欲棄之而後快；他與張后彼此之疏遠和冷漠，全非正常母子間所應有，登極以後除了禮儀性交往，雙方不問不聞，最後時刻，朱厚照獨自死在豹房，身邊只一二太監而已，其景淒涼。所以，他對一孕婦的狂熱迷戀，很可能是受挫的戀母情結之移情，那突起的腹部內，蜷身於溫暖子宮之胎兒，於他很可能具有重大的情感象徵意義。

當然，最有可能的是，只有把這一切統合起來，才能解釋為什麼朱厚照專注和傾力愛戀的頭一個女人，乃一孕婦。

朱厚照荒淫度日由來已久，很少見朝臣吱聲，可是這一回卻不同，起勁地進諫。給事中呂經與同僚集體上書，御史徐文華、張淮等遞上本章，

就連副都南京的言官們也大老遠地動本剼諫，一時間，馬姬事件彷彿演變成了舉國關切的政治危機。

何以至此呢？皆因皇上這次搞了個孕婦。

道德上，群臣對正德早不抱期待，一般性胡搞人們已然麻木，但皇上此次所為遠超乎普通「生活作風問題」範圍，而成為可能動搖國本具有嚴重隱患的事件。

最早人們聽到傳聞時，還不大相信，但拔擢馬昂為右都督的旨意發表，則完全坐實了此事。滿朝上下為之譁然。那些熟讀經史的士大夫，幾乎人人都條件反射式地想起呂不韋以「有身之姬」進秦國公子子楚（即後之秦襄莊王）的典故。《史記‧呂不韋列傳》：「呂不韋取邯鄲諸姬絕好善舞者與居，知有身。子楚從不韋飲，見而說之⋯⋯呂不韋欲以釣奇，乃遂獻其姬。姬自匿有身，至大期（臨盆）時，生子政。子楚遂立姬為夫人。」這個叫「政」的孩子，便是後來的大暴君秦始皇，可歎秦室就這麼稀裏馬虎地把江山轉易他人之子！前車之鑒就擺在那兒，皇上怎麼可以還幹這種事？馬姬一旦生產，究竟是誰的孩子能說得清麼？就算說得清，又怎見得皇上千秋之後亂臣賊子不會利用此事製造混亂、圖謀不軌？茲事體大，關係國家存亡，皇上務必聖睿明斷⋯⋯任憑群臣口乾舌燥，朱厚照充耳不聞。

羊毛出在羊身上，解鈴還須繫鈴人。此事的了斷，最後還是由朱厚照、馬昂自行促成。數月之後，朱厚照駕幸他親自賞賜馬昂的太平倉府邸宴飲。其實他是有備而來。馬昂有一杜姓小妾，姿色不俗，亦不知哪個善嚼舌頭的曾對朱厚照提起 —— 故此之來也，喝酒是虛，要人是實。「飲酣，召昂妾。昂以妾病辭，上怒起。」[1]一怒之下，擺駕回宮了。這絕對是馬昂的不是。親妹子都拱手獻上了，區區一個「二奶」反倒捨不得？而且你現今居住、接駕之處，亦拜人家正德所賜，你竟在這裏駁回人家一點小小的要求，太不給面子了嘛！據說這件事後，馬氏便即「寵衰」。《明史》則多敍了兩筆，道那馬昂一時小器，旋又悟出大事不妙，「復結太監張忠進其妾杜氏」，朱厚照美人兒到手，意氣稍舒，「昂喜過望，又進美女四人

---

[1] 《武宗外紀》。

謝恩。」② 才暫時將事情擺平。不過，終究拂逆了聖心，這疙瘩是不可能解開的。慢慢地，對馬姬淡了下去。

其實，就算馬昂一路謹慎，不去惹惱皇上，馬姬「寵衰」也是遲早的事。以朱厚照那浪蜂蕩蝶的性情，不可能對某一個女人維持持久的興趣。從他的戀愛史來看，馬姬居然吸引他達數月之久，已為翹楚。大部分時間，朱厚照走燈似地追求着女人。馬姬之後，朱厚照在綏德視察工作期間，「幸總兵官戴欽第，納其女，還。」③ 這位戴將軍之女，更加可憐，史書上留此一筆，然後下落不明。朱厚照在倚江彬為其心腹之後，由後者引導，開始大肆出遊，足跡遍及塞內江南，所到之處，頭等大事便是搜羅女人，弄得各地雞犬不寧，內中故事稍後再敍。

這裏單講一個姓劉的女人。北京以北至西北，沿長城一線，是明代抵禦蒙古人的正面防線，稱「塞下」。正德在其統治的中晚期，多次由這條線「北狩」，打的旗號是視邊，實際則是找樂為主。當時說塞下有「三絕」：宣府教場、蔚州城牆、大同婆娘。④「三絕」中，令朱厚照最為心儀者，自然是後一絕。正德十三年（1518）他由大同然後偏頭關，然後榆林，然後呂梁，然後太原，一路上「掠良家女數十車，日載以隨」，到了太原，又「大徵女樂」⑤——也就是官妓。「偶於眾妓中，遙見色姣而善謳者。援取之，詢其籍，本樂戶劉良之女、晉府樂工楊騰之妻也。賜之與飲，試其技，大悅……遂載以歸。」⑥ 也有記為此女名叫「劉良女」，《明史》則只簡稱「劉氏」。另外，朱厚照與之相遇的地點，有稗史說是在大同，而非太原。但不管她叫什麼，朱厚照又是在哪裏把她找到，總之，有個妓女在朱厚照生命的最後一二年間大放碩采，這件事情本身是確實的。

這究竟是怎樣一個女人？筆者對此一直很是好奇。史家只是把她視為朱厚照諸多女嬖中的一個，除了告訴我們她非常受寵，對其本人情況則不屑於多費筆墨。而且，想當然地以為這不過是朱厚照享樂主義色情生涯的

---

② 《明史》，列傳第一百九十五。
③ 同上。
④ 宋起鳳《稗說》，卷一。
⑤ 《明史》，列傳第一百九十五。
⑥ 《武宗外紀》。

又一次簡單重複而已 ——「試其技，大悅」—— 無他，唯技熟耳。但細讀故事，從字裏行間卻品得出朱厚照之於此女，態度大迥異乎過往異性，包括那個曾令朱厚照交織着複雜情感的馬姬。

《武宗實錄》記述說，劉氏進入豹房後，朱厚照對她的依賴程度，達「飲食起居，必與偕」的地步。「左右或觸上怒，陰求之，輒一笑而解。」可見這婦人獨具一種罕見之力，不僅令朱厚照在生活中須臾缺她不得，更從一貫的喜怒無常而忽然變得溫馴豁達，甚至有些可愛。劉氏則賴此在豹房建立了很高威信，「江彬諸近倖，皆母呼之，曰『劉娘』云。」[①] 這與先前馬姬得寵，兄弟被「大璫皆呼為舅」似不完全相同，趨炎附勢之外，好像還多一層敬懼。蓋因朱厚照對劉氏，確非徒以玩物視之，實際上倒與她夫妻相待，甚至公開給她這種名分。正德十四年（1519），朱厚照南巡，攜劉氏同往。所到之處，凡遇名剎古寺，好佛的朱厚照必然造訪，訪問時，朱厚照都要「賜幡幢」，就像普通香客一定要燒香許願一樣；而「凡寺觀欽賜幡幢，皆書『總督軍務威武大將軍、總兵官、太師、後軍都督府鎮國公朱壽，同夫人劉氏』，並列名於上。」[②] 前已提到，「朱壽」及其一串頭銜，乃朱厚照欲避免皇帝身份的煩擾而使「金蟬脫殼」之計，為自己虛擬的名諱與官職。現在，當着眾人，他等於明白無誤地宣佈，在「朱壽」名義下，自己的妻子乃是這歌妓出身的劉氏，而非在紫禁城坐守空房的那三位尊貴后妃。

真正把劉氏在朱厚照心中分量彰顯出來的，是這樣一個近乎於愛情小說般的情節：自有劉氏以來，朱厚照便隨身藏着一件多情的信物 —— 一隻劉氏送給他的簪子。這簪子，他永遠帶在身邊，不拘在何處，見之如睹劉氏本人；捨此以外，它還額外具有一種憑據的功能。他倆曾約定，如他欲召喚於她，來人必須同時攜有此簪，如若不然，任憑來人是皇上多麼親近的近臣，任憑來人身賚多麼確鑿的旨意，也都不足為信 —— 此簪勝於一切，是他們私人情意的見證，連聖旨亦不能代！朱厚照啟程南巡時，劉

---

① 《武宗實錄》，卷一六九。
② 《萬曆野獲編》，卷二十一。

氏並未隨行。也許朱厚照最初低估了他對劉氏的依戀，以為暫別旬月亦無不可。但分離不過數日，剛剛行至臨清（河北山東交界處），朱厚照就意識到自己完全錯了，對劉氏的思念是如此強烈，以致他相信整個南巡不能沒有她的陪伴。龐大的車駕突然在臨清駐蹕不前，地方官根本弄不清發生了什麼。而行在之內，朱厚照早已打發人回豹房迎請劉氏來此聚合，但卻遭到拒絕——原因正在那簪子上。原來，出京之時朱厚照興高采烈，縱馬狂奔，「過盧溝（橋），因馳馬失之。大索數日，猶未得。及至臨清，遣人召劉。劉以非信，辭不至。」[3] 當朱厚照從碰了一鼻子灰的「天使」口中得知劉氏的回答，這個二十來歲、以往只有喜劇色彩的浪蕩皇帝，做出了他一生中最有激情、充滿榮譽感、也最摯誠的一個騎士般舉動：他沒有為劉氏的「忤旨」而惱怒，他承認與劉氏的約定有效並認為她有權拒絕自己；為了彌補自己不慎將信物丟失的過錯，他二話不說，根本未作任何交待，自己輕裝簡從，帶零星數人，由運河「乘舸晨夜疾歸」，親自迎取劉氏。這種狂熱和對盟約的遵守，感動了劉氏，她於是從通州下運河，趕來相會，兩人終於在潞河（天津以北的運河河段，稱潞河）見面，攜手南來。令人噴飯的是，朱厚照不宣而去之後，大隊人馬茫然不知皇帝下落，次日好不容易探得其實，「待衛官軍紛紛北去」，但地方官始終不明就裏，「詢之」，隨駕人員怎能據實相告？乃打馬虎眼誑之：皇上想念太后她老人家，所以北歸。山東巡按熊相居然一本正經地就此上疏，說：「陛下遠念慈宮，中夜而返，不假名號，故無知者。仰惟陛下以萬乘之尊，只挾三五親倖及一二小舟，宵行野宿，萬一不虞，如太后何？如宗社何？」[4] 倘若他們得知，皇帝如此衝動，乃為一風塵紅粉，全無太后什麼事，會不會大呼：「狂暈」？

「一騎紅塵妃子笑，無人知是荔枝來。」古來人們對明皇貴妃事，津津樂道。豈知明皇之愛楊氏，遠不好與正德對劉氏的情意比。前者為博楊氏一笑，命人千里兼程將嶺南鮮荔送達長安，固然誇張，但平心而論，李隆

---

③ 《武宗實錄》，卷一七八。
④ 故事並見《武宗實錄》，卷一七八；《萬曆野獲編》，卷二十一。

基所需做的只不過是動動脣舌而已；怎比得朱厚照駕一小舟，夤夜疾駛，親迎心上人於數百里之外？

正德和劉氏的故事，雖然不曾像明皇貴妃故事那樣，引得騷人墨客鋪陳穿鑿，在詩壇曲苑留下諸多名篇（《長恨歌》、《長生殿》等），但仍舊刺激了民間的想像力，捏造出不少傳說來。到了清初，宋起鳳便在其《稗說》裏搜記了如下傳說：

> 此時承平久，物力甚盛，邊塞金錢充牣（盈滿、充塞），邸
> 肆饒庶，四方商賈與豪貴少年遊國中者雲集。故上頻幸私邸，人
> 第目為軍官遊閒輩，概不物色（注目）也。惟姬某侍上久，私竊
> 異之而未敢發，但曲意承順而已。稍稍事聞，外廷言官密疏諫
> 止。上意亦倦，乃明遣中貴具嬪禮迎姬某入內，居今之蕉園。宦
> 寺皆稱為黑娘娘殿云。自上納妃後，代王大驚，疏謝向不知狀。
> 乃下有司，飾妃故居，朱其扉。邊人至今驕話曰：我代邸樂籍
> （代王府藝人），故嘗動上眷也，非一日矣。①

大意是說，當年朱厚照扮作青年軍官，私遊大同，於勾欄間遇劉氏，纏綿多日；後來以皇家禮儀，正式迎劉氏於大內，納之為妃，至此，就藩於大同的代王方知其事，大驚上表謝罪，本地百姓則頗以皇上瞧上此間紅塵女子為榮云云。這傳說的基本情節，後為京戲所用，編成有名的鬚生唱工戲《遊龍戲鳳》（又名《梅龍鎮》），馬連良、楊寶森等皆擅此劇，只不過將劉氏易名李鳳姐，將倆人相遇地點改作酒肆而已。六十年代起，《遊龍戲鳳》被當作黃色劇碼遭禁，「文革」後始得復演。

由朱厚照昏頭昏腦的舉動和素日裏待劉氏的態度，看得出他這一回是有些普通人戀愛的意思了。而前此的表現卻都談不上，包括對於馬姬，雖然愛她，但仍未曾卸下皇帝的面具。試看他在劉氏跟前的情形，與一般被愛意燒得忘乎所以的普通人有何兩樣？尤其是，與劉氏相處，他明顯在尋找與要求着「家」的感覺：起居必偕、夫妻相稱；這種吸引，一定大大

---

① 《稗說》，卷一。

超乎單純情慾之上的。所以我們實在忍不住要問，這劉氏究竟何等樣人？她是怎麼讓這個多年來對女人只有動物式要求的人，突然之間生出世俗溫情的？答案只能在劉氏身上，因為朱厚照還是那個朱厚照，他自己不可能一夜之間變作另一個人。但史籍卻不給我們答案，劉氏在它們筆下，仍舊是以「技」取勝。值得注意的是，與劉氏的熱戀，發生在朱厚照生命最後時刻；從南方巡幸回來不久，他就死去。難道「人之將死，其言也善」，朱厚照在生命將到終頭之際，有浪子回頭、厭倦了過去的肆縱生涯轉而渴望溫暖真摯親情的跡象？這也是懸疑。實際上，朱厚照最後是孤獨死在豹房，身邊沒有親人——至少史籍沒有提到劉氏曾經陪伴於他。劉氏何在？這故事的結局究竟怎樣？不知道。

朱厚照崩後，太后張氏和內閣旋即解散豹房，「放豹房番僧及教坊司樂人……還四方所獻婦女」[2]。如果把朱厚照一生分為做儲君與做皇帝的前後兩半，則其後一半，差不多都與豹房緊密相連。十餘年來，豹房出演了一幕又一幕的喜劇、鬧劇、荒誕劇，以及形形色色的三級片——當然，偶爾也有言情片。不過，歸根結底，豹房上演的是一齣悲劇。為何這麼說？我們只須想想，朱厚照入住豹房時，不過十七歲，春天一般的年齡，死時剛過三十歲。如此美好的年華，正該是勃勃向上、奮發健行的人生。可他卻匿身密室，在陰黯幽晦之中醉生夢死，耽於各種感官皮肉刺激而無以自拔。他是這樣損耗着自己的身體和生命，讓它早早地衰老、爛去和朽掉。倘若他不是身不由己、糊裏糊塗做了皇帝——他實在不適於做皇帝，哪怕從最無廉恥的善於享樂的角度說，他也不是做皇帝的料——而是像天下大多數普通少年一樣地成長，他的一生想必不至於這麼糟糕。

這悲劇，說到底是制度的悲劇。只要命中注定，不問什麼貨色，都把他弄到皇帝位子上。既害人民、國家，其實也害他自身。朱厚照這人，我是覺得他對自己的皇帝血統和出身，骨子裏面有一種仇恨——儘管他同任何人一樣，屁股一旦坐在那位子上，也禁不住它的縱容和誘惑，去施各種各樣的淫威。但他還是有一種恨，潛意識的、無可奈何的恨。

---

② 《明史》，本紀第十六。

將這種恨揭櫫出來的，是正德九年（1514）正月的乾清宮大火。這場因朱厚照放燈而起的罕見的大火，徹底燒毀了作為帝權象徵的乾清宮。《武宗實錄》紀其經過如下：

> 正德九年正月庚辰。上自即位以來，每歲張燈為樂，所費以致萬計。庫貯黃白蠟不足，復令所司買補之。及是寧王宸濠（即後來那個叛亂者朱宸濠）別為奇巧以獻，遂令所遣人入宮懸掛。傳聞皆附着柱壁，輝煌如畫。上復於宮廷中，依簷設氈幙而貯火藥於中，偶弗戒，遂延境宮殿，自二鼓至明，俱盡。火勢熾盛時，上猶往豹房省視，回顧光焰燭天，戲謂左右曰：「是好一棚大煙火也！」[①]

——「是好一棚大煙火也！」細味當時情景，正德此言，礙難僅得以「沒心沒肺」視之，裏面分明含着一絲怨毒，更透着大歡樂、大欣幸，仿佛這是大快人心之火，仿佛燒毀的不是他自己的寢宮，也不是他世代的祖居，而是一座樊籠。這跟賈寶玉夢遊太虛境，聞歌：「落了片白茫茫大地真乾淨！」語意何其相似？

為着這朦朧莫名的恨，朱厚照逃往豹房，但其實無處可逃。「皇帝」這個語詞所固有的惡，不因他遷變居所而泯滅。它追逐着他，並且與豹房獨有的病態相結合，更恣肆更徹底地毒害了他。

光榮與夢想

朱厚照死後，繼任者費盡思量，總算給他擇定廟號「武宗」，史稱明武宗。

---

① 《武宗實錄》，卷一〇八。

說起這廟號的由來，就不得不提到除情色之外，他的另一愛好。

　　此人自幼喜動不喜靜。讀書思索非其所好，專愛舞槍弄棍。民間說：三歲看大。一個人的性情，往往有其先天性；是粗是細，是智是魯，長大後是咬文嚼字還是吃體力飯，從很小的時候便見端倪。如果稟性太強，則無論後天家庭、社會如何影響與努力，也不能見效，擋都擋不住。

　　眼下朱厚照就是一個明證。童年時父親弘治皇帝強迫他讀書，無奈只好讀，而且他並非長着一顆不宜讀書的腦瓜，據說小時候讀書的成績還挺不錯，被誇「天性聰明」[2]。可是他注定與書本、文化有仇，一捧書本，內心就毫無快樂可言，直如受刑一般。那麼，在什麼事情上他才由衷地愉悅呢？就是當摔摔打打、砍砍殺殺的時候。「騎馬打仗」，是他最愛扮玩的遊戲，還有射箭、摔跤、踢球（蹴鞠）……這麼說吧，舉凡可令身體臭汗淋漓的事，他無不歡欣受用，而需要用心用腦子的事，卻統統不勝其煩。這一點上，他跟明朝第二任皇帝、諡號「惠文」的朱允炆，剛好顛倒過來。

　　關於朱厚照的童年，《明史》只用六個字來概括：「性聰穎，好騎射。」[3]可見基本上是在遊樂中渡過。對此，嘉靖年所修《武宗實錄》，少不得要替剛剛謝世的前代皇帝掩飾一番，說：「為學之暇，或聞其頗好騎射，以為克詰（治）戎兵、張惶六師，亦安不忘危之意。弗之禁也。」[4]意思是，弘治皇帝覺得太子「頗好騎射」，將來有利於國防，終究是有用的，所以並不阻止。但有一條，朱厚照對騎射的耽迷，絕非「為學之暇」；其次，弘治對兒子的表現恐怕也根本不是這樣安然的，否則他不會在託命內閣三臣時留下遺言：「東宮聰明，但年少好逸樂。先生每（們）勤請他出來讀些書，輔導他做個好人。」特地強調太子不肯讀書乃是自己的大憂慮，而且，「好騎射」在他看來也不是什麼「克詰戎兵、張惶六師，亦安不忘危之意」了，而指出實質乃是「好逸樂」。這是李東陽親筆記下的弘治的原話，每個字都很可靠。

　　朱厚照究竟長什麼樣兒，史家未描繪過其具體相貌。只見過他身着龍

---

② 《武宗實錄》，卷一九七。
③ 《明史》，本紀第十六。
④ 《武宗實錄》，卷一。

袍在寶座上的一幅坐像，看起來五短身材，還算精悍，但絕非孔武有力的樣子。不知道出於對自己身體不滿意，還是非常自信，他特別愛在孔武有力方面表現自己、證明自己。他所以建豹房，遷居該處，固然主要出於躲避宮中限制的目的，但與愛和猛獸嬉戲也不無關係，就像一個拳擊家不願意離開拳房一樣。在豹房，他經常親自「手搏虎豹」，雖然豹房裏的猛獸想必都事先經過調教，並不真正生猛野性，但正德九年朱厚照還是在搏虎中為虎所傷。[1] 又一次，也是赤手搏虎，老虎把朱厚照壓在地上，「召（錢）寧，寧縮不前……（江）彬趨撲乃解。帝戲曰：『吾自足辦，安用爾。』」[2] 據說，這件事直接影響了錢寧、江彬兩大近倖此後在豹房的地位。從朱厚照熱衷於跟大型動物角鬥，特別是他所說那句話看，此人非常在意自己在肉體這一層面是否足夠有力，以及這一方面的能力是否被人尊重；亦即，他在這方面對虛榮有強烈需求。明明被老虎打敗、壓在地上，虧得別人解救，爬起來卻說：我自己足以對付，哪用得着你幫忙？

物以類聚，人以群分。古時候，「楚王好細腰，宮中有餓人。」眼下，在朱厚照身邊，在豹房，匯聚的也都是和皇上本人一樣的起起武夫。所用太監，俱雄健強壯，能武，或至少身體條件適合習武者。朱厚照死後，在遣散人員中我們發現專門提及了「少林寺和尚」[3]。連搞女人，朱厚照似乎都偏愛物色「武人家眷」——馬姬是前總兵官馬昂的妹妹，戴氏則是另一個總兵官戴欽的女兒。前期豹房和後期豹房兩大巨頭錢寧和江彬，都是「武功超群」的人。錢臂力驚人，射術精良。江更不必說了，職業軍人出身，邊塞驍將，朱厚照第一次見到他，親自檢視其箭傷傷痕，竟然大呼小叫：「彬健能爾耶！」[4]（江彬這麼強健和能幹啊！）前面所述朱厚照為虎所迫，錢寧畏縮不前而江彬解之一事，讓朱厚照「心德彬而嫌寧」，暗中偏向江彬而瞧不起錢寧，因為江彬更像勇士。此外，江彬人高馬大，「貌魁碩有力」，對五短身材的朱厚照來說，大概也更代表理想。遍覓豹

---

① 《武宗實錄》，卷一一六。
② 《明史》，本紀第十六。
③ 《武宗實錄》，卷一九七。
④ 《明史》，列傳第一百九十五。

房，我們看不到一個知識分子，看不到一個腦力勞動者，全是靠「身體」吃飯之流（女人以「色」，男人以「力」或兼以「色」），這真是一個亙古少有的「團隊組合」。江彬掌事以後，豹房更進一步演變成徹頭徹尾的「軍閥俱樂部」，他次第引來萬全都指揮李琮、陝西都指揮神周，加上原在豹房的都督同知許泰，這四鎮邊將號稱「外四家」，共同把持了後期豹房。

弘治一死，朱厚照襲位為君，得以大弄。在禁內闢出教場，於太監中擇出勇健者，編為「內操軍」，日夜操演。或分成敵對兩撥，對峙衝殺，自己更披堅執銳，親臨「戰陣」。「晨夕馳逐，甲光照宮苑，呼雜訊達九門。」⑤整座京城被他攪得一團糟，很不成體統。所以時任吏部尚書的楊一清上疏抗議道：「視朝聽政，經筵日講，帝皇常規，國家舊典也。陛下月不過一二朝，當講輒罷。而竊聞留御豹房，練兵花苑。鼓砲之聲，震駭城市。甚非所以示中外、訓來世也。」⑥說他不僅丟了國家的臉，也給將來君主做了壞榜樣。

每個人都有人生理想，朱厚照亦不例外。楊一清不了解這一點，故而所提意見朱厚照不會聽，甚至也毫不在乎。對於是否有損國家威嚴、將來皇帝會不會有誰起而效尤，他不會關心；對他來說，弄武、將兵，樂在其中，而且事關榮譽和抱負，事關自我價值的實現。別人眼中，他是皇帝，須守皇帝規矩，如皇帝那般行事；然在其自己心中，他只想痛快淋漓地打打殺殺。甲冑閃耀、昂坐馬上、身後是浩浩蕩蕩的大軍，而敵人卻丟盔棄甲、落荒而逃……這情形是他為之激動的，能讓他自覺高大，是「英雄」，合乎人生理想——就像後來晚他兩輩的天啟皇帝，最高理想乃是當一木匠一樣，誰能責之以不是？

要說荒誕，只能說君主制荒誕。許多人，明明適合幹別的，只因生在帝王家，就硬派他世襲了君主，搞得裏外不是人，國家也跟着倒霉。例如：李煜如果簡簡單單做個詩人，再好不過；趙佶如果集中精力搞他的書法繪畫，絕對是人盡其才；朱厚熜（嘉靖）不如去幹道士，或能成一代宗

---

⑤ 同上。
⑥ 《罪惟錄》，帝紀卷之十一。

師；朱翊鈞（萬曆）做皇帝很差勁，倘然做會計的話，賬一定可以把得很嚴……像朱厚照，最好是給他一條破槍、一面爛盾、一匹瘸馬，領着一群烏合之眾，東討西征，雖然免不了老吃敗仗，但也強似在金鑾殿胡鬧。

有人可能會聯想起堂吉訶德。沒錯，某種意義上我們確可把朱厚照稱作十六世紀中國的堂吉訶德。

作為小說人物，堂吉訶德誕生只比朱厚照略晚；如果賽萬提斯 1605 年出版他的《堂吉訶德》第一部之前，能來中國一遊，說不定會對這人物的塑造另有一番欣喜的發現。雖然朱厚照身上，「嫉惡如仇、總是正面向他的『敵人』發起不屈不撓的衝鋒」的騎士精神是一點也沒有的，不過，就一生生活在夢幻裏、不切實際、自以為是和用想像代替自身現實的理想家這些方面論，他們實在可以說是一對難兄難弟。堂吉訶德先生五十歲以後在家呆不住，立志出門冒險、打遍天下；朱厚照二十來歲起也嚮往於傳奇的生涯，屢屢一身戎裝，僅以數騎隨，摸出宮去，「巡視三邊，督理兵政，冀除虜患」，甚至頂風冒雪、備歷艱險，騎行千餘里，「親征」胡虜。堂吉訶德先生把風車當作傳說中的巨人與之搏鬥來表示勇敢，朱厚照則跟馴化過的虎豹搏鬥來表示勇敢。堂吉訶德先生路遇阿爾及利亞總督進獻給皇上、載於籠車的獅子，堅持要將獅子放出，讓他親手降服；朱厚照則當叛王朱宸濠明明已被南贛巡撫王守仁俘獲後，非要將朱宸濠重新縱放於鄱陽湖，然後由他親自捉拿。就連他們虛構自己的思路也如出一轍：堂吉訶德開始遊俠生涯之前，想了八天，決定自稱「堂吉訶德」（「堂」字，為貴族專用），自授騎士封號；朱厚照四處東征西討之前，也重新取名「朱壽」，自封公爵（鎮國公）、五星上將（威武大將軍）、軍區司令員（總兵官）一連串頭銜。評論家把堂吉訶德一生濃縮成這樣一段話：「他終於完全失去了理性。他要去做個遊俠騎士，披上盔甲，拿起兵器，騎馬漫遊世界，到各處去獵奇冒險。書裏那些遊俠騎士的行事他一一照辦，要消滅一切暴行，承當種種艱險。將來功成業就，他就可以名傳千古。」對朱厚照來說，他基本上可把這段話照單全收。

朱厚照向「東方堂吉訶德」的轉化，大約始於正德七年。以前，他「耀武揚威」的範圍，以宮苑之內為限，只是在「內教場」組織一群太監搞

軍事演習，其性質跟他指揮的「士兵」獨特的生理情形一樣，有一種閹割過的意味，聊勝於無，充其量做做遊戲而已。皇帝的「遠征」，也頂多是到京郊打獵，收穫幾隻野兔、野雞作為戰利品。但正德五年到七年之間，發生一場浩大的民間暴動，波及河北、河南、山東、山西、四川、安徽和湖北，內中以直隸霸州的劉六、劉七暴動，能量最巨，威脅最大。暴動發展迅速，官軍不能制。到正德六年，由兵部侍郎陸完動議，開始徵調邊軍參與剿討。所謂「邊軍」，指明代專門駐鎮北部長城諸要塞，防禦「韃虜」的部隊，其職責專在國防，不介入國內平叛剿亂之事。可是立國百餘年後，日甚一日的腐敗，已使身膺對內鎮壓功能的京軍，毫無戰鬥力；此時，對各處「流賊」屢戰屢北，京師數危。尚具一定戰鬥力的，亦只有邊軍。為應急之需，朱厚照乃將祖制撇在一邊，在本朝史上第一次徵調邊軍參與戡亂。於是，得與許泰、江彬等邊帥相遇。

一旦接交，彼此都有相見恨晚之慨。史記：「（江彬）談兵帝前，帝大說。」[1] 從小迷上打仗的朱厚照，現在才算親睹野戰將軍的風采。從江彬口中，聽到多少「飢餐胡虜肉，渴飲匈奴血」的雄壯故事；撫睇江彬累累傷痕，胸中鼓蕩着壯夫、英雄的豪情！還有韜略、兵策——一位野戰指揮官所滔滔不絕談論着的這些內容，該何等令人大開眼界？想想自己在「內教場」玩的那些東西，純粹是小兒科！

江彬立即接手朱厚照那支「太監部隊」的訓練，用正規手法將其從「銀樣蠟槍頭」打造成大戰數百回合不倒的鋼槍。「帝戎服臨之，與彬聯騎出，鎧甲相錯，幾不可辨。」[2] 也許，與這員「虎將」並騎而立的一瞬間，朱厚照才感覺到自己像一個真正的武士？他仿佛有一種新生之感，從他隆重地為這支「新軍」更換的服飾即可看出這一點：「諸營悉衣黃罩甲，（許）泰、（李）琮、（神）周等冠遮陽帽，帽植天鵝翎，貴者三翎，次二翎。」[3] 何謂「衣黃罩甲」？指的是「雖金緋錦綺，亦必加罩甲於上」，也就是說，穿得再好，也非要在外面套上一件甲衣，才神氣，才美。因為這

---

① 《明史》，列傳第一百九十五。
② 同上。
③ 同上。

是皇上所欣賞的服飾美，一時間，「市井細民，莫不效其制，號曰『時世裝』。」[①]換成今之用語，「衣黃罩甲」便是十六世紀一十年代中國的頭號時裝。這種以軍飾為美的時尚，大抵很像筆者小時候「文革」中間人們對於軍帽、軍裝、軍挎包、軍用皮帶（俗稱「武裝帶」）的推崇。那時，武鬥遺風猶存，加之又掀起「全國人民學解放軍」熱潮，一切具武裝色彩之用具，無不走俏，極難獲致，幸而得之者則飽受他人羨慕，而搶劫犯首選的目標，竟然也不是手錶和錢包，恰恰就是軍帽等物——此為題外話也，但兩者之間確極為相像。《明史》提到，當時兵部尚書王瓊「得賜一翎，自喜甚」[②]，前面說「貴者三翎，次二翎」，堂堂國防部長僅被賜一翎，卻把自己高興壞了，足見這由朱厚照而起的「軍事拜物教」是怎樣地風靡！

江彬一面調教御林軍、努力幫助朱厚照找到職業軍人感覺，一面適時地以諸多誘餌，鼓勵朱厚照出外冒險。「數言宣府樂工多美婦人，且可觀邊釁，瞬息馳千里，何鬱鬱居大內，為廷臣所制？」[③]在江彬，這可以讓朱厚照遠離豹房大佬錢寧，為己所控；在朱厚照，則其向「東方堂吉訶德」轉化的主客觀條件已具備，所以江彬之言深獲其心（「帝然之」）。

朱厚照躍躍欲試。但這位大明皇帝，究非西班牙鄉間的一介普通紳士，不便立即大張其鼓地將自己的抱負付諸行動，卻須首先投石問路。根據給事中石天桂等人的奏摺，至遲於正德九年起，朱厚照就經常以祕密出行的方式，來試探群臣的反應，「數離深宮，驅馳於外，有時侍衛之臣不知所在」[④]。

此一伎倆終於在正德十二年（1517）升級為實質性行動。他着手做正式的準備，「大造刀銃甲箭，將遊倖焉」[⑤]。八月初一清晨，朱厚照「微服，從德勝門出，幸昌平。」這次行動是如此祕密，瞞過了朝中所有人。大臣早朝不見皇帝蹤影，苦苦守候到下午，才輾轉聽說聖駕一大早就去了教場，然後轉而前往天壽山（在十三陵附近）遊倖。第二天，內閣三相

---

① 《武宗外紀》。
② 《明史》，列傳第一百九十五。
③ 同上。
④ 《罪惟錄》，帝紀卷之十一。
⑤ 同上。

梁儲、蔣冕和毛紀追至沙河（今回龍觀以北十公里），失去線索，徒勞而返。而據專門司職看管京畿北大門的巡關御史張欽所得情報，所謂皇上巡幸天壽山，其實是個幌子，真實意圖是「欲出居庸關巡宣（府）」。張欽立命守關人員嚴加戒備和稽查，勿將可疑者放出關去，同時上疏朱厚照，稱：「天子舉動，所繫不小。或欲親征虜寇，宜先下詔大廷共議。必不得已而出，亦宜戒期（擇定吉日）、清道、百官扈從。今者皆不聞，而輕騎潛行，萬一奸人假竊陛下名號欲過關，誘引胡人以危社稷者，何以防之？臣職守關，陛下即欲出，臣萬死不敢奉詔。」⑥

計劃未能得逞，朱厚照悻悻之餘，並不急於回鑾。他索性在昌平御馬房住下，然後轉通州、南海子，足足玩了十三天才回到豹房，以迷惑群臣。此行雖然失敗，不過基本目的卻已達到，那便是偵察火力。藉這次的試探，朱厚照搞清楚了偷渡出關的主要障礙在哪裏，也總結了失敗的原因。

牛刀小試之下，僅隔十天，八月二十三日，朱厚照再次行動。路線完全相同，出德勝門，赴居庸關；不過，行動細節卻做出若干重要的調整。首先，動身時間提前，趁張欽等尚未察覺，「夜出德勝門，潛越居庸」⑦。其次，一旦得手，當即派太監谷大用接管居庸關，令「無縱出者」⑧，務必在此阻止任何試圖追還聖駕的大臣。這二招棋果然奏效，朱厚照就此衝出北京，揚長而去，開始其「東方堂吉訶德」的榮耀之旅，直至三年後走到人生盡頭。

這位「東方堂吉訶德」，將自己的誕生地選在宣府。對此他早有預謀。據《罪惟錄》，早在一年多前亦即正德十一年二三月間，他就已經決定「作離宮於宣府，備臨幸」⑨。現在，這由江彬督建、被他稱為「家裏」⑩的府第已然告竣，衝出北京群臣的封鎖、一身戎服、煥然一新的他，興高采烈地入住，並將其命名為「鎮國府」。這名稱意味着，一個當世頭號英雄從天而降，突然出現在世人面前——他，就是鎮國府主人，鎮國公、總

---

⑥ 《武宗實錄》，卷一五二。
⑦ 《罪惟錄》，帝紀卷之十一。
⑧ 《武宗實錄》，卷一五二。
⑨ 《罪惟錄》，帝紀卷之十一。
⑩ 《武宗外紀》。

督軍務威武大將軍總兵官朱壽。朱厚照以敕書的形式將這項任命正式通知吏部，並且給「朱壽」頒發了印信，明確指出「朱壽」的行政待遇是「支祿米五千石」。[①]

　　生活在公元1517年前後的中國明朝官僚，顯然無緣拜讀賽萬提斯的長篇小說，因此對眼前遇到的離奇一幕無從理解，張惶失措。當接到皇上旨意，「特命總督軍務威武大將軍總兵官朱壽統承六師，出邊攻守」時，完全不知如何應對。首輔梁儲唯有哭諫道：「是以臣名君，死不奉詔。」意謂，我只效忠皇帝本人，對這種以臣子取代君主的命令，殺了我也不敢服從。但朱厚照並不需要朝臣認可，那只不過是走走形式而已。他不僅繼續堅持「朱壽」的封號與職務，又特意「造鎮國公牙牌、誥券（委任狀）」。在「朱壽」與堂吉訶德先生之間，實實在在的區別只有這一項：後者的騎士、貴族身份完全出於僭盜，是不合法的，而前者雖然同屬捏造，但每一個頭銜都貨真價實、絕對合法。就此論，「西班牙原裝堂吉訶德」比之於「東方堂吉訶德」，自有甘拜下風之不如。

　　「東方堂吉訶德」在宣府安頓下來不久，便迫不及待出馬，去建功立業了。

　　明朝雖為滿清所滅，但其二百來年歷史中的外患，大部分時間仍來自舊敵蒙古人。自從朱元璋把元順帝攆回大漠之後，這個曾經創建橫跨歐亞大陸、有史以來最大國家的民族，似乎一夜之間被打回原形，重新變作「馬背上的民族」，東遊西竄，除了放牧，便以騷擾、劫掠為生，不復有穩定的政權和疆域。他們似乎變得很古怪：一方面，其富於傳統的騎兵戰鬥力依然很強，完全可以勝任攻城拔寨的使命，另一方面，卻又顯得對此毫無興趣，每次行動打了就跑，搶了就知足，從來不曾顯示對明朝有「收復失地」的壯志。有時，蒙古人明明可以輕鬆拿下北京，卻讓人很費解地收手不為，自行遁去。特別是正統年間的「土木之變」（1449年），英宗朱祁鎮竟然被蒙古瓦剌部落所生擒，隨即兵臨北京城下，此時北京被圍，完全是孤城，哪怕圍而不打，也勢難堅持；結果，瓦剌軍隊卻只是提出索取金帛財物的要求，被拒絕後，攻城只五天，便失去耐心、興味索然，於城

---

① 《罪惟錄》，帝紀卷之十一。

外大肆擄掠一番即行撤退，一年後，更將英宗白白放歸，並不以為奇貨可居——其無「大志」，一至如斯！

以為經江彬一番培訓而於兵戎之事已然學成，且自封「威武大將軍」的朱厚照，眼下正沿城塞一線四處尋找蒙古人，以便與此強敵過招，來證明一個蓋世英雄的存在。令人着惱的是，蒙古騎兵完全採取「流寇主義」，剛有情報說某處發現他們蹤影，趕到時卻蹤跡已杳。正德十二年九、十月間，朱厚照率着人馬從宣府趕到順聖川西城（今河北陽原，與冀晉交界處），再向西折往大同、陽和衛（今山西陽高）等，處處撲空，不免令急欲一逞的朱厚照感到大煞風景。

十月中旬，終於在應州（今山西應縣）一帶發現大量蒙古軍隊。十八、十九、二十日，連續三天與蒙軍遭遇，但略一接觸，蒙軍便脫離戰鬥，不知去向。當時有人分析，蒙軍「其眾甚多，卻乃藏形匿影，外示寡弱」，告誡朱厚照「是誠不可忽略」，「不可輕出」[2]。這番話，顯然有對症下藥之意。因為朱厚照多日來尋敵無果，屢被對方溜掉，正在心癢難熬中，而蒙軍則似乎有意以此挑逗於他。應州遭遇戰打響之際，朱厚照還在一百多公里外的陽和衛，得到戰報，被吊了近一個月胃口的他，想必如相聲《釣魚》主人公一般，頗有「我可等到這撥兒啦」之感，哪裏顧得「不可輕出」的告誡，立即率領他的太監近衛軍及其首腦江彬、張永、魏彬、張忠等人火速趕來會合。在應州城外，為蒙軍阻攔，「眾殊死戰」，一直折騰到天色將晚，「虜稍卻，諸軍乃合」。[3] 喘息未定，天剛亮，蒙軍即來攻。朱厚照親自督陣，與敵大戰，由辰時（早間）至酉時（傍晚），足足鬥了百餘回合。天色既晚，各自收兵。朱厚照正在興頭上，第二天開城搦戰，卻發現蒙軍不知何時拔寨離去，又不玩了。朱厚照大惱，差人探得蒙軍引兵西去，當即點起人馬：「追！」好不容易在應州以西百公里的朔州（今山西朔縣）附近追上。安營紮寨，準備來日大破之。誰知天公也不作美，忽然颳起沙塵暴，「黑霧晝晦」，大白天什麼都看不見。估計沙塵暴過去之後，蒙

---

② 《武宗實錄》，卷一五四。
③ 同上。

軍又銷聲匿跡，而明軍自身其實也被拖得疲憊不堪，追到何處是頭？追上也未必打得過。朱厚照掂量掂量，不如見好就收。「乃還」，同時立刻指示以大同「軍區司令員」（總兵官）王勛等的名義，「以捷聞於朝廷」。[1]

既然稱「捷」，我們不妨看看《武宗實錄》所留下的一份戰報：這次雙方參與戰鬥的部隊，明軍調集了宣府、大同、遼東、延綏四鎮人馬，加上朱厚照的「太監近衛軍」，總兵力約在六萬左右；蒙古人方面兵數不詳，據戰前情報稱玉林衛發現有五萬餘蒙古騎兵集結，唯不知此五萬之敵是否俱投入了應州之戰——姑折其半，以不足三萬計。如是，則雙方兵力對比為 2：1。以這樣我眾敵寡的軍力，戰鬥結束之後的統計是：「斬虜首十六級，而我軍亡者五十二人，重傷者五百六十三人。」明軍戰死者超過蒙軍三倍；雖然蒙軍重傷人數未報，但根據這一比例，當不足二百人。尤其嚴重的是，《實錄》隨後還記有一句：「乘輿幾陷。」即，朱厚照差點被捉。[2]

這是怎樣一場「勝利」啊！朱厚照居然有臉「以捷聞於朝廷」。莫非他終於不曾成為朱祁鎮第二，就算值得自豪的勝利？旁人看，也許阿 Q 得可以，但朱厚照仍然很自豪。這個自封的「威武大將軍」，懷揣「大丈夫志在沙場」的抱負，出外闖蕩，如今創下斬虜十六（且不論是否傷敵三千，損我一萬）的偉業，可以衣錦榮歸了。為着功歸「威武大將軍朱壽」，而非皇帝——朱厚照堅持區分這一點——特命出城迎接凱旋者的大臣們，趕制並身着一種由他設計的臨時禮服，稱為「曳撒大帽鸞帶服色」，那究竟是何奇怪款式，現在無從知曉，總之，換上這種服裝，就意味着迎接者不是前來為皇帝歌功頌德，而是拜倒在「威武大將軍朱壽」的赫赫武功之下。

正德十三年正月初六，還是新春佳節期間，北京德勝門外搭起數十座彩篷，到處彩旗招展、標語飛舞：「上意（指示）具彩帳數十，彩聯（旗幟和標語）數千，皆金織字。序詞惟稱『威武大將軍』，不敢及尊號（皇帝名號）。」[3]標語上寫着什麼呢？以我們今天所能想像的，詞意大抵不外

---

[1] 《武宗實錄》，卷一五四。

[2] 同上。

[3] 《武宗實錄》，卷一五八。

乎「威武大將軍萬壽無疆！」「戰無不勝的威武大將軍萬歲！」之類。群臣特意準備呈見的「紅梵夾子」（名帖），也都不敢稱「臣」。大家牽着羊，捧着酒、白金、彩幣，穿着「曳撒大帽鸞帶服色」的奇裝異服，排於道左（不敢居右）恭候。整個現場看起來既喜慶又滑稽。當日甚冷，陰沉沉的天空，雖無凌厲之風，但寒意透骨，一些老邁龍鐘的大臣，瑟瑟發抖，被凍得喘而又咳，白鬍子一翹一翹，煞是好玩。守候到暮色降臨，朱厚照還是不見人影。也不知等到什麼時辰，天完全黑了，忽見前方「火毬起，戈矛前煙氣直上，乃知駕至」，群臣趕緊趴下磕頭。但見「上戎裝、乘赤馬、佩劍而來，邊騎簇擁。」來到歡迎儀式的主帳篷前，朱厚照下馬坐定，大學士楊廷和等獻上美酒、果品、金花等，以示祝賀。朱厚照飲畢，說了一句話：「朕在榆河親斬虜首一級，亦知之乎？」楊廷和等只好對以：「皇上聖武，臣民不勝慶幸。」扔下這句豪言壯語，朱厚照「遂馳馬，由東華門入，宿於豹房」。這時已是深夜，外面早紛紛揚揚下起漫天的大雪來，浩大的迎駕隊伍散開，拖拖拉拉各自往城裏走，因路途難行，加之身着那種令行動極不便的奇怪服裝，以致「僕馬相失，曳走泥淖中，衣盡沾濕。夜半後，僅得入城。有幾殆（垮掉）者。」[④]

「你們可看見過殺頭麼？」從城裏回來、見過革命的阿Q，這樣問未莊的鄉親們。「朕在榆河親斬虜首一級，亦知之乎？」以「威武大將軍」之名在外闖蕩的朱厚照，回到京師則這樣問他的大臣們。如果這對相隔四百年的冤家能夠聚首，搞一篇對話錄，我想是會有一些可觀之處的。

當然，我們還是盡可能把他看成「東方堂吉訶德」，畢竟阿Q是沒有貴族頭銜的。

這位大明國最偉大的武士，似乎從他第一次歷險中嚐到了甜頭。回到北京只呆了十來天，便又一次去宣府，本擬開展更大規模的西北遠征，不巧的是，他的祖母太皇太后老人家偏偏這個時候死了，他只能回來奔喪。

皇家喪事手續極其繁複，到最後發殯需數月之久。二月，太皇太后剛死，朱厚照就回到北京。倘要他一直等到出殯完畢都呆在豹房不動窩，

---

④ 《武宗實錄》，卷一五八；《武宗外紀》。

他會鬱悶壞的。不能遠行，則就近遊歷。所以三月份，他藉名去皇家陵區（即現在的十三陵，當時陵墓尚未達「十三」之數）謁祖，再次出行。這次足跡所至，方向是京師東北長城一線，包括密雲、遵化、薊州鎮（今河北三屯營），歷時一個多月。其重頭戲據說是將在要塞大喜峰口「召朵顏衛夷人至關宴勞」[1]，享受對他的個人崇拜。然而巡撫薊州都御史臧鳳，剝奪了他的所期待的榮耀時刻。臧鳳潑涼水說：「此夷……豺狼之性難馴。今屈萬乘之重以臨之，彼懷譎詐未必肯從，縱使率其部落而來，恐無以塞無厭之求。請早回鑾，垂拱大廷，四夷自來王矣。」[2]臧說得婉轉，但真實意思是：您想見人家，人家還未必賞臉；陛下真希望得到「四夷」尊崇，那就呆在皇宮裏，比哪兒都強。朱厚照很掃興，但自認為不如臧鳳了解「野蠻人」的習性，只好作罷。

由這件事可見朱厚照內心的虛榮。這顆心，他是放不下了的。太皇太后喪事終於完全打發畢，那個曾被擱置的雄偉計劃可以擺上日程——經過一番準備，這年七月初，朱厚照發佈了遠征令：

> 近年以來，虜首犯順，屢害地方。且承平日久，誠恐四方兵戎廢弛。其遼東、宣府、大同、延綏、陝西、寧夏、甘肅尤為要甚。
>
> 今特命總督軍務威武大將軍總兵官朱壽統率六軍，隨帶人馬，或攻或守。即寫各地方制敕（允許調動和指揮軍隊的命令書）與之，使其必掃清腥膻，靖安民物。至於河南、山東、山西、南北直隸，倘有小寇，亦各給予敕書，使率各路人馬剪削。[3]

這道聖旨好玩至極。它的好玩處，並不是自己委任自己這套舊把戲，那對我們已無新鮮感；而是其中透露出的「氣吞山河」的壯麗想像。此種想像全非任何具正常理智之人所能有，越出現實界限之外，成為十足的妄想狂表現，兼有自我強迫綜合症。在這想像中，朱厚照指認朱壽——也就是他本人——將統率六軍、或攻或守，靖平從遼東到甘肅這樣一個廣大區

---

① 《武宗實錄》，卷一六二。
② 同上。
③ 《武宗實錄》，卷一六四。

域內的全部「虜寇」；不惟如是，連中原腹地，河北、河南、山東、山西一直到兩江一帶，「倘有小寇」，他也將不憚其煩，親自領兵一一蕩除。

在此，朱厚照之堂吉訶德化，已登峰造極。且不說他要將先前百餘年從未止歇的邊患獨自消弭，且不說他發誓連一切「小寇」都不放過、讓他們統統在他手下掃平——單說從遼東到甘肅、從北京到南京這樣一個幅員遼闊的範圍，全部跑下來，已很夠他嗆。

但陶醉在自我崇高裏的朱厚照，顯然不曾考慮其難度。七月九日，遠征軍出發了。

獨裁者的個人英雄主義，總是以糜費國財、空耗民物為前提，為代價，為保障的。堂吉訶德外出歷險，只帶桑丘一人。朱厚照的遠征軍卻達一萬七千餘眾，而且特發賞銀每人三兩，單此一項即耗去五萬二千餘兩。這還是小頭，如將軍糧支出、運輸，其他給養的補充，軍隊減員後隨時增調新兵力所需費用，龐大的隨侍隊伍日常用度，以及朱厚照一個人沿途玩樂揮霍掉的錢財……等等這一切加起來，無論如何是一個天文數字。

從正德十三年七月到正德十四年二月，「東方堂吉訶德」此次西征壯舉，歷時長達七個月。這超大型的官費旅遊團，沿長城一線，歷經河北、山西和陝西，最遠到達延綏鎮榆林衛（今陝西榆林）。一路之上，並無報導曾與「胡虜」動過一刀一槍。十一月，在榆林，朱厚照得到巡撫陝西監察御史樊繼祖的報告，稱入秋以來甘肅寧夏一帶屢遭蒙古騎兵侵犯，「大肆殺掠」，「虜所屯聚，不下二千餘里」，且近來聞知其中叫作「亦卜刺」的一支，「已離西海（即今青海湖）漸徙而來」[④]。這個報告的用意有點奇怪，似乎是在嚇唬朱厚照。無獨有偶，不幾日，朝中內閣大學士楊廷和等也有信來，名義是「問安」，內容卻挺讓朱厚照「添堵」。信中先是指責朱厚照「陛下但知馳驟鞍馬、縱情弋獵，以取快於一時」，然後與樊繼祖報告如出一轍，極力渲染陝甘寧一帶「虜情」：「北虜屯牧黃河套內，不下二三十萬，自西而東一帶，邊牆（長城）外無處無之，日夜窺伺，欲

---

④ 《武宗實錄》，卷一六八。

騁奸謀。萬一墮彼奸計，智勇俱困，將何以處？」① 我很疑心這是中央官員與地方官串通一氣，嚇退皇帝，阻止其繼續冒險。按照公佈的野心勃勃的計劃，朱厚照的目的地應該是到達祁連山以北、位於今天甘肅張掖的甘肅鎮，榆林距此，尚十萬八千里。也許是被情報嚇倒，也許朱厚照已經疲憊不堪。總之，「遠征」以榆林為終點，再未西進。十二月，朱厚照已退還大同，嗣後又在宣府那座「鎮國府」盤桓月餘，於第二年二月回到北京。

有一點必須指出：儘管朱厚照這個雄偉計劃最後以虎頭蛇尾的喜劇結局收場，儘管未費一槍一彈的「西征」純屬名不副實，但「東方堂吉訶德」還是用一種行為保住了尊嚴——他在往返數千里的路途上，始終堅持騎馬，不坐車輦。「上乘馬，腰弓矢，衝風雪，備歷險阨。有司具輦以隨，亦不御。閹寺從者，多病憊弗支，而上不以為勞也。」② 至少在這一點上，朱厚照表現得還像一個勇士，並且可以窺見他的內心，確有以「英雄」自詡自任的情結。歷史就是這麼有意思，一些惡貫滿盈的獨夫民賊，在某些時候，某些事情上，可能出人意表地顯示出值得尊敬、令人感動的品質。當只去宣揚他的這類品質時，人們會覺得他是英雄、偉人。秦始皇、希特勒都有自己的另一面；但是不要忘記，他同時也在做着禍國殃民的事情。即以眼下朱厚照而論，他長途跋涉中備嘗艱辛、拒絕舒適的同時，卻在所到之處大肆擾民，花天酒地，「設酒肆，券而不償（強買強賣），索女樂於晉府，孌樂人騰妻劉氏。」而他駐蹕的宣府「鎮國府」裏，「豹房所貯諸珍玩，及巡遊所收婦女貯其中。」③

朱厚照對他的「光榮與夢想」的最後一次追求，便是前面提到過的南巡。

當時，整個叛亂已然敉定，叛王朱宸濠被王守仁生擒。朱厚照對此消息，大抵既欣慰又不免有些惆悵。欣慰的是，當年惠文帝被推翻的一幕未在自己身上重演；惆悵的是，如此難得的顯身揚名的機會，居然旁落他人。不成，他無論如何咽不下這口氣。於是，從來不懼荒唐與耍賴的他

---

① 《武宗實錄》，卷一六八。
② 《武宗實錄》，卷一七〇。
③ 《罪惟錄》，帝紀卷之十一。

發出密旨，把叛亂平定、寧王被俘這當世頭條新聞壓住不予報導，並由一幫太監和江彬等人想出點子，縱放朱宸濠於鄱陽湖，讓朱厚照親手將其捉拿。可惜彼時通訊不發達，既無電報、電話，也沒有伊妹兒。這邊聖旨發出時，王守仁已押着朱宸濠一行上路來京，兩下裏錯過。王守仁走的是水路，從江西取道浙江，準備經京杭大運河解至北京。朱厚照得知，趕緊派太監張永到杭州截住王守仁，要他把朱宸濠交給皇上。王守仁只得從命。同時朱厚照指示王守仁把捷報改寫後重新呈上，務將「威武大將軍鎮國公朱壽」的功勞寫進去——這篇公然造偽的文件，收在《王陽明全集》裏，不妨摘來看看④：

重上江西捷音疏
十五年七月十七日遵奉大將軍鈞帖

照得先因宸濠圖危宗社，與兵作亂，已經具奏請兵征剿。間蒙欽差總督軍務威武大將軍、總兵官、後軍都督府太師、鎮國公朱（朱厚照自封的所有頭銜）鈞帖，欽奉制敕，內開：「一遇有警，務要互相傳報，彼此通知，設伏剿捕，務俾地方寧靖，軍民安堵。」

……

續蒙欽差總督軍務威武大將軍、總兵官、後軍都督府太師、鎮國公朱統率六師，奉天征討，及統提督等官——司禮監太監魏彬、平虜伯朱彬等，並督理糧餉兵部左侍郎王憲等，亦各繼至南京。

臣續又節該奉敕：「如或江西別府報有賊情緊急，移文至日，爾要及時遣兵策應，毋得違誤，欽此。」俱經欽遵外。

王守仁，這位中國歷史上數得着的大哲學家，以心學著稱於世的明代大儒，在這裏被逼說謊。不知他草疏之際，是如何面對自己「致良知」的學說的？上述文字，想方設法表達一個意思，即：平定叛亂的偉大勝利，完全是在英明統帥朱厚照親自關懷、親自部署和親自指揮下取得的；勝利

---

④《王陽明全集》（全二冊），第 433-436 頁，上海古籍 1992 版。

屬於「大將軍」，屬於「大將軍」的正確路線。

　　將朱宸濠這「戰利品」收入囊中，朱厚照便安心在南方遊樂，「討逆」直接轉化為虐民，到處攪得雞飛狗跳。這是他在「溫柔富貴鄉」揚州時的情形：

> 　　經（太監吳經）矯上意，刷（搜覓）處女、寡婦。民間洶洶，有女者一夕皆適人，乘夜爭門逃匿不可禁。
>
> 　　……經遍入其家，捽諸婦以出，有匿者破垣毀屋，必得乃已，無一脫者，哭聲振遠。①

　　而《明史》的記載，除上述情節，還說「許以金贖，貧者多自經。」②——如此大弄，當然不是什麼「矯上意」，沒有朱厚照的旨意，一個太監，藉他一個膽兒也不敢。揚州「有女者一夕皆適人」這個經典瞬間，被晚明小說家寫入故事《韓秀才乘亂聘嬌妻》，此篇收於《初刻拍案驚奇》，其中說：

> 　　又過了一年有餘，正遇着正德爺爺崩了，遺詔冊立興王。嘉靖爺爺就藩邸召入登基，年方一十五歲。妙選良家子女，充實掖庭。那浙江紛紛的訛傳道：「朝廷要到浙江各處點繡女。」那些愚民，一個個信了。一時間嫁女兒的，討媳婦的，慌慌張張，不成禮體。只便宜了那些賣雜貨的店家，吹打的樂人，服侍的喜娘，抬轎的腳伕，贊禮的儐相。還有最可笑的，傳說道：「十個繡女要一個寡婦押送。」趕得那七老八十的，都起身嫁人去了。但見十三四的男兒，討着二十四五的女子。十二三的女子，嫁着三四十的男兒……

　　將正德的事按到嘉靖頭上，只是小說家避實就虛的小滑頭，而這一幕確確實實發生在正德十四年十二月的揚州府。近代諸多戲曲劇種如粵劇、

---

① 《武宗實錄》，卷一八一。
② 《明史》，列傳第一百九十二。

潮州戲、黃梅戲等，都將此情節搬演成戲，名《拉郎配》，香港亦曾出品根據粵劇改編的故事片，近年又有央視製作的電視劇《拉郎配》。如今，「拉郎配」作為荒唐的同義詞，在生活中廣為運用，但很少人知道它的始作俑者便是這位正德皇帝朱厚照。

在南方朱厚照盡興玩樂，留連忘返。直到第二年十月下旬，才攜着他的「戰利品」回到北京。一路之上，「每令宸濠舟與御舟啣尾而行……及至通州，謂左右曰：『吾必決此獄！』」[3] 對他來說，這些現已寫入自己功勞簿的「戰利品」，是一生榮耀的頂峰，他必會大張旗鼓加以張揚，以讓世人盡皆拜倒在他的豐功偉績之下。八月，離開南京之前，就曾專門搞了一個獻俘儀式，但他不厭其多，注定會搞第二次 —— 在北京，這個他誕生的地方。他命禮部、鴻臚寺的負責官員，足足用了兩個月的時間，來研究和準備北京的獻俘儀式。待得一切停當，十二月十日，朱厚照以親自押送俘虜的形式，正式回歸皇城（此前一直駐蹕通州）。遙想當日，頗有威爾第歌劇《阿伊達》第二幕終了前奏響《凱旋進行曲》、高歌《光榮啊，埃及》大合唱時的壯觀；《武宗實錄》描述了當時的場面，為使讀者更真切感受其情景起見，今將原文轉為現代語如下：

> 皇帝終於回到京城，文武百官整整齊齊地守候在前門外正陽橋的南側。這一天，軍容大耀。皇帝一身戎裝，策馬而至，到了正陽門下，掉轉馬頭，筆直地坐在馬背上，注視着遠方。但見那些叛亂者以及他們的家人，有數千人之多，被押着透迤於道，然後順序陳列在馬路東西兩側示眾。所有罪俘脖子後都被插上白旗，上面書寫着犯人姓名。已被斬首者的頭顱，則被懸吊在竿子上，也插上白旗。一眼望去，數里不見頭。皇帝就這樣在正陽門下，一動不動，檢閱良久。待皇帝回宮，浩大的俘虜隊伍又特意被安排經東安門穿越大內而出……這一天，北京城就像被白色所覆蓋，舉目眺望，四下皆白。

---

③ 《武宗實錄》，卷一九四。

經歷了這一時刻，朱厚照的光榮與夢想就走到了盡頭。仿佛上天安排好了似的，「威武大將軍」朱厚照用這樣的場面做他的人生謝幕。重返皇城和獻俘儀式後的第三天，朱厚照一病不起，病情延宕了兩個月，終在豹房一命嗚呼。對於這樣一個人來說，能夠這樣地死去，也就不能算太窩囊。

　　研究朱厚照的心理，我一直認為他的成長發生了嚴重的障礙，以至於人格上的「斷乳期」遲遲不能結束。雖然已經二三十歲，但行事的態度和方式實質仍是兒童的。細細分辨一下，不難看出他所謂的「尚武」不過是男性幼童對「騎馬打仗」的普遍興趣的延續；想當然、逞性妄為、全然不考慮主客觀條件、缺乏計劃和目的性……這些表現，與真正的理性的軍事行為毫不相干，而只是一個男孩子的娛興活動。在他眼中，軍事從來不是一種科學，需要才智、理論，需要思考與研修。他認為，將軍和統帥是想當就可以當的，任何人，隨時上馬提槍，便可以行征伐之舉、打勝仗。最足表明戰爭於他不過是場遊戲的，莫過於南征朱宸濠這件事；他毫不在乎軍事過程本身，而欣然接受一種純粹表演性質的儀式，當他一本正經將別人俘獲的敵人當作自己的戰利品接受下來，並一再為此舉行受降式的時候，整個場景已經完全戲劇化、虛擬化和遊戲化，而他身處其間不過是行使一個演員的扮戲的本分，由此來取得快樂。這正是兒童時期人人愛做的「過家家」遊戲的別一情節的版本。

　　人格存在缺陷，這種情形極普通。倘擱在平常人身上，可任由他在社會的磨練、砥礪中，在成長中，自行彌補和改善；抑或求助於醫師，慢慢地加以糾正，不是多麼可怕的事情。但當它們發生於一個皇帝身上，就變得有些可怕。因為做皇帝者，只要他不樂意，是可以拒絕任何糾正的，無論來自社會還是來自醫師，誰都不能給他一點教訓，或讓他明白與承認自己的缺陷。其次，皇帝一經做了便是終身制，不會像別人那樣，做得不好或不合適，就被換掉──他會一直做下去，不論他給國家和人民帶來多大不便，後者卻只能注定去忍受。專制與獨裁的害處就在這裏，國家和人民的福祉，只能仰仗皇帝這個人本身沒有太大毛病，一旦不能這樣，卻並沒有任何制度可以化解他個人對國家和人民的傷害。於是帝王的性格、性情、愛好以至癖好，就不再僅僅是他個人的私事，卻成為國家政治基本

面。如果不是皇帝，朱厚照盡可以耽於他各種不切實際的夢想，他心理和人格上遲遲不能擺脫「斷乳期」也只是他個人的不幸；然而這一切與皇帝權力捆綁在一起時，整個國家卻都在為其支付高昂費用。當意識到朱厚照耗去國家大量物力的所謂「西征」，只不過是一個長不大的「孩子」所玩的一次「超級騎馬打仗」遊戲，我們心裏當是何種滋味？

雙「寶」合體

朱厚照怎麼死的？說起來也讓人哭笑不得；他的死，起因於嬉水。

從南京返程之中，九月初九，一行抵達蘇北清江浦。這位貪玩的皇帝，「自泛小舟，漁於積水池。舟覆焉，左右大恐，爭入水中，掖之而出。」就是說，落水之前，小舟上只有他自己，而他顯然是隻旱鴨子，不諳水性，否則一片叫作「積水池」的小水不至於應付不了，而需要別人下水搶救。正因此，他所受驚嚇應該不小。同時，這年有閏八月，九月實即平時的農曆十月，而農曆十月換算成西曆應該已是十一月份；雖然並非北國，十一月的蘇北卻也寒意初上了。冷水一激，加上極度驚嚇，心身內外交逼，長期酒色無度以及旅途勞頓諸多因素，也一道發生作用，「自是，遂不豫。」[1]

事情怎麼看都有些滑稽。這個三十歲的大男人，很適合給自己上一套「兒童意外傷害」保險。

病情的發展，沒有記錄。唯一涉及具體病徵的一筆，是北京獻俘禮後第三天，朱厚照在天壇主持天地大祀，舉行第一遍獻禮時，「上拜，嘔血於地。」[2]「仆於地，齋宮禮不克終。」[3] 既然吐血，大約屬於肺疾。

---

① 《武宗實錄》，卷一九一。
② 《武宗實錄》，卷一九四。
③ 《罪惟錄》，帝紀卷之十一。

此後便在苟延殘喘中。挺過了十二月和正德十六年（1521）的一月、二月。

三月十四日，「上崩於豹房。」《武宗實錄》對全部過程的記述如下：

> 先一夕，上大漸。惟太監陳敬、蘇進二人左右。乃謂之曰：「朕疾殆不可為矣。爾等與張銳（東廠提督太監，口碑最壞同時也是朱厚照最信任的宦官之一），可召司禮監官來，以朕意達皇太后（母后張氏）──天下事重，其與內閣輔臣議處。之前事，皆由朕而誤，非汝眾人（指眾近倖）所能與也。」爾俄，上崩。敬、進奔告慈壽皇太后，乃移殯於大內。[①]

這番臨終遺言，看上去可疑，每一句都不大像朱厚照可能說的話──比如說，沒心沒肺之如他，居然對自己一生流露出了懺悔之心。尤其是這些話盡出僅有的兩個在場太監之口，全然是不可考辨的孤證。玩其語意，無非兩點，一是授權張氏與內閣大臣決定一切大事；一是為閹宦之流開脫，而將錯誤統統攬於自身。這兩層意思，受益人是誰，一目了然，令人極疑其為太后張氏與大太監們據各自利益達成某種妥協的結果。

疑點還在於，朱厚照是從十三日晚間病情加重的，死亡時間大約在次日凌晨（這一點記載不詳，更見可疑），其間應該尚有二三個時辰，完全來得及召見重臣或通知張氏等到場，但事實卻是「敬、進奔告慈壽皇太后」──亦即一直等到朱厚照已死，才由陳敬、蘇進兩個太監跑去通知張氏。這個明顯存在漏洞的情節，背後有三種可能──第一種可能：有人壓下朱厚照病危的情況不報──比如張銳和司禮監首腦，但絕不會是陳、蘇這兩個較低級別的太監──以便獨掌朱厚照最後時刻的祕密。第二種可能：並不是等朱厚照死後，才由陳、蘇將消息通報外界；相反，朱厚照死前有人來過，與太監們就若干事宜有所謀議；第三種可能：朱厚照一命亡歸之際，身邊確實只有陳、蘇兩人（或者加上張銳、司禮監首腦等其他太監），沒有親人，沒有大臣──原因僅僅是，朱厚照早有吩咐，根本不想

---

① 《武宗實錄》，卷一九七。

見後者。

有關第三種可能，我們發現兩個月前刑科給事中顧濟曾上書朱厚照，隱然指責他疏隔骨肉母子之情：

> 聖體愆和，中外憂懼。且人情之至親而可恃者，宜莫如子母室家。今孤寄於外，兩宮隔絕，至情日疎。陛下所恃以為安者，復何人哉！[②]

從這奏章來看，不但朱厚照死時張氏可能不在場，就是他罹病並走向死亡的整個期間，母子都不曾相見。這確實超出人之常情以外，非極深的隔閡不足以解釋。在此，我們的思緒不能不又回到故事開始時的「生母之謎」。這件事，雖為歷史懸案，但在朱厚照生命之最後時刻，他的作為卻仿佛在專門向我們揭示謎底。而逆向推論，正因為如此，從張后這方面說，她必須未雨綢繆，牢牢抓住時機，在朱厚照將死未死之際，控制局勢，搞定皇位繼承人（朱厚照膝下從無一兒半女），阻止可能的不利情形發生，以保全自己。她不會傻乎乎地呆在慈寧宮，對這個並非親生的皇帝兒子掉以輕心；她或許的確從未親自前去探視朱厚照，但並不意味着她不可以暗中派人隨時了解豹房的動靜，在第一時間取得情報。事實上，她早已就指皇位繼承人事宜做出佈置，並在朱厚照死亡當天即予宣佈。她一手炮製了大行皇帝的所謂「遺詔」：

> 朕疾彌留，儲君未建。朕皇考親弟興獻王長子厚熜年已長成，賢明仁孝，倫序當立。已遵祖訓「兄終弟及」之文，告於宗廟，請於慈壽皇太后，即日遣官迎取來京，嗣皇帝位，奉祀宗廟，君臨天下。[③]

「遺詔」大大地實質性地突出了皇太后的權威，暗示此事乃由她來裁定。同時，發佈一道張氏本人名義的皇太后懿旨：

[②]　《武宗實錄》，卷一九五。
[③]　《武宗實錄》，卷一九七。

皇帝寢疾彌留，已迎取興獻王長子厚熜來京嗣皇帝位。一應事務俱待嗣君至日處分。[1]

反應如此迅速，顯示擇迎新君的工作早已緊鑼密鼓地展開。但是「遺詔」和懿旨發表後引發的一個插曲，暴露了這一切帶有密謀的性質——吏部尚書王瓊聽到消息，闖入左順門，高聲抗議道：「此豈小事？而我九卿顧不預聞耶？」[2] 也就是說，這件事皇太后一手遮天，主要大臣事先竟然一點風聲沒聽到。

權力之爭我們且丟下不去管它，單說那朱厚照作為一個人，想想他這輩子也夠慘的，孤零零來，孤零零走，只活了區區三十一年，死時身邊沒有任何親人，走就走了，在這世上再未留下什麼。人，尋常時候可以花天酒地、尋歡作樂來麻痹自己，但彌留之際，當突然意識到對這個將要離開的世界，自己竟然無可牽掛和惦念——這樣的處境，總是很悲涼的罷？雖然風馬牛不相及，我還是想到了《紅樓夢》中黛玉死時的情景，一縷孤魂悄然寂滅……不過，似乎黛玉也還比他強一些，黛玉死於孤獨，心裏卻仍然有所惦念，在對寶玉的思念中而死，這樣的死，與夜色裏豹房深處斷氣的朱厚照相比，就算並不空虛了。

既然提到了《紅樓夢》，這部偉大的清代小說跟朱厚照還真不是一點關係沒有。在閱讀有關朱厚照的史料時，我腦海裏每每晃動着另一個人影，他就是賈寶玉。

曾有紅學家穿鑿附會說，寶玉這人物影射了清順治帝福臨。然而，如果同樣胡說八道，我寧可說寶玉有朱厚照的影子。對各自的家族來說，他們都是叛逆者；對各自的社會屬類來說，他們都是另類。他們對所降生之處以及因此被賦與的終身角色，均感極有乖於本人性情。他們對「祖宗之命」，均拂逆不遵。他們對外界硬塞強加的義務與責任，均敬謝不敏。把賈寶玉放到皇宮，他勢必要成為朱厚照；把朱厚照放到大觀園，他也勢必要成為賈寶玉。他們在精神深處的某一點，完全相通，只不過身份、時

---

① 《武宗實錄》，卷一九七。

② 同上。

間、地點不同，一個是皇帝，一個是公子哥兒；一個存在於明代，一個誕生於清代；一個是現實人物，一個是虛構人物——如此而已。

對朱厚照，當把他放到政治、歷史概念下，我們不會有任何的恭維以及同情。可是，如果只是把他看作千萬普普通通的人中的一個，我們則宜當更多注意其性格的悲劇。

作為皇帝，他無疑是一個相當糟糕的皇帝，但嚴格地講，他並不屬於大兇大暴、為害極大的皇帝。不是說朱厚照不可恨，但跟歷史上很多後一類皇帝比，他還沒有幹過對民族對國家對歷史太壞的事。他做的壞事，如建豹房、搞女人、在大內操兵演武、信用奸人、遊獵巡幸、御駕親征……其危害和影響尚非全局性的，性質也不是十分惡劣，不像那些大暴君，毀滅文明、窮兵黷武、虐民殘民，犯下從根本上反文明、反歷史的罪行。

自嬴政首創「皇帝」以來，二千年歷史上出現過數以百計的皇帝。這些皇帝，有的有作為，有的貪暴，有的平庸，有的亡國……總之，以各自的方式讓人們記住他們。但朱厚照的方式最奇特，他一輩子都在設法逃離皇帝這個角色。從做太子開始，他好像就沒有興趣，假設讓他在太子和街頭惡少中選擇，他沒準會選擇後者。以他的性情，其實生來就不適於呆在皇宮裏，而適於在社會上甚至是下層社會廝混，偷摸搶拿，廣結三教九流之輩，過一種毫無規矩的生活——偏偏一不留神，降生在帝王之家，命中注定將來要做什麼皇帝，這對於他，是一生悲劇的開端。弘治一死，皇帝位子傳給他，角色心理衝突益發激烈。我們細看他在位十六年的情形，幾乎沒有認真行使過皇帝的職責，無論是把國家搞好還是搞糟；「八黨事變」之後，他等於取得一個「自由身」，從乾清宮搬出去實際上象徵着推卸皇帝職責，盡由劉瑾等輩胡來，劉瑾倒臺後，朝政則完全由內閣代理。他的原則是：只要你們不來干涉我，讓我為所欲為，其他就隨便了。他躲到豹房忙自己的，盡興玩樂，「皇帝」兩字於他純粹只是一個名義。後來，連這名義也不想要了，執意替自己改名、授職授勛，從皇帝自「貶」為大將軍、國公、總兵官，臣子以君相待，他還不允許。

歷史上那麼多皇帝，還有無數想當皇帝而當不成的人；而坐在皇帝位子上感到不耐煩，千方百計想逃開的，好像也就是他朱厚照。

他確實不該當皇帝——這不是指才具，當皇帝不需要什麼才具，多少笨蛋白癡照樣當皇帝——而是指喜歡不喜歡、上癮不上癮。朱厚照對當皇帝，癮頭明顯不大；廣義地說，他對玩政治，興趣都不高。如若不然，他完全可以在盡興玩樂的同時，對權力控制得更牢。實際上他卻撒手不管，讓別人享受大權。之所以整個明代，除朱棣之外，藩王叛亂的事情只發生在正德年間，而且連續發生兩次（正德五年安化王朱寘鐇和正德十四年寧王朱宸濠），與朱厚照疏於權力控制大有關係。對權力如此，對皇帝的義務更是避之唯恐不及了。

某些時候，我們覺得朱厚照是一個活寶，一個笑柄，他做的許多事情出乎情理之外，乃至有弱智之嫌。但換個角度，我們又會感到他是個勇敢反叛者，所有皇帝中的另類——誰曾像他這樣把皇帝身份不當回事，蔑視它，甚而拚命作踐它？的的確確，朱厚照的行徑往往超出了一個「荒淫皇帝」的性質，轉而似乎是有意在嘲弄「皇帝」這個概念，把它喜劇化，消解它的神聖性，毫不顧惜，甚至還隱然有一種快感在內。我們說他「沒心沒肺」，基本體現在他對皇帝身份的態度上。面對乾清宮被大火化為灰燼，他幸災樂禍的言談，昭示了一種敵意或仇恨，好像得到報復的滿足感。這種敵意或仇恨，其來由可能有身世上的，但更主要的應該起源於個性衝突。當然，不要把他拔高；他絲毫談不上對帝王制度具有覺醒意義的反對，這種矛盾完全基於性情的不適應。簡單地說，他本來應該做一個無拘無束的野小子，現實卻把他綁在厚重的龍牀上——就是這麼簡單的一對矛盾。只不過，很少或者說從來沒有人被綁在龍牀上還想離開，他卻一直在掙扎。在這一點上，他是獨一份兒，可見他是「野」到骨子裏去了。

所謂賈寶玉的「反禮教」，其實也是這個程度。不要把賈寶玉上升到「五四」新青年的高度，他不是在對禮教的愚昧落後的文化實質有所認識的意義上反抗它的，而只是出於自身性情與之不相諧適。換言之，他也和朱厚照一樣，對自己身份、角色不認同，在不認同之後還進而不肯屈從。不過，一般人可能感到以朱厚照比賈寶玉，有「損」後者形象，畢竟賈寶玉形象沒有那麼多負面內容。誠然如此，然而這只是處境不同；其實從賈寶玉那個處境論，他的一些舉動，如厭棄經書、讀「淫詞豔曲」、搞同性

戀，其「道德污點」的嚴重性，已不亞於朱厚照。朱厚照無非是坐在皇帝位子上，客觀條件致他可在更大範圍、更深程度上放蕩不羈，假設把賈寶玉也改為同樣處境，他的「出格」表現自然就遠遠不是在大觀園中那樣。

朱厚照與賈寶玉的真正區別，在別的層面。這個層面一點即破：賈寶玉其人，沒有流氓性；朱厚照的性情卻有着極重的流氓性。

流氓性，在此主要指低劣的、沉淪下僚的品質和心性。它有時由出身、經歷造就，有時則稟自天生或遺傳。像朱厚照，自幼錦衣玉食，接受正規的最好的儒式教育，怎奈根性頑強，市井無賴氣質居然無法壓抑。可見出身與教育絕非如想像的那樣管用。從古至今，無論中外，高等階級因為居於社會結構金字塔上端，也因為掌握着文化，都很在意身份、血統的高貴，他們會在語言、行為、禮儀、趣味等諸多方面的講究上，劃出自己與下層人的明顯界限。過去奧黛麗‧赫本主演的電影《窈窕淑女》，就是藉語言一端來演繹貴族身份，幾位老爺刻意將一賣花女收於閣內，矯其口音，飾以華服，然後使之出現在上流社會場合，以試其效。賈寶玉是公爵之後，他的性情為人雖然「憊懶」，但教養、趣味卻總是「雅」的。貴族尚且如此，帝王家的講究更可想而知。朱家祖上赤貧，又出於向來民風刁悍的江淮之間，根性上確有一些頑劣的因數，這在朱元璋身上看得很清楚。不過，到朱厚照這裏，朱家當皇帝已有一百多年，與上層文化的融合按理說十分充分了，可我們卻仍然發現朱厚照沒有什麼「雅」的跡象，對所謂身份、血統的高貴也絲毫不在乎。在文雅與粗野這兩類事物之間，他絕對喜歡粗野。比方說，他從小書唸不進去，卻特喜歡跟「小黃門」滾在一起摔跤，「君子動口不動手」，他顯然不是「君子」。又比方說，父親一死失去管束後，他即刻把皇宮變成喧亂的集貿市場，讓太監扮成小販，擺起攤子，自己也換上商人服裝，進行交易，唾沫橫飛地討價還價，覺得非常過癮。須知，中國正統觀念自漢代以來崇本抑末，極其看不起商人，經商乃低賤之人所為。東漢末年有個名士叫王烈，不想出來在地方軍閥公孫度手下做官，便故意「為商賈以自穢」，公孫度也就不強迫他了。這樣的等級觀念，朱厚照居然沒有，以「至尊」之身操下賤之業，還樂此不疲，真是稟性樗櫟。

朱厚照的這一面，賈寶玉比不得，另有一人卻比得。此人名諱中也有一個「寶」字，他便是金庸的韋小寶。韋小寶是從市井無賴混出來的貴人，朱厚照則是混在貴人堆裏的市井無賴，正好相映成趣。只不過，朱厚照身上的流氓氣似乎比韋小寶還要根深蒂固，因為韋小寶在這方面的造詣明顯得益於自小在揚州妓院和街頭的浸潤，而長於深宮的朱厚照卻屬於無師自通，硬是從禮教束縛極嚴的環境中頑強地生長出種種卑下的脾性來，令嚴格的正統教育一敗塗地。我們看他一生，「遠君子，近小人」簡直就是一種本能，一切「名門正派」的事物、人物都被他強烈排斥，而所有下三濫、旁門左道、歪門邪道的人和事，他卻都懷有天生的親近感。他那麼寵信太監，除因後者樂於順從和助長他的不良傾向，恐怕背後也有「物以類聚，人以群分」的規律在起作用；因為閹宦之流，多來自最底層，身上稟持着最嚴酷生活現實所賦予的種種極端化習性，尤其是由極度的「飢餓記憶」而形成的求生衝動，這種衝動使他們的為人之道處在一種毫無底線的狀態，只要能達到目的，一切不擇手段。當時，北京、河北一帶，至貧之人走投無路，頗有以自宮求富貴者；《萬曆野獲編》載：「高皇帝律中，擅閹有厲禁，其下手之人，罪至寸磔。而畿輔之俗，專藉以博富貴。為人父者，忍熏腐（閹割）其子，至有兄弟俱閹而無一入選者……朝廷每數年，亦間選二三千人，然僅得什之一耳，聚此數萬殘形之人於輦轂之側，他日將有隱憂。」[1] 足見風氣之盛，亦足見太監群體的來源為何等樣人。朱厚照偏與這些人最是氣味相投，雖然後者屢屢害他、背叛他，甚至可能會要了他的命 —— 例如劉瑾和錢寧[2] 的先後暴露 —— 都不能幫助他遠離此曹，想必是彼此之間從言談舉止到價值觀念，都極合拍投緣的緣故。太監之外，朱厚照喜歡的人，要麼是粗暴的武夫，要麼是妓女、戲子和番僧，盡屬鄙陋不文、慣走江湖之輩。所以雖身為皇帝，可細瞧他周遭的環境，與自幼野混的韋小寶並無二致，拿他一生事跡去寫武俠小說，敍事空間絕對充裕。

---

[1] 《萬曆野獲編》，卷六。
[2] 錢寧本人雖非太監，卻是已故大太監錢能的養子。他在朱宸濠叛亂中，充當內奸。

這樣極具「江湖色彩」的皇帝，恐怕也只有他一個。儘管乃祖朱元璋起於江湖，但做皇帝以後「改邪歸正」相當徹底；他卻好，明明做着皇帝，卻努力從「廟堂之高」擠向「江湖之遠」。莫非真的是祖宗血液在頑強發揮作用？也許。如果這算一個原因，還有沒有別的原因？

讓我們拿韋小寶做面鏡子，試它能否鑒照出朱厚照的性格祕密。

韋小寶的性格形成，與他母親是妓女有極大關係。不是說妓女的兒子生來下賤，但是母親的妓女身份，一定把一種生存背景和社會歧視楔入韋小寶的自我意識之中。韋小寶自幼日常接觸多是婊子、老鴇、龜奴，以至於他人生理想也是開大妓院。他一邊為此受歧視，一邊卻也很難跳出自己的生活現實，而有更高或別樣的人生想像。他為母親的社會地位而羞惱，但也習慣從這種社會地位的眼光閱世閱人，甚至是刻意表現得甘於沉落以獲取自我身份的認同，所以他曾憤憤地說：「做婊子也沒有什麼不好，我媽媽在麗春院裏賺錢，未必便賤過他媽的木頭木腦的沐王府中的郡主。」這是一種非常矛盾的心理，一種在怨恨中尋覓自尊，以致以怨報怨、以毒攻毒的心理。

那麼，朱厚照呢？我們知道，朱厚照一生最大的懸案，就是他的生母之謎。設若他的親生母親真是那個京郊潑皮鄭旺之女，設若這個所謂的宮庭祕密只是對外界掩蓋得極好，而弘治、張后以及朱厚照本人卻完全知曉，那麼，朱厚照的心理處境與韋小寶就非常非常近似，而矛盾衝突的激烈程度尤有過之。「鄭旺妖言案」爆發，剛好在朱厚照懂事之年，而他繼位的當年又第二次復發。可以想像，在兩個重要人生時刻，被迫面對生母疑問，任何人都不能不遭受身份迷失的打擊。這種迷失，關係到一個人的全部社會歸屬感，也決定着他對親情、人性的根本認識。我們都還記得，朱厚照出生時是以「皇嫡長子」這一輝煌身份載入史冊，並享受臣民的稱頌的。如果「妖言案」的結果，證實他實際乃「宮人之子」，就不單將「皇嫡長子」的神話完全打碎，而且一落千丈，從最高貴跌至最低賤。這還不是最具毀滅性的打擊，「宮人之子」較諸後妃所出雖然卑微，但宮中歷來也不少見，他父親朱祐樘就是「宮人之子」。問題是，朱祐樘這一身份得到了確認，成化帝在聽說有宮女為他產下這唯一的兒子後，親自到

其母子匿身處將他們迎回。朱厚照則不同；儘管朱祐樘、張氏和朱厚照三方也許都明白相關事實，但他們卻共同把它做為一個祕密掩蓋起來。這大概首先是張氏的意志，因為關係到她的地位，朱祐樘則屈從了她的意志。但也不能排除其中部分地體現了朱祐樘自己的意志。朱祐樘本身作為「宮人之子」，自幼命幾不保，所遭之罪及內心壓抑更難言盡；出於這種恐懼記憶，也出於對兒子的愛，他要掩隱朱厚照低賤出身的願望，全在情理之中。然而他所忽略的是，這一決定卻讓朱厚照終生陷於對自己真實身份不能認同的痛苦，並永遠發出其真實身份比假定身份低微的暗示。雖然我們可以說毫無證據，但從朱厚照所作所為的心理分析，他的確一直在近乎瘋狂地百折不撓地拒絕、逃離以及改變自己的身份，顯示了對他公開身份的不耐或難以承受之感受，並用相當程度上的「自賤」「自虐」，來曲折地向「真實身份」回歸。

金庸筆下，韋小寶在「媽媽是婊子」的自嘲自虐中，表現出破罐破摔、死豬不怕燙的心態，作為對自卑感的掩飾。朱厚照則置朝臣的諍諫、哭諫、諷諫統統於不顧，任他們說什麼，一味「不報」（不搭理），盡情在污泥濁水中撒歡，大有你囉嗦一次我升級一次、你說這樣荒唐我就幹更荒唐的給你看之勢，分明一副「我是流氓我怕誰」的嘴臉。

犯渾耍潑的同時，他倆也同樣幻想着一種英雄夢。這是非傳統和非正面意義上的英雄，準確的稱謂應該是「豪傑」或「好漢」；他們在三教九流的際會與廝混中脫穎而出，佔據強勢地位，並以受這類人的擁戴或服膺來證明其力量。自古以來，中國的「江湖社會」本質上就是為韋小寶一類體制內失意者和底層人準備的，作為他們志伸意舒、揚眉吐氣的一種管道。表面上，朱厚照不是韋小寶那樣的「江湖中人」，與江湖社會更分處兩個極端；然而，我們不拘泥於概念的話，卻發現豹房裏的情形和各色人等，很像江湖，體制內的君臣關係業為江湖式的結義關係所取代。朱厚照曾把追隨他的錢寧、江彬等統統收為「義子」，僅正德七年九月，一次就收「義子」一百二十七人，內中有閹奴、市井豪滑、軍界強人。可以說朱厚照在豹房之為「義父」，與宋公明在水泊梁山做一百單八好漢的「哥哥」，毫無不同；豹房實際上已經演變為一個合法的江湖，而朱厚照則是它的老

大。在朱厚照，逃往豹房就是逃往江湖社會，就是在帶着皇帝面具的同時得以自由地到體制外世界闖蕩、顯身揚名並醫治心靈創傷。他在這裏收穫的全然是另一種體驗，是作為皇帝無法品嚐到的成功感，是如魚得水、終於忘卻自卑的歸屬感。正德朝的所有大臣，絲毫不懂他們皇帝的內心，真正吃透他的是江彬（在這方面，劉瑾、錢寧的見識終歸有限）；當其他人只曉得把他當皇帝對待時，江彬卻有意識地把他打造成一個大頭領，帝王史上的造反者、起義領袖和反潮流英雄，讓他拉起自己的隊伍，嘯聚「山林」（不妨把豹房想像為「忠義堂」）、掠州陷府、養「壓寨夫人」。這是一個構思驚人的超大型角色扮演類遊戲，就像迷失在大型電玩中的現代少年一樣，朱厚照對這角色充滿激情以致不辨虛實、假戲真做 —— 他在冬日清涼的陽光下，筆直佇立在正陽門外，注視他的「俘虜」從眼前走過，那姿態，說明他完全忘記此乃虛妄的一幕，而如此專注地品嚐着其間的英雄況味。

有人說，「（韋小寶）在失父的狀態中，度過了自己貌似幸運實為顛頂的人生」。只須把「父」字換成「母」字，此語即可用於朱厚照。對於韋小寶，父親缺失，受打擊的是母親這個符號，因為其潛層意味即是「父親」所象徵的「社會」蔑視和排斥作為妓女的母親，進而，這種蔑視與排斥又自然地傳遞到他這妓女之子身上。朱厚照正好顛倒過來，母親缺失，受打擊的是父親這個符號，雖然他完整而明確地擁有父親的概念，可這個「父親」卻由於不敢正視自己孩子的真正生母，抑或容忍對後者的抹煞，而陷入人格與道德危機，這種危機最終動搖的是朱厚照的人格與道德。這樣，說到底朱厚照內心也是一種對「父親」的怨恨，是間接的或更加曲折的無父狀態。

他們殊途同歸。「父親」的缺失或隱退意味着什麼？儒家指斥無君無父之人即如禽獸，這說法並非過時的迂腐之論。「父親」不僅僅是具體的某人，更是一個抽象的概念，是秩序與準則的象徵。從人類文化學角度看，對「父親」的認知，與國家、法制等社會理性的形成同時，是人告別原始和動物性（自然、無序）而走入文明的開端，這一基石至今未變。不單古代，即便今日，世俗生活中的缺父狀態，也幾乎總是造就反社會、邊緣化

的個人。韋小寶和朱厚照流氓性格的根源就在於此。

評價朱厚照，有或簡或繁的兩種角度。

簡化的角度，即如官史所做，只把他作為一個皇帝論其功過 —— 這樣，結論自然明確而單向，無非「耽樂嬉遊，暱近群小」，「冠履之分蕩然」，「朝綱紊亂」，「至重後人之訾議」[①] 一類，基本是否定的。明白地說，這種評價既合乎事實，也是必要的，朱厚照應當為其作為皇帝犯下的罪愆接受指責。不過，這種評價雖然中肯，卻並不表示它很周全。尤其是如果對朱厚照僅僅從這種角度評價，我們明顯發現他的特殊性、個異性被抹煞了，只有昏君的共性，成為中國古代層出不窮的老套的眾昏君中之一員。其實，他遠比普通的昏君複雜有趣。

此人一生，上演了一出絕大的喜劇，乃至鬧劇，其中固然有極權的作用，卻顯非僅僅以此所可解釋者；他的個性，他內心世界的不均衡性、破損性，他人格發育上的障礙，他理想與現實、稟性與角色之間的衝突……這些因素都大大超出政治層面之外，而極宜加以人文的剖視。在歷史上成堆的帝王中間，朱厚照既不能以英明，亦不能以強力、暴虐引起注意，但放眼望去，他在諸多同類裏仍然稱得上卓犖不凡、駭世驚俗，唯一的資本便是他那堪稱怪誕少見的性情與風格。如果說，金庸以韋小寶寫出了武俠小說的反英雄形象，朱厚照則是以一生的行事塑造了皇帝中的反皇帝形象。這個從政治歷史角度三言兩語就可以搞定的「簡單人物」，從文藝眼光看其實卻是個相當可愛的傢伙，渾身是戲，可惜我們的小說家、編劇家至今還不太懂得像這樣一位皇帝，才有很好的表現價值，不知勝於劉徹、李世民、玄燁之流多少倍。所以我們得為他鳴冤叫屈。

---

① 《明史》，本紀第十六。

萬歲，陛下

　　罕見的運用思想、精神、心理因素，甚至僅僅靠語言來控制權力的專家。他於此道，出神入化，晚年更到了一語成讖的境界，儼然隱語大師。對於維持自己的統治，他不必宵衣旰食，也不必殫精竭慮，只須隻言片語，即足令臣工戒慎肅慄。

　　最終被自己所堅信不移的東西所擊倒和戕害，往往是唯我獨尊者無法逃脫的命運。嘉靖愛道教，我們也因為他愛道教而愛道教。感謝道教，感謝嘉靖狂熱地信仰它，感謝邵元節、陶仲文等所有向嘉靖進獻毒藥的道士們。否則，世上還真沒有其他東西，能讓這個海瑞在《治安疏》裏罵得狗血淋頭的皇帝，略微遭到些許的報應。

引子

　　有位古人，四百年後，讓北京市副市長兼明史專家吳晗身罹巨禍。

　　此人便是海瑞。

　　一九五九年，為配合四月間毛澤東在上海提倡學習海瑞剛正不阿、敢講真話的講話精神，吳晗寫下以海瑞為素材的一系列作品。首先是六月十六日在《人民日報》發表的《海瑞罵皇帝》（屬名劉勉之），隨之又有《海瑞》、《清官海瑞》、《海瑞的故事》、《論海瑞》，直到新編歷史劇《海瑞罷官》。起初，海瑞連同這些作品，都頗受肯定。一九六二年以後，事情慢慢起變化。到一九六四年，康生明指《海瑞罷官》意在替廬山上被罷官的彭德懷翻案。翌年十一月十日《文匯報》發表姚文元經御筆親定的「名文」《評新編歷史劇〈海瑞罷官〉》。吳晗就此萬劫不復。這還不算什麼 —— 姚氏大作，實際上掀開了「史無前例的無產階級文化大革命」的序幕。

　　海瑞，果然是一位麻煩不斷、「到處惹事生非」（黃仁宇妙評）[1] 的人物。不過，眼下提到他卻並非有談論其人之興趣，是想藉其在今天一般中國人心中頗為響亮的名頭，引出另一人物的登場。

　　這便是海瑞當年抬了棺材去「罵」，卻反被他罷了官、下到牢裏準備殺掉的嘉靖皇帝。

　　吳晗在《海瑞罵皇帝》裏，對嘉靖為何挨罵，做了這樣介紹：

> 　　明世宗作皇帝時間長了，懶得管事，不上朝，住在西苑，成天拜神作齋醮，上青詞。青詞是給天神寫的信，要寫得很講究，宰相嚴嵩、徐階都因為會寫青詞得寵。政治腐敗到極點，朝臣中有人提意見的，不是殺頭，便是革職，監禁、充軍，嚇得官兒沒人敢說話。海瑞在嘉靖四十五年（1566）二月上治安疏，針對當

---

① 黃仁宇《萬曆十五年》，第五章。

時問題，向皇帝提出質問，要求改革。[2]

一幅荒怠皇帝的肖像。

說起荒怠，明世宗 —— 年號「嘉靖」—— 確有那樣的時候，不過這只是他的一個側面，遠非全部。嘉靖的荒怠發生在中晚年，在此以前，他非但不荒怠，簡直還幹勁十足，做過一些「驚天動地」的事。

這個人的一生故事豐富，個性也極特出，值得細細了解。單論為人的生動有趣，他遠勝於自己的批評者海瑞。《萬曆十五年》稱海瑞為「古怪的模範官僚」，說他「當然是極端的廉潔，極端的誠實；然而從另外一個角度來看，也可能就是極端的粗線條」[3]。純粹從情節敘事看，海瑞這人沒有太高價值。如果當年吳晗本意是想寫一部引人入勝的好看的戲劇，他應該讓嘉靖而不是海瑞來充當主角 —— 當然，我們知道他寫作的動機不在戲劇。

好在今天對於歷史和古人回到了比較天真的目光，可以抱着有趣無趣、好玩不好不玩的心情打量歷史人物。正是在這樣的目光和心情中，嘉靖顯示出了他難得的價值。在整個嘉靖年間，他是全中國唯一曾經淋漓盡致展現自己個性的人物；不僅如此，他在古往今來帝王中間，也以不落俗套的抱負與追求，塑造獨特形象。此等人物，怎可埋沒？又怎忍其埋沒？

OK。從現在起，讓我們忘掉海瑞。

從世子到帝君

公元一五二一年，明武宗正德皇帝朱厚照在豹房一命嗚呼。他這一死不要緊，遠在二千里之外的湖廣安陸州（今湖北鍾祥縣），卻成了龍飛之地。

---

[2] 《人民日報》，1959 年 6 月 16 日。
[3] 黃仁宇《萬曆十五年》，第五章。

那正德放縱一生，在位一十七年，御女無數，耕耘頗勤，卻從未聽說有誰受過孕，原因何在不得而知，或許只能歸之於濫情過度，天不佑彼。

總之，朱厚照撒手而去，留下一個皇儲未建、國位空虛的局面。

根據皇位繼承法，在沒有子嗣時，將遵循「兄終弟及」的原則。朱厚照的情形相當特殊；他非但沒有兒子，自己也是獨苗——當年他父親朱祐樘曾經為他生下過一個弟弟，然而不久即夭折。因此，現在「兄終弟及」原則的引用範圍，不得不加以擴大。

內閣首輔楊廷和在向皇太后張氏彙報時指出：「兄終弟及，誰能瀆焉。興獻王長子，憲宗之孫，孝宗之從子，大行皇帝之從弟，序當立。」[①]

裏面提到的幾個人，血緣關係如下：憲宗即成化皇帝朱見深，他共生有十四子，老大、老二都早亡，老三即後來即位為弘治皇帝廟號孝宗的朱祐樘，老四則是封國在湖廣安陸的興獻王朱祐杬。朱祐杬生子朱厚熜，與朱厚照是堂兄弟關係。

現在，死去的朱厚照無子無弟，只能上推到父親一輩最近的堂親中尋找繼承人；興獻王朱祐杬在成化皇帝諸子中僅次於朱祐樘，朱厚熜又是興獻王長子，則皇位非他莫屬——這就是楊廷和所說的「序當立」。

可見朱厚熜的繼位，完全依照程序、按部就班，一切合於規範。興世子的資格沒有疑問，根據禮法的排序，繼承人只能是他；這同樣說明，楊廷和、張太后另一方，也不曾就此事塞入任何人為操縱的因素。

然而唯一的不足，是其中埋伏着一點含混之處：朱厚熜跟朱厚照是堂兄弟，他們各自的父親則彼此是親兄弟——那麼，「兄終弟及」究竟指朱厚熜以堂弟身份從朱厚照那裏繼承皇位，還是指朱祐杬繼承了朱祐樘？這一點，楊廷和們確實不曾特意地指明。或許，在他們腦中從始至終都認為，興世子只能是朱厚照的繼承人；或許，他們認為這根本是不言自明的，毋庸特別宣陳。

但事實證明，這似乎微小的百密之一疏，犯了想當然的錯誤，而種下嚴重危機，日後竟攪擾嘉靖朝十幾年不得安寧。

---

① 《明史》，列傳第七十八。

由內閣擬定的武宗《遺詔》，是這樣表述的：

> 朕紹承祖宗丕業（丕，偉大、盛大；丕業猶言「偉業」）十
> 有七年，深惟有孤（孤，負也；同「辜」）先帝付託，惟在繼統
> 得人，宗社先民有賴。皇考孝宗敬皇帝（即朱祐樘）親弟興獻王
> 長子，聰明仁孝、德器夙成，倫序當立。遵奉《祖訓》「兄終弟及」
> 之文，告於宗廟，請於慈壽皇太后（即張太后）與內外文武群臣合
> 謀同詞（取得一致意見），即日遣官迎取來京，嗣皇帝位。②

先前思想含混之處，繼續留在這份宣佈傳位於興獻王世子的官方正式
文本之中，尤其用「皇考孝宗敬皇帝親弟興獻王長子」一句，來界定朱厚
熜的繼承關係，明顯有空子可鑽。然而，麻煩到來之前，對此誰都不曾意
識到。歸根到底，那並不是一個注重法理的時代；換作現代，不必說皇帝
遺詔這樣重要的文件，任何一份有法律效用的文書，都會字斟句酌，杜絕
任何歧義的發生。

是時，興世子年方十五——虛歲，若論足齡，此時還不到十四週歲。
兩年前，他剛剛失去父親。沒有史料顯示，在接到武宗《遺詔》之前，他
預先知道自己的命運正在發生根本的改變。事實上，時間決定了他毫無準
備。北京最高權力當局在第一時間做出了將由興獻王世子繼位的決定，並
且立即派遣大臣和內官趕赴安陸州迎接新君。正德皇帝三月十四日駕崩，
三月二十六日，由司禮監太監谷大用、內閣大學士梁儲、定國公徐先祚、
駙馬都尉崔元、禮部尚書毛澄組成的使團，就趕到了安陸州。即便興獻王
府在京城設有內線並成功探知消息，也不大可能以比這更快的速度趕在天
使之前讓興世子知道此事。

考慮到興世子的年齡，以及來事之突然，我們不能不對這個十五歲少
年在隨後的處置和應對中顯現出來的心計與態度，表示吃驚和佩服。

使團到來後的第六天，四月二日，興世子辭別父王墓地和母親蔣氏，
踏上北去路程，而與以往的人生揖別。

---

② 《世宗實錄》，卷一。

跟北京使團只用十二天就趕到安陸不同，興世子花了將近二十天才走完相同的路程。儘管前後已有一個多月國家無主，舉國翹盼新君早日蒞臨，但是，年方十五的興世子顯得相當沉穩。他知道此時不宜表現出任何急切的心情，相反，倒是要拿出不緊不慢的姿態，莊重地接近那座已經屬於他的都城。

他暫時駐蹕於城外，靜候朝廷出具有關他繼位的禮儀細節。

當有關安排呈上時，朱厚熜怫然不悅了：由首輔楊廷和會同禮部商議的方案，興世子將以「皇太子」身份繼位為君。這意味着，在登基之前，朱厚熜須先從崇文門入東華門，居於文華殿，完成成為皇太子的儀式，然後再擇日加冕為皇帝。

十五歲的少年以一種與其年齡不相稱的政治敏感，立刻表示拒絕。他閱讀方案之後，對從安陸跟隨而來的王府長史袁宗皋說：「《遺詔》以吾嗣皇帝位，非皇子也。」意即，《遺詔》說得很清楚，我將直接即位為君，絲毫不曾提及需要先立為皇太子之事。《世宗實錄》記載甚明，這是興世子自己提出的疑問，並沒有經過任何老奸巨滑的幕僚高參之流的啟發。

僅僅十五歲的人，竟如此有政治嗅覺。

這的確是一個節外生枝的要求。楊廷和最初提出興世子的繼承資格，包括起草武宗《遺詔》時，都是基於「兄終弟及」的原則。為什麼此刻突然要求興世子先成為皇太子，然後再即皇帝位？是禮法必須履行的一道相應程序？還是在這二十天當中皇太后張氏經過思慮，額外添上的一筆？後者的可能性相當大。如果僅僅是「兄終弟及」，興世子可以把自己身份解釋為以武宗堂弟而繼位，「皇太子」則意味着改變身份，先過繼為孝宗之子——同時亦即張太后之子——然後登基。唯一的受益者，顯然是張太后。

興世子思慮細密、錙銖必較的性格，在此立即表現出來。他不想在別人控制和陰影下做皇帝，哪怕只是名義上奉張太后為母親。他是以藩王入繼的身份來到紫禁城，對這座巨大的宮殿，他替自己感到陌生，充滿戒備和警惕；他在此無根無柢，某種意義上不得不揣着些許自卑。

可惜，沒有人注意這種心理，進而設身處地想想他的感受。張氏急

於看到在親生兒子駕崩之後，新君能夠明確表示對她皇太后身份的尊崇，她的地位和自我感覺應該和過去沒有什麼兩樣。而楊廷和這樣的正統儒家官僚，滿腦子原則，於祖訓和禮法唯知一絲不苟，辦事過分的較真，過分的不通融。而且，北京方面上上下下，「主場」意識確實過於強烈。雖說興世子是即將即位的皇帝，但這個國家的制度和理論卻掌握在他們手裏，他們自以為有捍衛這種制度和理論的義務，也希望做到無可挑剔、任何時候都不愧對歷史。他們就是在這樣的層面上保持着自負，並且視為事關榮譽，不肯稍稍退卻和放鬆——後來，他們在「大禮議」中前仆後繼，精神蓋出於此。然而，這嚴重地傷害了從遙遠的小地方趕來即皇帝位的興世子。

跟北京衰衰諸公相比，興世子有什麼呢？許多方面他都處於不利，不過他卻牢牢擁有三個優勢：一、皇帝的寶座注定屬於他，這一點無論如何都不會改變。二、儘管年方十五，卻已經形成和顯現出成熟的政治素質；三、不要忘記，他來自「九頭鳥」之鄉，「九頭鳥」死纏爛打、百折不迴、一拚到底的精神，楊廷和們很快就可以領教。

朱厚熜斬釘截鐵地退回禮部呈表，命其重擬。楊廷和出乎意料，但並沒放在心上。他率群臣以上疏的方式，敦促朱厚熜接受和履行禮部所擬程序，並重複了其要點：「上如禮部所具儀，由東華門入居文華殿。（群臣）上箋勸進，擇日登極。」[1] 朱厚熜再次加以斷然拒絕。

雙方僵持不下。

國家無君一月有餘，新君明明已迎奉來京，卻遲不即位。這種局面拖不得，拖下去，人心浮動，亂由隙起，不知會發生什麼事。

興世子吃準了這一點。從根本上說，現在是北京方面有求於己，應該讓步的也是他們。無形中，他以國家為人質，來逼迫對方滿足自己的條件。

張太后發話了：

> 天位不可久虛。嗣君已至行殿（城外駐蹕之所），內外文武百官可即日上箋勸進。[2]

---

① 《世宗實錄》，卷一。
② 同上。

這道懿旨表明，張太后知道拖不起，打算讓步。她讓文武百官「即日」上箋勸進，而楊廷和前日還堅持說，要等興世子由東華門入居文華殿之後，群臣才能上箋勸進。這暗示，張太后可以接受取消具有完成皇太子身份的象徵含義的那道程序。

於是，群臣三進箋表，興世子頭兩次推謝，第三次接受下來。這裏的兩次拒絕沒有實質含意，依慣例必須勸進三次，頭兩次一定推辭，第三次才「勉從所請」——這不過是古代當「非常情形」之下，最高權力實現移交的一種酸臭套路。

不過，「勸進至再，至三」而後「勉從所請」，雖為虛禮，幕後卻悄悄進行了一番實質性的討價還價。

興世子及其幕僚的磋商後，提出新的即位儀注。其要點是，四月二十二日舉行登基大典，新君將從正陽門中門入城，經大明門 ① 正面入宮；在派遣勛貴官員為代表告於太廟和社稷壇的同時，新君本人將前往武宗「几筵」（即靈前）謁見，然後叩拜張太后；做完這兩件事，就直趨奉天殿。奉天殿，即現今太和殿（清順治年間改稱），民間俗謂「金鑾殿」是也，為帝王臨朝之處。登上奉天殿，就意味着行使帝權。可見，朱厚熜方面設計的儀注，從實質上省卻了取得皇太子身份的環節，而直接臨朝稱制。當然，裏面也給朱厚照和張太后留了面子：登基之前，先去兩處拜謁。對方固可將此解釋為盡皇太子的義務，興世子卻也不妨有他自己的解釋——作為皇位繼承人，落座之前，跟大行皇帝和皇太后打一聲招呼，照照面，這樣的禮節總還是要講的嘛。

張太后以及內閣肯定不喜歡這種安排，但出於無奈也只能同意。這樣，朱厚熜擬定的即位程序，就以禮部尚書毛澄的名義加以公佈。

風波似乎就這樣平息了。四月二十二日，登基大典順利舉行，上自皇太后下至百官，都鬆了一口氣。武宗晏駕以來，事情千頭萬緒，每個人神

---

① 原為明清皇城第一門，清代改稱大清門，民國稱中華門。原址在今正陽門之北、毛主席紀念堂一帶。毀於 1954 年。

經都高度緊張。尤其由旁支入繼為君的局面，本朝尚第一次出現[2]，誰也沒有經驗。雖然出了小小的岔子，但好歹已經應付過去，大家都盼着新君正位之後，萬象更始，國家步入正軌，將前朝的弊政逐一糾矯。

至少內閣首輔楊廷和沒有把即位禮儀之爭放在心上。這位武宗在世之時一直抱負難伸的政府首腦，此時躊躇滿志，準備大幹一場。在新君到來之前，他已經成功解決掉前豹房近倖、以江彬將軍為首的軍人集團，解散了豹房裏烏七八糟、三教九流之眾，關閉濫設的皇店，封存宣府離宮（所謂「鎮國公府」）的財物。接下來，他想辦的事情還很多。他在代為起草的即位詔書中指出，正德年間「權奸曲為蒙蔽，潛弄政柄，大播兇威」，亟待撥亂反正之處比比皆是。詔書差不多就是一份改革宣言，裏面列出的除弊計劃及擬推行的新政，達七十餘條。諸如，削弱日益膨脹的宦官權力、恢復文官政治；大幅度裁汰臃腫不堪而又慣於作威作福的錦衣衛旗校；抑制特權階層，擠壓他們得利的空間；查還為皇族勛貴太監者流所侵奪的民田；治理腐敗，尤其是冒功、冒職、冒賞等現象；徹查冤假錯案，重建法制，案件審理必須合乎程序，以《大明律》為斷案唯一依據，廢止弘治十三年（1500）之後新增的一切條例……

這是一位實幹的政治家。他所列出的改革內容，非常具體，並且多屬當務之急。他一定特別期盼隨着新君即位，國家穩定下來，然後迅速展開對各種問題的治理。

或因此，他對禮儀細節，考審未精未詳。有關這方面的疏漏，沈德符曾經評論道：「兄終弟及祖訓，蓋指同父弟兄，如孝宗之於獻王（朱祐杬）是也，若世宗之於武宗，乃同堂伯仲，安得援為親兄弟？」[3]儘管由於武宗是獨子，「兄終弟及」的引用，事實上只能面向旁支，但考慮周全些的話，楊廷和至少可先做一番理論疏證工作，將來免生齟齬。但一來事情緊急，二來想必他主觀對這種虛禮確實重視不足，自以為秉忠辦事，大方向正確，而思慮則主要放在解決實際問題上。

---

[2] 土木之變後，英宗朱祁鎮為瓦剌俘虜，由皇太后指定，郕王朱祁鈺奉命監國攝政，後經廷議，即位為君。這屬於危難之時為應付緊急情況而發生的事情，並非正常的繼承。
[3] 《萬曆野獲編》，卷二，列朝，世室。

然而，朱厚熜腦子裏想的，卻是另一套。如果他也像楊廷和一樣，注意力集中在怎樣盡快扭轉正德朝的種種倒行逆施，讓朝政恢復清明和秩序，而不那麼在意自己的私利和面子，則會迎來一個君明臣賢的局面。

　　可惜並非如此。興世子不僅是一個自尊的人，而且是過於自尊的人。這種稟性，又為其以藩王入繼大統這種身份進一步地火上澆油，令他對於面子極為敏感。他始終以一個外省人的眼光，來揣測京城集團，認定後者的諸種安排，都潛含對於他額外的輕蔑。登基大典上，有一個細節準確深刻地揭櫫了他這種心理：

　　　　辛巳登極，御袍偶長，上屢俛（通「俯」）而視之，意殊不
　　愜。首揆楊新都（即楊廷和，新都人）進曰：「此陛下垂衣裳而
　　天下治。」天顏頓怡。[1]

　　無非衣服不甚合體，他畢竟才十五歲，可能個子也偏小，事先準備的御袍長了一些，有關方面考慮不周是有的，但倉猝間未臻善美，對於心胸豁達之人來說，不會放在心上，至少可以諒解。朱厚熜的表現卻是，頻頻彎腰低頭打量這不太合體的御袍，臉上極其明顯地流露出不快 —— 這套身體語言，說明他小肚雞腸，不是幹大事的人。而且很可能，他內心會把別人這種工作上的疏忽，視為故意，成心讓他難堪，或至少對他外藩出身的皇帝不夠尊重，糊弄了事。等楊廷和察覺他的不快，急中生智，用《易傳·繫辭下》裏一句頌揚古代聖君黃帝和堯舜的話來開釋，朱厚熜才找回心理平衡。

　　還有一個細節。登基那天，即位詔書發表之前，內閣送呈朱厚熜批准。「帝遲回久之，方報可。」[2] 拖了很長時間，才答覆同意發表。原因是內中有一句話，讓朱厚熜很不受用。這句話是：「奉皇兄遺詔，入奉宗祧。」祧，指祭祀。入奉宗祧，直接的解釋是接過祭祀祖宗的職責，而實際的意思是過繼給別人、成為別人家香火傳遞者。興世子堅持認為，自

---

① 《萬曆野獲編》，卷二，列朝，觸忌。
② 《明史》，列傳第七十八。

己繼承皇位所循原則是「繼統不繼嗣」，說白了，只當皇帝，不當孝宗、武宗家的後代。所以「入奉宗祧」這句話，他最見不得。久拖不覆，而終於同意，應該是經隨來的王府謀士苦勸，告以「小不忍則亂大謀」，暫且隱讓的結果。

這樣的細節，其實蘊涵着一股很可怕的能量。出身、個性，加上抵京後直至登基大典的種種彆扭，已使他對於京城集團形成成見。一旦有了成見，像他這樣睚眥必報、心勁甚強、習慣於咬住不放的人，是必要將肚內惡氣盡吐之而後快的。

大明王朝剛剛送走一位沒臉沒皮、胡作非為、根本不要面子的皇帝，又迎來一位超級敏感、超級自尊、超級愛面子的新皇帝。這對堂兄弟之間，一切猶如冰炭水火，分別走到兩個極端。歷史也真幽默，竟然做出如此安排。朱厚照在位一十六年，以潑皮方式當皇帝，嘻笑怒罵、毀聖非禮；緊接着，就來了一位對禮法死摳字眼、斤斤計較、進而有志開創禮制新時代、欲以偉大的禮學思想家、理論家垂名史冊的君主——這讓人怎麼受得了？

「大禮」之議

朱厚熜登基，改年號「嘉靖」，以明年（即 1522 年）為嘉靖元年。

嘉靖時代開始了。

這年號，是朱厚熜親自取定。內閣原先奏請以「紹治」為年號，被否決。朱厚熜不喜歡那個「紹」字的「繼承」含義，雖然「紹治」無非是將治世發揚光大的意思，也不喜歡，他在心理上討厭一切暗示他需要「繼承」什麼的字眼。他所更定的「嘉靖」，語出《尚書》「嘉靖殷邦」，意謂「美好的政治，富足的國度」。

後世，人們對他就以「嘉靖皇帝」相稱。

起初，的確很有一番「嘉靖」的氣象。除罷前朝弊政的詔旨，一道接着一道。「裁汰錦衣諸衛、內監局旗校工役為數十四萬八千七百，減漕糧百五十三萬二千餘石。其中貴、義子、傳升、乞升一切恩幸得官者大半皆斥去。」[1] 皇家鷹犬、宦官的勢力大為削弱，老百姓的經濟負擔減輕許多，而拉關係、走後門、靠政治腐敗升官發財的人，紛紛失去了職位。「正德中蠹政厘抉且盡」，「中外稱新天子『聖人』」[2]。

其實，這一切跟嘉靖皇帝並無關係，所有舉措，都是楊廷和依據他所起草的即位詔書精神，一一加以落實罷了，嘉靖無非簽字批准而已。那些在新政中蒙受損失的人，很清楚「罪魁禍首」究竟是誰。他們咬牙切齒，恚恨不已，以致要跟楊廷和白刀子進，紅刀子出，「廷和入朝，有挾白刃伺興旁者」[3]——情形如此危重，以致嘉靖皇帝不得不下令派百人衛隊，保護楊廷和出入。

這個正統的儒家官僚，過去多年的政治生涯中，飽嘗個人理念與現實之間激烈衝突之苦。身為首輔，眼睜睜看着正德皇帝恣意胡為，「未嘗不諫，俱不聽」，「以是邑邑（悒悒）不自得」，心灰意冷，多次提交退休報告，卻又不被批准。現在，終於改朝換代，國家迎來新的君主。這就像注入一劑強心針，楊廷和的政治熱情高漲起來，積鬱許多的抱負似乎有了施展的機遇。應該說，他對於嘉靖皇帝是寄予很高期待的，「以帝雖沖年，性英敏，自信可輔太平」。復活的熱情，對年輕皇帝的期待，使楊廷和特別認真地對待自己的職責，他知無不言，言無不盡，向嘉靖全盤託出自己的政治理想：「敬天戒，法祖訓，隆孝道，保聖躬，務民義，勤學問，慎命令，明賞罰，專委任，納諫諍，親善人，節財用。」[4] 這三十六個字，濃縮了儒家對於「有道明君」的基本認識，果能一一踐行，寓涵在「嘉靖」中的願望，庶幾可以變為現實。

嘉靖對楊廷和的除弊舉措，均予照准；對楊廷和疏請的三十六字，也

---

① 《明史》，列傳第七十八。
② 同上。
③ 同上。
④ 同上。

「優詔報可」。單就這些跡象看，君臣和睦，嘉靖朝似乎有一個良好開端。但所有這些，或者並未觸及朱厚熜個人利益，或者不過是一些空洞的道德承諾，他不難於拿出開明的姿態。

而在新氣象的底下，一股暗流已經悄然湧來。

即位剛剛第三天，正德十六年四月二十五日，嘉靖降旨遣員，去安陸迎取母妃蔣氏來京。兩天後，四月二十七日，他又發出旨意，同樣與自己的父母有關，「命禮部會官議興獻王主祀及封號以聞」[⑤]。

——此即「大禮議」之肇端。簡明通俗地講，禮，就是王權制度下的等級秩序，是這種秩序對社會成員的關係與差別的規定。因為這次所涉及的是皇家級別的人和事，所以特別加上一個「大」字。其他很多時候也都這樣，比如，皇帝結婚稱「大婚」，剛剛去世的皇帝叫「大行皇帝」等等。

迎取蔣氏的諭旨這樣說：「朕繼入大統，雖未敢顧私恩，然母妃遠在藩府，朕心實在戀慕。」[⑥] 據說，辭別蔣氏、啟程來京之際，朱厚熜「不忍遠離」，好一頓哭鼻子，「嗚咽涕泣者久之」。論理，十五歲並不算小孩子了，但作為王子，自幼嬌生慣養，獨立性比較差、對母親仍感依戀，這可以理解。

提出興獻王封號問題，也在情理之中。興世子現在成為皇帝，作為皇帝本生父，名分如何，和皇帝之間關係又怎樣，自當議定。

倘若事情僅只如此，就很尋常。實際卻不這麼簡單。嘉靖這兩個連續動作，是繼位過程中就禮儀問題與北京當權派所發生的矛盾的延伸——他沒有忘掉矛盾，也不打算迴避，相反，進一步表明了挑戰的姿態。

禮部尚書毛澄承旨，召集會議商討興獻王封號問題。與會者對這個問題在理學上如何看，沒有猶疑；關鍵是找到「故事」，亦即以往歷史上處理此類問題的範例。楊廷和舉出兩個先例，認為最適合作為處理眼下興獻王地位問題的範本。

一個是漢成帝以定陶王劉欣為皇太子的故事。成帝在位二十餘年仍無

---

⑤ 《世宗實錄》，卷一。
⑥ 同上。

子嗣,因此在綏和二年決定冊立皇侄劉欣為太子;劉欣成為太子的同時,自動過繼到成帝一宗。為了解決定陶王一支奉祀乏人的問題,成帝下旨讓楚孝王之孫劉景襲爵定陶王。

第二個例子來自宋代。宋仁宗無子,遂於至和二年立濮安王第十三子趙曙為皇太子,此即日後之宋英宗。英宗即位後,從倫理上如何認定身份,當時的大儒名公之間一派混戰,歐陽修等人主張英宗可以本生為皇考,而司馬光等認為「為人後者為之子,不得顧私親」,論戰持續十八個月,是為宋史上有名的「濮議」事件。結果,英宗強行決定以本生為皇考,司馬光等臺諫集體請辭作為抗議。英宗雖以權力達到目的,但在道義上卻沒有贏,因為理學宗師程頤明確站在反對立場,說:「為人後者,謂所後為父母,而謂所生為伯、叔父母,此生人之大倫也。」[1] 既然你繼承了別人的家業,就理當成為別人的後代,這樣的義務是不可以放棄的。正因程頤這樣的大宗師持此觀點,楊廷和才把宋英宗故事當作能夠支持己方立場的例子,加以引用。

兩個例子,一個是正確的實踐,另一個雖然實踐是錯的,但理學上卻早已形成公認為權威的結論,可以說代表了正反兩方面的歷史經驗,非常好,相信皇帝從這樣兩個例子當中,自然能夠了解眼下關於興獻王封號問題,可取的態度是什麼。

大家一致贊同楊廷和的意見,並由毛澄形諸文字,作為奏章上呈嘉靖。奏章敘述了漢代和宋代那兩個例子,又引徵程頤的觀點,最後寫道:

> 今興獻王於孝宗為弟,於陛下為本生父,與濮安懿王事正相
> 等。陛下宜稱孝宗為皇考,改稱興獻王為「皇叔父興獻大王」,
> 妃為「皇叔母興獻王妃」。凡祭告興獻王及上箋於妃,俱自稱
> 「侄皇帝」某,則正統、私親、恩禮兼盡,可以為萬世法。[2]

扼要地講,他們建議,以後嘉靖要稱孝宗朱祐樘為父親,而改稱自己

---

① 程頤《代彭思永上英宗皇帝論濮王典禮議》,《河南程氏文集》,卷五。
② 《明史》,列傳第七十九。

親生父母為叔父、叔母。

朱厚熜見奏，氣不打一處來：「父母豈有說換就換的？」發回再議。

五月二十四日，再議的結果出來了：大臣們不單堅持原有意見，還爭辯說，本朝歷來皇帝對於藩親，在相應情形下，都只稱伯父、叔父，是不能加稱「皇」字的，同時自稱也徑稱「皇帝」，後面並不帶名諱的；現在，廷議認為皇上對於興獻王可以稱「皇叔父大王」，可以在「皇帝」後面加上自己的名諱，明顯把興獻王與其他宗藩區別對待，已算格外破例，相當隆重了。爭辯同時，還把程頤《代彭思永議濮王禮疏》專門抄了一份，請嘉靖看，隱約有教訓的意思。

嘉靖不吃這套，命禮部「博考前代典禮」，「再議以聞」。潛臺詞是，別拿程頤壓我。

毛澄、楊廷和們同樣固執。他們的確重新開會研究了，但只是做做樣子，上報的意見絲毫未變。

嘉靖一時沒有辦法，就來個「留中不發」——把問題擱在那裏，以表示堅決不同意廷臣的立場。

皇帝與重臣之間爭執不下，已二月有餘，滿城風雨。面對傳聞，有個人靜觀其變，到了七月初，覺得看出了一些眉目，因此決定出手。

此人姓張名璁，浙江永嘉人氏。他前半生功名不順，從弘治七年（1494）起，二十年來，連續七屆會試皆落榜。到了第八次，也就是正德十六年辛巳科，時來運轉，終於中了二甲第七十七名進士。此時，他年近五旬，一般而言談不上有何輝煌前程了。但他並不死心，因為有人曾替他算命，說他不光有中進士的命，還有「驟貴」的命。中進士的預言已然實現，恐怕「驟貴」也不遠。他篤信不疑。新皇帝登基以來，他密切關注朝中動向。新皇帝因欲尊崇本生父之故，與朝廷當權派陷於拉鋸局面。張璁一面睜大眼睛、豎起耳朵觀察，一面用心思考。觀察，主要是搞清楚皇帝決心到底有多大；如果陛下本人態度不夠堅決，那麼以楊廷和在朝中如日中天的威望和勢力，他張璁冒然出手，下場一定是逮不着狐狸還惹一身騷。至於思考，則因此事實質在於如何闡釋禮學的精神，所以理論上要過硬、站得住，足以和對方抗衡。

嘉靖兩次把廷議退回「命再議」，以至擱置廷議不予答覆，讓張璁確信陛下不達目的絕不甘休。同時，經過一段時間的思考，他自信在理論上也找到了突破口。眼下，滿朝上下還無一人敢於站在皇帝這一邊，跟楊廷和唱對臺戲，張璁卻斷定僵局遲早打破。四十七歲的新科進士意識到，這是千載難逢的機遇，能否第一個站出來支持皇帝、搶得頭功至關重要。建功立業，在此一舉。

　　七月三日，張璁遞交了他的《正典禮第一疏》。這是一個轉折。此前，以嘉靖為一方，朝臣為另一方，陣線分明。嘉靖幾為光杆司令、孤家寡人，除了他從安陸帶來的藩邸僚屬，沒有哪個朝臣敢於附和他的觀點。現在，天下第一個吃螃蟹的人終於出現，雖然只是一個微不足道的「禮部觀政進士」——類似尚未正式授職、處在實習期的大學畢業生——但畢竟有不同的聲音發出。讓嘉靖喜出望外的是，這聲音還頗有分量，堪比重磅炸彈。

　　對這麼一顆重磅炸彈，我們只能不吝筆墨，全文易為白話，俾令讀者知其詳盡：

正典禮第一疏 [1]

　　臣下我個人認為：孝子的極致，是尊親；而尊親的極致，是竭盡一切和所有，加以奉養。

　　陛下應承天意、順從人心，繼承皇位，立即提出追尊興獻王、更正他的名號，同時派人迎接母親來京奉養，這完全是發乎內心的孝情的自然流露，是必然的、無法抑止的。

　　現在，廷議形成了這種意見，說陛下由「小宗」入繼「大宗」，應該以孝宗為皇考，改稱興獻王夫婦為皇叔父、皇叔母。這種觀點，無非是拘泥於漢定陶王、宋濮王兩個典故而已，以及程頤所謂「為人後者為人子，不得顧私親」的說法。對此陛下不能苟同，指出此事在禮學上關係重大，應該廣徵博考，得到最恰

---

[1] 《皇明經世文編》，卷一七六，張文忠公文集一。

當的結論。我由此深深體會到，陛下具有一顆何等純孝之心。

從收到的回饋意見來看，都認為廷議是正確的 —— 這恐怕有膠柱鼓瑟之嫌，並不切合實際；其次，也是黨同伐異的表現，並不符合聖人之教。對此，至少我是不贊同的。

試問，天下怎有無父無母之國呢？我身處清明的時代，對居然出現這樣一種論調深感痛心，不得不出來澄清一些基本原理，為陛下辯護。

最高經典《禮記》說得很清楚：「禮，不是從天而降，也不是從地底下鑽出來的，而起自於人的情感。」因此，歸根結底，聖人是根據人的情感來創作禮制的，以人的情感來規定親疏、評判嫌疑、區別異同和明辨是非。也就是說，禮絕不違背人情。

漢哀帝和宋英宗，很早就被漢元帝、宋仁宗立為皇位繼承人，養於東宮。這種情形下，「為人後者為人子」是說得通的。現在，武宗作為孝宗繼承人，居帝位十七年，他駕崩之後群臣遵照祖訓、奉武宗遺詔，迎取陛下入繼大統。這是另一種繼承關係。

我認真研究過祖訓。祖訓說：「如果皇帝無子，就實行兄終弟及。」孝宗皇帝是興獻王的兄長，興獻王是孝宗皇帝的親弟弟，而陛下則是興獻王長子。武宗皇帝沒有子嗣，在這種情況下，根據祖訓所規定的倫序，實際上就是興獻王以孝宗的親弟弟取得繼承權，從而順延到陛下這裏。所以《遺詔》裏面這麼說：「興獻王長子，根據倫序應當立為皇帝。」這句話，分毫沒有以陛下為孝宗皇帝之後的意思。陛下是按照祖訓規定的程序，直接繼位為君的，這跟哀帝、英宗預先被立為元帝、仁宗太子而繼位，其公私關係有天壤之別。有人或許感念孝宗皇帝恩澤，不忍心他無後，這固然可以理解。然而，倘使興獻王今天仍然健在，那麼當他繼承皇位時，顯然也沒有因此變成兄長的後代的道理吧？

退一步說，雖然興獻王不在人世了，陛下稱他一聲「皇叔父」還不是特別為難的事，但陛下生母仍健在，而且就在迎來北京的途中，今後如以「皇叔母」相稱，那麼母子就必須以君臣之

禮相見，天底下哪有以自己母親為臣的呢？

依禮，長子不應該成為別人的後代。況且興獻王只生有陛下一個兒子，雖說利於天下而為別人之後蠻高尚，但無論如何也不存在兒子讓自己父母絕後的道理吧？

所以我認為，陛下在「繼統」武宗的同時繼續尊崇自己父母，是可以的；反之，以「繼嗣」身份成為孝宗後代而與自己父母絕親，是不可以的。「統」與「嗣」不是一回事，繼統不必循父死而子立的關係，從前，漢文帝以弟弟身份繼統於惠帝，宣帝則是以侄孫繼統於昭帝，都沒有聽說需要以放棄與親生父母的關係為條件。

仍舊那句話，禮的本質是人情，抽掉人情這個根本，禮就走到自身反面，成為非禮。

以我個人孔見，今日之事如此處理為善：應該為興獻王在京師建立單獨的奉祀場所，來突出尊親這一最高孝道；同時本着母以子貴原則，使陛下生母享受和興獻王一樣的尊榮。一言以蔽之，就是要突出興獻王作為一位父親、陛下生母作為一位母親本來應有的地位。

人，都該當自覺認識生命本於父母這個道理；「禮」的探討者，也都該當用自己的良心去體會禮學真義。可現在有些人，不去考量古禮的根本出發點，反而拘泥於後代的一些典故；不遵照祖訓中的明確思想，反而從史書中翻出陳舊的篇章說事，這是我全然不能理解的。

本來，只有天子才可以談論「禮」。現在，陛下虛心求言，我才敢就大禮問題發表己見。我堅決反對以廷議為大禮之議的正確意見，它將助長後世的實利主義，亦即為了利益而拋棄天倫，這是大大有害於孝道的。

手握威柄的大臣固然可以指點江山，卻也不妨礙微不足道的小臣有所獻言，這都合乎各自的本分。古訓說，遇到什麼話違乎你心，一定別忘了考量它是否合於道，遇到什麼話與你志趣有

異，也要看看它究竟怎樣不合於道。有時候，以忠耿的樣子說出的話，未必都合於道，同樣，好像志趣不高的話，也未必都不合於道。我以上所談，既不敢獻諛陛下而使自己失於忠誠，也不敢為刻意表現自己的什麼直鯁而誤陛下於不孝。一切，都請陛下明斷，在我，只願做到懇切和服從。

文人就是文人，頭頭是道，正本清源，直接從根子上打擊「繼嗣派」；一句「孝子之至，莫大乎尊親；尊親之至，莫大乎以天下養」，一句「聖人緣情以制禮」，讓嘉靖吃下定心丸。

《明史·張璁傳》說，此前嘉靖受阻於廷議，自己又無力反駁，正不知如何是好，「得璁疏大喜，曰：『此論出，吾父子獲全矣。』」立刻批轉廷臣討論。而對方的反應，則「大怪駭」，既意想不到，也很有些慌亂。可見張璁之半路殺出的威力。

為什麼？

一來張璁所據理論，確實站得住。儒教綱常，忠孝為本，這是人所皆知的。其次，張璁認為論禮不得悖離人情。「聖人緣情而制禮」，並非他的杜撰，查查《禮記》，這一點是很清楚的——《禮記·喪服四制》明白地寫道：「順人情，故謂之禮。」

其二，張璁的觀點不是孤立的，背後有人，還是一股頗為強勁的力量。近世學者歐陽琛指出：「考贊禮諸臣之思想淵源，多為姚江王門高弟，則此一新舊士大夫集團之政爭，實與當時新興王學及正統朱學之對立有關，此又欲明大禮議之思想背景者不可不知也。」[1]

「姚江王門」，指王守仁（王是餘姚人）。「大禮議」中，贊助嘉靖的人，往往為陽明弟子，或與之有思想淵源。王氏本人雖未直接介入「大禮議」，但他的理論主張，無疑是跟繼嗣派相左的，例如他說：

> 天下古今之人，其情一而已矣。先王制禮，皆因人情而為之節文，是以行之萬世而皆準，其或反之吾心而有所未安者，非其

---

[1] 歐陽琛《王守仁與大禮議》，《新中華》，1949 年第 12 卷第 7 期。

傳記之論關，則必古今風氣習俗之異宜者矣。此雖先王未之有，亦可以義起，三王之所以不相襲禮也。若徒拘泥於古，不得於心而冥行焉，是乃非禮之禮，行不著而習不察者矣。[①]

所謂「先王制禮，皆因人情」，顯然正是張璁持論的基礎。

王學的核心訴求，欲使理學返璞歸真，從形式主義回到本義和本心，「天下古今之人，其情一而已矣」，「雖先王所未有，亦可以義起」，認為不論天理或人禮，皆源於良知即內心的真善，否則，「若徒拘泥於古，不得於心而冥行焉，是乃非禮之禮」，走到反面。王氏所要搖撼的，正是宋以來以程朱為正統的理學。黃宗羲評之：「先生憫宋儒之後學者，以知識為知」；他要撥開這迷霧，使人了解「本心之明即知，不欺本心之明即行也」的道理。[②]

這裏面的玄學奧思，我們不必深究，只是應該曉得，嘉靖挑起的這場「大禮議」，因了背後有新興理學崛起的緣故，才如此波瀾壯闊。倘若不然，就只是嘉靖的一點私念而已，很難走得那麼深，那麼遠。

一面是嘉靖死命維護個人利益，一面是楊廷和等主流官僚要捍衛正統理學價值觀，一面是張璁等反宋儒的新興力量想在思想和理論上崛起。這三方各執一端，一併攪戰，好戲只是剛剛開始。

嘉靖把張璁《正典禮第一疏》交發廷議，楊廷和只說了一句：「書生焉知國體。」毫不客氣地將疏文封還。封還，又叫「執奏」，是明代內閣的一項權利，雖然旨意到閣，但如果內閣認為不妥，可以退回請皇帝重新考慮。同樣，皇帝如不同意內閣意見，也有一個針鋒相對的辦法，即「留中」。先前，嘉靖對內閣用過「留中」這招，此番楊廷和投桃報李，回敬一個封還。

張疏被封還之後，嘉靖索性直接以手勒的方式，強迫內閣擬旨。七月十六日，他親自召見楊廷和、蔣冕、毛紀這幾位大學士，當面把一道手勒交給他們，上面寫道：

① 《明儒學案》，卷十，姚江學案。
② 同上。

卿等所言俱有見，第朕罔極（無窮盡的，專指與父母之間的情感）之恩，無由報耳。今尊父為興獻皇帝，母興獻皇后，祖母為康壽皇太后。[3]

既有點可憐兮兮，卻也有圖窮匕現的味道。誰知，楊廷和等人頑固非常，以「不敢阿諛順旨」為由，再次封還。順便說一下，手勅裏提到的「祖母」，指朱祐杬生母、成化皇帝的邵貴妃；嘉靖不單要將父母升格為皇帝皇后，也想給九泉之下的老祖母邵氏加上皇太后名分。

男人之間的矛盾鬧到這地步，一般就陷於僵局，除非撕破臉面，真刀真槍幹仗。嘉靖當然很想對楊廷和們來個一鍋端，但此刻尚非其時，自己羽翼還不豐滿，腰杆還不硬。因此，必須有另一種人物登場了。

自然是女人。

平素生活中間，一家人和另一家人吵架，縱然男人揎拳裸臂，多半並不濟事，真正解決問題的是女人，誰家女人潑辣、耍得開，能夠連哭帶罵，倒地打滾，拿出「今天老娘跟你們拚了」的狠勁，勝利天平就會朝那一邊傾斜。

其實我們發現，國家大事上面往往也如此。

就在楊廷和們堅定不移地堅持着自己立場的時候，通州傳來消息，嘉靖的媽咪、興獻王妃蔣氏已經大駕光臨。樣板戲《沙家浜》裏，刁德一先生跟阿慶嫂女士才交談數句，就連連歎息「這個女人不尋常」；不過倘與蔣氏相比，恐怕阿慶嫂之「不尋常」，猶有不如。因為蔣氏根本不用進城，就已經搞得大家狼狽不堪。

九月底，奉迎蔣氏的船隊抵達大運河北端終點。不知她早有所聞，還是到了通州後才了解到兒子數月來與大臣 ── 自然，以她來看，主要還是幕後的武宗之母張太后 ── 之間就大禮問題發生的爭論，總之，這個極具楚地風骨的女人雙腳剛剛踏上京郊土地，便怒聲宣佈，興獻王尊號問題一日不解決，本老娘便一日不進北京城！她說到做到，當即賴在通州不走。

---

③ 《明史紀事本末》，卷五十，大禮議。

史書上，留下了她的兩句話。一句是：「安得以我之子為人之子！」這話是以一個母親身份講的，應該也是講給另一個母親聽的。另一句是：「爾曹已極榮寵，獻王尊號胡猶未定？」[1] 這句是以興獻王妃或一個妻子身份講的，但講話對象卻是隨朱厚熜先期來京的王府人員，這實在有點奇怪。無論如何，那些人對於尊號問題是無能為力的，也根本輪不到他們插嘴。因此，如果說前一句話尚可因母子情深而被人理解，後一句就簡直是找碴和胡攪蠻纏了，由此可見她的風格。

有人評價她：「母親蔣氏，也是一個個性頑強的人，一直到她在一五三八死去為止，對這個少年皇帝影響最大。……要不是母后蔣氏為他撐腰，一個頑強而不懂事的少年君主，想不會那樣硬幹下去的。」[2]

因此，下面一幕給人的感覺更像是做出來的，是母子之間靈犀相通的裏應外合：嘉靖皇帝聽說母親因為傷心和憤怒，拒絕進城，留在通州不走了，他「涕泗不止」，跑到張太后那裏聲稱寧願不幹了，「願避位奉母歸」。

這種情形，是誰都不能預見到的。大家的反應，《明史紀事本末》只用四個字來描述：「群臣惶懼」。懼是害怕，惶是慌亂、不知所為。僅僅害怕，也還罷了；要命的是，大家被搞得措手不及，方寸大亂。

蔣氏這一手，跟一般潑婦的「坐地泡」是沒有什麼兩樣的，比如拆遷糾紛中，不願被拆的一方往地上一躺，說：「有本事，你就把老娘也弄走。」往往就真的弄不走，如強行弄走，是要出人命的。

蔣氏在通州「坐地泡」，她的寶貝兒子則在紫禁城鬧辭職，配合極佳。自古以來，皇帝 —— 傳說中搞禪讓的堯舜不算數，他們並非「皇帝」—— 除了自己翹辮子和被趕下臺，都是一屁股坐到底，向來無有主動請辭的。沒想到，嘉靖小小年紀，居然要創造這樣的歷史。

誰想得到呢？想不到，當然就「惶懼」了。

趁眾人「惶懼」之際，嘉靖再次召見楊廷和、蔣冕、毛澄一班閣員，重申「父興獻王獨生朕一人，既不得承緒，又不得徽稱，朕於罔極之恩，

---

[1] 《明史紀事本末》，卷五十，大禮議。
[2] （美）蘇均煒《大學士嚴嵩新論》，《明清史國際學術討論會論文集》，第 828 頁，天津人民出版社，1982 年 7 月。

何由得安？」張璁也得了風聲，趕來火上澆油，遞交第二篇攻擊內閣的奏疏，說：「非天子不議禮，願奮獨斷，揭父子大倫，明告中外。」言下之意，議禮乃天子專權，陛下完全不必理會閣臣，自己做出決定。

幾經攪和，繼嗣派的防線不知不覺已呈頹陷之象。十月初，突然發佈了這樣一道上諭：

> 卿等累次會議正統之大義、本生之大倫，考據精詳，議擬允
> 當，朕已知之。
>
> 欽奉慈壽皇太后（張氏）之命，以朕既承大統，父興獻王宜
> 稱興獻帝，母興獻後，憲廟（成化皇帝，廟號憲宗）貴妃邵氏為
> 皇太后。朕辭之再三，不容遜避，特諭卿等知之。[3]

這道上諭，是政治造假術的一個典型文本。首先，它根本不來自嘉靖本人；其次，裏面「朕辭之再三」云云，亦純屬子虛烏有；所謂「考據精詳，議擬允當」這種對輔臣的稱讚之詞，更不會合於嘉靖的心意。

只有一處是真實的，即旨意來自張太后。這說明，在蔣氏和嘉靖分別上演了「坐地泡」和「撂挑子」兩處鬧劇之後，繼嗣派頂不住了，膿包了，認慫了；尤其說明，弘治夫人張氏不是弟媳蔣氏的對手——也許朝臣與嘉靖之間尚未分出勝負，這兩個女人之間無疑卻已見出高下。

以誰為皇考的問題，這裏仍未解決，然而，對方被迫接受興獻王可以稱「帝」——儘管還小氣摳門地吝嗇於一個「皇」字，只稱興獻帝，不稱興獻皇帝。但這些其實都不重要，重要的是繼嗣派開始退卻。《明史紀事本末》敘述這個文件出籠經過時說：「廷和見勢不得已，乃草詔下禮部。」從最初以天時、地利、人和而居上風，到相持不下，再到「勢不得已」，繼嗣派已走上下坡路。對繼統派來說，這比眼下取得何種戰果更有實質意義。缺口一旦打開，只會越來越大，那是無法阻擋的。

列位看到這裏，不免愈來愈困惑，外加好笑：什麼「大禮議」，說來道去、你爭我奪、傷肝損脾，不就為了幾個詞兒、幾個字眼嗎？說實話，

---

③ 《世宗實錄》，卷七。

在下亦甚感無聊也。然而列位有所不知，先聖孔老先生有句名言：「唯器與名，不可以假人。」[①] 名，就是詞兒 —— 只不過是一些特殊的、表示權力專屬的詞兒罷了；器，是用具，這裏專指標誌着名位、爵號的器物，本質仍然是「名」。蓋因權力這東西，一方面最實在，最實惠，另一方面也最虛玄，最神經兮兮。搞權力搞到最後，往往就進入一種神祕抽象境界，時常發生幻相，且需要通過幻相來揣摸，猜忌、狐疑、試探、旁敲側擊、察顏觀色……不一而足，所以，愛護權力非得像愛護眼珠一樣，疏忽不得，保護高度的緊張與敏感，以至於細膩到一字之差。譬如轟轟烈烈的「大禮議」，到目前為止，雙方你來我往咬住不放，我們瞪大眼睛所能發現的，始終是個別字眼的討價還價。繼嗣派這樣強調他們的雅量與胸襟：瞧，我們已然同意在「叔父」前頭加一個「皇」字，在「王」字前頭加一個「大」字，來表示對興獻王的尊崇，你們怎麼可以還不滿意呢？等到抵擋不住、不得不稱興獻王為帝時，卻又很仔細地收回了那個「皇」字。而嘉靖及其母親蔣氏哭天抹淚、尋死覓活要爭的，恰恰也無非於此。這都是孔夫子一再強調的那句「唯器與名，不可以假人」，在今天，我們覺得很無聊、很神經，當時雙方無疑卻一致同意「悠悠萬事，唯此為大」。這場圍繞着幾個字眼而不亦樂乎的大論爭，不久還進一步升級，直到鬧出十幾條人命，兼帶着把整個政局掀了個底朝天，這似乎就更好笑了。

且說興獻王、妃分別得了帝、后稱號，蔣氏顏面有光，乃收起「坐地泡」，賞臉入了京城。但是，他們自不會就此消停，仍然念念不忘那個「皇」字，以及更多。

隔了一個月，十二月中，嘉靖兩次施放試探。第一次，只提出單給蔣氏的興獻后稱號加尊皇字，被楊廷和頂了回去；第二次，御批於興獻帝后尊號上「各加一皇字」，又被拒絕。由這兩次行為，可以看出背後蔣氏的作用，因為第一次單提出給興獻后加尊皇字，可想見這女人特別在意，也鬧得特別起勁，被回絕後，羞惱之下索性提出兩個一道加。楊廷和不勝糾纏，表示不能受命，自己唯有引退。表示一出，即有百餘官員齊聲高叫

---

① 《左傳》，成公二年。

「老九不能走」，上疏皇帝務加挽留。嘉靖一見，做了個順水人情，「優詔留之」[②]──他本來意在試探，除了試探楊廷和現在態度究竟怎樣、反對有多堅決，也想試探楊在朝中受擁護程度如何。現在，這兩點他都已清楚。看來，事情暫不能操之過急。

他需要時間，來搬走楊廷和這塊大石頭。

不光是嘉靖需要時間，別人同樣需要時間──那些希意干進，卻還拿不定主意的人。時間將為他們把窺伺之門推得更開一些。不過，開頭總免不了有幾個去充當替罪羊。

例如一個叫史道的兵科給事中。此人自以為已看出端倪：皇帝與首輔勢不兩立，楊廷和這棵大樹遲早要倒──這一點，他的確搞對了。他不曾搞對的是，跳出來充當彈劾楊廷和的第一人，卻不知勢必成為嘉靖倒楊行動的祭品。

他上疏質問，正德年間朱厚照荒誕不經地自稱「威武大將軍」，沒有聽說楊廷和有所力爭，「今於興獻帝一皇字、考字，乃欲以去就爭之？實為欺罔。」[③] 他說得有道理，但一是持論過苛，難以服眾──像武宗那樣不可理喻之人，力爭又有何用？二來，這番高論其實有犯忌之處，嘉靖看了未必舒服，因為他將興獻尊號問題與朱厚照為自己胡亂加「鎮國公」「大將軍」「總兵官」頭銜相提並論，豈不是嘲笑嘉靖昏亂。三來，他跳出來彈劾楊廷和，是很好的，不過嘉靖卻不宜立刻倒屣相迎，相反他一定要表現得很生氣，挺身回護廷和，這才便於他將來除掉廷和時得以闡明如下姿態：大家看啊，朕都保護他 N 次了，實是迫不得已的。所以，史道成為倒霉蛋兒，一道諭旨，他被送入詔獄，而楊廷和因遭彈劾依例提出的退休申請，卻不被批准。

緊接着，又一個冤大頭跳將出來。御史曹嘉替史道打抱不平，他認為史道彈劾楊廷和，盡其職責，沒什麼不對；皇帝把史道下詔獄，對廷和則溫旨慰留，處置有失公道；又暗指替廷和及為之辯護的人，有結黨營私嫌

---

② 《世宗實錄》，卷九。
③ 《世宗實錄》，卷二十一。

疑。這個指責很嚴重，大臣要公忠體國，聚為朋黨實為大忌。所以曹嘉此言一出，馬上引來軒然大波。顯然是協調一致的，從曹嘉上疏第三天起，連續十一天，內閣成員集體留在家中，沒有赴閣辦事。而後，楊廷和、蔣冕、毛紀三位大學士，以及刑部尚書林俊、兵部尚書彭澤、戶部尚書孫交、吏部尚書喬宇，各自提出辭呈，楊廷和和蔣冕連續遞交了幾次。嘉靖概不批准，三番五次派員至上述諸大臣府第傳旨，請他們回閣視事，楊廷和等卻稱疾堅不出。表面看來，嘉靖仁至義盡，楊廷和們卻頗為託大，乃至有要脅之意。其實，曹嘉的說法確實讓人吃不消，廷和等人必須討個說法，在未得到明確說法之前，不可以稀裏糊塗地出來工作。而在這十一天裏，嘉靖雖對楊廷和們好言相慰，一再重複如何寄予信任，卻始終迴避曹嘉劾章中的關鍵之處，即這些重臣之間是否存在朋黨關係。以嘉靖這種聰明絕頂之人，早該清楚楊廷和避而不出所為何來；但他偏偏言不及義，盡說一些空洞的勸慰的話，且言語間不時微指楊廷和們只愛惜自己名譽，置大臣之義於不顧。似乎，他有意延長內閣癱瘓的時間，來彰顯楊廷和等人的自私負氣。直到後來，十三道御史劉廷簠在奏章裏點破這一點，「自古去大臣者，以朋黨為說。」並舉出正德初年劉健、謝遷、韓文被以朋黨之名搞掉的例子，嘉靖這才表示：「朝廷清明，豈可輒以朋黨之說指斥大臣。」至此，十多天內閣空不見人的局面方告結束。楊廷和們雖然得到了「說法」，但這麼多天「擅離職守」或「曠工」，縱事出有因、迫不得已，究竟也造成不好影響，而在道德上付出代價。至於那個曹嘉，在發揮自己作用之後，只落得一個貶謫的下場。唯一的贏家，是皇帝本人。[①]

這時，是嘉靖二年（1523）正月。

轉眼來到年底。萬歲小爺入住紫禁城已然兩載，轉眼就十八歲。若在現代，十八歲即為成人，從此取得公民權。明代無此一說，但十八歲仍不失為人生一個重大關節，乳臭未開的嘉靖，目下應該喉結突出、頷生黑鬚，昂然一丈夫了，也終於到梳理羽毛，振翅高飛的時刻。

是年，對於南直隸（今江蘇、安徽兩省）及浙江來說非常不利，先是

---

① 《世宗實錄》，卷二十二。

大旱，後又大澇。南京戶部右侍郎席書遞交的報告稱，該地人民景況只有三等：「有絕糶楄腹、垂命旦夕者，有貧難已甚、可營一食者，有秋禾全無、尚能舉貸者。」[②] 就是說，處境最好的也需要告貸維持。

恰在此情勢之下，嘉靖擬派遣內官前往南方辦理織造。所謂織造，指宮中帝后等人服飾的供給，其本身費用已屬奢巨，加之任事的內官往往乘機大撈，擾民極重，正常年景下已令地方不堪，何況又逢大災之年。所以消息傳出，朝臣紛紛上疏諫阻。但嘉靖卻如吃了秤砣一般，鐵心不變，一再催促內閣擬旨。楊廷和反覆申明江南民不聊生，猶處水深火熱之中，如逼煎太甚，「各處飢民豈能垂首楄腹，坐以待斃，勢必起為盜賊。」嘉靖就是不聽，君臣再起爭執。前者見無法說服內閣擬旨，竟撇開內閣，直接讓人（應該是某位近侍）草詔，並付諸執行。

這是一個重要信號，也是公然的排斥。正如楊廷和所說，根據祖制，明朝「諸所批答，俱由內閣擬進」，這是制度，在當時猶如法律，而嘉靖的做法不啻於越過法定程序，性質非常嚴重。

楊廷和震驚於嘉靖的一意孤行，忍不住質問道：「今臣等言之不聽，九卿言之不聽，六科十三道言之不聽——獨二三奸佞之言，聽之不疑。陛下獨能二三奸佞之臣共治祖宗天下哉！」

末一句深中肯綮，語氣未免過重。老首輔憂民心切，激於義憤，一時不能自已，而說出這種近乎頂撞的話來。

其實，嘉靖是用這種舉動，宣明對楊廷和內閣的遺棄。楊廷和感覺到了這一點，卻又難以置信。他在奏疏中提到一句：「臣等固當引身求避，以明不可則止之義。」這並非正式辭職，而是希望藉這樣一句話，換來皇帝積極的自我糾謬的回應。

但此番相較以往，判然有別。一貫對楊廷和加以挽留的嘉靖，突然改弦更張。《明史》記載，楊廷和於嘉靖三年一月退休，「帝聽之去」，並無片語勸留。這就好像一齣戲，推來阻去的一直很熱鬧，可突然間，一切就戛然而止了，鼎沸的世界暫態死一般寂靜，以致一根針落在地上都能聽見。

---

② 《世宗實錄》，卷三十四。

自正德崩後，一手杕定政局、定策迎立、撥亂反正，旰食宵衣、勤勤懇懇的老首輔，就這樣去了。類似楊廷和這種等級的重臣，如果提出辭職，通行的做法是前兩次都要予以拒絕，以示挽留，第三次才予批准——哪怕皇帝已極討厭該人，巴不得他滾蛋，也要做做這種文章。嘉靖不按規矩出牌，儘管楊廷和久有去意、乞休並非假心，但從皇帝方面來說，至三方准，其意不在挽留，而是以示對一個服務多年、做出重要貢獻的大臣的尊敬，嘉靖卻冷酷地剝奪了這種敬意，尤其一個十八歲的青年，出手如此辛辣果斷，充分展示了他意志堅定、恩威莫測的性格。在以後的歲月裏，人們還將有更多的機會來認識這一點。

楊廷和走了，不因「大禮議」，而因織造，這總讓人感到蹊蹺。在大禮問題上，楊那樣執拗地與嘉靖作梗，而且多次懇切請辭，嘉靖竟一概不允。他不倒於「大禮議」，卻倒於不相干的事情上，實屬意料之外，情理之中。明眼人自能看出，嘉靖此計乃借刀殺人。因為「大禮議」本身未見分曉，尚無結論，不可能以此斥退廷和，那麼很好，我就利用織造之爭把你擠走。織造這件事，有很多刻意的跡象。江南災情那樣嚴重，嘉靖偏偏要在此時行此事，且當從內閣到各部負責人再到科道官等所有人一致反對的局面下，不管不顧，矢志以行，甚至不惜採取撇開內閣、直接擬旨極反常的舉動……這一切，結果勢必要將楊廷和推到風口浪尖，並迫使他以辭職來盡最後諫勸之責的地步。這太像一個精心構設的圈套。

嘉靖三年一月，朱厚熜以這樣一個行動，宣告楊廷和柄國時代的終結，也宣告了此後自己長達四十年真正「獨立自主」的專制的開始。

此時此刻，他必定深深懷念着張璁。

自正德十六年十二月興獻帝后稱號以妥協方式解決，暫告一段落以後，張璁就被楊廷和調離北京，他得到了南京刑部主事的任命。楊廷和以為，讓此人遠離京師，減少他和皇帝接觸的機會，庶可少生事端。

事實偏偏不是這樣。張璁之去南京，恰好促成了繼統派陣營的形成。先前在北京，張璁獨力支撐，孤掌難鳴，幾乎沒有市場，任怎麼折騰，只怕也難成大事。在理學觀點上，當時南北兩京用今天的話來說，一個是正統派天下，一個是新潮派淵藪。因此到南京後，張璁意外邂逅了一批同

志。一個叫桂萼，一個叫方獻夫，一個叫席書，一個叫霍韜。這幾個人同氣相求，同憂相救，交往日密，一起就議禮問題充分切磋，遂結成統一戰線。

仿佛掐準了似的，楊廷和這隻「攔路虎」離去的當月，一道來自南京的重提議禮問題的本章也送達御前。作者是南京刑部主事桂萼，題為《正大禮疏》，明確提出，「皇上速發明詔，循名考實稱孝宗曰皇伯考、武宗曰皇兄；興獻帝曰皇考，而別立廟於大內，興國太后（即蔣氏）曰聖母。」[1]

三年前，正德十六年十二月，「大禮議」首回合，嘉靖如願以償給自己父母加尊帝后稱號，但同時也以承認孝宗為皇考、張太后為聖母 —— 亦即禮法上的父母 —— 作為交換。眼下，桂萼做的就是這個翻案文章。

它來得正是時候，嘉靖得疏大喜，即批轉廷臣討論。此時，原「大禮議」反對派領袖內閣首輔楊廷和、禮部尚書毛澄均已去職，蔣冕接首輔之位，九卿及各部侍郎以上人物，多數仍為楊內閣時代舊人，北京政治氣候仍對嘉靖不利。

桂萼疏文下到禮部，現任尚書汪俊召集七十三位廷臣進行討論。當年議尊號時，汪俊即與毛澄同一立場「力爭」，這次也不出意料，由他匯總的廷議，明確反對桂萼主張；同時還特別指出：「謹集諸章奏，惟進士張璁、主事霍韜、給事中熊浹與萼議同，其他八十餘疏二百五十餘人，皆如臣等議。」[2] 這應當是事實，汪俊不敢瞎編：算上桂萼本人，持那種觀點的總共四人，而反對者達二百五十餘人，完全不成比例。

沒有關係，嘉靖情知事必如此，他早有準備。一面對內閣和禮部施壓，一面徵召張璁、桂萼、席書、方獻夫等人來京。正德末年至嘉靖初年政治格局的更迭，已不可避免。

從嘉靖三年正月至五月，是反對派節節敗退的一段時光。由於楊廷和這唯一堪稱德高望重的樞臣引退，反對派思想雖仍然統一，但卻少了中流砥柱，根本無法制約皇帝。他們先是同意興獻帝后稱號中增加原先楊廷和

---

① 《世宗實錄》，卷三十五。
② 《明史》，列傳第七十九。

執意不從的那個「皇」字，然後被迫接受興獻皇帝前面再加上「本生皇考」字樣。嘉靖卻得寸進尺，又提出在皇宮內為父親設立牌位以便奉祀。

事至此，反對派明白，皇帝陛下必盡伸其志而後已，然以職責所在，他們只能知其不可為而為之，縱然是螳臂，也須擋一擋車輪，求個心安理得而已。

於是，在設興獻神主的問題上，退無可退的汪俊等人，態度突然強硬起來，堅決抗旨。這類似於弈局敗勢已定情況下，刻意弈出錯招，來替自己找個臺階。嘉靖果然大怒，斥汪俊等欺其年輕、蔑視綱常。得此重責，汪俊和首輔蔣冕旋即引咎辭職。請求順利地通過。首輔之位由楊內閣碩果僅存的毛紀接替，而對於「大禮議」至關重要的禮部尚書──某種意義上相當於現代主管國家意識形態、理論思想宣傳工作的負責人──嘉靖特批由原南京兵部右侍郎席書擔任。

一朝天子一朝臣。政治權力的變化，總是體現於並通過人事變動來實現的。除席書接掌禮部外，五月間，張璁、桂萼、方獻夫也分別被任命為翰林學士、侍讀學士，為他們將來進入內閣鋪平道路。

「大禮議」到了最後決戰的時刻。

張、桂等人的言論，和嘉靖的重用，令北京政界普遍把他們視為希意干進、獻媚邀寵的小人，一時成為公敵。給事御史李學曾、吉棠參道：「璁、萼曲學阿世，聖世所必誅。」刑部尚書趙鑒也敦促皇帝對張、桂等繩之以法，公然對人講：「得俞（諭）旨，便捶殺之。」攻擊還來自御史張翀、張本公、段續、陳相等多人。比四面楚歌的輿論環境更嚴重的是，很多朝臣甚至對進言皇帝懲處此數人不表興趣，而欲徑直飽以老拳；《明史》寫道：「眾洶洶，欲撲殺之。」

桂萼嚇得關在家裏，張璁也是躲了好幾天，直到確信無復性命之憂，才敢上朝。在這期間，嘉靖動用權威，從動本參攻張、桂的人中挑出幾個，投入詔獄，又以「朋奸」切責其餘人等，方令事態有所緩解。

張桂定了定神，開始發揮嘉靖調其晉京的作用。他們聯名上疏，完全徹底否定朱厚熜繼位以來楊廷和內閣有關興獻地位問題的政策，最後落實到一點，即去掉興獻尊號中的「本生」字樣，指出：「若不亟去『本生』之

稱，天下後世終以陛下為孝宗之子，墮禮官欺蔽中矣。」[1]

作為現代人，我們對嘉靖君臣數年以來爭得不亦樂乎的稱號，恐怕早有頭暈眼花之感。所以，敍述至此，有必要對稱號之爭的變化，及其相互是何關係，總括起來作一交待和分辨。

最早，內閣和禮部認為興獻王不能稱「帝」，打算以「興獻大王」的稱號來解決與一般藩王的區別問題。嘉靖不答應。之後，同意稱之為「帝」，但不同意用「皇」字，來保留與曾經真正君臨天下的皇帝們的區別。嘉靖仍不滿意，於是，興獻又得到「皇帝」稱號。在「皇帝」稱號解決之後，嘉靖的目標轉向「皇考」問題。「皇考」，意即「皇帝之父」。正德十二年十二月，由張太后旨意給予興獻以帝號時，嘉靖接受孝宗為「皇考」並正式詔告天下。這一直是嘉靖的心病。他在擠走楊廷和後着手解決此事，廷臣無力阻止，一番討價還價之後，於當年三月一日宣佈，即日起興獻的完整稱號為「本生皇考恭穆獻皇帝」。興獻成為「皇考」，但與孝宗比，前面多一「本生」字樣；這樣，嘉靖同時擁有兩位「皇考」，孝宗是政治上的父親，興獻皇帝是親生父親。

——以上是過往圍繞興獻稱號問題，發生的全部爭執及結果。

現在，張璁、桂萼發出最後一擊：去掉「本生」字樣，讓興獻皇帝成為無論血緣或政治上的唯一父親。他們說，「本生皇考」這樣一個稱號，表面上是皇帝贏了，實際卻中了別人的詭計，「皇上不察，以為親之之辭也，不知禮官正以此二字為外之之辭也。必亟去二字，繼統之義始明。」[2]「願速發明詔，稱孝宗曰『皇伯考』，興獻帝『皇考』」[3]，把孝宗降低到伯父地位。

從禮法上說，這不是簡單的稱呼上的變動，它隱含着嘉靖帝位繼承關係和權力由來，脫離於孝宗這層意思，這直接動搖了視統秩、倫序為命脈的中國帝權的法理基礎，其大逆不道，不遜於弒君和謀篡。在這樣的關頭，所有正統士大夫腦子裏，都會冒出那樣一句話：是可忍，孰不可忍？

諫阻的奏章紛至沓來，一片反對之聲。嘉靖一概不予理睬，扣下奏章，

---

[1] 《明史》，列傳第八十四。
[2] 《明史紀事本末》，卷五十，大禮議。
[3] 《明史》，列傳第八十四。

表示對於去「本生」決心已定。群臣陷於絕望，一股悲抑氣氛在朝中流傳。

七月十五日早朝散後，官員們聚在一起議論着。兵部尚書金獻民、大理寺左少卿徐文華斷言：「皇上把所有奏疏留中不發，說明改孝宗為伯考勢在必行，國家的純正傳統將就此中斷了。」這道出了所有人對形勢的一致判斷，眾皆默然，不知如何措手。這時，吏部左侍郎何孟春猛然想起一樁往事，說：「有個很好的先例：成化年間，為了慈懿皇太后葬禮問題，百官曾經集合起來，哭伏文華門，最終讓憲宗皇帝接受了大家的主張。」此語甫出，楊廷和之子、翰林修撰楊慎大聲應道：「國家養士一百五十年，仗義死節，正在今日！」楊慎的吶喊，讓大家慷慨激昂，「儒」氣勃發；兩個年輕的官員當即跑到金水橋南，截住散朝途中的群臣，請他們留步，然後當場發表演說，倡申大義，「萬世瞻仰，在此一舉」，並激憤地說：「今有不力爭者，共擊之！」很多人留了下來，現場很快有了廣場政治的氣氛，人人熱血沸騰，情不自禁，騷動不安，被一種共同的義憤所鼓舞；如果說天安門無數次成為中國知識分子廣場政治行為的中心，那麼，嘉靖三年七月十五日的這一次，也許就是它的開端。

短暫動員之後，激動的人群湧向宮中，在金獻民、何孟春等人帶領下，浩浩蕩蕩來到左順門外。據統計，參加這次嘉靖朝天安門事件的，上至九卿下至翰林、部、寺、臺諫諸臣，達二百餘人，規模空前。他們齊伏左順門外，呼喚着太祖皇帝和孝宗皇帝（相當於現代遊行高呼口號），哭聲震天（這是士大夫對於皇帝的常用請願方式，古人不曉得絕食之類，即便曉得，皇帝恐怕也不在乎）。首輔毛紀和大學士石珤聞訊，也趕來加入，請願的聲勢更加浩大。二百多號人，在向來寂謐的紫禁城中齊聲呼喊，扯開嗓子痛哭，從來未有，也足夠驚天動地。

嘉靖朝罷退居文華殿，正在做他的道教功課——這是他畢生沉溺不已的愛好——忽聽左近人聲鼎沸，急遣人外出探察，得報乃是群臣「聚眾鬧事」。此時約可晨間七時，「命司禮監諭退，不去」，直到午時（中午十二時至一時），一再派司禮監充當大喇叭播放「勸離通告」，「群臣仍伏不起」。嘉靖大怒，使出第一招：命司禮監把參與鬧事者登記在冊，並逮捕積極分子豐熙、張翀等八人。這一招非但沒有嚇退人群，反而引起更大

騷動——楊慎、王元等，撲上前用力捶擊宮門，同時大哭，「一時群臣皆哭，聲震闕廷」。於是，十八歲的皇帝開始展示與其年齡不相稱的鐵血風格，調來衛戍部隊，一古腦拘捕了一百三十四人，傳令另外八十六人待罪聽候處理。兩天後，他宣佈了鎮壓手段——極具明朝特色的「廷杖」，也就是打屁股。共有一百八十多位鬧事者被打屁股；雖同為打屁股，跟一般家長責罰逆子時打屁股斷然不同，這是往死裏打，「與我着實打」，被打官員中，直接打死或事後因為創傷過重而死者，共十九人。[①]

持續業已三載的「大禮議」，以文攻始，以武衛終；以口舌之辯始，以打屁股終。槍桿子裏面出政權，大棒底下出真理。嘉靖發現，三年糾纏不清的問題，一頓板子就能立刻得出結論。自信政治正確的士大夫集團，則不得不哀歎「秀才遇見兵，有理說不清」。

翌月，由禮部尚書席書主持，最後議定孝宗「考名」。反對派已噤若寒蟬，只有個別人象徵性地嘟囔了幾句不同意見，也草草收場。繼統派取得徹底勝利，這次的廷議，由張璁、桂萼、席書等人捉刀，做出了改稱孝宗為皇伯考的決定。

九月，正式頒佈詔書：「已告於天地、祖宗、社稷，稱孝宗敬皇帝曰『皇伯考』，昭聖皇太后（張氏）曰『皇伯母』；恭穆獻皇帝曰『皇考』，章聖皇太后（蔣氏）曰『聖母』。」[②]

「大禮議」看點

如果比作一臺戲，百分之九十的人會覺得「大禮議」是臺臭戲。內容乏味，情節無趣；既無愛情，又缺少傳奇色彩，兇殺打鬥更談不上，比任

---

① 《明史紀事本末》，卷五十，大禮議。
② 《世宗實錄》，卷四十三。

何催眠藥更讓人昏昏欲睡。

看來，朱厚熜的故事，開場有些失敗。本書先前登場的幾個主人公，誰都比他來勁、好玩。某種意義上確乎如此。不過，如果變換一下角度，事情也正好顛倒過來。坦率地說，朱元璋、朱棣、朱厚照這幾位，雖在各自人生舞臺上，各依稟賦，皆有極佳之出演，然他們身為皇帝又並無真正新意，無論哪種情形，都不難在歷史上找出相似者——可以說，他們其實倒是頗為類型化的。

嘉靖其人，治國平天下沒有驕人業績，然而在暴政虐民或出乖露醜這類方面，卻也不曾顯示特別過人之處。但他有一點，卻為歷來君主皆所不及——可能只有一人勉強可與他一爭高低，就是那個「篡漢」的王莽。

王莽是個有趣之極的人，他當上皇帝後，立刻運用到手的權力來推行一系列空想主義的實驗。這些實驗，不會使任何人（包括他自己）得到實際的利益，而只是為了表達他心目中的某種主義或理想。他以恢復古制為己任，決心重建井田制，重新啟用古老的貝殼、龜甲、布帛作為貨幣，下令刑罰、喪嫁、居家乃至服飾、車轅制式都循周禮，還掀起廣泛的改名運動——無論地名、官名、建築名，能改的全部改成古名……這些古怪做法，部分出自道德熱忱，更多的則展示着他內心對於自己的一種期許。他自命為黃帝虞舜後代，幻想是周公再世，他的抱負不在於經濟國家，而是希望創造性地繼承和發展聖王精神，躋身於其經典作家行列，成為不朽的精神象徵。但是，他的這些追求，全都因為形式主義而破產，淪為笑柄。

嘉靖沒有王莽的狂熱，卻有相同的抱負；而且，王莽沒有幹成的事，嘉靖幹成了。

最初嘉靖挑起「大禮議」，只是抱着很實際的目的，為親生父母撈取帝后地位，以及維護自己的尊嚴。但隨着事情的深入，他開始超越這目的。他越來越相信，自己正在做的，是一件有着重大思想理論意義的工作，這工作將改變和突破禮法理論某些不合理部分。通過「大禮議」，禮教將發展到一個新的階段，而他本人將因此成為禮教發展史上一個劃時代人物。因此，如果說早期嘉靖與楊廷和之間是政治鬥爭，那麼到後來性質完全變了，已經變成意識形態領域的鬥爭，他嘉靖不再只是狹隘地為父母

爭名分、為自己正地位，而是向不合理的禮教舊秩序發起挑戰，創造新的原理，把禮教發展到一個新的高度、一個新的階段。他熱切期待這樣的結果：經過由他親自發動和領導的禮教改革運動，誕生新思維新制度，「不但創行於今日，實欲垂法於萬世，以明人倫，正紀綱」[1]，不論何時何地，人們世世代代都將沐浴在他的思想的萬丈光芒之下。

歷史上的偉大君主，他們顯赫的聲名無非來自於開國創代、闢疆拓壤，就算制度上有所更新，也只限於政治、法律、田稅這一類與國計民生有關的事情。這些功業固然光耀燦爛，但正所謂「君子之澤，五世而斬」，往往人亡政息，或隨朝代更迭而煙消雲散，很少能夠傳諸久遠。因此，他們再偉大，也不過是特定時代的世俗主宰者。

嘉靖從「大禮議」看到的，卻是另一種前景。他的事業，將越過時間而成為永恆。人倫大禮，天地乾坤；「有天地，然後有萬物，有萬物，然後有男女，有男女，然後有夫婦，有夫婦，然後有父子，有父子，然後有君臣，有君臣，然後有上下，有上下，然後禮義有所錯（交錯，區別）。」[2]朝代有更迭有始終，再偉大的君王，其事業身後也終有泯滅的一天，而人倫之義，祖天逖地，與日月同存。因此，在禮法上有所建樹，才真正不朽。

「大禮議」意外地使嘉靖發現一條超邁過往偉大君主的途徑。他恍然大悟：與其做一位特定時代的世俗主宰者留名史冊，不如鑄造精神範式、架設思想燈塔，做一個可為萬世法的精神導師。

他的這種「覺醒」，軌跡甚明。以嘉靖二十一年（1542）「宮婢之變」為其帝王生涯分水嶺，前二十年「積極進取」的階段裏，嘉靖把全部的熱情、精力和想像力，都投於禮教改革，奇思異想接踵而至：「大禮議」之後，更正郊祭；郊祭改易甫畢，又重修孔廟祀典；搞定孔廟祀典，轉而釐正太廟廟制……真可謂樂此不疲，舉凡國家禮制之大者，盡被他囊而括之，改而革之。

不特如此，他更於行動之外，隆重推出備載他所領導的禮教鬥爭偉大

---

① 《世宗實錄》，卷七十九。
② 《易》，序卦，傳。

勝利及其理論貢獻的「不朽文獻」。這部文集，歷時四年，三編三定；最早，由禮部尚書總其事，於嘉靖四年（1525）十二月編成《大禮集議》六卷，過了一年，再命修訂並更名《大禮全書》，嘉靖六年（1527）八月《大禮全書》呈進，嘉靖閱後以為「未盡其義」，需要「通查詳定」，且親自另擬《明倫大典》之名，發回重編，又經過近一年，七年（1528）六月，《明倫大典》告竣，事情終於塵埃落定。

《明倫大典》修成，嘉靖親自作序，把它「刊佈天下」，甚至「頒行中外」。那意思，不僅印成書在國內發行，似乎還作為賜品賞與外夷，好讓他的光輝思想成為全世界的行動指南。

帝王喜歡別人臣服和頂禮膜拜，是普遍天性。不過像嘉靖這樣陶醉於在思想和意識形態方面扮演偉人，古代卻十分罕見。王莽有這傾向，但事情搞砸了，沒有成為偉人，反令世以小丑視之。除王莽外，好像再沒有第二個例子；不論多麼自以為是的君主，他們喜歡別人歌頌自己的，都是多麼雄才大略，多麼勤政愛民，多麼治國有方，是很實際的政治上的業績，對於充當精神偶像好像沒有太大興趣。

嘉靖卻真正把皇帝當出了個性，當出了特色。翻一翻《世宗實錄》，前半部分充斥着繁文縟節的敘述，今天主持這個儀式，明天討論那個禮數。罔論巨細，津津樂道，不厭其煩。

嘉靖以九五之尊，對探究儒家經典理論表現出濃厚的專業的興趣，是完全超出實際需要的，令人疑心關於此事他是否陷於某種程度的自我強迫症。我們試圖認知此事，而有如下解讀。

歸根到底，時勢使然。到明代，儒學和儒教真正形成一種泰山壓頂之勢，它的整套思想和禮儀制度確實成為籠罩一切的權威。過去，一般以為漢武帝用董仲舒「罷黜百家，獨尊儒術」之言後，儒家即居於帝權時代中國思想意識形態的統治地位。但事實與此相差很遠。漢代儒學盛極一時，漢以後，三國、兩晉、南北朝以降，而迄隋、唐、五代，這漫長時間中儒教和經學不僅談不上獨尊，不少時候還處在釋、道之下。這情形，錢穆先生在《朱子學提綱》的「三國兩晉至唐五代的儒學流變」一節中，講述非常清楚。例如他告訴我們，在中國歷史上最重要的朝代唐朝，儒家地位其

實是很可憐的：

> 下至唐代，雖仍是儒釋道三足並峙，而實際上，佛教已成一
> 枝獨秀。……在唐代人觀念中，從事政治，實遠不如漢儒所想之
> 崇高而偉大。漢儒一心所尊，曰周公，曰孔子，六經遠有崇高之
> 地位。唐代人心之所尊向，非釋迦，則禪宗諸祖師。周公孔子，
> 轉退屬次一等，則經學又何從而獲盛。[1]

漢亡之後，越七八百年，儒家、儒學、儒教才在宋代重拾升勢。宋
是儒學振興的時代，大師輩出，理論和實踐都呈現出高蹈態勢，所以有
人將宋代喻為「中國的文藝復興」。而這勢頭，卻旋因蒙古人的入主而受
阻。和後來滿清不同，蒙元政權不屑於採納中國正統文化，他們索性連科
舉亦予停辦。不過，蒙人的行狀也許正好發生一種激勵作用。在將他們逐
還北漠之後，勝利者朱元璋頗以民族英雄和中華傳統復興者自居（這種情
緒甚至令他在為首都選址時也首先考慮汴梁，唯因其形勢無險可守才悵然
放棄）。於是，宋儒開創奠基於前，明人踵繼於後，儒家倫理真正推而廣
之，遍及和深入到社會生活和思想學術的方方面面，自此權威牢不可破，
其餘一概成為異端。

明代士風，是歷史上儒化最充分的最徹底者（清代士大夫繼承了這
個衣缽）。明代的帝王，也是歷史上這類人中受儒家倫理約束最重的一群
（清代全盤接受明制，因此也延續了這種歷史）。先前歷代君主，不僅多有
崇信佛道者，而且公然用他的個人信仰影響舉國的價值取向。反觀明代，
個人精神世界偏離儒家的帝王原就很少，偶爾出現一二個，如正德惑於番
教、嘉靖沉溺道教，最終也把這興趣限於私人範圍內，無法將它擴大成國
家風尚，來取代或削弱儒家的思想統治。

所以，明代帶有中國帝制晚期階段的典型特徵：價值觀、精神生
活、思想意識形態趨於定型。它一面表現為僵化，另一面卻也表現為制度
化——無人能夠超乎或凌駕於這種業已成為政治體制有機組成部分的意識

---

[1] 錢穆《朱子學提綱》，第 6-7 頁，三聯書店，2002 年 10 月。

形態之上。

在此背景下來看「大禮議」，我們感到，意外地很有趣味。

你會發現，它根本不可能出現在別的朝代。掰着指頭數數，不曾有哪個朝代為着這樣一件虛頭巴腦的事，傾朝相爭，君臣反目，搞到性命交關的地步。雖然楊廷和們引經據典，找了一些例子，當作「故事」，好像這種事件古已有之。其實都有很大區別。

漢成帝以定陶王為太子之事，波瀾不興，平穩過渡，根本沒有形成激烈的「路線鬥爭」。宋英宗故事倒很是熱鬧（宋代，正是中國帝權晚期形態的開始），朝臣名儒也分做兩派。不過比較一下，我們卻能找出英宗故事與「大禮議」的重大不同來。前者熱鬧歸熱鬧，皇帝的處境卻並不艱難，英宗並未費太多周折，就把事情輕鬆搞定。

嘉靖截然不同，自他從安陸啟程前來就皇帝位，到嘉靖三年九月最終取得以興獻王為皇考的勝利，耗時整三年，使盡了吃奶的氣力。其間，起起伏伏、委曲求全、柳暗花明之狀，一言難盡。嘉靖哭過、辭職過，甚至派宦官祕密地造訪重臣，走後門、說好話，連他老媽蔣氏也上陣參予，親自出演一幕市井風味的「坐地泡」。相當多的時間裏，嘉靖母子孤掌難鳴，雖然漸漸出現了張璁、桂萼等繼統派，但嚴格說來北京朝中百官幾乎一邊倒全部站在他的對立面，處境相當孤立，直到最後，還引發「請願」、「靜坐」、「示威」，靠打屁股、搭了十幾條人命的暴力鎮壓手段才擺平局面。

所有這一切，提示明代思想環境、政治環境都發生了重大改變。隨着帝權進入晚期形態，整個社會的基本面越來越保守，而制度則在趨於僵化的同時也越來越發展成一種超穩定機制，創造力的空間固然縮小了，但君主的權力空間也同時受到擠壓。

嘉靖的遭遇，放到以往帝權環境下考量，似乎都是難以想像的。其實不光他，早在正德身上我們已經看見了來自禮制對於帝權的強大掣肘作用，甚至他們最「雄邁」的二祖朱元璋和朱棣，也不得不鑽入儒家倫理做一個「套中人」。明代政治最奇特怪異的情形在於，一方面，從朱元璋起就努力地試圖將權力全部集中在君主手中，撤中書省，罷相，令明代成為

第一個名義上不設政府首腦的朝代；可另一方面，透視整個明代歷史，恰恰正如黃仁宇先生所說：「朝廷的主動部分實為百官臣僚之集團而不是君主」①，儒家倫理代言人的士大夫階層，因為掌握了意識形態領導權，從而在相當程度上使君主的意志，籠罩於他們的道德評判之下。

儒家官僚價值體系，在明代社會政治中的權重越來越大，以至於士大夫們儼然以合法性的尺規和捍衛者自居——這是一種明代特色。我們都還記得，當年朱棣以謀篡上臺時承受了怎樣沉重的壓力，遭遇了怎樣堅決的道德審判；這審判雖然無聲，卻更無從迴避，讓人寢食難安。嘉靖面對的，實際是同一種力量。不錯，名義上君主的權力是至高無尚的，但「正義」（真理）卻掌握在士大夫手中，他們通過對意識形態的控制取得比皇帝更高的話語權。

這就是為什麼會發生「大禮議」的深刻原因。雙方就幾個字眼展開韌性十足的爭奪，乍一看無聊而可笑，背後卻關聯着政治這場遊戲在明代的獨特玩法。過去，帝制時代的權力角逐，是在門閥、藩鎮、宮闈這種層面展開，用武力、殺戮、幽禁、廢立之類手段解決；而在「大禮議」中，權力角逐卻是在意識形態層面上展開，通過抽象的理論甚至幾個語詞的爭奪來解決。武則天的權威，靠廢幽李家人、擢用武家人和寵任來俊臣一類酷吏，即可確立；朱厚熜卻不得不去和閣臣、禮部、科道官員咬文嚼字，就禮學原理孰是孰非大費脣舌、互相辯駁。雖然武則天的辦法簡單得多，想必朱厚熜不是不樂於採用，問題在於他已無能為力。

於是，我們這位可憐的嘉靖皇帝，迫不得已只好捲入一種充滿「學術氣息」的行為，跟科舉出身、飽讀經詩的朝臣們進行為時三載的反覆的「學術研討」——一旦從這角度來看，我們會感到「大禮議」的發生，簡直有一種讓人忍俊不禁的可愛。

格外幽默的是，取得「大禮議」勝利後，嘉靖對於此種「學術」活動，竟有欲罷不能之勢。先前，他無端而吃力地——從年齡到「學力」來說都是如此——被拖入深奧枯燥的禮學探討，而眼下那些迂闊夫子或者捲

---

① 《中國大歷史》，第 200 頁，三聯書店，1997 年 8 月。

舖蓋滾蛋或者繳械投降，不再有人試圖拿聖學經典煩擾於他，他反倒在心中生出寂寥來，以致不斷地自行尋找並提出新的「課題」，把相關「研究」引向深入，全面刷新從祭祖到祭天地、祭孔的國家大典的理論與實踐。當他將這些禮儀一一「更正」時，人們驚訝地發現，這個時代最偉大的思想家、理論家，不是任何皓首窮經的名公鴻儒，恰恰是皇帝陛下本人。

似乎「大禮議」硬生生把一位皇帝打造成興致盎然的學術專家，不過，嘉靖遠非被動地適應他的時代以及這個時代皇帝的當法，從他後來對於儒家經典理論問題的沉迷，我們固然看到了迫不得已，但更多地還是發現他有一種因勢利導、將計就計的主動。

「大禮議」給這位少年皇帝造成的屈辱，莫過於儒家官僚 —— 廣義上也就是那個時代的「知識分子階層」—— 運用自己的精神優勢、理論資源，和對話語權的控制，使自己處於文化領導地位。嘉靖可能發現，在大明朝，皇帝這個職業已經不是想像的那樣崇高，在他這位世俗王者的頭上，其實另有一位無冕之王 —— 儒家意識形態。後者雖沒有強大到歐洲教會與王權分庭抗禮的地步，但道德上的優勢卻是毋庸置疑的，否則，楊廷和這些人何以會覺得連別人父母是誰，也應該由他們來指定呢？

過去，有很多這樣一類故事：窮人因為不識字，被富人坑了騙了。作家柳青的父親就是因了此種遭遇，節衣縮食，發誓讓兒子成為有文化的人。少年朱厚熜初來乍到，被一幫「北京知識分子」利用對於經典理論的造詣所壓制，似乎也是相同的處境。這注定他的「翻身」，絕不僅僅是簡單地取得「大禮議」的勝利，而一定要以樹立起自己在經典理論上比「知識分子」更大的權威為代價。一言以蔽，當初「知識分子」是在何種方面、何等意義上欺負他的，他最後就必須在同一方面、同一意義上將對方踩於腳下，令後者轉而對他報以仰視。

這是一種最簡單的恩仇錄；它展開於君臨天下的皇帝與握有文化領導權的知識分子官僚之間，其焦點是皇帝嘗試通過自己稟持的最高政治權力，和運用這種權力，褫奪知識分子官僚的文化領導權。

最初，皇帝的動機也許只是出於復仇、賭優爭勝或尋找自我平衡，但在實踐中，他發現了更大更深刻的意義。越來越多的勝利和成果，讓他意

識到，佔領精神制高點，成為時代的精神導師，絕不僅只是帶來榮譽感的滿足；事實上，這本身就導致權力的加強和提升，一個普通的皇帝只是通過諭旨去體現他對於臣下的主導作用，而成功地居於精神制高點，這樣的皇帝，將進而從思想上指引着百官，也就是說，對思想意識形態的控制，蘊含着真正不可抗拒的權威。其實，孔子有一句話早就點破了這道理：「天下有道，禮樂征伐自天子出。」嘉靖的所作所為，正是對禮樂自天子出的實踐。

當「大禮議」的現實目標達到後，嘉靖非但不消停，反而益發不甘寂寞地逐一更正所有要典，這樣的態勢表明他的認識的重大轉折，那就是追求一種精神領袖地位，已經成為他塑造自我的方式，甚至是他獨特的統治術。

他的皇帝生涯明顯地分成「勤政」、「倦政」兩大階段。在統治後期，他潛心於道教，除了個別人，群臣二十餘年不能見其一面，自然談不上有何政績。因此，他所有的「政績」基本上都集中於早期的「勤政」階段。而在這階段，嘉靖究竟做過些什麼呢？即位初年對制度、經濟、人事方面的一些改革，實際上係由楊廷和擘畫實施，嘉靖不過照准而已。其間，真正由他主動採取的行動，可以說幾乎全在禮制的更新方面。

古來皇帝裏，這近乎絕無僅有。大多數皇帝無所作為，只顧玩樂；少數有作為，辦了一些實事。嘉靖不屬於兩種情形中任何一種 —— 他有作為，卻對「辦實事」不表興趣，所謂的「作為」全部集中在思想意識形態或者說虛文浮禮的領域。他在這方面花的工夫和取得的「成就」，超過帝制史上任何一位君主（即秦始皇以來，以前的周文王不在此列）。

嘉靖的努力，不全出於想名留青史一類的虛榮，他其實有很實用的考慮，或者說逐漸發現「務虛」而不「務實」，對於駕馭群臣、抬高自己的權威，好處甚大。縱觀整個明代，做皇帝做得最輕鬆，最遊刃有餘，數他朱厚熜。

他在三十多歲上退居西苑，到六十歲死掉，這樣漫長的時間，一直不曾親理朝政，但他居然從來未嘗失去對局面的控制。從他本人的行跡來看，他絕對可以算是一個荒嬉的皇帝，可是，居然沒有什麼人能夠鑽他的

空子，無論內官，還是外廷，都不曾出現奸雄級的人物（包括那個在史家誇大其辭下被說成大權奸的嚴嵩，關於此人，我們後面將專門談論他）。這簡直稱得上一個奇跡。

根本原因，即在嘉靖以心馭人的絕招。這是他經過「大禮議」和更正國典等一系列思想意識形態交鋒的鍛煉，摸索並總結出來的一種統治術。後期，他表面上過着隱居生活，對朝政撒手不管，也不見人，可實際上這是一種心理戰，外面有個風吹草動，從逃不出他的耳目。群臣完全猜不透皇帝在想什麼，反而小心翼翼。

他的心術統治法，最典型表現，是「青詞」。「青詞」，是道教用於祭神的駢儷體表文[①]，以朱筆寫在青藤紙上[②]。嘉靖躲在西內崇道，經常設醮，讓大臣們為他撰寫青詞。他對這件事的運用，繼續貫徹前期在儒家禮儀問題上的「政教合一」思路，也即，既是宗教問題，也是政治問題。寫得好，稱旨，就給予政治信任，否則相反。此時幾個重要大臣，夏言、嚴嵩、徐階，都經常為他寫青詞，其中嚴嵩提供的青詞 —— 不少出於其子嚴世蕃之手，世蕃人雖不堪，卻是少有的語言奇才 —— 尤能博嘉靖歡心，所以也最受信用。有人於此道不通，寫不了，或能寫卻寫得不好，竟削職為民，駙馬鄔景和、吏部左侍郎程文德等，都如此下場。反過來，嘉靖自己也經常以青詞來代替諭旨，語意晦澀，使人如墮五里霧中 —— 他這麼做，是故意的，除了藉以測驗臣下對於他的精神世界（宗教信仰）持何態度，也專門造成一種令人猶疑不定的心理，平添別人的畏懼。

因此，嘉靖是一個罕見的運用思想、精神、心理因素，甚至僅僅靠語言來控制權力的專家。他於此道，出神入化，晚年更是到了一語成讖的境界，儼然隱語大師。對於維持自己的統治，他不必宵衣旰食，也不必殫精竭慮，只須隻言片語，即足令臣工人等戒慎肅慄。他從不像太祖、成祖那般日理萬機，卻同樣使局面保持穩定（比如，搞定「倭寇」）；他後期的忽怠，不遜於前面的武宗以及後面的神宗（萬曆）、熹宗（天啟），國家卻沒

---

① 《隋書‧經籍志》：「凡祈禳祭告，必記醮奏章，稱奏章之文曰青詞。」
② 李肇《翰林志》。

有陷於大的禍亂。

他絕對可以算一個獨樹一幟的皇帝。

嘉靖與明代士風

帝制時代，政治是否清明，跟士風相當有關係。

一般人對明代士風印象多不太好，覺得他們當中盛行享樂主義，嫖妓、搞同性戀、拿女人三寸金蓮的小鞋子行酒，五花八門無奇不有。《金瓶梅》以後，色情文學在明代甚囂塵上，可以說是歷來無有；雖然這些小說前面往往冠冕堂皇地加上一篇勸戒世人當心色魔傷身的序文，卻遮掩不住作者對縱慾貪歡的欣賞，每個讀過這種作品的人，都難免想像明代士夫的生活方式就是這樣。當時流行所謂「名士風度」，也很出了一批這種放浪形骸的名士。除了行為有失檢點、不夠端正的情形，更糟糕的，是很多士大夫人格低下，賣身求榮、搖尾乞憐、助紂為虐，無所不至。魏忠賢身邊就有一批這樣的士大夫，他們的無恥，竟到了甘為閹宦兒子、孫子的地步。宗臣的名篇《報劉一丈書》，裏面描述了一種朝夕候於權者之門，厚顏巴結顯貴的人，這種人在當時顯非少數，凡讀過此文者，對明代士風都將有一種鄙夷之意油然而生。

有個具體例子，大書家董其昌。此人官做得很高（禮部尚書），藝術成就更冠絕一時，所創「董體」秀美溫柔。倘依着「字如其人」的老話去揣想，誰都無從設想現實中他會是比南霸天、周扒皮壞上百倍的惡霸。而事實上，董其昌正是一個不折不扣的老流氓。他退休後在松江鄉下，「倚勢橫行，民不堪命」，劣跡累累，僅因一件小事縱喝豪奴毒打生員陸某，猶未盡意，復將其妻母攜來府中，「大都剝褲搗陰，四字約而概矣。打後大開重門，祖常（其昌子）南坐，對眾呼為榜樣。復將諸婦，异入坐化庵中，泥塗滿面，上無蔽體之衣，血流至足下，乏掩羞人（疑為「之」字之

誤）布。觀者摩肩，人人髮指，咸謂董氏之惡至此極矣。」民眾約齊告到官府，不想董其昌早將官府打點，於是民怨益甚，到了第五天，終於激成大亂，十餘萬松江百姓聚結董府之外，人山人海，罵聲如沸，投磚扔石，最後放起火來，大火徹夜不休，董家豪宅付諸一炬。鄉里人給了他這樣的評語：「吾松豪宦董其昌，海內但聞其虛名之赫奕，而不知其心術之奸邪。交結閹豎已屢擯於朝紳，納苞苴復見逐於楚士」，「慾壑滋深，惟圖積金後嗣；丹青薄技，輒思壟斷利津」。[①]

單看這些，明代士風之壞，似乎是不可收拾的。

其實，明代士風本不是這樣子。我們雖不能簡單以「好」「壞」來形容，卻可以蠻有把握地說，跟過去歷朝比，明代士風算最端正的。由於儒家思想權威在明代達到前所未有的高度，明代士大夫的精神是歷來最正統的，士夫之間，砥礪名節是普遍的風氣，對於剛直不阿、勇於任事、殺身成仁這類品格的追求，相當熱誠。加上開國時期朱元璋用極嚴酷手法整飭吏治，明代士大夫很長一段時間裏鮮見貪黷之徒。永樂篡位，大殺忠正之士，對於士風雖然有所斫傷，不過根基尚未動搖。所以，我們才得以看見從方孝孺到于謙，以至於正德間劉健、嘉靖初年楊廷和這樣一代一代延綿不絕的剛毅清正的士大夫代表人物，他們每個人都不是孤立的，身後都站着一大群秉持同樣精神與原則的同事與同志。而相反的，逢迎拍馬或明哲保身的情形，非常少有，偶有這種敗類，也舉朝側目，使其無地自容；例如成化間的大學士萬安。武宗皇帝那樣荒淫，但身邊的追隨者，那些濟惡之人，要麼是內豎武夫，要麼是伶人番僧，沒有一個文臣肯與為伍。到嚴嵩之前，明代士夫中間也不曾出過一位利用職權大肆貪污受賄的大臣，倒不乏韓文那樣去職之時行囊空空的例子（韓文丟官返鄉途中，劉瑾令偵卒暗相刺探，希能發現不利於韓文的證據拿回問罪，但韓「止乘一騾宿野店而歸」，劉終無所得）。其實，即便到士風幾乎爛透了的天啟年間，明代士夫的深厚傳統也仍有極耀眼的表現，在楊漣、左光斗身上，以及魏大中、周順昌、高攀龍、李應昇等許多人身上，硜硜自守、剛勁肅如、忠義自命

---

① 無名氏《民抄董宦事實》。

的風範，較諸方孝孺未嘗遜也。

所以，我對明代士風有三個基本的看法：第一，跟歷朝相比，它不僅不算差，總的來說還屬於更端正一些的；第二，從它自身來看，的確有變化，從比較端正變得比較醜陋；第三，這種變化累積而成，但嘉靖朝無疑是一個轉折點 —— 由嘉靖起，士風轉向墮落（雖然仍不乏忠介之士），復經萬曆、天啟兩朝，而至不可收拾，明朝亦隨之敗亡。

為何說嘉靖年間是轉折點？通覽一下明朝歷代政壇和士林風氣，會明顯地看到，正自此時起，正氣下降厲害，邪氣上升嚴重，形形色色的「小人」開始層出不窮。以往政局之壞，除去皇帝本人的因素，十之八九都壞在宦官、外戚、特務、近倖這樣一些人手裏，嘉靖朝則很不一樣。以「閹禍」為例，憲宗以來直到明季，幾乎代代都有為惡甚巨的大宦官出現，獨嘉靖朝是個例外。嘉靖間政局基本上由文官政府掌控。這一時期雖也誕生了自己的反面明星，但他卻非汪直、劉瑾、魏忠賢一流，而是一個地地道道的正途出身的士大夫 —— 嚴嵩。知識分子嚴嵩能超越一幫「傳統壞蛋」脫穎而出，是有象徵意義的，意味着士大夫或者說儒家官僚這個集團，已經質變。

然而，主要責任不該由士大夫階層承擔，尤其不該由個人承擔（我是指嚴嵩）。在專制體制下，「一」即為最大數，民眾雖廣，卻兆億而不能抵其一。這個「一」，就是獨坐於權力最頂端的皇帝陛下。如果在民主政體內，他這個「一」至多只是個「一」，與千千萬萬個「一」相平等；但在專制政體下，卻完全顛倒過來，千千萬萬個「一」加起來，也休想和他這個「一」相等。人民如此，官員其實也一樣，再高的官兒，在皇帝面前，還不是一顆隨意吹來吹去的塵埃？除非專制統治衰象已現，只要它還穩固，就永遠循這條法則：楚王好細腰，宮中有餓人。

嘉靖與宦官的關係，不像明朝大多數皇帝那樣邇密，事出有因。

首先，與他出身有關。明代的正式皇帝中，他是僅有的兩個以外藩而踐阼的人（另一個是以武力篡權的成祖朱棣）。跟通常長於東宮的襲位者不同，嘉靖在紫禁城就像半路出家的和尚，無根無柢，沒有打小陪伴長大、可寄心腹、離不開少不了的太監。這是他得以未蹈倚用宦官舊轍的直

接原因。

其次，他也用不着。不要忘記，嘉靖的個人權威，是通過與士大夫集團十餘年的拉鋸戰，樹立起來的。在這過程中，他專攻士大夫的命門，瓦解其精神優勢，顛覆其文化領導地位，從而取得徹底勝利。當他從思想上擊潰士大夫階層之後，後者在他面前已完全繳械投降。因此，駕馭士大夫正是嘉靖最大的成功之處，他可以很好地控制這些傢伙，根本沒必要去依靠另外一些人，利用別的力量來抵銷和抗衡士大夫階層。

他所須做的，只是使自己的駕馭技巧更加純熟老道，使遊戲的玩法更加遊刃有餘。

他藉「大禮議」，向士大夫明確發出資訊：順我者昌，逆我者亡。幾位支持他的幹將，張璁、桂萼、方獻夫，都飛黃騰達，三人均位列九卿（尚書），均入閣參予機務。而反對派，辭職的辭職，罷免的罷免。這還不算完，七年六月，嘉靖以勝利者姿態發佈敕旨，實際相當於一份「奸黨榜」，裏面開列了主要的反對者名單，數其罪過，並宣佈最終處罰。對於「首惡」楊廷和，指責他「懷貪天之功制脅君父。定策國老以自居，門生天子而視朕」。約而言之，就是把自己凌駕於皇帝之上。嘉靖惡狠狠道，楊廷和之罪，「法當戮市」，但他決定寬大處理，革職為民，從統治者階級中驅逐出去。其他幾位大角色毛澄、蔣冕、毛紀等，革職，但保留他們使用原官職冠帶的待遇（即所謂「冠帶閒住」。毛澄已死，不在此列）。[1]

這對鼓勵諛順的確起到非常好的示範作用，且馬上生效。張璁等人的發跡史，對儒家官僚體系的許多邊緣人物，構成重要啟示：只要揣摩好皇上的心腹之事，滿足他的心理，就可以找到升遷捷徑。一時之間，此輩競起邀功。翻閱史料，會很有趣地發現，迎合嘉靖、積極建言的人，幾乎咸係下級官員、地方小吏、退休賦閒人員或曾受過處分丟官者，如聽選監生、致仕訓導、革退儒士、府學教諭等。《萬曆野獲編》為使他們的事跡不被埋沒，特地在「嘉靖初議大禮」這一條中「略記於後」。被提到的有：歷城縣堰頭巡檢方濬、致仕訓導陳雲章、革退儒士張少連、教諭王價、原

---

① 《世宗實錄》，卷八十九。

任給事中陳洸、錦衣衛革職百戶隨全、光祿寺革職錄事錢予、致仕縣丞歐陽欽、光祿寺櫥役王福、錦衣千戶陳升、湖廣壁山縣聽選官黃維臣、廣平府教授張時亨等。把這份名單從頭看到尾，眼前很難不浮現一張「小人物狂歡圖」（裏面甚至有個櫥子也趕來湊熱鬧）。

上述諸人，有不少在進言之後官復原職，甚至得到提拔。嘉靖的做法，不惟給希意干進之人打開方便之門，更主要的是，等於明白無誤地對全體儒生階層表示，在「君子」與「小人」之間，選擇後者會比較有好處。

後來，這努力終於收穫一個最極端的「先進典型」。此人名叫豐坊。說起此人，他一家跟「大禮議」有着極不尋常的淵源。當年左順門請願事件中，他的父親、翰林學士豐熙是骨幹分子，「率修撰楊慎等諸詞臣，於嘉靖二年，痛哭闕下，撼門長跪，力辯考興獻之非」[2]，隨後遭受廷杖，「瀕死」，撿了條命，下獄，流放。到嘉靖十六年（1537），聖旨特赦當年因抗議而被流放的諸臣，「獨豐熙、楊慎等不宥」，同年豐熙死在流放地。豐熙是這樣一個精忠之士，豐坊自己在左順門事件中，曾隨父伏門跪哭，也受了廷杖，事後丟官。衡以士大夫的正統道德，他們父子本屬一門兩代忠義，實乃莫大光榮。但這豐坊，居然在嘉靖十七年（1538）上書，「請加尊皇考獻皇帝稱宗」。「稱宗」，只有實際統治過國家、有自己年號的皇帝才可以，如果興獻皇帝稱宗，別的不說，單單明朝國家歷史如何敘述就會造成無法解決的難題。因此這件事，豐坊拍馬屁倒在其次，而是這馬屁拍得實在讓人匪夷所思、哭笑不得，就連嚴嵩那樣一個慣來俯首貼耳的老滑頭，也感到荒誕不經，小心地奏告嘉靖：「稱宗則未安。」但嘉靖卻不管安不安，「上必欲行坊言」，而且把同樣持反對意見的戶部侍郎唐冑關到監獄裏去，嚴嵩見勢不妙，趕緊改口，奉命，「進獻皇為宗」。消息傳出，豐坊的行徑讓所有人震驚不已。他剛剛死了父親，「距其父歿時，尚未小祥也」；小祥，是三年丁憂期的一個階段，時間為死者喪後的十三個月。依禮，丁憂之期，即便在職官員，也要去職守孝、不問政治，豐坊卻公然獻章邀寵，而且所談是這樣一種嚴重背叛乃父生死以執的政治立場和人格精

---

② 《萬曆野獲編》，卷二，列朝，獻帝稱宗。

神的內容，簡直等於在亡父臉上狠狠扇了一耳光。為此，沈德符送給他八個字：「不忠不孝，勇於為惡」。真是誅心之論。

豐坊以最極端的方式，將朱厚熜對士林風氣的摧折凸現出來。

專制帝王喜歡臣下順從，不喜歡他們違拗，乃是常情。不過，由於帝制社會官方意識形態儒家倫理對君臣關係的獨特約定，合格君主應該容納正直的臣子，而臣子也應該以正直品格來對君主盡忠，所以雖然皇帝骨子裏都反感「直臣」，但較「好」的皇帝會裝出喜歡的樣子，不善偽裝者會對「直臣」施以解職、謫貶、奪俸、體罰、治罪直至殺頭的懲處，這樣的事情很普遍，然而卻有一道底線，即：皇帝無論怎樣打擊「直臣」，他也不可以去鼓勵臣子諛上，手中晃動糖果，把他們引上這條路。嘉靖之前，明朝再不堪的皇帝，包括武宗在內，都不曾踰此底線。武宗與大臣間的衝突，較嘉靖有過之無不及，但他的應對，除了斥退、罰俸、打屁股，就是敬而遠之，採取「不合作主義」，自己躲得遠遠的，並未試圖將大臣通統變成應聲蟲。

嘉靖的惡劣，不在廷杖打死若干人，不在將反對派發配戍邊，不在張貼「奸黨榜」，而在公然表彰阿附。誰站到我這邊來，我就賞以官爵，就讓他越過一切的常規和考核復職晉職。這種獎勵卑微人格的做法，將百餘年來明代士林基本保持住的端正風氣大為削弱。基本上，楊廷和走後，嘉靖年間的內閣就不再有正人君子，楊一清、張璁、桂萼、方獻夫、夏言、徐階，包括嚴嵩在內，這些人本質上都不算壞人，有的還是能力頗強的政治家，但他們都認清了一條，對皇上必須逢迎，絕不可以再抱着先師孔孟的教誨不放，在所認為對的事情上堅持己見。嘉靖的確達到了他的目的，無論發生什麼，身邊再沒有大臣敢於作梗，最終他總是能夠如願以償。然而，士夫的靈魂越來越委瑣，心計越來越偽巧，處世越來越油滑。機會主義盛行，厚黑之術發達。這些，他是不在乎的。鼓勵阿附，分化瓦解了士大夫。雖然心術不正之人歷來就有，但從前在統一的道德準則的強大壓力下，那種人是見不得天日的，現在倒好，阿附有功、投機有理，終於「勇於為惡」，不以為恥反以為榮。

另一種摧折士大夫的辦法，是讓他們歌功頌德。

專制政治，必輔以個人崇拜。這是現代人的經驗。質諸中國帝權時代，反倒未必。古代的帝王們，雖無一例外都享受着臣下的歌頌讚美，然而那是儀式化的，是一種「概念崇拜」——被崇拜的是君權這概念本身，極少針對皇帝個人。作為個人崇拜，歷史上幾乎看不到，縱然很雄偉的君主也都沒有去發動針對他本人的歌功頌德，無論嬴政、劉邦、劉徹、曹操、李世民、趙匡胤或者朱元璋。基本上，帝權時代君主固然至高無上，但個人崇拜並不流行。這一點，很多人存在誤會。

但嘉靖年間，卻出現了古代少有的個人崇拜高潮。當時的觀察家這樣評價：「古今獻詩文頌聖者，史不勝紀，然惟世宗朝最為繁多。」[1] 為什麼？因為朱厚熜本人大力提倡和推動。「世宗朝，凡呈祥瑞者，必命侍直撰元諸臣及禮卿為賀表，如白龜、白鹿之類。往往以此稱旨，蒙異眷，取卿相。」[2] 祥瑞，是所謂吉利之物，被人穿鑿為並且嘉靖自己也認為是上蒼對於國泰民安、形勢大好的表彰，是世逢有道明君的佐證。

以此，各種祥瑞紛至沓來，累盈御前；僅嘉靖三十七年（1558），據禮部上報，單單各地獻來的靈芝即達一千八百零四株。更有為投其所好，而不惜制假者。陝西有名喚王金的庠生，從太監手裏重金盜買宮中各地所獻靈芝一百八十一株，粘成所謂「芝山」獻上，得到賞賜；不久，王故伎復施，又將一隻烏龜背甲分塗五色（古以五色象徵東西南北中，至今北京中山公園社稷壇仍存「五色土」），詭稱天生「五色龜」，這次效果更佳，嘉靖非但不疑，還下諭禮部稱之為「上玄之賜」[3]，告太廟，命百官表賀，並超授王金以太醫院御醫之職。

只要有人進呈祥瑞，必命大臣撰寫文章，大肆宣揚。越是這樣，進呈祥瑞的也越多，不斷催生新的歌功頌德的文章，事情就像滾雪團一樣越滾越大。

嘉靖十年，鄭王朱厚烷獻上兩隻白鵲，朱厚熜大悅，專門舉行儀式，獻於太廟，特意送往兩位太后宮中觀看，又「頒示百官」；一見陛下如此隆

---

① 《萬曆野獲編》，卷二，列朝，進獻諛詩得罪。
② 《萬曆野獲編》，卷二，列朝，賀唁鳥獸文字。
③ 《世宗實錄》，卷五〇八。

重對待這兩隻鳥兒，群臣不敢怠慢，馬屁趕緊拍上，「鵲頌、鵲賦、鵲論者盈廷」。

這當中，不時有些始料不及的故事發生。三十七年四月，胡宗憲從浙江獻一隻白鹿，禮部尚書吳山就此及時上了賀表，很稱嘉靖的心意，得到「特賞」。但過不久，這個吳山卻被嘉靖勒令「閒住」，原因是最近有一次日食發生，他老先生大約覺得日食不算什麼吉祥的事，未上賀表，可皇帝陛下偏偏認為日食也是祥瑞，而吳身為禮卿居然不上賀表，一生氣，就讓他「閒住」了。

又一次，嘉靖所心愛的一隻「獅貓」（不知何樣，大約很稀有吧）死掉，「上痛惜之，為製金棺葬之萬壽山之麓」，這不算完，又命身邊承旨的大臣們都為這畜牲寫悼文。想那御前諸臣，一律進士出身，個個文章高手，此番卻被一隻死貓難倒，「俱以題窘不能發揮」。唯獨一個叫袁煒的學士，高屋建瓴，提煉出「化獅為龍」的主題，最愜聖意。結果就因此文，袁某「未幾即改少宰（古稱，指吏部侍郎），升宗伯（古稱，指禮部尚書），加一品入內閣」，連續跳升幾級，不過半年之內。

袁某的文章一定很狗屁，不過，好就好在很狗屁，其他大臣搜刮枯腸而寫不出，亦因他們沒能放下架子去做狗屁文章。說穿了，其實也很簡單。無非是要像吹捧皇帝本人一樣，吹捧那隻「獅貓」；參透這一點，「化獅為龍」的主題是不難想到的。

寫了狗屁文章的袁某，嘉靖不惜重獎，令其數月間驟貴。可見，除了「勇於為惡」外，他也鼓勵士大夫們「勇於狗屁」。有沒有效果？當然很有效果。狗屁文章一時滿天飛。天台縣知縣潘淵，煞費苦心製成《嘉靖龍飛頌》獻上，此文「內外六十四圖，凡五百段，一萬二千章，效蘇蕙織錦迴文體。」織錦迴文體是一種文字遊戲，順讀逆讀皆成文，如「打虎將將虎打」之類，這位潘知縣能夠以這種文體，搞出五百段、一萬二千章，估計頭髮都掉光了，真夠難為他的。

當時還有一副長聯，難度也相當不小，也堪稱「傑作」：

洛水玄龜初獻瑞，陰數九，陽數九，九九八十一數。數通乎

道，道合元始天尊，一誠有感，

　　岐山丹鳳兩呈祥，雄鳴六，雌鳴六，六六三十六聲。聲聞於
天，天生嘉靖皇帝，萬壽無疆。[①]

　　對得是異常工整，嚴絲合縫。然而，內容委瑣無恥之極，無一字不是
屁話。國家取士、養士，卻讓他們的精力和才華都消耗在這種事情上，可
悲可歎！

　　漸漸，這股風氣發展到嘉靖的例行公文乃至隨口一句話，都有人趕緊
作為文學創作的主題，吮毫染墨，將它們變成詩詞歌賦。

　　某年正月，下了很大的雪，嘉靖對大臣們說：我正想見見大家，老天
就下了這麼一場好雪（「天賜時玉」）。就衝這句話，時任禮部尚書的夏
言，迅即寫成《天賜時玉賦》獻上，搞得嘉靖「大悅」。

　　嘉靖二十六年（1547），例行的天下官員朝覲儀式之後，皇帝發表敕
諭，這本屬官樣文章，「舊例套語耳」，卻有個叫陳棐的給事中，居然將這
篇敕諭「衍作箴詩十章上之」，但這回馬屁拍到了馬腳上，嘉靖大怒，認
為陳某不自量力，膽敢舞文弄墨，自附聖諭：「欲將此上同天語，風示在外
臣工，甚為狂僭。」指責他侵犯了皇帝的話語權。陳棐得到的處分是「降
調外任」。此人「素善逢君」，認定拍皇帝馬屁總應萬無一失，不意這一次
「求榮反辱」，想必他也只好背地裏枉歎一聲：真是伴君如伴虎啊！

　　不光孔孟門徒行此肉麻之舉，神職人員也不甘寂寞。嘉靖十三年
（1534），朝天宮道士張某，發憤創作，連篇累牘寫了一堆的詩。計有《中
興頌詩》二十一首、組詩《金臺八景》、《武夷九曲》、《皇陵八詠》等。
此外，但遇瑞露、白鵲、白兔等事，零零散散，「俱有詩上進」，簡直是
「頌詩專業戶」。但張某不合於獻詩之後，伸手討要一篇官方序文，那意思
顯然是想把這些馬屁詩以官方名義結集出版。嘉靖將此事「下部議」，讓
有關方面鑒定。「有關方面」的結論是，這些詩和它們的作者「猥鄙陳瀆，
僭踰狂悖，希圖進用」。之如此，我的推測，一則張某創作過於「勤奮」，

[①] 《萬曆野獲編》，卷二，列朝，嘉靖青詞。

熱情過高，「有關方面」早就不勝其擾，二則不能排除「有關方面」的人士心存嫉妒，不肯讓他如願以償。結果，嘉靖看到鑒定書，也不耐細問，根據上述意見把張某抓到牢裏關起來。

在「聰明人」看來，吟詩作賦並非歌功頌德的唯一方式；只要有心，方式無處不在，甚至更令被歌頌者愉快。下面的故事，是一絕佳之例。

嘉靖乃是「孝子」，自他眼中，母親蔣氏係人間最仁慈、最高尚、最道德的女性。這本來無可厚非。做皇帝後，他進而想在全國推行這個看法，讓天下女子都奉蔣氏為典範——這就不講道理了，但權力在他手裏，別人也沒辦法。為此，他拿出一部手稿交給輔臣，蔣太后所著《女訓》，打算全國發行。當時內閣首輔為張璁，次輔桂萼。張璁接到《女訓》，「讚美，請上御製跋語於後」，請嘉靖親自撰寫一篇跋附於書後，了事。這應對，尚屬得體，不太過分。嘉靖本已同意照張璁意見辦理，不料桂萼不肯省油，跳出來大獻其諛：

> 《女訓》一書，臣拜觀詳味。知天啟中興，聖賢繼出，胚胎
> 於此矣。

這話說得非常雞皮疙瘩，不譯成現代漢語，恐有讀者未盡解其作嘔之處，試譯如下：

> 《女訓》這本書，微臣懷着無比崇敬的心情，反覆學習、加
> 以體會。由此才明白了大明朝所以承蒙天恩所賜，迎來偉大復
> 興，以及聖賢出世的局面，實在是始於並決定於那神聖的孕育過
> 程啊。

「胚胎於此」之語，厚顏已極，不僅頌揚了《女訓》這本書，暗中還美化那次「神聖的受孕」。這並非我強加於桂萼的解讀，他的的確確有神化嘉靖和蔣氏的意圖，因為上述話語之後，他緊跟着就提出了一個不可思議、讓人眼珠子滾落一地的建議：今後，應該在所有懷孕的母親中間開展「胎教」——原文如此，這是迄今為止鄙人所知最早出現的「胎教」字眼——而教材就是《女訓》！桂萼以「將馬屁進行到底」和「把蛋糕做

大」的精神，深入展開論證。他建議：一、「中宮」胎教，《女訓》之外，還應配備輔導教材，可將有關婦德的古詩和「歷代女德興廢之事」蒐集成篇，並且附上導讀；選取女說書人十餘人「以備輪值」，擔任講解；並編一本圖冊，將皇宮后妃居處的圖畫花草禽鳥等「一切寓目之物」都改為相似內容，以形象地傳達后妃之德，供學習者體會和感受。二、談完「中宮」，他轉而對「天下」婦德建設出謀劃策。此時，他獅子大開口，提出了令人震驚的構思──他要求政府投資，從中央到地方，全國普遍創辦宣傳蔣氏婦德思想、接受《女訓》教育的女子專科學校：

> 令兩京、布政司、府州縣，各修官女學。設廟，奉先代女師之神（牌位）。傍有廊，為習女工之所。中一堂，為聽教之堂（課堂）。選行義父老掌其事。每年十月開學，十二月止。其教矇瞽（比喻尚未啟蒙）之人以《女訓》一書，教令講解背誦，量與俸給。提學官歲考閱之。又欲選大家有家法之人為媒氏（官方媒人），凡女七歲以上入學，習《女訓》者，書其年月名籍，令之收掌。國有大嘉禮（遴選后妃），按籍而取之。則太子必得聖女，諸王及士大夫家亦有士行之女配矣。

未知這是否歷史上中國第一份開建「國立女校」的建議書？誰說我們傳統上無視女性受教育的權利？這可是明代一位總理級人物親自提出的構想。假如撇開拍馬屁的性質不論，憑心而言，桂萼在這份建議書中還真展示了他頭腦新銳、能夠開拓進取的素質。開設婦女學校，借助教育手段培養掌握太后思想的專門人材──這樣的思路，在現代也許毫不稀奇，可如果它出現在十六世紀，你就很難不表示驚訝和佩服了。不特如此，建議書甚至連學校的規制、教學內容、考核方式、「畢業生」去向，全部一一考慮停當，看上去完全可行。只可惜，桂萼把這副腦筋用在了歪門邪道上，倘若施之於正經事，其才良可用也。

嘉靖原只想替母親出一本書，卻觸發了這麼輝煌宏大的馬屁變奏曲。桂萼所拍的這個馬屁，是我所知道的古今中外最具創意的馬屁；其他常見的馬屁，寫頌詩頌文也好，立生祠搞偶像崇拜也好，刻碑勒石記載豐功偉

績也好……都不如這個有想像力。不過,有一點桂蕚不夠負責任。真要將這馬屁實施,需要國庫掏一大筆錢。在他,雙脣上下一碰,哇裏哇啦一通宏論,不費吹灰之力,嘉靖卻拿不出這筆錢來。或因此,「蔣太后思想女子專科學校」終於並未辦起來。

可能,這才是桂蕚極其無恥之處。他明知吹牛不上稅,而放膽把馬屁往極致處拍,只賺不賠。時人謂之:「欲諛悅而迂誕不經,令人齒冷」;又道:「古人云:人之所死,其言也善。驗之此公,殆不其然。」[1] 拍這馬屁是桂蕚去世前一年的事,人們詫異於已然沒幾天好活的了,他為何不能釋意寵辱,還幹這種醜事。

對此,筆者倒有一解。嘉靖年間歌功頌德的風氣,有一些屬於投其所好、希圖進用,另一些則別有原因。後種情形,尤其發生於官居高位、功成名遂者身上。這些人其實無利可圖,如果一定要探究他們圖什麼,我以為也只是身家性命可保而已。他們太了解皇帝陛下的稟性,對他的順從、歌頌和崇拜是無止境的,必須達到「造次必於是,顛沛必於是」的地步,這是他們在嘉靖時代混碗飯吃的宿命。否則,不能「愛君」,恐「不能有其身」[2]。

桂蕚的馬屁拍得是很過分,但顯而易見,主要含意都是用心揣摩過嘉靖本人的內心,從中提煉出來的;譬如「天啟中興,聖賢繼出」這句話,實際上反映的正是嘉靖的自我評價。有件事明確證明了這一點。蔣太后死後,追其諡號時,嘉靖授意定為「安天誕聖獻皇后」。「誕聖」云云,特指蔣氏生產了他這麼一個「真龍天子」。耐人尋味的是,嘉靖同時將朱元璋高皇后的諡號也改掉,從「承天順聖」改作「成天育聖」,這個「育聖」是指高皇后生下了成祖朱棣 ── 這究竟何意?普遍的看法是:「蓋其時,世宗自謂應運中興,功同文皇之靖難。」[3] 高皇后「育聖」,他母親蔣氏「誕聖」;他是自比為「再定天下」的朱棣。

---

① 《萬曆野獲編》,卷二,列朝,頒行《女訓》。
② 孔子原話是:「古之為政,愛人為大。不能愛人,不能有其身。」(《大戴禮記‧哀公問》)意謂,從政以仁愛為上;不懂得愛別人,也就不能保全自身。
③ 《萬曆野獲編》,卷二,列朝,母后諡號。

304

龍牀:明六帝紀

所以，桂萼的馬屁並非亂拍，那正是嘉靖屁股的癢癢處。當他下頒
《女訓》於閣臣，明智如桂萼者，一眼瞧出嘉靖此舉之「癢」癢在何處，
就撓了個他舒舒服服，如此而已。其實大家都這麼幹。即以改高皇后諡號
一事論，原來的諡號，着重表述的是高皇后對朱元璋開國立業的「助贊」
之功，嘉靖一改，重點卻放到誕育朱棣的層面，其間為私忘公之弊非常明
顯，假使大臣仍有責任感，無論如何要據理抗爭，但當時政府幾位顯要，
李時、夏言、嚴嵩，都不曾道半個「不」字，「但知逢迎上意，容悅固位
而已。宗廟大體，彼豈暇顧哉。」

可是倘若不這樣，就要冒屁股被打爛的危險。嘉靖是很喜歡打人家屁
股的。「廷杖」這折辱士夫的刑罰，明代歷朝都用，但只有嘉靖間才是家常
便飯，而且嚴重程度往往不止乎屁股被打爛。我們固然能從「殺身以成仁」
角度，去鄙薄桂萼抑或夏言、嚴嵩們，那是他們品行不夠高大完美，但這
並不足以令我們把他們看成壞蛋。假如皇帝本來不惡，臣子卻把他教唆惡
了，自然是奸臣，但如果皇帝壞在前頭，臣子只是沒有膽量阻止他的壞，
那麼，責任顯然不應該由臣子來負的。

嘉靖所奉行的，正是「兩條腿」方針：歌功頌德，如若不然，就打屁
股。重賞之下，必有勇夫；而動輒打屁股，不好指望有太多的勇夫。

《國榷》作者談遷，是一位很嚴謹的史家。他在論述嘉靖統治的歷史影
響時指出：「狡偽成風，吏民相沿，不以為非，亦一代升降之關也。」[4] 作
為對全部明史做過大量而透徹研究的學者 —— 他「對史事的記述是十分慎
重的，取材很廣泛，但選擇很謹嚴，擇善而從，不憑個人好惡。」[5] —— 談
遷的意見應該是頗具分量的。其以上所論，清楚點出：世風大壞自嘉靖年
始；「狡偽成風」而「不以為非」，且自上而下，從士林一直影響到民間，
在明朝二百七十餘年歷史中是個轉折點；對此，嘉靖可以記頭功。

自從左順門事件成功壓制知識分子聲音之後，朝廷內外基本上處處
鶯歌燕舞，沒有批評，沒有敢於或願意說「不」的人。這樣，到了嘉靖末

---

④ 《國榷》，卷六十四，世宗嘉靖四十二年癸亥至四十五年丙寅。

⑤ 吳晗《談遷與國榷》。

年，突然冒出來一個「罵皇帝」的海瑞，讓人稀罕，成為一個事件，乃至五百年後還被演成戲劇。其實正常情形下，海瑞那道「罵皇帝」的本章，算不了什麼，單說明朝，先前就不知有多少，而且火力也不知強多少。海瑞所為之構成一個事件，應該說是拜嘉靖之所賜，是他將「犯顏直諫」這歷來的尋常之舉，變作彌足珍貴的現象。

在收拾臣子、令他們敬畏服順的方面，嘉靖乃不世出的高手，不單明代諸帝沒有手腕可以比得了他的，在二千年整個帝制史上也鮮有堪相頡頏者。南面為君之術，到得他手中，才爐火純青。他的這一特長，歷來認識得很不夠，強調得也很不夠。可以說，從高超的「政治藝術」角度講，嘉靖是權術史上一個被埋沒了的大人物。

對於士大夫，只來硬的，效果其實不理想，尤其裏面一班「刺兒頭」、倔脾氣，自以為氣節錚錚，你越跟他動硬的，他就益發來勁。過去，曹操很厲害，說殺人說殺人，但碰到彌衡這把硬骨頭，也就沒有好辦法，不過曹孟德還算聰明，知道殺之無益，把彌衡推給劉表，讓劉表去承擔殺士之名。本朝皇帝數朱元璋、朱棣最有能耐，但在對付士大夫上，手段卻也平平，無非是狠與殺，兩人在位，都殺了不少，可是士大夫的氣節好像並沒有因此磨損多少，劉基、宋濂、方孝孺這些大儒，內心仍是不屈的。

朱厚熜並不拒絕狠硬的手段（我們說過他對打屁股的熱衷，超過前代），但這只是他收拾士大夫的「外家功」。他內外兼修，全套功夫遠非止此一端，耍得鐵砂掌、通臂拳，也擅長葵花寶典、九陰真經之類。他死後，隆慶年間的一位進士李維楨講了幾句很有味道的話：

> 世宗享國長久，本朝無兩。禮樂文章爛焉興舉，齋居數十年，圖迴天下於掌上，中外儼然如臨。其英主哉！[①]

「圖」，謀劃；「迴」，在這裏作遙遠、遼闊講，不是一般理解的「差別很大」那個意思。合起來，「圖迴天下於掌上」，是說天下雖大，卻盡在他掌握之中。「中外儼然如臨」，更具體地針對着「齋居數十年」，意謂

---

① 《國榷》，卷六十四，世宗嘉靖四十二年癸亥至四十五年丙寅。

「休看世宗皇帝幾十年匿而不出，可大家卻覺得沒有哪一天他不曾親自臨朝」。「禮樂文章爛焉興舉」則講他重視、狠抓意識形態，成功控制文化領導權。分析了嘉靖的皇帝經之後，李維楨由衷讚歎了一句：了不起啊！

的確了不起。嘉靖不單享國長久「本朝無兩」，他的統治術，同樣「本朝無兩」。

過去歷史上，以及明朝本身，都不乏因為荒嬉或沉溺於私趣而「不理朝政」的皇帝，正德、天啟兩位皇帝就很典型。朱厚熜的行徑，乍看跟他們很像，他晚期埋首求道，藏在西內基本不露面，許多臣子甚至二十年不曾睹「天顏」一次。如果就此以為，他也是一個「不理朝政」的皇帝，卻大錯特錯矣。

《世宗實錄》論及此，道：「晚年留意於玄道，築齋宮於西內」，但「宸衷惕然，惓惓以不聞外事為憂。批決顧問，日無停晷，故雖深居淵穆而威柄不移。」[2]什麼叫威柄不移？用今天話講，就是印把子嘉靖始終攥得牢牢的，根本不曾鬆手。他雖然深居簡出，但對一切都保持高度警惕（「惕然」），從來對外面發生的事放心不下，也沒有什麼能夠逃過他的耳朵；不僅如此，他雖然不公開露面，省去所有公務活動，卻不曾放棄對文件的批閱，重大決策都由他本人親自做出，經常召見少數重臣聽取他們的工作彙報，直接過問每件事情。

《實錄》所述，表面看像是對嘉靖的吹捧，其實倒是真正的「實錄」。這裏有一個佐證。當時有人在徐階（嘉靖年最後一任內閣首輔）家中，親眼見過嘉靖的手諭和所批閱過的奏章。他說道：

> 臣於徐少師階處，蓋捧讀世宗論札及改定旨草。云人嘗謂輔臣擬旨，幾於擅國柄，乃大不然。見其所擬，帝一一省覽竄定，……雖全當帝心，亦為更易數字示明斷。有不符意則駁使再擬。……故閣臣無不惴惴懼者。……攬朝綱如帝者，幾何人哉！[3]

---

② 《世宗實錄》，卷五六六。
③ 王維楨《王氏存笥稿》，卷十五。

徐階代擬的所有旨意，嘉靖不僅親自審閱，而且「一一」作過改動——注意，是「一一」，全部如此，無一例外——即便擬得很稱他心意，也仍會更動幾個字，其認真如此。然而，這不止是認真而已，更主要的，是作為權力歸屬的標誌，作為對大臣的無聲的警示和提醒：我是皇帝，權柄在我。這就叫「威柄不移」。本朝太祖、成祖二位皇帝，對權柄都抓得很牢，但那是宵旰憂勞、起早貪黑換來的，何如嘉靖躲在幕後，足不出戶，神龍見首不見尾，照舊一切盡在掌握。難怪上述這位嘉靖手跡的目擊者，對他佩服得五體投地：這樣而將朝綱盡攬懷中的皇帝，能有幾個啊！

嘉靖做皇帝，做得聰明，做得心機深刻。作為高明的權術家，他參透了一個本質性的問題：權力穩固與否，與是否勤政愛民根本無關，關鍵在於控制力。控制力強，哪怕躲到九宵宮靜養，照樣操縱一切；控制力弱，就算廢寢忘食、沒日沒夜撲在工作上，該不濟還是不濟，白搭。論到這一層，正好有現成的例子。明朝末代皇帝崇禎，便是後一類皇帝的典型；他做皇帝十幾年中，累死累活，不可謂不勤懇，可內內外外，事情一團糟，尤其不知用人，不該用的偏重用，該用的不用，或用而沒有章法，明明是自己控制力太弱，臨死猶未省悟，說什麼「君非亡國之君」。

什麼是控制力？簡而言之，就是如何用人——抑或說得更黑心一些——馭人。

與民主政體將權力以制度和法律「程序化」、「客體化」不同，專制時代，權力的本質是人，是掌握及分享權力者之間的人際關係。在人際關係的基礎上，專制時代的權力彈性十足，可大可小，可強可弱，可聚可散；同一個位子，由不同的人來坐，分量可有天壤之別。漢獻帝是皇帝，曹孟德是他的丞相，但誰都知道那個坐在丞相位子上的人，能做得了皇帝的主。這就是專制時代權力的特徵。關鍵在於控制力；其實專制政體的權力法則跟黑社會很相似，控制力強，能駕馭別人的人，就是老大，反之則受制於人。

別看嘉靖沒根沒柢，以一個外藩兼十四五歲孩子身份入主紫禁城，多年來的實踐卻證明，他是個控制力奇強的厚黑天才。初期，他巧妙而充分運用皇帝身份賦予自己的條件，輔以堅忍和潑辣的精神，硬是將一度佔據主流位置的反對派驅逐乾淨。難能可貴的是，終於自己說了算之後，他

迅速總結經驗，悄然從前臺匿身幕後，專事操縱、馭人。這一招最高明。在西內修道的他，就像一位木偶戲大師，十指提着細細的線繩，不時這兒抖動一下，那兒抖動一下，讓那些前臺的傀儡接受掌聲或倒彩。該誰下臺了，他毫不留情鬆開線繩，想讓誰粉墨出場，他就輕輕提起線繩，那玩偶馬上活蹦亂跳地開始表演。

楊廷和走後，此後整個嘉靖朝的政界重要人物，沒有一個不在他如此的掌控之中。回眸望去，四十年猶如一出構撰精密、機關巧妙、峰迴路轉、滿宮滿調的戲劇傑作。先是把張璁等特調來京，打倒楊廷和，卻不急於重用他們，仍讓自己所啣恨的蔣冕等掌管內閣。此後，寧肯招來退休的正德老臣楊一清接替首輔，也不用在「大禮議」中立下大功的張璁等。此之謂欲揚先抑，特意地冷一冷張璁等的心，好教他們不敢得意忘形。直到六年十月，張璁才首次入閣，又過一年多，命桂萼入閣。但僅隔六個月，八年（1529）八月，嘉靖找了個由頭，忽然責令張璁歸鄉省改、命桂萼致仕。可是，張璁離京不久，九月，馬上又接到宣召他重新入閣的旨意；十一月，桂萼也同樣被召再次入閣。此後，單單張璁就被重複這樣又折騰過兩次，分別是十年七月罷免、十一月復召，十一年（1532）八月致仕、十二年（1533）正月復召，末了，十四年（1534）四月終於讓他徹底退休，不再折騰。前後算起來，從嘉靖六年到十四年，張璁（他後來被賜名張孚敬，我們只須知道張璁張孚敬是同一個人，這裏不另加區分）總共三起四落。嘉靖馭人手段厲害，可見一斑。他明顯是刻意的，以貓戲鼠的手法，擒而複縱，縱而複擒，「故閣臣無不惴惴懼者」。張璁自己就曾深有體會地說：

> 臣歷數從來內閣之官，鮮有能善終者。蓋密勿之地（密勿之
> 地猶言禁地），易生嫌疑；代言（擬旨）之責，易招議論。甚非
> 君臣相保之道也。[①]

這種誠惶誠恐的心情，是共同的。

除了最後一任首輔徐階，嘉靖還來不及收拾，其餘所有人，幾乎都是

---

① 孫承澤《春明夢餘錄》。

他親手扶起來，然後再親手打倒。罷官、致仕已是上佳結局，死於非命也並不新鮮。「大禮議」後，正德老臣楊一清重新出山穩定大局，僅三年，在內閣首輔位上被罷歸，翌年更遭奪職，老年受辱，楊大恨，疽發背卒。張璁之後，夏言成為第一紅人，備受信用，但嘉靖對其再施貓戲鼠之故伎，使之兩起兩落，終於二十七年（1548）先罷官，再逮其下獄，斬首。因夏言被打倒而崛起的嚴嵩，老奸臣滑，陪着小心媚事嘉靖十幾年，烜赫一時，最後解職、抄家、兒子被處決，自己則死於孤獨和貧困。

嚴格講起來，不是「鮮有能善終者」，而是根本沒有善終者。嘉靖這麼做，不是簡單的性情之喜怒無常，而是保持對權力控制的一種高級手法——垂青於某人，扶上臺，不久將其打倒，再重新挑選一位，不久再用人取而代之。不斷走馬換將，以這辦法，既防止任何柄政太久、尾大不掉的情形出現，也隨時宣示着他的威權。

他所精通的又一技巧，是運用自己態度親疏遠近的細微變化，挑起大臣間的矛盾，製造不和，使他們彼此牽制、損害與消耗，然後在最後時刻，由他從中選擇一個對象，水到渠成地除掉。

張璁在「大禮議」立了首功，自然很想當首輔，嘉靖偏不讓他如願，把退休閒居多年的楊一清找了回來。之所以起用楊一清，也很見心計。楊正德十年後即離開政壇，與北京沒有什麼瓜葛，資格又很老，頗著聲望，搞這麼個人來出任首輔，第一無害，第二很說得過去，第三正好藉他壓一壓張璁等人的驕嬌二氣。楊到任後，自以為也領會了聖上的用意，在一些問題上與張作梗。張璁便很惱火，他本來就不把楊一清放在眼裏。而這是有道理的——楊一清所不知道的是，嘉靖一面讓他當首輔，一面背地裏經常撇開他，跟張璁說「體己話兒」。例如有一回，嘉靖就這麼悄悄對張說：「朕有密諭，卿勿令他人測知，以泄事機。」[1] 不啻於暗示張璁，雖然首輔是別人，可我真正信任的是你。這很歹毒，張璁見如此如此、這般這般，能不趾高氣揚、根本不把老楊頭放在眼裏麼？在嘉靖的忽悠下，張果然按耐不住，公然地指責楊一清，嘲笑他「閒廢之年，仍求起用」，控訴

---

[1] 《世宗實錄》，卷八十一。

310

他搞一言堂、排擠不同意見。嘉靖的反應極陰險，他既不阻止張璁的攻擊，也不怪罪楊一清，而是抹稀泥，說一些「同寅協恭，以期和衷」的不痛不癢的話。[②] 用意明顯是鼓勵雙方繼續爭鬥。楊一清果然上當，跟着上疏，反過來揭張璁的短，說他「志驕氣橫」，一貫「頤指氣使」；一些科道官也聞風而動，起來彈劾張璁、桂萼（對張桂等暴得大貴，許多人心裏本來就不平衡）。嘉靖見狀，心裏笑開了花，馬上順水推舟勒令張璁「以本職令回家深加省改」、桂萼致仕。[③] 誰都想不到，張前腳剛走，後腳馬上接到讓他回京重新入閣的聖旨。何故？蓋因嘉靖的舉動，純屬藉端挫一挫張、桂的銳氣，好讓他們放聰明些，更乖更聽話，絕非真想攆他們走。現在，嘉靖目的已經達到，楊一清的作用也宣告完結；所以張、桂回來不久，楊就失勢，退休，一年後遭革職，死在家中。

眼下，張璁變成了當初的楊一清，於是嘉靖馬上也給他找來一塊絆腳石，就像當初他本人是楊一清的絆腳石一樣。此人即夏言，一顆冉冉升起的政界新星。他在一年內，由給事中升為侍讀學士，再升禮部尚書，升遷路線儼然張、桂翻版，速度卻更快，人評曰「前此未有也」。如此重用的效果，讓夏言也像當初的張璁一樣，自我感覺極好，不可一世。張璁自然要反擊。這兩個人鬥來鬥去，其間張璁幾起幾落，漸漸，將原先的心氣銷蝕殆盡，最後可以說死於嘉靖的折騰。

但是，張璁掌閣時代，嘉靖尚未將他拉一個打一個、令其自相掣肘、隔岸觀火、隔山打牛、借刀殺人這套組合拳，使到極致。在退居西苑之後，他才亮出壓箱子底的真功夫，從夏言到嚴嵩，再到徐階，三代內閣在他匠心獨運之下，鬥得天昏地暗，精彩紛呈，你方唱罷我登場，到頭來非亡即敗，再能翻筋斗也跳不出如來佛的掌心。這當中，嘉靖運用之妙、拿捏之準、思慮之細，都讓人歎為觀止。

以下就以嚴嵩為主角，加以攝述。

---

② 同上，卷九十。
③ 同上，卷一零四。

嚴嵩的悲喜劇

　　主要受舊小說舊戲影響，大家都把嚴嵩當作大奸臣，他在這個行列中的身價屬於最高級別，跟趙高、李林甫、秦檜齊名。很多中國人的歷史知識，是從舊小說舊戲裏來，我曾經也是。有一套《京劇彙編》，記得三十多冊，裏面有成套的列國戲、三國戲、唐宋戲等，我在上小學的時候全部讀下來，還不止一遍，基本上對中國歷史的了解就從這裏起步。以後再去讀史書本身，發現不單人和事方面存在不少出入，舊戲的歷史觀更成問題，是非褒貶很值得推敲。這位嚴分宜（嚴嵩是江西分宜人，那時官場上有以籍貫代稱其人的習慣，所以很多書上都叫他嚴分宜）遭遇到的就是這種情況，小說戲劇感染力強、傳播快而廣，以致現在人們一提起他就想當然地相信《打嚴嵩》裏塑造的那樣一個人，不再費心去細讀各種史料。

　　以史書方式規定嚴嵩為「奸臣」的結論，是滿清統治者做出。清代初年修《明史》，最終把嚴嵩列在《奸臣傳》裏，從此嚴嵩不得翻身。然而，修撰過程中間，史館諸臣對此有過激烈辯論。阮葵生《茶餘客話》記載了這個有趣的場景：

　　　　李穆堂紱，記聞最博，而持論多偏。在明史館，謂嚴嵩不可
　　　入奸臣傳。纂修諸公爭之。李談辨雲湧、縱橫莫當，諸公無以折
　　　之。最後，楊農先椿學士從容太息曰：「分宜在當日尚可為善，
　　　可恨楊繼盛無知小生，倡狂妄行，織成五奸十罪之疏傳誤後
　　　人，遂令分宜含冤莫白。吾輩修史，但將楊繼盛極力抹倒，誅
　　　其飾說誣賢，將五奸十罪條條剖析，且辨後來議恤議諡之非，
　　　則分宜之冤可申。」穆堂聞之，目眙神愕，口不能答一字，自是
　　　不復申前說。[1]

_____

[1]　阮葵生《茶餘客話》，卷九。

李紱跟嚴嵩有老鄉關係，但他之於明史館「單挑」群僚，卻並非感情用事。一則個性使然，不隨同流合，更因他「記聞最博」，對史事了解較多。所以，就嚴嵩是否入《奸臣傳》一事與大家舌戰時，「談辨雲湧，縱橫莫當，諸公無以折之」，都說不過他。然而，當楊椿發表一番議論後，李紱卻突然緘口不言，就此放棄立場。

為什麼？楊椿究竟說了什麼而令李紱默然？

關鍵就在楊椿提到的楊繼盛事。楊繼盛是徐階門生，他在嘉靖三十二年（1553）上疏猛烈攻擊嚴嵩，列出五奸十大罪，這篇文章名為《請誅奸臣疏》。嘉靖得疏大怒，認為表面劾嚴，內裏是衝他來的。下獄，嚴刑拷打，三十四年（1555）處死。嘉靖晚年，嚴嵩倒臺，再後來嘉靖崩，他兒子隆慶皇帝繼位，「恤直諫諸臣，以繼盛為首。贈太常少卿，諡忠湣，予祭葬，任一子官。已，又從御史郝傑言，建祠保定，名『旌忠』。」[2]——此即楊椿「後來議恤議諡」一語所指。

楊繼盛反嚴之初，即以「奸臣」稱嚴嵩。楊先因此事被嘉靖殺掉，繼之，嚴嵩又被嘉靖親手搞掉。這樣，否定之否定，因反「奸臣」喪命的楊繼盛就成了忠臣，到隆慶時被表褒，贈衛賜諡，還在保定建了名為「旌忠」的紀念堂。這就是嚴嵩之為奸、楊繼盛之為忠的由來。

本來，這段故事真正主角是嘉靖。他為保護嚴嵩（表面上）殺了楊繼盛，然後，翻手又將當時的保護對象打倒、抄家，使得其中是非大亂。若無嘉靖在世時親手打倒嚴嵩於前，後來隆慶皇帝也不便為楊繼盛翻案，將他從罪人變成忠臣。所以，這裏面的忠奸問題，都不過是嘉靖一手策劃。照理說，改朝換代之後，清朝史館諸臣可以不理會明代政壇的糾糾葛葛、恩恩怨怨，全面地考察史實本身，重新給出一個描述。

然而，要命的是，清代皇帝全盤接受了明代官方關於這段公案的結論，並把它作為自己的主張。

順治皇帝曾經專門指示，將楊繼盛事跡寫成戲劇《忠湣記》，還升了劇作者的官。請注意，這部戲劇的名稱就直接取自隆慶皇帝給予楊繼盛的

---

② 《明史》，列傳第九十七。

諡號。順治十三年（1656），還以順治本人的名義寫有《表忠錄序》和《表忠錄論》，旗幟鮮明地把楊繼盛樹為大忠臣的典範，對嚴嵩則做出這樣評價：「逆臣嚴嵩父子，盜執大柄，濁亂王家，威福專擅，紀綱廢蕩」。[1]

乾隆皇帝也多次親自寫詩或發表言論，讚揚楊繼盛。他寫有《題楊忠湣集詩》、《旌忠詞詩》等；還親口評論道：「朕幾餘詠物，有嘉靖年間器皿，念及嚴嵩專權煬蔽，以致國是日非，朝多秕政。」[2]

清代修撰《明史》，從 1645 年開設史館，到 1739 年刊刻告成、進呈皇帝，橫跨順治至乾隆四朝；作為官史，它的編寫，始終處在君主「明加督責，隱寓鉗制」[3] 之下。

這就是為什麼面對楊椿的質疑，李紱放棄爭論的背景。楊椿的質疑，大部分對李紱不構成問題，比如「將五奸十罪條條剖析」，李紱當不難做到，他先前「談辨雲湧，縱橫莫當，諸公無以折之」，顯然已經在這麼做，而且很成功。關鍵是這一句：「且辨後來議恤議諡之非」，令李紱醍醐灌頂、恍然大悟——這哪裏是辯「（隆慶）議恤議諡之非」？明明是議本朝皇帝已有定論為非。於是，瞬間閉嘴。

我還相信，李紱以外的史館諸臣，不是不曉得把嚴嵩列入《奸臣傳》，有很多值得商榷之處，然而，他們只不過較早明白了嚴嵩非入《奸臣傳》不可的道理，不像李紱那樣死心眼，還需要別人的開導。

回頭再來說嚴嵩到底奸或者不奸的問題。

當時，「倒嚴」乃是一股潮流。在楊繼盛劾嚴嵩五奸十罪之前兩年，沈鍊也曾參論嚴嵩——無獨有偶，開列的罪狀也是十條。沈鍊和楊繼盛，是「倒嚴」潮流中最著名的兩個代表人物，事跡後來被寫進明代的名劇《鳴鳳記》和名小說《沈小霞相會出師表》，聲名益噪，而他們美名傳揚之時，也即嚴嵩遭臭萬年之日。

對此，有幾點先應該交待清楚：

第一、在古代，位居要津的官員受到同僚和下級的攻擊、彈劾，是家

---

① 《楊忠湣公全集》，卷首。
② 《清史稿》，列傳一百六。
③ 黃雲眉《明史編纂考》。

常便飯一樣最普通不過的事，甚至從來無人倖免。嚴嵩既非第一個，更不是最後一個。即以嘉靖朝的內閣首輔論，從楊廷和開始，楊一清、費宏、張璁、夏言、嚴嵩直到徐階，全無例外。楊廷和那樣公忠體國，照樣幾次遭到疏劾。楊一清被人以貪污罪名參倒。夏言被參不僅丟官還丟了性命。而榮幸地被海瑞罵過的人，除了嘉靖自己就是徐階。因此，雖然嚴嵩被人罵作「奸臣」確有其事，但不是一旦被罵罪名便成立，也不是罵得越難聽越表明事情真實可靠。

第二、在捱罵的重臣裏面，嚴嵩被罵次數最多，聲勢也最大，這也是事實。除沈、楊二位最出名外，起碼還有幾十個官員向皇帝遞過控訴狀。這是不是證明嚴嵩最壞？未必。首先，爬到高位固然顯赫，但同時也要清楚，呆在那兒的基本「工作」之一，就是捱罵；其次，古人一貫「只反貪官，不反皇帝」，朝政不好，樞臣必然是頂缸受過者，口水全將吐到他身上，彼不入地獄誰入地獄？結合這兩點，我們再觀察一下嘉靖歷任首輔的任期，對嚴嵩捱罵之多之重，當另有所感。朱厚熜在位四十五年，首輔十人。任職僅二三月者如蔣冕、毛紀，任職不過數年者如楊一清、張璁（斷斷續續，時起時落）、夏言、徐階；唯獨嚴嵩，入閣二十年，任首輔達十五年之久。十五年！若將任期除以捱罵次數，其實跟別人也差不多。

第三、古代政界指控一個人，並不像今天這樣嚴肅，說無實據要負法律責任，會被治誹謗罪。當時着重的往往是一口「正氣」，別的可以不論，這口氣卻一定要充足，摧枯拉朽、勢不可當。為着這股氣勢，可就不在乎犧牲部分真實性了。我們經常見到，古人給政敵開列罪狀，先照着某種有象徵意義的數字去比劃——沈鍊、楊繼盛給嚴嵩找到的罪名偏偏都是「十」項，絕非巧合。某種程度上，他們是以「拼湊」手法來構思自己的本章。裏面有事實，卻不必全是事實。實際上，當時就有人從第三方立場指出，「（沈鍊）數嵩十罪，俱空虛無實。」[4] 這話出自《世廟識餘錄》的作者徐學謨。談遷也批評沈鍊大有作秀之嫌：「欲清君側之惡，以視請劍詠

---

④ 《世廟識餘錄》，卷十五。

（秦）檜，尤為過之」[1]。楊繼盛的「五奸十罪說」，已有近人蘇均煒以長文[2]逐條辨析（算是替李默做了楊椿要求他做而沒有做的事），結論：「他所指控的，大半空疏無實。」文章寫得很翔實，感興趣的朋友不妨找來細讀。

闡明這三點，接着回答一個問題：嚴嵩是好人麼？肯定不是。自從楊廷和內閣倒臺、嘉靖取得「大禮議」勝利以來，皇帝的左右便不再有正人君子。不單嚴嵩不算，從始至終，其他人也都不配自稱正人君子。這並非對他們個人品質的品鑒，實際上，嘉靖的統治方式根本不允許你去充當什麼正人君子。我們在前文已舉了很多例子，說明士風大變，諛奉順從乃是朝中基本格調。覆巢之下，安有完卵？這不是個人問題，是風氣問題。

我們辨析嚴嵩頭上是否應該戴着「奸臣」這頂帽子，不是為他翻案，把他從壞人變成好人、從反面形象變成正面形象。他不屬於什麼好人，可是，在好人與奸臣之間，還有着一個寬闊地帶，不能說算不得好人就非得是個奸臣。所謂「奸臣」，是把國家的事生生給搞壞搞糟的人，或至少在這過程裏起到相當關鍵作用的人。然而，倘若事情原本就糟糕，他無非順水推舟以求自保，這樣的人，算不算「奸臣」？其次，滿足「奸臣」這個概念，還須一個條件，即弱勢的君主、強勢的臣子。君弱臣強，做壞事的臣子一方才能自作主張，對各種事情起主導作用。比較典型的例子，是「指鹿為馬」的趙高。過去曹操被罵為「奸臣」，也主要是他挾天子以令諸侯。而嘉靖乃何許人也，他能是瘝弱之君麼？人們隨口將「奸臣」這樣一種榮譽贈予嚴嵩時，多半忘記抑或不太了解，嘉靖其實絲毫不會留給他成為「奸臣」的空間，在嘉靖手下，大家做不得忠臣，也做不得奸臣，只有做「諛臣」「順臣」這麼一個選擇。

因此，替嚴嵩一辯，真實意圖根本不是為他洗污，而是要將長久地障在歷史和人們眼前的那片陰翳驅開——休教一個所謂的「奸臣」，掩蓋了嘉靖之惡！冤有頭債有主，朱厚熜才是腐敗政治、所有的不道德和沈楊之類冤案錯案的真正被告。

---

① 《國榷》，卷六十二，世宗嘉靖三十六年。
② （美）蘇均煒《大學士嚴嵩新論》。見《明清史國際學術討論會論文集》，天津人民出版社，1982年7月。

中國歷史觀中的「奸臣論」，是一種非常要不得的傳統，是一塊君主專制的遮羞布。它隱含着這種邏輯：功德皆歸於君主，而一切的敗壞、損失和危機，則統統要扔給一二「奸臣」，由他們去擔受罵名。隆慶皇帝一上臺，「議恤議諡」，用空頭表彰和追贈官職，輕而易舉抹去他老子當年對沈鍊、楊繼盛的一手迫害，只剩下那個嚴嵩，可憐地，孤零零地，數百年來佇立在千萬人的唾液之中。改朝換代之後，「非我族類，其心不異」，從順治到乾隆，與隆慶皇帝息息相通，鞏固和加重着嚴嵩的罪名，讓他們的「前輩」嘉靖皇帝繼續逃脫干係。

至於沈鍊、楊繼盛，雖然對他們不應有超越其時代的苛求，卻也不得不指出，他們那樣激烈地指責嚴嵩，客觀上對嘉靖實有開脫的作用，是另一種「逢君之惡」。說實話，「只反貪官，不反皇帝」這種行為歷來的副作用極大，對歷史真相的掩蓋非常嚴重；中國歷史上的許多疑點，即以此而生。

離今天不太遠，就有李鴻章這樣一個例子。李背負近代史頭號「賣國賊」罵名幾近百年，直到近一二十年人們才意識到有重新研究的必要。李合肥有此境遇，當初言路上一班只忠於清室和皇權、不忠於時代和真理的所謂「清流」們，難辭其咎。當着李左支右絀、補苴罅漏之際，這些人只會唱高調，用空洞的口號抬高自己，通過損毀實幹者，來掩護將天下竊為一己之私、拒絕站到國家根本利益的立場上實行改革的滿清統治者——示弱討好洋人是李鴻章，喪權辱國是李鴻章，似乎將李鴻章從地球上抹去，中國的危機霎時便可迎刃而解。這些所謂的「愛國者」，其實是說着漂亮廢話的誤國者。

當然，嚴嵩和李鴻章不同。對李鴻章，有個重新評價的問題；對嚴嵩，則無此必要。但有一點存在驚人相似之處，亦即，不將嚴嵩之為「奸臣」的真相揭露出來，就是放跑和掩護真正的罪魁禍首。

嚴嵩之所以成為現在的嚴嵩，一大半「功勞」要歸於嘉靖。

嚴嵩其人究竟什麼樣？他是原來就壞，還是慢慢變壞的？在明清官方一致堅持他為「權奸」的輿論之下，找到很多與此不同的描述不太可能了，但還是可以發現一些蛛絲馬跡。

《罪惟錄》載有一句崇禎末年大學士黃景昉的評論:「嚴嵩雅善詩文,收羅知名士,間能抑情沽譽,有可憐恕者。」此話雖然首先把屁股坐在官方立場上,把嚴嵩的動機說成「沽譽」,但沒有掩蓋嚴嵩尊重人材這一事實。

偶也有人,涉及嚴嵩時有什麼說什麼,而不藏頭露尾。天啟間大學士朱國楨指出:「分宜大宗伯以前極有聲,不但詩文之佳,其品格亦自錚錚。鈐山隱居九年,誰人做得?大司成(國子監祭酒)分饌,士子至今稱之。」[1] 不單說他口碑不錯,還說他確實品格正派(並非別人受蒙蔽),以致可以用「錚錚」形容。

這個朱國楨,原來也極憎惡嚴嵩:「分宜之惡,譚者以為古今罕儷」,但他去了江西之後,卻感到大惑不解,因為在嚴嵩老家,當地人一直對他抱有好感,幾十年過去了「江右(江西)人尚有餘思,袁(袁州,分宜縣隸屬袁州府)人尤甚。余過袁,問而親得之,可見輿論鄉評亦自有不同處。」[2]

嚴嵩在故鄉的好名聲,朱國楨是「問而親得之」。略早,沈德符在《萬曆野獲編》裏也記載了同樣的事實:「嚴分宜作相,受世大詬,而為德於鄉甚厚。其夫人歐陽氏,尤好施予,至今袁人猶誦說之。」[3]

這些殘存的消息,隱約透露嚴嵩做人有個變化過程 —— 即便是「奸臣」,也是從比較正派慢慢走向邪惡的。朱國楨認為,這變化的分界線,發生在嚴嵩任禮部尚書前後。我們可以做一番查證,有無線索支持他這看法。

嚴嵩在弘治十八年登進士榜,然後做了庶吉士、編修等小官,不久因病去職,返鄉,在鈐山潛心讀書,一讀就是十年。正德十一年,結束讀書

---

① 朱國楨《湧幢小品》,卷九。
② 同上。
③ 《萬曆野獲編》,卷八,內閣,居官居鄉不同。參倒嚴嵩的關鍵人物鄒應龍提供了相反的敍述:「今在南京、揚州、儀真等處用強,奪買人田產數十處,每處價可數千金,賣者價銀才得十之四五而已,剝取民財、侵奪民利,如此類甚多。」(《皇明經世文編》,卷三百二十九,鄒中丞奏疏,貪橫陰臣欺君蠹國疏)不過,這裏講的是嚴嵩在南京、揚州一帶的行為,不是袁州,說明嚴氏是逐漸才開始做壞事的。與嚴嵩相比,那個倒嚴領袖、扮演了為民除害角色的徐階,在其故鄉華亭,聲名即極其狼藉,大肆侵奪民田,致有田產四十餘萬畝。海瑞在應天巡撫任上時,受理無數這類控訴。那麼,就算對鄒應龍敍述不存疑問,為什麼「彼此彼此」,徐階乃「賢相」,嚴嵩卻是「奸相」?

生活，重返政壇。他學問和文才很好，可能因這緣故，一直在官方學術或教育機構工作，包括嘉靖元年升為南京翰林院侍講以及該院負責人，嘉靖四年被召到北京任國子監祭酒（國立大學校長）。截止此時，嚴嵩的履歷很清白，沒有任何負面議論。④ 沈德潛所謂「為德於鄉甚厚」，可以代表這段時期他的公眾形象。

他仕途的重大改變，發生於嘉靖七年。是年，嘉靖皇帝提拔他為禮部右侍郎。這似乎是正常升遷，連攻擊他的人，也不曾就這次升遷說過對他不利的話。不過，正是這正常的升遷，也許成就了他，也許毀掉了他。第一，他進入了高級官員的行列，離皇帝越來越近，以前不會碰到的事，現在要經常碰到，以前可以不打的交道，現在不得不打，有句話叫做「人在江湖，身不由己」，嘉靖是怎樣一個人，離他近了會怎樣、應當怎樣，可想而知。第二，嚴嵩這個「右侍郎」，不是工部、刑部，偏偏是禮部，前面早已講過，嘉靖的威權是由主抓意識形態而來，六部之中，他一直特別重視相當於宣傳主管部門的禮部，他所重用的好幾個人，席書、夏言，都是從禮部起家，現在，嚴嵩也被安排到禮部，這個官怎麼當或能怎麼當，不言而喻。

不論是有意往上爬，還是只求穩妥、小心侍候，禮部右侍郎嚴嵩都必須開始熟悉並掌握另一種做人風格。此時，朝中的整個風氣已被歌功頌德所籠罩，嚴嵩很聰明，他不至於搞不清楚「正確立場」是什麼。上任不久，嘉靖交給他一項差事：代表皇帝本人，去祭告獻皇帝（嘉靖之父）的陵墓。差畢，需要遞交工作報告。嚴嵩琢磨了皇帝的心理，在奏疏裏這樣寫道：

> 臣恭上寶冊及奉安神牀，皆應時雨霽。又石產棗陽，群鶴集繞，碑入漢江，河流驟漲。請命輔臣撰文刻石，以紀天眷。⑤

無非虛構了一些嘉靖特別喜愛的「祥瑞」，說：舉行儀式時，雨收天

---

④ 《明史》，列傳第一百九十六，奸臣。
⑤ 同上。

晴;新立的石碑,當初開採之時就有群鶴翔護,由漢江運輸途中,河水突然變得豐沛……不必說,這些想像很不精彩,甚而可說平庸,嚴嵩寫時自己心裏恐怕也有敷衍之感。沒想到,嘉靖讀了居然「大悅」(他實在太愛聽好聽的話,哪怕一望而知是虛妄的)。就衝這幾句,他決定好好「培養」嚴嵩,先把他從右侍郎提為左侍郎,很快,調升南京禮部尚書。嘉靖十五年(1535)十二月,禮部尚書夏言成為大學士,嚴嵩同時被調到北京,出任禮部尚書。

到任一年多,嚴嵩就受到一次嚴峻考驗 —— 我們當記得那個「不忠不孝,勇於為惡」的豐坊所發起的獻皇帝「稱宗」的提案,此建議深獲嘉靖之心,隨即交付禮部集議。其實嘉靖主意已定,讓禮部討論、拿出意見,不過擺擺樣子、走走過場,如果嚴嵩知趣,他只應該有一種意見:堅決擁護。可是,此時的嚴嵩,顯然不曾修煉到家,思想改造尚未完成,書獃子脾性沒有盡去。他在禮部主持討論後,這樣向嘉靖彙報:

> 臣等仰恩聖訓,遠揆舊章,稱宗說不敢妄議。[①] 這句話的口氣很清楚,嚴嵩知道嘉靖想要的結果是什麼,他迴避明確表示反對,而頗費苦心地以「不敢妄議」宛轉加以搪塞,但意思還是不贊同,理由是:在歷史和經典上找不到依據。當嚴嵩說出這番話時,他跟當初「大禮議」中的反對派,沒什麼兩樣,腦子裏面想到的,也是典章制度 —— 可以看出,這時他骨子裏仍舊是一個不開竅的、講原則的正統士大夫。這真讓嘉靖氣不打一出來。什麼「舊章」不「舊章」,還有人跟我講這個?這姓嚴的老東西該不會豬油蒙心了吧?他很生氣地把嚴嵩疏文發回,命「再會議以聞」。這時,幸虧戶部左侍郎唐冑跳出來,救了嚴嵩一命 —— 此人很不識相地上奏,力主不可稱宗。嘉靖正愁無人開刀,卻有送上門的,着即派錦衣衛把唐冑逮起來,削職為民。與此同時,嘉靖親撰《明堂或問》一文,論證獻皇帝可以稱宗的道理。至此,

---

① 《世宗實錄》,卷二一三。

嚴嵩不由冷汗涔涔，悟出險些釀成大禍。他迅速改變主張，拿出了讓嘉靖滿意的答卷。

事情發生在嘉靖十七年，距嚴嵩就任禮部尚書十八個月。換言之，將近兩年的時間，嚴嵩作為正統士大夫的「思想殘餘」，還未清除乾淨，大大辜負了嘉靖的信任。不過，這似乎是嚴嵩平生最後一次「冒傻氣」，從此不敢造次，一切以悉心揣摩聖上心意為能事。功夫不負有心人，他奇跡般地與嘉靖和平共處十幾年，雖然末了仍不免被嘉靖親手搞掉，但獨佔首輔之位如此之久，在嘉靖年間已屬前無古人、後無來者。當然，付出的代價是成為「大奸臣」——這也許是必然的，否則試問：正人君子能與嘉靖和平共處這麼久嗎？

當沈鍊、楊繼盛們暢快地抨擊嚴嵩是奸臣，當後人更以置身事外的輕鬆姿態也用奸臣字眼對他罵來呵去的時候，沒有去探問嚴嵩的內心世界。一個曾經淡然處世、肯閉門讀書十年的人，一個在鄉間、在日常生活中頗為在意自己的品行形象、「為德甚厚」的人，一個受到皇帝賞識和提拔、已在禮部尚書位子上坐了將近兩年卻仍然壓抑不住地冒着士大夫傻氣的人，請問這樣一個人，他的內心世界原本怎樣？能是一個「奸臣」的內心世界嗎？

有的時候，小說（或別的藝術）比歷史更真實，原因就在於，歷史家目光只及於外部行為所構成的外部事件，而失諸對人的心路歷程的探究；相反，藝術家卻不肯只看見和注意結果，他們還忍不住去挖掘背後的隱祕的內心原因、內心邏輯。人是複雜的、能動的個體生命，跟內心豐富性相比，人的行為是過於簡單的一個層面。做什麼，是一瞬間的事；但在做之前，卻可能輾轉反側、不知度過多少不眠之夜。歷史只盯住了那一瞬間，將此前遠為漫長的內心鬥爭置之不理。歷史從來如此，但顯然是荒唐的。歷史的主體是人，作為主體，只有部分的真實性和表面的真實性被描述，而另一些雖然隱祕卻無疑同樣真實的內容任其缺失，這是一個可怕的黑洞，它會吞噬掉許多東西，將真相弳於無形。

一旦目光越過嚴嵩「專權」十幾年的「奸臣史」，回到嘉靖十七年，

回到他最後心有不甘地對嘉靖斗膽說出「稱宗說不敢妄議」的一刻，我似乎被什麼東西所震撼。我在裏面看到的，是掙扎、痛苦、滄桑與渺小，是理智與道德的激烈衝突，是曾經的信仰與現實的生存之間彼此的煎熬。我不光看到了自我背叛，也看到了從生理到心理的巨大恐懼。

以更高的標準，可以去責備以至譴責嚴嵩，但我願意放棄這樣的做法。我的問題是，請告訴我嘉靖朝官至這個級別的人中，誰比他做得好一些？我沒有看見。我看見的是半斤八兩，五十步與百步。那麼為什麼放過其他人、單單譴責嚴嵩？難道就因為他在首輔位置上呆得比別人長得多，在侍奉嘉靖的過程中陪了更多的小心、說了更多的謊話、暴露了更多的卑微和醜惡？

也許是吧。但其他人位子坐得不牢靠，並非因為品質較嚴嵩正派；根本的真相是，相比於別人，嚴嵩不過更善於保護自己而已。以夏言為鏡鑒，會異常清楚地看到這一點。

夏言發跡，與張璁、嚴嵩等一般無二，俱以善窺帝意、巧為逢迎而進。張璁內閣時期，夏言被嘉靖當作制衡張璁的因素予以培植，夏言心領神會，很賣力氣，在一系列重大問題上，表現比張璁更積極，更乖巧。「帝制作禮樂（指更改郊禮、文廟祀典及廟制等），多言為尚書時所議。」「諳政事，善窺帝旨，有所傅（附）會。」「帝每作詩，輒賜言，悉酬和勒石以進，帝益喜。」[1] 慢慢地，爭寵中夏言勝出，位極人臣。

但夏言性格裏，有一致命弱點，就是勝利了便驕傲，得志便忘形。當然，這是很普遍的人性弱點，當年張璁亦然。另外，他們兩人還犯了另一個共同的錯誤：對嘉靖的寵信，真的相信；並真的以為自己立下大功，理所當然被皇帝倚重。這比前一個錯誤更要命。他們不知道，來自嘉靖的寵信，純粹是其權術的一部分。首先，嘉靖一貫拉一派打一派，在親手樹立某人威信的同時，立刻着手引入可以牽制、削弱他的力量，過了不久，就用後者打倒前者，使後者取而代之，然後再培植新的「搗亂分子」。這手法幾十年不變，他從不曾真正信任過任何人，或者說，他對某人的「信

---

① 《明史》，列傳第八十四。

任」，不過是基於對另一個人的不信任而已。其次，嘉靖深得《老子》「將欲弱之，必固強之；將欲廢之，必固興之；將欲取之，必固與之」[2]的真昧，看上去的寵信，對他來說始終是加速其人敗亡的絕佳手段。他甚至縱容和鼓勵志驕意恣、自我膨脹。他用各種小動作來強化權臣被無限信賴的感受：大幅度地升他們的職、授予鑄有特殊表彰詞彙的小銀章、賜詩、故意單獨說一些私密的貼心話……他就這樣誘導別人，讓他們忘乎所以。很奇怪，張璁、夏言本來都是絕頂聰明的人，卻都不曾識破，都上了當。他倆大紅大紫後，犯了一模一樣的毛病：頤指氣使，尾巴翹到天上去了，從而這自己快速倒臺輔鋪平道路。

輪到嚴嵩上臺，這才終於出現一個將嘉靖心思看得比較透的人。

對付嚴嵩，嘉靖的手法沒有改變；仍舊拉一派打一派，仍舊「將欲弱之，必固強之」。對前者，嚴嵩無可奈何，嘉靖是怎樣培植徐階充當對立面，對他實行箝制，他盡收眼底，唯一辦法，只能是小心周旋。他之能逃出張、夏模式，任首輔達十五年不倒，關鍵是做人。某種意義上，嘉靖遇到嚴嵩，才是棋逢對手。嘉靖心法陰柔，嚴嵩也深諳知雄守雌之道。嘉靖設的圈套，嚴嵩一概不鑽，很早就遠遠避開。

或者吸取了張、夏的教訓，或者嚴嵩本人處世哲學使然，總之，嚴嵩是唯一發跡前後做人沒有明顯變化的人。之前他夾着尾巴，之後也沒有「子系中山狼，得志便猖狂」，依然低調，甚至愈加謹慎仔細。

嘉靖不視朝，隱居，但耳目遍佈，經常派人祕密打探諸臣動靜虛實。夏言和嚴嵩是重點關注對象。每次得到的情報，都反映說嚴嵩退朝後深夜仍在工作，特別是精心地為皇上寫青詞，而夏言卻往往呼呼大睡。也許嚴嵩有「反間諜」知識，買通了內線；也許並非偽裝，而確實是很小心地對待差事。

至少以下記述，不是出於事先偽裝：入閣後，嚴嵩「年六十餘矣。精爽溢發，不異少壯。朝夕直西苑板房，未嘗一歸洗沐，帝益謂嵩勤。」[3]儘

---

② 《老子》，三十六章。
③ 《明史》，列傳第一百九十六。

管史官用了所謂「春秋筆法」，語涉譏諷，暗示終於爬到高位，使嚴嵩產生一種與其六旬高齡不相稱的亢奮；但我的解讀卻是，實際上，嚴嵩深知「高處不勝寒」，為此他打起精神，終日悚慎，未敢稍忘。鑒於他的表現，嘉靖特頒發銀質勛章（「銀記」）一枚，上鑄「忠勤敏達」四字。

嚴嵩的戒備是全方位的。夏言敗後，有一年多時間，內閣只剩嚴嵩自己。在別人——例如張璁、夏言甚至徐階——恐咸求之不得，嚴嵩卻坐臥不安。他主動請示嘉靖增補閣員，後者則不予理會。總之，不論嘉靖內心究竟在想什麼，他讓嚴嵩獨相一年多。其間，嚴嵩謙虛謹慎、戒驕戒躁，絲毫沒有翹尾巴。當他再次打報告請求恢復內閣建制，嘉靖很滿意地加以批准，同時還將人選定奪權交給嚴嵩。嚴嵩不曾上當，他謙恭地表示，這件事只應「悉由宸斷」，「伏望聖明裁決……非臣所敢議擬。」[1] 這不是嚴嵩神經過敏，事實證明，他洞若觀火。嘉靖聞奏，果然高興，表揚道：「卿敬出心腑，准辭。」

試探與反試探，一直在嘉靖與嚴嵩間不露聲色地展開。二十九年（1550），嘉靖藉生日之機，表示要加恩於嚴嵩，封他為「上柱國」。嚴嵩感激涕零然而卻堅定地辭謝了。一切只因那個「上」字，嚴嵩在謝恩疏裏這麼說：「《傳》曰：『尊無二上。』『上』之一字，非人臣所宜居。」[2] 這不是嚴嵩神經過敏，事實證明，他洞若觀火。嘉靖聞奏，果然高興，表揚道：「卿敬出心腑，准辭。」

對嘉靖，哪怕一個字眼，也馬虎不得。他就是這種人，摳着每一個字眼來猜忌別人。敘至此，不妨順帶交待一下楊繼盛被殺的真正原因。楊之死，不死於攻擊嚴嵩，而死於其劾章中如下數語：「願陛下聽臣之言，察嵩之奸，或召問裕、景二王，或詢諸閣臣。」[3] 這些言語，不啻說所有人咸知嵩奸，獨嘉靖不知，「世人皆醒爾獨醉」。而「或召問裕、景二王」一句，尤令繼盛死定。其時，太子亡故多年，嘉靖僅餘裕王、景王二子，但他遲遲未再立太子，除了對原太子的偏愛之情，身邊道士的「二龍不相見」理論起了很大作用，使嘉靖頗有二位王子與己相克之疑（對前太子的早夭，他大約也會用這理論來反思，甚至視為一個例證）。楊繼盛提到裕景二

---

① 《世宗實錄》，卷三四五。
② 《世宗實錄》，卷三六四。
③ 《明史》，列傳第九十七。

王，實乃忌之大者，休說嘉靖可以懷疑他與二位王子有什麼勾搭，就算不這麼疑心，單因「添堵」的感受，嘉靖也不能饒他。

十五年的「信用」，是用十五年的恭順、防別人所不防、忍別人所不忍，以及十五年的豎起耳朵、夾緊尾巴換來的。如此而已。

可以說中國式君主專制，造就了嚴嵩這麼一種畸形政治人格，也可以說嚴分宜真正吃透掌握了在朝為臣及折衝官場的不二法門。一碼事。

他的信條就是「柔弱者，生之徒」，「堅強處下，柔弱處上」。他聰明的極致，不在於對君上足恭、巧言令色，充分滿足其虛榮心和統治慾，而在於對政敵、同僚甚至下屬也不惜示弱。

嚴嵩步入領導核心之初，夏言如日中天，但嘉靖以其慣用手法，故意炫示對嚴嵩的欣賞之意。嚴嵩料定皇上的青睞，必招夏言嫉恨，因此，雖然論到科第出身，資歷其實比夏言老，但他把姿態擺得非常低，「事之謹」。一次，嚴嵩特為夏在家中設宴，專程登門詣請，夏言卻連見都不見。且看嚴嵩的做法：他返回府中，並不撤宴，竟跪在為夏言準備的座位前，展開事先寫好的祝酒詞，如對其人，照舊唸一遍。事情傳到夏言耳中，「言謂嵩實下己，不疑也。」④

嘉靖二十一年，嘉靖又玩「坐山觀虎鬥」把戲，先將夏言趕跑，隨即命嚴嵩以武殿大學士入閣預機務，再過兩年，把首輔位子也一併交給他。一退一進、一去一升之間，夏言早就憋了一肚子氣，像隻漲紅了肉冠的鬥雞。另一邊，嚴嵩屁股還不曾將首輔位子坐熱，翌年底，嘉靖突然重新召回夏言，再把首輔之職交還給他。這樣一種挑撥離間，令夏言視嚴嵩為眼中釘、肉中刺，必欲除之而後快，而且他完全錯誤地解讀了嘉靖再任其為首輔這件事，把它看成自己固寵的信號。於是，他變本加厲地排擠嚴嵩，「頗斥其黨」；不僅如此，還蒐集嚴子世蕃的罪證，欲予嚴嵩致命一擊。嚴嵩聞訊，二話不說，認栽服輸，率子親赴夏府，「長跪榻下泣謝」。在嚴嵩，忍辱納垢，不恥此行；在夏言，要的則是虛驕心理之滿足，親見對方

---

④ 《明史》，列傳第一百九十六。

搖尾乞憐，便覺人生莫大享受，「乃已」。[1]嚴嵩齷齪，夏言假公濟私也很醜陋，彼此彼此；但若論官場角逐，夏言確非嚴嵩對手。

勇於示弱、抑己揚人，是嚴嵩在官場打拚的看家本領。不單對皇上如此，對夏言如此，就連位在其下的徐階，也可以低回眉目。在其政壇生涯晚期，徐階上升勢頭明顯，出於對嘉靖的「政治操盤技巧」的深刻了解，嚴嵩非常清楚等待着自己的是什麼。為此，他完全置顯赫的身份與地位於不顧，就像當年對待如日中天的夏言一樣，也在家中專為徐階擺了一桌。席間，他把家小一一喚出，讓他們羅拜於徐階之前，自己則捧起酒杯，說出這樣一番話：「嵩旦夕且死，此曹惟公乳哺之。」他明知徐階乃自己死敵，口吐此言，並非心中真存指望。但「巴掌不打笑臉人」，示弱總不會錯，有朝一日真到徐階得勢之時，念及今日，下手當不至於太絕。

由這許多的細節，我們無從去想像通常是勢焰薰天、不可一世的大權奸的形象。所謂權奸，可以低三下四、吞聲咽氣、乞憐哀憫麼？在嘉靖滴水不漏的掌控下，嚴嵩遠遠沒有達到權奸的地步，也不可能成為權奸。他只是一個小人兼蛀蟲。在權力核心的二十年中間，他總共就做了兩件事：第一，竭盡智慮保全其身家性命；第二，利用職權去撈取一切可能的利益。他從不具備虎豹豺狼的威勢和力量，他僅僅是一隻提心吊膽而又機靈的老鼠。而耗子的胸腔，無法長出一顆強悍的心。

嚴嵩一生悲喜劇中，有一個不能不提的重要角色，此即嚴世蕃。嚴氏夫婦育有二女一子，世蕃是嚴嵩膝下唯一獨苗。但他對於父親的意義遠不止乎此。此人體肥貌醜，不僅是獨苗還是獨眼龍，但聰明異常，博古通今。嚴嵩才學，在政界已屬翹楚，可比之世蕃，竟多有不及。嘉靖的中晚期統治，採取神經戰術，把政治變作語言遊戲，而以隱語大師自居，絕少把話說在明處，隱約其辭讓人去猜，還特別喜歡賣弄學問，做出什麼指示，往往夾藏典故，而且是很偏僻的典故。雖然士大夫俱是正途出身的知識分子，飽讀詩書，卻多數應付不了嘉靖，對其旨意的解讀時有偏失。嚴嵩本來腦子就好使，又仗着在鈐山苦讀十年的積累，領會旨意的能力強過

---

[1] 《明史》，列傳第一百九十六。

同僚，這是他得到嘉靖信用的重要原因。但隨着嘉靖「道行」加深，竟連嚴嵩也漸漸覺得學問不夠用了。於是，嚴世蕃成了他的祕密武器。史載：

> 帝所下手詔，語多不可曉，惟世蕃一覽了然，答語無不中。[②]

「一覽了然」是聰明博學，「答語無不中」是效果神奇。確實厲害。三番五次如是，嚴嵩根本就離不開這寶貝兒子，以後遇到下屬呈上對皇上交待之事的處理意見，一律說：「先拿去問問東樓（東樓，世蕃別號）。」可是這位東樓成天花天酒地，常醉眠不醒；老嚴嵩縱然急得抓耳撓腮，也得等着他酒醒之後給出意見。嚴嵩的許多惡名，收受賄賂、侵奪人田等，實係世蕃所為，鄒應龍攻倒嚴嵩，首先也是從世蕃這裏下手。有子若此，對嚴嵩來說，就像一枚硬幣的兩面，成也蕭何、敗亦蕭何。人云嚴嵩「溺愛世蕃」，可能，獨子嘛。但實際上，他們之間，除骨肉父子，還是政治父子。嚴嵩應付嘉靖，少不了世蕃；世蕃也仗着這一點，有恃無恐地胡來，嚴嵩拿他沒辦法。從前面所述可以看出，嚴嵩連嚴世蕃醉酒誤事都管不了，遑論其他？但在這一切的背後，萬萬不可忘記那個躲在西內，用打啞謎的方式與朝臣捉迷藏、施其掌政馭人的心理戰的嘉靖皇帝，萬萬不可忘記將皇帝每一句話都變成至高無上真理的君主極權制度；沒有這樣一種制度，世上本無嚴嵩，更不會有嚴世蕃。

關於嚴嵩的垮臺：再精明的人也有軟肋，嘉靖做皇帝是個高手，一輩子深得「南面為君」訣竅，他唯一犯糊塗的地方，是對道教的迷信。對於道教他陷得很深，是真迷信，不是假迷信，最後連自己的命都搭在這件事上。對於道士，他言聽計從，很少懷疑，包括有人拿黃白術騙他，也不疑。晚年，他信賴一個名叫藍道行的道士。有一天，這道士趁扶乩之機，假充神祇對嘉靖抱怨說，現在朝政不好，是因為「賢不竟用，不肖不退」。嘉靖再問，究竟誰賢，誰不肖？「神仙」（藍道士）答道：「賢如輔臣徐階，尚書楊博，不肖如嵩。」[③] 這一幕疑點很多。雖然史無明據，

---

② 同上。
③ 《國榷》，卷六十三，世宗嘉靖四十一年。

但玩味個中細節，我總覺得這是精心構思的計策，很可能出自徐階。藍道士真有憂國之心，朝政不好，他可以批評的地方實在太多，哪一條也比「賢不竟用，不肖不退」要緊，他卻這樣直奔主題，使徐階成為他的批評的直接受益人。其次，最最關鍵的是，利用道士扶乩的機會，離間嘉靖與嚴嵩的關係，是用心極深、針對性極強的一招，甚至藉圍棋術語說「只此一手」——嘉靖誰都不信，誰的話都不聽，但不能不信神祇，不能不聽從神的指引。嘉靖果然招架不住，「上心動」，有意擯棄嚴嵩。事有湊巧，不久，御史鄒應龍因為避雨歇腳某宦官家，閒聊之際，宦官把那日情形當作故事講給鄒應龍聽。這鄒應龍乃楊繼盛倖婿，對嚴嵩懷恨已久，聽說此事，立即研讀出嚴嵩寵衰、可以下手的資訊，草疏彈劾，以嚴世蕃不法事為由頭，清算嚴嵩。這次，「不倒翁」終於倒地。嘉靖批示是這樣的：

> 人惡嚴嵩久矣。朕以其力贊玄修，壽君愛國，特加優眷，乃
> 縱逆醜負朕。其令致仕予傳去，歲給祿百石，下世蕃等錦衣獄。①

從這份「關於嚴嵩問題的處理決定」來看，嘉靖在政治上對嚴嵩是基本肯定的，甚至說他「愛國」。犯罪、負刑事責任的是嚴世蕃，嚴嵩的責任是「縱容逆子」。為此，給予他勒令退休的處分。也就是說，嚴嵩垮臺時，沒有「奸臣」的罪名；他沒有革職，沒有下獄，沒有充軍，沒有殺頭，而只是退休——這是極普通的一種處分，在明代歷朝重臣中，司空見慣，多如牛毛。

可以說，嚴嵩垮臺既有些偶然，嘉靖的處置也比較尋常，絲毫沒有「一舉粉碎」的重大色彩。不過，從另外一些方面看，又有許多必然性。由下面一個時間表，約可看出端倪：

> 嘉靖二十七年正月，罷免夏言，嚴嵩第二次任首輔。三月，
> 夏言下獄。十月，夏言被殺。
> 嘉靖二十八年二月，進徐階為禮部尚書。

---

① 《國榷》，卷六十三，世宗嘉靖四十一年。

嘉靖三十一年（1552）三月，徐階以禮部尚書兼東閣大學
士，預機務。

這個時間表，極典型地將嘉靖對政局的操盤手法表示了出來。利好、
利空，買進、賣出，垃圾股、績優股、潛力股……一目了然。該拋盤時，
毫不留情；該拉升時，手法凌厲；看漲時已為將來出貨做好準備，並預先
選下替代品種。夏言剛被殺，嚴嵩剛失去對手並坐穩了首輔的位子，嘉靖
馬上着手為嚴嵩培養對立面，甚至提拔軌跡都如出一轍 —— 第二年，徐階
被任命為禮部尚書，第四年從禮部尚書過渡到內閣，完全是當年夏言、嚴
嵩升遷路線的再版。毫無疑問，早在嘉靖二十八年，徐階的出現，就意味
着嘉靖已經為嚴嵩安排好了後事。

唯一的意外是，包括嘉靖本人在內，都不曾預見到嚴嵩這隻「強勢股」
堅挺了如此之久。他太會炒作自己，不斷對嘉靖構成新的「題材發現」，
不斷製造新的利好，以至於讓嘉靖這樣一位喜新厭舊、酷愛「短線作戰」
的玩家，始終難以割捨。直到嚴嵩罷相後，嘉靖猶意惹情率，下令群臣有
關嚴嵩的事情到此為止，不准再起波瀾。[②] 嘉靖之與嚴嵩，一直不能擺脫特
殊的喜憂參半的矛盾心理。嚴嵩的恭順、稱旨，無人可比，對此，嘉靖發
自內心地喜愛。但另一面，稟性、嗅覺和對權力本質的獨到解讀，則使他
實在不能放鬆警覺，即便對嚴嵩一百個稱心，他也還是會去挖其牆腳、摻
其沙子，找人作梗，培植銷蝕嚴嵩影響的力量 —— 徐階的價值即在於此。
他一面做出「浸厭」嚴嵩、「漸親徐階」的姿態，鼓勵後者對嚴嵩發起挑
戰，一面又在徐階指使同黨頻頻攻擊嚴嵩的情形下，對嚴嵩表示寬容，
「不問」、「慰留」。嘉靖希望在這鷸與蚌之爭中間，獨自得利。

嘉靖機關算盡，卻未能使勢態盡如己願。因為任何事情總有慣性，到
一定時候，必然無法控制。徐階由挑戰嚴嵩的鼓勵中所形成的野心，最後
實際上超出於嘉靖想要的分寸之外，變作一種獨立的能量。談遷說：「（徐
階）陰計撓嵩權者久矣。」[③] 不達目的，勢不甘休；但能達到目的，則不擇

---

② 《明史》，列傳第一百九十六。
③ 《國榷》，卷六十三，世宗嘉靖四十一年。

手段。嘉靖四十年（1561），嘉靖日常起居之地永壽宮毀於火，他打算再建新宮。嚴嵩作為當家人，了解財政狀況難以支持這樣的工程（嘉靖多年來在這方面已花費太多），但他一時糊塗，竟提議嘉靖遷往曾經幽禁過英宗的南城齋宮，嘉靖很生氣。徐階抓住這個機會，支持修建新宮，大獲嘉靖歡心。在這件事上，嚴嵩沒有愧對職守，徐階的表現才更像一個奸臣。從此，嘉靖的天平嚴重傾往徐階一邊，要事基本不問嚴嵩。積聚在徐階心中必欲取嚴嵩而代之的慾望，最後化作刻骨銘心的仇恨。我們都還記得前面提到過嚴嵩發現漸漸失勢時，宴請徐階，命家人羅拜於前乞憐的舉動。徐階是怎麼做的呢？嘉靖四十三年十二月，從流放途中逃脫的嚴世蕃，潛回老家後重新被捉。徐階及其黨羽決心不再縱虎歸山，他們精心草擬起訴書，一定要置嚴世蕃於死地。但是，當徐階接到訴狀時，卻怪聲問道：「諸位莫非想救世蕃？」大家都搖頭，徐階指着訴狀說：「沈、楊之案，嚴嵩都是依旨而辦，你們把重點放在這裏，是暴露聖上的過失，結果不是救世蕃一命是什麼？」一邊說，一邊「為手削其草」——親自動手改寫訴狀，刪去有關沈楊之案的內容，着重敍述嚴世蕃收受倭寇首領汪直賄賂、聽信所謂南昌有「王氣」之說而建宅於茲等謀反情狀。嘉靖看了訴狀，震怒，「遂斬於市，籍其家」。[①]

嚴嵩與夏言之間，徐階與嚴嵩之間，從來都不是什麼正義與邪惡的鬥爭。他們，同屬於被嘉靖驅趕到權力這座角鬥場上進行你死我活的表演的角鬥士。為了生存，殺死對方，是他們唯一的選擇；為了這個目的，必須無所不用其極。嚴世蕃腐化墮落、橫行於世，確有其事，若論謀反之念，他並非其人。徐階知道唯此方能必置之於死地，便捕風捉影加以構陷。在徐階上報的材料中，嚴府被指控非法搜刮聚斂了天文數字的財產：「黃金可三萬餘兩，白金二百萬餘兩，他珍寶服玩所直又數百萬。」[②] 然而實際籍沒所得，遠低於此數，甚至連零頭都不足。嘉靖後來曾親自過問此事：「三月決囚後，今已十月餘矣，財物尚未至，尚不見。一所巨屋只估五百兩，是

---

① 《明史》，列傳第一百九十六。
② 同上。

財物既不在犯家，國亦無收，民亦無還，果何在耶？」[③] 再到以後，無法交差的徐階也不得不承認，籍沒財產數字確有誇大，原因是「逆黨」口供亂加「指攀」。[④] 到萬曆年間，普遍認為有關嚴氏父子「巨貪」的說法並不屬實，左都御史趙錦指出：

（嚴案）虛上所當籍事（虛報應當抄沒的數額），而其實不副，則又株連影捕，旁捃（通「搜」）遠取，所藉之物強豐出於無辜之民（因要湊數，人為強行地增加抄沒所得，而損害了許多無辜之人）。[⑤]

這是趙錦在萬曆十二年（1584）四月，張居正被抄家時，不願嚴案的前車之鑒重演，專給神宗（萬曆）皇帝上的奏摺中講的話。奏摺還指出：經查明，連嚴世蕃所謂「謀反狀」也屬莫須有（「今日久事明，世蕃實未有叛狀」）。由此可知，當初徐階用來使嚴氏父子身敗名裂的兩大主要罪狀，大體都是捏造。趙錦是正直的人，他非但不是嚴黨，恰恰相反，當年在嘉靖朝，他是最早起來疏劾嚴嵩的官員之一。但他並不因為自己反對嚴嵩，而認為可以用捏造手法去陷害此人。尤其當事實證明徐階替嚴嵩編造的巨額財產純屬子虛烏有之後，趙錦替嚴嵩感到了不平，他在去貴州就任途中，經過分宜，「見嵩葬路旁，惻然憫之，屬有司護視。」[⑥] 他牢記住這教訓，當張居正垮臺同樣遭人傾陷時，他站了出來，抗議。這樣，神宗才允許給張居正家留空宅一所，田地十頃，用以贍養張的老母。

趙錦，鑒證了正直人格的存在，但在嘉靖以後，這種人格日益稀少。

嚴嵩的故事，無非就是一幕卑微、卑劣人格的悲喜劇。從男一號嚴嵩，到男二號、男三號、男四號夏言、徐階、嚴世蕃……遵循劇作家兼導演朱厚熜先生的安排，共同講述和演繹了自嘉靖年間始大明士夫階層冠冕蕩然、名節淪喪的主題。在這臺波瀾壯闊的大戲之外，尚出演過無數不

---

③ 《世宗實錄》，卷五一九。
④ 《世宗實錄》，卷五四四。
⑤ 《神宗實錄》，卷一四八。
⑥ 《明史》，列傳第九十八。

為人知的同主題短劇、活報劇、小品——就像嘉靖間作家宗臣《報劉一丈書》描述的那個不知名的「朝夕候於權者之門」的小知識分子官吏。雖然對於那樣一個制度、那樣一個社會，這一點點的墮落，就其本質無傷大「雅」，談不上把一個好制度變成壞制度、把好社會變成壞社會。但畢竟，帝制中國的相對的正義性，確實是靠儒家倫理來維持的，也確實把相當的希望寄託在士大夫砥礪名節的操守基礎之上，如果這僅有的保障不復存在，這社會就真的連一丁點的理性也泯滅了。

嚴嵩從「小人物」（出身於所謂清寒之士即窮讀書人家庭）始，以「小人物」終（廢為平民和抄家後，「寄食墓舍以死」[①]）。不單命運和遭際，在精神上，此人骨子裏從來是小人物，天曉得世人怎會認為這樣一個人配稱一世奸雄。讀其史傳，我看到的是一個人提心吊膽、擔驚受怕、隨時可能掉入陷阱也因此隨時準備反咬一口的一生。

他不過是嘉靖掌中興致盎然戲弄來戲弄去的一隻耗子。

我們記得，嘉靖有一隻心愛的「獅貓」，它的死，讓嘉靖很傷心，當袁煒以「化獅為龍」的創意來紀念它的死時，嘉靖欣慰異常——他一定很欣賞這隻「獅貓」戲耍獵物的性性和本領，而引為同調。

死得其所

嘉靖四十五年，公元 1566 年，對於大明臣民，是一個特殊的年份。

是年，嚴嵩以八旬之齡在老家死於貧病。奇怪的是，他一死，二十年來一直以在幕後操縱他為樂事的「木偶藝術大師」嘉靖皇帝，也趕在年底廝跟着去了，似乎不能承受自己最聽話、最順手、最出色的一隻玩偶的消失，而倍感寂寥，了無生趣。

---

① 《明史》，列傳第一百九十六。

也是這一年，趕在嘉靖駕崩之前，突然冒出來一個數十年不遇的「膽大狂徒」，遞上一份火爆異常的奏疏，指名道姓把奄奄一息的嘉靖痛罵一番，作為對他即將遠行的贈別。

這個讓人瞠目結舌的仁兄，就是海剛峰海瑞。

朝中士風奸滑日久，只聞歌功頌德之音，就算人格尚存者，至多也是保持沉默，事不關己，高高掛起，行使其「不說話的自由」。怎麼一下子有這樣一個生猛的「另類」從天而降？

話得從頭說起。

這海瑞，乃當時的瓊州、今之海南省人氏。瓊州於中原，遙遠之極，「天涯海角」；古時交通訊息又極不便捷，數千里的空間距離，足讓人「不知有漢，無論魏晉」。海瑞既生偏僻之地，又出於老派知識分子之家，「不識時務」實乃必然。此外還有一點，海瑞只有半截科舉功名。他在嘉靖二十八年鄉試中了後，會試落第，此後就放棄了進士考試，「學位」只及舉人。「學歷」不高，只能從地方和政界低層幹起，這一幹，就將近二十年。在北京的精英們眼中，他無疑是個沒見過世面的鄉巴佬，對「新思想」、「新動向」懵然無知，不懂「規矩」，不了解時興什麼，對首都的人情世故更是兩眼一摸黑。這的確是事實。除了那年會試海瑞短暫到過一趟京城，隨後就在浙閩贛一帶小縣城遊宦，直至嘉靖四十三年，因為一個意外機遇，他被提拔為戶部主事，這才把腳踏進北京城。至今，北京人仍喜歡稱外地人「傻冒兒」，初來乍到而出生偏遠、履歷始終不超縣城範圍的海瑞，想必就屬於一個「傻冒兒」。到北京方才一年出頭，他既不靜觀默察，也不做深入的「調查研究」，只憑個人信念和一腔激情，衝動上書，惹下殺身之禍。自政界的京油子們看來，這大抵也算一種「無知者無畏」。《明史》這樣交待海瑞上疏的背景：

> 時世宗享國日久，不親朝，深居西苑，專意齋醮。督撫大吏爭上符瑞，禮官輒表賀。廷臣自楊最、楊爵得罪後，無敢言時政者。四十五年二月，瑞獨上疏曰……[2]

---

② 《明史》，列傳第一百十四。

明確指出自楊最、楊爵後，「無敢言時政者」。楊最，太僕卿，他起來反對嘉靖崇信道教，是在嘉靖十九年（1540），被廷杖，當庭毆斃。楊爵，御史，嘉靖二十年（1541）上疏力陳崇道之非，下獄嚴刑重懲，打得血肉橫飛，全無人樣。那時，嘉靖剛剛顯示出沉溺齋醮之事的跡象。換言之，自從楊最、楊爵被鎮壓後，舉朝上下，全都「識時務者為俊傑」，絕口不談皇帝陛下的這點「私人愛好」。足足二十五年後，才出來海瑞這麼一個「傻冒兒」，「獨上疏曰……」——一個「獨」字，寫盡京城官場氣象，和士大夫中間流行的「潛規則」。由是觀之，海瑞不是「無知者無畏」，是什麼？

　　無畏海瑞，大罵嘉靖「竭民脂膏，濫興土木，二十餘年不視朝，法紀弛矣。……以猜疑誹謗戮辱臣下，人以為薄於君臣。樂西苑而不返，人以為薄於夫婦。吏貪官橫，民不聊生，水旱無時，盜賊滋熾。」經他描述，嘉靖統治下的大明國不是好得很，而是糟得很。從朝中到鄉野，一團漆黑，無一是處。如此「發飆」已足令人大驚失色，尤有甚者，海瑞更把矛頭指向嘉靖頭頂上那塊「癩疤痢」——最說不得、不容人說的崇道之事。他毫不留情地概括道：「陛下之誤多矣，其大端在於齋醮。」因為齋醮，「左右奸人，造為妄誕以欺陛下」，皇帝不「講求天下利害」，而有「數十年之積誤」；也因這緣故，諸臣共蒙「數十年阿君之恥」，「大臣持祿而好諛，小臣畏罪而結舌」。[①]

　　這就是名垂青史的「海瑞罵皇帝」的《治安疏》。

　　疏入，嘉靖覽之大怒。史書描寫他的情形是：「抵之地，顧左右曰：『趣執之，無使得遁！』」把海瑞奏章摔在地上，對身邊人大叫：趕緊給我把這人抓起來，別讓這小子跑了！據他想像，寫這東西的傢伙，肯定於遞上來的同時，就腳底抹油，溜之大吉；因為幾十年了，他未曾見過一個不怕死的官員。可是，宦官黃錦卻告訴他：此人素有「癡名」（「傻帽兒」的書面語），上疏之時，已買好一口棺材，跟妻、子訣別，讓僮僕四散逃命，自己卻在朝門之外安靜地等死。嘉靖一聽這話，反而如泄氣的皮球，不知所措。很意外地，他只吩咐把海瑞送入詔獄審問，再移送刑部判決，刑部揣

---

① 《明史》，列傳第一百十四。

摸情形，自然判了死刑，但嘉靖卻把這判決「留中」數月，不予執行。

海瑞究竟怎樣撿了條命，以必死之罪而不死？說起來，純屬運氣太好。這奏疏的出籠，哪怕略早上個二三年，十個海瑞也小命玩完。

《治安疏》之上，距嘉靖翹辮子只十個月。其時，嘉靖的健康狀況每況愈下，長期服食丹藥的惡果顯露無疑，這些東西由金石鉛汞等物製成，實際就是毒品，經年累月沉積體內，致嘉靖最後慢性中毒而死。死前數月，他雖嘴硬，內心卻隱然有悟，情知病症係由服食丹藥而來。因此，海瑞的猛烈抨擊，他儘管在心理和面子上接受不了，理智上卻頗有觸動。史載，他不止一次悄悄拿出《治安疏》來讀，「日再三」，而且「為感動太息」，對近侍說：「此人可方比干，第朕非紂耳。」他召見首輔徐階，明確承認在崇道上誤入歧途，損害了自己的健康：「朕不自謹惜，致此疾困。使朕能出御便殿，豈受此人（海瑞）詬詈耶？」一副無可奈何的口吻。②

這樣，海瑞撿了條命，嘉靖則用不殺來婉轉地表示對海瑞敢於「講真話」的讚賞。可笑的是，他非把自己搞到奄奄一息的地步，才肯面對真話，否則就堅定不移地拒絕真話、索取假話。這倒也是古來獨裁者的共通之處。

明代皇帝，大半缺心眼，智商水平不高。而嘉靖這人，是其中最聰明的一個。他享國四十五年，歷來最長，國家雖然一如海瑞抨擊的那樣腐敗黑暗，從他個人統治權威來看，卻不曾出過什麼大亂子。③這很少見。無論是他的前任或後任，好些皇帝，在位不過數年或十幾年，卻焦頭爛額，甚至陷自己於嚴重危機之中。嘉靖則顯示了出色的統治技巧，對局面的掌控滴水不漏、遊刃有餘。以他的精明，倘若用在正道上，肯做一個有為之君，原是可以寄予期待的。可實際不是這樣，他把他的精明，盡數用在權術上，只對高層政治鬥爭感興趣，對國與民則未利分毫。

往往，絕頂高手無人可以擊倒時，人們就可以等候他自己把自己擊

---

② 同上。

③ 「內憂」基本沒有，正統以來幾乎不可避免的「閹禍」意外地消失，嚴重的大規模的叛亂、暴動也不曾發生。「外患」方面，蒙古部落侵擾這老問題繼續存在，但因蒙古已在衰落之中，強弩之末，雖然製造麻煩，卻自己虎頭蛇尾，沒有構成英宗、武宗時期那麼大的威脅；相比之下，倒是東南海防的「倭患」相當吃緊，但幾經曲折之後，仗着胡宗憲用計及其制下戚繼光、俞大猷一班名將的作戰，最後算是弭平。所以，終其在位的這四十五年，嘉靖的日子可以說是比較平順的，因此才能夠優哉遊哉躲在西內「大隱隱於『宮』」。

倒。嘉靖似乎就是這樣。我們看他的為君之術，門戶甚嚴，無懈可擊，永立不敗之地，沒人鑽得了他的空子。然而任其武功再高，也不免有某個致命的命門。嘉靖聰明一世，糊塗一時，嚴於防人，疏於防己。當他把所有人都整得沒脾氣時，他唯獨忘記了防範來自自己的進攻。而那恰恰是他畢生最熱愛、視為理想的崇道事業。他的一生，除此可以說沒有別的追求，偏偏是這唯一的追求，將他最後徹底毀掉。

他的道教信仰，據說由父親興獻王啟蒙，「根紅苗正」，與半途自己發展起來的興趣很不同。從心理學可以知道，男孩的人格長成，來自父親的影響最重要，根深蒂固——「像父親那樣！」男孩的基本行為和意識，大多以父親為戲仿對象而培養起來。當年，朱祐杬與道士過從甚密的情形，必然早早地在小嘉靖心中引起摹仿的願望，而且，這願望將伴之終生。

登基為帝以後，興趣時有顯露，也曾引起輔臣們的關切。但頭十年光景，尚未完全沉湎其中，因為立足未穩，大局待定，政治鬥爭仍很激烈，容不得他專心致志地奉道求仙；同時，也因為他對在儒家意識形態上繼往開來，興致正濃，極欲有所建樹。

及至統治期的第二個十年，「大禮議」及改正祀典等戰役大獲全勝，將反對派一掃而空，士大夫們被收拾得服服帖帖，閒暇漸多，從此開始大弄。而十八年和二十一年先後遭遇的兩難，尤其起到推波助瀾的作用。

嘉靖十七年十二月，母后蔣氏病逝。嘉靖決定「奉慈宮南詣」，與父親同葬一穴。翌年二月，從北京動身。這是嘉靖一生唯一一次離京出巡。行至衛輝府（今河南汲縣），「白晝有旋風繞駕不散」。古時相信被旋風繞身是不吉利的，於是嘉靖請隨行的道士陶仲文解釋此事，陶告訴他說，這股旋風是即將發生的一場火災的預兆。嘉靖命令陶仲文用法術阻止火災到來，後者卻回答說：「火終不免，可謹護聖躬耳。」避免不可以，不過皇帝的安全不成問題。夜間，行宮果然燃起大火，「死者無算」，嘉靖也身陷烈焰之中，然而，警衛團官員（錦衣衛指揮）陸炳卻及時趕到，「排闥入，負帝出」。[1]

---

① 《明史紀事本末》，卷五二。

對這件事，任何理性主義者都會本能地懷疑並非巧合，是陶仲文和陸炳串通起來，做了手腳。而且，這樣的騙局，幾乎沒有難度。在當代「大氣功師」們手中，比這複雜、巧妙、隱蔽百倍的騙局，照樣成功。

效果一目了然：當年九月，陶仲文被封「真人」，領道教事、總各宮觀住持，成為道教全國最高領袖。陸炳亦由此發跡，終掌錦衣衛（警察頭子），與嚴嵩並為兩大實權人物。而嘉靖本人所受的影響更深，他完全被道教的「神奇」所折服，以至於回到北京後就對輔臣們宣佈，打算「命東宮監國，朕靜攝一二年，然後親政」。[②] 太僕卿楊最，正是在聞悉這個諭旨後，表示反對，而被當庭杖斃。

「監國之議」和杖斃楊最，是嘉靖試圖一意修玄的重要信號，但讓他終於做出這一決定的，是另外一個事件，兩年後的一次針對他本人的宮庭謀殺案。

案發時間：二十一年（壬寅年）十月二十一日，深夜至天亮之間。案發地點：乾清宮後暖閣嘉靖皇帝臥處。案犯：以楊金英為首，共十六名宮女。作案工具：黃花繩一條，黃綾抹布二方。作案手段：大家一齊動手，趁嘉靖熟睡之際勒死他。作案動機：不明。

此案的記述，《實錄》及民間史詳略不一。我們加以綜合，復原如下：

準確的案發時刻無從確定，總之是嘉靖沉睡之中，因此應該發生在深夜至黎明之間這段時間。據說，當晚嘉靖是由所寵愛的端妃曹氏侍奉入眠。等他睡熟之後，楊金英等十幾名宮女，結夥進入寢室。女孩們手拿繩索和抹布，把繩索套在嘉靖喉頸處，將抹布塞入他口內（防止出聲過大），有人負責拉緊繩索，另外幾個人跳到嘉靖身上，壓住他，阻止他掙扎。繩索勒緊時，嘉靖喉管裏發出咯咯之聲，「已垂絕矣」。但是，這些柔弱的小女子，手中氣力實在有限；同時，或者因為慌亂，或者因為「不諳縊結之法」，她們套在嘉靖脖中的繩索，竟然是死結，拽了很長時間，仍未令嘉靖殞命。恐懼中，有人經不住考驗，動搖。一個叫張金蓮的宮女，悄悄逃脫，敲開方皇后宮門告密。方后帶人火速趕到，將謀殺團全體佳麗

---

② 同上。

當場捉拿。隨後，展開急救。工程建設部部長（工部尚書）兼皇家醫院（太醫院）院長許紳主持專家搶救小組，決定以桃仁、紅花、大黃諸藥配伍，製成「下血藥」，於辰時（上午七時至九時）灌服。嘉靖一直昏迷，灌藥後繼續昏迷。直到未時（下午一時至三時），「上忽作聲，起，去紫血數升」。又過一個時辰，「能言」，終於說話了。

由方皇后親督，搶救的同時，對案件的查究也在進行。當場捉住的兇手裏面，名分最高的是被封為「寧嬪」的王氏。但是，端妃曹氏雖然不在現場，也被認定參予謀逆。觀察家認為，方皇后於嘉靖「未省人事」之時，「趁機濫入」，「其中不無（方皇后）平日所憎」；換言之，方皇后抓住這個機會，好好地摔了一回醋瓶子——實際上，她是用另一形式，也參加到對嘉靖的宣泄中來。

在後來刑部奉旨法辦的案犯名單中，沒有端妃曹氏。這並不表示她被放過，相反，觀察家認為，方皇后做得更絕，早在移送刑部之前，曹氏已然「正法禁中矣」。最後公佈的全部宮婢人犯是以下十六位：

楊金英　楊蓮香　蘇川藥　姚淑翠　邢翠蓮　劉妙蓮　關梅香黃秀蓮　黃玉蓮　尹翠香　王槐香　張金蓮　徐秋花　張春景　劉金香　陳菊花

那個臨陣動搖、通風報信的張金蓮未得寬宥，也在其中，理由是：「先同謀，事露始告耳」。嘉靖決定給女孩們如下處置：先凌遲處死，再加以肢解（「剉屍」），再割下頭顱（「梟首」）示眾。「行刑之時，大霧瀰漫，晝夜不解者凡三四日。」她們的家人也都不同程度受到牽累，有被處死，有被充為奴。

一群宮女，為何以必死的決心，起來謀害嘉靖？這已成永遠的祕密。審訊是在紫禁城內完成的，真相只有嘉靖本人、方皇后和極少數內監知道。《實錄》對此諱莫如深，只說「諸婢為謀已久」[1]，就這麼六個字。透過「已久」二字，我們隱約猜見事情非起自於一朝一夕，實在到了忍無可忍的

---

[1]　《世宗實錄》，卷二六七。

地步。總之，這些姑娘們於夜色中走近嘉靖臥榻時，明白地採取了荊軻式的一去不復還的姿態；成也罷，敗也罷，等候她們的好歹都是一「死」。她們是決計拋別自己性命了，唯一目的僅僅是讓嘉靖去死。這究竟為什麼？因為宮中寂寞、青春無望？不可能。古來多少宮女遭受同樣命運，卻從來沒有人為此去拚命。這更不是爭風吃醋，十幾名女子同聲相應、同氣相求，肩並着肩，邁向睡夢中的嘉靖——這是暴動，是復仇，是索命，是「血債還要血來還」。我們無法說出，但我們知道，她們必定經歷了非人的對待，而且是長期的、看不到盡頭的。

這樁謀殺案，史稱「壬寅宮婢之變」。

一次火災，一次謀殺，兩度直面死神。尤其後面這次，差不多等於死過一回，讓本就惜命非常、疑神疑鬼的嘉靖，驚恐萬狀。一隻腳踏上了無奈橋卻又僥倖抽身回到人間的他，無法再在乾清宮安睡，乃至對整個紫禁城都產生心理障礙。「說者謂世宗以禁中為列聖升遐之所，而永壽則文皇舊宮（西苑永壽宮，為朱棣燕王府舊址），龍興吉壤，故聖意屬之。」因此，[2] 他執意遷往永壽宮，「凡先朝重寶法物，俱徙實其中，後宮妃嬪俱從行，乾清遂虛」[3]（當他再次回到這裏，已經是具屍體——嘉靖四十五年十二月死後，停柩於此。）

他丟下國家、人民、大臣和皇宮，甚至部分丟下對權力和虛榮的慾望，不顧一切地逃命去了——身體逃往西苑，靈魂則逃往道教。「上既遷西苑……不復視朝，惟日夕事齋醮。」[4]「宮婢之變」也許並不是嘉靖沉迷道教的分水嶺。這以前，他的興趣已經極濃厚。不過，他全面推掉政務，不再履行國家元首的義務，確從「宮婢之變」開始。

此時，他三十多歲，春秋正盛，卻已經生活在來日無多的恐懼之中。儘管對死亡的恐懼，不分貴賤，人所共有。但細分辨，其實並非一事。普通人所憂者，是生存之艱，他們度日如年，多活上一天便是幸事。皇帝——四面楚歌、山窮水盡者除外——卻憂無可憂，生存對他們來說不

---

② 同上。
③ 《萬曆野獲編》，卷二，列朝，嘉靖始終不御正宮。
④ 《萬曆野獲編》，卷二，列朝，西內。

構成任何壓迫，而惟一不能克服和必須面對的，只是「騰蛇乘霧，終為土灰」，亦即，他們再擁有一切，卻獨獨不能終免一死。普通人一生隨時面臨失去，體驗失去，而帝王則只擔慮一件事──失去生命。就此論，死這恐懼帶給帝王的心理壓力，遠大於普通人。

大多數人到了精疲力衰的老年，心中才有空暇去考慮死亡。我們的嘉靖皇帝，年紀輕輕，卻已經深深陷於對死的焦灼。上帝是公平的，他一面讓嘉靖這種人憂無可憂，幾乎找不到任何可以擔心的事，一面就讓他才三十多歲就沒日沒夜地為死而牽腸掛肚、愁眉不展、心驚肉跳。就我個人而言，寧肯生活經歷多一些困境，也不願三十多歲的時候就只能操心一件事情：怎樣可以長生不死。

從三十多歲到六十歲，二十多年中，嘉靖就只活在這一個念想裏面。這其實是一種極其嚴酷的生存。嚴酷之處不僅僅在於恐懼，而且在於他不得不想辦法來消除這恐懼。後者是最糟的。試問能有什麼辦法呢？請注意，他關心的並非「健康」，而是「不死」。倘若僅僅是「健康」，辦法很多：好的飲食、生活習慣、心性調養……都能夠起作用。但不是，他想要的不是「健康」，是「不死」──這其實根本沒有辦法。然而他又一定要找到辦法，不找到不行。於是，麻煩、危險悄悄地走近他，而他也飛蛾撲火般興高采烈地迎上前去。他們彼此擁抱，互相覺得可愛。這樣的迷戀，一直延續到嘉靖行將就木之前。

論史者多認為嘉靖死於崇道。非也。嘉靖之死，死於自己，死於心魔。世上本無事，庸人自擾之。固然從邵元節開始，嘉靖身邊的道士極盡欺騙之能事，但說到底，騙術奏效終因嘉靖寧信其有、不信其無，自家心裏預設了那種期待，稍有巧合，他不覺得事情本來如此，卻認定是法術靈驗或虔求所致。

誕生皇儲的事情就很典型。嘉靖即位十年，遲遲未生皇子，他自己急，臣子也急。行人司有個叫薛侃的官員，竟提出「宜擇宗室之親賢者留京邸，俟皇子生而後就國」[①]，語氣全然對嘉靖能否生子很表悲觀，惹得嘉

---

① 《國榷》，卷五十五，世宗嘉靖十年。

靖「怒甚」。總之，壓力很大。道士邵元節趁機勸嘉靖設醮求嗣，正中下懷。從十年十一月開始，在宮中正式設醮壇，由禮部尚書夏言專任「監禮使」，嘉靖本人和文武大臣輪流上香。此事持續了很久，直到第二年十一月，翰林院編修楊名還上疏敦促停止醮禱，說「自古禱祠（祀）無驗」[2]。誰料想，幾乎同時，後宮傳來閻氏 —— 後被晉封為麗妃 —— 受孕的喜訊。十個月後，嘉靖十二年八月，閻氏為嘉靖產下他的第一個兒子。雖然這孩子命薄，只存活了兩個月就死掉，但邵元節法術奏效卻似乎是不爭的事實，而且三年後的嘉靖十五年，昭嬪王氏又產一子。《明史·邵元節傳》說：

> 先是，以皇嗣未建，數命元節建醮，以夏言為監禮使，文武大臣日再上香。越三年，皇子疊生，帝大喜，數加恩元節，拜禮部尚書，賜一品服。[3]

耳聽為虛，眼見為實。邵元節弄法之前，膝下十年無子；自打邵元節建醮，「皇子疊生」。這叫「事實勝於雄辯」！嘉靖認為，所有攻擊邵元節、道教和他的信仰的人，統統可以閉嘴了，於是隆重獎掖邵真人邵大師。但他偏偏忘記，在裝神弄鬼之前，邵元節早已幫助他打下了雄厚的「物質基礎」——那便是廣選「淑女」，例如《實錄》記載，建醮當年的正月，曾有「淑女四十八人」入宮[4]；這應該是不完全的記錄，因為我們發現《實錄》對此類細節有時記載，有時卻加以隱諱。另外，不能排除邵元節會採取某種藥物來幫助受孕，高級道士身兼醫藥家的情形並不少見，有記載證實，這個邵元節起碼在研製春藥方面頗具造詣，而且確實卓有成效。嘉靖卻不屑於現實地看待「皇子疊生」現象，而寧可將它理解為神跡，原因是這種理解更能滿足他內心許多深遠的想像和訴求。

神祕主義的東西，關鍵在於「信」。因信成義。信則靈，不信它就拿你一點辦法沒有。嘉靖最不缺的，就是這個「信」字。「皇子疊生」他相信

---

② 《國榷》，卷五十五，世宗嘉靖十一年。
③ 《明史》，列傳第一百九十五。
④ 《世宗實錄》，卷一二一。

是邵元節禱祀靈驗，太子出牛痘痊癒他相信是陶仲文法術成功，連韃靼邊患的解除，也被他認為「實神鬼有以默毖之」[1]。

因為只信不疑，不要說半真半假的騙術，就連僅以常識即可知為虛妄的騙術，也輕易被他照單全收。甚至騙術戳穿後，還是無所觸動。例如段朝用事件。段朝用，盧州（今合肥）人，先為武定侯郭勛（當時勛貴中一大醜類，從「大禮議」到崇道，對嘉靖步步緊跟）延於府中，聲稱「能化物為金銀」[2]，更進一步吹噓，經他點化的金銀，製成器皿，「飲食用之可不死」。[3] 這還了得？陶仲文就把段推薦給嘉靖。神奇法術，嘉靖之最愛；兼有郭勛、陶仲文兩大「最具信譽度愛卿」做擔保，段朝用馬上入宮，被封「紫府宣忠高士」，同時賞賜郭勛。段氏自然沒有「能化物為金銀」的本事，最初獻出的器皿，所用金銀都是偷盜來的。入宮後，嘉靖索取甚多，段氏漸不能支，無奈下他想出各種巧妙藉口，奏請國庫支與銀兩，先後達四萬餘兩——嘉靖居然不曾想一想，一個能點物為銀的人，反而伸手向他討要銀子！須知嘉靖並非白癡，智商不弱，在玩弄政治權術上我們已充分見識了他的精明。惟一合理的解釋，他對於道術實在太過迷信。久之，段朝用的「科研成果」，勢必越來越少，嘉靖也感覺到了不滿意。正當此時，段的一個小徒弟因為和師父鬧意見，忿而舉報真相，如此如此，這般這般；論理，段朝用完了，宜有滅頂之災，可是糊塗嘉靖先將段下錦衣衛獄，卻很快又饒了他，只給他降級處分，「改羽林衛千戶，又改紫府宣忠仙人」[4]——從「高士」改為「仙人」，如此而已，在我們看來這種稱號上的改動簡直沒有什麼分別——繼續讓他從事點金術科研工作。段朝用難以為繼，也走投無路，末了，狗急跳牆，做出瘋狂之舉：採取現代黑社會手法，綁架郭勛的一個奴僕張瀾，「拷掠之，且曰：『歸語而（爾）主（指郭勛），饋我金十萬，當免而主追贓。』」張瀾不曾答應、也沒法答應他，段朝用繼續折磨，直到把張瀾搞死。段騎虎難下，以羽林衛千戶身份反咬一

---

① 《明史紀事本末》，卷五二。
② 同上。
③ 《萬曆野獲編》，卷二十七，釋道，段朝用。
④ 同上。

口，「乃上言勖奴行刺，為己所覺，邂逅致斃」。這次，當然再也糊弄不過去，「下詔獄訊治」，「瘐死獄中」。[5]

段朝用活該，不過比之邵元節、陶仲文，我還是略為他抱一點不平。段落得如此下場，不是因為嘉靖幡然猛醒，只是因為段在以妖術邀寵上選擇了錯誤路線。「點物成金」類似「硬氣功」，一切落在實處，立竿見影，露餡兒的可能性太大；就此言，段氏作為一個騙子，有其不夠滑頭處。而邵元節、陶仲文之流，對這種一招一式見「真功夫」的活計，是絕對不攬的。他們雲山霧罩，用無法證實（同時也不可能被人去證偽）的玄虛理論向嘉靖描繪美好遠景，開空頭支票，而在次要環節、局部問題上，運用魔術家和醫藥家 —— 在這兩方面他們是略知一二的 —— 的技能，讓嘉靖「眼見為實」，取得信任，從而長久立於不敗之地。這兩個人，騙了嘉靖一輩子，而且是嘉靖折壽的最大的罪魁禍首，但都安然善終，並收穫高官厚祿。邵元節官至禮部尚書，給一品服俸；嘉靖十八年病死北京，得到隆重追悼，追贈少師，葬同伯爵。陶仲文更於生前就尊榮已極，嘉靖歷年給他的地位和待遇共計有：光祿大夫、柱國、少師、少傅、少保、禮部尚書、恭誠伯、兼支大學士俸[6]，「一人兼領三孤（少師、少傅、少保），終明世，惟仲文而已」[7]，論地位，內閣首輔猶在其下。

邵元節死的那年，「宮中黑眚見（現），元節治之無驗，遂薦仲文代己，試宮中，稍能絕妖，帝寵異之。」[8]黑眚，是古人所認為的一種由水氣而生的災禍，以水在五行中為黑色，稱「黑眚」。《鐵圍山叢談》：「遇暮夜輒出犯人，相傳謂掠食人家小兒……此五行志中所謂黑眚者是也。」這件事，肯定是邵、陶二位老友之間串通好，聯手出演的一幕魔術。邵元節臨死前，需要找一個可以信任的人替代自己，繼續控制嘉靖，從而保護自己的家人（其孫邵啟南、曾孫邵時雍都「一人得道、雞犬升天」，在朝中做官），而陶仲文正想接替他的事業，兩人一拍即合，設計了這個節目在嘉

⑤ 同上。
⑥ 《萬曆野獲編》，卷二十一，佞倖，祕方見倖。
⑦ 《明史》，列傳第一百九十五。
⑧ 《明史紀事本末》，卷五二。

靖面前表演，使陶輕而易舉獲得嘉靖信任。

讀這段故事，我油然想起當初在巴黎，李斯特為了將蕭邦引薦給法國上流社會所用的手法：那是一個令人愉快的夜晚，在專為巴黎名流準備的鋼琴獨奏沙龍上，有史以來最偉大的鋼琴大師李斯特用他絢爛技巧，迷住了在場每個人。整個大廳，只有一盞孤燭在大師的琴臺上照耀，突然，一陣風吹過，蠟炬熄滅，然而琴聲絲毫未斷，當燭臺再次點亮時，所有人都驚呆了——在鋼琴前演奏的人，不是李斯特，是一個面色蒼白的年輕人。這是不可思議的。試想，竟然有人可以悄然取代李斯特大師的演奏而騙過了所有人的耳朵！一夜之間，蕭邦這個名字傳遍巴黎……

邵元節以陶仲文代己，跟李斯特以蕭邦代己，手法如出一轍，只不過需要額外玩一把魔術罷了，而這樣的魔術，對邵、陶來說不算什麼。比這更複雜的魔術，嘉靖年間的道士也曾成功上演過。《萬曆野獲編》記載，與嘉靖同樣熱愛道教的徽王朱載埨，「嘗於八月十五日凝坐望天，忽有一鶴從月中飛下殿亭，鶴載一羽士（道士），真神仙中人也，王喜急禮之，與談大快……」大快之餘，道士成功騙得萬金而去；後一日，「有司擒道士宿娼者來，疑其為盜」，徽王一見，正是跨鶴自月中來的「神仙」。對方供認，他們其實是武當山道士。沈德符的評論非常正確：「總之，皆幻術也。」[1] 這樣的大型魔術都能玩得，可見明代中國魔術水平之高，邵、陶的「黑耷魔術」豈非小菜？

當然，僅有瞞和騙是不夠的，他們也必須在某些地方拿出「真才實學」，讓嘉靖通過本人、在自己身上切切實實看到效果。他們可以一顯身手之處，是「進方」。方者，藥之配伍也。道家修行者有個別名叫「方士」，即因他們以長生不死為最高願望，孜孜以求，不遺餘力去發明「長生不死之藥」，而得了這樣的稱呼。

他們的目標雖然是虛幻的，但在致力於這目標的過程中，卻也的確對藥物的種類、性質、作用有所了解，而普遍擁有醫藥家的知識和技能。中國古代，除職業醫家外，對醫藥學貢獻最大的，就是道家方士。例如東

---

[1] 《萬曆野獲編》，卷二十七，釋道，月中仙人。

晉高道葛洪記述過天花、肺疾、麻瘋的病狀，也研究出一些治病的藥物和方劑，名氣很大，至今還有一種治療腳氣的藥水打着「葛洪腳氣水」的旗號。南朝煉丹家陶弘景撰寫了七卷《本草經集注》，是藥物學名著。孫思邈以「藥王」名垂史冊，其實他也是一位煉丹家。有學者指出：「整個看來，中國古代醫藥化學成就主要是從煉丹的活動中取得的，人工合成的礦物藥劑的最早丹方也主要見於煉丹家的著述。」[②]

然而，因為目的全然錯誤，道家方士的醫藥家這一面，真真假假，經驗與邪術並存，不全是外行，但絕對不是貨真價實的醫生，他們在取得你信任的同時，往往把健康和生命的巨大風險不知不覺地帶到你身邊。

歷史記載中，有幾次嘉靖或太子朱載坖患病，經邵、陶等禱祀痊癒，極可能是暗中用藥的結果。這屬於通過消病免災來換取嘉靖對其「法術」的篤信。此外還有一種情形，即無病狀態下，以「養生」的成效，讓嘉靖獲得神奇體驗。

其中，性體驗或與性有關的生命體驗，是最突出的內容。性，在人生命中顯而易見的盛衰過程，本身具有對健康狀況的極大心理暗示作用；性功能強勁，是生命力旺盛的表徵，反之，人普遍認為自己精力趨於衰竭。正基於此，道家十分重視這方面的修煉，既以性行為為改善和增強生命機能的手段，也把改善和增強性機能當作修行效果的檢驗標準。因此，道家一直以來既保持着研究「房中術」的傳統，同時，也從男女兩性生理出發，臆想了許多奇怪神祕的理論，從中進行藥物學的發掘和實驗 —— 把這兩個層面簡單概括一下，分別是「性交技巧」和「春藥」，而這兩者的一致作用，據說都有助於養生和長壽。

邵、陶之流恐怕在兩個層面都有獻於嘉靖，而以「春藥」更突出。由於這種事特有的隱祕性質，我們實際無從確知他們提供的「春藥」真實詳盡的內容，因而也無法用現代實驗手段證實它或否定它。不過，從當時的記載看，效果竟然是確鑿的。《萬曆野獲編》有兩條記載：

---

② 李國榮《帝王與煉丹》，中央民族大學出版社，1994 年 4 月，第 6 頁。

時大司馬譚二華綸受其術於仲文……行之而驗，又以授張
江陵相（張居正）……一夕，（譚綸）御妓女而敗，自撝不起，
遺囑江陵慎之。張臨弔痛哭……時譚年甫踰六十也。張用譚術
不已。後日亦以枯瘠，亦不及下壽而歿。（陶仲文之術）前後授
受三十年間，一時聖君哲相，俱墮其彀中。①

「行之而驗」，很明確，且非孤證，嘉靖之外，尚有名臣試之見效。第
二條說得更具體：

嘉靖間，諸佞倖進方最多，其祕術不可知。相傳至今者，若
邵、陶則用紅鉛，取童女初行月事（少女初潮）煉之，如辰砂以
進。若顧（顧可學）、盛（盛端明）則用秋石，取童男小遺，去頭
尾煉之，如解鹽以進。此二法盛行，士人亦多用之。然在世宗中
年始餌此及他熱劑，以發陽氣。名曰「長生」，不過供祕戲耳。至
穆宗（朱載坖，隆慶皇帝，嘉靖第三子）以壯齡御宇，亦為內官
所蠱，循用此等藥物，致損聖體，陽物晝夜不仆，遂不能視朝。

沈德符很謹慎地指出，真正的配方已「不可知」，他所敍述的，乃
「相傳至今者」。但對這些春藥的奇效，他相當肯定，尤其隆慶皇帝用後
「陽物晝夜不仆」一語，令我們想起同樣成書於嘉靖年間的《金瓶梅》對西
門慶之死的描寫，應該說不是虛言。

更有力的佐證，來自以下史實 ── 嘉靖年間，多次從民間徵選幼女入
宮。我們在《國榷》中找到了幾例這樣的記載：

二十六年二月「辛丑，選宮女三百人」。②
三十一年十二月「配朔，選民女三百人入宮」。③
三十四年九月「戊戌，選民女百六十人」。④

---

① 《萬曆野獲編》，卷二十一，佞倖，祕方見倖。
② 《國榷》，卷五十九，世宗嘉靖二十六年。
③ 《國榷》，卷六十，世宗嘉靖三十一年。
④ 《國榷》，卷六十一，世宗嘉靖三十四年。

僅三筆記述，即達七百六十人。這些女孩，在八歲至十四歲之間，年齡分佈很符合取「紅鉛」的目的，有立等可取者，也有蓄之以充後備軍者，同時，這時間段正好是陶仲文為嘉靖所倚重的全盛時期（陶卒於嘉靖三十九年，1560）。

王世貞有一首《西城宮詞》，陰指此事：「兩角鴉青雙結紅，靈犀一點未曾通。自緣身作延年藥，憔悴春風雨露中。」

一切跡象表明，嘉靖年間，尤其嘉靖中年以後，宮中長期、持續而有計劃地執行焙煉及供應「紅鉛」的任務。嘉靖必定感覺「藥方」奏效，方才形成如此長期的需求。但所謂有效，實質不過如沈德符所言：「名曰『長生』，不過供祕戲耳。」亦即，在性事方面顯出了效果，與「長生」並無關係。但是，道家偏偏對性事與長生之間的關係，獨有一套神祕主義理論，嘉靖很容易從性事的有效而相信此必有助於長生。

嘉靖所能看到的，只是服藥後牀笫之間雄壯有力，抑或身輕體健而已，他根本不知道吞入腹中的究竟是什麼，各種成分的藥理作用如何。在現代，任何受過一定教育的普通人，都懂得用藥安全問題，都明白只能服用經過嚴格動物、人體實驗，被證明確有療效並且安全可靠的藥物。可歎嘉靖身為皇帝，人間至尊，卻勇於嘗試一切完全不知來歷的藥物，承擔連現代藥物實驗志願者都不可能承擔的風險。念及此，人們與其羨慕那些皇帝，倒不如好好地可憐他們一番哩。

世事真是奇怪。嘉靖此人，一生「圖迴天下於掌上」，誰也鬥不過他，但命運還是給他安排下一個勁敵，一個死敵；那，就是他自己。當把所有人收拾得服服帖帖、唯唯諾諾之後，他似乎無事可做，於是開始跟自己較勁。他把自己分作兩派，一邊是皮囊，一邊是靈魂。皮囊循着自然和上帝的旨意，生長、衰老、走向終點，靈魂卻恐懼地大叫：「不！」靈魂一邊不停地嘶喊，一邊搬來援兵——五花八門的長生不死之藥。這些援兵，非但未能延緩皮囊老去的步伐，反而加速了它，以至於最後從結果來看，簡直是引狼入室——這些援兵成了皮囊壞朽的最大幫兇。

嘉靖這就這樣自己把自己整死了。

不必留待現代醫學的檢驗，對嘉靖之死，當時的看法便非常明確一

致：藥物中毒。「其方詭祕不可辨，性燥熱，非神農本草所載。」① 例如《明史》提到，方士所進藥物之中，居然有以水銀製成②。如此劇毒成分，都是攝服對象，危害可想而知。沒有人能夠回答，他這一生究竟把多少種毒素請入自己體內，但相關記載卻足夠讓我們去想像他的瘋狂：

> 帝晚年求方術益急，仲文、可學輩皆前死。四十一年
> （1562）冬，命御史姜儆、王大任分行天下，訪求方士及符籙祕
> 書……上所得法祕數千冊。③

對這數千冊「法祕」，他居然如獲至寶，大大賞賜姜、王二人。他的確已經瘋狂，連內侍悄悄放在其牀褥案頭的藥丸，也信為天賜，鄭重其事吩咐禮部舉行「謝典」。④ 直到最後時日，死神走來，他才若有所悟：「朕不自謹惜，致此疾困。」

《明史紀事本末》以專門一卷，單獨敍述嘉靖崇奉道教之事。作者谷應泰，終篇處以如下話語具結：

> 語云：服食神仙，多為藥所誤。又云：君以此始，必以此終。
> 吁！可慨也夫！⑤

「君以此始，必以此終」，精彩精彩。又說：

> 世宗起自藩服，入纘大統，累葉昇平，兵革衰息，毋亦富貴
> 吾所已極，所不知者壽耳，以故因壽考而慕長生，緣長生而冀翀
> （鳥直飛升狀，藉喻成仙）舉。

天道詭異。歷來，做皇帝能做得這麼順當，鳳毛麟角。倘嘉靖無此愛好，我們看不出有何原因能夠妨礙他享受「清平樂」。然而一股奇怪的力量偏偏讓他自滋事端，且沉溺如此之深，在毒素的攻逼下了卻殘生。

---

① 《明史紀事本末》，卷五二。
② 《明史》，列傳第一百九十五。
③ 同上。
④ 《世宗實錄》，卷五四七。
⑤ 《明史紀事本末》，卷五二。

其實，最終被自己所堅信不移的東西所擊倒和戕害，往往是唯我獨尊者無法逃脫的命運。嘉靖愛道教，我們也因為他愛道教而愛道教。感謝道教，感謝嘉靖狂熱地信仰它，感謝邵元節、陶仲文等所有向嘉靖進獻毒藥的道士們。否則，世上還真沒有其他東西，能讓這個海瑞在《治安疏》裏罵得狗血淋頭的皇帝，略微遭到些許的報應。

Chapter 5

難兄難弟

　　天啟和崇禎，由校和由檢，一對難兄難弟。在斷送朱家天下方面，朱由校未必功勞最大，卻屬於既往一十六位皇帝中最爽快、最慷慨者。短短七年，他以近乎狂歡的方式，為明朝預備葬禮，以致「萬事俱備，只欠東風」。七年之後，他把一座建造好的墳墓交給弟弟朱由檢，怡然逝去。朱由檢則並不樂意進入墳墓，試圖掙扎着走出來，然而死亡的氣息已牢牢控制了一切。

　　與明朝周旋十餘年、戰而勝之的李自成，末了，又以某種方式輸給了它──至少輸給了它的創始人朱元璋。明朝的崩潰和李自成的失敗，同樣發人深省。

人類歷史轉眼來到十七世紀。

本世紀，西方以英國為試驗場，發生和展開一系列向近代化轉型的事件：國會作為民主一方，與專制一方的查理一世，反覆拉鋸；革命爆發、查理一世被處死、克林威爾執政；共和失敗、英人再次選擇君主制，然而同時通過《權利法案》，以立憲方式限制了君主權力。

地球另一端，東方，明王朝的中國也大事頻生。積攢了二百年的病症，一古腦兒趕在本世紀二十年代至四十年代這二十年間，從內到外總體發作；巨廈將傾，朽木難支，東坍西陷，終於崩解。

難題包括：閹禍、黨爭、內亂、外患。四大難題，無論哪個，嚴重程度在明代國史上都前所未有。單獨一個，即足令人焦頭爛額，此刻它們卻四箭齊發、連袂而至，實為罕見之極的局面。

最後兩位皇帝，天啟和崇禎，由校和由檢，一對難兄難弟。在斷送朱家天下方面，朱由校未必功勞最大，卻屬於既往一十六位皇帝中最爽快、最慷慨者。短短在位七年，他以近乎狂歡的方式，為明朝預備葬禮，以致「萬事俱備，只欠東風」。七年之後，他把一座建造好的墳墓交給弟弟朱由檢，怡然逝去。朱由檢則並不樂意進入墳墓，試圖掙扎着走出來，然而死亡的氣息已牢牢控制了一切。朱由檢不思茶飯，全力抵抗，身心俱疲，終歸是困獸之鬥。朱由校廟號「熹宗」，若換成另外一個同音字，改稱「嬉宗」，始覺般配。朱由檢亡國吊死，由滿清給他陵墓起名「思陵」，似乎建議他多作反思。實際上，崇禎面臨的處境，並非思索所能克服，思之無益。

孟森先生說：

> 熹宗，亡國之君也，而不遽亡，祖澤猶未盡也。思宗，自以
> 為非亡國之君也，及其將亡，乃曰有君無臣。[1]

意謂，崇禎運氣很差，亡國時偏偏輪着他做皇帝。天啟才是名正言順的亡國之君，可他卻挺走運，早早死掉，把上吊的滋味、亡國的苦痛留與

---

[1] 《明清史講義》，上。

崇禎品嚐。亦正因此，這哥兒倆同屬一個故事情節，放到一塊講述，才算貫通、完整。

1620年

歷史，確有其詭祕之處，時而越出於理性所可解釋範圍之外。

誰能相信，1908 年 10 月 21 日，清朝光緒皇帝剛死，次日，慈禧皇太后也就跟着死去。兩大對頭之間，生命終結銜接如此緊密，不像自然天成，反而更像人為所致。於是，慈禧害死光緒之說油然而生。但事實偏偏並非人們所想像的，所有的病歷記錄表明，光緒完全屬於病情自然衍化下的正常死亡。沒有恩仇，沒有陰謀。歷史就是如此巧合。

類似的巧合，不止一次發生。並且，巧合之中的巧合更在於，它常發生於一個朝代或一個歷史政治單元完結的時候。驚詫之餘，人們情難自禁地把這種現象，視為冥冥中不可抗拒的運數，視為一種天啟。

1620 年，大明王朝也收穫了它自己歷史上的一個特異年份，迎來了冥冥中分配給它的那種不可抗拒的運數。

單單這一年，紫禁城兩月內接連死掉兩個皇帝，先後共有三位皇帝彼此進行了權力交割。

更堪怪駭之處，第三位皇帝匆匆坐上龍牀後，他替自己擇定的年號，居然就是「天啟」！天地間，難道真有神意不成？難道無所不知的神明，是連續用三位皇帝走馬燈似的登場、退場，來暗示大明子民：陰雲襲來，他們的國家即將風雨飄搖？

因為一年之內送走兩位皇帝，1620 年，中國破例出現了兩個年號。依例，新君即位當年，應該沿用大行皇帝年號，第二年改元，啟用自己的年號。可是光宗朱常洛登基一個月暴斃，導致在中國歷史紀年中，1620 年既是萬曆四十八年（八月以前），又是泰昌元年（八月起）；進而，本該是泰

昌元年的 1620 年，卻變成天啟元年。

　　明神宗——歷史上他更有知名度的稱呼，是「萬曆皇帝」——朱翊鈞，在位長達四十八年。光宗朱常洛八月初一即位，九月初一日病故，在位僅僅三十天，不多不少，整整一個月。他們父子都各自創下記錄：神宗享國之久，為有明之最；光宗承祚之短，同樣是有明之最。

　　這對父子之間，頭緒遠不止此。

　　萬曆是一個自私之人，自私程度人間罕見，一生所行之事，無不在盡興書寫這兩個字。依一般人看去，身為皇帝，廣有四海，富足不單無人可比，簡直也失去意義。然而，萬曆卻毫無此種意識，他順應自己極端自私之本性，根本不覺得一國之主可稱富有，表現竟像舉世頭號窮光蛋，瘋狂斂財，搜刮無饜。終其一世，苛捐雜稅以變本加厲之勢膨脹不已，不光小民無以聊生，連官員也是他揩油對象，動輒罰俸、奪俸，有善諂之臣見他「好貨」，「以捐俸（把工資原銀奉還）為請」，他居然「欣然俯從」[1]，一時成為天下奇聞。

　　他的自私，不僅僅表現在錢財上，待人也是如此，包括對待親生兒子。

　　萬曆踐阼十載，大婚三年，居然未生皇子。這很奇怪，他正式的妻妾，就有一后、二妃、九嬪，沒有名號的宮女不計其數。三年來，朝朝暮暮，行云播雨，但除去萬曆九年（1581）十二月產下一女，再無碩果。

　　然而，皇長女出生之前的兩個月，卻發生了意想不到的事。

　　深秋十月，已是北京敗葉滿地的時節。這天，萬曆去慈寧宮請安，不意太后不在，由宮女接着，侍候他洗手。那宮女姿色其實尋常，柔順可人而已，萬曆不知如何心有所觸，或者出於無聊，或者感秋傷懷，或者索性是覺得在太后宮中悄悄樂一把格外刺激，總之，順勢拉過宮女，行那雲雨之事，事畢即去。

　　孰料，此番不同以往，竟然一槍命中。宮女被發現懷孕，太后對兒子提起此事，後者卻矢口否認。這好生可笑。諸大宮庭，只他自己是個男人，倘係別人所為，豈非是驚天大案？況且，還有《起居注》。太后命人拿來讓他

－－－－－－－－－－

① 《萬曆野獲編》，卷二，列朝，捐俸助工。

看，時間、地點、人物，三要素一應俱全。萬曆不能抵賴，倍覺羞惱。

論理，皇帝乃「真龍天子」，而雲雨隨龍，龍到哪裏，哪裏就會雨露潤物，本來這正是他們的特徵，沒什麼奇怪的。為什麼萬曆會否認而且羞惱呢？原因只為一個：這是在母后住所偷腥。想必事前他依據自己極低的命中率，認定此舉將化於無形，而不驚動太后。不巧，偏偏遇上一塊過於肥沃的田地，種籽落下，當即生根發芽。對此，他不但不高興，反而感到丟臉出醜。

其實，太后不曾責怪他，相反喜形於色。渴望皇嗣的心願，令太后並不計較萬曆略微不合禮數的行為。她對兒子談論了這樣的心情，要求給予懷孕的宮女以適當名分。然而，萬曆的自私本性卻表露無遺。他不怨事情出於自己的越軌行為，卻深深唧恨於宮女的居然懷孕，似乎這是她有意將了自己一軍。在名號問題上，他一再拖延，第二年六月，因拗不過母親才勉強封這宮女為恭妃。冊封發表之後，群臣依例想要稱賀，卻遭斷然拒絕。

也許，他在心中暗暗期待恭妃肚裏的孩子並非男性，那樣會讓他的怨恨有所釋放。但看來老天決心把這個玩笑跟他開到底。十年（1582）八月十一日，恭妃臨盆，娩下一子。萬曆皇帝的皇長子，就這樣誕生了！

萬曆說不準心裏是何滋味。有喜悅，畢竟終於得子。然而，也極其的不爽。我們替他分析一下，不爽在於：第一，原本只想玩一把，不認為會搞大肚子，偏偏卻搞大了！第二，事發，搞得很被動，心裏已把那女子當作喪門星，巴不得她倒霉，結果人家偏偏有福——一次即孕，一生還就生男孩！第三，如果原先已然有子，多少好些，如今自己第一個兒子，偏偏讓這女人生了去！第四，自己窩囊不說，還連累深深寵愛的淑嬪，令她永失生育皇長子的地位，而這意味着很多很多……

淑嬪姓鄭，萬曆發現她的價值並迷戀上她時，正好是那位可憐的宮女肚子漸漸隆起的時候。鄭氏於十年三月冊封淑嬪，翌年八月，一躍而封德妃——這時，鄭氏尚未貢獻一男半女，地位卻與生育皇長子的恭妃相埒。

等到萬曆十四年（1586），鄭氏果然產下一男，取名朱常洵，乃神宗第三子。此前，次子朱常漵，年方一歲即夭。故而，朱常洵雖然行三，實際現在卻是老二，前頭只擋着一個朱常洛；倘非如此，太子之位非他莫屬。

這更增添了萬曆對於恭妃及其所生長子的怨艾。

萬曆幾乎用盡一生，去報復無意間充當了絆腳石的恭妃母子。

鄭氏生下朱常洵後，迅即晉封貴妃，地位僅次於皇后。生育皇長子的恭妃，反居其下。直到二十多年後，因為朱常洛生下皇長孫朱由校，恭妃才取得貴妃身份。

皇長子朱常洛的名分，也久拖不決，成為萬曆間最嚴重的危機。從萬曆十四年開始，到萬曆二十九年（1601）止，為朱常洛的太子地位問題，群臣，還有萬曆自己的老母親，鬥爭了十五年。萬曆則使出渾身解數，壓制、拖延、裝聾作啞、出爾反爾……所有人都相信，皇帝這種表現，包藏了日後將以鄭貴妃所出之朱常洵為太子的目的。長幼之序，禮之根本，牽一髮而動全局，若容讓皇帝這麼搞，天下大亂，一切無從收拾。因此，太后、群臣以及輿論的抵制，也格外堅韌，萬曆完全孤立。僵持到二十九年十月，太后大發雷霆、下了死命令，萬曆抵擋不住，才於十五日這天頒詔宣佈立朱常洛為太子，同時封朱常洵為福王（藩邸洛陽，若干年後，李自成攻下洛陽，朱常洵慘死於此）。

終於被立為太子的朱常洛，時年十九。可以說，從出生以來，童年、少年、青年這三大人生階段，他都是在父親不加掩飾的排拒、打壓與冷眼中度過。「父親」一詞，喚不起他絲毫暖意和親近之感。他逐日提心吊膽地生活，養成一副極端懦弱、逆來順受、唯唯諾諾的性格。

迫於禮制，萬曆不得不加封恭妃以貴妃，卻不曾讓她過一天好日子。十三歲前，朱常洛尚與母親住在一起，後遷移迎禧宮，從此母子「睽隔」，不得相見。恭妃幽居，極度抑鬱，竟至失明。煎熬至萬曆三十九年（1611）[①]，抱病而終。病重期間，朱常洛想看望母親，好不容易開恩准許，到了宮前，卻大門緊閉，寂然無人，朱常洛自己臨時找來鑰匙，才進入這座冷宮。母子相見，抱頭大哭。恭妃摸索着兒子的衣裳，哭道：「兒長大如此，我死何恨！」[②] 這是她對朱常洛說的最後一句話。《先撥志始》則敍

---

① 《明史·後妃傳》記作薨於萬曆四十年，但《明史紀事本末》和《先撥志始》，均記為萬曆三十九年九月，疑正史誤。

② 《明史》，列傳第二。

為，朱常洛得到批准去看母親，鄭貴妃派人暗中尾隨；母子相見後，恭妃雖盲，卻憑超常聽覺發現盯梢者，只說了一句「鄭家有人在此」，就再不開口，直至逝去③——她這當然是為了保護兒子，不留把柄。其情其景，思之甚慘。

皇家人情薄淺如此，所謂金枝玉葉，過的其實乃是非人的日子。直到萬曆死掉為止，朱常洛沒有一天能夠昂首挺胸。不但不能，反而不知哪天會突然大禍臨頭。小災小難不必細說了，單單攪得天昏地暗的大危機就發生過兩次。一次為萬曆二十六年（1598）至三十一年（1603）之間的「妖書案」，此案錯綜複雜，牽扯人員甚廣，簡單說，與鄭貴妃「易儲之謀」有關。第二次是萬曆四十三年（1615）五月四日的「梃擊案」，是日，一身份不明的男子，手執木棍，從天而降，闖入太子所居慈慶宮，逢人就打，場面一時混亂不堪，幸被制服。漢子的來歷、目標以及如何能夠進入森嚴的宮禁，都是極大疑團。審訊結果，又指向鄭貴妃。從古至今一致採用的掩蓋真相的最好藉口，就是宣佈有關疑犯為瘋癲（精神病患者），鄭氏勢力也迅速想到這一點，而萬曆皇帝則愉快地接受了這個解釋。兩個事件當中，朱常洛全都忍氣吞聲，尤其「梃擊」一案，性質兇惡已極，但他察言觀色，見父親意在遮蓋，遂違心幫着勸阻主張深究的大臣：「毋聽流言，為不忠之臣，使本宮為不孝之子。」④

表面是皇太子，實際他地位之可憐，超乎想像。萬曆病重已經半月，朱常洛作為皇太子卻始終不被允許入內探視，到萬曆死的這一天（公元1620 年 8 月 18 日，萬曆四十八年七月二十一日），還是沒有機會見父親一面。《三朝野記》詳細記載了這天的經過：

> 壬辰（七時至九時），九卿臺省入思善門，候問。甲午
> （十一時至十三時）召見閣部大臣，尋即出，皇太子尚踟躕宮門
> 外。（楊）漣、（左）光斗語東宮伴讀王安曰：「上病亟，不召太
> 子非上意！今日已暮，明晨當力請入侍，嘗藥視膳，而夜毋輕

---

③ 文秉《先撥志始》，卷上，萬曆起天啟四年止。
④ 李遜之《三朝野記》，卷一，泰昌朝紀事。

出。」丙辰（十五時至十七時），神皇崩。[1]

也就是說，朱常洛一直在宮門外焦急徘徊，直到萬曆撒手人寰，還是未能見上一面。另有記載稱經過力爭，得到一次見面機會，但查遍《神宗實錄》、《光宗實錄》以及《明史·神宗本紀》，均未提及，恐怕還是《三朝野記》所載比較真實。為什麼見不了？大約並非出自萬曆本意，他這時神智不清，難做主張。所以，楊、左二人才肯定地對朱常洛親信太監王安說，不召見太子，不是皇上的意思。誰的意思？只能是鄭貴妃。這女人打算將垂危的萬曆一手控制。楊、左認識到事情的嚴重，出主意，讓朱常洛第二天一大早「力請入侍」，而且一旦入內，就別輕易離開。然而未等到第二天，下午，萬曆皇帝朱翊鈞便已駕崩。

幸而朱翊鈞沒有在最後關頭剝奪其皇位繼承人的身份，七月二十三日，遺詔公佈：「皇太子聰明仁孝，睿德夙成，宜嗣皇帝位。」[2]當然，這並不取決於朱翊鈞的主觀願望，圍繞朱常洛地位問題，各方鬥爭了三十多年，若能改變，早就有所改變，不必等到今天。

可對朱常洛來說，無論如何，終於熬出了頭。現在，他是皇帝。登基日定在八月初一。

有道是：樂極生悲。這句話，用在朱常洛身上，再恰當不過。

他八月初一即位為君，八天後便病倒，第三十天即九月初一，便一命嗚呼，獨自在明朝同時創下二個記錄：當太子時間最長（足足當了三十九年），在龍牀上呆的時間卻最短。

為什麼剛坐上龍牀沒幾天就一下子死掉了？因為「幸福」來得太突然。過去三十九年人生，抑鬱沮落、意氣難舒，眼看將及「不惑之年」，「解放」卻突如其來，於是神魂顛倒。

所有記載都指出，朱常洛一旦翻身做主人，立即進入狂歡狀態，全然不顧喪父之痛，日夜縱慾，盡情揮霍着尋歡作樂的特權，似乎想要短時間內將自己幾十年不快樂的人生，全數加以補償。

---

① 李遜之《三朝野記》，卷一，泰昌朝紀事。
② 《神宗實錄》，卷五九六。

替這把乾柴添上烈火，使之迅速燒為灰燼的，恰恰正是他以往不快樂的根源鄭貴妃。

話說神宗死後，鄭貴妃心神不寧，多年來就繼承權問題，與朱常洛結下的梁子非同小可，如不設法化解，恐有不測風雲。她想到的辦法，並無奇特之處，不過是最最通俗的性賄賂，然而收效甚著。她運用自己對男人心理的深入認識，精選不同風味美女若干，於朱常洛登基之日，當即獻上。

這批「糖衣炮彈」，有說八枚，有說四枚——查繼佐記作：「及登極，貴妃進美女四人侍帝，未十日，帝患病。」[3] 談遷記作：「進侍姬八人，上疾始懼。」[4] 文秉沒有語及人數，卻提供了更有意思的情節——鄭貴妃所進，並非普通美女，而是「女樂」。「女樂」，猶日本所謂「藝伎」，乃「特種職業女性」。她們除容貌之外，都掌握較高的歌舞藝能，也要受其他媚術的培訓；她們不必是妓女，身份比操皮肉生涯者高，然倘有必要，所提供的「服務」不單可以包括任何內容，品質也非普通妓女堪比。文秉甚至很具體地說，「以女樂承應」的那一天，「是夜，一生二旦俱御幸焉，病體由是大劇。」[5]「一生二旦」，指女樂中一位扮演小生的演員，和兩位扮演旦角的演員；朱常洛這夜上演「挑滑車」，一人獨挑三員職業青春美女，甚而車輪大戰，由此病體纏綿。

對普通人而言，性生活過量而致人死命，除在豔情小說中見過，現實中很難想像。但我們不能忽視，朱常洛的情形與普通人很不一樣。李遜之分析了三個原因：第一，朱常洛多年偃屈抑鬱，兼營養不良，體質本來就弱（「上體素弱，雖正位東宮，供奉淡薄」）；第二，繼位前後，操持大行皇帝喪事，應付登基典禮等，勞累過度（「日親萬機，精神勞瘁」）；第三，貪歡過度（「鄭貴妃復飾美女以進」）。[6] 確應視為此三者共同作用的結果。前兩條，都不足致命，美女是關鍵。美女甫一獻上，「是夜，連倖數人，聖容頓減。」[7] 換作一副好身子板的男人，尚可對付，但以朱常洛的體

---

③ 《罪惟錄》，列傳，卷二。

④ 《國榷》，卷八十四，泰昌元年八月。

⑤ 《先撥志始》，卷上，萬曆起至天啟四年止。

⑥ 《三朝野記》，卷一，泰昌朝紀事。

⑦ 同上。

質，這一夜，只怕就如民間所說：被淘空了。

　　況且，還並不是「一夜風流」。鄭貴妃「飾美女以進」，是在登基的當初；到病情傳出宮闈之外，已過去了七八天。七八天功夫，確實可將打小「素弱」的朱常洛榨乾，漸失人形。

　　他的這些變化，人都看在眼裏。百官顧不上含蓄委婉，直截了當加以諫勸。八月七日，御史郭如楚奏請皇帝：「起居必慎」，「嗜慾必嗇」。八月八日，御史黃彥士致言認為，皇帝身體本來單薄，「急在保攝（保身攝神）」，「然保攝之道，無如日御講讀；接宮妾之時少，接賢士之日多」，「以練事則嗜慾奪而身益固（勤於政則無暇縱慾，從而有益於健康）。」八月九日，工科給事中李若珪就朱常洛親政提出五點建言，第一點就以「保聖躬」為題，將話挑明：「天下勞形搖精之事，多在快心適意之時。一切聲色靡麗，少近於前，則寡慾而心清、神凝而氣暢。」[1]

　　朱常洛接納沒有呢？恐怕沒有。八月十六日，內閣首輔方從哲在入宮問安時請求：「聖體未愈，伏望清心寡慾，以葆元氣。」[2] 從此話看，朱常洛病中仍未檢點，行樂不輟。大臣們把這樣的消息帶到宮外，第二天，御史鄭宗周據此上奏道：「祈皇上抑情養性，起居有節，必靜必清，以恬以愉，斯可祈天永命以綏，如天之福。」[3] 病倒已近一旬，居然仍須群臣勸阻他節制房事！也許那幾位美眉是「狐狸精」變化而來，實在讓人欲罷不能；也許朱常洛心中抱定「朝聞道，夕死可矣」的宗旨，以「為人花前死，做鬼也風流」的大無畏精神，決計將享樂主義進行到底。

　　他確乎進行到底了，進行到「頭目眩暈，四肢軟弱，不能動履」[4] 為止。

　　隨後，命內醫診視。醫生名叫崔文昇，此人按說也算一個名醫，多年服務於達官貴人府邸，從不曾出過差池。可他給朱常洛開的藥方，卻教人看不懂。當時，朱常洛「兩夜未睡未粥，日不多食」[5]，羸弱已極，崔文昇卻開了一劑「通利之藥」，也即瀉藥，用後，「上一夜數十起，支離牀

---

① 《光宗實錄》，卷四。
② 《光宗實錄》，卷六。
③ 同上。
④ 同上。
⑤ 《光宗實錄》，卷七。

褥間」⑥。體弱如此的病人，竟用瀉藥？任何現代人，無須專門修過醫學，也知「一夜數十起」，勢必脫水，而使機能衰竭，別說體弱如朱常洛，就算一條壯漢，也禁不起這麼折騰。這姓崔的，何以如此？他不可避免招來重大懷疑，又引出鄭貴妃為幕後主使的推測，以及東林黨與浙黨的彼此攻訐——這些，都是後話。眼下要緊之處在於，經過崔文昇用藥，朱常洛的病況雪上加霜。

很奇怪的是，讓崔文昇來治病，似乎竟是背地裏悄悄進行的。東林黨方面朝臣楊漣、孫慎行、鄒元標、周嘉謨等人，乃是事後從別的途徑才得知。當朱常洛由於服用「通利之藥」病情加重後，楊漣專門上疏主張追究此事，朱常洛竟然還加以否認。他在八月二十二日發表上諭，聲稱：「朕不進藥，已兩旬餘。卿等大臣，勿聽小臣言。」⑦或許，他感到病之所起，有損臉面，於是極力避諱。但「若要人不知，除非己莫為」，他已然做下，現在卻一意遮掩，以致連治療也偷偷摸摸，貽誤更甚，這可能是他終於不治的更重要的原因。

一直拖到八月二十一日，他才公開承認患病，「召太醫院官，診視、進方」⑧。但為時已晚，沒有什麼辦法。

捱了幾日，自覺大限將至。八月二十九日，召見首輔方從哲等，忽然語及「壽宮」，方等以為所問是去世不久的神宗皇帝陵寢事，朱常洛卻指了指自己說：「是朕壽宮。」諸臣不敢妄答，都道：「聖壽無疆，何遽及此？」朱常洛心知肚明，又叮囑了一遍：「要緊！」

此時，委實已是「病急亂投醫」，聽說有個叫李可灼的官員，自稱有「仙丹」，儘管方從哲等告以「未敢輕信」，朱常洛仍命立即獻上。

候在外面的李可灼被宣入內，並獻上他的「仙丹」——所謂「紅丸」。馬上召來乳娘，擠出人乳，以之調和紅丸，供朱常洛服用。服下，居然當即便覺好轉。諸臣出宮等候，不久，裏面傳話：「聖體用藥後，煖潤舒暢，思進飲膳。」眾人一片歡騰，以為奇跡發生。這時是中午，到傍晚五時

---

⑥ 《三朝野記》，卷一，泰昌朝紀事。
⑦ 《光宗實錄》，卷七。
⑧ 同上。

（「申末」），李可灼出來，閣臣們迎上相詢，被告知：皇上感覺很好，已再進一丸，「聖躬傳安如前」，大家可以回家了。①

然則，這紅丸究係何祕密武器？它完全的名稱，「紅鉛丸」。一見「紅鉛」字樣，我們馬上又想起嘉靖皇帝，他為求「紅鉛」，曾徵選七百多名八歲至十四歲少女入宮。沒錯，「紅鉛」就是經血。《廣嗣紀要》：「月事初下，謂之紅鉛。」歷史上，出現過不少春藥，如魏晉有「五石散」，唐代有「助情花」；「紅丸」則是宋明較有代表性的春藥，以紅鉛、秋石、辰砂等為配伍，用時另以人乳調之。從朱常洛服用後的表現看，紅丸大概會含着一定性激素，使其精神一振；藥力刺激以外，也不排除所謂「迴光返照」的作用。

諸臣鬆了口氣，披着暮色，各自散歸。「次日五鼓內，宣召急，諸臣趨進，而龍馭以卯刻上賓矣，蓋九月一日也。」② 五鼓即五更時分，相當於寅時，現代時刻的三時至五時；卯刻，清晨六時至七時。舊曆分大、小月，大月三十天，小月二十九天；萬曆四十八年八月是小月，僅二十九天，所以文中「次日」，不是我們現代人習慣理解的八月三十日，而是九月一日了。歸結一下：九月一日三時至五時之間，朱常洛病危，略微苟延，至六七時死掉。

朱常洛一生：熬了十五年，才被承認為太子；又熬二十四年，終於當上皇帝；當皇帝僅僅二十九天，就一命嗚呼。對他，我們可用八個字蓋棺論定，生得窩囊，死得潦草。

這種命運，是父皇朱翊鈞一手造成。包括被幾位美女淘空身子喪命，也跟朱翊鈞有關 —— 派遣美女的，正是朱翊鈞的至愛鄭貴妃，等於不在人世的朱翊鈞，假鄭氏之手，仍舊給了他最後一擊。

這一擊，使大明帝國在短短一個月內，送走兩位大行皇帝 —— 還讓第三位皇帝匆促登場。有的時候，黎民百姓也許一輩子都盼不來改朝換代，而1620年，每個中國人卻不得不先後接受三位皇帝的君臨。

---

① 《光宗實錄》，卷八。
② 同上。

通常，專制制度下，人們對最高統治者的更迭，寄予特殊的希望，幻想藉這樣的機遇，萬物更新——因為除了這種機遇，人們實在無法指望擁有別的令現實稍加改變的可能。而在 1620 年，人們不僅不可以做這種指望，相反等待他們的，乃是一種令人束手無策的災難。

那第三個坐到龍牀上的人，甚至自己都毫無準備。所謂毫無準備，並不僅僅因為一個月內連續死掉兩位皇帝過於突然——更嚴峻的困境在於，從來沒有人對第三位皇帝接替和履行其職務，做過任何鋪墊。朱由校是在沒有受過一星半點皇帝角色培訓的情形下，即位為君的。祖父一生自私寡恩的連鎖效應，和父親流星一般的君主生涯，共同作用於這位十六歲男孩。當父親匆匆揖別人世之際，朱由校甚至連太子都還不是，也不曾正式接受過任何教育，頭上禿禿，胸無點墨，本朝歷來沒有一個皇帝如此，跟他相比，頑劣不堪的正德皇帝，也足可誇耀自己登極之前在各方面已打下了良好的基礎。

慣例，傳位詔書應該就皇位繼承人的德行品學表示嘉許。就連朱翊鈞，也能夠在遺詔中這樣稱讚朱常洛：「聰明仁孝，睿德夙成」。而朱由校從父親遺詔中，只得到可憐而空洞的四個字：「茂質英姿」[3]，意思相當於「這孩子，長得蠻精神的」。向來虛浮的皇家文書，眼下竟也不知如何吹捧這位皇位繼承人，因為他實在近乎一張白紙！

儘管如此，朱由校還是天經地義地走向龍牀。1620 年的中國，注定如此，只能如此。

沐猴而冠

也許，對一個新登基的皇帝不該使用這樣的詞彙，尤其在至今仍未從

---

③ 同上。

走出對皇帝的習慣性敬畏心理的中國。

　　但是，我並未試圖用這個詞去貶低朱由校，或者譴責他，或者暗示不應該由他接替皇帝的位子。朱由校的繼位，完全合法，那座金鑾殿屬於他，沒有人比他的血統和資格更加純正。

　　問題不在這裏。

　　我此刻想到「沐猴而冠」這個詞，是被它的幽默和喜劇色彩所打動。它描繪出一種最不和諧、最不相稱、對彼此都頗為勉強苦惱的情形。在古人言，「冠」是一件極莊重、極尊嚴的事物，例如，脫離幼稚而成人要行冠禮，此前則只好稱「弱冠之年」；孔子高徒子路，「君子死，冠不免」[①]，認為如果是君子，死沒什麼，頭上的冠是不能丟落的。然而，猴卻是一切動物裏，最不耐莊重與尊嚴的一員。把極莊重、極尊嚴的事實，加之於極不耐莊重與尊嚴的東西，這樣的反差，已到極致；而且還「沐」而「冠」，先把猴子洗得乾乾淨淨，以便它看起來不那麼邋遢。想出這詞兒的，是太史公司馬遷——他在《史記·項羽本紀》裏說：「人言楚人沐猴而冠耳，果然。」——也只有他這樣的天才，才能在思想中凝聚如此透骨的幽默吧。

　　朱由校生於萬曆三十三年，西曆 1605 年。很遺憾，他不屬猴。這年出生的人，屬相是蛇，但由此可見，人的性格與其屬相實無關係。從諸多方面看，朱由校更適宜屬猴。他以貪玩著名，太監劉若愚親自觀察，給了他生性「不喜靜坐」的描述[②]。尤其喜歡上樹掏鳥窩，一次樹枝折斷，掉下來，幾乎遇險。他並非只是性格上有猴性，命運亦復如是。做皇帝整個七年間，他基本被魏忠賢、客氏這對狗男女當猴耍，本人也極其配合、聽話，任由擺佈，以至連自己老婆、孩子亦不保——非不能保，竟然是置之不保，完全不可理喻。

　　人與猴是近親。人類學意義上，形貌若猴的「毛孩」，被稱為「返祖現象」。我們的天啟皇帝朱由校先生，雖非「毛孩」，卻發生「返祖現

---

① 《左傳》，哀公十五年。
② 劉若愚《酌中志》，卷三。

象」。他的「返祖」，不是長出毛茸茸的臉蛋兒與四肢，而是精神上重返「至愚至昧」[3] 的原始狀態。

何出此言？說來無人肯信：十七世紀二十年代的「中國第一人」，幾乎是個白丁！我們由禮科給事中亓詩教給朱翊鈞的一道奏摺得知，直到萬曆四十七年（1619 年，也即朱由校登基的前一年）三月，年已十五、作為皇太孫的他，自打從娘胎出來，迄今竟然未「授一書、識一字」！奏摺原文：

> 皇上（朱翊鈞）御極之初，日講不輟，經筵時御；為何因循至於今日，竟視東宮（朱常洛）如漫不相關之人？視東宮講學如漠不切己之事？且不惟東宮也，皇長孫（朱由校）十有五歲矣，亦竟不使授一書、識一字。我祖宗朝有此家法否？

如非事實，亓詩教絕不敢這樣理直氣壯地提出來。況且還有旁證。《明史》載，早此六年，孫慎行（時任禮部右侍郎）也曾指出：「皇長孫九齡未就外傅。」[4] ——即，朱由校已經九歲，卻還從來沒有給他請過老師。

魯迅曾說「人生識字糊塗始」，毛澤東曾說「知識越多越反動」。魯句「翻造」蘇東坡「人生識字憂患始」，來調侃「許多白話文卻連『明白如話』也沒有做到」[5]；毛句，則意在推行「文化革命」。其實，人當然不會因為識字而糊塗起來，也當然不會知識越少越進步。魯、毛兩位，自己沒有少識字、少讀書，都一肚皮學問；對他們的憤世語，是不可以當真的。朱由校以他的一生，站出來作證：不識字，人必定糊塗透頂；缺乏智識卻龍袍在身，也必帶來很多反動的後果。

朱由檢糊塗到什麼地步呢？簡單來說：顛倒黑白，敵我不分，把壞人當好人，把好人當壞人。

他登基之前，出過一樁事，史稱「移宮」，列有名的明末宮庭三大案之一（另兩案發生在朱常洛身上，一為「梃擊」，一為「紅丸」，前面已有

---

③ 《明清史講義》，上。
④ 《明史》，列傳第一百三十一。
⑤ 魯迅《人生識字糊塗始》。

交待）。所謂「宮」，指天子所居的乾清宮。

朱常洛既死，朱由校接着當皇帝，乾清宮理應由他居住。但朱常洛的寵姬李選侍卻賴在那裏不走，她提出的要求是得到皇后的封號，而一些大臣則認為她胃口遠不止此，懷疑她有意垂簾聽政。大家起來跟李選侍鬥爭，費了九牛二虎之力，才使她搬出乾清宮，這樣，朱由校才得以正位。京戲裏有一出《二進宮》，據說即以此事為本，不過情節上卻另加虛構，有很大變動。

李選侍的惡劣還不止霸佔乾清宮這一件事，說起來，她對朱由校實有殺母之仇。朱由校跟他父親一樣，也是普通宮女所生，很巧，這宮女也姓王。李選侍在朱常洛跟前一直受寵，但她自己只生有一女，對生育了當時的皇長孫朱由校的王氏，妒恨交加，就運用自己的被寵，對王氏百般虐待，而朱常洛似乎也聽之任之。朱由校終於即位之後，曾在上諭中多次聲討李選侍的罪行：

> 朕昔幼沖時，皇考選侍李氏，恃寵屢行氣毆聖母（指其生母王氏），以致（王氏）懷憤在心，成疾崩逝。使朕有冤難伸，惟抱終天之痛。①
>
> （李氏）前因毆崩聖母，自度有罪，每使宮人窺伺，不令朕與聖母舊侍言，有輒捕去。②

除了殺母之仇，李選侍對朱由校本人，一貫也不放在眼裏，呵來叱去。移宮之前，朱由校一度被李氏控制，形如挾持，「挾朕躬使傳封皇后，復用手推朕，向大臣痏（流血之創傷曰「痏」）顏口傳，至今尚含羞赧」③。

整個危機中，有兩個人立了大功。一是以兵部給事中而被委以顧命重任的楊漣，一是太監王安。當時朱由校為李氏控制，楊漣首倡應該當機立斷，強行解救朱由校。王安則是從李氏那裏親手奪過朱由校、「強抱持以

---

① 《熹宗實錄》，卷一。
② 《明通鑒》，卷七八。
③ 《熹宗實錄》，卷一。

出」④ 的那個人。救出朱由校,「諸臣即叩首呼『萬歲』」,首次確認朱由校的皇帝身份,隨即由王安保護,內閣成員劉一燝、英國公張維賢分扶左右,去文華殿暫御,李選侍派人追來,拉拉扯扯想把他奪回去,是楊漣厲聲呵退,君臣乃得於文華殿商議登極之事。李選侍賴乾清宮不走,又是楊漣和王安堅持不懈施壓,迫其遷往噦鸞宮。

李選侍最得力的走狗叫李進忠,他就是日後改名為「魏忠賢」的不可一世的大太監。他當時把寶押在李選侍身上,看好她能夠挾幼主而聽政,所以堅持要李選侍抓往朱由校不鬆手。怎奈女人家見識不到這一層,也因膽怯而動搖,朱由校以此脫身。但「既許復悔,又使李進忠再三趣(催促)回」。其實這句話應該寫作「在李進忠指使下,李選侍再三趣回朱由檢」。「及朕至乾清宮丹墀,進忠等猶牽朕衣不釋。甫至前宮門,又數數遣人令朕還,毋御文華殿也。」⑤ 由這些敍述,很清楚地看到,魏忠賢(李進忠)是幫助李選侍挾持朱由校的主謀。

實際上,「移宮案」帶有宮庭政變的色彩,一切只差在毫厘之間 —— 設若李選侍堅定聽從魏忠賢主張,不放走朱由校,設若楊漣、王安不挺身而出奪走朱由校,使其擺脫李黨的控制,將來朱由校這個皇帝怎樣一個當法,很成問題,極可能是一個「兒皇帝」。楊漣、王安果斷出手,與群臣同心協心,緊急關頭「救駕」,一舉扭轉局面,可以說朱由校順利即位,多拜二人之所賜。然而事過之後,這兩個幫助他取得帝位的功臣,一個被他發往南海子充當淨軍,不久被魏忠賢害死於該處,另一個先是被趕回故里,後又在魏忠賢針對東林黨人發動的大規模清洗中,投入詔獄,折磨致死。相反,曾「毆崩聖母」、「挾聖躬」的李選侍,以及助紂為虐的魏忠賢,這兩人論理與朱由校有不共戴天之仇,卻作了惡而未得任何懲罰。李選侍安然在噦鸞宮得到奉養,魏忠賢轉而通過交好朱由校乳母客氏,成為朱由校最受信賴的人。

如此黑白顛倒,根本無法以常理揆度。我們並未要求朱由校有正義

---

④ 《三朝野記》,卷二(上),天啟朝紀事(上)。
⑤ 《熹宗實錄》,卷一。

感，從普遍的善惡標準在正邪之間做出正確取捨。我們對他不過是從私利角度設想，誰在維護他的利益，誰又損壞和傷害着他，這總該能夠分清。而事實上，他的選擇竟是，與為其效命的人反目，包容直至親近欺辱自己母親、意欲挾持和禁錮他的敵人。這樣一個人，全然不知好歹，用里巷之間的說法，就是缺心眼兒。但是原因何在？朱由校其實不癡不傻，從他擅長的木工漆活來看，簡直應該算是心靈手巧。想來想去，他的缺心眼兒，只能歸結到遲遲不曾接受教育，不識字、不讀書。但凡讀過一點書，總會有些識見，分得清眼前利益和長遠利益，斷得明敵我親仇。

從其一生看，朱由校對於人生人性，基本懵懂無知，見地不及初中生。他很容易被矇騙，甚至無須矇騙，只要哄他一時高興，任取任奪——江山社稷無所謂，連老婆孩子的性命也無所謂。他天賦的聰明可以打高分，而後天的心智成熟度則僅相當於幼稚園孩童。這筆賬要記在祖父朱翊鈞身上。這位萬曆皇帝不知何故，對兒子朱常洛、孫子朱由校一律採取「愚民政策」，群臣為常洛由校父子爭取出閣讀書權利，磨破嘴皮，朱翊鈞則能拖就拖，好像唯恐他們的智力得到開發，好像並不擔心將來他們做了皇帝，被人欺負耍弄。

總之，朱由校以天潢貴冑，居然有如出身赤貧的農家子，直到成人，硬是沒有機會進入學堂。他的才具，全靠自己開發——在野玩中成長。

有明一代，整個朱家皇族出過兩位天才[1]。一位是鄭王朱厚烷嫡長子朱載堉，此人於曆法、數學、地理、物理、哲學、文學、舞蹈無所不通，尤其音樂樂理上的造詣、成就，傲視前人，據說他是世界上最早解決了十二平均律的數理和計算的人。另一個天才，便是朱由校。朱由校的天才，表現在工程學方面，倘若生在當代並循正規途徑培養，以他的天賦，躋身國家工程院院士之列，絕非難事。

自幼沒有老師和功課約束，朱由校便有大把時間玩耍，除了尋常的爬樹、騎馬、溜冰、盪鞦韆之類，朱由校也得以在野玩之際，邂逅最適宜他天性的喜好——宮中屢有造作修葺，由校路過或於近處玩耍時得見，每駐

---

[1] 八大山人朱耷也是從皇族裏出來的天才，不過他一生主要在清代度過。

足旁觀，興趣盎然。久而久之，心慕手追，找來工具自己擺弄。這一擺弄不打緊，天才就此被發現。他無師自通，僅因觀摩便心領神會，不僅諸般技藝盡數掌握，而且水平極高：「斧鋸鑿削，引繩度木，運斤成風」「雖巧匠不能及」「又好油漆，凡手用器具，皆自為之」。[2]

舉凡泥瓦工、木工、漆工、雕刻工，他無不精通。但他的才具豈止單單是能工巧匠，更長於工程、機械的巧思設計，潛心琢磨並親手完成的某些作品，雖然只是「玩藝兒」，無關國計民生，對文明進步也毫無用途，但就匠心獨運、巧奪天工而言，顯示了不遜於瓦特、詹天佑式的潛質。例如他曾以水為動力，運用力學原理和複雜的機械裝置，設計出一種機動水戲：「用大木桶、大銅缸之類，鑿孔創機、啟閉灌輸。或湧瀉如噴珠，或溯流如瀑布。或使伏機於下，藉水力沖擁圓木球如核桃大者。於水湧之大小，盤旋宛轉。隨高隨下、久而不墜。」他常有這類製作，「皆自運巧思，出人意表。」[3]

他可不是零敲碎打，小打小鬧。當時宮裏目擊者稱，朱由校「性好營建」，領着十來個太監，頗具規模地蓋房子，親自設計，親自施工，親任監理，把大內變成實驗他工程師、建築家、能工巧匠和包工頭理想的工地。「迴廊曲室，皆手操斧鋸為之」，沒日沒夜地幹，建成後特滿足，很有成就感，高興勁兒一過，又推倒重來，不斷改進、折騰，樂而不疲。（「朝夕營造，成而喜，喜不久而棄，棄而又成，不厭倦也。」[4]）

這已超乎嬉樂之上。我相信，他在其中一定感受到創造力的極大釋放；單獨看，他的舉止和態度是嚴肅的、專注的、執著的，與任何沉浸在自己事業中的工作者沒有分別。「每營造得意，即膳飲可亡，寒暑罔覺。」[5]幹活的時候，投入程度跟民間熱誠忘我的勞動者一般無二，「當其執器奏能，解衣盤礴。」[6]

倘使那時有清華大學或同濟大學可入，朱由校的一生當有輝煌前景，

---

[2] 抱陽生《甲申朝事小紀》，初編，卷十，禁御祕聞，天子巧藝。
[3] 同上。
[4] 劉若愚《酌中志》，卷十四，客魏始末紀略。
[5] 同上。
[6] 《甲申朝事小紀》，初編，卷十，禁御祕聞，天子巧藝。

將來修水庫、建大橋、造巨廈，廣闊天地大有作為，才智盡得發揮，而且一定可以躋身「中華英才」。讀他的故事，我曾設想對他的最好安排，是類似於洛克菲勒基金會那樣的組織，給他提供一大筆錢、一間實驗室，讓他遂着性子去鼓搗隨便一些什麼玩藝兒，他自己將萬分快樂，社會多半也能享受到其聰明才智創造出來的成果。很遺憾，他注定去當皇帝。但是，當皇帝，我們實在不敢恭維，只能稱之「沐猴而冠」。

這就不僅他自己難伸其志，整個國家也跟着陷於災難。他自己所理解的本職工作，是技術專家兼熟練工，而在其他所有人眼裏，他卻只能是國家元首。兩種認識之間，錯位太大。所造成的情形則是，朱由校異常認真地對待自己所認定的「本職工作」，對皇帝職責卻敷衍了事、漫不經心。「或有緊要本章，奏事者在側，一邊經營鄙事，一邊傾耳且聽之。畢即吩咐曰：『你們用心去行，我已知道了。』」[1] 若頻頻受到打擾，難免要不耐煩的；魏忠賢利用這一點，漸漸將批硃權抓到手裏。

他總共在位七年。這七年的皇帝，被他當得一場糊塗，內政外務，無一事處置算是對的。實際也談不上什麼處置，因為身邊完全被奸人所包圍，他又是一個豬油蒙心、不知好歹、對是非毫無判斷力的人，因此奸人對他說如此如此，他就這般這般。統治期內，外患、閹禍、黨爭、叛亂四大危機，同時發作，而且攪作一團，你中有我，我中有你，雖說明朝氣數已盡，然若非趕上如此少見的「愚闇」皇帝，多少尚存緩解餘地。

可是卻又怎樣指望這樣一個人呢？他糊塗到自己的妃嬪被人暗中搞死都不會生疑的地步。他不是沒有後代，生過五個孩子，三男二女，可誰能相信，竟沒一個活下來，任何稍有責任心的父親，都不會容許發生孩子接二連三死掉這樣的事情；藉此一端也可想像，天啟間宮庭管理何等鬆懈散亂，人們都曉得皇帝是個糊塗蟲，對於各自職守均抱玩忽態度，這些皇子皇女的死因基本都起於照管不周，有的十分可笑，比如，因為內操放炮受了嚇驚而死、被炭氣所熏中毒而死等。《酌中志》說：「中宮張娘娘等，凡誕皇子三位，皇女二位，皆保衛不得法，以致嬰年薨夭，良可悲痛。」結

---

① 《甲申朝事小紀》，初編，卷十，禁御祕聞，天子巧藝。

論是「保衛不得法」。其實，那時候嬰幼兒並不難養活，劉若愚也感到很奇怪，所以接下去說：「累臣（罪臣，劉當時被繫獄中）於天啟丁卯冬謫南之際，見沿途田裏間孩兒多憨憨壯壯，易得存養。」[②]

朱由校自己的死，也很可笑：天啟五年五月十八日（1625 年 6 月 22 日），他帶着兩名宦官在西苑（今中南海）划船玩，水面忽然狂風大作（估計是雷陣雨即將到來，這季節，北京常有暴烈天氣），船翻，落水，被救，病倒。論理，舊曆五月、陽曆 6 月，北京已經很熱，此時落水一次不值什麼，不致給健康造成大問題。可是很怪，朱由校的病居然就此纏綿下去，病根始終未除（可見御醫也都是飯桶），兩年後，突然轉重，從五月初捱到八月二十二日，順順當當死掉了，年方二十三歲。

如果我們不把朱由校當皇帝，只當一個男人看，那麼，平心論這男人一輩子很失敗、很不像個男人、窩囊透了，到頭來連老婆孩子都保不住，自己也是風一吹就倒、對疾病毫無抵抗力。對於他，除了作為一個工程技術天才的早逝令人惋惜以外，我們沒有太多可以表示的。

天啟時代中國社會的舞臺，雖然皇帝是朱由校，主角卻是另外一些人，重要情節也都發生在他們之間；前頭約略提到而未詳述的故事，下面會隨這些主角的出場，一一細說。

客氏

中國歷史當中，唱上主角的女人本來不多；這有限的一群女人之中，客氏其人雖不能說前無古人，但的確後無來者[③]。因此，在描述天啟年間中

---

② 《酌中志》，卷十四，客魏始末紀略。

③ 她的比較有名的前輩，數東漢時安帝乳母王聖。王聖被封為「野王君」（野王，地名），「煽動內外，競為侈虐」，頗為了得。不過「野王君」只是弄權而已，故事豐富性較諸客氏相差不是一星半點；就為禍之烈、個性張揚之充分而言，客氏皆屬登峰造極、「獨一無二」。

國幾位重要角色時，為示隆重，我們特安排她首先出場。

客氏是什麼人？朱由校的乳母。在下人裏面，奶媽地位一般會比較高一些，但，再高也是下人。可眼前這婦人，不特沒有任何人敢把她當下人看，簡直比主子還主子，乃至以奶媽之身，而享不亞於皇后的尊榮。三百六十行，行行出狀元，古往今來奶媽，她當之無愧可以坐頭把交椅，如果給這一行點狀元，非她莫屬。

以往史家給予她的地位，與她的實際作用比，很不相當。提起魏忠賢，今日但凡略讀過一點史的，無人不知不曉。然而，魏忠賢身邊站着的這個女人，名頭卻相差甚遠。不公平。

沒有客氏，根本也不會有什麼魏忠賢。在取得客氏芳心之前，魏忠賢不單是個小毛蟲，只怕在宮中還怎麼混下去都很成問題——光宗一死，他把寶押在李選侍身上，追隨並攔掇後者將朱由校扣為人質，事敗，被楊漣等窮追不捨。客氏是他成功從李選侍陣營跳槽到朱由校陣營的踏板，更是他打開朱由校寵任之門的鑰匙。

他們組成了這樣一個三角關係：朱由校無比依賴客氏，魏忠賢通過客氏搞定朱由校，客氏則從魏忠賢身上尋求慰藉。這三個人之間，客氏是紐帶和支點：「忠賢不識字，例不當入司禮，以客氏故，得之。」[1] 若非客氏，朱由校才不去理會魏忠賢是哪根葱，晚明歷史就得改寫。

她是河北定興人氏，嫁夫侯二，生有一子名國興。十八歲，被選入奶子府候用。崇禎元年（1628）正月，刑部奏呈的《爰書》（罪狀書）稱，是年客氏四十八歲[2]。以此推算，則她被徵選那一年，當為萬曆二十六年，其時距朱由校出生尚有七年。這裏稍有疑惑，蓋因明宮選用奶口，慣例為十五至二十歲之間女性，而客氏充任朱由校奶媽時，已年屆二十五。或者，《爰書》抄寫有誤亦未可知，比如將「年四十二」誤為「年四十八」，是有可能的。但這無關緊要，總之，客氏大約年長朱由校二十至二十五歲。

入選奶子府兩年後，丈夫侯二死掉，客氏成了寡婦。這個情節很重

---

① 《明史》，列傳第一百九十三。
② 朱長祚《玉鏡新譚》，卷九，爰書。

372

龍牀：明六帝紀

要，在許多事情上可能都有關鍵意義。很多記載指出，這是一個性慾強勁的女人。《明鑒》說：「客氏性淫而很（狠）。」[3]《稗說》給出了有關她形貌習性的更詳細的描述：

年少艾，色微頹，豐於肌體，性淫。[4]

「少艾」，是美妙的意思，形容年輕漂亮的女子。這句話說，客氏青春貌美，膚色微微泛紅，生得非常豐滿，而且性情放蕩。這不大像是在故意「妖魔化」客氏。人之性慾強弱，生而有別，跟遺傳、身體條件都有關係；不單男性，女性亦有天生性慾亢奮者，即便所謂「三從四德」時代也是如此，這很正常。從所描述的體徵來看，客氏血色盈旺，生命力充沛，又正值精壯之齡喪夫，對於這種女人來說，孤獨當遠比尋常難以忍耐。

她用她的身體語言，對此做着證實。她對自己容顏，始終保持強烈並且過度的關注。就像沉迷於性事的男人會借助春藥延長性機能、製造和獲得讓其自信的幻像一樣，作為女人，客氏為了保持容顏也乞靈於超自然、玄虛、不可知的詭祕偏方。其中最怪異的例子是，人到中年的客氏，「常令美女數輩，各持梳具環侍，欲拭鬢，則挹諸女口中津用之，言此方傳自嶺南祁異人，名曰『群仙液』，令人至老無白髮。」[5] 這所謂「群仙液」，肯定是荒誕的；但它對於客氏卻構成巨大的想像價值——年輕貌美女子蘊含的性優勢，被神祕化為她們體液具有某種青春元素，而汲取這樣的元素則被想像成可以阻止衰老。透過這一舉止，我們洞見了客氏的肺腑，那是一顆瘋狂想要吸引男人好感的心靈。

這女人跟魏忠賢結成聯盟，很可能跟政治毫無關係，而僅僅是出於性的需要。這，也許是她與其他在歷史上出人頭地的著名女人之間的最大不同。呂后、武則天、慈禧，都有強烈的權力慾，都在政治上有自己的抱負。但從客氏一生，似乎並不存在這根線索。儘管她對政治施加了很多很重要的影響，然而我們並未發覺她對權力有什麼個人渴望。她非常像生活

③ 印鸞章《明鑒》，卷十四，熹宗。
④ 沈起鳳《稗說》，卷二，魏忠賢盜柄。
⑤ 李慈銘《越縵堂讀書記》，集部、別集類，同治癸亥二月初六日，茨郵詠史新樂府。

中那種意外地成為殺人犯同夥的女人，本身對於殺人沒有衝動，可是卻不在乎成為某個嗜血殘暴男人的情婦，並且但能討這男人高興，就絕不拒絕充當殺人同謀。

我敢於肯定地說，魏忠賢結交客氏另有所圖，客氏卻僅僅是為着能與他貪歡。這並不可恥，相反，毋如說這個女人勇敢地亮出了她脆弱的那一面。她只是需要一個可以滿足自己的男人。但以她的環境和身份，可選擇性實在有限。前面講過，她成為政治明星後，曾對大學士沈㴶產生吸引力，但這樣的對象、這樣的機會，實屬偶然；大多數情形下，她所能結識或者說「勾搭」上的人物，只是宮中與她地位相等的半真半假的男人——太監。而以這種「男人」，所謂「滿足」，實在是退而求次、聊勝於無。不過，她仍然盡力在其中挑選「強者」。魏忠賢最終走近她，正乃這樣一個結果。

作為刑餘之輩，太監失去了男人性生理的基本功能，不過內中情形卻並不如外人設想的那樣，全然死灰。比如，身體殘損，而男人心理仍有遺存。也有一些奇怪不可解的表現，現成的例子，是因撰寫了《酌中志》而名氣很大的天啟、崇禎間太監劉若愚，一直蓄有鬍鬚，《舊京遺事》記曰：「若愚閹而髯，以此自異。」[①] 依理，去勢之人不再分泌雄性激素，作為副性徵的鬍鬚是不會生長的了，但劉若愚卻一直長有鬍鬚，且頗茂盛，以至於「髯」，難怪他會「以此自異」。更有手術做得不徹底，而在體內留了「根」的，魏忠賢據說正是如此 ——「雖腐餘，勢未盡。」[②] 怎麼一種「未盡」法？想必是生殖器沒了，但從身體到態度仍剩餘一些男人特點，以至於進宮之後魏忠賢還有嫖妓的經歷[③]。

我們探討以上幾種可能性，作為太監輩仍有興趣發展自己的「性關係」的解釋。不管出於何種情形，也不管這種關係或生活與健全人有多大區別，太監存在性需求這一點是毫無疑問的，並且十分普遍，這也不單明代獨然，至少自漢代起，就有記載。《萬曆野獲編》「對食」一條，綜述甚

---

① 史玄《舊京遺事》。
② 《稗說》，卷二，魏忠賢盜柄。
③ 「宦者趙進教、徐應元、魏忠賢三人，相為嫖友。」《甲申朝事小紀》，初編，卷十，宦者姦淫。

詳。它提到三種表現：「中貴授室者甚眾，亦有與娼婦交好因而娶歸者，至於配耦（偶）宮人，則無人不然。」或者在外娶妻，或者與妓女交往，或者在宮內與某個宮女結對 —— 最後一種尤普通，「無人不然」，誰長久找不到對象，還被人看不起、笑話（「苟久而無匹，則女伴姍笑之」）。還解釋說，這種情形在漢代叫「對食」，在明代叫「菜戶」，都是雙方一起過日子的意思。此實為中國社會的一種「特種婚姻」，雖然就像沈德符所說「不知作何狀矣」，外人對其細節，誠無從設想，但重要的是，太監、宮女之間對「對食」的態度，其正式程度，與外界夫婦毫無不同。「當其講好，亦有媒妁為之作合。」結合之後，彼此依存而至終老，甚至發展出極深的感情。沈德符曾在某寺親見一位太監為其已故「對食」對象所設牌位，「一日，其耦（偶）以忌日來致奠，擗踴號慟，情踰伉儷。」

如果魏忠賢當真「勢未盡」，則大約使他在同儕之中，有相當的優勢；何況他對房中術還頗有心得 [4] —— 因為他屬於「半路出家」，自宮而成閹人之時已年踰二十，有足夠時間去學一肚皮男盜女娼，這是那些自幼淨身入宮的太監們望塵莫及的。客氏與他結識，緣於魏忠賢給王才人 —— 朱由校生母 ——「辦膳」之時。一個是奶媽，一個櫥工，工作關係很近。不過，客氏已經名花有主，「對食」對象名叫魏朝，是大太監王安的親信，負責照顧小朱由校的一切事宜，也就是客氏的頂頭上司。而魏忠賢與魏朝是鐵哥兒們，拜過把子。據劉若愚講，魏朝忙於應付差事，「多不暇，而賢遂乘間亦暗與客氏相厚，分朝愛焉。」[5] 在魏忠賢，是第三者插足；在魏朝，則是引狼入室。當時魏朝是小負責人，魏忠賢身份地位遠遠不及，而客氏暗漸移情前者，應該不是要另攀高枝。魏忠賢的本錢是「身體好」，客氏看中的就是這一點。劉若愚對二魏的形容分別是：魏朝「佻而疏」，魏忠賢「憨而壯」。兩相比較，魏忠賢更顯雄性。再加上通曉房中術，一試之下，客氏於此在二人間立分出高低。對客氏一類女人來說，這比什麼都實惠。

---

④　同上。
⑤　《酌中志》，卷十四，客魏始末紀略。

總之，客氏死心踏地轉投魏忠賢的懷抱。二魏之間，則齟齬益重，經常「醉罵相嚷」。一次，已是丙夜（三更）時分，又鬧起來，而且很嚴重，驚動了朱由校。這時朱由校剛登基不久。他把二魏以及七八個大太監召到跟前，「並跪御前聽處分」。旁人都知道原委，對朱由校說：「憤爭由客氏起也。」朱由校於是問客氏：「客，你爾只說，爾處心要着誰替爾管事，我替爾斷。」客氏當即表示，願意魏忠賢替她「管事」。這樣，朱由校當眾下達「行政命令」，魏忠賢「始得專管客氏事，從此無避忌矣。」①

　　不少人把這件事理解為朱由校將客氏「許配」給魏忠賢。這不可能。他詢問客氏時用詞很清晰，是「管事」。蓋因宮中女人，有諸多事情自己無法辦或不便辦，需要託付給某個太監，實即類似找一個保護人。所謂「管事」，當係這種意思。朱由校想必知道存在這種慣例，他所做出的決定，也只是將來客氏之事，交給誰辦。如果把這決定，理解成替客魏做媒，一是違反祖制、朱由校斷然不敢，二來也與他跟客氏之間隱祕奇特的關係相矛盾。

　　種種跡象表明，朱由校與其奶媽之間，存在祕密。

　　抱陽生《甲申朝事小紀》直指其事曰：

> 傳謂上甫出幼，客先邀上淫寵矣。②

　　這句話說，朱由校剛剛進入少年，亦即性方面剛剛開始發育，客氏便引誘或教習他學會男女之事。換種說法：客氏是朱由校的第一個女人。

　　抱陽生是清代嘉慶、道光間人士。明季史料，因為清初統治者的查禁，多有焚毀、竄改和破壞，到清中期，文網稍弛，一些劫後倖存、復壁深藏的材料，才得再見天日。《甲申朝事小紀》，就是專門蒐集、整理明清之際野史文獻的成果。③關於朱由校與客氏是否有私情，以往的敍述藏頭露尾、語焉不詳，這裏頭一次完全說破。不過，作者還是實事求是地注明了得自於傳說。

---

① 《酌中志》，卷十四，客魏始末紀略。
② 《甲申朝事小紀》，初編，卷十，禁御祕聞，客媼始末。
③ 參見任道斌《出版説明》，《甲申朝事小紀》，書目文獻出版社，1987。

真相如何，到目前為止，誰都沒有把握。然而，有很多側面的依據。

首先，除開未成年而做了皇帝，否則，皇帝極少在大婚之前保持處男之身。事實上對此沒有禁令，一般來說，脫離童年後皇家繼承人可以自己宮內的範圍，任意與感興趣的女子發生性行為，這被視為將來婚育的啟蒙和必要準備。清代甚至規定，大婚之前，從宮女中選年齡稍長者八名「進御」，作為婚後性生活的實習。雖然后妃必須是處女，但皇帝或太子的第一個女人卻不必是后妃。具體到客氏與朱由校的私情，這件事從制度上是允許的，雖然客氏年長朱由校二十來歲，但只要朱由校願意，他倆私行雲雨之事，完全談不上犯忌，但也沒必要張揚，這是皇家繼承人有權保持的祕密。

其次，朱由校本人的反常表現。

天啟元年（1621）四月，朱由校大婚。對帝王來說，大婚的意義不只是娶妻，它還意味着宮庭秩序的新建與調整。對外，皇后母儀天下，對內，則皇宮從此有了「內當家」，她負有關懷皇帝從身體健康到飲食起居的全部責任；皇帝將全面開始新生活，過去的習慣和形態應該宣告結束。簡言之，大婚後，奶媽客氏不可以繼續留在宮裏，否則就是笑話。群臣一直在等待下詔客氏離宮的消息，然而悄無聲息。

兩個月後，大家看不下去了。六月二十四日，山西道御史畢佐周上疏要求客氏離宮。畢佐周這道奏摺，並非孤立和偶然，恐怕事先許多朝臣就此有所溝通協調，因為緊接着第二天，大學士劉一燝就領銜，也遞上同主題的疏文。劉一燝等沒有把話講得太刻薄，但仍寫下關鍵的一句：「（對客氏應該）厚其始終而全其名譽。」④ 改成大白話，即：客氏應該退休，為此怎麼厚賜她，給她多大物質上好處，全沒關係；重要的是，保住她的名聲。雖然說得比較含蓄，聰明人也都能體會到，話裏有話。

朱由校沒文化，但人不笨，不會聽不出弦外之音。可是他仍然「頂住壓力」，不肯送客氏出宮。他找了個藉口，推說父親喪事尚未料理完畢，

---

④ 同上。

而「三宮年幼」，頗需客氏的協助；等喪事結束，「擇日出去」。[1]

用這藉口，又拖了二個多月。九月中旬，光宗喪事徹底結束。劉一燦舊事重提，請皇帝信守諾言，送客氏出宮。不得已，客氏於九月二十六日出宮。是日，朱由校丟魂落魄，食不甘味，以至飲泣。第二天，他寧肯犧牲皇帝的尊嚴，傳旨：「客氏時常進內，以寬朕懷，外廷不得煩激。」[2]

御史周宗建，對朱由校的舉動做出如下評價：「不過一夜，覆命再入，兩日之間，乍出乍入，天子成言，有同兒戲。」[3] 侍郎陳邦瞻、御史徐楊先，吏科三位給事中候震暘、倪思輝、朱欽相也各自上疏。朱由校大怒，將倪、朱降三級、調外任。劉一燦、周嘉謨、王心一等紛紛諫阻，不聽，反將王心一與倪、朱列同為罪。朝臣群起抗爭，朱由校再拿御史馬鳴起、劉宗周開刀，分別罰俸一年、半年。總之鐵了心，誰再提客氏離宮之事，我就砸誰的飯碗。

可以說，朱由校是不惜一切，捍衛客氏自由出入宮禁的權利。他自己打出的旗號，是思念乳母，但實際要給予客氏的特權遠超出這樣的需要。如果出於思念，隔一段時間宣召她進宮見上一面，不是問題，沒有人會反對；群臣想制止的，是客氏不受任何限制想來就來、想去就去。反過來，朱由校不顧臉面、堅決打壓輿論，說穿了，也不是出於慰己對乳母的思念之意，同樣是想達到讓客氏不受約束地隨意出入宮禁的目的。他深知，這是不能退讓的；一旦退讓，他和客氏之間就果真只剩下思念了。

他已十七歲，早非離不開媽媽懷抱的吃奶的孩子。即便用「母子情深」解釋，似乎也大大超出了一個孩子正常的對母親的依戀。我們很少聽說一個人會以「朝朝暮暮」的表現與方式，去愛自己的母親，倒是屢屢在熱戀中的情侶身上才看見這種情態。

第三，外界的反應和解讀。

朱由校與客氏的所謂「母子情深」，外界一致感到無從理解，越於情理以外。喜、怒、哀、樂、憂、懼，弗學而能。人在基本情感上，是相通

---

① 任道斌《出版說明》，《甲申朝事小紀》。
② 《熹宗實錄》，卷十四。
③ 《熹宗實錄》，卷十五。

的；如果是正常的情感，不會找不到理解的途徑。但朱由校對客氏的情感，顯然脫離了他所聲稱的那種範圍。既然情感特質與口頭標稱的不一致，大家自然會依據經驗對其真實性，做出自己的分辨和判斷。

畢佐周敦促客氏離宮時，話就說得很不好聽：

> 今中宮立矣，且三宮並立矣，於以莫坤閫而調聖躬自有賢淑在（家裏已經有女主人了也），客氏欲不乞告將置身何地乎？皇上試詰問諸廷臣，皇祖（指朱由校祖父萬曆皇帝）冊立孝端皇后（萬曆皇后王氏）之後，有保姆在側否？法祖揆今，皇上宜斷然決矣。……若使其依違宮掖，日復一日，冒擅權攬勢之疑，開睥睨窺伺之隙，恐非客氏之自為善後計，亦非皇上之為客氏善後計矣。④

話不好聽，不在於「有保姆在側否」這一句所含的譏諷之意，而在「開睥睨窺伺之隙」所暗示的東西。「睥睨」，側目而視，有厭惡或高傲之意；「窺伺」，偷覷、暗中察看和等候。什麼事情能夠引起並值得外界這樣？當然不是「長這麼大了，還離不開保姆」——僅此不足以引起這種反應——而必是更隱祕更不足道的事。對此，畢佐周雖不着一字，但上下文語意甚明。「莫坤閫而調聖躬自有賢淑在」：宮中婦女界的秩序已經確立，陛下的身體明明有人名正言順地來負責。這話，一下子把客氏問題提升到「誰主後宮」的高度來議論，所指係何，難道還不清楚？奶媽陪皇帝睡過覺不算什麼；可一旦把這麼卑賤的人擺到後宮女主人的位置上，眾人可就一定是會「睥睨」和「窺伺」的。

朱欽相索性斥客氏為「女禍」，把客氏與關外女真並論，列為當朝兩大威脅。他喊出口號：

> 欲淨奴氛，先除女戎！⑤

---

④ 《熹宗實錄》，卷十一。
⑤ 《熹宗實錄》，卷十五。

意謂客氏與女真人同為朝廷兩大敵。他稱客氏的存在「傅煽流言」、「濁亂宮闈」，批評朱由校「憂東奴而忘目前之女戎，所謂明不能見目睫也」，就像睫毛離眼睛最近，眼睛卻根本看不到它。「傅煽流言」、「濁亂宮闈」是什麼意思，相信沒有不明白的，所以朱由校覽章也羞惱無地，斥責朱欽相「逞臆姑（沽）名」。

客觀講，朱欽相恐怕的確屬於「逞臆」，因為他不可能掌握事實；但他的猜度，仍舊符合一般人對這種情形的基本判斷。劉若愚也在《酌中志》裏提到，當時人們對朱由校、客氏的神祕關係，普遍存在質疑，謠言紛紛：「倏入倏出，人多訝之，道路流傳訛言不一，尚有非臣子之所忍言者。」[1] 何為「非臣子之所忍言者」？無非「那種事」罷了。有人在詩裏寫道：「紗蓋輕輿來往路，幾人錯認是宮嬪？」語涉譏諷，形容客氏在紫禁城的待遇和風光程度，路人遇之，幾乎忘了來者是老媽子，還以為是皇帝所愛的哪個小美人呢。

《越縵堂讀書記》轉述的一個故事，更精彩。道是有段時間客氏跟大學士沈㴭相好，為此經常出宮回到私宅與之幽會，頗冷落了魏忠賢。魏忠賢怎麼辦呢？也有高招。「歸未旬日，忠賢必矯旨召入。」[2] 列位看仔細了——魏忠賢拆散客氏與其情敵的辦法，是假傳朱由校旨意催其回宮（那時魏忠賢已經很牛，可以假傳聖旨了）！這招夠損，藉力打力：老魏我叫你來，你可以不回，小朱想你，你也敢不回麼？可見魏忠賢這個人腦子蠻好使的，懂得以夷制夷的道理。

第四，客氏自己所採取的姿態。

人，都是有自我意識的。自我意識，由主體的自我評價和社會評價兩方面內容構成；後者包含人的社會地位、所擁有的權力財富、外界特別是來自至愛親朋友的輿論和態度。人一生行事，皆下意識地遵循於自我意識，採取相應言行，一舉一動均表現並符合於其對自己角色的認識，這是一定的。

---

① 《酌中志》，卷十四，客魏始末紀略。
② 《越縵堂讀書記》，集部、別集類，同治癸亥二月初六日，茨郵詠史新樂府。

故爾，我們雖不掌握客氏與朱由校之間的真實祕密，但客氏所不自覺地通過行為態度呈示出來的自身角色選擇和定位，還是能透露不少的消息。

當時目擊者劉若愚的敍述應該是第一手的，仍以此為據。在下面的講述之前，劉有兩句感慨，一句：「夫以乳媼，儼然住宮」，另一句：「僭妄殊寵極矣」。頭一句針對客氏住咸安宮而發，一個老媽子，竟然單獨擁有一座屬於自己的宮殿，這種地位唯后妃才有。第二句感慨有點言不由衷，因為客氏享受的待遇並非她擅自竊取，而是朱由校堂而皇之所給予，完全合法，何談「僭妄」？然亦可理解，劉若愚不好歸咎於小朱皇上，只得批判客氏「僭妄」。而「殊寵極矣」則是直抒胸臆了，表明了客氏所受的對待帶給他的真實強烈感受。發完兩句感慨後，劉若愚切入非常細節化的描述：

> 按自天啟元年起，至七年（1627）止，凡客氏出宮暫歸私第，必先期奏知，先帝傳一特旨，某月某日奉聖夫人（泰昌元年九月二十日，朱由校登基不過半月，封客氏以此爵號）往私第云云。至日五更，欽差乾清官管事牌子王朝宗或涂文輔等數員，及暖殿數十員，穿紅圓領玉帶，在客氏前擺隊步行，客氏自咸安宮盛服靚妝，乘小轎由嘉德、咸和、順德右門、經月華門至乾清官門西一室，亦不下轎，而竟坐至西下馬門。凡弓箭房帶簡管櫃子、御司房、御茶房請小轎管庫、近侍、把牌子、硬弓人等，各穿紅蟒衣窄袖，在轎前後擺道圍隨者數日人，司禮監談班監官、典簿、掌司人數等，文書房官咸在玉寧門內跪叩道旁迎送。凡得客氏目視，或頷之，則榮甚矣。內府供用庫大白蠟燈、黃蠟炬、燃亮子不下二三千根、轎前提爐數對，燃沉香如霧。客氏出自西下馬門，換八人大圍轎，方是外役抬走，呼殿之聲遠在聖駕遊倖之上，燈火簇烈照如白晝，衣服鮮美儼若神仙，人如流水，馬若遊龍。天耶！帝耶！都人士從來不見此也。

讀罷，便輪到我們感慨了。這樣的排場，是一個奶媽所應有的麼？「凡得客氏目視，或頷之，則榮甚矣」，「呼殿之聲遠在聖駕遊倖之上」……我們忍

不住想問一句：客大嫂，你當自己是誰？

　　這，只是客氏回一趟家的排場。一年三百六十五天，天啟皇帝在位七年；七年當中，客氏耍過多少威風，又到底把威風耍到何種地步，真的是無論怎麼想像，都不過分了。種種招搖之中，多少是朱由校主動降恩賜予的，多少是客氏「當仁不讓」自己伸手要來的？以朱由校之顢頇，大約後者居多──「僭妄」說若用在這個意義上，就比較好理解。本來不該、不配的，也主動索取，而朱由校對她又有求必應，於是就弄到了「都人士從來不見此也」的地步。

　　這叫做「恃寵」。但恃寵也有形形色色。比如，要官要權，討求田畝錢財，胡作非為、仗勢欺人，一人得道、雞犬升天……這些比較常見的恃寵表現，在客氏可以找到，但並不突出。她的恃寵，似乎更注重在身份和排場上做文章，特意讓宮裏宮外的人們看見，小朱對她的情意不單不在后妃之上，甚而還在其上。劉若愚所述的那個場面，很有盛妝遊行的味道；設想一下，這麼一支浩浩蕩蕩的隊伍，以頂級規格，從咸安宮出發，經多座宮門，特別是還路過乾清宮，在半個紫禁城炫耀一番，不是示威是什麼？興許，只差高呼口號了：「當今天子的親密戰友客氏同志萬歲！」

　　可以把每年定期舉行的這種盛妝遊行看作客氏的行為藝術，也可以把它看作具有客氏特色的政治表達。不平則鳴。盛妝遊行就是客氏一種「鳴」的方式。她的不平在於，自己深為皇帝所愛，但地位卻僅是一個老媽子；有的女人，皇帝內心對她不見得怎麼樣，卻佔據着「三宮」，享受天下的尊崇。於是，她借助遊行，展現一種真相──為自己，也針對整個後宮的並不「合理」的秩序。她把這項活動，堅持不懈搞了七年，從朱由校登基和大婚以後開始，直到他死掉，每一年都搞那麼幾次，以免人們忘掉這個現實，或者不斷加深人們對這個現實的認識。除此以外，她還在其他她看重的方面，努力發展自己與后妃們相當的待遇，后妃所享有與配備的，她都依樣來一份，后妃的生活方式怎樣，她全盤照搬。例如「紅蘿炭」，「皆易州山中硬木燒成……氣暖而耐久，灰白而不爆」[1]，本屬特供帝后寢宮

---

① 《酌中志》，卷十六，內府衙門識掌。

（乾清、坤寧）冬季取暖之物，客氏卻也如兩宮例取用。

當然，這是我對於史料的閱讀，史料本身不曾出來提示它背後的含義。讀史讀史，如唯讀字句，讀不出字句所述人或事的情節邏輯和心理邏輯，或者不知將史料排比起來，用整體閱讀的方法加以復原、找到關聯，是很難走進歷史的，就好似找礦者不能發現礦脈一樣。

對客氏，不單要看到她做出了怎樣的舉動，還要思索她為什麼會有這樣的舉動，不單要注意她的一個舉動，還要注意她別的舉動、注意這些舉動是否存在一致性。

客氏對天啟皇后張氏，流露出極強烈的嫉妒心，是確鑿無疑的。從大婚那天起，客氏就沒有一日終止過對張氏的嫉妒。後者在生活上受到各種刁難，甚至於「匕箸杯碗」等日常用具也不供應[2]。這種嫉妒，遠不止乎日常細節，它有時會發作成為喪心病狂的行為。

張氏乃河南祥符縣生員張國紀之女，雖不出身名門望族，但也是讀書人之後，知書達禮，端莊文靜，入主中宮後，張氏的教養給所有人留下深刻印象，她經常在坤寧宮舉行詩歌朗誦會，挑選文慧的宮女，吟詩歌賦。粗鄙野俗的客氏大受刺激。為泄忿，客氏捏造謠言，稱張氏並非張國紀親生，她真正的父親乃是「重犯孫二」。這當然是信口雌黃，然而只要客氏及其同夥魏忠賢樂意，他們完全有能力無中生有，只是由於客氏的老母親勸阻，加上這個團夥的核心成員之一司禮太監王體乾反對，終未掀起巨案。但事件本身，仍將客氏以皇后為「對手」的心態表露無遺，她所感受到的不平衡，不僅是地位上的，也延及彼此出身與教養的差異；她期待通過構撰張氏乃罪犯之女的謊言，將張氏從「淑女」拉下馬來，降低到與她平行的位置。

然而，這尚非最瘋狂的報復。天啟三年（1623），張氏懷孕，這是朱由校的第一個兒子，然而嬰兒未曾出世，即被妒火中燒的客氏設法流產。正史記曰：

---

② 同上。

三年，后有娠，客、魏盡逐宮人異己者，而以其私人承奉，竟損元子。①

民間史的敍說，具體一些，涉及了手法：

天啟時，客氏以乳母擅寵，妒不容后有子。……及張后有孕，客暗囑宮人於捼背時重捼腰間，孕墮。②

派去的殺手，顯然是穴位專家，以按摩為名，拿捏關鍵穴位，神不知鬼不覺導致張氏流產。流產時應該已是懷孕晚期，否則不會辨認出流產的胎兒為男性。

不過，客氏的瘋狂舉止，並不表示她對皇后之位心存覬覦，圖謀取而代之。把這種野心強加於她，並不符合實際。儘管她內心許多地方失去理智，但在這一點上她絕不可能發生錯覺，即皇后寶座會與她這種人有任何聯繫，就算整倒整死張氏，繼而登上這個位子的，也終將是她以外的某一個人。所以，她對張氏的陷害與打擊，與政治無關，只是純粹的女人間的情仇恩怨。引導她走向瘋狂的，是兩種來自女性本能的力量：嫉妒和潛意識。對於女人來說，嫉妒可以是無目的的，只要同性中有人比自己美麗、年輕、幸福和優秀，不論這個人是否妨礙或傷害到她，都可能喚起她強烈的嫉妒心；在女性中，這種力量無時無地不存在，普遍而且永恆。而潛意識，則指一種莫名的衝動，雖然她並不確切知道自己受到了什麼威脅，或對方將給自己造成什麼威脅，也就是說，她毫無證據對於自己心中恨某個人在理智上提出值得信服的解釋，但是，只要她想恨，願意恨，就可以聚集起巨大的情感，直到把它徹底宣洩、釋放乾淨為止。這跟男性間的仇恨一般有着明確、實際的訴求，截然不同。女人可以為愛而愛，同樣，也可以為恨而恨。對客氏來說正是如此。她不需要別的目的，別的理由，只要有恨，就足夠了，而並不在乎這恨能夠給她帶來什麼利益。

因此我們發現，張皇后不是客氏唯一仇恨的對象，事實上，她恨朱由

---

① 《明史》，列傳第二。
② 《甲申朝事小紀》初編，卷十，禁御祕聞，客禍絕嗣。

校生活中的每個女人，恨她們的年輕，恨她們的漂亮，恨她們的地位，恨她們的被寵愛，恨她們的幸福……繼皇后之後，裕妃成為又一個懷孕後引起客氏嫉妒而遭毒手的例子。裕妃本是普通宮女，因為懷孕並而受到冊封，隨即大難臨頭，「（客氏）矯旨將宮人盡行屏逐，絕食而死，革其封號，如宮人例焚化。」③ 此事駭人聽聞之處，不在於客氏敢於將身懷「龍種」的皇妃活活餓死，而在於她這麼幹了之後，能夠安然無恙 —— 朱由校不僅知道此事，而且贊成和支持了客氏。為什麼？無可奉告。史家亦只記其事，未道其由 —— 誰都無法代朱由校做出解釋。不久，客氏如法炮製，用同樣方式對成妃又幹了一次，「矯旨革封絕食飲，欲如處裕妃故事……先時成妃見裕妃生生餓死，遂平居時，凡櫚瓦磚縫之中，多暗蓄食物，至此暗得竊食數日。倖客氏、逆賢怒少解，始退斥為宮人，遷於乾西（乾清宮西面）某所居住，僅僅得倖存。」④ 以上是后妃一級人物，身份低一些的更不必說 —— 倘被朱由校御倖過，或引他矚目的，多為客氏加害：「此外馮貴人等，或絕食、勒死，或乘其微疾而暗害之。」⑤

誠然，從當時直到後來，對朱由校、客氏之間的隱祕關係歷來猜測紛紛，卻從不曾有一個字可以坐實此事。不過，人們實在應該凝神貫注地打量客氏這個女人的一舉一動，她以朱由校大婚之後整整七年的偏執表現，宣敍着一句話：「奉聖夫人」很生氣，後果很嚴重。

不過如果把這關係完全桃色化，卻並不高明。他們心理角色的性質，應該非常複雜。裏面，有老女人和小男人模式的故事，有誘啟和成長的線索，有類似於亂倫或曰準亂倫的原始本能，有口腔期快感的延伸 —— 但也無疑夾雜着真正意義上的母子情深。有一段朱由校死後的感人記載：

> 七年九月初三日，（客氏）奏懇今上（即崇禎皇帝）准歸私
> 第，其夜五更開宮門之後，客氏衰服赴仁智殿先帝梓宮前，出一
> 小函，用黃色龍袱包裹，云是先帝胎髮、瘡痂，及累年剃髮落

---

③ 《先撥志始》卷上，萬曆起至天啟四年止。
④ 《酌中志》，卷八，兩朝椒難紀略。
⑤ 同上。

齒，及剪下指甲，痛哭焚化而去。

這個場面，以及客氏用心保存下來的那些東西，突然之間，使她顯示出母性。這一刻，她沒有偽裝。只有滿懷母愛，才會細心地保存着那些東西。

這是一個令人對歷史倍感弔詭的女人。在天啟朝彌天的大黑暗之中，她是個關鍵人物。然而，跟自己的權勢相比，除了取得每年在宮中數次盛妝遊行的好處，她卻幾乎沒有得到太大利益。她釋放非理性的怨恨，歷史上最大魔頭之一，竟因她尋求填補性以及情感的空虛而造就，否則魏忠賢或許永遠只是在宮中當一個膳食採辦員。到頭來，隨着親自用乳汁餵養大，又親自用肉體助其完成「成人禮」的那個小男人死去，她在「痛哭焚化」一幕之後，也立即趕赴鬼門關。當年十一月一日，新君朱由檢「一舉粉碎」魏忠賢集團，客氏被「奉旨籍沒」，從家中徒步押往浣衣局，再也沒有八抬大轎可乘並被數百人大型儀仗隊所簇擁；審訊後，由乾清宮管事趙本政執行笞刑，當場活活打死，且不留全屍，「發淨樂堂焚屍揚灰」。

古來奶媽界之翹楚，就這樣灰飛煙滅了。

魏忠賢

閹禍，這自永樂以來與明王朝共生共長的毒瘤，到魏忠賢，終於發展到極致，亦就此劃上句號。不過，對這樣的人、這樣的事，讀明史讀到後來，人們可能都有一種厭倦與麻木。因為實在太多，如過江之鯽，連綿不斷、層出不窮，以致失去興趣。我在提筆敍述魏忠賢故事前，就突然生出無聊之感，從王振想到汪直，從汪直想到劉瑾，從劉瑾想到魏忠賢，二百年間，到處活躍着此輩的身影，專權、怙寵、濁政、殃民，無所不為，以至偶爾不見此輩動靜，反倒詫異，會單獨地特別指出（例如嘉靖朝）。所以，在司空見慣的意義上，閹禍在明代確實缺乏新意，從

內容到形式頗相雷同，本質不變，無非為害或大或小而已，慢慢會讓人提不起興致。

但天崇年間的政治、歷史，不說魏忠賢不行。一方面不說不行，一方面閹禍大同小異又讓人心生倦意，怎麼辦？只好落筆之前，先去思索和尋找有「魏式特色」的東西。通盤想了一下，覺得「魏式特色」表現於兩點：一是登峰造極，一是造就了「閹黨」。尤其第二點，是十足和獨一無二的「魏氏特色」，《明史》為「閹黨」闢出單獨一卷（第三百零六卷），在《列傳》中拿出單獨一個單元（列傳第一百九十四），完全由於魏忠賢──《閹黨傳》除了開頭拿正德年間幾個人湊數外（其實不足稱「黨」），入傳者，全部是魏氏集團成員。

一閹而可以致黨，這才是魏忠賢的歷史價值與分量之所在，也是這次「閹禍」不得不說之處。沒有「閹黨」，魏忠賢不過是一個很可惡然而也很普通的醜類，有了「閹黨」，魏忠賢頓時提高了檔次，一下子超越王振、汪直、劉瑾，把「閹禍」發展到一個新的水準。「閹黨」的產生，可謂明朝晚期政治的焦點，是精神、道德、風氣徹底敗壞的標誌。也就是說，「閹黨」雖因魏氏而起，但所反映的問題，遠為廣泛、深刻，表明明朝的肌體整體潰爛。

敘表之前，還有一點尚須澄清：魏忠賢搞出「閹黨」，王振、汪直、劉瑾等卻不曾搞出來，是魏忠賢特別能幹、才具過人麼？絕對不是。魏忠賢其實是個很平庸的人，論才具，休說與「知識分子出身」的王振比，即比之同樣不通文墨的劉瑾，亦遠不如也──劉瑾專政期間，着實顯露了一些政治能力──魏忠賢其人，既無見識，處事也相當拙劣，以他罕見的薰天之勢，天啟崩後居然束手就擒，其愚可知。魏氏獨能在明代巨璫之中登峰造極，只是時勢使然。第一條，是永樂、宣德以來形成的倚信太監的政治機制；第二條，是嘉靖以來士風嚴重枉喪墮落；第三條，是趕上熹宗那等極度缺心眼兒、「至愚至昧之童蒙」[1]的皇帝。有此三條，魏式人物必然出現，而不在於是誰。甚至可以推斷，幸而此人是憨頭憨腦的魏忠

---

① 《明清史講義》。

賢，假若換作另一個見識、處事都更厲害的角色，朱明的天下極可能就被別人奪了去，而不能再殘喘近二十年，思宗朱由檢連充當亡國之君的機會都不會有。

魏忠賢，直隸肅寧人。父親名叫魏志敏，母親姓劉[1]。娶過妻子，生有一女。他的為人，《酌中志》和《玉鏡新譚》的描述出奇一致，咸用「亡（無）賴」一詞。怎樣一個「無賴」法？道是：「遊手好閒，以窮日月」，「日覓金錢，夜則付之纏頭（客人付與藝妓的錦帛，白居易《琵琶行》：『五陵年少爭纏頭。』代指買歡）」，「邀人豪飲，達日不休」，[2]「孤貧好色，賭博能飲」。[3] 總之，雖然出身貧賤，卻生就一副紈絝子弟性情，從來不務正業，唯知聲色犬馬。

這樣鬼混了幾年，他做出一項驚人決定：自宮。關於此事緣起，說法有二。《明史》說：「與群惡少博，少勝，為所苦，恚而自宮。」[4] 亦即因為賭博欠債，走投無路而自宮，以便入宮混碗飯吃。《玉鏡新譚》則記為：「忽患瘍毒，身無完肌，迨陽具亦糜爛焉，思為閹寺（太監），遂以此為淨身者。」[5] 後說雖不為正史採，卻似乎更合於情理。

明代宮庭，每隔數年，會增補數千名太監，基本取自畿輔之地的河北。此地民貧，居然因此形成一種風俗，「專藉（入宮）以博富貴」。本來按正常程序，應該先向官家報名，錄取之後再行閹割，洪武時還規定，「擅閹有厲禁，其下手之人，罪至寸磔」。但長久以來，此禁實際已「略不遵行」，北京周遭州縣，自宮成風；「為人父者，忍薰腐其子，至有兄弟俱閹，而無一人入選者」，每次入選人數與擅自自宮者之間的比例，僅為十分之一，大多數自殘之人只好淪為乞丐甚至搶劫犯。沈德符北上來京途中，一過河間、任邱以北，經常於「敗垣」之中得見此輩，他心驚肉跳寫道：「聚此數萬殘形之人於輦轂之側，他日將有隱憂。」[6]

---

① 《酌中志》，卷十四，客魏始末紀略。
② 《玉鏡新譚》，卷一，原始。
③ 《酌中志》，卷十四，客魏始末紀略。
④ 《明史》，列傳第一百九十三。
⑤ 《玉鏡新譚》，卷一，原始。
⑥ 《萬曆野獲編》，卷六，內監，丐閹。

自宮的魏忠賢，便是這「數萬殘形之人」中一員。他顯然也沒有能夠立即入選，度過一段「丐閹」時光。「敝衣襤褸，懸鶉百結，穢氣熏人，人咸遠之。竟日枵腹，無從所歸……畫潛僻巷乞食，夜投破寺假息。」[7] 老婆也棄他而去，不知所終。

但他總算運氣不錯，流浪一段時間後，進入某內宦府中充當夥伕，擔水燒火，因做事「猥捷」，贏得賞識，替他打通關節，於萬曆十七年（1589）——是年二十一歲——入選宮中，終不致枉然自宮一回。

雖然進了宮，但魏氏一直處在太監群體底層。「選入禁中為小火者，蓋中官最下職，執宮禁灑掃負荷之役」[8]，做最髒最苦的清潔工、搬運工，跟從前吃同一碗飯，無非從宮外挪到宮內而已，一干就是許多年。

而他惡習不改，在宮中仍舊與人賭博、相邀嫖妓。曾因手頭窘迫，遠赴四川稅監邱乘雲處「抽豐」（借錢）。邱乘雲與他同出於大太監孫暹門下，宮中規矩，淨身入宮者都要分在某高級宦官名下歸其管理，其關係「猶座師之視門生」，因此魏忠賢與邱乘雲相當於同門之誼，這才不遠千里跑去求助於他，但因事先太監徐貴把魏忠賢素日種種無賴告知邱乘雲，令邱心極厭惡，待魏到來，不但不給錢，反把他吊在空房中三天，險些餓死。這件事說明：第一，魏氏進宮後境遇基本沒有改變，很長一段時間仍然維持着百無聊賴的「流氓無產者」生存方式；第二，毫無地位，邱乘雲並非高級宦官，但魏氏距他尚有十萬八千里，以致邱可隨意取他性命——以這情形推測，魏氏本無可能爬至後來的高位，之能那樣，實為運氣極好的奇跡。

魏在四川被和尚秋月所救。秋月勸說邱乘雲發十兩銀子作為路費，打發魏回京，又致書所熟識的內官監（宮庭基建處兼總務處）總理馬謙。馬謙是個好心人，魏忠賢私自出宮，是重罪，馬謙看他可憐，兜住此事，並讓他到甲字庫（宮庭染料供應科）落腳，仍舊幹清潔工、搬運工。

魏氏時來運轉，是在萬曆末年。他年踰五旬，在宮中打雜已三十來

---

[7] 《玉鏡新譚》，卷一，原始。
[8] 《稗說》，卷二，魏忠賢盜柄。

年，眼看這輩子就這麼交待了。那時，朱由校生母王氏「無人辦膳」，魏忠賢運作一番，得到這份差事。在他，跟以往在宮中純粹做苦力相比，不失為一種改善。但絕不是什麼美差。蓋因當時太子朱常洛，也如同乃父萬曆皇帝昔年一樣，由於替自己生下長子的女人身份低賤而對她極其冷漠，所以王氏才落到「無人辦膳」的地步。奴才的貴賤，全視主子的榮辱而定；給如此邊緣化的主子當奴才，不可能意味着有遠大前程，稍有能耐和靠山的人，都瞧不上這份差事。魏忠賢願意給王氏燒火做飯，只覺境況稍強而已，不存更多奢望。但，王氏畢竟乃皇長孫生母；由這條線索，引出其他千絲萬縷的關係，不知不覺間，誰都不放在眼裏乃至誰都可以踹上一腳的老魏頭，命運一點一點地發生着變化。

首先，他得以「親密接觸」當時的小皇孫、日後的天啟皇帝朱由校，經常設法弄來「財物、玩好，以至非時果品、花卉之類」「轉獻先帝（指朱由校）」[1]，在朱由校童年記憶中佔據有利位置。其次，由於工作，先是結識太子朱常洛心腹太監王安手下的紅人魏朝，與之八拜成交；進而與魏朝的「對食」、朱由校奶媽客氏接近，彼此除工作關係外，又有了私下來往的理由與空間，以至暗中「相厚」——這種關係後來成為他崛起的最堅實基石。第三，萬曆四十七年（1619），王氏病亡，朱常洛所寵愛的李選侍認為失去母親的朱由校奇貨可居，爭得了對朱由校的監護權，這樣，魏忠賢作為服務人員一同進入李選侍宮中，不久就在光宗（朱常洛）去世後的「移宮案」中充當重要角色，雖然險些因此完蛋，但這番經歷卻是他真正走上政治舞臺的開端，對扭轉自己一貫的卑微心理，喚醒對權力的渴望和野心，極具價值。

這段經歷的重要，不在於魏忠賢撈到多大實際好處，而在於幫助他完成從「小人物」向「風雲人物」的心理轉變。

魏這個人，劉若愚有幾句話[2]，把大家對他的看法、印象歸納了一下——當然，是宮中那些知根知底的老相識的看法、印象，至於他發達起

---

① 《酌中志》，卷十四，客魏始末紀略。
② 相關引述，出處均同上，不贅一一。

來以後外面人的看法、印象，肯定是另一種樣子了。

劉若愚說：「忠賢少孤貧好色，賭博能飲。」這是一個側面的概括。好色，酷愛賭博，酒量大。這三個特徵很突出，在同事中間是出了名的。

又說他平時的為人「啖嬉笑喜」，是個挺快活、挺隨和或者挺沒正經的人，涎皮笑臉，打打鬧鬧，滑稽圓通。如果把這看成一種身體語言，它通常出現在社會地位低下，意識到自己身份、能力和處境比較弱勢的人身上。一方面是自我保護、防衛的需要，另一方面，也反映出主體的不自信的心理。反之，一個人感到自己很強勢，斷不會在人前採取這樣的姿態和形容——誰見過「大人物」們的臉上，會有一副「啖嬉笑喜」的表情呢？

還有兩個評價：「擔當能斷」、「喜事尚諛」。前者講他夠義氣，敢作敢當，衝動；後面則講他愛出風頭、特別愛在出頭挑事之後接受別人的吹捧。這兩種表現，也都透露了魏忠賢的社會處境和內心祕密：有一種長期被人瞧不起的焦慮，很需要以強烈、引人注目的舉動來尋求補救，證明自己；這些舉動，時常帶有輕率和刻意的色彩，目的就是取得群體的認可，並且迫切地渴求表揚。一般來說，這不是在社會或人群中享有優越、穩固地位與聲望的人之所為。

他還喜歡「鮮衣馳馬」，炫耀膂力和箭術，他似乎是一個左撇子，「右手執弓，左手彀弦」，且「射多奇中」。看來，這是能夠帶給他「英雄主義」自我感受的不多的一個方面，故而尤為熱衷表現給人看。

總的來看，魏忠賢素日舉止既不得體，心態也不沉穩，輕躁易激，多動少安，心虛氣浮。這樣的人，很難令人敬重，也不值得懼怕、避讓。所以大家對他的態度，多為輕視戲蔑，從沒人把他當回事，「人多以『傻子』稱之」。

「傻子」的外號，活畫出魏氏發跡前的卑微可憐，以及他在眾人心目中的地位。從事後看，魏的「傻」，並非智力缺陷，並非缺心眼兒，而是卑微可憐的地位折射到心理和行為上，使別人對他產生輕視。

當然也有好處。朱由校讓客氏在二魏中挑一個替自己「管事」，她做了一番比較：魏朝「狷薄」，而魏忠賢「憨猛好武，不識字之人樸實易

制」。狷薄是固執、偏拗、器量狹小、不寬容、難相處；魏忠賢沒有這些毛病，「憨」而「樸實」。這與其說僅僅是性格不同，不如說也很符合他們各自在宮中的地位，而客氏在這裏則本能地流露了一點女權意識，在兩個「男人」間，挑選了比較弱勢的一個。

傻人有傻福。這種「傻」，這種「憨」，不單使他贏得最有權勢的女人的芳心，進而更享受着這女人親手替他安排的飛黃騰達的前程，「踰年由小火者躐進司禮監」[1]。與一般想像的不同，這顆政治巨星的誕生，主要並不是他本人孜孜以求的結果。從對史料的分析來看，久已養成的「小人物」心態，起初嚴重制約了他的野心；當巨大的權力擺到他面前時，他甚至顯得木訥，並沒有撲過去一把攢在自己手中。

朱由校即位後，政治格局自然重新洗牌，外廷內廷都面臨一系列人事變動。在內廷方面，最重要的司禮監的領導位置，顯然非王安莫屬。朱由校也的確發表了這樣的任命。王安接到任命，上表辭謝。這本屬慣例，一種政治套路。這時，不得不提到一個叫王體乾的人，時任司禮監秉筆太監，相當於第三把手，做夢都想當上一把手，聽說王安辭不就任，決心抓住這不是機會的機會。他馬上想到一個人 —— 那是唯一可以依靠的人 ——「急謀於客魏奪之」[2]。客氏一直不喜歡王安，甚至有點怕他，因為此人太「剛直」，如果王安出掌司禮監，日後她出入宮禁以及所有其他事上，必多有不便；相反，王體乾則是一個「軟媚」之人，如助他登上司禮監首腦寶座，他不會不識時務，不會不聽話。客氏這女人相當有政治頭腦。她的設計是：讓王體乾當一把手，讓相好魏忠賢當二把手。這種安排，一箭三雕 —— 第一，送給王這樣的人情，結成同盟，扳倒王安；第二，王體乾不論居何高位，總歸會是傀儡，平時具體事務讓他出面張羅、兜攬，更好；第三，相好魏忠賢，直接當司禮監第一把手，實在太過誇張，不好辦，王體乾將二把手位子騰出來給魏忠賢，已是一步登天，將來設法讓魏氏以司禮監秉筆太監兼領東廠，實權更大。客氏、王體乾之間

---

① 《稗說》，卷二，魏忠賢盜柄
② 《明史》，列傳第一百九十三。

達成協議，遂找來魏忠賢一起商量。魏忠賢乍聞此事，很不雄才大略的「小人物」心態又表露出來──他居然念及王安在「移宮案」後，保護過他，救己一命，「猶預（豫）未忍」。王體乾見狀，私下又「以危言動客氏」，客氏在枕邊把魏忠賢好好訓斥了一番：「外邊（指廷臣）或有人救他，聖心若一回，你我比西李（李選侍）如何？終吃他虧。」這個提醒很關鍵；「移宮」中魏忠賢站在李選侍一邊，很積極，雖賴王安遮擋，安然解脫，但把柄終捏於人手，萬一哪天「舊事重提」，那可……這麼一想，「賢意遂決」。

可見魏忠賢並不是一步到位，從一開始就憑作威福、玩弄事機、驕橫肆縱，他也是「在鬥爭中成長」，慢慢地學會頤指氣使、恣威擅權。

驟列大璫，短短數年，從魏傻子搖身而為「九千九百九十九歲」（只比萬歲朱由校少一歲），史無前例。但表面上的不可一世背後，這位有史以來最大的政治暴發戶，向來就不曾從微賤的往昔和記憶中完全走出來。有件事很說明了這一點。魏忠賢躍升司禮監秉筆太監之後，當年那個曾經困厄過他的四川稅監邱乘雲，撤任回京，魏忠賢故意派一名太監專程到南郊迎接，邱賞了來人三十兩銀子，那人回來向魏忠賢彙報，魏竟當時落下淚來，說：「我先年被徐貴譖害，止給我十兩路費，今賞爾如此，便三倍我了。」說完，「歎息者久之」。創巨痛深，可見一斑。窮其一生，不管這個人怎樣一手遮天，歸根結底，他骨子裏仍舊是「小人物」，到最最關鍵時刻，「小人物」心態還是讓他安安靜靜地引頸就戮。關於魏忠賢，人們對這一點以往談論得很不夠。

大計既定，一切由客氏斡旋。她徑見朱由校，「勸帝從其請（指王安辭不就任的請求）」[3]，同時，經喉使，兵科給事中霍維華於天啟元年五月十二日疏論王安，加以攻擊。這開了先河，「是為閹黨第一功也」[4]，霍也成為後來波瀾壯闊的閹黨的先驅。有人彈劾，客氏加大了嚼舌頭力度，不斷危言聳聽。朱由校至愚至昧，分不清好歹，唯對客氏百依百順，良心也教

③　同上。
④　《明清史講義》。

狗吃了，居然將一手把他從險境中救出並扶上龍牀的王安，發往南海子淨
軍；客氏「遂矯旨准安辭免，將司禮監印付體乾掌之」①。

王安死得很慘。先欲將其餓死，後失去耐心，一說勒死，一說縱狗咬
死。王安親手救過朱由校和魏忠賢，卻恰恰由這兩人聯手消滅。

王安被除，內廷座次全部重新論定。由於客氏這個背景，在司禮監排
名第二的魏忠賢，卻是整個內廷事實上的核心人物。王體乾首先把自己位
置擺得很正，「故事（慣例），司禮掌印者位東廠上。體乾避忠賢，獨處其
下」②。自他而下，內廷有頭有臉的人物，咸惟魏氏馬首是瞻。

應該佩服客氏這個女人，頭髮雖長，見識卻一點不短。她拍板與王體
乾結盟，除掉王安。這很有先見之明；幹掉王安沒多久，就發生外廷請求
皇上將客氏遣散出宮的事件，假設王安仍在，與朝臣裏應外合，朱由校十
有八九是抵擋不住的。眼下，只是外廷單獨鬧事，處境好很多。朱由校和
客氏，一起咬住牙關，頂了四五個月，終於擊退群臣。天啟元年十二月，
先將主要幹將之一的吏部尚書周嘉謨罷免，翌年三月再驅逐另一幹將、大
學士劉一燝，六七月間，刑部尚書王紀、禮部尚書孫慎行分遭革職、罷
免，十月，都察院兩位高層左都御史鄒元標、左副都御史馮從吾也被趕走。

七搞八搞，轉眼間力量對比的天平就偏向了魏氏集團這一邊。這帶來
什麼結果呢？當然是「閹黨」的形成。

假使在嘉靖以前，像這樣力量平衡的打破，不至於成為「閹黨」的溫
牀。那個時候，士大夫氣節很盛，骨頭很硬，不要說一時的逆境不足以讓
他們俯首，就算到頭破血流的地步，堅持抗爭者也有人在。不妨回想一下
朱棣篡權之初的白色恐怖，成百上千地殺人，也不曾把大家嚇倒。即便到
了嘉靖年間，「大禮議」之中，正氣也仍佔上風，左順門請願時有那麼多
士夫站出來，不避斧鉞和大棒。可是這麼剛正的一個群體，也慢慢地教明
代歷任君主攢眉折腰，銷蝕成明哲保身、貪生怕死甚至賣身求榮的無恥之
輩。到嘉靖後期，士風向劣壞方向轉化，已是大勢所趨；再經萬曆一朝，

---

① 《酌中志》，卷十五，逆賢羽翼紀略。
② 《明史》，列傳第一百九十三。

基本上都墮落了，正人君子仍有，但與整體比僅屬星星之火，天啟中他們與「閹黨」可以歌泣的戰鬥，迸射了耀眼然而也是最後的火光，而其命運，則如恩格斯所定義的悲劇：「歷史的必然要求和這個要求的實際上不可能實現之間的悲劇性的衝突。」[3] 他們正義在手，卻不合時宜。什麼合乎時宜？「趨利」二字耳。道義一旦被摧毀，精神一旦無可守護，人就是唯利是圖的動物。天啟間的「閹黨」，實起自萬曆間的「黨爭」；彼時，士大夫階層因政見不同，各為門戶[4]，此一現象本不足奇，如能良性競爭——例如現代民主政體下的黨派政治——其實不失為進步。然而，由於士林的基本精神尺度和原則淪失殆盡，「黨爭」多以個人攘權奪利、榮華富貴為宗旨，但能達此目的，不問手段，廉恥全無，遂造成一種極黑暗極卑鄙之後果；崇禎進士李清用兩句「知」與「不知」概括這種現實：「人知崔（崔呈秀）、魏，不知朝廷；人知富貴功名，不知名教氣節。」[5]

孟森這樣辨析萬曆間「黨爭」如何演化為天啟間「閹黨」的原委：

> 至是（天啟年）凡宵小謀再起者，皆知帝為童昏，惟客、魏足倚以取富貴，於是盡泯諸黨，而集為閹黨；其不能附閹者，亦不問其向近何黨，皆為閹黨之敵，於是君子小人判然分矣。神宗時廟堂無主，黨同伐異，以徼利而為之，至是以閹為主，趨利者歸於一途，故只有閹黨非閹黨之別。[6]

自甘供客、魏驅使，參劾王安的兵科給事中霍維華，是「閹黨」首位加盟者，級別不高。第二年，隨着周嘉謨、劉一燝、孫慎行、鄒元標等重量級反閹人士的倒臺，「閹黨」加盟者的檔次開始提升；自沈㴶（即那個據傳與客氏有私者）始，檔次已提至大學士級別。到天啟三年，顧秉謙、魏廣微入閣，「閹黨內閣」形成；四年（1624），以首輔葉向高辭職為標誌，「閹黨」徹底控制政局，「自內閣、六部至四方總督、巡撫，遍置

---

③ 《恩格斯致斐·拉薩爾》，《馬克思恩格斯選集》，第四卷，第346頁，人民出版社，1972。
④ 「黨爭」詳情，後面還將單獨敍述。
⑤ 《三垣筆記》，下，弘光。
⑥ 《明清史講義》。

死黨」^①。

「黨」之一字，今義與古義有很大差別。「黨」在古時，基本是貶義，從黑，本義：晦暗不明。《說文》：「黨，不鮮也。」《論語》：「吾聞君子不党」。孔穎達注：「相助匿曰黨。」古人主要是在這意義上使用「黨」字的。

「東林黨」的名稱不是東林黨人自己命名的，這晚明的政治派別起源於講學，以東林書院為學術和思想基地。朱由校、魏忠賢為了安排罪名，把有關的人稱為「東林黨」，意思是這些人藉講學為名朋比為奸。

今天，我們可將東林黨比為政黨來理解，對「閹黨」不然，它仍是一種指控，甚至咒罵，直譯過來，大約相當於「附集在受閹割過的人周圍的那群醜類」。這不算誣衊，在這詞中，「黨」比較徹底地回歸於它的「相助匿」的本義，是為污濁之個人私利匯聚起來的烏合之眾。

依附魏忠賢的人，不外三類。一是渴望富貴者，一是犯奸作科欲而向魏氏尋求保護者，一是品行低下、為正人所排斥而志在報復者。正應了一句話：物以類聚，人以群分。魏忠賢就像黑社會老大，吃得開，有靠山，違法的事別人幹不得他幹得，可以放手作惡；這樣，全體的醜類就都趕來入夥，投靠他，為他做奴才和打手的同時，也吃上一份自己的黑飯。

例如，由魏氏引入內閣的顧秉謙、魏廣微，自動擺到魏忠賢家奴的位置，俯首貼耳，惟命是從。「秉謙票擬（起草詔令），事事徇忠賢指。」^②職為首輔，實則沒做過一日宰相，楊漣送給他一個稱號「門生宰相」，這實在還算客氣，其實他從來只是魏忠賢的叭兒狗而已。魏廣微一切政務，都會事先打份小報告，請示魏忠賢，「簽其函曰『內閣家報』」^③，毫不掩飾家奴面目，對他大家也有綽號相贈：「外魏公」，意思是「在外面的魏公公」，不過是魏忠賢的一個影子，根本不把他單獨看作一個人。

這個集團，只有主子和僕從兩種人。尤其有個叫崔呈秀的人，當時是御史，品質極壞，他因為貪污案子事發，都御史高攀龍、吏部尚書趙南

---

① 《明史》，列傳第一百九十三。
② 《明史》，列傳第一百九十四。
③ 同上。

星處理他，他就跑到魏忠賢那裏，搖尾乞憐，魏忠賢答應保護他，他則索性自認為魏的乾兒子。時下坊間流行一語「見過無恥的，沒見過這麼無恥的」，用在崔呈秀身上最恰切——崔呈秀以前，諂附者固然不少，但還沒人能夠發明以兒子自居的拍馬屁手法。因同姓之故，魏廣微原先對魏忠賢一直自稱「宗弟」，後來趕緊降格，自貶「宗侄」④。這種無恥，竟然成為一種攀比，一種競爭。崔呈秀叫魏閹一聲爸爸，或已自覺厚顏之極，無人能出其右了，沒想到「青出於藍而勝於藍，冰水為之而寒於水」，後來更有一大堆人把他的「想像力」加以發揮，圍着魏忠賢喊「爺爺」——這就是「閹黨」十孩兒、四十孫的由來。

不要以為很丟人。「閹黨」內部無人感覺這是恥辱，事實上，能夠名列兒孫輩，已屬莫大榮耀。到得後期，各地如雲諂附之徒，欲認乾爹、乾爺爺而不能，連這點「名分」也沒有了。

倘若這些人不曾接受過什麼教育，也還罷了。但他們大多飽讀詩書（一小部分武人除外），對聖賢之言可謂滾瓜爛熟，由此可見，社會一旦敗壞起來，教育得再好也頂屁用。我前面曾說，歷代士風從不見像明代這麼正派的，現在我該說，到魏氏弄國之際，歷代士風也從不見這麼卑下的。知識分子因為一國一民的最優質文化資產的傳承人和守護者，他們往往是歷史和現實的脊梁，也應該是脊梁，然而某些時代，他們非但不起這種作用，反倒沒有是非和廉恥。後來大獄興起之時，是各地普通民眾勇敢地站出來聲援和抗議。楊漣被解押途中，數萬人夾道揮淚相送；左光斗被捕情形亦復如此，百姓聞風而至，「擁馬首號哭，聲震原野」，連「緹騎」都被感動得落淚。

而許多知書達禮的官員則忙着向魏忠賢獻媚。天啟六年（1626），浙江巡撫潘汝楨，率先在西湖為魏忠賢建生祠，馬上諸方效尤，幾遍天下。開封建祠毀民居二千餘間；延綏巡撫朱童蒙建生祠，採用皇家王族才可使用的琉璃瓦；蘇州所建生祠，造像全部用沉香木，腹中腸肺以金玉珠寶為之；蘇薊總督閻鳴泰，一個人就為魏忠賢建祠七所，耗資數十

---

④ 《先撥志始》，卷上，萬曆起至天啟四年止。

萬……其時，遼東戰事方緊，開支愈來愈大，軍費短缺，致軍心不穩。然而保家衛國無錢，建生祠錢花得如流水；各地建生祠，「一祠之費，奚啻數萬金哉！」[①]

有一位小丑，名叫陸萬齡，是個監生（國立大學在校學生），他提出一個駭世驚俗的建議——以魏忠賢配孔子，以魏忠賢父配啟聖公（孔子之父叔梁紇），加以祭祀。他如此介紹理由：「孔子作《春秋》，忠賢作《要典》；孔子誅少正卯，忠賢誅東林。宜建祠國學西（國立大學西邊），與先聖並尊。」[②]他把這道奏疏遞交司業（副校長或教務長）林釬。林釬一閱，不禁掩面遮顏，羞慚難當。將陸疏一通塗抹，即夕掛冠而去。林釬為有這樣的學生羞愧，他的繼任朱之俊卻不抱同感，毫不耽擱，立即代奏，當然也立即獲得批准。

誠然，閹禍兇猛是明代的特色，但在以往，外廷與內廷的頑強對抗（所謂「宮府之爭」）也是一大特色。權閹搞定皇帝、得到其全力支持，往往不費吹灰之力，卻很難擺脫士大夫的圍追堵截、死纏爛打。劉瑾最得勢之時，士大夫裏有那麼幾個賣身投靠的，但這階層整體上未嘗馴服，相反，堅忍不拔的他們最終還是將劉瑾擊倒。把皇帝和士大夫雙雙搞定的，唯有這個魏忠賢。實際上，魏忠賢現象的出現，意義已遠遠超出了閹禍這個層面，而標誌着一個社會的基本倫理結構完全失效與崩潰。

因此，不要只把眼睛死死盯在魏忠賢身上；應該把視線投向他身後，投向那裏站着的一大群被稱作「閹黨」的人。這些人，受過最正統的教育，肩負守衛社會準則的責任，然而，他們徹底背叛了所受的教育，徹底拋棄了應負的責任。

這才是魏忠賢事件的真相。一個社會的真正墮落，從來不是以產生奸佞為標誌，而是以奸佞在何種程度上遭到抵制為標誌。只要人們不曾停止抗拒，惡勢力的一時得逞就不足為慮，社會倫理的底線就仍然沒有被突破。

壞人不可怕，可怕的是是非觀蕩然。

---

① 《玉鏡新譚》，卷七，建祠。
② 《明史》，列傳第一百九十四。

御史倪文煥，崇禎即位後，因附逆丟官歸鄉。朋友去看望他，見他大有悔意，就忍不住問：楊漣和左光斗因得罪權璫而罹禍，這樣的正派人，當初你怎麼會糾劾他們呢？倪文煥這樣回答：

> 一時有一時之君子，一時有一時之小人。我居言路（御史職責，「凡政事得失，軍民利病，皆得直言無避。」[3]故稱言路）時，舉朝皆罵楊、左諸人，我自糾小人耳。如今看起，元（原）來是兩個君子。[4]

雖屬狡辯，但他的邏輯卻很值得注意。正如我強調的，基本是非觀已經瓦解——因此，「一時有一時之君子，一時有一時之小人」、「如今看起，元來是兩個君子」這麼混帳透頂、恬不知恥的話，才講得出口。「舉朝皆罵楊、左」，我便心安理得跟着罵，且自認為是「糾小人」。尤其，這番話不是說在魏閹當政時，是說在那段歷史已被明確否定了的崇禎年間，益發說明當時士大夫心中已無是非可言，否則，不會以為這樣的話還能起替自己辯解的作用，不可能一邊「若悔前非」、一邊又如此談論對自己錯誤的認識。

錯，都不知道錯在哪裏。這叫無可救藥。

一句「舉朝皆罵楊、左」，令人寒意徹骨。說實話，跟這一句相比，魏忠賢幹的那些壞事，算不了什麼。不錯，他濫施酷刑、殘殺忠良，夥同客氏虐害後妃，以及任意偽造聖旨、廣置鷹犬、大建生祠等等罪狀，都駭人聽聞、史所罕見，但自我看來，仍抵不過「舉朝皆罵楊、左」這麼一句話。沒有這句話，魏忠賢再倡狂、再不可一世，也極渺小；有了這句話，突然之間，我就覺得他很強大，「須仰視才見」。

這心情，就如我在記憶中想起「文化大革命」。而今，「文化大革命」似乎只是幾個丑角擔綱出演的一齣鬧劇、喜劇，然而，只要親眼目睹過天安門廣場那上百萬人壯觀而可怕的紅色海洋，就必不以為「文化大革命」

---

③ 《明史》，志第四十九，職官二。
④ 《三垣筆記》，附識上，崇禎。

能是區區幾個「政治流氓、文痞」(郭沫若語)所折騰起來的。

　　將反動人物喜劇化,讓曾經的魔頭突然變成人人得而嘲諷的對象,的確是擺脫和走出歷史夢魘的好方法。但同時我們得提醒自己,這些迅速淪為「歷史的跳梁小丑」的人物,每個人身上都包含着最為沉重、嚴肅和不容迴避的話題。倘若我們是勇敢的,應該承認幾乎所有歷史上著名的醜類,都得到了社會的哺育甚至擁戴。這些醜類登上歷史舞臺,實際上只是執行着一個任務:將本無價值的,撕破給人看。社會已糜爛至此,蛆蟲方才有狂歡的機會;人類歷史每一齣大鬧劇,皆緣自理性在一個社會或時代的淪亡。

　　所幸,歷史終將由名叫「理性」的作者來書寫;於是,醜類們最後也紛紛回歸於醜類。我們的魏公公也不例外。

　　他的垮臺,可謂純屬偶然。假使天啟皇帝朱由校不年紀輕輕地死掉,我們絲毫不曾看見魏忠賢有任何垮臺的跡象。雖然朱由校死了,但假使魏忠賢不犯糊塗、關鍵時刻由於「小人物」根性而掉鏈子,他也不會垮臺——至少不會在天啟七年十一月垮臺。熹宗崩,以當時情勢論,他很有成算阻止朱由檢繼位為君;就算他自己不去當皇帝,立個傀儡總不難,這是唐朝前輩們玩爛的把戲,有一堆的成功經驗。而且客魏並非無此打算;抄家時,在客氏府中發現懷孕宮妝女子八名,「蓋將效呂不韋所為」[1],把有娠之女塞進宮去,安排機會讓她們被寵倖,將來生子以冒充朱由校骨血。此事載正史,如屬實,說明客魏不僅有培植傀儡的計劃,且進入實施,只因朱由校過早逝世而被打斷。《明史》還記載,朱由校死的當天,眾目睽睽之下魏忠賢不顧一切,瘋了似的派人急召崔呈秀:

> 內使十餘人傳呼崔尚書(崔呈秀時任兵部尚書)甚急,廷臣相顧愕眙。呈秀入見忠賢,密謀久之,語祕不得聞。或言忠賢欲篡位,呈秀以時未可,止之也。[2]

---

① 《明史》,列傳第一百九十三。
② 《明史》,列傳第一百九十四。

《玉鏡新譚》引《丙丁紀略》云其細節：

> 忽有數內臣，招呼兵部尚書崔家來。百官相顧錯愕，齊聲
> 云：「所言公（公事），當與眾公言之，天下事豈呈秀一人所可擅
> 與耶？」於是，呈秀不敢應命，而忠賢失意，無所措手足。[3]

如此緊要的生死關頭，他居然沒有主張，跟崔呈秀匆匆商量幾句，就選擇了實不難預見到的束手就擒的結局。這再次證明，魏忠賢作為壞蛋，也是個窩囊、沒本事的壞蛋。遇事不能識，或識而不能斷。他所以爬上權力巔峰，並不由於他是擺弄權力的高手，而主要是靠客氏這個女人，特別是天啟間本身已經朽爛得不可收拾的政局。

據說，他還有一個打算：如果不再被寵信，就帶着積攢起來的財富，度過「不失為富家翁」[4] 的晚年。後來，貶謫鳳陽時，他果然成車成車地裝載着細軟前往，真的打算到那裏「享受生活」。這好像不是一般的傻。

他就這樣傻呵呵地等着。兩個月後，新君崇禎皇帝朱由檢開始收拾他。

接到彈劾魏忠賢的奏疏後，朱由檢把他找來，讓人一字一句唸給他聽，觀察他的反應。其實朱由檢對於啃得了啃不了這根硬骨頭，心裏也沒底，他這麼做，是試探。而魏忠賢實在草包，連試探這樣的考驗都經受不住。他去找自己昔日的嫖友兼賭友徐應元「走後門」。徐從朱由檢做信王的時候起，一直在身邊當差。他的見識一點不比魏忠賢高，居然答應幫魏忠賢的忙。這事傳到朱由檢耳中，一下子讓他吃了定心丸；就像《黔之驢》裏的那頭老虎，突然識破那叫聲駭人、黑不溜秋的怪物，並非三頭六臂，「技止此耳」。

於是，十一月一日下旨，勒令魏忠賢去鳳陽祖陵司香，也就是守陵。

跟魏氏的罪行相比，這個處分不重，但肯定不是最終處分。這一着，當屬「調虎離山」之意，先把魏忠賢趕出京城，孤懸在外，失去盤根錯節的依託 —— 今天對各地大貪官的處理，也需要「異地雙規」，否則案子辦

---

③ 《玉鏡新譚》，卷七，敗局。
④ 《國榷》，卷八十八，天啟七年十一月。

不下去；朱由檢想出的點子，與此類似。

魏忠賢聽話乖順得出奇，老老實實上了路。

果然，一離開京城，朱由檢就沒了顧忌。魏忠賢雖然受到貶謫，但走的時候還是「自由身」，僕從財產一大堆。行至河北阜城縣，傳來消息，皇上藉口流放隊伍「自帶兇刃，環擁隨護，勢若叛然」，已派錦衣衛趕來，「前去扭解，押赴該處（鳳陽）交割明白」。[①]

此時的魏忠賢，就真的被打回原形：還是「魏傻子」，還是奴才。只能如羔羊一般，任人宰割。得知消息，他做出了天啟駕崩三個月以來唯一正確的決定：自殺。他知道自己必有一死，甚至不會等到抵達鳳陽。應該說，這一次，他對自己的前景絕沒有誤讀。

天啟七年十一月六日深夜，或者十一月七日凌晨，魏忠賢在阜城縣一間客店投繯自盡。死亡確切時間不明，因為人們是後來不見動靜，推門入內，才發現他已經死去。屋內一共兩具屍體；另一具，屬於他所寵愛的一個漂亮小太監，名叫李朝欽。

有自殺的勇氣，卻無放手一搏的膽量，讓人無法理解。在此之前，魏忠賢有造反的機會，也很有這樣的條件。他不是為了表示清白與忠誠，能反而不反；他明明有企圖，甚至計劃。沒有幹，歸根結底，只因骨子裏就是一個「小人物」，怯懦、不自信，無從超越。他一度成為「大人物」，乃至龐然大物，非因自己能幹，是從朱由校、客氏到整體壞掉的士大夫階層一起「幫襯」的結果。

提起魏忠賢，許多人記着他如何作威作福，如何荼毒天下，如何強勢的一面。在我，首先想到的卻是另一面：此人一生，先後兩次親自下手，去實行對自己的嚴重戕害 —— 頭一次將自己閹割了，第二次索性把自己殺掉。

我對此印象更為深刻。

---

① 《崇禎長編》，卷三。

黨禍

黨派門戶之爭，乃明末政治顯著特色。明之亡，有諸多不可避免的必然，而黨爭所起作用，為其犖犖大者。孟森先生說：「建州坐大，清太祖遂成王業，其乘機於明廷門戶之爭者固不小也。」[2] 隱然有「明非亡於強敵，而亡於黨爭」之意。而當時之人，則依自己的體會評論道：「嘗觀國家之敗亡，未有不起於小人之傾君子一事；而小人之傾君子一事，未有不託於朋黨之一言。」[3] 也認為明朝亡乎此，但偏重於從正人遭擯斥也即內禍的角度來看。應該說，以上兩個層面合起來講，才是對明末黨爭危害的較為全面的認識。

黨爭發展成黨禍，是天啟朝的事情，而其起源則遠在五六十年前，過程又極為複雜，足夠專門寫一本大部頭的史著。劉承幹說：「溯明季門戶之爭，始於神宗之倦勤，清流之禍，極（與「亟」通假）於熹宗之庸闇。」[4] 吳應箕則認為更早：「極於萬曆丁巳，而嘉靖諸政府已開其漸。」[5] 這是說，嘉靖年間，當夏言、嚴嵩、徐階各自專權，而黨同伐異之時，黨爭已經形成。這情形，我在敍述嘉靖故事的時候，曾細表過；我並且強調，那種爭鬥並非偶然，根本上亦非夏、嚴、徐等人主觀有此強烈意願，而盡出於嘉靖皇帝的馭人之術，是他一手挑撥和掌控的結果。嘉靖時代在明朝歷史上的轉折意味，於茲再次可見一斑。

門戶意識既開，遂演變成為一種政治模式，以及官場套路，後面的人，很容易就走到這種思路裏頭，既是政治經營的策略，亦是做大官的要訣。張居正作為徐階的傳人，順理成章繼承這筆政治遺產，當政期間，在與高拱等人的較量中，加以新的演繹。到萬曆中期以後，伴隨若干重大問題的爭論 —— 從「國本」之議、礦稅之爭，到「憂危竑議」、「續憂危竑

---

② 《明清史講義》。
③ 吳應箕《東林本末》。
④ 劉承幹《三垣筆記跋》。
⑤ 同上。

議」、「福王之國」、「梃擊案」——朝臣之間，派系林立，咸以彼此攻訐為能事；而政見分歧之外，一些人情世故也漸漸羼入其中，師門、宗姓、鄉黨……等等，終於形成了齊黨、楚黨、浙黨、東林黨這四大政治勢力。然彼時之所謂「黨」，既無組織，亦無章程、綱領，他們自己內部未見得有「結為同志」的意識，而是自外人、尤其相敵對的政治勢力眼中，這些人沆瀣一氣，勾結在一起，於是拿「黨」這樣一個明顯帶有醜化意味的詞相贈。

及魏忠賢崛起，各色黨人都聚集到他的麾下，來打擊東林黨。這時，混戰的局面開始簡化，變成閹黨與東林黨之間的單一對抗；基於門戶之見的「黨爭」，也開始走向所謂「小人之傾君子」的「黨禍」。

強調一下，對「小人之傾君子」，只能從整體上作此理解，並非只要反對過東林黨，便都歸於「小人」類。熊廷弼就是突出的例子。他在當御史時，專跟東林黨人搗蛋。他在同事中有兩個好友，一個叫姚宗文，一個叫劉國縉。三個人都不喜歡東林黨，經常聯手攻擊。熊廷弼這種行為，緣於性格，「性剛負氣，好謾罵，不為人下，物情以故不甚附」[1]，用今天話來講，屬於比較「個色」的人——誰都別惹我，惹我我就罵；只要不高興，逮誰罵誰。很情緒化，有點狂狷的味道，但並不包藏禍心和不可告人之目的。姚、劉這兩位，卻不同了。他們拚命向東林黨開火，意在謀取進身之階。後來熊廷弼被委重任，經略遼東，姚、劉本着同一戰壕之戰友，「苟富貴，毋相忘」的心理，指望熊廷弼拉一把，熊卻不屑搞這一套。於是這兩人掉轉槍口，傾力誣陷熊廷弼。不單自己幹，還鼓動同類群起而攻之，指責熊廷弼欺君、專斷、喪師辱國。熊廷弼果然被拉下馬。具有諷刺意味的是，替熊廷弼說話、實事求是肯定其功績和才幹的，倒是東林黨人。熊罷官後，不服氣，要求朝廷派人前往遼東核實情況。原本打算派那些攻擊熊廷弼的人擔當此任，是楊漣上疏阻止，改派中立的兵科給事中朱童蒙前往；朱返回後遞交報告稱：「臣入遼時，士民垂泣而道，謂數十萬生靈皆廷弼一人所留。」瀋陽被破之後，首輔劉一燝（在崔呈秀編織的《天鑒錄》

---

① 《明史》，列傳第一百四十七。

中，他排在東林黨第四位）出來說公道話：「使廷弼在遼，當不至此。」②
後來也是因為東林黨人支持熊廷弼復出的緣故，魏忠賢一夥把天啟二年
（1622）關外失守的賬，記在東林黨名下；曾經力攻東林黨的熊廷弼，也被
他們視為東林黨的同路人。

這個故事，說明三點：第一，攻擊東林黨，未必是小人；第二，小人
和君子之間，最終一定不能相容；第三，正人之間，縱然不和，也不失對
事實的尊重。

以上，將明末黨爭來龍去脈略作交待。然後專門說一說東林黨。

東林，書院名，在無錫，始建於宋代。當地有個大學者，名叫顧憲
成，流傳甚廣的楹聯「風聲雨聲讀書聲聲聲入耳；家事國事天下事事事
關心」即為他的手筆，頗透露了他的品性。萬曆二十二年（1594）因事忤
旨，革職，還歸故里。從此致力講學，實現以教育和學術兼濟天下的抱
負。先是在家中闢「同人堂」，教習士子，同時也常約請常熟、蘇州、松
江、宜興等處賢達來無錫講學。那時，長三角地帶已為全國文化和學術最
發達的所在，憑此依託，顧憲成迅速聚攏起濃厚的思想氛圍，一個學派呼
之欲出。不久，倡議重修東林書院，獲士紳回應，地方官也樂助其事。萬
曆三十二年（1604），修竣，顧憲成任主持，直至八年後（1612）去世。書
院既立，又有顧氏這樣的名儒主持，各方學者紛至沓來，朝中一些聲望素
著的官員如趙南星、鄒元標、孫慎行等，或遙為呼應，或親臨授學，東林
書院一時儼然士之淵藪。

與齊黨、楚黨、浙黨（更不必說後來的閹黨）不同，東林黨確實有了
一點近代政黨的影子。它是一個精英群體，有思想、意識形態上的認同，
有基本的倫理和治國理念，而非純粹出於各種功利目的達成的妥協，或建
立的同盟；同時，更重要的，它不僅僅是一個思想運動，一種空頭學術，
而明顯存在用理論改造現實的強意願，試圖去代表和表達比較廣泛的民眾
訴求（這是它在遭受魏忠賢迫害時能夠被民眾所擁護的原因）。

人們因為思想立場，匯集起來；然後又帶着這立場，返於政治實踐。

---

② 同上。

萬曆晚期，東林黨人的政治影響力開始顯現。他們在諸多重大朝政問題上，發出自己的聲音。由於當時政壇，只有東林黨人形成自己的基本政治理念，別的派別都是在攬權奪勢動機支配下，搞實用主義權術、機會主義政治，相形之下，東林黨人看起來似乎就很原則、很執著、很不順從、很理想主義，總扮演現實的批評者和反對派。這讓萬曆皇帝倍感惱火，嚴厲加以打壓；反過來，東林黨人在一般讀書人和民眾中間，卻取得良好聲譽，被目為「正人」。

這聲譽，乃是雄厚的政治資本，藉乎此，隨着神宗死去和光宗即位，東林黨人遂得成為主流派。一朝天子一朝臣，當初東林黨人從維護「國本」的立場出發，堅定支持太子朱常洛，阻撓朱翊鈞偏私鄭貴妃及福王，現在朱常洛熬出頭，當然要對東林黨人表示信賴。他開始重用東林黨人，雖然在位僅一月便遽爾病殞，但指定的顧命大臣中，東林黨人佔有相當的比例。「移宮案」中，也正是有賴這些人，朱由校才脫離李選侍控制，實現權力平穩過渡。出於這種關係，剛剛做皇帝的朱由校，與東林黨人之間，不但沒有齟齬，反而深為倚重，劉一燝、葉向高、鄒元標、趙南星、左光斗、孫慎行、楊漣、高攀龍、王之寀、袁化中、顧大章、周起元、魏大中、周朝瑞……這些東林骨幹以及同路人，或居高位，或被重新起用，從而出現了所謂「眾正盈朝」的局面。

「蜜月」是短暫的，朱由校遲早要跟東林黨人翻臉。非因別故，就是因為東林黨人以「正人」自居，試圖在政治實踐中堅持他們從思想理論上認明了的一些理念；反觀朱由校，作為皇帝，用「私」字當頭去理解、運用和支配權力，同樣必然。此二者之間，一定會有牴觸，一定將爆發矛盾。

「私」字發揮作用之際，朱由校自然而然與客、魏之流穿上一條褲子，而與扶其坐上龍牀的東林黨人愈行愈遠，直至視之為仇讎。

東林黨人，也因為以「正人」自居，不肯妥協，同樣陷入一種歷史宿命。這宿命，直接地講，就是「梃擊」、「紅丸」、「移宮」這明末三大案所形成的歷史積怨；欲明天啟黨禍的由來，三大案實為一個關鍵。

萬曆以來，東林黨人不棄原則，一直與眾宵小為敵，結下很多「梁子」。三大案中，他們得罪了一大批人：太監、寵妃、朝臣中的投機分子

等等。這些人個個懷恨在心，但有機會，即思報復。魏忠賢本人「移宮」之際押寶李選侍，又力主將朱由校扣為「人質」。東林黨人成功解救朱由校後，楊漣即曾疏劾魏忠賢，欲繩之以法。雖然在王安保護之下，使用調包之計，混淆視聽，將李選侍身邊另一個名叫李進忠、也犯有過錯的太監（前面說過，當時魏忠賢還未改名，也叫「李進忠」）推出抵罪，但這始終是魏忠賢一大心病。後來對楊漣、左光斗等出重拳、下毒手，實在也是被這恐懼所激發——從清洗東林黨後推出《三朝要典》來看，魏忠賢的目的就是要翻案，否定東林黨人作為這段歷史的「正確路線代表」。既然老大一馬當先，帶頭迫害東林黨，三案以來與東林黨人有各種「不解之怨」的眾宵小，能不歡欣踴躍、奮勇向前？

此為黨禍發作之前的一些背景。然而，大獄興起，第一位受害人卻並非東林黨，而是一個不相干的人。

話說天啟四年，魏忠賢權力已達極盛期，閹黨亦成氣候，「正人」與「小人」之間，已到決戰時刻。四月二十一日，有人突然上了一道摺子，指控內閣中書舍人汪文言招權納賄，而其後臺正是左僉都御史左光斗和吏科都給事中魏大中。奏摺遞上的第二天（乙巳日），就有「聖旨」：「下文言鎮撫司」[①]，反應出奇地快，恐怕是預謀安排好的。

這個姓汪的，算是當時北京政壇和社交界的一位奇人。安徽歙縣人，並非正途出身，過去在縣裏當一員小吏。有蘇秦、張儀之才，聰明之至，腦子好使得不得了，做人也是八面玲瓏、滴水不漏，而且頗具俠任之風。因為這些稟賦，萬曆年間，他被當地一位地方官看中，為他捐了監生的名分，派到北京「臥底」——在官場中「刺事」。由此，汪得以結交京城上層社會，所到之處，為人和才幹都教人刮目。靠某種機緣，與當時的東宮伴讀王安相識。據說，他經過觀察，發現王安「賢而知書」，於是「傾心結納，與談當世流品」，風雅之間，彼此相得。後又與東林黨人過從甚密，很快成為北京政界要人跟前的紅人，或者說，中國明代的「院外活動家」。他以這樣的身份，發揮重要作用；《明史》記有兩條：一是「用計

---

① 《熹宗天啟實錄》（梁本），卷四十一。

破齊、楚、浙三黨」，詳情不明，倘真有此事，此人巧智恍若孔明再世；一是光、熹之際，也就是「移宮案」過程中間，「外廷倚劉一燝，而安居中以次行諸善政，文言交關力為多」① —— 朝廷事靠劉一燝，宮廷裏面靠王安，而劉、王之間的溝通，則靠汪文言，最後成功粉碎李選侍的聽政企圖。這第二件大功，非同小可，汪文言以一民間政治家，在重大歷史關心發揮這種作用，也真稱得上古今一人。東林黨人一直很器重他，葉向高任首輔後，破格簡任他為內閣中書舍人。官職雖然頂小，但對一個沒有「文憑」「學位」亦即本無資格做官的人來說，卻畢竟是把腳踏入了官場。

正為此，尤其汪氏在「移宮案」中扮演了那樣的角色，他早已是魏忠賢眼中釘、肉中刺。

但魏忠賢絕不以整汪文言為滿足，汪下獄，只是由頭，以便挖出「後臺老闆」，揪出更大的牛鬼蛇神。東林黨人意識到了這一點。當時，負責辦這案子的鎮撫司首腦劉僑，並非閹黨。東林黨人、御史黃遵素去見他，說：「文言無足惜，不可使縉紳禍由此起。」② 以避嫌的語氣，婉轉指出有人想藉汪文言案生事，把國家搞亂。劉僑果然秉公辦案，不搞逼供信，「獄辭無所連」，對汪文言只做出褫職加打板子的處理。然而，數月後此案復發並在整個黨禍中居極重要的位置 —— 此乃後話，先按下不表。

汪案暫告段落，但所有人，東林黨也罷，魏忠賢也罷，都曉得事情絕不至此為止。發難汪文言，只是「冷空氣前鋒」帶來的烏雲，急風驟雨還在後頭，大清洗已不可避免。

面此情勢，東林黨幾個核心人物展開激烈爭論：到底要不要跟魏忠賢及其閹黨攤牌？楊漣認為退無可退，堅決主張反擊。左光斗、魏大中均抱同感，黃遵素、繆昌期則擔心「擊而不中」，局面不可收拾。

其實，黃、繆的擔心極有道理，只是楊漣所見更為透徹。當時形勢，無論東林黨人反擊與否，魏忠賢決心已定，必然下手。不管東林黨有無把握，他們都已沒了退路。

---

① 《明史》，列傳第一百三十二。
② 同上。

雖然意見並不統一，楊漣仍於六月初一，單獨上疏，矛頭徑指魏忠賢。列其二十四項大罪，有些是拿來充數的，但大多數是事實，罪名相當嚴重：擅權亂政，口啣天憲，培植親信，虐害妃嬪，墮殺皇子，傾陷大臣……

如果朱由校親自閱讀這份奏疏，不知道結果會如何。實際的情形是，奏疏首先落在魏忠賢手裏，他倒不敢不呈於朱由校，但據劉若愚說，魏忠賢安排王體乾唸給朱由校聽，後者「心感客氏培植掌印，遂將如許參本不肯字字唸全，而多方曲庇之。」[3] 有稱，朱由校所以不親自讀本章，係因幾乎不識字。這說法很可以讓人快意一笑，不過料非事實 —— 朱由校做皇帝以後，已經請了教師的，就算不刻苦，文盲的帽子應該已經摘掉。

王體乾掐頭去尾朗讀的效果相當理想，而且一旁還有客氏巧舌如簧，「彌縫其罪戾，而遮飾其回裏」。故而朱由校聽罷，感覺沒什麼大不了的，輕描淡寫地對魏忠賢說了如下幾個字：「爾聞言增惕，不置一辨，更見小心。」[4] 聽上去倒像表揚。又正式傳佈一道上諭（出自閹黨魏廣微之手），着重否認楊疏所提出的「毒害中宮，忌貴妃皇子」這項最嚴厲的指控，斥責楊漣「憑臆結禍，是欲屏逐左右，使朕孤立於上」。然後故作寬洪大量，表示「姑置不問」；末了，未忘記警告群臣：「不得隨聲附和，有不遵的，國法具（俱）在，決不姑息。」[5]

隨着上諭下達，風潮表面上慢慢平息，雙方的較量暫時轉入幕後。東林黨人努力說服首輔葉向高出面，領導倒魏運動。魏忠賢一夥則在琢磨用什麼辦法反擊。

這邊，葉向高還在猶豫不決，那頭閹黨已經想好對策。閹黨中，有個叫馮銓的翰林，他對魏忠賢建議說，這些士大夫們你不真正給他們點厲害瞧瞧，他們是不會住嘴的；本朝的廷杖，專門用來對付不聽話的大臣，如今再有搗亂的，就用廷杖 —— 說來也怪，朱由校登基四年多，還從來沒有使用過廷杖 —— 當年嘉靖皇帝不就是用廷杖把士大夫打老實了麼？

魏忠賢略一回味，就發現這是個好主意。廷杖比之詔獄，就有如無聲

---

③ 《酌中志》，卷十五，逆賢羽翼紀略。
④ 《國榷》，卷八十六，熹宗天啟四年。
⑤ 《熹宗天啟實錄》（梁本），卷四十三。

手槍之於大炮。有的時候,大炮不如無聲手槍好使;大炮火力是很威猛,但塊頭太大,搬弄起來頗費事,手續很多。一旦把人投入詔獄,必須整出口供,整不出來不能結案,前陣子,汪文言案就是這樣不了了之。而廷杖,只須萬歲爺一句話,打八十,打一百,打二百,就只管拖下去打,不想弄死他就放條活路,倘若取之性命,那也是下手輕重的事,人不知鬼不覺,很好操作。魏忠賢大喜。

看來,整知識分子,還是要靠知識分子自己出主意、想辦法。

魏忠賢篤篤定定坐在家中,看哪個倒霉蛋兒首先送上門來。

六月十六日,倒霉蛋兒出現了,名叫萬燝,官拜工部郎中。當時,萬燝正負責光宗陵墓工程,缺銅,到處找不到,聽人說宮裏有大量廢銅,就發文徵集。可自魏忠賢看來,宮中一切,「我的地盤我作主」,一個郎中級別的小外官,磕頭來求還則罷了,居然跟我公事公辦,發文索要。不給!萬燝雖然官卑職小,骨頭可絲毫不軟。索性動本參魏,所論遠遠超出廢銅爛鐵之事,想必也是受到不久前楊漣上疏的激發,破口大罵:

> 忠賢性狡而貪,膽粗而大,口啣天憲,手握王爵,所好生羽毛,所惡成瘡痏。蔭子弟,則一世再世;賚廥養,則千金萬金。毒痛士庶,斃百餘人;威加縉紳,空十數署。一切生殺予奪之權盡為忠賢所竊,陛下猶不覺悟乎?且忠賢固供事先帝者也,陛下之寵忠賢,亦以忠賢曾供事先帝也。乃於先帝陵工,略不屑念。臣嘗屢請銅,靳不肯予。間過香山碧雲寺,見忠賢自營墳墓,其規制弘敞,擬於陵寢。前列生祠,又前建佛宇,璇題耀日,珠網懸星,費金錢幾百萬。為己墳墓則如此,為先帝陵寢則如彼,可勝誅哉!今忠賢已盡竊陛下權,致內廷外朝止知有忠賢,不知有陛下,尚可一日留左右耶?[①]

比之楊漣措辭,更無顧忌,痛哉快哉。尤其「忠賢自營墳墓,其規制弘敞,擬於陵寢……可勝誅哉」這幾句,極其嚴厲。

---

① 《明史》,列傳第一百三十三。

魏忠賢頓時惡向膽邊生，「遂矯旨午門前行杖一百棍」，密令行刑者照死裏打，「杖後，於御道前倒拖橫曳者三匝，甫出而氣絕矣。」②

好像萬燝並非東林黨，但後來史家還是把他算作死於黨禍之第一人：「此奸逆縱殺立威第一人也。」③意思是，魏忠賢是從這裏大開殺戒，向東林黨發起總攻的。

從這天起，血腥的帷幕緩緩拉開。閹黨已然決意全面清算所有敢於向其權威挑戰者。但誰也不會想到，下一個目標，竟直指內閣首輔葉向高。在閹黨看來，葉向高是東林黨人的總後臺，雖然葉為人老成持重，甚至私下並不贊同楊漣激化事態的做法，但閹黨仍然認為「必去葉向高而後可」④，不扳倒葉向高，而欲給予東林黨以毀滅性打擊，是不可能的。他們像蒼蠅趴在雞蛋上那樣，仔細尋找着任何微小的縫隙。

終於，他們找到了。

當時負責糾察京城政紀的御史，名叫林汝翥，據說是葉向高的外甥。不久前，有兩個太監虐害市民，治安當局不敢處置，事情傳到「紀檢書記」林汝翥耳中，大怒：豈有此理！遂綁了來，各處鞭刑五十下。受罷刑，兩個太監找主子王體乾哭訴了，王聽說林御史乃葉向高外甥，如獲至寶，遂與客、魏一起，奏於朱由校，把事情說成林汝翥濫作威福，污辱內臣。朱由校這個傻冒兒，立即相信，命如萬燝例，也杖一百，削職為民。

得了旨意，宦官們即撲向林宅。可是那林汝翥事先聞知此事，腳底抹油，不知去向。林汝翥一溜，眾宦官正中下懷，當即奔葉向高府邸而來，以林汝翥乃葉氏外甥為由，「群璫數十圍葉寓，直入內宣，喧嘩搜捉」，直到葉向高緊急上奏，朱由校親自下令，眾宦官這才停止衝擊首相私邸，撤圍回宮。⑤

林汝翥出於畏懼逃脫，行為怯懦，有失憲臣風範，他自知可恥，不久就現身投案，被打一百棍，幾乎死掉。

---

② 《玉鏡新譚》，卷二，羅織。
③ 同上。
④ 《國榷》，卷八十六，熹宗天啟四年。
⑤ 《三朝野記》，卷二（下），天啟朝紀事，三年癸亥。

但這件事情根本是衝葉向高來的。「中官圍閣臣第，二百年來所無。」[1]這是巨大的羞辱，發生這種事態，出於榮譽感和抗議，為全體士大夫的尊嚴計，葉向高必須主動請辭。於是，遞上一份又一份辭呈，朱由校照例不允、挽留。但他如果確有誠意，應該處分衝擊葉府的宦官，卻並無表示。葉向高見狀，堅持辭職。虛情假意幾個回合，朱由校也就批准了葉的請求。

這又是閹黨一大勝利。通往迫害的大門從此豁然，楊漣、左光斗們即將大難臨頭。

東林黨倒也不曾坐以待斃，但他們能夠應戰的方式，有限而且無力。一是在一些職位人選上，與閹黨爭奪；一是上書皇帝，指摘和抨擊閹黨。八月，都察院左都御史孫瑋病故，趙南星以吏部尚書主持廷推，擬由楊漣升任此職，但被朱由校斷然拒絕。於是，改推高攀龍，得到批准。

結果似乎不錯，處境似乎不是那麼不利；東林黨人緊張的心情，稍得鬆緩。這或許使他們錯誤地估計了形勢，尤其是朱由校的態度。他們繼續抨擊閹黨，試圖在輿論上進一步影響皇帝。其實這根本沒用。以朱由校那樣是非完全混亂以至顛倒的人，就算遞上一萬本揭批奏章，亦無損閹黨一根寒毛。至於個別職位的爭奪，當皇帝本人已為閹黨左右的情形之下，也是毫無意義的；何況，允許高攀龍主掌都察院，難保不是閹黨一計，故意給你一點甜頭，讓你錯判形勢，助你驕縱之氣。

實際上，東林黨不斷參劾閹黨人物，確已讓朱由校心煩。對於國事，他毫無興致，只希望別來打擾他幹木匠活、嬉玩。魏忠賢、客氏、王體乾等了解這一點。東林黨人不斷添擾之際，他們就在一旁挑撥，加重朱由校的不悅。他們說，這些人打着憂國旗號，目的卻是拉幫結派。這個分析，很能打動朱由校；他覺得這些人喋喋不休的樣子，確實像是宗派主義、山頭主義。

十月八日，他第一次表態：

---

[1] 《啟禎野乘一集》，卷一，葉文忠公傳。

近日蹊徑歧分，意見各別，愛憎毀譽，附和排擠。大臣顧昔
（惜）身名，動思引去，小臣瞻風望氣，依違自合。職業不修，
政事隳廢。當由紀綱不肅、結黨徇私，以至於此。特戒諭爾等，
滌慮深思，更私易轍。②

雖然不曾點名，矛頭是指向東林黨的，「大臣顧昔身名，動思引去」
這句一望而知是針對葉向高。整個旨意，明顯可見閹黨觀點的影響，「結
黨徇私」四個字正是閹黨急欲給予楊漣、左光斗、趙南星、高攀龍等人的
定性，現終於被寫入上諭。這是重大信號，「事情正在起變化」。

過了幾日，因為山西巡撫人選之爭，再出一道聖旨，指名道姓譴責魏
大中「欺朕沖幼，把持會推，以朝廷封疆為師生報德。」又有「你部院大
臣，奉旨看議，何必含糊偏比，委曲（這裏作不正直講）調停。」③之語。
部院分別指吏部和都察院，它們的領導人，一個是趙南星，一個是高攀
龍。這道聖旨再次提到「朋謀結黨」。

受到皇帝明確指責，趙南星、高攀龍按照慣例，先後請求罷免己
職，均得批准。其中，趙南星免職的旨意，徑由內出，根本不經過內閣票
擬，也就是不給內閣 —— 葉向高去後，韓爌繼任首輔，他也被視為東林
黨 —— 說話的機會。高攀龍之罷，雖然交由內閣票擬，但當內閣認為以一
件並不很嚴重的事，驅逐兩位重臣（吏部尚書、左都御史屬於「九卿」），
處置失當時，朱由校 —— 或者完全將他控制起來的魏忠賢等 —— 便甩開
內閣，直接傳旨准許高攀龍辭職。

韓爌、朱國楨兩位內閣大臣做了最後抗爭，批評這樣重大問題一個
「御批徑發、不復到閣」，另一個雖下內閣票擬卻「又蒙御筆改移」，「大駭
聽聞，有傷國體」。而朱由校的回答，不僅重申對免職者「師生植黨」「附
和依違，全無公論」「不知有朝廷」的指責，還特意提到「或世廟時必不敢
如此」。④世廟即世宗嘉靖皇帝；那是士大夫被收拾得最服服帖帖的一段時

② 《熹宗天啟實錄》（梁本），卷四十七。
③ 同上。
④ 同上。

期，看來，朱由校以及魏忠賢等都對嘉靖時代心神往之，也希望親眼看到那樣的局面。

除內閣外，吏部和都察院是東林黨人盤踞的兩塊最主要的朝中要地，吏部主管幹部選用和升遷，都察院負責幹部監察和紀檢，因此，如果說東林黨一度操天啟朝組織工作大權，不為過。反之，自朱由校和魏忠賢來看，過去的吏部、都察院完全變質，為牛鬼蛇神把持，是個黑窩。趙南星、高攀龍被揪出打倒，乃端黑窩的第一步。要徹底打掉東林黨人的黑線，還需要把鬥爭引向深入。

十月十六日、十八日，趙南星、高攀龍先後去位，僅隔兩天，十月二十日，由顧秉謙、魏廣微起草，朱由校批准的一份詔書，即向全國公佈。[①] 詔書有別於日常政務中的上諭，用以發佈更加正式並且要宣達於全體國民的重大決策。與一般的簡短不同，這份詔書長四百餘字，有點鴻篇巨製的意思，實際上，它就相當於發動反對東林黨運動的宣言書。內容分三層，首先是對朝中嚴峻的政治形勢加以回顧和描述：

　　大小臣庶，坐享國家之祿，靡懷君父之憂，內外連結，呼吸應答，盤踞要地，把持通津，念在營私，事圖顛倒，誅鋤正人（閹黨之自詡），朋比為奸，欺朕幼沖，無所忌憚。

第二，當前「群小」的倡狂和鬥爭的緊迫性：「邇年以來，恣行愈甚，忠貞皆為解體，明哲咸思保身。」提到四月份以來楊漣等踵繼彈劾魏忠賢的浪潮，說：「朕前已有特諭，備極鮮明，如何大小臣工，視若弁髦（弁髦，古代貴族子弟行加冠禮時用弁束住頭髮，禮成後把弁去掉不用，後喻沒用的東西），全不尊信？」——我明明表過態了嘛，立場很鮮明嘛，為什麼這些人根本聽不進去，全當耳旁風？提到山西巡撫職位會推一事「皆是欺瞞，但遂營謀之私」，提到趙南星、高攀龍的垮臺及其反響：「今元兇已放，群小未安，或公相黨救，或妄肆猜忖」，意即他們「人還在，心不死」。第三，發出嚴正警告，表明將鬥爭進行到底的決心：

---

① 《熹宗天啟實錄》（梁本），卷四十七。

論爾徒眾，姑與維新（姑且讓你們參加到改過自新的隊伍中來），洗滌腎腸，脫換胎骨。果能改圖（改變思想認識），仍當任用，如有怙其稔惡，嫉夫善類（閹黨之自詡），甘願指縱之鷹犬，罔慮胎遺之禍患，朕將力行祖宗之法，決不襲姑息之政矣！

曾經有人設想，趙、高罷免之後，東林黨人暫作韜晦之想，俯首低眉，或能躲過一劫。其實並無此種可能。權力鬥爭，猶如兩個互相扼住咽喉的人之間的比拚，毫無退路，誰先鬆手，則性命立為對方所取。職是之故，儘管詔書聲色俱厲，尚存於朝的東林黨骨幹仍然只能硬着頭皮順慣性往下走。趙、高空下的位子，需要提出人選。起初，吏部、都察院分別提出由吏部侍郎陳于廷、左副都御史楊漣暫時代理。這兩人都是東林黨，不可能獲准。不過朱由校還算客氣，只是留中不發，冷處理，但意思並不含糊：各位，請給我知趣點兒！

東林黨人並非不知趣，然而又有什麼辦法？如今舉朝除了他們自己，都團結到了魏忠賢周圍，他們倘若不推舉自家人，就只能推舉閹黨分子，那豈非太過搞笑？因此，朱由校留中不發之後，在陳于廷主持下又搞了一次會推，報上幾個人選供定奪──這幾個人，還是東林黨。

朱由校大覺此乃「給臉不要臉」，怒甚。十月二十八日，降下嚴旨，痛斥長期以來吏部、都察院為黑線人物所控制，已成獨立王國（「吏部、都察院濁亂已久」），質問既然三番五次責令整改，「如何此次會推，仍是趙南星擬用之私人？」接着立刻點出陳于廷、楊漣、左光斗三人，欽定了「鉗制眾正，抗旨徇私」的罪名，乃至痛罵「老奸巨猾、冥頑無恥」，最末一句：「陳于廷、楊漣、左光斗，都着革了職為民！」[②]

寫到這裏，不能忘記交待一下。幾個月來，今日一道聖旨，明日一篇詔書，似乎朱由校忽然之間變得勤於政事起來。但實在而言，誰也搞不清這些以朱由校名義發表的言論，究竟有多少真正出自他本人。《實錄》都直截了當記在他名下，那只是因為它不便指出這些聖旨可能並非出於皇帝本

---

② 同上。

人，否則歷史會出現太多的混亂，太多的荒唐。但我們從側面了解到，朱由校一直無心理國，一直抱着多一事不如少一事的態度，以便有更多的時間和精力去做所感興趣的事。劉若愚證實，平時，魏忠賢、王體乾等專揀朱由校沉迷於自己手藝的時候來奏事，使後者感到不耐煩，揮揮手：你們用心去辦，我知道了。[1] 比較可靠的推想是，上述大多數旨意，都由閹黨寫好，唸或解釋給朱由校聽，取得他同意，然後發表。至於怎麼解釋，以及唸了什麼，卻是可以有很大自由空間的。

楊漣、左光斗丟官，是東林黨人的滑鐵盧。這是東林黨戰鬥力最強、聲望最高的兩位鬥士。他們的倒掉，就如同東林黨旗幟的倒掉。

除上述三人革職，參予會推的其他官員，被降職貶外。

二十天後，首輔韓爌見局勢如此，無心戀棧，求去，諭旨即准，且冷嘲熱諷，給足難堪。

依序繼為首輔的朱國楨[2]，既非東林黨亦非閹黨，算是當時的無黨派人士，魏忠賢對他談不上仇恨。但過不了多久，老先生發現自己在內閣裏呆着，怎麼都彆扭。表面上他是首輔，權力卻教顧秉謙、魏廣微之流分去不少。他想不計較吧，別人覺着他還挺礙事。沒意思得很。熬到十二月份，熬不下去，請辭，當然也獲批准。

天啟四年就這麼過去了。新年來臨之前，整個朝廷，從部院到內閣，原來位居要津的東林黨人，辭的辭，免的免，貶的貶，幾乎清理一空。毫無疑問，東林黨遭受了慘敗。

然而，趕跑東林黨巨頭，並不是閹黨的最終目的。閹黨分子雖然無緣知道《農夫與蛇》寓言，但休讓凍僵了的蛇甦醒後咬上一口的道理，還是懂的。打倒之後，還要再踏上一隻腳、教他永世不得翻身的認識，也是有的。因此，歷史掀到天啟五年（1625）這一頁時，「迫害」成了新的年度主題。

政治迫害，首先從圈定名單開始，排陣營、站隊、確立打擊目標；現

---

[1] 《酌中志》，卷十四，客魏始末紀略。

[2] 他就是前面敍嚴嵩事時，路過嚴嵩老家意外發現嚴嵩鄉聲極好的那個大學士。

代如此，古時也不例外。東林黨一倒，各種名單馬上出籠，顧秉謙、魏廣微進《縉紳便覽》，崔呈秀進《天鑒錄》，此外有《東林點將錄》、《東林同志錄》、《東林姓名》等。這些名單提供給魏忠賢和朱由校，作為組織清理的依據。《縉紳便覽》對於列入名單者，分別以姓名旁點三點、二點、一點，區分其重要性。《同志錄》與此相仿，惟將點改成圈，畫三圈、二圈或一圈。《天鑒錄》則將所有人分作首惡、脅從兩種。御史盧承欽對提供名單作出解釋：

> 東林自顧憲成、李三才、趙南星外，如王圖、高攀龍等，謂之「副帥」，曹于汴、湯兆京、史記事、魏大中、袁化中等，謂之「前鋒」，李樸、賀烺、沈正宗、丁元薦，謂之「敢死軍人」，孫丕楊、鄒元標，謂之「土木魔神」。[③]

這種取渾名、將人妖魔化的鬥爭手法，經歷過「文革」的人，會感到眼熟。別出心裁、最有創意的是《點將錄》，考慮到上呈的對象文化水平不高，為使其了解名單中各人的角色和重要程度，特意模仿《水滸傳》「水泊梁山論定座次」：

> 天罡星托塔天王李三才、及時雨葉向高、浪子錢謙益、聖手書生文震孟、白面郎君鄭鄤、霹靂火惠世揚、鼓上皂（蚤）汪文言、大刀楊漣、智多星繆昌期等共三十六人，地煞星神機軍師顧大章、旱地忽律游士任等共七十二人。[④]

湊足百單八將，生動形象，寓政治於娛樂，大老粗魏忠賢一看就懂。

這類名單一時滿天飛，乃至有書賈藉以牟利。江陰一位書商，不知哪里弄來東林黨人李應昇（天啟御史，《三朝野記》作者李遜之之父）之舅蔡士順編撰的書稿《尚論錄》，「凡列聲氣二百餘人」，刻印數十部攜至京城來賣。禮科都給事中徐耀聽說其中有自己的名字，「恐為異己者所構」，

---

③ 《三朝野記》，卷三（上），乙丑正月起。
④ 《酌中志》，卷十一，外廷線索紀略。《東林點將錄》的詳細名單，見《先撥志始》，卷上，萬曆起天啟四年止。

出大價錢把全部的書買斷，「祕不出」[①]，等於被敲詐一把。

後來，形成了統一的欽定的名單：《東林黨人榜》。朱由校批示：「一切黨人，不論曾否處分，俱將姓名、罪狀刊刻成書，榜示。」[②]

敵我「甄別」工作開展同時，再定是非，把「被東林黨顛倒了的歷史重新顛倒過來」。前面說過，魏忠賢在「移宮案」中追隨李選侍、阻撓朱由校登基，這無法改變，也無法否認，他為己洗清的惟一辦法，是推翻東林黨賦予此案的是非。魏忠賢之外，閹黨絕大多數人來自當年東林黨的對立面，在若干重大歷史問題上，與魏忠賢有同樣需要。

天啟五年初，這種呼聲漸起。四月，刑科給事中霍維華上疏，全面推倒「三案」（梃擊、紅丸、移宮）。五月，吏科給事中楊所修主張正式佈置官方歷史編寫機構，以新的觀點，對「三案」歷史問題重新敍述；還要求比照「大禮議」後嘉靖皇帝——又是嘉靖——所修《明倫大典》，把「三案」中的有關奏疏編輯成書，從中傳達何為正確何為謬誤的立場。天啟六年元月，正式決定開館修《三朝要典》（成立寫作班子），特諭明確指出，《要典》「凡例體裁，一仿《明倫大典》」，「凡係公論（閹黨觀點主張），一切訂存。其群奸邪說，亦量行摘錄，後加史官斷案，以昭是非之實。」[③]

《要典》以極快速度編成，八月即刊行天下，規定：今後一切咸依《要典》論是非。徹底否定東林黨，乃是主旨。因此，從萬曆年間立儲爭國本（替朱常洛爭太子地位）到朱由校登基問題，長達六十年的歷史，全部按照反東林黨的觀點重新審視。這當然符合閹黨利益，但讓人永遠弄不懂的是，當時在所有相關問題上，東林黨諍諫朱翊鈞、反對鄭貴妃、李選侍，均是直接間接維護朱常洛、朱由校父子的地位，然而到頭來，朱由校卻與當初損害他的人站到一起，判東林黨為非，東林黨敵人為是。即便這裏無涉正邪曲直，單從常識講，朱由校的行為亦實難為任何旁觀者所理解，無怪後人稱其是世所罕見的至愚至昧之人。

既然能搞出這樣一部敵友不分的「歷史決議」，接下來，當年兩大救

---

① 《三垣筆記》，上，崇禎。
② 《三朝野記》，卷三（上），乙丑正月起。
③ 《熹宗實錄》，卷六十七。

駕功臣楊漣、左光斗被活活整死，也就不足為奇。

東林黨是倒了，被他們「竊取」的權力也都收回，但是歸根結底，他們不曾謀反，也不曾叛國，沒有犯任何死罪，雙方只是政治鬥爭，套用現代語說，只是「兩條路線之間的鬥爭」。這讓魏忠賢以及很多對楊、左等恨之入骨的人，感到不爽。他們是期待看見東林黨骨幹分子鋃鐺入獄，甚至人頭落地的。

怎麼辦？另找突破口。

現代的經驗，欲把人整臭，就說他有「生活作風」問題。在明代這一條不靈，妻妾成群合法，尋花問柳也不丟人。那時能把人拉下馬來的好辦法，是指責他「招權納賄」。一旦如此，政治問題就變成刑事犯罪。

閹黨打的正是這個主意。他們重新想起約數月前那個曾被逮捕卻讓前鎮撫司頭頭劉僑釋放的汪文言。而今，劉僑早已被魏忠賢革職為民，讓親信許顯純掌理鎮撫司。

四年十二月，汪文言「二進宮」，這次罪名是受熊廷弼委託，行賄。收受賄賂者誰？楊漣、左光斗諸東林黨人也。

熊廷弼行賄，這件事有的，但行賄對象不是楊、左，恰恰是魏忠賢！《明史·熊廷弼傳》：「……後當行刑，廷弼令汪文言賄內廷四萬金祈緩，既而背之。魏忠賢大恨，誓速斬廷弼。」[4] 熊在個性上，確有怪誕之處；講好用四萬兩銀子買條性命，交易達成後，卻翻悔，不肯出錢，把魏忠賢氣得七竅生煙。正好，想置楊、左等於死地，即把索賄的罪名按在他們頭上。這才叫豬八戒倒打一耙。

熊與東林黨人之間，從頭到尾始終有不解之緣。朝中為官時，他因「刺兒頭」脾性，跟東林黨彼此鬧得很不愉快。後來去遼東主持軍事，被人進讒言免職，反而是東林黨人（首輔劉一燝）替他說話。重獲起用後，與當時遼東另一負責人王化貞，在戰略及諸多具體問題上意見相左。這王化貞又偏偏是東林黨領袖、時為內閣首輔的葉向高的門生。王仗着葉向高，打壓熊廷弼，而實際上，王的一套都是錯的，正確路線掌握在熊廷弼手

---

④ 《明史》，列傳第一百四十七。

中。因為不採用熊的策略，遂於二年正月釀失守廣寧（今錦州）、潰退關內之禍。王化貞下獄，熊廷弼免職聽勘。四月，三法司專案組確定獄詞，判王、熊同罪，「並論死」，敲定獄詞的，恰恰又是左都卸史鄒元標這樣的東林黨人。於是才有熊廷弼行賄「內廷」的舉動發生，沒想到，又因此大大得罪了魏忠賢。魏忠賢一惱，熊廷弼和東林黨人，從冤家對頭忽然變成同夥，死於同一椿案子。再過二三年，到了崇禎朝，出面呼籲為熊廷弼平反的，竟然也是東林黨人，復出再任大學士的韓爌力奏：「自有遼事以來，誣官營私者何算，廷弼不取一金錢，不通一饋問，焦脣敝舌，爭言大計。魏忠賢盜竊威福，士大夫靡然從風。廷弼以長繫待決之人，屈曲則生，抗違則死，乃終不改其強直自遂之性，致獨膺顯戮，慷慨赴市，耿耿剛腸猶未盡。」[1] 這段歷史的曲折跌宕，真讓人驚訝不已，而最終來看，東林黨還是做到了秉公論事。

回頭再說汪文言「二進宮」。此番由大酷吏許顯純鞫治，情形自不一般。五毒備至，死活逼汪供認楊、左收納了熊廷弼之賄。「文言仰天大呼曰：『世豈有貪贓楊大洪（楊漣，字大洪）哉！』」[2]「以此巇清廉之士，有死不承！」[3] 真是條漢子！許顯純無奈，動手偽造供詞，「文言垂死，張目大呼曰：『爾莫妄書，異時吾當與面質。』」這提醒了許顯純，「遂即日斃之」。[4]

憑着捏造而且死無對證的「汪文言口供」，閹黨提出長達二十餘人的有罪名單，趙南星、楊漣、左光斗等皆在其內。他們從中挑選最為切齒的六人 —— 楊漣（前左副都御史）、左光斗（前左僉都御史）、魏大中（前吏科都給事中）、袁化中（前御史）、周朝瑞（前太僕少卿）、顧大章（前陝西副使）——派緹騎（錦衣衛）至各地捉拿，投入詔獄，分別栽贓三千兩至四萬兩不等；趙南星等十五人則命各地撫按提問、「追贓」。

吳中為東林發祥地，有一大批東林要人。故而，天啟六年春，繼楊、

---

① 《明史》，列傳第一百四十七。
② 《明史》，列傳第一百三十二。
③ 《三朝野記》，卷三（上），乙丑正月起。
④ 《明史》，列傳第一百三十二。

左之後，魏忠賢為使吳中東林要人落網，又專門炮製一案。手法與汪案如出一轍：造假。他們抓住了任蘇杭織造的太監李實的一些把柄。據說吳地東林黨人朝中被逐還鄉之後，有意效仿當年楊一清用張永除劉瑾故事，「用李實為張永，授以祕計」，事為魏忠賢所聞，威脅李實，命他以「空印白疏」──蓋了蘇杭織造官印的空白公文──為交換，然後由魏忠賢死黨李永貞於「空印白疏」上構撰誣陷文字，呈奏朱由校，將蘇、錫、常一帶削職或落職在家的八位重要的東林黨人逮捕歸案。⑤ 以上只是一說，內幕則一直不明。實際上，東林黨人不大可能與李實密謀，後者貪虐，屢與蘇松巡撫周起元等東林黨人相衝突。劉若愚說，崇禎元年七月初四，他被提出監，御前訊問，「只辨朱墨之壓否何如」，即辨認文字是不是後寫上去的，據此「乃止以墨跡蓋朱，即指為永貞成案，永貞雖死，真正捏砌填寫此本這人，尚漏網倖免揚揚於聖明之世也」⑥，語氣相當存疑。

被批捕的吳地八位重要東林黨人是：高攀龍（前左都御史）、周起元（前右僉都御史、蘇松巡撫）、繆昌期（前左贊善）、周順昌（前吏部文選員外郎）、周宗建（前御史）、黃尊素（前御史）、李應昇（前御史）。他們的罪名是貪污──「誣起元為巡撫時乾沒帑金十餘萬，日與攀龍輩往來講學，因行居間」⑦──周起元貪污公款，並用於東林黨人的活動與聯絡。上述八人，坐贓三千至十萬不等，先後投入詔獄；只有高攀龍在緹騎將至的前夜自沉園池，他在遺書中說：「臣雖削籍，舊屬大臣，大臣不可辱，辱大臣則辱國矣。謹北面稽首，以效屈平（屈原）之遺。」⑧ 事後看，他的自殺，竟然倖免於煉獄之外。

兩次大逮捕，在各地都引起社會嚴重反彈，甚至激成民變。這是整個天啟統治期間，中國唯一令人感動的時刻。

楊漣「在朝正直，居鄉廉謹，天下共知」。因此，在其湖北老家，「一聞逮繫，郡縣震驚」，老百姓奔相走告，「欲奪漣而禁官旂」，城外「眾集

⑤ 《明史》，列傳第一百三十三。
⑥ 《酌中志》，卷十五，逆賢羽翼紀略。
⑦ 《明史》，列傳第一百三十三。
⑧ 《玉鏡新譚》，卷二，羅織。

至數萬，府道開諭不能散」。最後，是楊漣親自「帶刑具出城」，以「恐累族誅」為由懇求父老鄉親，群眾始散。等到楊漣押解上路之日，隨囚車前來送行的，有上萬人之多；老婆婆、賣菜的、盲人和乞丐「爭持一錢以贈漣」，為助楊漣「完贓」略盡綿薄之力。各州縣以及鄉村，「為漣設醮祈禱生還者，至數百處」；連錦衣衛官兵，或出於感動，或示好民眾，也出錢在關帝廟前為楊漣設醮。進入河南，情形一如湖北。「河南州邑，無不為漣請禱。」更有數以千計的人，自備資糧，把楊漣一直送到黃河岸邊。[①]

周順昌在故鄉吳縣極有聲望，平時民間若有冤情，抑或事若涉及民眾利益，他經常出面找有關當局陳訴，「以故士民德順昌甚」，非常認可他。抓捕周順昌的消息傳開，一連數日，縣城喧鬧不止，街頭到處是非正式集會，為周鳴冤叫屈。到起解那天，數萬人從四面八方趕來，不期而至，向巡撫毛一鷺和巡按徐吉請命。素來飛揚跋扈的廠衛鷹犬，起初沒把人們放在眼裏，厲聲呵叱：「東廠逮人，鼠輩安敢如此！」把鐐銬狠狠扔在地下，氣勢洶洶叫囂：「犯人吶？犯人在哪兒？」走狗的氣焰益發激怒民眾，有人喊道：「我還以為是皇上抓人，原來是東廠這幫雜種！」一語甫畢，在場數萬人「蜂擁大呼，勢如山崩」，竟動起手來，打得廠衛鷹犬抱頭鼠竄，當場打死一人，多人重傷。毛一鷺、徐吉嚇得不敢吱聲。直到較有民望的知府寇慎、知縣陳文瑞「曲為解諭」，事態才漸漸平息。[②]另一說，現場大亂時，是周順昌親自勸解，加上巡撫、巡按被迫承諾，暫不押解周順昌，「明晨出疏保留」，然後百姓親眼看見將周順昌安置在官署，方才作罷。第四天，趁夜半寂無人知，緹騎押着周順昌偷偷乘一小舟，「如飛而去」。[③]逮捕周順昌引發的暴亂，令魏忠賢「大懼」，一度不敢再派緹騎出京。

左光斗、魏大中、周宗建等人的被捕，在各地均程度不同引致騷動。

鎮撫司詔獄，實為人間活地獄。裏面酷刑，想像到，沒有做不到的，種種慘毒，難以盡述。權以楊漣所受之刑為例，他被許顯純鐵釘貫

---

① 《玉鏡新譚》，卷二，羅織。
② 《明史》，列傳第一百三十三。
③ 《玉鏡新譚》，卷二，羅織。

耳、土囊壓身，毒打至「體無完膚」[4]，「死而復甦者數次」[5]。清初桐城派泰斗方苞，作為左光斗故鄉後輩，在名篇《左忠毅公逸事》中，記錄史可法親口對其父母講述的當年潛入詔獄探望恩師左光斗，所目擊的情形：「左公被炮烙……倚牆席地而坐，面額焦爛不可辨，左膝以下，筋骨盡脫矣。」

左光斗意識到，這樣下去，魏忠賢、許顯純一夥勢必用酷刑直至把他們整死。他不甘心這樣被了結，與他的同志們商議，是否屈承罪狀，「冀下法司，得少緩死為後圖」[6]。這是因為，自從朱棣以來，詔獄便是超越於法律之外的祕密監獄，生殺予奪，一切可以不依程序，當犯人罪行確定之後，才移交刑部等司法部門定罪。左光斗的建議，就是抱此一線希望，先逃脫許顯純毒手，再圖後舉。這提議，其他五人均表同意；他們當中一半人原先職務與司法有關，顯然，是依據經驗認為可行。他們的天真在於，面對窮兇極惡之魏黨，仍然以為程序可以起作用。於是，「諸人俱自誣服」。

可是所期待的情形根本不曾發生，六人的認罪，讓魏忠賢喜出望外，益覺立於不敗之地，繼續羈押於詔獄，並迅即轉入「追贓」的下一階段——「令顯純五日一追比，不下法司，諸人始悔失計。」追比，即給完贓規定日期，到期不完者用刑；五日一追比，就是以五天為一期限，不能如數繳款，到期用刑一次。

這些東林黨人，大多為官清廉，家境也很清寒。魏大中「宦遊十載，家徒四壁」；周順昌「出入京華，唯一肩行李；涉歷宦途，止廿畝山田」；李應昇「廉名遠佈，宦橐蕭然」……[7]

楊漣更是家境「素貧」，所有家產充公，尚「不及千金」。他下獄之後，年邁老母流浪在外、寄宿譙樓，兩個兒子以乞討餬口和奉養祖母。「徵贓令急」，楊漣根本拿不出錢來，「鄉人競出貲助之，下至賣菜傭亦為輸

---

④ 《明史》，列傳第一百三十二。
⑤ 《熹宗實錄》，卷六十一。
⑥ 《明史》，列傳第一百三十二。
⑦ 《玉鏡新譚》，卷二，羅織。

助」①，仍是杯水車薪。根據許顯純的奏報，追比的成果不過是：七月八日追得三百五十餘兩，七月十三日追得四百餘兩②……而栽在楊漣名下的贓款數額是二萬兩！以此速度，最後完贓將追比多少次可想而知──他是斷無活命之望的。

尤有甚者，朱由校感覺五日一追比還不過癮，特命加重處罰，改為「逐日追比」。

> 楊漣等贓私狼藉，着逐日研刑追比若干。着五日一回奏。待追贓完日，送刑部擬罪。③

這個朱由校，且不說作為一國之君，即便從任何日常為人的基本道義看，都可稱狼心狗肺。他寵任客氏、魏忠賢等，驅逐朝中正人，甚至將楊、左等逮捕下獄，我們皆可置之不問；然而，他竟以「逐日追比」慘毒無比的方式對待楊、左，完全超出於「愚闇」之外，惟以天良喪盡可堪解釋。當年，楊漣於「移宮案」中，為他帝位不保憂心如焚，日夜焦思，「六日鬚髮盡白」④。這種光景，我們僅見於阻於昭關的伍子胥，所不同者，伍子胥乃為自己性命不保、家仇難保至此，楊漣卻是為他矢志效忠的君主和國家如此。對這樣的忠臣和恩人，朱由校竟然似欲食肉寢皮而後快，普天之下心肝爛掉的人，他可算頭一個。

有此嚴旨，而楊、左又無法完贓，其斃於獄中的命運已然注定。在打無可打、打得已無人形之下，公元 1625 年，天啟五年七月二十六日，深夜，楊漣、左光斗、魏大中三人，被許顯純祕密處死於詔獄。楊漣時年五十四，左光斗五十一。人們見到他們的屍體時，血肉模糊，潰爛不可識，「屍供蠅蛆，身被重傷，僅以血漬舊衣，裹置棺內」⑤。

八月、九月，首批投入詔獄的「六君子」中餘下的三位，袁化中、周朝瑞、顧大章，也先後遇害。

---

① 《明史》，列傳第一百三十二。
② 《熹宗實錄》，卷六十一。
③ 《熹宗實錄》，卷六十。
④ 《熹宗實錄》，卷六十一。
⑤ 《玉鏡新譚》，卷二，羅織。

以吳中東林黨代表人物為主的第二批遭迫害者,周起元、繆昌期、周順昌、周宗建、黃尊素、李應昇等,於天啟六年四月至九月間,同樣在飽受酷刑之後,盡數斃於獄中。

另有前刑部右侍郎王之寀,以另案先期死於獄中。王是「三案」之第一案「梃擊案」主要辦案官員之一,時任刑部主事。他堅持事實,而事實對鄭貴妃等極不利。當時,萬曆皇帝已有二十五年不曾露面,就因為王之寀就「梃擊案」提出的證據相當有力,牽涉鄭貴妃,才逼得朱翊鈞二十五年後首次接見朝臣,親自為鄭貴妃辯解。此事轟動一時。後來,王在黨爭中遭到陷害,削職。天啟初復出,戰鬥力不減,就「紅丸」「移宮」案,猛烈攻擊群小。天啟五年,修《三朝要典》,列王之寀為「三案」罪首,「遂逮下詔獄,坐贓八千」⑥。

細思之,天啟黨禍,對明朝命運並無決定意義。黨禍發生,誠然起到了助紂之效;但設若不發生,諒亦無改國勢頹壞之趨向。整個事件中,我們只發現一點積極因素,即民心向背,拘捕東林黨人時,各地迸發出來的在古代難得一見的民間社會逕直表達政治意願的熱情,十分可貴。倘使認識到民心可用,順勢而為,或可拯救國家於衰弱之中。然而,這近乎天方夜譚,以二百餘年來朱明政權的極端黑暗和反動,順民意求改革,當係世間最不可能發生之事。

朱由校、魏忠賢用駭人聽聞的毒獄,將這政權的反人民本能,作了最後一次淋漓盡致、欲罷不能的宣泄。任何時候,回顧這段充斥了迫害、虐待和殘忍的歷史,中國人都將深感蒙羞。聊以欣慰的是,正義仍存人心,而東林黨人的表現也顯示了極其勇敢、剛強的英雄氣概。時隔近四百年,捧讀《左忠毅公逸事》那樣的篇章,仍令人熱血沸騰,肅然起敬。歷來中國人文中的這種精神和情懷,應當視為民族寶貴財富加以搜羅,世世傳誦、哺育後人。在此,特將李應昇下獄後寫給其子李遜之的遺書,恭錄於後。其文平白,其情深摯,其心坦蕩,讀之可知正人君子如何處世:

---

⑥ 《明史》,列傳第一百三十二。

付遜之兒手筆 [①]

吾直言賈禍，自分一死以報朝廷，不復與汝相見，故書數言與告汝。汝長成之日，佩為韋絃，即吾不死之日也。

汝生於官舍，祖父母拱璧視汝，內外親戚以貴公子待汝，衣鮮食甘，嗔喜任意，驕養既慣，不肯服布舊之衣，若長而弗改，必至窮餓。此宜儉以惜福，一也。

汝少所習見遊宦赫奕，未見吾童生秀才時，低眉下人，及祖父母艱難支持之日也。又未見吾今日囚服逮及獄中，幽囚痛楚之狀也。汝不嘗膽以思，豈復有人心者哉。人不可上，勢不可凌。此宜謙以守身，二也。

祖父母愛汝，汝狎而忘敬，汝母訓汝，汝傲而弗親，今吾不測，汝代吾為子，可不仰體祖父母之心乎？至於汝母，更倚何人？汝若不孝，神明殛之矣。此宜孝以事親，三也。

吾居官愛名節，未嘗貪取肥家。今家中所存基業，皆祖父母苦苦積累。且吾此番銷費大半。吾向有誓願，兄弟三分，必不多取一畝、一粒。汝視伯如父，視寡嬸如母，即有祖父母之命，毫不可多取，以負我志。此宜公以承家，四也。

汝既鮮兄弟，止一庶妹，當待以同胞，倘嫁中等貧家，須與妝田百畝。至庶妹母，奉事告年，當足其衣食，撥與贍田，收租以給之。內外出入，謹其防閑。此桑梓之義，五也。

汝資性不純，吾失於教訓，讀書已遲，汝念吾辛苦，勵志勤學。倘有上進之日，即先歸養，若上進無望，須做一讀書秀才，將吾所存諸稿、簡籍，好好銓次。此文章一脈，六也。

吾苦生不得盡養，他日伺祖父母千百歲後，葬我於墓側，不得遠離。

---

① 《玉鏡新譚》，卷二，羅織。

塵埃落定

1627 年 9 月 30 日，舊曆八月乙卯日，天啟皇帝朱由校以二十三歲之齡和並非致命之絕症正常死亡。

真是罕有之怪事。這麼年輕，也無人謀害，根據史料，死因只是上溯兩年之前發生的溺水事件 —— 當時乃是盛夏，他受驚之外居然受涼，並且健康狀況就此崩潰，緩慢而不可逆地走向死亡。他可能是有史以來身體抵抗力最差的小夥子，弱到讓人無法理解，只能情不自禁地設想，必是天不佑彼，就像他所象徵着的朱明王朝。

他死後兩個多月，也即天啟七年十一月，魏忠賢自殺。客氏浣衣局掠死。客魏兩家均被抄家；魏忠賢侄魏良卿，客氏子侯國興、弟客光先伏誅、棄市，家屬無少長皆斬。

大臣中爬至高位的閹黨，只殺了一個人，崔呈秀。

閹黨勢力盤根錯節，未能一遽而除。

崇禎元年上半年，魏忠賢扶持的內閣黃立極、張瑞圖、施鳳來等陸續罷。五月，毀《三朝要典》，銷其板。二年（1629）三月，始定逆案，分處磔、斬立決、秋後處斬及充軍、坐、徒、革職、閒住等罪名，計二百餘人。而閹黨人數，實遠多於此。

撥亂反正過程中，令人唏噓的一幕，是遇難諸臣後代奔走呼籲，以及他們揭露出來的兇殘與黑暗。惡夢般的細節，見證、詮釋了人妖顛倒、法度蕩然、黯無天日的現實。

袁化中之子袁勘率先上書，拉開了遇難諸臣後代鳴冤的序幕。

幾天後，黃尊素之子，未來的明清之際思想巨人黃宗羲，上書崇禎皇帝，陳述蒙冤者的慘狀，和冤案對一個家庭的毀滅：

> 迫下鎮撫司打問……酷刑嚴拷，體無完膚……一日，獄卒
> 告父曰：「內傳今夜收汝命，汝有後事，可即書以遺寄。」臣父乃
> 於三木囊頭之時（「三木」是脖子、手、腳上都上木枷；「囊頭」

是把頭用口袋套住），北向叩頭謝恩，從容賦詩一首，中有「正氣長留海嶽愁，浩然一往復何求」等語。自是，而臣父斃命於是夕矣。

　　誣坐贓銀二千八百兩，臣痛父血，比遍貸臣之鄉商於京者，並父之同年、門生，差足交贓將完，而殺機遂決矣。[1]

　　由這份傾述父冤的奏疏，可想見黃尊素的遭際，對黃宗羲反君權的思想萌芽，會起很大作用。

　　楊漣之子楊之易，拿出了父親獄中被打得遍體膿血之時，蘸血所寫絕筆書《枉死北鎮撫司楊漣，絕筆書於獄神之前》。全文兩千餘字。楊漣自知必死，叩託於顧大章，萬一得見天日呈於聖上。顧大章妥為藏匿，終於保留下來。

　　絕筆書將全部感受歸納於一句話：「公論與人心、天理俱不足憑」。楊漣講述自己在獄中的情形：「一入都，偵邏滿目，即發一揭亦不可得，下情不通至於如此。打問之日，汪文言之死案孽，不容辯。血肉淋漓，生死傾刻，猶冀緩死杖下，見天有日，乃就本司不時追贓限之狠打（強忍酷刑，不想自殺，以待撥雲見日）。此豈皇上如天之意、國家慎刑之典、祖宗待臣之禮，不過仇我者立追我性命耳！藉封疆為題，追贓為由，使枉殺臣子之名歸之皇上。」[2]

　　字字血，聲聲淚。

　　魏大中之子魏學濂、周順昌之子周茂蘭，也各上血書。魏學濂代表「慘死諸臣之子孫」，懇求崇禎皇帝准許將元兇魏忠賢、許顯純首級交與他們，獻於「鎮撫司牢穴前，呼其先人，哭痛澆奠。」[3] 由於冤情似海，一時間，血書潮水般湧來，以致崇禎不得不加以制止：「血書原非奏體，以後悉行禁止。」[4]

　　奸人就戮，閹黨覆滅，忠正洗冤。某種意義上，明代最黯無天日的一

---

① 汪楫《崇禎長編》，卷九。
② 《崇禎長編》，卷十四。
③ 同上。
④ 《周忠介公燼餘集》（周順昌），卷四，附錄，周茂蘭鳴冤疏。

段歷史或許可說塵埃落定了。然而，事情本身雖然畫上句號，它的影響卻不曾終止。這樣一種惡，投射於人心和社會的陰影，不會因為幾個惡人受到懲罰而消失。表面上塵埃落定，內裏的頹喪、不滿和絕望，則留存於生活的每個細胞。

這就是新君朱由檢面臨的根本性的悲劇局面。他精疲力歇以求重整朝綱，卻發現從人民百姓到士大夫，沒有人買賬。最終來看，朱由檢不過是試圖以一人之力，去還幾代皇帝共同欠下的債。

他不明白事情是這樣的，困惑、哀歎、憤怒、自憐。

他不知道，只有明朝滅亡，才是真正的塵埃落定。

這個皇帝不享福

歷史，是一位喜歡惡作劇的老人。我們看到，至少自弘治皇帝之後，明朝百多年中，沒有一個皇帝肯稍微認真地履行自己的職責，然而，在它行將完蛋之際，反而跑出來一位想要好好工作的皇帝。

歷來都把崇禎皇帝視為悲情人物。除了亡國、吊死的下場，許多人還替他抱一些不平，嗟歎此人勤勤懇懇，一生操勞，卻不得好報。只因人們久已習慣了皇帝的淫逸，一旦偶爾有個將身心撲在國事上的，大家好像反而於心不忍，覺得這樣當皇帝，有點虧。

不管怎麼樣吧，崇禎皇帝 —— 朱由檢 —— 真的是沒享過一天的福。他的不享福，與老祖宗朱元璋宵衣旰食那種簡單的勤政生涯不同。除了身體的忙碌，朱由檢苦在精神和內心。登基前後擔驚受怕；做皇帝一十七年，朝野內外，危機四起，一團亂麻，他左支右絀，疲於應付，吃不香、睡不安；末了，死都死得不輕鬆，國破家亡，帶着恥辱和錐心之痛，吊死。

那張龍牀對於他，如坐針氈。

光宗朱常洛生子不少，一共七個，活下來的卻只有兩個。一個是朱由

校，另一個就是朱由檢。

朱由檢排行老五，萬曆三十八年（1610）十二月生。母親劉氏，生朱由檢那年，十八歲。朱常洛這個人跟他父親朱翊鈞是一丘之貉，都很薄情寡恩。劉氏十八歲替他生了兒子，他待人家卻很不好，劉氏極為抑鬱，萬曆四十二年（1614）死掉，只有二十二歲，還是花季妙齡。

朱由檢四歲失去母親，朱常洛把他交給西李——就是「移宮案」中那個賴在乾清宮不走的李選侍。那時有兩個李選侍，為了區別，人們分別把她們叫作西李、東李。西李是一個刁蠻的女人，卻為朱常洛所喜歡。東李人很好，後來，朱由校繼位，請東李承擔撫育五弟由檢的任務。

又過五年，朱由校母親王氏也悲病交加死掉，朱常洛又把他也送到西李宮中。這樣，兄弟倆在一起共同生活了一段時間。當時，朱由校已經十四歲，朱由檢九歲。

西李的頤指氣使，朱由校後來忘得一乾二淨，反過來跟客魏一道，迫害把自己從西李手中解救出來的楊、左等人。但朱由檢不曾忘記。

「至泰昌元年九月內移宮後」，剛登基的朱由校降旨，朱由檢「改託光廟選侍東李老娘娘，即曾封莊妃者看視」。東李的莊妃封號，是朱由校給的，朱常洛不曾封她為妃。

這是朱由檢一生中比較幸運的事。東李，也就是現在的莊妃，性格「仁慈寬儉」。逐字地講，就是心地善良，有母性，待人寬和，生活樸素。她給了朱由檢很好的照顧，「愛護關切，勝於親生者也」。在給予母愛的同時，也把比較端正的人品傳授給朱由檢。

但是，一般狗眼看人的勢利之人，卻並不尊重她。負責服侍莊妃的太監頭目叫徐應元，魏忠賢的鐵哥兒們，賭友兼嫖友。他眼裏沒有莊妃。「應元既倚逆賢，藉勢驕蹇，每叩見時，或揚揚自得，或答詈左右，無所忌。」莊妃是個內向的人，受了氣全咽在肚子裏，「謹重寡言，負氣憤鬱，竟致病薨」。死於哪一年，不詳；當在天啟二年以後。

朱由檢從小喪母，在西李宮中度過一段無人疼愛的時光，好不容易在莊妃這裏重新找回母愛，卻又很快失去，痛苦可想而知。莊妃之薨，令他極「哀痛」，「未忍視慈母異生母也」，亦即，在他心中，莊妃跟親生母親

一般無二。而是誰害得慈母過早逝去，一清二楚。所以，朱由檢與魏閹之流之間，是有深仇的。[①]

天啟二年，封信王，但一直住在宮裏，直到天啟六年，才遷信王府。天啟七年，十七歲，選城南兵馬副指揮周奎之女為王妃，即後來的周皇后。

前面人生冷寞孤寂的處境，養成了他謹慎多疑的心理。他很難信任人，小小年紀就懂得防範別人，用疑懼的眼光看世界。這不能怪他。那種經歷與環境，誰都不可能發展出豁達敞亮的性格。做信王時就很有心眼兒，「慮左右侍從半是逆賢之黨，倘被逆賢所知，或致猜防忌，畏殊未便」。身邊的徐應元「每倚逆焰，屢恣肆不謹，今上（朱由檢）久優容之，或改顏假藉之，纖毫圭角不露也，聖度之用晦委蛇如此」。[②]

他盡力保護自己。「帝初慮不為忠賢所容，深自韜晦，常稱病不朝。」[③] 遠離政治，也就是遠離禍害。

但皇兄病重之際，他是躲不過了。天啟七年八月十一日，朱由校傳召朱由檢。弟弟入內，見哥哥倚靠在牀上，投來深深的注視。

> 熹宗憑榻顧帝曰：「來！吾弟當為堯舜。」
>
> 帝懼不敢應，良久奏曰：「臣死罪！陛下為此言，臣應萬死。」
>
> 熹宗慰勉至再，又曰：「善視中宮。魏忠賢可任也。」
>
> 帝益懼，而與忠賢相勞，若語甚溫。求出。[④]

這就是朱由校傳位於朱由檢的那一刻。恐懼，不是裝出來的；眼前每一個人 —— 從哥哥到魏忠賢 —— 以及他們嘴裏吐出的每一個字，臉上浮現的任何細微的表情，都必須非常準確仔細地辨別和了解。

十天後，終於傳來朱由校的死訊。魏忠賢派他的心腹太監涂文輔，到信王邸迎接朱由檢入宮。有人如此形容這一時刻：「烈皇昔由藩邸入繼大統，毒霧迷空，荊棘遍地，以子身出入刀鋒劍芒之中。」[⑤] 據說，入宮前，

---

① 以上敘述，並見《酌中志》，卷四，恭紀今上瑞徵第四，卷八，兩朝椒難紀略。

② 《酌中志》，卷四，恭紀今上瑞徵第四。

③ 《崇禎長編》，卷一。

④ 同上。

⑤ 文秉《烈皇小識》，序。

朱由檢從自己家中悄悄藏了一些吃的在袖中，「不敢食宮中物」；當晚，「秉燭獨坐」，一夜未睡，以防被害。①

以當時情勢，戒備、擔心、緊張，可以理解。但也見出朱由檢多疑、心事過重的性格。將來，在十七年執政生涯中，這種性格，壞了不少事，甚至是他走向毀滅的根由。

對於解決魏忠賢，他的處置還算有力。登基後，表面上仍優容客、魏，暗中將內廷要害處，慢慢換上從信王府帶來的人，魏的親信如李朝欽、裴有聲、譚敬等，一一准其辭休，所謂「逆賢羽翼，剪除一空，復遣散內丁，方始謫逐逆賢」②。不過，這也談不上像有人驚頌的「天縱英武」、「聰明睿智」。所用手法，老生常談。關鍵是魏忠賢缺乏勇氣，心存僥倖，緊要關頭為其「小人物」本質所主宰，傻性復發，而選擇坐以待斃結局。

對朝中閹黨分子，也用類似辦法，潛移默奪，先削其勢，解除他們的職務，再於崇禎二年定逆案。

過去幾任皇帝失政，緣自認識昏瞶，顛倒是非。朱由檢的認識不成問題，知道何為是，何為非。單單這一點，他就算百餘年來明朝僅有的不曾豬油蒙心的皇帝。

解決魏忠賢的當月，他指示兵部：「朕今於各鎮守內臣概撤，一切相度機宜，約束吏士，無事修備，有事卻敵，俱聽經督（經略和督師）便宜調度，無復委任不專，體統相軋，以藉其口。各內官速馳驛回京。」③ 這是大動作。鎮守制度，是永樂以來依靠宦官、重用宦官政策的主要體現，是明朝的一個禍根。

過幾天，指示戶部停止蘇杭織造。「朕不忍以衣被組繡之工，重困此一方之民。稍加軫念，用示寬仁。」④ 這也是大動作。蘇杭織造，絕不僅僅是做幾件衣服的事；歷來，為着幾件衣服，蠹蟲們盤剝敲詐、作威作福，壓得東南之民喘不過氣來。

---

① 《烈皇小識》，卷一。
② 同上。
③ 《國榷》，卷八十八，天啟七年十一月。
④ 同上。

指示吏部，立即着手政治平反：「詔獄游魂，猶然鬱錮，含冤未伸。着該部院、九卿科道，將已（以）前斥害諸臣，從公酌議，採擇官評。有非法禁斃，情最可憫者，應褒贈即與褒贈，應恤蔭即與恤蔭；其削奪牽連者，應復官即與復官，應起用即與起用；有身故捏贓難結、家屬波累羈囚者，應開釋即與開釋。」⑤ 態度非常鮮明，要求非常明確，考慮也很周全：對牽涉到的每一個人，重新甄別，給出官方鑒定；該恢復名譽的恢復名譽，該撫恤的給予撫恤，被錯誤解職的回到原工作崗位，含冤致死而身背贓務的一律解除，其家屬在押者，一律釋放。

如果崇禎早生幾十年，在那種時候做皇帝，也搞這麼幾下子，絕對是鶴立雞群，絕對可以作為一個有作為、不平凡的皇帝留諸史冊。可惜，明朝到了 1627 年這樣的時候，這一切不頂用了，歷史對於朱由檢提出的要求，遠多於此，也遠苛於此。擱在往常，這麼勇於破除陋政，已屬難得；但現在，他不單要能破，更要能立，國家千瘡百孔，危殆旦夕，必須拿出辦法來。在「破」的方面，崇禎做得不錯，然而對於「立」，他卻拿不出什麼辦法。

就主觀言，他確實努力了。他曾說：「朕自御極以來，夙夜焦勞，屢召平臺，時廑（勤字的古體）商榷（榷），期振惰窳，共爾位一洗欺玩頹靡之習，共收奮膺熙績之功。」⑥ 這是事實，不是自吹自擂。裏面提到的「屢召平臺」，指皇帝親自接見群臣，處理日常政務。這種情形，自武宗起六代天子，基本消失，朱由檢不單把它恢復，並且一直堅持下來。他鄭重承諾，除酷暑奇寒等過於惡劣天氣以外，「朕當時御文華殿，一切章奏，與輔臣面加參詳，分別可否，務求至當。」

他打算面對現實，動員群臣一齊來找出弊端，甚至他本人就是現實的最激烈的批評家。崇禎四年（1631），他藉遭遇旱災為題，敦促舉朝反思，一口氣例舉了十一種嚴重歪風：一、臣下「事多蒙蔽」，不講真話。二、「用人不當」，有才幹、有能力者不能進用。三、「任事者推諉不前」，尸

---

⑤ 《烈皇小識》，卷一。
⑥ 《崇禎長編》，卷十二。

位素餐，得過且過，明哲保身。四、「刑罰失中，而獄底多冤」，司法腐敗。五、「墨吏縱橫，而小民失所」，基層官吏為非作歹，欺壓百姓。六、「遵、永之援軍，擾害土著」，派往遵化、永平前線的軍隊，擾害民眾。七、「秦、晉之徵伕，妄戮無辜」，在山陝兩地徵伕過程中，擅殺人民。八、「言官之參論，修怨徇私」，負責糾察政紀的官員，不秉公行使職權，而摻雜個人目的。九、「撫按之舉劾，視賄為準」，地方要員根據賄賂，來決定對於屬下的薦舉或參劾。十、「省、直之召買，暗派窮黎」，各省及南北直隸，把徭賦的負擔主要加之於窮人。十一、「邊塞之民膏，多充私囊」，國家用於邊防軍事的糧餉，被大量私吞。[①]

他對局面如此之壞的理解，落在吏治這一點上。他要以吏治為綱，綱舉目張。

有沒有道理？有道理。經正德、嘉靖、萬曆、天啟四朝，毀得最徹底的就是「士」這個階層。信仰全喪，操守和職業道德也跟着土崩瓦解。大家全在坑蒙拐騙、損公肥私。

然而，崇禎雖然知道問題出在哪裏，卻拿不出解決的辦法。

簡單講，此時的明朝就像一間即將倒閉的公司：朝廷與官員之間，就好比僱主和僱員之間失去了信任，原來雙方訂立並且要彼此信守的契約被破壞了，循規蹈矩、認真負責、勤懇工作的僱員，一個接一個倒霉，而耍刁使滑、胡作非為、中飽私囊的僱員，反而被欣賞和提拔，給予各種實際好處甚至榮譽。所以，每一個僱員如今都明白過來應該怎麼辦，不再遵守契約，也不再相信他們的僱主。

崇禎的做法，無非是重申朝廷與官員之間的契約，並要後者相信他這個主子跟前面幾位是完全不同的。而對官吏們來說，他們根本不可能再相信朱家，除非徹底換一個新的僱主。

以前士大夫對於朱家，心中存着「效忠」二字；而今他們腦子裏只有「博弈」意識，即大家都在玩一場遊戲，你玩我，我也玩你，互相玩，就看誰玩得過誰。

---

① 《崇禎長編》，卷四十五。

十七年（1644）三月十九日，天未明，時李自成軍已攻入皇城，鳴鐘集百官，竟無至者。朱由檢登煤山，自縊；死前於袍服上大書：「無傷百姓一人！」

一個比較理想主義、比較有激情的皇帝，趕上了一群不再相信理想主義、不再有激情的士大夫，事情就比較搞笑。

崇禎的見地不能達致這一層，所以氣憤：我這個皇帝，夠正派，夠勤奮，夠負責，夠辛苦，你們上哪兒找這麼好的皇帝？為什麼還不振作，還不兢兢業業，還不積極進取、奮發有為？沒有好皇帝，你們抱怨；有了好皇帝，你們卻也並不珍惜……他很替自己不平，而益發厭惡「深負君恩」的臣子，久而久之，就有「君非亡國之君，臣皆亡國之臣」的激越之語。

孟森先生對此語尤不以為然，譏問：「孰知用此亡國之臣者即鑿然亡國之君也？」[2] 這責難，在邏輯上肯定是成立的。然若僅僅以此邏輯回答一切，又未免偏頗。整個崇禎時期，銳意進取之君與病入膏肓、難挽頹勢的現實之間不可跨越的鴻溝，是一對最基本最主要的矛盾。它們彼此牽制、互動，你中有我，我中有你，以死結的方式糾纏起來，一道把明王朝絞死在一棵歪脖子樹上。

我們現在就不妨看一看，在何意義上「臣皆亡國之臣」算得上有感而發，而「君非亡國之君」云云，卻在何意義上並非事實。

君臣之間

政風劣壞，人們往往以「腐敗」二字言之。但細察其情，腐敗也是有分別的，不能一概而論。

有一種腐敗，鑽制度與法律的空子，以權謀私；這類現象，何朝何代

---

② 《明清史講義》。

都有，無法根除，或者索性可以認為——權力必然伴生腐敗，惟程度不同而已。制度比較嚴密、監管比較有效，就輕一些，反之就重一些。總之，這種腐敗雖同屬可恨，但我們無奈卻只能以「正常」理解之，除非權力本身這東西，人類可以消滅之。

還有一種腐敗，已不僅僅是鑽空子，偷摸以為而已，簡直成了與制度和法律分庭抗禮的另一套規則、尺度。制度、法律，名義上雖在，卻已形同虛設，社會的真正運行不能按照公開的合法的準則，而非得按照腐敗的準則，不然就不能運轉，就簡直無法辦任何事。這種腐敗一旦發生，社會必已到崩潰邊緣，因為在它背後，是人心的徹底渙散，社會沒有任何公信，完全返於「人為財死，鳥為食亡」的動物狀態，顯示了「好一似食盡飛鳥各投林，落了片白茫茫大地真乾淨」的普遍而強烈的預感。

李清，崇禎年間中進士，並開始做官，歷刑、吏、工三科給事中，官場見聞極廣。明亡後隱居，將所歷者記於著述，因為曾任職三科，故名《三垣筆記》（垣，古時也是官署的代稱）。明末政壇的腐敗，究竟到什麼地步，翻翻此書，大致可以明白。

內有一條，記錦衣衛頭目吳孟明，「緩於害人，而急於得賄」。其子吳邦輔「尤甚」，「每緝獲州縣送禮單，必故泄其名，沿門索賂，賂飽乃止」。東廠情形亦復如此。李清舉了一個例子，說某知縣送給翰林編修胡守恆二十兩銀子，求他寫一篇文章，胡錢還沒拿到手，僅僅事為東廠所聞，「亦索千金方已」。

這裏面值得注意的，有這樣幾點：一，錦衣衛、東廠是當時兩大刑偵部門，竟然完全變成敲詐搞錢工具，而誰都曉得，司法腐敗（執法違法）乃是最可怕的腐敗。二、事情的背景，應該是崇禎狠抓吏治，展開清查貪官污吏的行動，然而連這樣一個行動本身都變成了腐敗的一部分，時事糜爛到何等地步可想而知。三、吳孟明及其兒子「故泄其名，沿門索賂，賂飽乃止」的做法，令人目瞪口呆，但同時這做法的背後，也確實是以大量腐敗現象為支撐，「緝獲州縣送禮單」即為明證，可見從中央到地方，統統爛掉，大家無非是在黑吃黑。

很黑暗麼？且慢，僅僅索賄受賄還不算什麼，更有甚者，不是什麼人

都能讓當權者接受你的賄賂，這錢送得出、送不出，還得有門路。當時有個叫吳昌時的禮部郎官，專門充當行受賄賂者的中間人，出了名，所有被查出問題的官員，都走他的門路，「必託昌時以數千金往方免」。而姓吳的，自己不以為恥，反以為榮，「亦揚揚居功」。這是李清親眼所見。

是不是只有東窗事發、大禍臨頭的人，才行此齷齪之事？非也。權錢交易，滲透到官場的每個細胞。每年政績考核之時，便是權錢交易旺季，因為考核的結果與晉職或改遷直接相關，想高升的，或想換個肥差的，此時就全靠金錢開路。李清說：「予同鄉數人，轉易如流，問其故，皆以賄之增減為升降耳」。誰說金錢萬能是資本主義特產？極權帝制，金錢也萬能嘛。

工作中的棘手問題，同樣靠錢擺平。崇禎即位以後，對賦稅抓得很緊，給各地方定下額度，但這額度又很有些想當然，不容易完成。不完成，休說升官不可能，還得停發工資和降級，據說有「住俸數十次，降至八十餘級者」。如此，計將安出？還得靠孔方兄出面。「時戶部（財政部）堂司皆窮於磨對，惟書手為政，若得賄，便挪前推後，指未完作已完，不則已完亦未完也。故一時謠言有『未去朝天子，先來謁書手』之誚。」書手，也即文書，負責編抄的刀筆小吏。地位雖卑微，但在這件事上意外地握着生殺予奪大權。他們所為，說白了就是做假賬，現代社會的腐敗分子也很用得着這種人。

上述種種，尚為可想像之腐敗。李清另外所記的某些情況，完全匪夷所思，若非白紙黑字、有名有姓地記錄下來，誰都無從設想那樣的情節。

崇禎十一年（1638）三月，清兵深入關內，圍困北京，明廷幾乎覆亡，只因這一次清人似乎尚未做好取而代之的準備，僅飽掠而去。前後數月內，明軍從無還手之力，而當清兵退卻之時，卻有人以為其機可趁，藉此發一筆國難財。有個太監叫孫茂霖，朱由檢給他的命令是不要放跑敵人（「嚴旨令無縱出口」）——這也很扯蛋，人家根本不是失敗逃跑，是主動退卻，何談一個「縱」字？——但更絕的是孫茂霖的做法，他領着人馬，在長城關口佈置好，等北退的清兵到來，先向他們要錢，「孫及部下皆得重賄，凡一人出，率予五兩，乃不發炮而俾之逸」。拿買路錢，就

放行，否則，打炮。當時清兵在中原劫掠數月，滿載而歸，而且本來不準備打了，已「無必死心」，每人掏五兩銀子，小意思。於是，孫茂霖居然得逞。這件事被揭露以後，朱由檢極為震怒。不要說朱由檢震怒，就是時隔四百年的我們，聽見這等事，也徹底目瞪口呆。人一旦瘋狂到只想撈一把，看來就必定是天良喪盡。

還有一個故事，令人哭笑不得。翰林院庶吉士鄭鄤被參下獄之後，李清跟鄭的同鄉、御史王章談起此事，王言語間極為鄙夷，李清於是問：「孫尚書（孫慎行）可謂你們家鄉的正人君子吧，何以他老先生會那麼欣賞鄭鄤呢？」王章歎氣道：「孫大人愛讀書，但他身邊的人，全都拿了鄭鄤的賄賂，每次孫大人正看什麼書，準有人飛速報知，過了幾日，鄭前來拜謁，孫大人一談起所讀之書，鄭無不口誦如流，讓孫大人佩服得五體投地。」歷來行賄，要麼為了升官。要麼為了枉法，要麼為了發財。為了解別人讀什麼書而行賄，真是頭一遭聽說。這個故事也許不值得扼腕，卻足夠讓人大開眼界——連孫慎行喜歡讀書這麼微不足道的細節，都引得「左右數人莫不飽鄭賄」，崇禎時代政壇還能有一處乾淨地方麼？

明末政治的渙散，並不止乎腐敗一端。辦事不力、不堪用命、敷衍塞責、虛與委蛇，是普遍狀況。即便沒有腐敗到那樣的地步，以當時士大夫的精神狀態和工作作風，明朝離亡國亦已不遠。

崇禎圖謀振興的抱負，很快受到這種現實的沉重打擊。他好幾次怒不可遏當面斥責大臣：

> 你們每每上疏求舉行召對文華商確，猶然事事如故，召對俱屬虛文，何曾做得一件實事來！
> 朕自即位以來，孜孜以求，以為卿等當有嘉謀奇策，召對商榷時，朕有未及周知者，悉以入告。乃俱推諉不知，朕又何從知之？[1]

這些批評，一針見血。一則，正德、嘉靖、萬曆、天啟四朝，所有皇帝基本都不理朝政，凡事潦草，廷臣難見帝君一面，即有奏對，也多為

---

[1] 《烈皇小識》，卷一。

虛套，一百多年不曾認真研究問題、處理問題，大小臣工早已養成大而化之、馬虎含糊的習慣。二則，科舉取士本身，就是從虛文浮禮中選拔人，滿嘴子曰詩云，實際的經世治國才幹原非所學所長，當着承平之世，這種弊端不大顯得出來，一到多事之秋、國家急需用人之際，士大夫拙於實幹的本質，立即彰然。

關於科舉誤國，我們可能以為那個時候的人認識不到，非等十九世紀洋槍洋炮把西方文明打到中國來，才認識到。其實不然，明朝人不單有此認識，而且認識之精準根本不遜於鴉片戰爭之後。崇禎九年（1636），有個名叫陳啟新的武舉，上書論「三大病根」，列為頭條的即為「以科目取人」。他是這麼論的：

> 以科目取人，一病根也。據其文章，孝弟（悌）與堯、舜同轍，仁義與孔、孟爭衡，及考政事，則恣其貪，任其酷，前所言者皆紙上空談。蓋其幼學之時，父師所教，則皆謂讀書可致富致貴，故進步止知榮身榮親，誰更思行其致君、澤民之道哉？臣所以效賈生之哭者此也。[2]

不惟指出科舉所重的道德文章，「皆紙上空談」，更進而戳穿科舉的本質就是做官，「致富致貴」「榮身榮親」。後來，近代對科舉的批判，也不過如此。既然區區一個普通武舉，能把話說到這個層次，可以推想類似的認識絕非少數人才有，很多人都心裏有數。但讀書人靠科舉吃飯，他們不會出來抨擊，砸自己飯碗。陳啟新因為是武舉，而武舉制度在明代一直搖擺不定、本身並非求官之道，所以他的角色實際上是「體制外邊緣人物」，同時他「覘知上意」，揣摸出崇禎現在最頭疼的問題之一就是士大夫皆好發空論，於是瞅準機會，投其所好，上此疏抨擊科舉，果然「上嘉異之」，破例授以吏科給事中官職。此事可悲之處在於，抨擊科舉而且抨擊如此有力之人，其目的也在搏取功名 —— 這是題外話了，按下不表。

總之，不足任事的士大夫，偏遇見一位頭腦敏銳並且在燃眉之急的煎

---

② 計六奇《明季北略》，卷之十二，崇禎九年丙子，陳啟新疏三大病根。

熬下時常顯得尖酸苛薄的君主，二者間錯位、尷尬的局面，遂勢所難免。

在《烈皇小識》中，類似場面比比皆是。作者文秉，為東林名流文震孟之子，所敘之事顯出自乃父。文震孟曾任崇禎侍講，常得親炙聖顏（崇禎為學頗勤）。因此，《烈皇小識》的內容，有相當可信度。

自文秉筆下，崇禎皇帝朱由檢展示出來的，是讓人耳目一新的形象。思維非常清晰，注意力非常集中，總是能夠抓住要害；性格激直，談吐犀利，注重效率，直截了當，不留情面。就明快幹練論，明代所有皇帝中，只此一人。

早在登基之初處理逆案中，他即顯露了這種風格。在聽取刑部官員就「李實空印案」（詳前）的工作彙報時，朱由檢與署理刑部的侍郎丁啟濬之間，有一番對話：

> 「李實一案，有疑惑無疑惑？有暗昧無暗昧？」
> 「奉旨，九卿科道會問過，據實回奏。」
> 「李實何以當決不待時？」
> 「李實與李永貞構殺七命，不刑自招。」
> 「豈有不刑自招之理？」
> （丁啟濬無言以對，朱由檢轉而質詢參與會審的吏部尚書王永光。）
> 永光對：「李實初不肯承，及用刑，然後承認。」

請看他言辭思路，何其鋒利難當，三言兩語即讓本欲敷衍的負責官員難措其辭，只能說出真實情況。這些官僚們，從來只見過或心不在焉或愚闇昏庸的皇帝，也從來只以糊弄即可了事，不能料到眼前這位青年皇帝這麼不易對付，腦瓜這麼好使。

整頓吏治的號召發出，給事中韓一良上《勸廉懲貪疏》，鏗鏘有力，非常漂亮。崇禎命韓當庭向眾「高聲朗讀」，並極讚之曰：「朕閱一良所奏，大破情面，忠鯁可嘉，當破格擢用，可加右僉都御史。」落實這一指示的吏部，研究後回奏：韓一良慷慨激昂的批評，應該是有依據的，他究竟在指摘誰，希望能夠具體指明。意思是不能空發幾句議論，就被提拔；

既交待不過去，也會引起別人效尤。崇禎要的就是這句話，馬上把韓一良找來，「着據實奏來」。韓囁嚅道：「我現在不敢深言，要等到察哈爾部、遼東事平復以後才能具奏。納賄的問題，我在奏疏中本來用詞就是『風聞』，並不知道具體人名。」崇禎臉一變，怒道：「你連一件事都不掌握，就敢寫這樣一份奏疏？限五天之日把情況搞明奏上。」幾天後，韓一良拿一些眾所周知且已查處的舊事來搪塞，崇禎一一點破，然後羞辱性地「又取一良前疏，反覆展視，御音朗誦」。

> 至「臣素不愛錢，而錢自至、據臣兩月內，辭卻書帕已五百餘金。以臣絕無交際之人，而有此金，他可知矣。」讀至此，擊節感歎，屬聲問一良：「此五百金何人所饋？」一良對：「臣有交際簿在。」上固問之。良始終以風聞對。上遂震怒，謂其以風聞塞責也。上即諭閣臣：「韓一良前後矛盾，他前疏明明有人，今乃以周應秋等塞責。都御史不是輕易做的，要有實功，方許實授！」劉鴻訓等合詞奏請：「臣不為皇上惜此官，但為皇上惜此言。」上慍色曰：「分明替他說話！他既不知其人，如何輕奏，豈有紙上說一說，便與他一個都御史？」召一良面叱曰：「韓一良所奏疏，前後自相矛盾，顯是肺腸大換。本當拿問，念係言官，姑饒這遭。」

崇禎顯然一讀韓疏即發現它避實就虛，欲以空文邀寵。但他先假裝激賞，表示要升韓的官，下吏部議處，藉以觀察吏部如何處理。還好，吏部未因皇上發話就遵旨照行，給出的意見，也符合他暗中的判斷。這時，崇禎便把憤世嫉俗、刻薄的一面，淋漓盡致表現出來，逼韓一良非拿出真憑實據來不可，韓哪裏敢？一味推託，確實很不像話。但韓是言官，不能因進言而治罪。這種情況，通常訓斥一通了事，崇禎卻咽不下這口氣，冷嘲熱諷，當眾反覆折辱之，讓他出盡洋相；順帶儆示全體官僚集團。「他既不知其人，如何輕奏？」「豈有紙上說一說，便與他一個都御史？」這兩句話就是說給所有士大夫聽的，因為像韓一良這麼做官的，比比皆是。

使人印象最深刻的一件事，發生在袁崇煥身上。

崇禎即位不久，接受暫攝兵部事的呂純如建議，讓袁崇煥復出，支撐遼東局面。

元年七月十四日，袁崇煥赴任陛見，崇禎詢以平遼方略：「建部（建部，即建州女真，明廷以建州泛指後金諸部）跳梁，十載於茲，封疆淪陷，遼民塗炭。卿萬里赴召，忠勇可嘉，所有平遼方略。可具實奏來！」

話說得很清楚，「具實奏來」。

崇禎是個認真的人，要求臣下講真話，不喜歡弄虛作假。

袁崇煥並未意識到這一點。他這麼答覆崇禎：

> 所有方略，已具疏中。臣今受皇上特達之知，願假以便宜，計五年而建州可平、全遼可復矣。

因前已特地強調「具實奏來」，崇禎便認定這是袁崇煥周詳考量之後擬出的計劃，十分高興。

他的確很細心，很認真，把袁崇煥的承諾重複了一遍，也說出自己的許諾：「五年復遼，便是方略。朕不吝封侯之賞，卿其努力以解天下倒懸之苦，卿子孫亦受其福。」

中間稍事休息，給事中許譽卿藉此機會，趕緊找到袁崇煥，請教他「五年方略」究竟怎麼回事。袁的回答讓他大吃一驚：「聊慰聖心耳。」許當即指出：「當今皇上非常精明，豈可浪對？將來按期責功，你怎麼辦？」

甫聞此語，袁崇煥「撫然自失」。

過了一會兒，召對繼續。袁崇煥馬上設法補救。一面替自己留下後路，暗示建州問題積聚四十年，由來已久，「此局原不易結」；一面提出一系列條件，要求「事事應手」，凡錢糧、武器裝備的供應，人事任用乃至不能以朝中意見紛然而干擾平遼方略等，都請崇禎給予有力支持。

袁崇煥陳述之時，「上起立」，一動不動地站着，「佇聽者久之」——可想見多麼專注、認真。最後留下這麼一句：「條對方略井井，不必謙遜，朕自有主持。」包含的意思也是非常明白：你平復遼東的方案我都聽清楚了，我的態度也很清楚——全力支持。

袁崇煥後來被殺，是冤案無疑。不過，赴任陛見時，他在一定程度上

對崇禎虛與委蛇，也是事實。

　　除所謂「五年平遼」的方略屬於想當然、「聊慰聖心」的漂亮話，更不應該的是，袁崇煥內心其實早就認明「遼不可復」。以當時朝廷和軍隊的朽爛，擊敗清人平定遼東，根本是天方夜譚。遼東問題最好的局面，不過是以軍事手段為輔，以「羈縻之策」為主；「談談打打，打打談談」，維持一種均衡，把事情拖下去。

　　袁崇煥請求王象乾出任宣大總督，作為他的西翼，抵擋蒙古察哈爾部，即因王在上述基本策略上與自己觀點完全一致。

　　崇禎召見時，王象乾所談主張即八個字：「從容籠絡，撫亦可成。」到任後，採取的行動也「專任插酋（對蒙古察哈爾部的蔑稱，『插』與『察』音同）撫賞事宜。」當時察哈爾部落看準了明廷這種心理，樂得利用，大佔便宜。其與中國貿易，各以馬匹、紡織品交換。察哈爾人分馬為三等。他們把母馬繫在山上，飢餓的馬駒能夠一躍而上者，為第一等，留下自用；登到半途倒地者，第二等，殺而食之；根本跑不動幾步的，為第三等，賣與中國。而王象乾明知如此，照樣做虧本買賣，目的是收買、安撫。但沒有用。「未幾，插酋內犯入大同，殺戮極慘，撫終不可成，而浪擲金錢數十萬。」[1]

　　其實換了誰主持遼東、宣大事務，也都只能照袁崇煥、王象乾的法子辦理。京城朝中諸公可以高談闊論，發表激越的愛國演說，真正面對現實，卻除了委曲求全、含辱忍讓，不再能做別的。國家羸弱如此，腐敗如此，何談外卻強敵？此時明朝的情形，跟十九世紀末清朝的情形很相似，袁崇煥、王象乾的處境，跟奕訢、李鴻章的處境也很相似。

　　袁崇煥可算一極端例子。他在召對時說點假話，吹點牛皮，既非成心想騙崇禎，亦非藉此替自己撈點什麼，是只能這樣與萬歲爺周旋。歸根結底，這不有損他為國盡忠的實幹家本色。

　　但話也要分兩面說。連袁崇煥這樣的人，也不得不對皇上玩兒虛的，嘴上一套、實際一套，崇禎的境遇可想而知。設若他一而再，再而三發

────────────

[1]　以上袁崇煥事及引文，均見《烈皇小識》，卷一。

現，朝中其實沒有一個人肯於或認為值得跟他講真話，個個袍服底下都藏着掖着，他，還能夠信任他們麼？

崇禎時期政界還有一大問題：逆案雖定，黨禍後遺症卻相當嚴重。一批官員失勢了，另一批得勢；得勢的抱成團，為其所排擠者則憤憤不平。宗派主義成為朝中主旋律。跟天啟朝東林黨與閹黨的鬥爭不同，崇禎間的門戶之爭，有時並不見得有何大是大非，只為爭權奪利，而逐日攻訐。

崇禎元年十一月的「枚卜之爭」，即是為搶奪內閣閣員位子發生的激戰。幾位主角，錢謙益與溫體仁、周延儒，在士林中聲望有好有差，但這件事本身卻純粹是權力鬥爭，並不關乎正邪，錢謙益入閣，不代表正義戰勝邪惡，溫、周得位，也並不意味着他們可以左右朝政把它引往黑暗。雙方只為了權位歸屬，爭訟於御前。這令崇禎感到，大臣心中只有門戶和宗派利益，為此舌敝脣焦，心思全不放在國家大政的得失上。他對此不勝煩惱。抱着這種心理，在錢、溫雙方對質時，崇禎內心先自情緒化地對人多勢從的錢謙益一方更為反感，最後支持了溫體仁、周延儒。

溫、周不是什麼好東西，《明史‧奸臣傳》共列八大奸臣，此二人即在其中。不過，錢謙益就很正派麼？《三垣筆記》載一事，說清兵南下，錢謙益迎降，留在家中的柳隱（柳如是）與一私僕亂，被錢謙益之子送至官府，杖死；為此錢謙益恨透了兒子，從此睚眥，對人說：「當此之時，士大夫尚不能堅節義，況一婦人乎？」聞者莫不掩口。這個故事肯定是編的，因為柳如是死在錢謙益之後，而且根本不是被官府打死，是上吊自盡。但錢謙益迎降總是確鑿的。明末黨爭，本有正邪之辨，但到最後，恐怕也蛻變為拉幫結派，令國家徒陷內耗。溫周之得逞，實在是鑽了明末政壇宗派主義太過嚴重的空子，將崇禎對士風的不滿和絕望加以利用的結果。崇禎支持溫周不對，但他對黨爭的不滿有沒有道理呢？大有道理。黨爭作為導致明朝亡國的原因之一，沒有疑問，中立的李清，就以切身感受論道：「信哉，明黨之能亡人國也。」[①]

試想，貪賄之風遍及整個官吏階層，素日工作中又「不肯實心用

---

① 《三垣筆記》，中，崇禎。

事」、慣於敷衍塞責，國運多舛群臣卻把一大半心思用在爭詈排陷上……
這樣的局面，怎麼不令崇禎沮喪？

關於崇禎「有君無臣」看法的形成過程，文秉作出如下分析：

> 逆璫餘孽，但知力護殘局，不復顧國家大計；即廢籍諸公
> （被罷黜的東林政治家），亦閱歷久而情面深，無復有贊皇魏公其
> 人者（像魏徵那樣的人）。且長山（大學士劉鴻訓，長山人）以
> 改敕獲戾，而上疑大臣不足倚矣。未幾，烏程（溫體仁，烏程
> 人）以枚卜告訐，而上疑群臣不足信矣。次年，罪督以私款償事
> （袁崇煥下獄事），而上疑邊臣不足任矣。舉外廷皆不可恃，勢不
> 得不仍歸於內（宦官）。……雖聖主日見其憂勤，而群上（大官
> 們）日流於黨比。痼疾已成，不復可藥矣。[2]

閹黨餘孽，唯圖自保，千方面計阻撓撥亂反正；而早先積極進取的東
林黨人，如今變得世故滑頭；宰相級大官居然私改聖旨，崇禎從此覺得重
臣不可信；「枚卜之爭」，崇禎從此覺得群臣都不可信；袁崇煥一案，崇禎
從此覺得邊臣也不可信。最後整個外廷都失去了崇禎信任，只得重新依靠
宦官。這邊廂，皇帝日甚一日地操憂勤苦；那邊廂，朝廷中的頭面人物也
日甚一日地醉心於宗派鬥爭。

就這樣，崇禎一步一步走向那個著名的結論：君非亡國之君，臣皆亡
國之臣。李自成攻入北京前一天，情甚危，崇禎緊急召見百官，彼此相視
無語，束手無策。「上書御案，有『文臣個個可殺』語，密示近侍，隨即抹
去。」[3] 這一刻，崇禎對群臣的仇恨達致頂點。

上面，文秉已談到崇禎對群臣失望的標誌，是重新依靠宦官。

這苗頭在他下旨撤回各鎮守太監後不久，即已顯露。崇禎元年五年，
他重新委派內官提督京城及皇城各門。崇禎二年十月「乙巳之變」即皇太
極率十萬滿蒙騎兵突入關內、逼臨北京之際，他又將太監安插到軍營中充

---

② 《烈皇小識》，序。
③ 《烈皇小識》，卷八。

當特務，從事監視，或稽查人員編制、軍餉情況。到崇禎四年，派遣太監的範圍，波及政府部門，朱由檢最關心也最不放心的是錢的問題，於是挑選了兩個與此有關的部門——管錢的戶部和用錢最多的工部——讓司禮監張彝憲總理二部。有關臣工深受羞辱，工部右侍郎高宏圖上疏抗議，有「內臣張彝憲奉總理二部之命，儼臨其上，不亦辱朝廷而褻國體乎？臣今日之為侍郎，貳（副之，居於其下）尚書，非貳內臣」之語。崇禎答以「軍興，兵餉緊急，張彝憲應到部驗核」的理由。高宏圖繼續抗議，連上七疏，最後憤而引疾求去，崇禎也很惱怒，報以開除公職。[①]

崇禎回到依靠太監的老路上去，是他一生遭受詬病最多的問題。後來，打開城門放李自成軍進城的，正是太監曹化淳。很多人就此對朱由檢感覺到一種自食其果的快感。其實，誰放李自成進來，是次要的。若非曹化淳，別人就肯定不會開這個門麼？或者，只有太監會投降，文臣武將就必無此輩麼？關節顯然不在這裏。那個門，曹化淳不開，也總會有別的人來開。李自成攻下北京，豈是靠着一個太監替他將門打開？

崇禎的錯誤或者無奈在於，他感到滿朝上下無人可用，於是重新信任太監。說信任，恐怕不是真信任。一來既然他一開始自己主動撤回各鎮守太監，說明他對太監干預軍政的危害，是有認識的；二來，以崇禎的性格，恐怕很難信任任何人，所謂信任，不過是相形之下，何種人他更便於控制而已。在與朝臣的關係中日漸身心俱疲之後，他感到用太監比較簡單直接、比較容易掌握，他想辦實事，也有太多急事要處置，不能多費口舌與周折，虛耗不止——如此而已。他對群臣說過這樣一段不滿的話，很代表他的心思：

> 總是藉一個題目，堆砌做作，落於史冊，只圖好看，一味信口誣捏，不顧事理，但凡參過內臣就是護身符了，隨他溺職誤事，都不誅處，這是怎麼說？[②]

---

① 《烈皇小識》，卷三。
② 《春明夢餘錄》，卷四十八，都察院。

這些話，是戳着士大夫痛處的；同時，非深受其害者，說不出來。

至此，我們從方方面面考量了崇禎的「有君無臣論」，感覺此論之出尚非一味自憐，怨天尤人，將過錯諉於他人。官場的腐敗、士風的隳喪、人心的渙散，總之，如崇禎「溺職誤事」一語概括的那樣，明代官僚政治機器已經處在嚴重的運轉不靈的朽壞狀態。

我們替他的辯白，或給予他的同情，到此為止。關於明朝亡國的認識，必須還以歷史的公道。我們看得很清楚，百餘年來，甚至更早，朱家登上龍牀的每個人，都在自掘墳墓、驅離人心。現在，不過是到了它應當領受這種合理結局的時候。崇禎只說他不是亡國之君，單單不提前頭理該亡國之君恰有多少！據此，說他對朱明統治的罪孽既無認識，更無任何誠懇的醒悟與懺悔，恐怕毫不為過。一旦挖出這個思想根源，雖然他自評並非亡國之君，而國仍在自己手裏亡了，照我看也並不冤枉。

除了思想認識說明他並非真正的傑出人物，見地、覺悟與道德都不足以挽狂瀾於既倒之外，他在性格方面也存在太多瑕玼。這些性格的缺陷，置他於心有餘而力不足的境地，並隨時隨地抵銷着他的努力，使他注定不能超越命運，成為它的戰勝者。

他肯上進，不甘墮落，困苦中仍不放棄而冀有所作為，這些品質是確鑿的，在朱棣的那些幾乎清一色污泥濁水的子孫中間，殊為難得。然而，這僅是在其家族以內比較而言；一旦出此範圍，衡以更高標準，朱由檢只能歸於平庸之輩。

他幾乎每一個好的方面，都同時伴隨着致命的局限性。比如說：他有鮮明強烈的意志，卻缺乏把這樣的意志成功貫徹的能力；他有高昂的熱情，卻因為不能冷靜縝密地思考而使這種熱情流於急躁與浮躁；他自尊自持，卻又分不清楚自尊自持同剛愎自用的區別；他有是非有主見，卻缺乏對現實實際的體察和理解；他渴望效率、喜歡雷厲風行，卻往往忽視事情的曲折和複雜性；他明快直切，不懂得很多時候不能相逼太急、要給人空間和餘地；他很有原則性，卻不解當執則執、不當執則不執，不會妥協、不善合作、不知轉圜；他嚴於律己，卻不能寬以待人；他敢愛敢憎，卻沒有識人之明……他這種人，能在承平之世做一個還算正派的皇帝，做不得

危亂之時的英傑之主——才具不夠。

固然他可以聲辯，原供皇權驅策的官僚機器，這時已經像一個自我編程、有自我意志的「生命機器人」，拒不執行他的指令；或單獨構成了一種網絡，依自己的規則運轉，針插不入，水潑不進。某種程度上，崇禎對官僚機器的指揮，的確失靈，最後關頭，鳴鐘集百官竟無至者，形象地說明了這種現實。但是，他不是沒有指令暢通的時候，也不是沒有樹立威望從而可以有力掌控官僚機器的機會。

當其一舉掃除權閹、欽定逆案時，天下歸心，很多人對他寄予厚望，以為得遇中興之主。那時，他的聲望達到了頂點。如果他對現實的認識力足夠深刻，如果他性格足夠健全，如果他對事務的處置足夠高明和恰當，他將不難於做到統一思想、使大家團結在他的周圍、銳意進取。然而，他顯然未能抓住已經出現在眼前的大好時機，任性、率性、固執、偏激，一再出錯，遂使剛剛復甦溫暖的人心重新變得冷漠。

「枚卜之爭」是非常典型的例子。他對於朝臣拉幫結派的憤怒固然很有道理，但豈能不由分說地認定較為人多勢眾的錢謙益一方就是罪魁禍首，乃至所謂「科場舞弊案」，錢謙益與之無涉明明已有司法結論，他卻一定要推翻，而且把自己的支持毫不猶豫地奉送給品質很壞的溫體仁。

至於袁崇煥一案，更是他輕躁苛刻、不辯賢愚、心性狹薄的明證，當着人心渙散、滿朝碌碌、充斥着空頭政客的時候，崇禎能有袁崇煥這麼一個幹才可用，實乃福分，他卻因為皇太極兵臨北京城下而受到的一時驚嚇，和敵方設計的一出類乎蔣幹盜書式反間戲，極其幼稚、喪失理智地將自己的邊疆干城拆毀、推倒。

用人不疑，疑人不用，崇禎連這起碼政治風度都沒有；而目睹袁崇煥的下場，每個有才幹、敢承擔的士大夫，又怎能不心寒？至於後來在邊防、剿「賊」之中的用人，更加一無是處——不足倚任的引為心腹，可用之才卻被百般掣肘；在楊嗣昌、熊文燦與洪承疇、孫傳庭、盧象昇之間，他的立場基本搞錯。

殺袁崇煥時，河南府推官湯開遠上疏，批評崇禎不能善待臣子，並及其性格缺陷。開宗明義，第一句「皇上急於求治，諸臣救過不給」就論得很

透；崇禎君臣間不解之結，大致就在此句中。以下具體論述，都擊中要害：

> 臨御以來，明罰敕法，自小臣以至大臣，與眾推舉，或自簡拔（指崇禎直接提拔），無論為故為誤，俱褫奪配戍不少貸，甚者下獄考訊，幾於亂國用重典矣。

> 皇上或以薦舉不當，疑其黨徇 —— 四嶽（堯有四大諸侯，分別主管東南西北四方，史書稱為四嶽）不薦鯀乎，績用弗成（鯀沒把事情辦好），未嘗並四嶽誅之也。

> 皇上又以執奏不移（指閣臣堅持己見），疑其藐抗 —— 漢文不從廷尉之請乎，亦以張釋之曰：「法如是止耳。」不聞責其逆命也（張釋之乃漢文帝的首席大法官，執法嚴明，多次拒絕皇帝的干預，反而敦請他以法律為準繩）。

> 皇上以策勵望諸臣，於是多戴罪 —— 夫不開以立功之路，而僅戴罪，戴罪無已時矣。

> 皇上詳慎望諸臣，於是有認罪 —— 夫不晰其認罪之心，而概行免究，認罪亦成故套矣。

> 侵糧欺餉之墨吏，逮之宜也；恐夷齊（伯夷、叔齊，商代孤竹國兩個獨善其身、不肯用命的隱士，這裏引申來指代比較個性化、有「自由主義毛病」的士大夫）之侶，不皆韓范（指韓琦與范仲淹，宋仁宗時兩大直臣，曾共同防禦西夏，時稱「韓范」），宜稍寬之，不以清吏詘能臣。

> 今諸臣怵於參罰之嚴，一切加派，帶徵餘徵（官員害怕處分，不敢違抗繁多的加重人民負擔的旨意），行（這樣下去）無民矣。民窮則易與為亂，皇上寬一分在民子，即寬一分在民生。

> 而尤望皇上宮府（宮，宮庭；府，政府。代指君臣）之際，推諸臣以心，進退之間，與諸臣以禮。錦衣禁獄，非係寇賦奸冗不可入。如是而大小臣工，不圖報為安攘者，未之有也。①

---

① 《烈皇小識》，卷二。

對崇禎執政以來，君臣之間的問題做了很好的總結。着重批評崇禎「求治過急」，一味以嚴苛待臣工，殊乏寬容，甚至容不得臣工有自己的主張，或依其本分履行職責。奏疏認為，崇禎對士大夫和普通百姓，都過於嚴逼，這兩個方面將來會有大麻煩——幾年後，事實證明都言中了。其中，「皇上急於求治」、「不以清吏詘能臣」、「寬一分在民子，即寬一分在民生」和「推諸臣以心，進退之間，與諸臣以禮」這四句話，如果崇禎聽進去了並在行動上切實注意，他應該會受益匪淺。

不過，從根本上說，我們為崇禎「有君無臣論」費這番口舌，意義不大。明之亡國，絕不亡於崇禎年間。君賢臣奸也罷，君臣俱賢或都不怎麼樣也罷，那亡國之大勢早就不可逆轉，能夠有所不同的，無非遲速而已。

山窮水盡

暫將崇禎明瞀與否撇開不論，或姑且假設他是一個好皇帝，明朝立國以來前所不見的有道明君，也一樣無補於事。大明王朝到了崇禎時代，處境確非山窮水盡、四面楚歌不足以形容。國祚已竭之象，彰顯無遺。

以大要論，必敗之徵計有四者：一曰外有強敵，二曰內有大亂，三曰天災流行，四曰國無棟梁。

四大危機不獨齊而並至，而且相互糾纏、彼此生發，緊密相扣、惡性循環，任何一種情形的惡化，都造成其他危機的加深加重，根本是無人能解的僵局，只能以「死機」了事。

遼東失陷以來，邊事日急，邊事急，不得不增戍；戍增，則餉益多，而加派隨之沉重，導致民不聊生。文震孟《皇陵震動疏》把這種滾雪球效應，講得比較清楚：「邊事既壞，修舉無謀，兵不精而自增，餉隨兵而日益，餉益則賦重，賦重則刑繁……守牧慴功令之嚴、畏參罰之峻，不得不

舉鳩形鵠面、無食無衣之赤子而笞之禁之，使愁苦之氣，上薄於天。」[1] 崇禎自己也承認，登基七年以來，社會現實基本是「國帑匱絀而徵調未已，閭閻凋敝而加派難停」[2]。

民不聊生，遂嘯聚山林。內亂既生，若在平時，徵調精銳之師專意對付，或可控制局面，然而偏偏邊境不靖，具一定戰鬥力的邊兵無法抽用，只能以內地戍兵進剿，這些兵卒不僅毫無戰鬥力，本身軍紀廢弛，不但不能平定地方，轉過來囂擾虐害良民，文震孟一封奏疏反映：「今調官兵剿賊，本以為衛民也。乃官兵不能剿賊，反以殃民，以致民間有『賊兵如梳，官兵如櫛』之謠。」[3] 以「平亂」始，以禍亂終，「亂」不能平，遂由星星之火而漸趨燎原。

動亂雖起，從歷史上看，中國的百姓假設未被拋至饑饉之中，猶或惜命畏法，不致率爾鋌然走險。偏偏天公不作美，災害大作。秦、豫屢歲大飢，齊、楚連年蝗旱，和沉重的加派一道，逼得人民全無活路，只有追隨造反 ── 打家劫舍，猶勝等死 ── 所以闖軍所到之處，爭先以迎。所謂「賊勢益張，大亂由是成矣」[4]。局部社會動盪，於是演進為天下大亂，「流寇」遂由一部分敢為天下先的「豪傑」之所為，一變而成普通小民競相加入的社會洪流。

當此天人交困、內外並擾之際，國不得人，是又一深深悲哀。面臨虎狼之秦，趙國有幸出來一個藺相如，暫渡難關。劉備走投無路，此時說動諸葛亮出山，情勢立刻改觀。苻堅驅百萬雄兵而來，晉人自己都感覺不能當其一擊，但只因謝安在，運籌帷幄，竟然在最不可能的情形下擊敗前秦大軍。澶淵之盟時，遼強宋弱，遼軍勢若破竹，直抵黃河北岸的澶淵，距東京不過二百里，志在必得，宋國舉朝惶惶，紛論南遷，全賴寇準審時度勢，智性應對，遂以澶淵之盟換來百年和平……這些都是危難之際，國得其人，而挽狂瀾於既倒的例子。我們看崇禎時期，前後兩位主事者溫體仁和楊嗣昌，一個鄙劣奸惡、唯知忌人有功不說，自己除了玩弄權術一無所

---

① 《烈皇小識》，卷四。
② 同上。
③ 同上。
④ 《明季北略》，論明季致亂之由。

長，另一個雖不特別小人，卻是一個典型誇誇其談的馬稷式人物，成事不足、敗事有餘。史惇《慟餘雜記》歷數列位大帥：「內閣督師，只孫愷陽（承宗）少見方略耳。命劉宇亮，而宇亮以賞罰不中敗矣。命楊嗣昌，而嗣昌以襄藩失守敗矣。命周延儒，而延儒以受將帥賂又敗矣。至命吳甡，而憚不即行。命李建泰，而未出近畿兵即潰散。」[1] 全不中用。本已搖搖欲墜的時局，託付他們掌握，真可謂「破屋更遭連夜雨，漏船又遇打頭風」。說到這一點，崇禎用人錯誤，難辭其咎；假設袁崇煥不被殺，又假設洪承疇以守為主的戰略構想被尊重，遼事並非不可能出現另一種局面。

內憂外患，天不佑彼，而人事上又一錯再錯。試問這樣的政權，何得不亡？

兩個叛投者

把明王朝送上絞架的，不是一隻手，是兩隻手：闖軍和滿清。他們不單合力促成此事，而且對成果的分享，也很公平、有趣 —— 李闖攻下北京，先在紫禁城享受權力，不滿四十日，倉皇出走，將金鑾殿讓與滿清，由後者穩居二百六十年。這個結果其實是合理的，默默反映着他們各自對於推翻朱明王明的實際貢獻的大小。

關於這兩股勢力之崛起及發展的全過程，在此不可備述。我們只希望，於全部經過之中，找出一二個令人矚目的瞬間，供讀者形象地了解明朝是怎樣徹底敗在他們手下。而歷史非常善解人意，它提供了這樣的瞬間，且以接近戲劇、小說的令人驚訝的高度巧合的方式，加以演繹。

我們將講述的是，分別出現在闖軍和清軍營前的兩個叛投者的故事。

據《明史·熹宗本紀》，天啟六年，「八月，陝西流賊起」。越兩年，崇禎元年十一月，事態擴大，白水、安塞、漢南均有起事者，稱「闖王」

---

[1] 史惇《慟餘雜記》，東林經濟。

的高迎祥即在其中。明廷初未予以重視，直到崇禎三年（1630），始以楊鶴（楊嗣昌之父）為三邊總督，專任「平亂」事。行動頗為順利，劉應遇、洪承疇分別奏捷。但適逢去歲皇太極率大軍破關而入、逼圍北京（乙巳之變），各地以兵勤王，京城解圍之後，山西、延綏、甘肅等幾路勤王兵因無餉發生譁變和潰散，一路囂擾西歸，本來已控制住的民變，藉此反而由衰轉熾。這似乎是明末內亂的一大關鍵，計六奇所謂「流寇始於秦之潰兵」[②]，是當時歷史作者的普遍看法。

此後，民變明顯升級，陝晉兩省起事隊伍，有所謂「三十六營」，二十餘萬眾；張獻忠、李自成均於此時露其頭角。

在大約十年左右的光景裏，鎮壓與反鎮壓之間，事態起伏不定。農民軍曾經摧枯拉朽，也曾經一落千丈。官軍方面，也是剿撫彷徨，首鼠兩端。單以戰局來論，時而你佔上風，時而我居強勢，很難看清哪一方終將獲勝。

但是，崇禎十年（1637）[③]發生的一件與戰局無關的事，卻為結局預寫了注腳。

其時，河南連歲旱飢，而朝廷加賦不止，許多百姓背井離鄉，流浪乞討。

卻說開封府杞縣有個舉人，名叫李巖，人因乃父李精白官至督撫、加尚書銜，都恭稱他「李公子」。家富而豪，好施尚義，在左近一帶很有名。眼下，人民困苦過甚的情形，李巖實在看不下去，遂面見縣令宋某，冀望以李家的影響，稍舒民艱。他提出兩個要求，一是「暫休徵比」，一是「設法賑給」。宋某的回答是，第一條根本辦不到，「楊閣部飛檄雨下，若不徵比，將何以應？」至於第二條，也推得乾乾淨淨，「本縣錢糧匱乏，止有分派富戶耳。」不過，宋某所說其實也是實情，徵派是上面的命令，而賑災之事，縣裏窮得叮噹響，無力顧及。

李巖無言而退，在他看來，「止有分派富戶耳」這句話，分明是衝他來的。看來只好如此，「從我做起」。他願意帶這個頭 ——「捐米兩百餘石」，不是小數 —— 希望別的富戶能夠跟進。

---

② 《明季北略》，流寇大略。
③ 《明史》記為崇禎十二年至十三年之間事。此處因敘事材料引自《明季北略》，故從之。但《明史》說似更合理，蓋因十一年自成大敗於洪承疇，僅以十八騎逃至商洛山中，裏面沒有李巖。

然而，願望落空，無人響應。

飢民憤怒了。在他們看來，李巖之舉除了證明他是個有良心的人，還證明了一點，即當成千上萬的人將成餓殍之際，另外一些人的莊院裏，卻堆着小山一樣、自己根本吃不完的糧食。這個反差確實太大。

飢民開始包圍富戶，要糧食；「以李公子為例」，讓富人們以李巖為榜樣，向他學習。「不從，則焚掠」，燒和搶。

富人就找縣令宋某，說：你該下令制止啊。

這是肯定的。宋某貼出告示：「速速解散，各圖生理，不許藉名求賑，恃眾要脅。如違，即係亂民，嚴拿究罪。」

這可是官方表態，代表法律，不遵，就要治罪了。但飢民哪裏還顧得了這些？他們砸爛告示牌，匯集到縣衙前，大呼：「終歸是要餓死，不如一道去搶。」

宋某不能禁，假意請李巖來做調解人。李巖重申先前兩個條件，宋某表示接受，飢民說：「我們姑且散去，如無米，再來。」飢民一散，宋某馬上給按察司打報告，稱：「舉人李巖謀為不軌，私散家財，買眾心以圖大舉。」按察司得報即刻批覆：「祕拿李巖監禁，不得輕縱。」

於是，李巖被捕。宋某這個蠢才大約以為，擒賊擒王，李巖一逮，別人也就嚇住了。結果消息傳開之後，飢民趕來，殺死宋某，劫出李巖，把監獄裏的重犯全都放跑，倉庫一搶而空，成了真正的暴動。

李巖對大家說：「汝等救我，誠為厚意，然事甚大，罪在不赦。不如歸李闖王，可以免禍而致富貴。」顯然只剩這條路了。於是，李巖將家中付之一炬，帶領眾人投李自成而去。

為什麼說李巖是「叛投者」？他是大明兩百餘年來，第一個「從賊」的舉人。

本朝先前造反的，都是草民，都是被統治對象，一代又一代，成千上萬，人數再多，在這個方面不曾有變。李巖身份截然不同，他是有功名的人，是老爺，是政權的分享者。這樣一個人，投入造反大軍，成了自己陣營的「叛徒」。這件事，說明統治階層的信念已經動搖，已經從內部發生危機；同時，也使動亂的性質有根本的改變。就此意義論，一個李巖的加

入，勝過以前成百上千的參加者；因為，當叛投者出現時，人心向背、歷史趨勢才表現得確鑿無疑。

其次，李巖是知識分子。歷來，目不識丁的農民起事，一旦得有知識分子加入，都意味着重大轉折。因為不管怎麼說，在社會的歷史階段本身不曾發生質變時，造反的結局終將重新回到該歷史條件下的主導意識形態或者說「道統」之下，農民起義的成功歸宿仍將是新王朝、新皇帝的誕生。所以農民起義欲成其事，缺少不了掌握着意識形態、能夠幫助他們重建秩序的知識分子。反過來，有知識分子前來投奔，也證明起事者有「王者之氣」。

對李巖出現在闖軍，人們有理由聯想到當年李善長、劉基、宋濂等一批知識分子出現在朱元璋帳下的往事，正是從那時起，朱元璋脫離了單純的暴動者形象，開始踏上建國之路。

李巖對於李自成，也完全起到這種作用。他對後者提出一系列重大戰略建議，行仁義、管束軍紀、圖大事而不止以劫掠為生。比如他針對明朝廷大肆徵比的做法，專門為李自成制訂「不納糧」的宣傳口號，令各地百姓翹首盼望闖王到來，「愚民信之，惟恐自成不至」。這似乎是並不難以想到的對策，然而，李巖到來之前，闖軍確實不曉得以此換取民眾支持。

據說，隨後來到闖軍的另外兩個智囊人物牛金星和宋獻策，亦係李巖所引。

李巖「叛投」一事，在當時士林造成的震動，是顛覆性的。計六奇在清初回憶說：「予幼時聞賊信急，咸云『李公子亂』，而不知有李自成。及自成入京，世猶疑即李公子。」在士紳階層，竟然很長的時間裏，將起義領袖傳為「李公子」，不知李自成其人，可見「李巖效應」之強。[1]

說起李自成能夠成就一番事業，除了明祚已盡，該當滅亡以外，他自己要感謝的方面也很多，真是天時、地利、人和都站在他這一邊。李巖歸附是這樣一種象徵，也是他事業轉折的一個實際的關鍵點。此外，還不能不提到，滿清在北京東北一帶施加的巨大壓力。這種壓力不僅僅是在心理

---

① 以上敍述，據《明季北略》，李巖歸自成。

上給明王朝造成「國勢殆矣」的恐慌感、末日感，它甚至也轉化為最直接最現實的影響。

敘至此，第二位「叛投者」就出場了。

此人姓洪名承疇，字亨九，福建南安人。明萬曆四十四年（1616）進士。累遷陝西布政使參政。陝西亂後，崇禎以承疇能軍，遷延綏巡撫、陝西三邊總督，繼因屢建功加太子太保、兵部尚書，兼督河南、山、陝、川、湖軍務。

他雖然文人出身，卻很能打仗，受命以來，大大小小歷次征討，基本不曾失利，名副其實的「常勝將軍」。崇禎十一年，洪承疇在潼關大戰李自成，完敗之，「自成盡亡其卒，獨與劉宗敏、田見秀等十八騎潰圍，竄伏商、洛山中。」[①] 八月，洪承疇正式上報：「陝西賊剿降略盡。」[②]

洪承疇部，已是當時政府軍的精銳王牌。崇禎對民變問題的嚴重性，一直有所輕估，「攘外」與「安內」之間，他的排列順序，前者優先於後者。十二年（1639）初，他發表洪承疇為「兵部尚書兼副都御史，總督薊遼軍務」——跟當年袁崇煥一模一樣的任命——移師東北，以為屏障。這個認識，談不上錯誤，雖然更合理的應該是「攘外」與「安內」並重，情形都很嚴峻，但在明軍善戰之師捉襟見肘的現實面前，捨彼就此，亦屬無奈之選。

可以說，客觀上滿清幫了李自成一把。設若洪承疇繼續留在原處，領導征剿工作，李自成的東山再起，應該很難。

現在，洪承疇來到東北邊防。他是否還能夠像在三秦大地一樣威風八面，再建奇功？坦率地說，這不取決於他，取決於對手。

必須認清對手，正確評估敵我雙方態勢。彼強我弱？我強彼弱？抑或處於均衡？實際情形是，清強明弱。

洪承疇的認識是清醒的。他給崇禎的建議是以守為主，所謂「可守而後可戰」。把雙方解讀為均勢，誰都吃不了誰。嚴格說，這已超出事實，

---

① 《明史》，列傳第一百九十七。
② 《明季北略》，陝賊剿降略盡。

以明朝之弱，守並不易。同時，已被圍困四月的錦州守將祖大壽，也派人傳遞消息，城中糧食仍然足可支撐半年，強烈主張與敵相拒，「毋輕戰」。可見前線將帥對局勢的各自研判，頗相一致。

然而，崇禎以及一幫不知兵、不調查研究、好發豪言壯語的文臣，不能接受對「區區」「酋奴」採取守勢。崇禎提出「滅寇雪恥」的口號，兵部尚書陳新甲也錯誤估計形勢，以為戰可勝之。

洪承疇不能直接拒絕（「新甲議戰，安敢遷延？」），用後勤供應跟不上為由回覆，再次要求：「鞭長莫及，不如稍待」。崇禎倒是被說動了，陳新甲卻堅持前議。他致函洪承疇，指責說：「用師年餘，費餉數十萬，而錦圍未解，內地又困，何以謝聖明，而副中朝文武之望乎？」

洪承疇無奈，只得催動一十三萬人馬，在與三百年後「遼沈戰役」幾乎相同的地點，與清軍決戰。

兩軍一旦相遇，首先害怕的人，卻是陳新甲派來的兵部觀察員張若麒。此人在慫恿陳新甲決意一戰上，起過關鍵作用。真刀真槍之時，他現出好龍之葉公的原形——雖然漂亮話繼續掛在嘴上，內心的恐懼卻遮掩不住。他說：「我軍屢勝，進軍不難。但糧食補給好像跟不上，而且還要多線作戰。既然如此，暫時退兵，以待再戰，我看也是可以的。」

從前面祖大壽的例子可以推知，與清軍決戰不可能取勝應係前線將領的普遍看法。本來就認為不可戰、不當戰，被硬逼前來一戰，結果卻在大戰一觸即發之際，「上面來的人」忽然說泄氣話，改口不戰亦可。軍心立刻渙散。大同總兵王朴，首先率部遁去，瞬間引起連鎖反應，「各帥爭馳，馬步自相踐踏，弓甲遍野」。[3]

諸將並無主帥命令，自行退卻，且丟下主帥不管。此之謂兵敗如山倒。

十三萬大軍全部跑光，只剩下洪承疇及其所率一萬人困守松山。即便如此，也堅持了將近七個月。崇禎十五年（1642）三月，城破，洪承疇被俘。祖大壽在錦州旋亦投降。

一場本不必要的決戰，以明軍主帥被俘、寧遠以北盡失的結局告終。

---

[3] 以上據《明史紀事本末》，補遺，卷五，錦寧戰守。

這場戰役之於明、清兩國，跟拿破崙敗於滑鐵盧、納粹德國敗於斯大林格勒這些事件在各自歷史中的意義相仿。在那一刻，明清兩國的命運已被徹底決定。但有一點不同，此前，明朝並非唯有決戰這一條路，它有別的選擇，然而卻自動找上門去，邀請潰亡更早地到來。

洪承疇被俘事，明廷久不知，以為戰死。這從一個側面，顯示整個戰役中朝廷與其軍隊彼此睽隔，洪承疇完全孤懸在外。仗能打成這個樣子，居然還輕言開戰，聞所未聞。

被俘後的情形，明人無從記述，現在只能從清人嘴裏了解一些。《清史稿》說：「上（皇太極）欲收承疇為用，命范文程諭降。」而洪承疇的表現是，「謾罵」、不從。

謾罵，是一定的，否則洪承疇無法向內心自幼承接的儒家倫理交待。但玩味一下，也許，謾罵或者別的舉動在這裏更多是一種「儀式」；或者說，一種「程式化動作」。

范文程不急於求成，甚至也不提勸降之事，只是與洪承疇漫談，聊他們作為知識分子共同感興趣的「今古事」。閒談中，范睜大眼睛，不放過任何細節。一天，他捕捉到這樣一個細節：房梁上偶然有灰塵落下，落下洪承疇衣上，後者馬上用手輕輕拂去。范文程在將細節報告給皇太極時，評論道：「洪承疇一定會投降的。一個人連身上的衣服都很愛惜，更何況自己的生命呢？」於是皇太極親自去看望洪承疇：

> 解所御貂裘衣之，曰：「先生得無寒乎？」承疇瞠視久，歎
> 曰：「真命世之主也！」乃叩頭請降。[1]

對洪承疇投降的解讀，多種多樣。

「漢奸」、「民族敗類」是一種，常見而普通。

另一種，不憑觀念，純粹從事實出發來加以解讀。這些事實是：崇禎三年以來，直到被俘為止，洪承疇始終是岌岌可危的明廷的干城，在士大夫階層普遍喪失信心、普遍虛與委蛇、普遍怠忽職守的現實中，勇挑重

---

[1] 《清史稿》，列傳二十四。

任，克盡職守，實心辦事，乃極少數幾個曾切實為君分憂的人物之一；擔任薊遼總督後，他的見識和戰略主張，合乎實際，真正有利於明國；明知不可戰，而被迫一戰，雖違乎自己的理性判斷，仍毅然往之，大軍潰退之際，他是唯一堅守陣地者，直至糧絕。事實背後還有一個事實：所有站在道德制高點輕言開戰的人，都不對現實承擔任何後果；相反，正是他這個明確意識到開戰沒有任何希望的人，替那些說漂亮話的人承擔了一切。

第三種解讀，來自皇太極。洪承疇降後，皇太極禮遇甚隆，招致帳下諸將不滿：

> 諸將或不悅，曰：「上何待承疇之重也！」上進諸將曰：「吾曹櫛風沐雨數十年，將欲何為？」諸將曰：「欲得中原耳。」上笑曰：「譬諸行道，吾等皆瞽。今獲一導者，吾安得不樂？」[2]

試想，如果降者不是洪承疇，是魏忠賢、溫體仁那樣的醜類，皇太極何樂之有？皇太極之樂，恰由於洪承疇是個能臣。如今，連洪承疇這樣的人物，都肯投降大清，明朝還剩下什麼？

皇太極擊中了要害。

繼崇禎十年李巖的「叛投」象徵着知識精英拋棄明王朝之後，洪承疇在崇禎十五年的「叛投」則象徵着政治精英也拋棄了明王朝。

末日情景

前面說到，共同覬覦紫禁城龍牀的兩大勢力之間，似有某種默契。以當時明朝之虛弱，李闖和滿清，不論誰，擊潰之皆易如反掌。滿清勢力距北京更近，實力也較李闖更強；闖軍輕入，攻佔北京，而清人不先

---

② 同上。

得，誠可怪也。俗史誇大吳三桂的作用（所謂「歷史罪人」），乃至將香豔故事——劉宗敏橫刀奪愛霸佔陳圓圓——敷衍為歷史的決定性因素，雖然煽情，卻實屬笑談。吳三桂降不降清，獻不獻山海關，對清人入主中原，其實是沒有實質意義的；清人攻到長城以裏，本非必由山海關不可，崇禎年間，清兵（改國號之前為後金）早已由各關口突破長城不知多少次；沒有吳三桂，不走山海關，清人照樣入得中原，絲毫不成問題。闖軍之能捷足先登，恐怕出於兩點。一是此前一年（1643）八月，皇太極方崩，清國舉哀，暫緩奪取中原計劃；二是對於明廷不亡於清而亡於李闖，清國君臣極可能早有暗謀，樂觀其成，然後以此為藉口，「興仁義之師」，「剿賊滅寇」，以「正義之師」姿態入關，盡量增加自己取代明朝統治中國的合法性。這在多爾袞致吳三桂求援信的答書中，可以找到直接證據。書稱：

> 我國欲與明修好，屢致書不一答。是以整師三入，蓋示意於明，欲其熟籌通好。今則不復出此，惟底定中原，與民休息而已。聞流賊陷京都，崇禎帝慘亡，不勝髮指，用率仁義之師，沉舟破釜，誓必滅賊，出民水火！伯（吳三桂封爵平西伯）思報主恩，與流賊不共戴天，誠忠臣之義，勿因向守遼東與我為敵，尚復來歸，必封以故土……昔管仲射桓公中鈎，桓公用為仲父，以成霸業。伯若率王（率先奉清為王業），國讎可報，身家可保，世世子孫，長享富貴。[1]

這一歷史關頭的實際過程是，清國在得到闖軍已於三月十九日攻破北京的情報後，即由順治皇帝於四月初八日在盛京任命多爾袞為大將軍，南下奪取中原。次日，清軍迅速兵發瀋陽。中途遇吳三桂信使求援，遂折往山海關方向運動，並與吳三桂部隊匯合後於此處擊敗闖軍。這清楚顯示，清兵入關的決策與動作，先於吳三桂請援和獻降，是一單獨行動，且明顯是利用北京被闖軍攻佔、崇禎殉國為機會和藉口。

---

[1] 《清史稿》，列傳五，諸王四。

多爾袞信還透露一點，從一開始，清人就希望以中國道統繼承者的姿態，接管權力。這種認識與心態，同四百年前的蒙古人截然不同。這也就是何以蒙元始終不改其「入侵者」形象，而滿清卻能完全融入中國正統歷史與文化的原因所在。此乃題外話，不表。

1644 年，崇禎坐龍牀的第十七個年頭，也是最後一個年頭；以舊曆天干支支排列算法，歲在甲申，所以又叫甲申年，後遂以此揚名史冊。

甲申年的元旦 —— 也就是正月初一 —— 在西曆是 1644 年的 2 月 8 日。如果現在，這天舉國上下已經放假，歡度春節，不用上班。當時不同，作為新年第一天，皇帝和百官仍須早朝。崇禎又是一個特別勤奮的皇帝，當此人心惶惶之際，他很想藉新年第一天振作精神，有個好的開端，所以起得比平時都早，天未明，就去皇極殿（太和殿）視朝，接受百官朝賀。

升殿後，卻發現底下空空如也，只有一個「大金吾」（近衛軍官）孤零零立在那裏。其時，鐘鳴已久，照理說，百官聞鐘已該到齊。崇禎問其故，金吾支吾道也許眾人不曾聽見鐘聲。崇禎命再鳴鐘，不停地鳴下去，且吩咐將東西宮門大開，讓鐘聲傳得更遠。久之，百官仍無至者。

照例，本該百官按部就班，各自歸位，皇帝出來接受朝拜；現在倒成了皇帝光杆司令先在那裏等候群臣。崇禎面子尚在其次，這實在太不成體統。為避免這局面，臨時決定把本來放在朝拜之後的謁祖提前舉行，那是皇帝自己的事情。不過，謁太廟必須有儀仗車馬，急切卻備不齊，還是放棄，傳諭仍舊先上朝，二次升座。

那天所以鐘聲大作，而百官不聞，據說是天氣極為惡劣，「大風霾，震屋揚沙，咫尺不見」[2]。任何有北京生活經驗的人，都知道當此時，滿耳但聞風吼。

又候了一會兒，百官終於匆匆趕到，現場十分混亂。當時文武官員，分居北京西城、東城，而上朝站班卻相反，文立於東，武立於西。這天，因為情勢窘急，許多官員趕到後，顧不得繞行，按最短路線歸位。結果，文臣直接穿過武班，武將也從文班鑽出；行經中央空地時，因為是皇帝視

---

② 《明季北略》，卷之二十，崇禎十七年甲申，風變地震。

線正前方，每個人都佝僂着身子，甚至爬在地上匍匐而過，模樣滑稽可笑⋯⋯

大明王朝最後一年，就這樣開始了。後人評論說：「絕非佳兆。不出百日，上手撞鐘，百官無一至者，兆已見此矣。」[1]

談到迷信，還有更奇特的。某晚，崇禎得夢，夢中神人在他手掌上寫了一個「有」字，他困惑不解，講給百官聽，請他們解釋。百官當然揀好聽的說，「眾皆稱賀」，說這個「有」字代表「賊平之兆」。馬屁聲中，卻忽然有人大放悲聲，眾視之，是內臣王承恩。崇禎驚問何意，王承恩先請皇帝赦其不死之罪，而後開言：「這個『有』字，上半是『大』少一撇，下半是『明』缺一日，分明大不成大，明不成明，神人暗示，我大明江山將失過半。」[2]——這真有其事，或係後來人所編捏，無考。但那王承恩三月十九日陪着崇禎一道吊死煤山，卻是真的。

也是這一天，甲申年元旦，李自成在西安啟用國號「大順」和年號「永昌」。倘若四個月後，他並非曇花一現地從北京消失，是日就將作為永昌元年載入史冊，而「崇禎十七年」則不再被人提及。

三天後，大順軍兵分兩路，徑奔北京而來。一路之上，摧枯拉朽，明軍望風而降，除少數幾座城池（例如代州）略有攻防，大順軍基本是以行軍速度向京師推進。據載，三月一日到大同，八日便至宣府；十五日早上通過居庸關、午間就已抵達昌平，比一般的徒步旅行者速度還要快！

話分兩頭。雖然通訊不靈，資訊遲緩，但李闖殺奔北京而來的事態，還是不斷傳到紫禁城。從二月起，至自殺前最後一天的三月十八日，朱由檢「每日召對各臣」。單這一個來月，他的出勤率，興許就頂得上他的天啟哥哥的一生。幾代皇帝逍遙、荒怠與揮霍所欠下的沉重歷史債務，統統要他一個人來還，而且還根本還不清！

缺德、作孽，這樣的罪愆簡直可以不提，崇禎想還也還不起；眼下，一個最實際的難題，一種燃眉之急，他就無法解決——沒錢。誰都無法相

---

① 《明季北略》，卷之二十，崇禎十七年甲申，元旦文武亂朝班。

② 《明季北略》，卷之十五，崇禎十二年乙卯，王承恩哭夢。

信，泱泱大國之君，幾乎是一個破產的光棍。然而，這是千真萬確的。

崇禎十六年（1643）十二月八日，一個年輕人奉調來京。他叫趙士錦，隆慶、萬曆間名臣趙用賢之孫。他被工部尚書范景文推薦，補工部營繕司員外郎一職，因此趕上了歷史巨變一幕，在此後一百二三十天內，歷經曲折，翌年四月中旬逃脫闖軍控制，輾轉南歸。後來他將這離奇經歷寫成《甲申紀事》及《北歸記》兩篇文字，句句目擊，極為真實，不啻為描述 1644 年甲申之變的報告文學傑作。後面我們將在很多地方引用他的講述，這裏先自其筆下實際地了解朱由檢最後時日的財政狀況。

趙士錦到任後，先被分派去守阜城門，三月六日接到通知，接管國庫之一、工部所屬的節慎庫，三月十五日——城破前三天——辦理交割。他在《甲申紀事》和《北歸記》重複錄述了清點之後的庫藏。《甲申紀事》：

> 十五日，予以繕部員外郎管節慎庫。主事繆沅、工科高翔漢、御史熊世懿同交盤。……新庫中止二千三百餘金。老庫中止貯籍沒史蒦家資，金帶犀盃衣服之類，只千餘金；沅為予言，此項已准作韋駙馬家公主造墳之用，待他具領狀來，即應發去。外只有錦衣衛解來迤納校尉銀六百兩，寶元局易錢銀三百兩，貯書辦處，為守城之用。

《北歸記》：

> 庫藏止有二千三百餘金。外有迤納校尉銀六百兩、易錢銀三百兩，貯吳書辦處；同年繆君沅云：「此項應存外，為軍興之用。」予如是言。

多年守衛國庫的老軍，對趙士錦說：

> 萬曆年時，老庫滿，另置新庫。新庫復滿，庫廳及兩廊俱貯足。今不及四千金。

趙士錦感慨：「國家之貧至此！」

趙士錦親眼所見，因此知道國家確確實實一貧如洗。但外界一般都

不信、甚至不能想像國庫之虛已到這種田地。當時百官以及富紳，都認為崇禎藏着掖着，擁有巨額內帑，卻捨不得拿出來。這也難怪，崇禎祖父萬曆皇帝當年搜刮之狠和慳吝之極的性格，給人印象都過於深刻。元旦那天早朝混亂之後，崇禎接見閣臣，議及局勢，眾臣都敦促皇帝以內帑補充軍餉，崇禎惟有長歎：「今日內帑難告先生。」[1] 然而無人肯信。明亡之後，仍有人批評崇禎小氣，如楊士聰、張岱等。甚至將闖軍逃離北京時攜走的拷比得來的三千七百萬兩金銀，傳為掘之於宮中祕窖。這顯然不可能。崇禎身家性命且將不保，留此金銀何圖？「國家之貧至此」，是城破之前趙士錦以目擊提供的證言。

以這點錢，不必說打仗，就算放放煙火，恐怕也不夠。關鍵在於，皇帝與其臣民之間完全失去信任。崇禎到處跟人講國家已經無錢，所有人的理解，都是皇帝哭窮和敲詐。三月十日，最後關頭，崇禎派太監徐高到周皇后之父、國丈周奎家勸捐助餉，先晉其爵為侯，然後才開口要錢，周奎死活不掏錢，徐高悲憤之下質問道：「老皇親如此鄙吝，大事去矣，廣蓄多產何益？」[2] 徐高的問號，也是讀這段歷史的所有人的問號。周奎究竟何種心態？簡直不可理喻。唯一可能的原因，就是他大概也和別人一樣，認定崇禎自己藏着大把金銀不用，還到處伸手索取。如果他並不懷疑內帑已盡之說，想必應該比較爽快地捐一些錢，讓女婿拿去抵擋農民軍的。否則，朝廷完蛋，他顯然不會有好下場，這筆賬他不至於算不過來。歸根結底，他根本不信崇禎沒錢打仗。

從二月中旬起，崇禎下達捐餉令，號召大臣、勛戚、縉紳以及各衙門各地方捐款應急，共赴國難，「以三萬為上等」，但居然沒有任何個人和地方捐款達到此數，最高一筆只二萬，大多數「不過幾百幾十而已」，純屬敷衍。又諭每一大臣從故鄉舉出一位有能力捐款的富人，只有南直隸和浙江各舉一人，「餘省未及舉也」。[3] 大家多半不覺得皇帝缺錢。

然而，不相信皇帝沒錢，只是「信任危機」較為表層的一面；在最深

---

[1] 《流寇長編》，卷十七，崇禎十七年正月庚寅。

[2] 《明季北略》，卷之二十，崇禎十七年甲申，初十徵戚璫助餉。

[3] 《甲申紀事》。

層，不是錢的問題，是社會凝聚力出了大問題。危急時刻，若社會凝聚力還在，再大的難關仍有可能挺過。

一個政權，如果長久地虐害它的人民，那麼在這樣的國度中，愛國主義是不存在的。愛國主義並非空洞的道德情懷，而是基於自豪和認同的現實感受。否則，就會像甲申年的明朝這樣，在國家生死存亡之際，最需要愛國主義、同心同德之際，現實卻無情地顯示：根本沒有人愛這個國家，這個國家的沉淪似乎跟任何人都沒有關係，面對它的死亡每個人都無動於衷 —— 不僅僅是那些被損害者，也包括曾經利用不公平和黑暗的現實，撈取過大量好處的人。

崇禎所面對的，正是這種處境。當他向勛戚、宦官、大臣和富人們求援時，全部碰了軟釘子，他們想盡辦法不去幫助這個快要完蛋的政權。搪塞、撒謊、漠然。好像這政權的崩潰符合他們的利益，好像這政權不是曾經讓他們飛黃騰達，反而最深地傷害過他們。

一再催迫下，國丈周奎摳摳索索捐了一萬兩，崇禎認為不夠，讓他再加一萬兩，周奎竟然恬不知恥地向女兒求援。周皇后把自己多年積攢的五千兩私房錢，暗暗交給父親，後者卻從中尅扣了二千兩，只拿三千兩當作自己的捐款上交崇禎。旬日之後，闖軍拷比的結果，周奎共獻出家財計銀子五十二萬兩、其他珍寶折合數十萬兩！

大太監王之心（東廠提督，受賄大戶）如出一轍。捐餉時只肯出萬兩，後經闖軍用刑，從他嘴裏掏出了現銀十五萬兩，以及與此價值相當的金銀器玩。

捐餉令響應者寥寥，崇禎改以實物代替現錢，讓前三門一帶富商豪門輸糧前線部隊，同時給打仗的士兵家屬提供口糧，以為較易推行，但同樣被消極對待，不了了之。

我們並不明白，這些巨室留着萬貫家財打算做什麼；但有一種內心活動他們卻表達得明白無誤，即：無論如何，他們不想為拯救明王朝出力。

連這群人都毫不惋惜明王朝的滅亡，遑論歷來被盤剝、被壓迫的百姓？此情此景，崇禎不得不在腦中想到一個詞：眾叛親離。

人心盡失；錢，或者可以買來一點士氣，然而也籌不到。沒有人可以

在人心、士氣皆無的情況下打仗，就算去打，也注定要輸。

那麼，三十六計，走為上？打不贏就跑，這總是容易想到的。很多對於崇禎吊死煤山感到奇怪的讀者，一定會問：他幹嘛不跑？惹不起，躲得起；諾大個中國，何必非死守一個北京不可？

否。崇禎當然想到過逃跑，而且這件事還成為明朝常見的空耗唾沫的爭論中的最後一次。

最早是誰先提議的，已不大能搞清。《三垣筆記》說：「上以邊寇交熾，與周輔延儒議南遷，命無泄。」[1] 周延儒下獄，在崇禎十六年六月，果有此事，則崇禎與他商量南遷的事就應該在這以前。然而，誰動議的呢？周延儒，還是崇禎本人？另外注意，引起動議的原因是「邊寇」，不是「流寇」。《明史‧後妃傳》則記載，崇禎的皇后周氏提過這樣的建議：「嘗以寇急，微言曰：『吾南中尚有一家居。』帝問之，遂不語，蓋意在南遷也。」[2] 周皇后老家在蘇州，所以由她想到這個點子，比較自然。從史傳所述語氣看，她說這話的時候，有點旁敲側擊、欲言又止的試探狀，好像是在「道人所未道」。時間不好判斷，「寇急」既可解為「邊寇」，亦可解為「流寇」，所以可能是在崇禎十五年底清兵再次突破長城、大舉進入中原時說的，也可能是李自成殺奔北京而來之後說的。

姑且假設，最早是周皇后啟發了丈夫，崇禎心中留意，悄悄找首輔周延儒商量。商量的時候，崇禎知道事情關係重大，專門叮囑「無泄」。然而還是走露了風聲。懿安皇后張氏 —— 也就是天啟皇帝的張皇后 —— 得知後，找到姐娌周皇后，對她說：「宗廟陵寢在此，遷安往？」這話的意思就是，列祖列宗都在這裏，能扔下不管麼？這個質問很嚴重，相當於「數典忘祖」的指責。崇禎大窘，追查誰走露消息，查不出來（據說周延儒被誅與此有關），只好暫且擱置。[3]

擱置的原因，除懿安皇后的反對，想必也是事情尚不急迫；再有，這樣重大複雜的問題，崇禎也並不曉得適合跟誰謀劃。

---

① 《三垣筆記》，中，崇禎。
② 《明史》，列傳第二。
③ 《三垣筆記》，中，崇禎。

十分巧合，李自成兵發西安的那一天，朱由檢也意外地找到了朝中可以談論此事的人。崇禎十七年正月初三，即「大風霾」「文武亂朝班」的第三天，由左都御史李邦華、九江軍府總督呂大器舉薦，朱由檢在德政殿召見新提拔的左中允李明睿，聽取他對時局的意見。

李明睿有備而來，他請皇帝摒退左右，然後單刀直入：「自被提拔以來，微臣一直積極蒐集情報，據微臣所知，情勢非常急迫，賊寇很快逼近京畿，現在已是生死存亡關頭，如要緩眼下之急，只有一個辦法——南遷。」崇禎聞言，第一句脫口就是：「此事重，未可易言。」顯得很緊張。接着以手指天，問：「上天未知如何？」這句話表明，懿安皇后的質問使他對此事有很大的道德壓力。李明睿答：「天命幽密難知，此事目今只能請皇上自己做出決斷。」崇禎感覺到他的誠懇，終於承認：「此事我已久欲行，因無人贊襄，故遲至今。」他明確說，李明睿所想「與朕合」，但也談及主要顧慮是「外邊諸臣不從」。這時，他幾乎毫無必要地再次強調：「此事重大，爾且密之，切不可輕泄，泄則罪坐汝。」這一方面與崇禎多疑不能信人的性格有關，但也反映了他內心的懼怕。[4]

遷都，歷史上屢見不鮮。古有盤庚遷殷、平王遷洛，晚近有宋室南遷；本朝也有成祖遷都於北京的先例。朱由檢何以如此顧慮重重？他的擔心有道理麼？

事實很快就會做出回答。

朱、李君臣詳盡討論了計劃的細節，包括路線、軍隊調遣、資金等問題。但朱由檢沒有立刻交付廷議，他想等等看，看戰事的進展是否還有轉機。

大約半個月後，李明睿遞呈奏疏，正式提請聖駕撤離北京——這是由崇禎授意，還是李自己的行動，不得而知——立刻引起軒然大波。內閣大學士陳演、魏藻德帶頭反對，他指使兵科給事中光時亨激烈諫阻，全是冠冕堂皇的高調，至有「不殺明睿，不足以安人心」之論。

一位美國漢學家分析，反對的背後，是大臣們的私人利益在起作用；主張南遷的多為南方籍官員，反對者則相反，「沒有什麼正式理由說明為

---

④ 《明季北略》，卷之二十，李明睿議南遷。

什麼北方籍官員不能一同南下，但他們在河北、山東、山西的田產，使其難以離開。」[1] 漢學家有時確實不太靠譜。

從明代意識形態的看，這是典型的道德作秀風。虛偽已成習慣，人們在現實面前拋棄責任，碌碌無為甚至怠忽職守；但是，說空話、說漂亮話、把自己打扮成倫理綱常最忠實的衛士，卻爭先恐後。國家存亡可以不顧，所謂「名節」卻務必保持。光時亨本人並非北方人（南直隸桐城人），他跳出來，與實利無關，純屬作秀。如果這種人最後真像他當初慷慨激昂宣揚的那樣，為國盡忠殉道，也就罷了，事實上農民軍破城，光時亨率先趨去，長跪不起迎降。可悲朱由檢實際上等於被這幫沽名釣譽的偽君子，以倫常、道德（「國君死社稷之義」）所脅迫和綁架，充當他們「高風亮節」的人質。對此，計六奇痛心評曰：

> 假令時亨罵賊而死，雖不足以贖陷君之罪，尚可稍白始志之靡他，而竟躬先從賊，雖寸磔亦何以謝帝於地下乎？是守國之說，乃欲藉孤注以邀名，而非所以忠君也。[2]

相反，支持南遷、當時被扣上怕死誤君大帽子的人，如把李明睿推薦給崇禎的李邦華，和大學士范景文，最後關頭卻能捨身殉國，以事實回擊了所謂倡論南遷意在避死貪生的污衊。然而，在政治道德高調面前，傳統上中國人向來沒有反抗的勇氣。高調明明誤國，大家卻都翕然相隨，加入合唱。此番亦然。光時亨的高調讓滿朝緘默，誰都不肯擔怕死誤君的惡名——因為他們在惜自己的名譽，勝於在惜君王社稷的命運。

崇禎碰了一鼻子灰。但他猶未死心。過了一個月，二月下旬，軍情益急，崇禎召開御前會議，李明睿、李邦華再提南遷之議。兩人提案有所不同；李明睿仍持前議，即御駕南遷，李邦華似乎已將衛道士們的輿論壓力考慮在內，他建議皇帝守國，而由太子監撫南京。現場諸臣默不作聲，唯少詹事項煜表示可以支持李邦華提案。這時，光時亨再次扮演道德法官

---

[1] 魏斐德《洪業——清朝開國史》，第四章，北京的陷落，南遷之議。
[2] 《明季北略》，卷之二十，附記南遷得失。

角色，他質問道：「奉太子往南，諸臣意欲何為，將欲為唐肅宗靈武故事乎？」這是指安史之亂唐玄宗逃往成都，而太子李亨為宦官所擁，在寧夏靈武稱帝、以玄宗為太上皇的事。言外之意，近乎指責李邦華等謀反。於是，更無人敢吱聲。這種群策群議場合，崇禎只是聽取群臣議論，不能直接表態，然而絕大多數人卻保持沉默、不置一辭。③

這意味，他不難讀懂。

翌日，崇禎召見閣員，正式表態。一夜之間，漫漫黑暗裏，無人知道他想了什麼，又想了多少，總之，此刻面目全變，說出一番毅然決然的話：

> 祖宗辛苦百戰，定鼎於此土，若賊至而去，朕平日何以責鄉紳士民之城守者？何以謝先經失事諸臣之得罪者？且朕一人獨去，如宗廟社稷何？如十二陵寢何？如京師百萬生靈何？逆賊雖披猖，騰以天地祖宗之靈，諸先生夾輔之力，或者不至此。如事不可知，國君死社稷，義之正也。朕志決矣！④

這就是他對諸臣昨日沉默的讀解，他讀懂了沉默下面的每一個字。眼下，他經自己之口說出來的每句話，都是別人心裏所盤旋的想法，精準之極，分毫不爽。他知道，面無表情的諸臣，人人心中都打定這樣的主意：決不讓這段話涉及的道義責任落在自己身上。

崇禎大徹大悟：他非但不可能從諸臣嘴裏聽到贊成南遷的表示，而且，只要他流露一丁點這種意圖，就將被這些人當作充分表演如何忠貞不屈、願為百姓社稷獻身、置個人安危於度外的高尚情操的機會，同時，會用痛哭流涕的苦諫，把他 —— 崇禎皇帝 —— 刻畫成一個拋棄祖宗、人民，自私膽小的逃跑者。

---

③ 南遷之議，見諸多書，如《明季遺聞》、《明季北略》、《國榷》、《烈皇小識》、《綏寇紀略》、《甲申傳信錄》、《三垣筆記》、《牧齋有學集》等等，但各家所記，在時間與細節上頗為不一，致有人對此事的經過，整體加以懷疑，談遷《國榷》即引楊士聰之說：「邦華等未嘗具疏，亦未嘗奉明旨，他人何由而沮之。坊刻數本皆稱光時亨沮之，厥後爰書以此而成。」我的看法，彼時危在旦夕，一切混亂，秩序蕩然，這種情況下，造成史實細節的不確定（檔案失佚無所本，而多由口口相傳的方式被追述，比如楊士聰指出的，誰都不曾見過李邦華的那份奏疏）是很正常的。類似的例子，曹化淳究竟開的哪座城門，各家記述也不一。對於這種非常時刻之下的歷史記述，態度上有一定保留，可以，但像楊士聰那樣一筆抹煞卻又不必。

④ 吳偉業《綏寇紀略》，補遺中，虞淵沉下。

假使崇禎是朱厚照、朱厚熜、朱翊鈞、朱由校式人物，他本可以根本不在意群臣給予什麼道德壓力，本可以裝聾作啞或者打屁股、殺人——總之，一意孤行，不惜採取各種手段來達到自己的目的；然而他不是，他偏偏很愛惜臉面，在道德、人格、情操上自視甚高，以至於有些孤傲。

他曉得自己被捆上了道德的戰車，卻無意脫身，反倒賭氣似的生出「雖千萬人，吾往矣」的激越，於是發表了上述談話。自那一刻起，他已抱必死之心。推心置腹地猜想，此前的夜半時分，他會獨自在內心有激烈的思想鬥爭，與他的列祖列宗、他朱家的歷史有過一番對話；他當無可奈何地意識到孤家寡人的絕境，以及由於若干先帝的玩忽失政這個家族對歷史所欠下的沉重債務，那麼，現在已到了還債的時候，而他就是這樣一個還債人。十幾天後，他在自絕時刻的每一個舉動，每一個細節，都揭示了上述心路歷程。

崇禎的死；大結局

三月以來，謠言紛紛。人們雖不知李自成大軍確切位置，卻都知道它正在逼近，有力、穩定地逼近。「京師滿城洶洶，傳賊且至，而廷臣上下相蒙」。京城戒嚴，不讓進，也不讓出。接替陳演當上首輔沒幾天的魏藻德，藉口籌餉，想溜之大吉，被崇禎冷冷拒絕。他要成全他們死國的「決心」；這些阻撓南遷的人，不可以立了牌坊，再去當婊子。大家無所事事，得過且過，行屍走肉一般，困在孤城、坐以待斃。

有一個謠言，稱十二日闖軍即攻下昌平，計六奇在《明季北略》中還專門辨析這一點，說昌平失守確實在十二日，「載十六（日）者，十六始報上（指崇禎十六日才得到這個消息）耳。」但這的確是個謠言。昌平失於十六日中午，確定無疑。這是闖軍一位隊長姚奇英親口告訴羈押之中的趙士錦的：「後予在賊營中，隊長姚奇英為予言，初六破宣府，初十破陽

和，十六早至居庸關，午間至昌平，而京師茫然罔聞，良可浩歎。」[1]以闖軍摧枯拉朽之勢，如果十二日打下昌平，絕對無須七天後才抵京城。

崇禎同樣無所事事，等死。十六日這天，他居然還有心思接見一批剛剛考試合格、準備提拔到中央任職的縣官，「問裕餉、安人（擴大餉額和安定人心的辦法）」。此時崇禎，簡直像是搞惡作劇的行為藝術家，存心開士大夫們的玩笑——都這份兒上了，還沒事兒人似的裕什麼餉、安什麼人心？

> 滋陽知縣黃國琦對曰：「裕餉不在搜括，在節慎；安人繫於聖心，聖心安，則人亦安矣。」上首肯，即命授給事中。

捧腹之餘，不難感受到崇禎的戲弄與刻薄。

考選進行到一半，有人進來，悄悄遞給崇禎一件「密封」。

「上覽之色變，即起入內。」

何故？

密函報告：昌平失守。[2]

這，就是喪鐘真正敲響的那一天。

十七日，兩路農民軍，一路到達今天大北窰以東的高碑店（不是以產豆腐聞名的河北的那個高碑店），一路到達西直門。「寇已薄城，每二三四里紥一營，遊騎絡繹相接。自是城上炮聲晝夜不絕矣。」[3]

崇禎照常上朝，「召文武諸臣商略」。君臣面面相覷，束手無策。「上泣下，諸臣亦相向泣。」這時，崇禎悄悄在御案寫下「文臣個個可殺」之語，示之近侍，隨即抹去。[4]俄頃，守城總指揮襄城伯李國楨，「匹馬馳至，汗浹霑衣」，他伏地哭奏道：「守城士兵都已經不肯抵抗，用鞭子把一個人抽起來，另一個人馬上又趴下了。」崇禎聞言，大哭回宮。[5]

守軍不抵抗，是因為根本無力抵抗。「京軍五月無糧」，「率飢疲不堪

---

① 《甲申紀事》。

② 《明季北略》，卷之二十，十六報賊焚十二陵。

③ 《甲申紀事》。

④ 《烈皇小識》，卷八。

⑤ 《明季北略》，卷之二十，十七賊圍京。

任」①。國家無錢，權貴富人不肯出錢，倒是偶爾有「小民」捐錢；趙士錦親自經手了這樣的捐款：「十七日，厚載門外，有小民捐三百金。又一人，久住彰義門外，今避難城中，年六十餘，一生所積，僅四百金，痛哭輸之戶部。」②

十八日，外城破。城破之前，李自成曾派先期投降的太監杜勛進城談判。崇禎召見了杜勛。李自成開出的條件是，割地西北，分國而王，並由明朝賠款百萬兩。不知為何，未能達成協議。此事載於《甲申傳信錄》、《烈皇小識》、《甲申紀事》、《明季北略》等。但不可信。設若李自成所開條件真的不過爾爾，崇禎沒有理由不答應。可能李自成確曾派人入內與崇禎接洽，但內容並非如上。《明季北略》另記一條，似較真確：

> （杜勛）盛稱「賊眾強盛，鋒不可當，皇上可自為計」，遂進
> 琴弦及綾帨（暗示崇禎自絕），上艴然起。守陵太監申芝秀自昌
> 平降賊，亦縋上入見，備述賊犯上不道語，請遜位，上怒叱之。③

這是對崇禎施加壓力，打心理戰。

彼時發生的事，多帶有「風傳」性質。包括曹化淳開彰義門（又稱廣寧門，清代以後稱廣安門）投降事。據說，這並非曹化淳的單獨行動，事先在一部分內外臣中間達成了「開門迎賊」的公約，「首名中官則曹化淳，大臣則張縉彥」④。孤證，不可考。另外，開門時間也有兩種說法，一為十七日半夜，一為十八日。除彰義門為曹化淳所開，農民軍同時攻破其他幾處城門。曹化淳開門只對他個人有意義，對北京城不保沒有意義。

這裏介紹一下明代北京城構成。像套盒一般，共四層；由內而外，依次是宮城、皇城、內城和外城。宮城，即紫禁城。皇城，若以今天地名標識，大致範圍，南至天安門以外約毛主席紀念堂一線，北至地安門一線，東至王府井一線，西至六部口一線。內城，即正陽門、崇文門、東直門、德勝門、西直門、宣武門等京城九門以裏。外城，為西便門、廣寧門、右

---

① 《明季北略》，卷之二十，十七賊圍京。
② 《甲申紀事》。
③ 《明季北略》，卷之二十，十八日申刻外城陷。
④ 《流寇長編》，卷十七，崇禎十七年三月甲辰。

安門、永定門、左安門、廣渠門至東便門所環抱。

外城陷落的消息，十八日傍晚傳入大內。「上聞外城破，徘徊殿庭。」夜不成眠。初更時分，太監報告內城也被攻破。還剩下皇城和紫禁城最後兩道屏障。崇禎領着王承恩，登上萬歲山（景山），向遠處眺望。夜幕中，京城烽火燭天，遂漸向皇城蔓延。

崇禎在那裏踟躕了約一個時辰，回到乾清宮，發出畢生最後一道諭旨：「命成國公朱純臣提督內外軍事事，夾輔東宮。」這道諭旨有無意義、能否送達，都大可疑。

隨後，他把全家人 —— 周皇后、袁妃、太子及諸王子、小女兒長平公主 —— 召集起來，做最後的安排。

孩子們來了，仍身着宮服。崇禎歎氣：「已經什麼時候了，還穿這種衣裳？」

即命人設法找來平民舊衣，親手替兒子們換上。

「記住，」他這樣叮囑說，「一旦出宮，爾等從此就是小民。將來在外，遇上有身份的人，年長者稱『老爺』，年輕的呼人家一聲『相公』，對普遍百姓，年紀大的要叫『老爹』，與你們年齡相仿的要叫『兄長』，對讀書人以『先生』相稱，對軍人就尊一聲『長官』。」

吩咐內侍把三位皇子分別送到他們的外公周、田兩家。

三皇子臨去之時，聽見父親在身後大放悲聲：「你們為什麼會不幸生在我家！」

淚眼送走兒子，崇禎請兩個妻子一同坐下，捧酒，痛飲數杯，對她們說：「大事去矣！」相對而泣，左右也都哭作一團。

崇禎揮手，遣散所有宮女，各自逃生。對自己的妻女，令其自盡。

過去，因為已故田妃的緣故，周皇后跟丈夫的關係並不愉洽，但她仍然不假思索返回坤寧宮，遵旨而行；臨別前，說了最後一句話：「我嫁給你十八年了，從來不聽一句，終有今日。」

袁妃是崇禎所寵愛的女人，因此賜她自盡。而這不幸的女人，自縊，卻因為繩索斷裂，「墜地復甦」。崇禎發現後，拔劍砍之。據說砍了三下，

手軟，不能再砍 ①。袁妃最後據說不曾死去，被農民軍發現，「令扶去本宮調理」②。

其他曾蒙倖御過的嬪妃，「俱親殺之」。

又遣人逼天啟皇帝的懿安皇后「速死」。張氏是夜至晨，兩次自縊未果。第一次為宮女解救，第二次又被李巖專門派來保護她的士兵所阻止。李巖對這位品行端正的前國母，一直心存敬意。但是次日晚間，張后仍趁李巖部下不備，懸梁自盡。

最慘一幕，出現在崇禎與長平公主父女間。是歲，公主年方十五，驚嚇和戀生，令她啼哭不止。她沒有勇氣自殺。崇禎素疼此女，五內俱焚，長歎一聲，將剛才送別兒子們時說過的話，重複了一遍：「汝奈何生我家！」遂左袖遮面，右手揮刀，砍向公主。公主懼怕用手來擋，左臂應聲而斷，昏倒於地。崇禎雖欲再補一刀，終因周身顫慄而止。

放兒子們生路，讓女性親屬盡死，並非「重男輕女」，而是基於皇家名節不容玷污。在那個年代，這高於生命。所以崇禎殺妻殺女，淒慘無比，但不能視之為滅絕人性。

女眷們一一喪生，崇禎則神祕地從宮中消失。至少，十九日天亮後李自成部隊闖入宮時，他們沒有找到他。問遍宮人，無人知曉。李自成大不安，下令：「獻帝者賞萬金，封伯爵，匿者夷其族。」然而，賞金沒有能夠發出去。

直到二十二日，人們才在後稱為景山的皇家後苑的亭中，發現對縊而亡的兩具屍體。一具屬於近侍王承恩——當初那個將「有」字釋為「大不成大，明不成明」的太監，一具就是大明末代皇帝朱由檢。屍體被發現時呈下狀：頭髮披散着並且遮住面孔，普通的藍袍，白綢褲，一隻腳穿靴，另一隻脫落。經檢查，在朱由檢身上找到了以血寫就的遺書，大意：諸臣誤朕，無面目見先帝於地下，以髮覆面，勿傷我百姓一人。③

那時不掌握現代屍檢技術，無法推知確切死亡時間，但大致不出於

---

① 《明季北略》，卷之二十，十八夜周皇后縊坤寧宮。
② 《甲申紀事》。
③ 各家文字不一，撮其要者如是。

午夜至清晨這二三個時辰之間。是日，大明崇禎十七年三月十九日，西曆1644 年 4 月 25 日，星期一。

以現在經驗，這個時節的北京，幾乎已是女孩們換穿裙子的氣候。但1644 年的 4 月 25 日，北京竟然下起了雪！親歷者趙士錦記述道：「時陰雨閉天，飛雪滿城。」[④] 計六奇也描述說，這天一大早，「陰雲四合」「微雨不絕，霧迷」，「俄微雪，城陷」[⑤]。

二十三日，朱由檢、周氏夫婦屍體一齊收殮，存於某庵。李自成允許明朝舊臣前來遺體告別。有人一旁觀察，記下了這些人的表現：「諸臣哭拜者三十人，拜而不哭者六十人，餘皆睥睨過之。」[⑥]

睥睨，是斜着眼看，側目而視，有厭惡或高傲之意。這裏，高傲大概談不上，那就是厭惡了。

「食君祿，報王恩」，本是士之道德。但也不必拘泥 —— 倘若朱由檢是一個禍國殃民的皇帝，「睥睨」不為過。可是，以崇禎在位十七年的情形看，似乎尚不至於得到這種對待。於是，誰都明白，這「睥睨」，未必出於對死者的厭惡，卻一定是對紫禁城龍牀的新主人示好。

在很多方面，新主人跟被他趕下臺的舊主人的老祖宗，非常相似：起於底層，天生豪傑，百折不撓，眾望所歸……論得國之正，李自成與朱元璋一般無二；論器局氣度，李自成在明末比之於張獻忠之輩，也正如朱元璋在元末比之於陳友諒、張士誠之流。

李氏大軍入城時，一派王者之師的風範。連冥頑不靈的遺老遺少，亦不得不承認：「軍容甚肅」[⑦]，「賊初入城，不甚殺戮」，「（民間）安心開張店市，嘻嘻自若」[⑧]，「有二賊掠絹肆，磔於市。市民大喜傳告，安堵如故。」[⑨]

大明國工部員外郎趙士錦先生，三百六十二年前，闖軍入城當天，從

---

④ 《北歸記》。
⑤ 《明季北略》，卷之二十，李自成入北京城。
⑥ 《烈皇小識》，卷八。
⑦ 同上。
⑧ 《明季北略》，卷之二十，李自成入北京城。
⑨ 《國榷》，卷一百，思宗崇禎十七年。

現場向我們發來他親眼所見情形的如下報導：

十九日早，宮人四出，跟蹌問道，百姓惶遽。

先是，十八晚，傳召對。是早，大學士丘瑜、修撰楊廷鑒、編修宋之繩，以侍班入長安門（皇城諸門之一，在天安門東側，今不存），見守門者止一人。至五鳳樓前，闃其無人。亟趨出。

是時，大寮（僚）尚開棍坐轎傳呼，庶寮亦乘驢，泄泄於道路間也。

予在寓，聞宮人四出，亟詣同鄉諸大老（佬）所問訊。諸公謂：「吳兵昨夜已至城外，今始可保無虞。」予答云：「恐未必。」

予作別出門。予騎已為一內相策之而去。長班有一驢，予乘之，由刑部街又至一大老所。大老尚冠帶接屬官，雍雍揖遜。予亟入言外事如此；大老亦如「三桂始至」之言，予亟別之。

是辰巳時候（上午九時左右）。灰煙佈天。見內相策騎如飛，啣尾而來。男婦紛紛；有挈子女者，有攜包袱者，有瞽目跛足相倚而走者。

至焦家橋，炮聲忽寂。見城上守兵疾走如飛，亂滾至城下。

予下驢站立。有二三百男婦，自西來。云：已進城矣。

少頃，又有二三百人來。云：「好了，好了，不殺人了！速粘『順民』二字於門首！」

百姓有覓得黃紙者，有得紅紙者，俱書「順民」二字，粘於門。

少頃，復設香案，粘黃紙一條，書「大順永昌皇帝萬歲！萬萬歲！」

賊兵俱白帽、青衣，御甲負箭，啣枚貫走。百姓俱閉。有行走者，避於道旁，亦不相詰。寂然無聲，惟聞甲馬之間。

（闖軍）大叫云：「有驢馬者，速獻出！敢藏匿者，斬！」

（百姓）有驢馬者，即牽出。

少頃，將大宅斬門而入，小宅插令旗於門首，以示欲用之意。

予時避於焦家橋胡同內。

至午後，百姓粘「順民」二字於帽上，往來奔走如故。平
定、阜城、崇文、齊化諸門，俱以是時破矣。①

從初時驚恐、逃亂，到心態漸趨平穩，再到市面很快恢復正常；僅僅
二三個時辰，改朝換代的動盪，即變成百姓「往來奔走如故」。這是來自
一位前政府中下層官員的描述，應該說是客觀可信的。

趙士錦同樣提到那兩個因搶劫前門商舖遭到處決的闖軍士兵：「賊初入
城，有兵二人，搶前門鋪中紬緞，即磔殺之，以手足釘於前門左柵欄上。
予目擊之。」②

這樣的軍隊，配得上「王者之師」的稱讚。

可惜，這種情形只維持了不到一天的時間。

白天，北京市民還在為先前的恐慌暗暗好笑，感覺自己庸人自擾，以
為滄海桑田之變，不過爾爾。夜幕剛剛降臨，人們就意識到大事不妙。對
闖軍入城紀律井然做過客觀陳述的趙士錦寫道：

日間，百姓尚不知苦。至夜，則以防奸細為名，將馬兵攔截街
坊出路。兵丁斬門而入，掠金銀，淫婦女。民始苦之。至夜皆然。

這是普遍一致的報導：

賊初入城，先拏娼妓小唱，漸及良家女。良子弟臉稍白者，
輒為拏去，或哀求還家，仍以賊隨之。婦女淫污死者，井洿（水
塘）梁屋皆滿。③

賊兵初入人家，曰「借鍋爨」。少焉，曰「借牀眠」。頃
之，曰「借汝妻女姊妹作伴」……安福胡同一夜，婦女死者
三百七十餘人。④

剛進城的紀律井然，表明闖軍並非不曾意識到改變流寇作風的重要

---

① 《甲申紀事》。
② 同上。
③ 《明季北略》，卷之二十，姦淫。
④ 同上。

性。然而，看起來這一認識僅僅是農民軍少數領導人（李自成、李巖等）才有，另一些或更多的領導人，以及普通官兵，則並不真正接受。有報導稱，違紀士兵將民女擄至城牆上強姦之後，懼怕被路過的將領發現受責，「竟向城外拋下」。還有報導稱，軍紀弛亂後，李自成曾試圖制止，士兵竟一片譁然，說：「皇帝讓汝做，金銀婦女不讓我輩耶？」[①]

士兵敢於如此，不過是上行下效。

闖軍頭號大將劉宗敏，便是表率。進城後，劉日夜唯以弄錢、搞女人為能事。趙士錦作為被劉宗敏扣押者，有機會目擊許多這類事。「是日（三月二十日），予在宗敏宅前，見一少婦，美而豔——數十女人隨之而入——係某國公家媳婦也。」「每日金銀酒器紬疋衣服輦載到劉宗敏所，予見其廳內段疋堆積如山。金銀兩處收貯。大牛車裝載衣服，高與屋齊。」四月七日，李自成到劉宗敏寓所議事，親眼看見三進院落之中，幾百人在受刑（所謂「追贓」），有的已經奄奄一息；李「不忍聽聞，問宗敏得銀若干。宗敏以數對。自成曰：『天象不吉，宋軍師言應省刑，此輩宜放之。』宗敏諾諾。」實際上，李自成似無力約束劉宗敏。作為登基的熱身活動，需要「勸進」，劉宗敏大不滿：「我與他同做響馬，何故拜他？」[②]

所以，單看闖軍進北京城的頭半天，頗像王者之師，頗像約三百年前攻克金陵的另一支農民軍；但僅隔幾個時辰，一到晚上，就不像了。

為什麼朱元璋在金陵呆下去，李自成卻在區區四十天後，就不得不從北京落荒而走？答案就出在進城頭一天這幾個時辰之間。

頗有人替李自成鳴不平，以為他冤得慌。我看不出道理何在。固然，搞錢搞女人，搶劫強姦的，不是他，他甚至還試加制止。可是「子不教，父之過」，一個家庭搞不好，做父親的難辭其咎；何況一支軍隊的領袖，一個新興國家的立國者？他如果是個稱職的領袖，會早早做到根本不讓類似情形發生，而不是發生了再臨時去制止。

---

① 《明季北略》，卷之二十，四月三十日自成西奔。
② 《甲申紀事》。

歸根結底，他還沒有做好奪取北京城的準備，結果卻來了。

於是，北京城告訴他：不成，你來的不是時候；你還不配；你走吧。

人們本以為歷史上第二個「洪武爺」已經出現，豈料，幾個時辰就發現原來是誤會。歷史家用於描述朱元璋的那些詞兒：起於底層，天生豪傑，百折不撓，眾望所歸……都還可以繼續用在李自成身上，不過，有一個可以用於朱元璋的詞兒，難以用於李自成——這個詞是「雄才大略」。闖軍進城後的糟糕表現，說明它的領導者缺乏「雄才大略」。

從三月十九日進城，到四月二十九日，李自成三番五次準備登基，就任全中國的統治者，成為紫禁城龍牀的新主人，但也三番五次地推遲。明明水到渠成的事，硬是實現不了。當然，「非不願也，是不能也」。

四月二十一日，李自成率大軍抵達山海關，與滿清、吳三桂聯軍決戰。一敗塗地。逃回北京，四月二十九日，匆匆在紫禁城武英殿稱帝，當天晚上酉時至戌時之間（大約十九時左右）即倉皇出走。

他也僅僅坐了幾個時辰的龍牀。

一個農民起義領袖，一個成功把崇禎逼得上吊的傳奇英雄，一個「中國」人，一個已經把金鑾殿踏在自己腳下、可以說佔據了天時、地利、人和的人，在爭奪「中國」的領導權時，卻輸給了「韃子」「酋奴」「異族人」——這樣的觀念在當時是客觀事實——實在說不過去。

李自成推翻了明王朝，能夠說明明王朝的罪惡和不道義，卻不能說明由他來填補國家權力的真空是合理和正確的。歷史老人的選擇不會出錯。滿清佔據了北京和紫禁城，而且在那裏呆了下去，證明兩者之間，它是更合適的人選。

闖軍入城時，北京市民由疑懼而很快輕鬆，用「安堵如故」「奔走如故」「嘻嘻自若」來表示對明政權的垮臺毫不惋惜，以及對新政權的擁護和支持。然而，四十天後，當闖軍離開這座城市時，卻變成了這樣的情形（《明季北略》引述當時不同目擊者的報導[3]）：

---

③ 《明季北略》，卷之二十，四月三十日自成西奔。

賊先於宮中列炮放火，各私寓亦放火。零賊飛馬殺人，百姓各以牀几窒塞巷口，或持梃小巷，突出擊之。須臾，九樓城外皆火，賊東西馳，不得出，至暮，冒斃。

酉戌間，逆闖擁大兵出前門，止留殘卒數千，在內放火。三十日天明，宮殿及太廟俱被焚毀，止存武英一殿，宮女復逃出無數。大內尚有重大器物，無賴小民於煨燼中取攫無遺。午間，九門亦火，止留大明門及正陽門、東西江米巷（即今東西交民巷，明清時為北京最長胡同）一帶未燒，蓋賊留一面出路也。其未出，悉為百姓所殺，凡二千餘人。

來時風光，去時可悲。四十天的時間，北京人民的態度，天翻地覆。

歷史真的很詭祕，像是有靈性。本書從朱元璋寫起，結束時，不承想落在李自成這裏，恍惚是走了一個輪迴。輪迴，因果循環；然而又非簡單的重複。李自成和朱元璋，幾乎完全的相似之中，卻閃現出巨大的不同。

與明朝周旋十餘年、戰而勝之的李自成，末了，似乎又以某種方式輸給了它 —— 至少輸給了明朝的創始人朱元璋。正因此，明朝的滅亡和李自成的失敗，同樣發人深省。

李自成逃走第四天，崇禎十七年五月初三，大清攝政王多爾袞進入北京。五月十五日，傳令「除服薙髮，衣冠悉尊大清之制」。

這一天，西曆為公元 1644 年 6 月 19 日。

史家寫道：「自洪武戊申年至此，凡二百七十八年云。」①

2005 年 11 月寫起

2006 年 9 月寫畢

2012 年 2 月修訂

---

① 《明季北略》，卷之二十，吳三桂請兵始末。

明史三部曲
龍牀：明六帝紀

李潔非　著

責任編輯　蕭　健
裝幀設計　任媛媛
排　　版　黎　浪
印　　務　林佳年

出版　　開明書店
　　　　香港北角英皇道 499 號北角工業大廈一樓 B
　　　　電話：（852）2137 2338　傳真：（852）2713 8202
　　　　電子郵件：info@chunghwabook.com.hk
　　　　網址：http://www.chunghwabook.com.hk

發行　　香港聯合書刊物流有限公司
　　　　香港新界荃灣德士古道 220-248 號
　　　　荃灣工業中心 16 樓
　　　　電話：（852）2150 2100　傳真：（852）2407 3062
　　　　電子郵件：info@suplogistics.com.hk

印刷　　美雅印刷製本有限公司
　　　　香港觀塘榮業街 6 號海濱工業大廈 4 樓 A 室

版次　　2021 年 7 月初版
　　　　© 2021 開明書店

規格　　16 開（240mm×160mm）

ISBN　　978-962-459-094-4